J.B. METZLER

Dorothea Klein

Mittelalter

Lehrbuch Germanistik

2., aktualisierte Auflage

mit 17 Abbildungen

Verlag J. B. Metzler

Für Laura-Sophia und Maximilian

Die Autorin
Dorothea Klein, geb. 1954, ist Professorin für Ältere deutsche Literatur
an der Universität Würzburg.

Bibliografische Information Der Deutschen Nationalbibliothek
Die Deutsche Nationalbibliothek verzeichnet diese Publikation in der Deutschen National-
bibliografie; detaillierte bibliografische Daten sind im Internet über <http://dnb.d-nb.de>
abrufbar.

ISBN 978-3-476-02596-8
ISBN 978-3-476-05413-5 (eBook)
DOI 10.1007/978-3-476-05413-5

© 2015 Springer-Verlag GmbH Deutschland
Ursprünglich erschienen bei J. B. Metzler Verlag GmbH 2015
www.metzlerverlag.de
info@metzlerverlag.de

Vorwort

Diese Einführung unternimmt den pragmatischen Versuch, Grundlagen für das Verständnis der deutschen Literatur des Mittelalters zu vermitteln. Der erste Teil informiert über kulturelle und mediale Voraussetzungen: über Mündlichkeit, Schriftlichkeit und Vokalität, über die komplexen Beziehungen zwischen dem lateinischen und deutschen Kulturbereich wie dem romanischen und deutschen, über die Bedingungen der literarischen Kommunikation und über das Verhältnis von Vers und Prosa. Der zweite Teil skizziert in groben Zügen die einzelnen Epochen der mittelalterlichen deutschen Literatur und deren sozial- und kulturhistorischen Voraussetzungen. Der letzte Teil stellt einige wichtige, sich jenseits einzelner Texte und Gattungen entfaltende Themen vor: Ständelehre in ihren vielfältigen Ausprägungen, die Orientierungs- und Fachwissen für die gesellschaftliche Lebenspraxis vermittelt, die Diskussion adeliger Lebensentwürfe im Medium der narrativen Großformen, den Diskurs über Sterben und Tod und schließlich das in den unterschiedlichsten literarischen Formen dokumentierte Interesse an der Geschichte.

Um das Literaturverzeichnis am Schluss zu entlasten, ist bereits jeweils am Ende eines Kapitels die einschlägige Literatur zitiert. Wiederholt zitierte Literatur erscheint nur in Kurztiteln; die vollständigen Angaben sind den Literaturhinweisen ganz am Schluss zu entnehmen.

Dem Buch kamen die Hilfsbereitschaft und das stets förderliche Urteil meiner Kollegin Elisabeth Schmid von der Universität Würzburg zugute; dafür, dass sie es in der Vorlesungszeit auf sich genommen hat, das Typoskript mit kritischem Blick zu lesen, möchte ich ihr herzlich danken. In der Phase der Drucklegung haben mir Dr. Marion Gindhart, Annina Sczesny und Anna Wallrodt ebenso kompetent wie speditiv geholfen, wofür ich ihnen sehr dankbar bin. Zu Dank verpflichtet bin ich schließlich den Bibliotheken und Verlagen für die Genehmigung der Abbildungen, vor allem aber Ute Hechtfischer aus dem Lektorat des Verlags, die mit freundlicher Nachsicht und nicht minder mit beharrlichem Interesse das Entstehen dieses Buches begleitete.

Kiel, im Juli 2006

Vorwort zur 2. Auflage

Für die zweite Auflage wurde dieser Band durchgesehen und vor allem bibliographisch aktualisiert. Für ihre Hilfe bei der Literaturrecherche habe ich Sarah Raith zu danken, für ihre freundliche Unterstützung im Lektorat Ute Hechtfischer.

Würzburg, im Juli 2015

Inhalt

I. Die deutsche Literatur des Mittelalters: Grundlagen und Verständnisperspektiven

1. Begriffsklärungen

a. ›Mittelalter‹

Die Einteilung der Geschichte des Abendlandes in drei Großepochen – Antike, Mittelalter, Neuzeit – ist eine Denkfigur, die sich im 14. und 15. Jahrhundert in den Kreisen italienischer Humanisten herausbildete. Mit ihr verband sich zugleich ein bestimmtes Geschichtskonzept: die Deutung komplexer historischer und kulturhistorischer Prozesse und Abläufe nach dem Muster von Blüte und Verfall. Den Humanisten nämlich war die »mittlere Zeit« (lat. *media aetas* oder auch *medium aevum*, *media antiquitas*, *media tempestas*, *medium tempus* und *media tempora*) ein »Jahrtausend der Schatten« (lat. *millenium tenebrarum*), ein dunkler Abgrund zwischen den lichten Höhen der Antike und ihrer Renaissance in der eigenen Gegenwart.

Als Kriterium galt ihnen die Qualität des geschriebenen Lateins, überhaupt das Niveau der lateinischen Sprachkultur, der antiken Literatur und der Wissenschaften, das man in der langen Periode zwischen den beiden »Blütezeiten« in die Barbarei abgesunken glaubte. Die heute noch gebräuchliche Redensart vom »finsteren Mittelalter« hat hier, in der humanistischen Polemik, ihre Wurzeln. Die Humanisten bezogen den Begriff *medium aevum* freilich noch ganz auf ästhetisch-kulturhistorische Sachverhalte. Als allgemeine historiographische Ordnungskategorie konnte der Begriff sich erst in den kirchen- und universalgeschichtlichen Handbüchern des 17. Jahrhunderts durchsetzen, ohne dass er seinen negativen Sinn verloren hätte. Die erste Weltgeschichte, die nicht mehr, wie bis dahin üblich, die Geschichte nach den sechs Zeitaltern oder den vier aufeinanderfolgenden Weltreichen gliederte (s. Kap. III.4.a), war die *Historia universalis, in antiquam, medii aevi ac novam divisa* (»Weltgeschichte, eingeteilt in die alte Geschichte, die der mittleren Zeit und in die neue«) des Christoph Cellarius, entstanden 1685–1696. Noch die Aufklärung verband mit der »mittleren Zeit« eine pejorative Bedeutung.

Zu einer Um- und Neubewertung kam es erst in der Romantik. Heute wird der Begriff ›Mittelalter‹, wie seit Beginn des 19. Jahrhunderts *medium aevum* meist übersetzt wurde, als eine wertneutrale Epochenbezeichnung verwendet. Inzwischen hat sich zwar schon lange die Einsicht durchgesetzt, dass ein solcher Epochenbegriff als hermeneutische Kategorie nur begrenzt tauglich ist; der Komplexität der historischen Entwicklungen, der Vielzahl von Umbrüchen und Neuansätzen, der Gleichzeitigkeit von Tradition und Innovation im fraglichen Zeitraum wird er kaum gerecht. Dass wir dennoch am Begriff ›Mittelalter‹ festhalten, geschieht vor allem aus wissenschaftshistorischen Gründen.

Uneinigkeit besteht in der Fachwissenschaft über die zeitlichen Grenzen der Epoche. Die Ansätze für den Beginn schwanken zwischen dem 3. und dem 7. Jahrhundert, je nachdem, ob man die Christlichkeit des Abendlandes, die vom päpstlich-kaiserlichen Universalismus dominierte politische Ordnung oder die sich von der Kultur des Mittelmeerraumes abgrenzende kontinentale Gemeinschaft der romanischen und germanischen Völker zum Hauptmerkmal des Mittelalters erklärt hat. Als wichtige Zeitmarken für den Beginn des Mittelalters wurden deshalb die Erhebung des Christentums zur Staatsreligion unter Kaiser Konstantin (325–337), der Einbruch der Hunnen im Jahr 375, das Ende des Weströmischen Reiches 476 oder die Ausbreitung des Islams diskutiert.

Das Ende des Zeitalters setzte man dementsprechend mit der Eroberung Konstantinopels durch die Türken und dem Untergang des oströmisch-byzantinischen Reiches 1453, mit der Entdeckung Amerikas durch Christoph Kolumbus 1492 oder mit Luthers (angeblichem) Thesenanschlag an der Schlosskirche zu Wittenberg 1517 fest. Wer hingegen den Feudalismus als entscheidendes Merkmal des Mittelalters annahm, gab von vornherein die Fixierung exakter zeitlicher Grenzen zugunsten breiter Übergangszonen auf. Einige Historiker sehen die Moderne bereits am Ende des 14. Jahrhunderts heraufziehen, mit der Entwicklung eines modernen Verwaltungsstaates. Wir brauchen diese Epochenmarken nicht im Einzelnen zu diskutieren, denn für den Literaturhistoriker haben sie keine oder so gut wie keine Relevanz. Die Anfänge der deutschen Literatur liegen erst in der zweiten Hälfte des 8. Jahrhunderts, also in einer Zeit, die jenseits auch der spätesten Epochenmarke der Historiker liegt (s. Kap. II.1).

Literatur: Josef Fleckenstein: Ortsbestimmung des Mittelalters. In: Mittelalterforschung. Berlin 1981 (Forschung und Information 29), S. 9–21; Horst Günther: ›Neuzeit, Mittelalter, Altertum‹. In: Historisches Wörterbuch der Philosophie. Hg. von Joachim Ritter und Karlfried Gründer. Bd. 6. Basel 1984, Sp. 781 ff.; Johan Huizinga: Zur Geschichte des Begriffs Mittelalter [1921]. In: J.H.: Geschichte und Kultur. Stuttgart 1954 (Kröners Taschenausgabe 215), S. 215–227; Adalbert Klempt: Die Säkularisierung der universalhistorischen Auffassung: zum Wandel des Geschichtsdenkens im 16. und 17. Jahrhundert. Göttingen u. a. 1960 (Göttinger Bausteine zur Geschichtswissenschaft 31); Peter von Moos: Gefahren des Mittelalterbegriffs. Diagnostische und präventive Aspekte. In: Modernes Mittelalter. Neue Bilder einer populären Epoche. Hg. von Joachim Heinzle. Frankfurt a. M. 1994, S. 33–63; Ernst Pitz: Mittelalter. In: Lexikon des Mittelalters VI, Sp. 684–687 (mit weiterer Literatur); Ulrich Wyss: Deutsches oder europäisches Mittelalter? In: Germanistik: Disziplinäre Identität und kulturelle Leistung. Vorträge des deutschen Germanistentages 1994. Hg. von Ludwig Jäger. Weinheim 1995, S. 322–338.

b. ›deutsch‹

Wenn wir von ›deutscher Literatur‹ im Mittelalter sprechen, so kann das ›Literatur im deutschen Sprachgebiet‹ oder ›Literatur in deutscher Sprache‹ heißen. ›Literatur im deutschen Sprachgebiet‹ ist die umfassendere Erklärung: Sie schließt neben der Literatur in deutscher Sprache auch die gesamte Literatur in lateinischer Sprache ein, die im deutschen Sprachgebiet verfasst wurde. Denn die Kultur des Mittelalters war immer eine bilinguale Kultur, geprägt vom Dualismus zwischen Latein und der Volkssprache (s. Kap. I.3).

Damit ist aber noch nichts darüber gesagt, was ›deutsch‹ als sprachlicher Terminus eigentlich bedeutet. Es geht dabei auch um die Frage, wann sich eine ›deutsche‹ Sprache und eine Literatur in ›deutscher‹ Sprache herausgebildet haben.

Das Wort ›deutsch‹ geht auf das germanische Adjektiv *theudiskaz* zurück, das ursprünglich die Bedeutung »zum Volk – d.h. zum germanischen Volk – gehörig« hatte; die Fremden, mit denen man im Westen des germanischen Siedlungsraumes zusammentraf, wurden hingegen mit dem alten Adjektiv *walhisk* ›welsch‹ belegt. Der Ausdruck **theudisk* ist zuerst in latinisierter Form in Quellen des späten 8. Jahrhunderts belegt: Erstmals erscheint *theodiscus* in einem Bericht über zwei englische Synoden im Jahr 786, den der päpstliche Nuntius Georg von Ostia an Papst Hadrian I. schrieb. Georg teilt darin mit, dass die Beschlüsse der ersten Synode auf der zweiten verlesen wurden *tam latine quam theodisce, quo omnes intellegere potuissent* (»sowohl lateinisch wie auch in der Volkssprache, damit alle es verstehen könnten«). Mit der Volkssprache ist in diesem Fall die Sprache der Angelsachsen gemeint. Von der *lingua theodisca* ist 788 auch in einem Rechtstext die Rede, der das Urteil einer Reichsversammlung über den Baiernherzog Tassilo wegen Fahnenflucht fixierte. Die *lingua theodisca* bezeichnet auch in diesem Fall die sprachliche Gemeinsamkeit der Germanenstämme im Gegensatz zu den Romanen, mit denen sie im Frankenreich vereinigt waren.

Mit dem Wort *theodiscus* konnte im frühen Mittelalter also zweierlei ausgedrückt werden: die Volkssprache im Gegensatz zum Lateinischen und die Sprache der *gentes* germanischen Ursprungs, die sich innerhalb des Frankenreiches von den Romanen abgrenzen – *theodiscus* bedeutet dann soviel wie »nicht-romanisch«. Das latinisierte Wort *theodiscus* bezeichnet demnach die Sprache derer, die weder lateinisch noch einen der vulgärlateinischen, frühromanischen Dialekte sprachen. Das Wort ist so ein Sammelbegriff für die Gruppe aller Dialekte germanischer Herkunft, die im fränkischen Reichsverband gesprochen wurden: das Bairische, Alemannische, Fränkische und das – im frühen Mittelalter so gut wie nicht bezeugte – Thüringische, das Altsächsische und Altfriesische sowie das Langobardische, das wie das Westfränkische untergegangen ist; für die Sprach- und Literaturgeschichte haben diese beiden Sprachen so gut wie keine Bedeutung.

Als reine Sprachbezeichnung wird zunächst auch das deutsche Wort *diutsch/tiutsch* verwendet; erstmals begegnet es bei Notker III. von St. Gallen (um 950–1022) in der Formel *in diutiscun* »auf deutsch«. Auf Sprache, Land und Leute wird der Begriff zuerst in dem um 1077/81 entstandenen *Annolied* angewandt.

Wenn wir von ›deutsch‹ im frühen Mittelalter sprechen, dann ist damit nicht eine einheitliche Sprache gemeint, vielmehr ein Oberbegriff für bestimmte gentile (von lat. *gens* »Stamm, Volk«) Sprachen auf dem Boden des Frankenreiches, die sich einerseits gegen die Kultur- und Bildungssprache Latein wie gegen die frühromanischen Dialekte abgrenzen. Der sprachhistorische Begriff ›althochdeutsch‹ fasst die ›oberdeutschen‹ Varietäten (Alemannisch, Bairisch, Südrheinfränkisch, Ostfränkisch) und die ›mitteldeutschen‹ (Mittelfränkisch, Rheinfränkisch, Thüringisch) zusammen (vgl. Abb. S. 4).

Ein einheitliches Deutsch, wie es heute die deutsche Standardsprache ist, hat es im frühen Mittelalter nicht gegeben. Überregionale, mehr oder weniger mundartferne Sprachformen bildeten sich erst seit der Mitte des 12. Jahrhunderts unter den im mitteldeutschen Raum tätigen Dichtern und Schreibern heraus: die mittelfränkische Literatursprache im Gebiet des mittleren Rheins, die Literatursprache der hochdeutsch dichtenden Niederdeutschen in Ostfalen und die thüringisch-hessische Literatursprache, in der die östlich-thüringischen Merkmale in dem Maße hervortraten, in dem der Hof der Thüringer Landgrafen sich zum beherrschenden literarischen Zentrum im mitteldeutschen Sprachgebiet entwickelte. Des mittelfränkischen Idioms bedienten sich etwa der Pfaffe Lambrecht, der Verfasser des ersten deutschen, um 1150/60 nach altfranzösischer Vorlage entstandenen deutschen Alexanderromans, und die Autoren des *König Rother* (um 1160/70) und der ältesten Fassung des *Herzog Ernst* (um

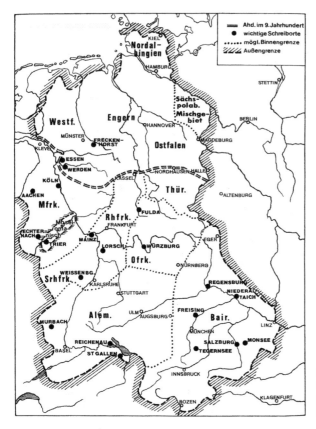

Abb. 1: Der althochdeutsche und altsächsische Sprachraum im 9. Jahrhundert

1170/80), zweier Dichtungen, die mündlich überlieferte historische Stoffe aufgreifen. In der thüringisch-hessischen Literatursprache sind u. a. der *Eneasroman* Heinrichs von Veldeke (Teil I: um 1170/74, II: vor 1190), der erste deutsche Trojaroman, das *Liet von Troie* Herborts von Fritzlar, und die *Metamorphosen* Albrechts von Halberstadt, eine Ovidbearbeitung, geschrieben (beide nach 1190 oder um 1210), während der erste deutsche Tristanroman, der *Tristrant* Eilharts von Oberg (um 1175/80 oder nach 1190), den dritten Haupttyp einer mitteldeutschen Literatursprache vertritt.

Im ausgehenden 12. Jahrhundert entstand schließlich im oberdeutschen Raum eine Literatursprache auf der Basis des Alemannischen und Ostfränkischen. Die bedeutendsten Dichter dieser Zeit haben sich darin artikuliert: die Epiker Hartmann von Aue, Wolfram von Eschenbach, Gottfried von Straßburg, der Dichter des *Nibelungenliedes*, die Lieddichter Walther von der Vogelweide und Reinmar. Es handelt sich dabei um ein Idiom, das sicherlich ü b e r den gesprochenen Dialekten stand, von den Dichtern geschrieben, vielleicht auch gesprochen, und das auch in Schreibstuben und Schreibschulen übernommen wurde.

Diese verschiedenen auf überregionale Geltung zielenden hochdeutschen Literatursprachen werden unter dem Oberbegriff ›höfische Dichtersprache‹ zusammengefasst. Ihre Kennzeichen sind (fast immer) dialektneutrale Reimbindungen, stilistische Besonderheiten, ein spezifischer Wortschatz und eine ebenso spezifische Semantik. So

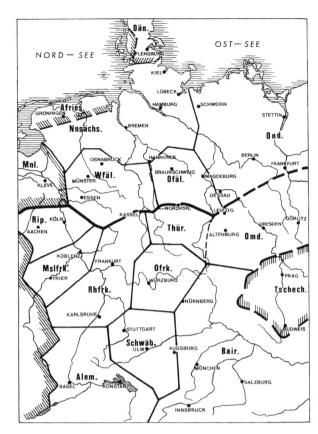

Abb. 2: Der mittelhoch-
deutsche und mittelniederdeutsche Sprachraum

vermied man in der Regel ausgesprochene Dialektwörter, Alltagssprachliches und poe-
tisches Wortgut, wie es vor allem wohl in der seit Jahrhunderten mündlich vermittelten
Heldendichtung gebräuchlich war, z. B. die alten Bezeichnungen für den Kämpfer und
Krieger *wîgant*, *degen* und *recke*. Stattdessen bevorzugte man Lehnwörter aus dem
Niederländischen, etwa *ritter* (von mndl. *riddere*) neben dem mhd. *rîtære* und *rîter*,
die metathetische Form *ors* neben mhd. *ros* (Metathese: die Lautumstellung in einem
Wort), *baneken* »sich bewegen, flanieren« oder *dörper* »grober, ungebildeter Mensch;
Tölpel«, und noch häufiger solche aus dem Französischen, z. B. *garzûn* »Page, Knappe«, *glavîn/gleve* »Lanze«, *tjoste* »ritterlicher Zweikampf mit Speeren zu Pferd« und
kurtois »höfisch«; aus dem Französischen entlehnte man ferner Wortbildungselemente,
etwa die Suffixe *-îe* (wie z. B. in mhd. *vesperîe* »Lanzenkampf einzelner am Vorabend
eines Turniers«) und *-ieren* (vgl. mhd. *turnieren* »an einem Turnier teilnehmen« und
leisieren »das Pferd mit verhängtem Zügel laufen lassen«), oder man prägte Lehnübersetzungen (z. B. *rîterschaft/ritterschaft* nach afrz. *chevalerie*).
     Charakteristisch für die Sprache der höfischen Literatur ist aber auch die Um-
wertung zahlreicher althergebrachter Wörter bzw. die Ausdifferenzierung von Wort-
bedeutungen; so bezeichnet z. B. die mhd. Wortgruppe *hôher muot* in der höfischen
Literatur nicht wie in älteren und zeitgenössischen geistlichen Texten die negative
Eigenschaft der Hoffart, sondern die »freudige Hochgestimmtheit« als Ausdruck

eines adelig-höfischen Lebensgefühls, und *zuht* meint nicht nur die Tätigkeit und das Resultat des Aufziehens, sondern vor allem die feine Lebensart, die innere Haltung und äußeres Benehmen – Sensibilität, Liebenswürdigkeit, Höflichkeit, gute Manieren – einschließt. Als Merkmale der höfischen Dichtersprache gelten ferner unpersönliche Ausdrucksweise, Höflichkeit oder Distanz ausdrückende Passivkonstruktionen und syntaktische Komplexität, schließlich auch – und hier macht sich der Einfluss der lateinischen Rhetorik und Poetik geltend – eine elaborierte Beschreibungstechnik und Dialoggestaltung sowie der häufige Gebrauch rhetorischer Figuren und Tropen.

Dem Trend zu einem einheitlichen Literatur- und Verkehrsidiom war kein dauerhafter Erfolg beschieden. Mit dem Ende der produktiven Phase der höfischen Literatur zerbrach auch die relative Einheitlichkeit wieder; die literarischen Zeugnisse des 14. und 15. Jahrhunderts spiegeln eine große Vielfalt landschaftlicher Schreib- und Lautformen, verschiedene regional geprägte Schreibsprachen – Kanzlei- und Geschäftssprachen, aber auch literatursprachliche Funktiolekte (Fach- und Gruppensprachen) – wider.

Erst seit der frühen Neuzeit setzten sich erneut Tendenzen zu einer deutschen Einheitssprache durch. Dem überregionalen Ausgleich auffälliger Dialektmerkmale leisteten vor allem die – häufig aus anderen Sprachgegenden stammenden – Schreiber der fürstlichen und städtischen Kanzleien Vorschub. In solchen Zentren eines geregelten Schriftwesens bildeten sich mehr oder weniger feste Schreibtraditionen heraus. Eine Schlüsselfunktion für die Entstehung der neuhochdeutschen Schriftsprache hat man lange Zeit der Bibelübersetzung Martin Luthers zugeschrieben und dabei allerdings übersehen, dass überregionale Sprachformen schon viel früher – in der kaiserlichen Kanzlei in Wien und in den Handelsstädten Nürnberg und Augsburg seit dem 14. Jahrhundert, in der kursächsischen Kanzlei in Meißen seit dem 15. Jahrhundert – bestanden haben; die um 1500 erreichten überregionalen – freilich stark von oberdeutschen Schreibnormen beeinflussten – wettinischen Schreibstandards haben überhaupt erst den Erfolg von Luthers Bibelübersetzung möglich gemacht. Nach 1500 beförderten auch die Drucker und Universitäten sowie einzelne Autoren den überregionalen Ausgleich, vor allem in der Orthographie, den Lautungsnormen und im Wortschatz. Ein Bewusstsein für die Notwendigkeit einer Einheitssprache und ihrer Kodifizierung setzte sich indes erst mit den Grammatikern des frühen 17. Jahrhunderts durch.

Wenn auf den folgenden Seiten der Begriff Volkssprache verwendet wird, so ist damit zum einen die Muttersprache im Gegensatz zum internationalen Latein gemeint, zum anderen die Summe der verschiedenen sprachlichen – regionalen, sozialen, funktionalen – Varietäten, für die es, anders als heute, noch keine alles überdachende Standardsprache gegeben hat.

Literatur: Dialektologie. Ein Handbuch zur deutschen und allgemeinen Dialektforschung. Hg. von Werner Besch u. a. 2. Halbbd. Berlin/New York 1983; Hans Eggers: Deutsche Sprachgeschichte. 3 Bde. Reinbek 1963–1969 u. ö. (rde 185, 191, 270); Klaus Grubmüller: Literatursprache und Entstehung überregionaler Sprachformen im mittelalterlichen Deutsch. In: Sprachgeschichte. Hg. von Werner Besch u. a. Bd. 2. Berlin/New York 1985, S. 1766–1773; Haubrichs, Die Anfänge; Wolfgang Haubrichs: ›die tiutsche und die andern zungen‹: Von der Vielfalt und Entwicklung eines Sprach- und Volksbegriffs. In: Kultureller Wandel und die Germanistik in der Bundesrepublik. Vorträge des Augsburger Germanistentags 1991. Hg. von Johannes Janota. Bd. 1: Vielfalt der kulturellen Systeme und Stile. Tübingen 1993, S. 21–41; Thomas Klein: Heinrich von Veldeke und die mitteldeutschen Literatursprachen. In:

T. K. und Cola Minis: Zwei Studien zu Veldeke und zum Straßburger Alexander. Amsterdam 1985 (Amsterdamer Publikationen zur Sprache und Literatur 61), S. 1–121; Peter von Polenz: Deutsche Sprachgeschichte vom Spätmittelalter bis zur Gegenwart. Bd. 1: Einführung, Grundbegriffe, 14.–16. Jahrhundert. 2., überarb. und erg. Aufl. Berlin/New York 2000, S. 159–183; Der Volksname deutsch. Hg. von Hans Eggers. Darmstadt 1970 (WdF 156); Hans Ulrich Schmid: Einführung in die deutsche Sprachgeschichte. Lehrbuch Germanistik. Stuttgart/Weimar 2009; Wilhelm Schmidt: Geschichte der deutschen Sprache. Ein Lehrbuch für das germanistische Studium. Erarb. unter der Leitung von Helmut Langner und Norbert Richard Wolf. 10., verb. Aufl. Stuttgart 2007, S. 87–121; Edmund Wiessner und Harald Burger: Die höfische Blütezeit. In: Deutsche Wortgeschichte. Bd. 1. 3. Aufl. hg. von Friedrich Maurer und Heinz Rupp. Berlin/New York 1974, S. 189–253.

c. ›Literatur‹

Gegenstand der Neueren deutschen Literaturwissenschaft ist in der Regel die sog. ›schöne‹ Literatur, die Gesamtheit jener Texte also, die sich durch das Merkmal der Poetizität definieren und damit von der sog. Sachliteratur, etwa dem theologischen, medizinischen, juristischen oder naturwissenschaftlichen Schrifttum, abgrenzen. Für die Ältere deutsche Literaturwissenschaft gilt diese Einschränkung nicht. Sie operiert mit einem extrem weiten Literaturbegriff. Als Literatur gilt ihr alles, was verschriftet ist, entsprechend dem ursprünglichen Sinn des Wortes, das sich von lat. *littera* »Buchstabe« herleitet. Als Literatur wird deshalb jedes Schriftstück in deutscher Sprache registriert und analysiert, gleichviel, ob es sich – auf das frühe Mittelalter gesehen – um einen Bienensegen von wenigen Zeilen oder um ein Buchepos, um einen Glosseneintrag oder um ein Heiligenlied mit deutlichem Kunstanspruch handelt. Bibeldichtung, christliches Helden- und Heiligenlied und vorchristliche Heldendichtung, Glossen und Wörterbücher, Zaubersprüche und Segen, Markbeschreibungen, Gebete und Eidformeln: das alles findet das Interesse des Mediävisten und wird in den einschlägigen Literaturgeschichten und Handbüchern gebührend berücksichtigt. Im hohen und späten Mittelalter entstand eine Vielzahl neuer Texttypen und Gattungen, geistliche und weltliche Dichtung im engeren Sinn sowie eine nahezu unüberschaubare Zahl von Fach- und Sachtexten. Die erzählende Literatur in ihren verschiedenen groß- und kleinepischen Formen und die verschiedenen Typen der Lyrik machen dabei nur einen kleinen Teil in der Gesamtproduktion und Reproduktion volkssprachigen Schrifttums aus. Quantitativ überwiegt weitaus die geistliche Literatur in ihren verschiedenen Ausprägungen; drei Viertel aller deutschen Handschriften, die sich aus dem 14. und 15. Jahrhundert erhalten haben, überliefern geistliche Inhalte: eine gewaltige Zahl von Predigten, Bibelübersetzungen, Historienbibeln und Legenden, Gebetbüchern, theologischen Summen und Traktaten, erbaulichen und katechetischen Texten wie etwa Beichtspiegel, Auslegungen des Vaterunsers und der Zehn Gebote, Gnadenviten, Offenbarungsschriften und Schwesternbüchern. Zur Sachliteratur zählen ferner das gesamte Rechtsschrifttum und die Geschichtsschreibung, aber auch die Fachliteratur mit ihren verschiedenen Sparten: der Jagd- und Tierkunde, der Astronomie und der Alchemie, dem Handwerk, der Seefahrt und der Geographie, dem Ackerbau und dem Haushalt sowie das gesamte medizinische Fachschrifttum mit seinen Arznei- und Kräuterbüchern, Rezeptaren und Diätetiken, zu denen im 15. Jahrhundert auch noch die Musik und die Kriegstechnik hinzukommen. Gegenstand der Älteren deutschen Literaturwissenschaft sind mithin alle volkssprachigen Texte, die uns aus dem

Mittelalter überliefert sind. Ausgenommen sind nur die Urkunden, sofern sie auf die Fixierung von Rechtsakten beschränkt sind.

Wenn man in der germanistischen Mediävistik Literatur mit Schriftlichkeit schlechthin gleichsetzt, so geschieht dies nicht nur aus fachhistorischen Gründen, sondern aus der Einsicht, dass im Mittelalter die Trennung von Kunst und Wissenschaft einerseits und Lebenspraxis andererseits nicht vollzogen war; auch am Ende der Epoche hatte die Literatur sich noch nicht vollständig als eigenes, von anderen Systemen deutlich unterschiedenes System ausdifferenziert. Sie gab auf je verschiedene Weise Orientierungs- und Lebenshilfe im weitesten Sinn oder auch ganz konkrete pragmatische Anweisungen.

So hält, um nur wenige Beispiele zu nennen, das religiöse Schrifttum Ermahnungen und Lehren für ein frommes Leben auf Erden und für das Leben in der Ewigkeit bereit. Die Fachliteratur mit ihren verschiedenen Disziplinen stellt fachspezifisches Wissen über Krankheiten und ihre Heilung, über die einzelnen Handwerke, die richtige Art des Ackerbaus, der Jagd usw. zur Verfügung. Das Rechtsschrifttum wiederum kodifiziert gängige Rechtspraxis mit dem Anspruch normativer Geltung, und die thematisch vielfältige Sangspruchdichtung vermittelt religiöse und moralische Wissensinhalte, ethische Normen, kommentiert und bewertet politische Ereignisse und Sachverhalte oder reflektiert auch die Bedingungen der Berufsdichter. Geschichtsdichtung und Geschichtsschreibung unterrichten darüber, wie es zugeht in der Welt, und liefern, indem sie auf historische Ereignisse, Handlungen und Figuren in ihrer exemplarischen Bedeutung abheben, verbindliche Deutungsmuster für aktuelle Erfahrung. Praxisorientiert sind selbst die literarischen Gattungen im engeren Sinn, die ihre Literarizität durch eine spezifische Sprache, Selbstreflexion, Formierung von Autor- und Sprecherrollen u.a. ausstellen. So diskutiert der höfische Roman im Medium der Fiktion zentrale Lebensfragen der adeligen Gesellschaft: die Sicherung und Legitimation der Herrschaft, den Umgang mit der Gewalt, die Erfahrung von Kampf, Krieg und Tod, das Verhältnis der Geschlechter, Liebe und Ehe. Mittel der Selbstvergewisserung und Selbstdarstellung ist aber auch die Liebeslyrik; Minnesang ist d a s Medium, in dem sich der weltliche Adel seiner Emotionalität bewusst wird und diese im Lied inszeniert. Sprachliche Artistik und Poetizität schließt das keineswegs aus. Doch selbst das kunstvollste Fürstenlob ist in erster Linie Repräsentationskunst, die politische und ethische Normen idealisierend darstellt und nicht allein Sprachkunst, und der kunstvollste Marienpreis ist immer auch Gebet und damit pragmatisch fundiert. Die deutsche Literatur des Mittelalters hat immer einen Bezugspunkt im konkreten Leben, ob sie nun in christlicher Lebensführung oder in Berufspflichten und Berufsidealen unterweist oder ob sie Muster für die rechte Lebensführung in der Feudalgesellschaft zur Diskussion stellt. Diese außerpoetische Funktionalisierung, ihre »Gebrauchsfunktion«, gilt für die Literatur der Vormoderne ganz allgemein.

Eine kategoriale Trennung zwischen ›Poesie‹ und ›Gebrauchsliteratur‹ verbietet sich aber auch noch aus anderen, gleichfalls historischen Gründen. Klaus Düwels Untersuchungen zu den Werkbezeichnungen der mittelhochdeutschen Erzählliteratur haben ergeben, dass es keine strikte terminologische Trennung zwischen den narrativen und nichtnarrativen Typen gegeben hat, das heißt: dass keine der Bezeichnungen allein auf die Gesamtheit der Texte mit dem Merkmal der Poetizität angewendet worden wäre.

Die ›deutsche Literatur des Mittelalters‹ definiert sich noch durch zwei weitere, entscheidende Distinktionen: Der Begriff ›Literatur‹ impliziert Schriftlichkeit. Literatur ist, im buchstäblichen Sinne, das, was verschriftet ist, im Unterschied zur sog. *oral poetry*, einer Dichtung, die ohne das Medium der Schrift in einer von Mündlichkeit getragenen Kultur entstanden und überliefert ist. Mit der näheren Bestimmung ›deutsch‹ wird die sich in der Volkssprache artikulierende Literatur und Kultur abgegrenzt von der lateinischen Literatur und Kultur des Mittelalters. Um diese beiden Aspekte geht es auf den folgenden Seiten.

Literatur: Klaus Düwel: Werkbezeichnungen der mittelhochdeutschen Erzählliteratur (1050–1250). Göttingen 1983 (Palaestra 77); Hugo Kuhn: Entwürfe zu einer Literatursystematik des Spätmittelalters. Tübingen 1980; Literarische Kommunikation und soziale Interaktion. Hg. von Beate Kellner u. a. Frankfurt a. M. 2001 (Mikrokosmos 64); Kurt Ruh: Überlieferungsgeschichte mittelalterlicher Texte als methodischer Ansatz zu einer erweiterten Konzeption von Literaturgeschichte. In: Überlieferungsgeschichtliche Prosaforschung. Hg. von K. R. Tübingen 1986 (TTG 19), S. 262–272; Klaus Weimar: Literatur. In: [3]RL, Bd. 2, S. 443–448. – Dem »erweiterten Literaturbegriff« trägt voll Rechnung: Die deutsche Literatur des Mittelalters. Verfasserlexikon. 2., völlig neu bearb. Aufl. [...] hg. von Kurt Ruh [ab Bd. 9: Burghart Wachinger] u. a. 11 Bde. und 3 Registerbde. Berlin/New York 1978–2008.

2. Mündlichkeit – Schriftlichkeit – Vokalität

a. Oralität und Schrift

Dass wir uns mit einer deutschen Literatur des Mittelalters beschäftigen können, ist an eine wichtige Voraussetzung, nämlich die schriftliche Fixierung und schriftliche Überlieferung dieser Literatur, gebunden. Dies ist im Hinblick auf die kulturellen und medialen Voraussetzungen im Mittelalter, insbesondere im frühen, keine Selbstverständlichkeit. Denn ursprünglich waren die verschiedenen gentilen Dialekte, die man in den rasch wieder zerfallenden germanischen Königreichen der Völkerwanderungszeit und später im Merowinger- und im Karolingerreich verwendete, ausschließlich gesprochene Sprachen. Das änderte sich in den Jahren um 800. In dieser Zeit begann die allmähliche ›Verschriftung‹ der Volkssprache – der Begriff bezeichnet die wörtliche Wiedergabe einer mündlichen Äußerung im Medium der Schrift –, ihre allmähliche Entwicklung zu einer Schrift- und Literatursprache. Von diesem Prozess zeitlich und sachlich kaum zu trennen ist die ›Verschriftlichung‹, d. h. die an die genuinen Bedingungen des graphischen Mediums angepasste Aufzeichnung volkssprachiger Dichtung. Dieser mediale Umbruch hatte bestimmte Voraussetzungen und Gründe:

Der Zerfall des Weströmischen Reiches, ausgelöst durch den Ansturm der Germanen und besiegelt durch die Entthronung des Kaisers Romulus Augustulus im Jahr 476, bedeutete zwar den Untergang der politisch-staatlichen Ordnung, nicht aber den gänzlichen Untergang der spätantiken Kultur. Die Germanen, die auf dem Boden des Römischen Reiches eigene neue Königreiche errichteten, haben die kulturellen Errungenschaften der Römer übernommen, sofern sie ihnen nützlich und brauchbar erschienen. Dazu gehörten nicht nur der Gemüse-, Obst- und Weinbau, die Ziegelfabrikation und die Glaserzeugung, sondern auch das lateinische Alphabet, die spätantiken Schriftarten und Latein als Verkehrs- und Verwaltungssprache. Gesetze, Urkunden, Briefe usw. ließen die germanischen Fürsten deshalb lateinisch niederschreiben. Von eminenter Bedeutung für die Kulturgeschichte des nachantiken Europas war aber die Übernahme des christlichen Glaubens, vor allem die Taufe des merowingischen Königs Chlodwig im Jahr 496 (498).

Anders als viele andere Religionen ist das Christentum, da es ausgeprägten Schriftkulturen erwachsen ist, einerseits dem Judentum, andererseits der hellenistischen und spätrömischen Kultur, eine ausgesprochene Buchreligion: Das zentrale Werk ist die ›Heilige Schrift‹, die Bibel, in der sich nach christlichem Glauben das Wort Gottes offenbart. Die Zeit des frühen Christentums brachte weitere sakrale Schriften hervor, Apostelbriefe, Apokryphen – Schriften, die nicht in den Kanon der Bibelbücher aufgenommen wurden –, Märtyrerakten und Heiligenleben usw., die wie die Bibel Gegenstand theologischen Studiums wurden und wiederum neue Schriften entstehen ließen: ein wahres Gebirge von Bibelkommentaren, Predigten und Traktaten, Glaubensunterweisungen, spekulativen und erbaulichen Schriften zur intellektuellen Durchdringung der Glaubenswahrheiten oder auch zur Erbauung und Anleitung zu meditativer Erfahrung, zunächst ausschließlich in Latein, im späteren Mittelalter vielfach auch in der Volkssprache. Notwendige Voraussetzung für den Umgang mit den heiligen Schriften war die Beherrschung der kulturellen Techniken des Lesens und Schreibens; Lese- und Schreibkompetenz war deshalb eine, wenn nicht d i e Schlüsselqualifikation des Geistlichen. Seit der Auflösung des Weströmischen Reiches kam dem eine besondere Bedeutung zu, als die Fähigkeit des Lesens und Schreibens bei den Laien zusehends abnahm und schließlich allein im Klerus bewahrt blieb. Für den Schriftbetrieb in der Verwaltung, die schriftliche Fixierung von Rechtsakten, die Ausstellung von Urkunden usw., aber auch für die repräsentative Schriftlichkeit waren die weltlichen Fürsten fortan und für lange Zeit auf die *clerici* angewiesen. Sie hatten das Monopol über die Schrift und damit zugleich einen großen Einfluss auf die Staatsführung.

Bis ins 8. Jahrhundert bildeten Klerus, Schriftlichkeit und Latein eine untrennbare Einheit. Der Klerus war der Träger der Schriftlichkeit, Latein ihre Sprache. Lateinisch war das gesamte gelehrte und kirchliche Schrifttum abgefasst, die Verwaltungs- und Rechtsakte für die weltlichen Herren, aber auch die weltliche Dichtung, die in gelehrten Kreisen gepflegt wurde. Außerhalb der Schule schloss diese lateinische Schriftlichkeit indes immer auch den Gebrauch der Stimme ein: Man memorierte das Gelesene durch wiederholtes leises Vorsagen (lat. *ruminatio* »Wiederkäuen«), und zwar schon deshalb, weil das Geschriebene, die Bücher nicht immer präsent waren. Die Einprägung des Geschriebenen ins Gedächtnis und das tägliche, gar stündliche Wiederholen des Auswendiggelernten sind so wesentliche Elemente der frühen Schriftkultur.

In der Zeit um 800 hob dann allerdings ein Prozess an, in dessen Verlauf die Volkssprache neben dem Latein Schriftsprache wurde; es entstanden erste Aufzeichnungen in den gentilen Dialekten des Frankenreiches. Diese Anfänge einer deutschen Literatur sind Ausdruck und Resultat gewaltiger bildungspolitischer Anstrengungen, die im Frankenreich auf Initiative von oben unternommen worden waren; tatsächlich gingen die entscheidenden Impulse von der Macht- und Kulturpolitik des fränkischen Königs und Kaisers Karl des Großen aus (s. Kap. II.3.a). Der zu jener Zeit in Gang gesetzte Prozess der Literarisierung der Volkssprache erstreckte sich über viele hundert Jahre; abgeschlossen war er erst in der Neuzeit.

Die Transformation der Volkssprache in eine Schriftsprache stellte anfänglich vor enorme Schwierigkeiten. Den Autoren und Schreibern, die mit dieser Aufgabe konfrontiert waren, standen keine Regeln zur Verfügung, wie die deutschen Wörter und Sätze zu schreiben wären; es gab keine verbindliche Regelung der Orthographie. Man verwendete das lateinische Alphabet, die Zuordnung der deutschen Laute zu den lateinischen Buchstaben machte jedoch nicht geringe Probleme. So fehlten Zeichen für das bilabiale [v], den velaren Frikativ [x] und die Affrikata [ts], und es fehlten Zeichen für die Umlaute [æ, ø, y; ɛ, œ, Y]. Autoren und Schreiber sahen sich also vor die Notwendigkeit gestellt, mit Hilfe des lateinischen Alphabets Laute wiederzugeben, die in der lateinischen Sprache nicht existierten. Nicht minder problematisch war die Syntax, zeigte sich doch da, wo man sich im Periodenbau übte, »daß die sprachlichen Möglichkeiten des Althochdeutschen häufig noch nicht ausreichten, die angestrebte Konstruktivität der Gedanken- und Satzabfolgen zu realisieren« (Gisela Vollmann-Profe). Das größte Problem war jedoch die Lexik: Die Volkssprache hatte vielfach keine Terminologie für die zu vermittelnden neuen christlichen Inhalte; es fehlte vor allem eine umfangreiche abstrakte Begrifflichkeit. Helmut de Boor hat das so formuliert: »Wer Werke der kirchlichen Bildung verdeutschen oder frei über sie schreiben wollte, stand vor sprachformenden und sprachschöpferischen Aufgaben, deren Schwierigkeit gar nicht hoch genug veranschlagt werden kann.« Man prägte Lehnübersetzungen aus dem Lateinischen, man gab althergebrachten Wörtern eine neue Bedeutung, oder man übernahm Fremdwörter und bürgerte sie in der einheimischen Volkssprache ein, so z. B. ahd. *kirihha* »Kirche« (aus griech. *kyriakón*), *biscof* »Bischof« (aus kirchenlat. *episcospus*), *seganôn* »segnen« (aus kirchenlat. *signare* »das Zeichen des Kreuzes machen«) u. a. m. Beispiele für Neusemantisierung sind etwa das Wort *druhtin/truhtîn*, ursprünglich »Gefolgschafts-, Kriegsherr«, das nun, entsprechend dem lateinischen Begriff *dominus* »Herr«, als Gottesbezeichnung verwendet wurde, oder *diomuoti*, ursprünglich die Haltung eines Dienst leistenden Gefolgsmannes, das nun die Inhalte des lateinischen Begriffs *humilitas* »Demut, Erniedrigung« übernahm, Lehnübersetzungen sind etwa die – im *Fränkischen Tauf-gelöbnis* (Anfang 9. Jahrhundert) überlieferten – Begriffe *drînissa* und *einnissa* nach lat. *trinitas* »Trinität« und *unitas* »Einheit«, *forlâznessi* nach *remissio* »Vergebung« und *almahtîg* nach *omnipotens*.

Daneben blieb die Volkssprache selbstverständlich immer auch eine Sprache der mündlichen Kommunikation. Allerdings verschoben sich im Laufe des Mittelal-ters die Akzente auffällig zugunsten der Schrift. Dies gilt insbesondere auch für die Dichtung:

Die volkssprachige Dichtung des frühen Mittelalters war beinahe ohne Aus-nahme mündliche Dichtung – nicht Literatur, denn unter ›Literatur‹ verstehen wir alle Aussageformen prosaischen und poetischen Sprechens, die an den Buchstaben (lat. *littera*) und damit an das Medium der Schrift gebunden sind. Sie ist mündliche Dichtung, insofern sie mündlich, also ohne Anwendung der Schrift, konzipiert und weitergegeben wurde. Von ihr ist, wie nicht anders zu erwarten, so gut wie nichts erhalten. Sie ist nur indirekt oder relikthaft greifbar, vor allem in kritischen und polemischen Stellungnahmen der Kirche und ihrer Vertreter. Gegen die *carmina gentilia*, die »volkssprachigen Gedichte«, wandte sich schon Alkuin, einer der berühmtesten Gelehrten am Hof Karls des Großen. Und noch deutlicher wurde Otfrid, ein hochgelehrter Mönch aus dem nordelsässischen Kloster Weißenburg, der zwischen 863 und 871 das erste Bibelepos in einem hochdeutschen Idiom ge-dichtet hat, »das umfangreichste Dichtwerk der Karolingerzeit überhaupt« (Dieter Kartschoke). In seinem lateinischen Approbationsschreiben – einem Schreiben mit der Bitte um die Erlaubnis, das Werk veröffentlichen zu dürfen – an den Erzbischof Liutbert von Mainz erläutert Otfrid, warum er sein *Evangelienbuch* geschrieben habe: Nicht Überheblichkeit (*praesumptio*) habe ihn zu seinem Werk getrieben, vielmehr der »Vortrag von nichtsnutzigem Zeug« (*sonus rerum inutilium*) und das »anstö-ßige Gesinge der Laien« (*laicorum cantus obscenus*), das die »Ohren vortrefflicher Männer« beleidige und die Hörer in Unruhe versetze. Was mit diesen »anstößigen, abscheulichen Liedern der Laien« gemeint war, ist nicht ganz klar. Vielleicht meint der Ausdruck *cantus obscenus* Lieder zu kirchenfernen Veranstaltungen, die meist in Verbindung mit Tanz oder heidnischem Totenkult gesungen wurden. Vielleicht sind damit auch Heldenlieder gemeint, in denen germanische Traditionen fortlebten. Der nicht minder gelehrte Einhard teilt in seiner um 830 entstandenen Biographie Karls des Großen mit, der Kaiser habe die *barbara et antiquissima carmina*, »die sehr alten, volkssprachigen Gedichte«, aufzeichnen lassen, in denen die Taten der alten Könige besungen worden seien. Ebenfalls im 9. Jahrhundert berichtet Altfrid, Bischof von Münster, in seiner *Vita Liudgeri* von dem blinden friesischen Sänger Bernlêf, der »die Taten der Alten und die Kämpfe der Könige schön vorzusingen wußte«. Und der Chronist Flodoard von Reims notiert am Ende des 10. Jahrhunderts, dass der Erzbischof Fulko von Reims den König Arnulf ermahnt habe, redlich gegen Karl den Einfältigen zu verfahren, und er habe dies getan mit dem Hinweis auf die in *libris teutonicis* »deutschen Büchern« erzählten Geschichten von Ermenrich; es ist dies eine Figur aus der Sage um Dietrich von Bern.

Erhalten hat sich von dieser indirekt bezeugten mündlichen Dichtungstradition in der Volkssprache, wie gesagt, so gut wie nichts. Allerdings darf man daraus nicht den Schluss ziehen, dass die Kirche eine eigenständige volkssprachige Dichtung unterdrückt und damit den Untergang der germanischen Dichtung zu verantworten habe. Es war nicht ihre Aufgabe, diese Dichtung aufzuzeichnen und zu bewahren, und umgekehrt gehörte die Verschriftlichung nicht zu den Existenzbedingungen dieser Dichtung; mündlich überliefert und im mündlichen Vortrag jeweils aktualisiert, ging sie unter, wo die Tradition aus welchen Gründen auch immer abbrach, und zwar für alle Zeiten.

Desto wertvoller sind die wenigen Zeugnisse, die anscheinend zufällig aufgezeichnet wurden. Dazu gehören die berühmten, heidnisch-magische Bräuche noch unmittelbar reflektierenden *Merseburger Zaubersprüche*, die in der ersten Hälfte des 10. Jahrhunderts in ein lateinisches Sakramentar aus Fulda eingetragen wurden, und das Bruchstück des zur Dietrichsage gezählten *Hildebrandlieds*, das um 830/840 auf den Außenseiten der beiden Schutzblätter eines Fuldaer Codex mit Bibeltexten aufgezeichnet wurde. Sieht man von drei Gedichten in altenglischer Sprache ab, ist es das einzige alte Zeugnis germanischer Heldendichtung, das wir besitzen; das *Nibelungenlied* und alle anderen Dietrichsepen, die ebenfalls Stoffe aus der germanischen Völkerwanderungszeit verarbeiten, stammen in der uns bekannten Form aus der Zeit um 1190/1200 bzw. aus dem 13. Jahrhundert, sind also erheblich jünger. Das frühe Zeugnis einer verschrifteten Heldendichtung ist das *Hildebrandlied* freilich nicht; man muss, wie bei allen anderen Dichtungen aus mündlicher Tradition auch, mit einer wie auch immer gearteten Anpassung an das schriftliche Medium rechnen.

›Konzeptionelle Mündlichkeit‹ (Peter Koch/Wulf Oesterreicher), also Charakteristika mündlicher Dichtung, weisen aber auch die wenigen volkssprachigen Dichtungen des frühen Mittelalters auf, die von vornherein schriftlich entstanden sind. Stilmittel mündlichen Erzählens verwendet beispielsweise der Dichter des *Heliand*, einer wohl vor 840 entstandenen altsächsischen Stabreimdichtung vom Leben Jesu, wenn er metaphorische Umschreibungen bestimmter Begriffe, die sog. Kenningar (Sg. Kenning), verwendet (z. B. *ringgebo* »Ringgeber« für »Fürst« oder *waragtreo* »Frevler- bzw. Verbrecherbaum« für »Galgen«), Syntagmen (Wortgruppen, -verbindungen) oder auch ganze Sätze variierend wiederholt und biblische Kampfszenen nach dem Muster der heimischen Heldendichtung gestaltet.

Oralen Status haben der *Heliand* und die anderen althochdeutschen oder altsächsischen Dichtungen schließlich auch durch den mündlichen Vortrag. Obwohl sie schriftgestützt konzipiert und entstanden sind, werden sie doch primär mündlich, durch Vortrag mit Singstimme oder im Rezitationston, realisiert; das Publikum liest nicht, sondern hört zu. Man spricht in solchen Fällen von sekundärer Oralität bzw. von Vokalität.

Im hohen Mittelalter, vor allem in der Zeit um 1200, kam der Prozess der Verschrift(lich)ung der Volkssprache einen großen Schritt voran. Der kollektiven Gedächtniskultur der Laien, d.h. der mündlich weitergetragenen Erinnerung des für eine Gemeinschaft relevanten Wissens, erwuchs nun zunehmend Konkurrenz durch die Schriftkultur. Ablesbar ist dies vor allem an der Verschriftlichung der Heldendichtung, die als Ausweis einer mündlichen Kultur schlechthin gilt, und der

Verschrift(lich)ung mündlicher Rechtstraditionen. Neue Spielräume eröffneten sich der Volkssprache als Schriftsprache vor allem aber durch die Popularisierung lateinischen Wissens und durch die Rezeption literarischer Denkmäler aus der Romania (s. Kap. I.3 und I.4). Mit anderen Worten: Bei den volkssprachigen Texten, die im 12. und 13. Jahrhundert aufgezeichnet wurden, handelt es sich um die schriftliche Fixierung bzw. die schriftliterarische Bearbeitung ursprünglich mündlicher Traditionen, noch öfter aber um von vornherein schriftgestützt entstandene Ergebnisse eines zunehmend intensiveren Kulturtransfers. Der entscheidende Schritt in diesem Literarisierungsprozess war die Einführung eines geregelten Schriftbetriebs an den weltlichen Fürstenhöfen, später auch in den Städten. Damit waren die personellen und materiellen Voraussetzungen für eine neue Literatur geschaffen, mit welcher der weltliche Adel und Stadtadel, anders als zuvor, seinen spezifischen Interessen Geltung verschaffen konnte. Grundsätzlich blieb freilich auch im hohen Mittelalter das Nebeneinander von Mündlichkeit und Schriftlichkeit, lateinisch-klerikaler und volkssprachig-laikaler Kultur bestehen; doch bildeten sich immer mehr Interferenzen und Übergangserscheinungen zwischen den verschiedenen Kommunikationsformen und kulturellen Traditionen heraus.

Am stärksten haben sicherlich die anonym überlieferten Epen des späteren 12. Jahrhunderts – *König Rother*, *Herzog Ernst*, *Oswald*, *Orendel* und *Salman und Morolf* –, die man vormals unter dem irreführenden Begriff ›Spielmannsdichtung‹ zusammenfasste, und die mittelhochdeutsche Heldendichtung – die verschiedenen Fassungen des *Nibelungenlieds*, der Dietrichepik und der übrigen heldenepischen Dichtungen des 13. Jahrhunderts – den Bezug zur Mündlichkeit bewahrt. Als Merkmale von Mündlichkeit gelten lineares Erzählen mit wiederkehrenden Handlungsschemata und Erzählmotiven wie z. B. Brautwerbung und verräterische Einladung, Vorausdeutungen und Rückverweise des Erzählers, festgefügte sprachliche Formeln, archaischer Wortschatz und parataktische Satzstrukturen. Die Theoretiker der *oral poetry* – der Begriff bezeichnet alle mündlich konzipierten erzählenden Dichtungen in Versform – haben solche Elemente als Hinweis auf die mündliche Entstehung eines Werks bzw. als unmittelbaren Reflex einer oralen Existenzform gedeutet. Im Hinblick auf die genannten mittelhochdeutschen Epen ist man von solchen Vorstellungen inzwischen wieder abgerückt. In der Regel nimmt man heute an, dass die Formeln und Erzählschablonen usw., die in den ›spielmännischen‹ und heroischen Epen zuhauf begegnen, bewusst gewählte Stilmittel sind, um Mündlichkeit zu simulieren bzw. zu inszenieren. Sie sind, im Hinblick auf den Autor gesprochen, Ausdruck eines dezidierten Stilbewusstseins, das auf archaisierende Effekte zielt, und, aus rezeptionsästhetischer Perspektive, Ausdruck einer bestimmten Stilerwartung, die für Themen und Stoffe einer fernen Vergangenheit eben diesen Mündlichkeitsstil voraussetzte. Möglicherweise sind sogar die verschiedenen Schriftfassungen des *Nibelungenliedes* und ihrer Fortsetzung, der *Klage*, der Versuch, die Varianz mündlicher Überlieferung im Medium der Schrift zu imitieren.

Neben den schriftlichen Fassungen epischer Stoffe hat es bis ins späte Mittelalter auch eine mündliche Erzähltradition – in gebundener wie in ungebundener Form – gegeben, von der wir nur ganz vage Vorstellungen haben können. Aufschluss darüber gibt u. a. ein Sangspruch des Marners (um 1230/70), eines aus dem oberdeutschen Sprachgebiet stammenden Berufsdichters lateinischer und deutscher Lieder und Sangsprüche. In seinem Spruch zählt er missmutig auf, welche Stoffe und Themen man von ihm verlangte (Strauch XV,14):

Sing ich dien liuten mîniu liet,
sô wil der êrste daz,
wie Dieterîch von Berne schiet,
der ander, wâ künc Ruother saz,
5 der dritte wil der Riuzen sturm, sô wil der vierde Ekhartes nôt,
Der fünfte, wen Kriemhilt verriet,
dem sehsten tæte baz,
war komen sî der Wilzen diet.
der sibende wolde eteswaz
10 von Heimen ald von Witechen sturm, von Sigfrids ald von Ecken tôt.
Sô wil der ahte dâ bî niht wan hübschen minnesanc.
dem niunden ist diu wîle bî den allen lanc.
der zehend enweiz niht wie,
nû sust nû sô, nû dan nû dar, nû hin nû her, nû dort nû hie.
15 dar über hæte manger gerne der Nibelunge hort.
der wigt mîn wort
noch ringer danne ein ort:
des muot ist in schatze verschort.
sus gât mîn sanc in manges ôre, als der mit blîge in marmel bort.
20 sus singe ich unde sage iu, des iu niht bî mir der künec enbôt.

»Wenn ich den Leuten meine Strophen vorsinge, dann will der erste [hören], wie Dietrich von Bern sein Ende nahm, der andere, wo König Rother herrschte, der dritte will den Kampf der Reußen, hingegen will der vierte die Kampfesnot Eckeharts, der fünfte, wen Kriemhild verriet, dem sechsten wäre lieber [zu hören], wohin das Volk der Wilzen gekommen sei. Der siebte wollte etwas vom Kampf Heimes oder Witeges, vom Tod Siegfrids oder Eckes. Hingegen will der achte dabei nur höfischen Minnesang. Der neunte langweilt sich bei allem. Der zehnte weiß nicht, wie: mal so, mal so, einmal weg, dann wieder zurück, hin und her, hier und da. Dazu hätte so mancher gern den Hort der Nibelungen. Der schätzt mein Wort noch geringer als den vierten Teil eines Guldens: Sein Verstand ist mit dem Schatz verscharrt. So erreicht mein Gesang viele Ohren wie der, der mit Blei im Marmor bohrt. So singe ich und erzähle euch, was euch der König nicht durch mich verkünden ließ.«

Die Strophe bezeugt nicht nur die mündliche Weitergabe heldenepischer Stoffe und Themen durch die fahrenden Berufsdichter, sondern auch die Existenz von Stoffen, in poetischer Form oder auch nicht, von denen sich keine direkten schriftlichen Zeugnisse in deutscher Sprache erhalten haben: Zumindest von den Kämpfen der Wilzen, einem elbslawischen Volk, wissen wir nur noch aus der altnorwegischen *Thidreksaga* (um 1250). Ob man aus der Liste des Marners schließen darf, dass der Nibelungenstoff auch in Form selbständiger Vortragsstücke, also in Form von Einzelliedern neben dem Epos, präsentiert wurde, ist nicht sicher; mit *Siegfrieds Tod* oder *Kriemhilds Verrat* können auch beliebte Partien aus dem Epos gemeint gewesen sein.

Aber auch dort, wo die volkssprachige Schriftlichkeit sich neues Terrain erobert hatte, blieb sie immer in mündliche Kommunikationsformen eingebunden. Denn anders als die lateinische Literatur wurde die volkssprachige Dichtung und Literatur bis ins späte Mittelalter hinein fast ausschließlich im vokalen Vortrag, mit Sing- oder Sprechstimme, realisiert. Dies gilt sowohl für die mündlich komponierten und tradierten Werke wie auch für die genuin schriftlich entstandenen. Der Grund war primär der geringe Alphabetisierungsgrad ihrer Empfänger, daneben sicherlich auch das Fortleben überkommener Vortragskonventionen. Die Lyrik, Minnesang wie Sangspruch, aber auch die Epik lebte ganz wesentlich in und von der Aufführung und

Präsentation bei Hofe. Zur Unterscheidung von der Form primärer Mündlichkeit, die ganz ohne das Medium der Schrift auskommt, hat man für diese sekundäre Form der Mündlichkeit den Begriff der Vokalität geprägt. Er bezeichnet eine Situation, in der schriftliche Texte im mündlichen Vortrag, unterstützt durch Gestik und Mimik, Rhythmus und Klang, vermittelt und rezipiert werden.

Erst im 14. Jahrhundert zeichnete sich ein Wandel im Verhältnis von Mündlichkeit, primärer wie sekundärer, und Schriftlichkeit ab; die Schwerpunkte verlagerten sich allmählich hin zur Schriftlichkeit. Indizien sind die umfangreichen Sammlungen epischer Texte und die großen Lyrikhandschriften wie die Kleine und die Große Heidelberger Liederhandschrift und die Weingartener Liederhandschrift, die um 1300 und danach entstanden (s. Kap. I.6.f). Es begann eine Zeit des Sammelns und Bewahrens; mehr als in den Jahrhunderten zuvor dienten das Medium der Schrift und die Handschrift als materieller Träger der Schrift der Konservierung volkssprachiger Kultur. Dies gilt insbesondere für jene Literatur, die primär im vokalen Vortrag übermittelt und aufgenommen worden war, also für die Lieder, Romane und Heldenepen. Es ist nicht ausgeschlossen, dass Lieder und Erzählungen auch aus diesen Handschriften heraus noch zur Aufführung gelangten; an der sich abzeichnenden Bevorzugung des anderen Kommunikationsmodus änderte das nichts. Voraussetzung für diese Entwicklung war die zunehmende Lesefähigkeit der Laien seit der ersten Hälfte des 14. Jahrhunderts; sie ermöglichte die Aneignung von Literatur auch durch private Lektüre, die allerdings, anders als heute, ebenfalls vokal, nämlich halblaut realisiert wurde. Aber auch so bedeutete zunehmende Lektürefähigkeit nicht die Ablösung der Vokalität, der auditiven Rezeption durch die visuelle. Vielmehr haben bis in die Neuzeit beide Rezeptionsweisen nebeneinander existiert.

Den eigentlichen Wendepunkt im Verhältnis von Mündlichkeit und Schriftlichkeit markierte indes die Erfindung und Etablierung des Buchdrucks im 15. Jahrhundert. Mit seinen beweglichen Lettern, der Mechanisierung der Reproduktion und der massenhaften Vervielfältigung schuf er einen prinzipiell unbeschränkten Zugang zur Welt der Schrift und eröffnete damit neue Möglichkeiten für individuelle Aneignung und Nutzung von Literatur. Auf das Ganze des ›literarischen Systems‹ gesehen, war Mündlichkeit seitdem ein marginales Phänomen. Wo sie noch zum Einsatz kam, in der öffentlichen Aufführung des Meistergesangs, des Dramas und Fastnachtspiels, später auch der Oper usw., war dies praktisch ohne Relevanz.

Literatur: Christa Bertelsmeier-Kierst: Von der *vocalité* zur schriftgestützten Kommunikation. Zum volkssprachlichen Literalisierungsprozeß (1200–1300). In: Die Präsenz des Mittelalters in seinen Handschriften. Hg. von Hans-Joachim Schiewer und Karl Stackmann. Tübingen 2002, S. 49–61; Thomas Andrew DuBois: Oral Poetics. The Linguistics and Stylistics of Orality. In: Reichl (Hg.), Medieval oral literature, S. 203–224; Frank Eichler: Mündlichkeit als Medium des Mittelalters: Lebenswirklichkeit und Informationswege unter den Bedingungen der Mündlichkeit. Hamburg 2009; Ruth Finnegan: Literacy and Orality. Oxford 1984; Herbert Grundmann: »Litteratus« – »Illiteratus«. Der Wandel einer Bildungsnorm vom Altertum zum Mittelalter. AKG 40 (1958) 1–65; Joachim Heinzle: Mittelhochdeutsche Dietrichepik. Untersuchungen zur Tradierungsweise, Überlieferungskritik und Gattungsgeschichte später Heldendichtung. München 1978 (MTU 62); Dieter Kartschoke: Geschichte der deutschen Literatur im frühen Mittelalter. München 1990 (dtv 4551); Christian Kiening: Mündlichkeit. In: Literaturlexikon. Hg. von Walter Killy. Bd. 14. Gütersloh-München 1993, S. 131–133; Peter Koch/Wulf Oesterreicher: Sprache der Nähe – Sprache der Distanz: Mündlichkeit und Schriftlichkeit im Spannungsfeld von Sprachtheorie und Sprachgeschichte. Romanistisches Jahrbuch 36 (1985) 15–43; Medienwechsel. Erträge aus zwölf Jahren Forschung zum Thema

›Mündlichkeit und Schriftlichkeit‹. Hg. von Wolfgang Raible. Tübingen 1998 (ScriptOralia 113); Medieval oral literature. Hg. von Karl Reichl. Berlin/Boston 2012 (de Gruyter Lexikon); Jan-Dirk Müller: Medieval German Literature. Literacy, Orality and Semi-Orality. Ebd., S. 295–334; Wulf Oesterreicher: »Verschriftung« und »Verschriftlichung« im Kontext medialer und konzeptioneller Schriftlichkeit. In: Schriftlichkeit im frühen Mittelalter. Hg. von Ursula Schaefer. Tübingen 1993 (ScriptOralia 53), S. 267–292; Otfrid von Weißenburg: Evangelienbuch. Auswahl. Ahd./Nhd. Hg., übers. und komm. von Gisela Vollmann-Profe. Stuttgart 1987 (RUB 8384); Wolfgang Raible/Heinrich Beck: Mündlichkeit und Schriftlichkeit. In: Reallexikon der Germanischen Altertumskunde. 2. Aufl. hg. von Heinrich Beck u. a., Bd. 20 (2002), S. 308–314; Ursula Schaefer: Mündlichkeit und Schriftlichkeit im Mittelalter. In: Aufriß der Historischen Wissenschaften. Hg. von Michael Maurer. Bd. 5: Mündliche Überlieferung und Geschichtsschreibung. Stuttgart 2003 (RUB 17031), S. 148–187; Christian Schmid-Cadalbert: Mündliche Traditionen und Schrifttum im europäischen Mittelalter. ABÄG 21 (1984) 85–114; ders.: Oralität (Mündlichkeit). In: [3]RL, Bd. 2, S. 760–763; Norbert Voorwinden: Oral poetry. In: [3]RL, Bd. 2, S. 757–760; Alfred Wendehorst: Wer konnte im Mittelalter lesen und schreiben? In: Schulen und Studium im sozialen Wandel des hohen und späten Mittelalters. Hg. von Johannes Fried. Sigmaringen 1986 (Vorträge und Forschungen 30), S. 9–33; Horst Wenzel: Hören und Sehen, Schrift und Bild: Kultur und Gedächtnis im Mittelalter. München 1995 (C. H. Beck Kulturwissenschaft); Paul Zumthor: La poésie et la voix dans la civilisation médiévale. Paris 1984 (dt. Die Stimme und die Poesie in der mittelalterlichen Gesellschaft. München 1994 [Forschungen zur Geschichte der älteren deutschen Literatur 18]). – Belege für die Existenz mündlicher Dichtung haben zusammengetragen: Wilhelm Grimm: Die deutsche Heldensage. 3. Aufl. Gütersloh 1889; Rudolf Kögel: Geschichte der deutschen Litteratur bis zum Ausgange des Mittelalters. Straßburg 1894; Markus Diebold: Das Sagelied. Bern/Frankfurt a. M. 1974 (Europäische Hochschulschriften I,94).

b. Vortragsformen

Dass Mündlichkeit zu den grundlegenden Kategorien der mittelalterlichen Kultur zählt, ist inzwischen gesicherte Erkenntnis. Längst nicht so gut Bescheid wissen wir hingegen über die Art und Weise, in der mündlicher Vortrag von Dichtung und Literatur realisiert wurde. Die Zeugnisse für die Aufführungspraxis der althochdeutschen und mittelhochdeutschen Texte, aber auch die der anderen europäischen Volkssprachen sind spärlich. Oft lässt sich nur indirekt aufgrund textimmanenter Aussagen, metrischer Befunde oder anderer sekundärer Zeugnisse auf die Art des Vortrags schließen; bisweilen kann man ihn auch nur aufgrund allgemeiner Erwägungen wahrscheinlich machen. Die ältere Forschung ist noch generell vom Vortrag mit ›normaler‹ Sprechstimme ausgegangen, wobei sie ohne viel Federlesens neuzeitliche Gepflogenheiten auf das Mittelalter zurückprojizierte. Heute geht man jedoch davon aus, dass der Vortrag mit Singstimme eine weit verbreitete Praxis war, die dem Vortragstext höhere Verbindlichkeit sicherte. In der Realisation ergaben sich jedoch gattungsspezifische Unterschiede. Vielfach dürfte der Vortrag auch von dramaturgischen, d. h. gestischen und mimischen, Ausdrucksmitteln begleitet gewesen sein, ohne dass wir dies sicher nachweisen können.

Ausschließlich auf indirekte Quellen sind wir für die an das Medium der Mündlichkeit gebundene Dichtung der Germanen (Ritualdichtung, Lieder) angewiesen. Diese bezeugen durchweg Sangbarkeit, Vortrag durch einen Skalden, den Dichtersänger, gelegentlich auch durch zwei, allerdings nur für die Preis- und Erzähllieder. Ebenfalls musikalischen Vortrag darf man für die Sonderfälle aufgezeichneter germanischer Stabreimdichtung – die altenglischen Gedichte *Finnsburglied*, *Beowulf* (um 975/1025 aufgezeichnet) und *Waldere* (nach 750?), das althochdeutsche *Hildebrandlied*, die altnordische Sammlung der *Edda* (um 1270 aufgezeichnet) – annehmen. Dafür spricht nicht zuletzt die sporadische Auszeichnung des in Stabreimversen abgefassten Bibelepos *Heliand* im Cgm 25 der Bayerischen Staatsbibliothek München mit Neumen (von griech. *neuma* »Wink«): linienlos notierten Notenzeichen, die lediglich die relative Tonhöhe und auch keine Tondauer angeben und so als Gedächtnisstütze dienen. Wie man sich die Rezitation im Einzelnen vorzustellen hat, ist freilich ungewiss; denkbar ist fortlaufend-rezitativischer Vortrag mit Singstimme, bei geringer Varianz in An- und Abvers.

Wie der *Heliand* wurde auch die endreimende Bibeldichtung in althochdeutscher Sprache, wie ihre lateinischen Vorbilder, in formelhaftem Rezitationston mit Singstimme vorgetragen. Gleiches hat man auch für die geistlichen Epen und Gedichte des 11. und 12. Jahrhunderts erwogen, für die *Wiener Genesis* (um 1060/80) und für die Gedichte *Drei Jünglinge im Feuerofen*, *Lob Salomos* und *Ältere Judith* etwa, aber auch für das *Annolied* (um 1077/81) und das *Rolandslied* des Pfaffen Konrad (um 1170). Auf musikalischen Vortrag deutet dessen Schlussformel *Tu autem, domine, miserere nobis* (»Du aber, oh Herr, erbarme dich unser«) hin, mit der üblicherweise die – stets rezitativisch gesungene – Lectio, die Tischlesung, in einer geistlichen Gemeinschaft beschlossen wurde.

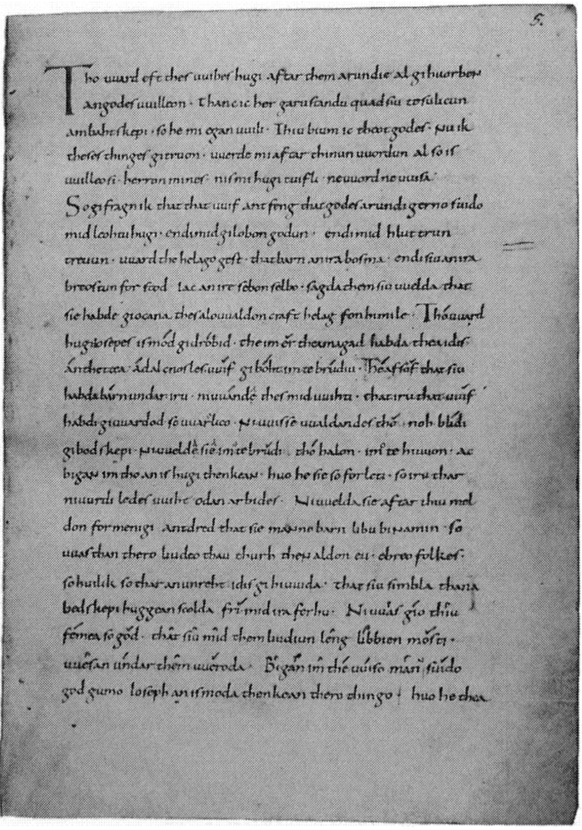

Abb. 3: Handschrift M des *Heliand* mit Neumen (München, Bayerische Staatsbibliothek, Cgm 25, f. 5r; Neumen hervorgehoben)

Für die weltlichen und geistlichen Lieder aus der althochdeutschen und frühmittelhochdeutschen Epoche sind so gut wie keine Melodien erhalten; nur das *Petruslied* (um 900 aufgezeichnet) und die lateinische Fassung des (verlorenen althochdeutschen) *Gallusliedes* sind neumiert überliefert. Im Fall des *Georgslied* (Ende 9. Jahrhundert) lässt sich der musikalische Vortrag hinreichend mit dem Refrain begründen, für das *Ludwigslied* (881/ 882) mit einer *Tu autem*-ähnlichen Schlusszeile und mit dem Überlieferungskontext, der lateinischen und altfranzösischen *Eulaliasequenz*. Das *Ezzolied* (1057/65) gibt in der Vorauer Fassung sogar einen Hinweis auf den Komponisten.

Primär für Gesangsvortrag bestimmt war auch die mittelhochdeutsche Lyrik in ihren verschiedenen Ausprägungen wie die Lyrik der anderen europäischen Volkssprachen und ein Gutteil der lateinischen Lyrik geistlicher und weltlicher Thematik. Text und Musik, Strophenbau und Melodie gehörten hier aufs engste zusammen. Daneben dürfte es schon früh auch Rezeption durch Lektüre gegeben haben. Freilich hat sich, anders als in Frankreich, so gut wie keine Melodie zu den mittelhochdeutschen Liebesliedern erhalten; für den Minnesang bis einschließlich Walther gibt es überhaupt keine einzige entzifferbare Melodie. Für den Sangspruch und für den die Tradition fortsetzenden Meistergesang sind hingegen vor allem dank der Jenaer und Kolmarer Liederhandschrift viele Melodien überliefert.

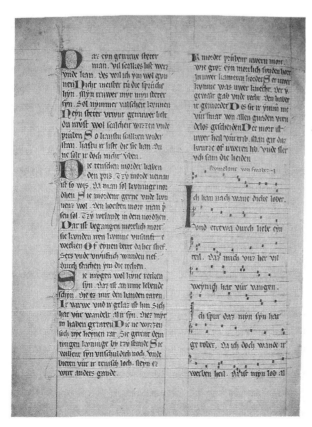

Abb. 4: Jenaer Liederhandschrift (Jena, Thüringer Universitäts- und Landesbibliothek, Ms. El. f. 101, f. 62v)

Nähere Aufschlüsse über die Art des Minnesangvortrags sind aufgrund der schlechten Quellenlage nicht zu gewinnen. Sicher ist allein Einstimmigkeit (Monodie). Instrumentale und vokale Mehrstimmigkeit wird erstmals Ende des 14. Jahrhunderts beim Mönch von Salzburg und Oswald von Wolkenstein greifbar, fast 200 Jahre später als in Frankreich.

Neben Gesangsvortrag darf man sich einen Großteil der höfischen und spätmittelalterlichen deutschen Liebeslieder im Zusammenhang mit einem Fest auch getanzt vorstellen. Hinweise darauf gibt der bereits erwähnte Ulrich von Liechtenstein, der in seinem *Frauendienst* ein Lied eigens durch die Überschrift als *tanzwîse* ausweist. Ein sicheres Kriterium dafür, welches Lied für Tanz konzipiert wurde, fehlt jedoch, im Unterschied zu Frankreich, wo Tanzlieder eigene Strophenformen ausgebildet haben. Zum Tanz sind z. B. die Lieder Neidharts (um 1210/40) gesungen worden; darauf deuten die üblichen Merkmale von Tanzmelodik – Ton- und Motivwiederholungen, kaum ausgeprägte Melismatik, also melodische Verzierung, und Dreiertakt – in den überlieferten Melodien hin. Für das spätmittelalterliche Liebeslied gibt öfters die Form Hinweise; allerdings muss nicht jedes Reigenlied notwendig getanzt worden sein.

Gesungener Vortrag als primäre Rezeptionsform ist auch für die in Strophen abgefasste mittelhochdeutsche Heldenepik und die Spätformen des Heldenlieds gesichert. Derzeit sind zu acht der insgesamt dreizehn Strophenformen Melodien nachgewiesen.

Was den in Reimpaarversen abgefassten höfischen Roman des 12. und 13. Jahrhunderts betrifft, so ist nicht nur die primäre Rezeptionsform – mündlicher Vortrag oder private Lektüre – umstritten, sondern auch die Art des Vortrags. Der metrische Befund, vor allem die Hebungsfunktion von Nebensilben und das häufige Vorkommen klingender Kadenzen – zweisilbige Wörter mit dem Hauptton auf der ersten, langen Silbe –, machen rezitativischen Vortrag mit Singstimme wahrscheinlich. In der Regel stellt man sich Epenvortrag bei den großen Hoffesten vor. Die Romane selbst legen auch die Möglichkeit eines Epenvortrags im Freien nahe oder Vorlesen im kleinen Familienkreis bzw. für ein Mitglied der Fürstenfamilie allein.

So mancher Autor, der eine klerikale Ausbildung genossen hatte und deshalb mit der Kulturtechnik des Lesens und Schreibens vertraut war, z. B. Gottfried von Straßburg oder Rudolf von Ems, rechnete indes von vornherein auch damit, dass sein Werk gelesen wurde. Indizien dafür sind die den Romanen eingeschriebenen Akrosticha – Namen, Wörter oder Sätze, die aus den ersten Buchstaben aufeinanderfolgender Verse oder Strophen gebildet werden – oder Anagramme – die umgestellten Buchstaben eines Namens, Wortes oder Satzes, die einen neuen Namen usw. ergeben –, die sich nur visuell, in der Lektüre, erschließen. Inwieweit die Romane tatsächlich von Laien gelesen wurden, muss offenbleiben. Die handschriftliche Überlieferung der Romane, die Überlieferung weltlicher Dichtung überhaupt spricht eher dafür, dass bis weit in das 13. Jahrhundert hinein der Vortrag vor der adeligen *familia* die Normalform der Rezeption gewesen sein dürfte. Die Zahl der Handschriften, die man ja auch als Indikator für eine Buch- und Lesekultur nehmen darf, steigt erst nach der Jahrhundertmitte stark an.

Für musikalischen Vortrag und szenische Aufführung wurden wiederum die geistlichen Spiele des Mittelalters konzipiert, deren erste Formen man sich aus der liturgischen Osterfeier entwickelt denkt. Ihre schriftliche Fixierung diente zunächst allein als Regie- und Lernhilfe; erst im 15. Jahrhundert wurden Spiele auch als Lesedramen aufgezeichnet. Untersuchungen zur Terminologie von Regieanweisungen haben ergeben, dass das lateinische Spiel durchgängig gesungen wurde, wobei rezitativischer und melodischer Vortrag wechselten. Da die deutschen Spiele häufig ohne Melodien überliefert sind, war hier der Bedeutungsgehalt der Anweisungen *dicere* und *cantare* – die Paratexte waren oft lateinisch formuliert – lange umstritten. Sangbarkeit wollte man nur für ihre lateinischen Bestandteile gelten lassen. Heute geht man davon aus, dass den deutschen strophischen Liedern, sofern sie Übersetzungen sind, die Melodie der lateinischen Vorlage, ansonsten eine eigene Melodie unterlegt wurde. Für die stets ohne Neumierung oder Noten aufgezeichneten Reimpaarverse der Spiele, die jeweils erzählenden Inhalt haben, nimmt man hingegen Vortrag in Sprechgesang an.

Was schließlich die geistliche Prosa angeht, so sind im deutschen Bereich vereinzelt auch Bibelübersetzungen als singbar bezeugt. Gut belegt ist der Vortrag lateinischer Texte mit Singstimme bei der Tischlesung; das macht wahrscheinlich, dass auch die im 15. Jahrhundert für die Tischlesung bezeugten deutschen Prosalegenden so vorgetragen wurden. Die mit Sprechstimme auf der Kanzel vorgetragene mittelalterliche Predigt hingegen scheint bis ins 15. Jahrhundert mit den sog. Predigtrufen beschlossen worden zu sein, litaneiartig rezitierten ein- oder zweizeiligen Akklamationen, die vom Prediger begonnen und von der Gemeinde fortgesetzt werden.

Unsere bisherigen Kenntnisse beruhen weitgehend auf Zufallsfunden. Man wird deshalb künftig stärker das Augenmerk auf die Besonderheiten handschriftlicher Einrichtung richten müssen; namentlich die Epenhandschriften des späten 12. und des 13. Jahrhunderts wie auch die Handschriften mit Reimdichtung und Prosa geistlicher Thematik wären noch einmal auf mögliche Hinweise auf Vortrag durchzumustern, gilt doch auch hier der Grundsatz, dass man nur das findet, was man kennt und sucht. Insofern ist hier noch durchaus mit Neufunden zu rechnen.

Literatur: »Aufführung« und »Schrift« in Mittelalter und Früher Neuzeit. Hg. von Jan-Dirk Müller. Stuttgart/Weimar 1994 (Germanistische Symposien Berichtsbände 17); Bumke, Höfische Kultur, S. 721–729, 751–758; Dorothea Klein: Vortragsformen I. In: LexMa, Bd. VIII, Sp. 1861–1866 (mit weiterführender Literatur); Jan-Dirk Müller: Aufführung – Autor – Werk. Zu einigen blinden Stellen der gegenwärtigen Diskussion. In: J.-D. M.: Mediävistische Kulturwissenschaft. Ausgewählte Studien. Berlin/New York 2010, S. 11–26.

3. Kulturtransfer I: Latein und Deutsch

Seit den Tagen Karls des Großen tauchten einzelne deutsche Dichtungen und Prosatexte wie Inseln im Meer der lateinischen Schriftlichkeit auf. Ihre Zahl wuchs ab
dem hohen Mittelalter, es entstanden, um im Bild zu bleiben, größere Landflächen,
ohne dass sie zu einem das Meer verdrängenden Kontinent zusammengewachsen
wären. Das ganze Mittelalter blieb von diesem Dualismus geprägt, der nicht nur ein
sprachlicher, sondern auch ein medialer und bildungsgeschichtlicher war. Zwischen
der lateinisch-klerikalen Kultur, die über das Medium der Schrift verfügte, und der
volkssprachig-laikalen Kultur, deren genuine Existenzform die Mündlichkeit war,
bestanden freilich schon früh vielfältige Kontakte und Übergänge. Im Grunde trug
schon jede Aufzeichnung in der Volkssprache dazu bei, die kategoriale Trennung
zwischen der Kulturwelt der *litterati* und *illitterati* aufzuheben und eine Art ›Zwischenkultur‹ (Dieter Kartschoke) zu etablieren, die im Lauf der Jahrhunderte immer
mehr an Bedeutung gewann. Wie umgekehrt auch jeder Kleriker, der die Volkssprache in der Seelsorge benutzte oder der sich für Dichtung aus der mündlichen
Tradition interessierte – berühmt ist die Klage eines Domscholasters Meinhard über
Bischof Gunther von Bamberg (1057–1065), der sich Geschichten von Attila und
den Amelungen, den Recken Dietrichs von Bern, vortragen ließ –, das Neben- und
Miteinander der beiden Kulturen beförderte. Eine Symbiose zwischen lateinischer
und volkssprachiger Kultur lag im frühen und hohen Mittelalter ja schon aufgrund
der engen personellen Verbindungen zwischen der geistlichen und weltlichen Führungsschicht nahe. Wenn wir heute die beiden Bereiche Latein und Deutsch säuberlich
scheiden und entsprechend den Fachgrenzen, die im 19. Jahrhundert gezogen wurden,
verschiedenen philologischen Disziplinen zuweisen, so reißen wir auseinander, was
historisch eigentlich zusammengehört.

   An der Dominanz des Lateins und der lateinischen Literatur änderte die zunehmende Verschriftlichung der Volkssprache bis in die frühe Neuzeit nichts. Denn
proportional mit der Zunahme des volkssprachigen Schrifttums wuchs auch das
Schrifttum in lateinischer Sprache (s. Kap. I.6); selbst im 15. Jahrhundert betrug der
Anteil der Volkssprache am mittelalterlichen Schriftwesen nicht mehr als 10 Prozent.
Mittelalterliche Literatur, immer den erweiterten Literaturbegriff vorausgesetzt, war
deshalb vor allem lateinische Literatur. Die deutsche Literatur hatte, aufs Ganze gesehen, weitgehend marginalen Charakter. Dies gilt keineswegs nur für die Anfänge
einer volkssprachigen Schriftlichkeit, die man noch nicht im literaturgeschichtlichen
Zusammenhang beschreiben kann, sondern auch für die Literatur nach der Mitte
des 11. Jahrhunderts, mit der eine kontinuierliche Tradition überhaupt erst einsetzte.
Sie ist nur ein Teilbereich dessen, was im Mittelalter auf deutschem Sprachgebiet
entstanden, gelesen und verbreitet war.

   Der absolute Vorrang des Lateins hatte sicherlich auch ideologische Gründe.
Latein galt nämlich neben dem Hebräischen und Griechischen als eine der drei heiligen
Sprachen, in der sich nach weitverbreiteter Ansicht Gott geoffenbart hat. Ihre her-
meneutische Grundlage hatte diese Theorie im biblischen Bericht von der dreifachen
Kreuzesinschrift (Io 19,20); durch die Kirchenväter Hieronymus (um 350–420) und
Augustinus (354–430) wurde sie abendländisches Allgemeingut. Von daher erklärt sich
das kulturelle, literarische und soziale Prestige, welches das Latein und die Lateiner
bis weit in die Neuzeit genossen, von daher erklärt sich die erdrückende Übermacht

des lateinischen Literaturbetriebs und auch die Geringschätzung der Volkssprache und der volkssprachigen Dichtung, welche die *litterati* immer wieder formulierten.

Gleichwohl haben die Gebildeten, also jene, die in der lateinischen Kultur sozialisiert waren, sich immer wieder und immer öfter der Volkssprache bedient. Bis ins 13., 14. Jahrhundert hinein waren es sogar fast ausschließlich die *litterati*, die volkssprachige Literatur verfassten. Dies geschah mit Rücksicht auf die Adressaten: Die ungebildeten Laien konnte man, weil ihnen der Zugang zur lateinischen Bildungswelt verschlossen war, nur in ihrer Sprache erreichen. Das Motiv der Gebildeten, sich der wenig geschätzten Volkssprache zu bedienen, war die Belehrung, insbesondere die religiöse Belehrung zur Sicherung des ewigen Heils; im frühen Mittelalter war es sogar das einzige. Das erklärt, warum der größte Teil der volkssprachigen Literatur des Mittelalters geistliche Prosa und Dichtung ist. Seit dem hohen Mittelalter verschaffte sich immer mehr auch das Interesse der Laien nach Verschriftlichung all der Lebensbereiche Geltung, die ihnen wichtig waren: Herrschaft und Verwaltung, Geschichte und Recht, Kosmologie, Naturkunde und Medizin, Hofleben und adelige Lebensentwürfe aller Art. Gerade das neue literarische Eigeninteresse des weltlichen Adels hat im 12. und 13. Jahrhundert eine weltliche Literatur von beachtlichem Umfang entstehen lassen, der zu einem Gutteil der lateinischen Schriftkultur entstammte. Ein frühes und berühmtes Beispiel dafür ist der *Lucidarius* vom Ende des 12. Jahrhunderts, das erste deutsche Kompendium, das auf der Grundlage der wichtigsten lateinischen Sachbücher des 12. Jahrhunderts – des *Elucidariums* und der *Imago mundi* des Honorius Augustodunensis, Ruperts von Deutz *De officiis ecclesiasticis* und Wilhelms von Conches *Philosophia* – umfassend über das Natur-, Welt- und Heilswissen orientiert; Auftraggeber war der Welfenherzog Heinrich der Löwe (um 1129–1195) oder, wahrscheinlicher, dessen gleichnamiger Sohn, der Pfalzgraf bei Rhein und, seit 1194, Herzog von Sachsen. Ein anderes Beispiel sind die gereimten Weltchroniken des 13. Jahrhunderts, die das heils- und profangeschichtliche Wissen der Vulgata, der *Historia scholastica* des Petrus Comestor und der lateinischen Universalchroniken dem nichtlateinkundigen weltlichen Adel zugänglich machten.

Der lateinisch-deutsche Kulturtransfer betraf nahezu alle Ebenen des literarischen Systems: Sprache, Themen und Inhalte, Überlieferung, Lebens- und Gebrauchssituationen, Rhetorik und Poetik, hermeneutische Denkfiguren und Verfahren.

a. Sprache

Der Einfluss des Lateins auf die Volkssprache im frühen Mittelalter stand im engen Zusammenhang mit der Ausbreitung des christlichen Glaubens. Direkt dem Lateinischen entlehnt wurde der gesamte Fachwortschatz für die kirchliche Organisation, die Bezeichnungen für kirchliche Gebäude und Gegenstände, kirchliche und biblische Personen, den Gottesdienst und seine rituellen Bestandteile sowie für die kirchliche bzw. klösterliche Ordnung. Lehnwörter sind beispielsweise »Kloster« (lat. *claustrum*, zu lat. *claudere* »abschließen«), »Kapelle« (von lat. *cappella*, ursprünglich die metonymische Bezeichnung für das Gebäude, das über der *cappa* »Mantel« des Heiligen Martin von Tours, des Hausheiligen der Merowinger, errichtet worden war, und die später auf andere kirchliche Gebäude übertragen wurde), »Münster« (von lat. *monasterium*, das zunächst das Kloster, dann auch Kloster-, Stifts- oder Bischofskirchen bezeichnete), »Mönch« (lat. *monachus*), »Nonne« (vulgärlat. *nonna*), »Priester« (lat.

presbyter), »Papst« (lat. *papa*), »Pilger« (lat. *peregrinus*), »Apostel« (lat. *apostolus*) und »Märtyrer« (lat. *martyr*). Lehnwörter sind auch zahlreiche Begriffe aus dem Bereich der Schule, Wissenschaft und Sachkultur. So verdrängt das ahd. *scrîban* »schreiben«, von lat. *scribere*, das ältere germanische Wort für die Tätigkeit des Schreibens, das noch in engl. *write* (vgl. »reißen« und »ritzen«) erhalten ist, und ahd. *butura* »Butter«, aus dem vulgärlat. *butura*, löst das einheimische ahd. *anko* ab, das heute noch im Alemannischen überlebt hat (»Anke«). Lateinischer Herkunft sind u. a. auch »Tinte« (von lat. *tincta* [*aqua*] »gefärbtes Wasser«), »Pergament« (lat. *pergamentum*), »Arzt« (lat. *archiatrus*), »Becher« (vulgärlat. *bicarium*), »Kelch« (vom lat. Akk. *calicem* [zu *calix*]), »Brezel« (vom spätlat. Diminutiv *brachiatellum*, so genannt, weil das Gebäck wie zwei verschlungene kleine Arme geformt ist).

Beinahe noch häufiger hat man die Möglichkeit genutzt, einheimische Wörter in einen neuen Kontext zu stellen und mit neuer Bedeutung zu versehen. So wurden zahlreiche Rechtsbegriffe unter dem Einfluss der christlich-lateinischen Glaubenslehre auf christliche Bedeutungsinhalte umgeprägt. Dazu gehören z. B. »Sünde« und »Schuld«, »Beichte«, »Buße« und »Trost«; auch Begriffe wie »Gottesdienst« und »Hochamt« verraten noch ihre Herkunft aus der juridischen Sphäre. Christliche Umprägungen vorchristlicher Wortinhalte sind aber auch Begriffe wie »Himmel« und »Hölle« oder die Festtagsbezeichnungen »Weihnachten« und »Ostern«.

Schließlich macht sich der Einfluss des Lateinischen auf die Volkssprache in zahllosen Lehnbildungen kund. Das lateinische Muster wurde jeweils Morphem für Morphem, Lexem für Lexem mit den Mitteln der Volkssprache nachgebildet. So gibt ahd. *wola-tât* das lat. *bene-ficium* »Wohltat« wieder, ahd. *ge-wizze-ni* lat. *con-scien-tia* »Gewissen«, ahd. *ant-fang-ida* lat. *ac-cep-tio* »Empfang«, ahd. *fora-scauw-unga* lat. *pro-viden-tia* und ahd. *goteshûs* lat. *domus dei*. Die Bedeutung solcher Lehnbildungen ist nicht gering zu schätzen; denn sie »sind ja in erster Linie Ausdruck neuer Inhalte, die vorher in der Volkssprache noch nicht vorhanden waren« (Norbert Richard Wolf): Abstrakta, Begriffe des Denkens und Fühlens, religiöse und moraltheologische Begrifflichkeit. Nicht alles freilich, was direkt aus dem Latein entlehnt oder nach lateinischem Muster geprägt wurde, ging auch in die gesprochene Sprache ein. Vieles davon blieb bildungssprachlich oder wurde überhaupt nur für einen bestimmten Text geprägt, war also funktional auf eine konkrete Übersetzung bezogen.

Im hohen Mittelalter, in der Zeit der sog. höfischen Literatur, löste das Französische Latein in seiner Bedeutung für die Entwicklung der deutschen Sprache, insbesondere des Wortschatzes, ab (s. Kap. I.4.a). Das änderte sich mit der Rezeption der scholastischen Theologie und der Fachwissenschaften im späten Mittelalter. Insbesondere in der geistlichen Literatur, in den Übersetzungen lateinischer Texte, aber auch in den selbständigen, dogmatisch indes von der lateinischen Theologie abhängigen Schriften, wurde eine spezifische Terminologie geschaffen, die in hohem Maße Übersetzungsterminologie ist, »auch dort, wo wir über keinen lateinischen Paralleltext verfügen« (Georg Steer). Lehn- bzw. Fremdwörter finden sich nur vereinzelt und dann immer wieder die gleichen: etwa *conscienzîe* und *difinieren* oder auch *fantasîe*, *substenzlich forme*, *gracîe*, *persônlicheit*, *substanzîe*, *subtil* und *trinitât*. Hingegen brachte die Rezeption der Scholastik eine große Zahl von Lehnbildungen hervor. So wird der lateinische theologische Gnadenterminus *gratia gratum faciens* beispielsweise mit *die genäm machend genad* oder *anmynnent gnad* wiedergegeben, *gratia operans* mit *die würchent genad*, die *qualitas* der Gnade mit *wielichi* oder *wielicheit*, *eygenschaft*, *sogetanhait*, *sogetane schikung* u. a., *forma accidentialis* mit *zuovellich forme*, *effectus*, die Wirkung der Gnade, u. a. mit *werkunge*, *wirken* oder *wircklichkeyt*, und *Gnade maket de sele licht* oder *die gnade irluchtet si* sind mögliche Übersetzungen für die Aussage *Gratia animam illuminat*. Solche Begriffe und Syntagmen sind funktional auf die kommunikative Leistung dieser Texte, die Popularisierung lateinischer Theologie zum Zwecke der religiösen Belehrung und Glaubensunterweisung, bezogen; eine neue Fach- und Wissenschaftssprache begründeten sie damit gleichwohl nicht.

Als außerordentlich produktiv erwies sich die Anlehnung an das Lateinische vor allem in der Wortbildung, speziell in der Bildung von Abstrakta. Die Übersetzungen der deutschen Scholastik befestigten Korrelationen zwischen lateinischen und deutschen Ableitungssuffixen; regelhaft wurde mhd. *-ung(e)* für lat. *-(t)io*, mhd. *-heit/-keit* für lat. *-tas* und mhd. *-lîch* für lat. *-lis*. Eine anonyme Teilübersetzung der *Summa theologiae* des Thomas von Aquin (Handschrift aus dem zweiten Viertel des 14. Jahrhunderts) gibt z. B. *absentatio* mit *abewesunge*, *appropriatio* mit *zuoeigenunge*, *correlatio* mit *glichwidertragunge* und *objectio* mit *gegenwerfung* wieder, *conformitas* mit *mitformecheit* und *glichformecheit*, *deiformitas* mit *gotformikeit* und *substantialitas* mit *understandicheit*, *aeternalis* mit *ewigwesenlich*, *naturalis* mit *natürlich* (Norbert Richard Wolf). So entstand eine große Zahl von Neologismen, manchmal auch da, wo ältere Begriffe zur Verfügung gestanden hätten (etwa *geberung* für lat. *generatio* neben altem *geburt*). Auch in der deutschen mystischen Rede des 13. und 14. Jahrhunderts wurden – neben verschiedenen Realisierungsformen bildlichen Sprechens, die vielfach biblischen, hymnischen, patristischen und mönchstheologischen Ursprungs sind – derlei Wortbildungsmuster verwendet, um das Problem der *unbegrîfelichkeit* Gottes sprachlich zu meistern, um auszudrücken, was mit den theologisch festgelegten lateinischen Termini nicht sagbar war. Ein unmittelbarer, genetischer Zusammenhang mit der deutschen Scholastik, wie man ihn früher angenommen hatte, ist indes ausgeschlossen.

Lateinisch geprägt war aber auch ein Gutteil des spätmittelalterlichen Fachwortschatzes; der Wortschatz der Artes liberales, der sieben Lehrfächer im Elementarunterricht mittelalterlicher Schulen bzw. im Studieneingangsbereich der Universitäten (Grammatik, Rhetorik, Dialektik; Arithmetik, Geometrie, Musik und Astronomie), zählt unbedingt dazu. Er weist zahlreiche lateinische Fremdwörter auf, darunter auch eine Reihe von neuen Verben auf *-ier* und *-isier* (z. B. *dispensieren*, *disput(i)eren* und *immatrikulieren*), genauso wie der Fachwortschatz der Medizin und der Rechtswissenschaft.

Einen bedeutenden Latinisierungsschub gab es schließlich durch die humanistischen Übersetzungen, die seit der Mitte des 15. Jahrhunderts entstanden. Mehr als hundert deutschschreibende Humanisten haben antike, mittelalterliche und zeitgenössische Texte aus dem Lateinischen übertragen und damit zahlreiche Lehnwörter, Lehnwortbildungen und Lehnbedeutungen in die deutsche Sprache, genauer: in die deutsche Bildungssprache gebracht, vor allem in den Bereichen Recht, Politik und Verwaltung, Publizistik und Druckerei, Mathematik, Medizin u. a. m. In diesen Zusammenhang gehört auch die Orientierung am lateinischen Flexionssystem sowie die Latinisierung und Gräzisierung von Namen, die freilich nicht immer etymologisch korrekt ausfiel, wie der Fall Philipp Schwarzerts zeigt, der seinen Namen zu Melanchthon »Schwarz-erd« gräzisierte.

Letztlich nicht erfolgreich war hingegen der gewaltsame Versuch, die deutsche Syntax nach dem Vorbild der lateinischen zu reformieren; der prominenteste Vertreter dieser Sprachreform, Niklas von Wyle (um 1415–1479), ahmte in seinen *Translati-*

onen von Autoren des italienischen Renaissancehumanismus lateinischen Stil nach, insbesondere auch lateinische Wortstellung, Konstruktionen des Akkusativs mit dem Infinitiv und lateinische Partizipialkonstruktionen, letztlich in der sprachpädagogischen Absicht, seinen (Kanzlei-)Schülern schriftsprachliche Kompetenz auf einem neuen Niveau zu vermitteln.

Literatur: Hans Eggers: Deutsche Sprachgeschichte. 3 Bde. Reinbek 1963 u.ö. (rde 185, 191, 270); Nikolaus Henkel: Lateinisch/Deutsch. In: Sprachgeschichte. Ein Handbuch zur Geschichte der deutschen Sprache und ihrer Erforschung. 2., vollst. neu bearb. u. erw. Aufl. Hg. von Werner Besch u.a. 4. Teilbd. Berlin/New York 2004, S. 3171–3182; Mehrsprachigkeit im Mittelalter. Kulturelle, literarische, sprachliche und didaktische Konstellationen in europäischer Perspektive. Mit Fallstudien zu den ›Disticha Catonis‹. Hg. von Michael Baldzuhn und Christine Putzo. Berlin/Boston 2011; Georg Steer: Scholastische Gnadenlehre in mittelhochdeutscher Sprache. München 1966 (MTU 14) S. 195–207; Fritz Tschirch: Geschichte der deutschen Sprache. 2 Bde. Berlin 1966/1969 (GG 5, 9); Norbert Richard Wolf: Geschichte der deutschen Sprache. Bd. 1: Althochdeutsch – Mittelhochdeutsch. Heidelberg 1981 (UTB 1139), S. 116–158, 185–191.

b. Themen und Inhalte

Inhaltlich gesehen, stellt der ganz überwiegende Teil der deutschen Texte eine Übersetzung oder Adaptation lateinischer Texte dar, was auch heißt: Übernahme, Anverwandlung und Umwandlung antiker und christlicher Traditionen: der Bibel, der Kirchenlehre und -praxis, des Schulwissens, des kanonischen Rechts. Es ist der ganze große Bereich des theologisch-geistlichen und pragmatischen Wissens sowie des Geschichtswissens, welcher aus der lateinisch-klerikalen Bildungswelt in die volksprachige Welt der Laien transferiert wurde. Die Skala der möglichen Formen reicht dabei von der wortwörtlichen, z.T. interlinearen Übertragung *verbum de verbo*, die sich in Wortfolge, Wortbildung, Satz- und Textkonstitution ganz am lateinischen Vorbild ausrichtet, über die freiere Übersetzung *sensus de sensu*, die den lateinischen Text mit den indigenen Mitteln der deutschen Grammatik überträgt, bis zur freien Bearbeitung, Nachdichtung und Umdichtung einschließlich der Zusammenstellung von Exzerpten, Kompilation, Paraphrase und Kommentar. Je nach gewähltem Übersetzungstyp ist der Einfluss des Lateins größer oder kleiner. So lehnt sich der *Tatian*, eine kompilatorische Zusammenstellung des Lebens Jesu aus den vier Evangelien (»Evangelienharmonie«), im zweiten Viertel des 9. Jahrhunderts im Kloster Fulda entstanden, von einzelnen Partien abgesehen, eng an die lateinische Vorlage an, bis hin zur strengen Wort-für-Wort-Wiedergabe. Otfrids Evangeliendichtung, die denselben Gegenstand behandelt, verdankt dem Latein hingegen nur noch den Stoff an sich sowie das Vers- und Gattungsmuster.

Zu dieser Übersetzungsliteratur im weitesten Sinn gehören in den Anfängen die Glossen und Vokabularien, die gesamte kirchliche und katechetische Gebrauchsliteratur – Vaterunser, Glaubensbekenntnis, Beichtformeln usw. –, Bibelübersetzung und Bibeldichtung, Heiligenlieder, Versgebete, Glaubenslehre in Vers und Prosa, gereimte Sündenklagen, vorscholastische Theologie, Paraphrasen und Kommentare des Hohenlieds u.a.m. In späterer Zeit kamen die naturkundliche, geographische, medizinische und kanonistische Wissensliteratur dazu, die Lehrdichtung, Diätetiken, Prognostik und Komputistik, Geschichtsschreibung und Geschichtsdichtung mit ihren verschiedenen Untergattungen, der Bibelepik und der Hagiographie, die Vorform unseres Dramas, das geistliche Spiel, dazu kommen die Kurzerzählungen, in denen das lateinische Exemplum fortlebt, und vor allem die kaum mehr zu überschauende Fülle geistlicher Prosa in ihren unterschiedlichen Formen, die insbesondere das Bild der Literatur aus dem späten Mittelalter dominiert: die Erbauungsliteratur mit ihren geistlichen Kompendien, den Trostbüchern, der *Ars-moriendi*-Literatur mit ihren Anleitungen zum christlichen Sterben, Gebet- und Gesangbüchern, Bußschriften und Betrachtungen über die Leiden Christi und seiner Mutter; das katechetische und apologetische, dogmatische und moraltheologische Schrifttum; die liturgischen und scholastisch-spekulativen Schriften und die Predigt. Es gibt kaum eine literarische Gattung, die nicht direkt oder indirekt an der lateinischen Schriftkultur partizipiert hätte (zu den Ausnahmen s. unten und Kap. I.4).

Freilich wurde nicht alles übersetzt. Insbesondere die zentralen Texte der lateinischen Theologie und Philosophie gelangten nicht oder allenfalls als Teilübersetzung ins Deutsche. Dafür fehlten wohl vor allem die bildungsmäßigen Voraussetzungen. Übersetzen hieß deshalb immer auch Aufbereitung des lateinischen Fachwissens für den nichtlateinkundigen Laien, hieß Popularisierung. Die Rücksicht auf das Publikum bestimmte deshalb nicht nur die Wahl der Literatursprache, sondern auch die Auswahl der Themen und die Art und Weise ihrer Aufbereitung. Nur in den wenigsten Fällen hat man wortwörtlich übersetzt. Wo dies geschah, wie etwa bei den interlinearen Verdeutschungen des Psalters, diente die Wort-für-Wort-Übersetzung zumeist als Hilfsmittel im Lateinunterricht, verblieb also in der Sphäre lateinischer Bildung wie der überwiegende Teil der lateinisch-deutschen Wörterbücher, die uns massenhaft namentlich aus dem späten Mittelalter überliefert sind. Ganz andere Interessen bedienten hingegen die *sensus-de-sensu*-Übersetzungen, unabhängig davon, ob sie in den Händen von Klerikern verblieben oder unmittelbar von Nichtlateinkundigen genutzt wurden. In solchen Fällen ging der Transfer lateinischer Wissensinhalte in die volkssprachig-laikale Kultur beinahe immer auch mit einer Popularisierung der Inhalte einher.

Drei große Ausnahmen gibt es freilich. Die eine ist die althochdeutsche und mittelhochdeutsche Heldendichtung, der Stoffe aus der germanischen Völkerwanderungszeit zugrunde liegen. Diese Heldendichtung entstand autochthon und unabhängig von der schriftliterarischen lateinischen Tradition. Sie geriet freilich mit ihr in Kontakt in dem Augenblick, da sie verschriftlicht wurde. Die verschriftlichte Heldenepik ist so immer schon Zeugnis für die Zwischenkultur, die sich aus dem Kontakt von klerikaler und laikaler Bildungswelt ergab. Gleiches gilt für die wenigen Relikte vorchristlich-magischer Beschwörungsrituale, die auf uns gekommen sind; die beiden *Merseburger Zaubersprüche* sind die einzigen Zeugnisse, die bei ihrer Verschriftung nicht christlich überformt wurden.

Ausgenommen von dem Generalbefund ist auch die höfische Literatur der zweiten Hälfte des 12. Jahrhunderts: der höfische Roman und die Liebeslyrik, dessen Vorlagen und Vorbilder aus der Romania – und damit allerdings aus einer christlich präformierten und rhetorisch durchgebildeten Kultur – stammen (s. Kap. I.4). Der Antikenroman, der Liebesroman, der Artusroman, der Rheinische Minnesang, der sich dem Modell der Hohen Minne verpflichtet hat: das alles ist ohne die provençalische und altfranzösische Literatur nicht denkbar.

Die dritte Ausnahme stellt schließlich die volkssprachige Mystik dar. Während die deutsche geistliche Prosa nahezu uneingeschränkt auf mehr oder weniger textnahen Übertragungen, später auch auf freien Adaptationen lateinischer Theologie und Frömmigkeit beruht, trifft dies für die bedeutendsten Werke der volksprachigen Mystik gerade nicht zu; von einzelnen theologischen Vorstellungen und Begriffen abgesehen, ist es in keinem einzigen Fall gelungen, lateinische Quellen nachzuweisen. Dies gilt selbst für Meister Eckhart, der gelehrte lateinische Scholastik und deutsche Mystik in einer Person – und in einem Werk – vereinigte.

Die überwiegende Zahl der deutschen Texte aber – die wir nicht in Augenschein nehmen, wenn wir uns nur auf die sog. Höhenkammliteratur konzentrieren – verdankt ihre Existenz der lateinischen Schriftkultur. Sie sind Zeugnisse einer umfassenden »Germanisierung lateinischer Literatur« (Hanns Fischer).

Es gab freilich auch, in bescheidenerem Umfang, den Kulturtransfer in die entgegengesetzte Richtung, von der Volkssprache ins Latein, und dies beinahe von Anfang an. Nicht nur volkssprachige Wörter wurden ins Lateinische entlehnt, z. B. das ahd. anfrk. Substantiv *werra* (mhd. *werre*)» Verwirrung, Not, Zwietracht, Krieg«, das als *gwerra* ins Mittellateinische entlehnt wurde (vgl. auch frz. *guerre* und it. *guerra*). Auch die Änderungen im Metrum, die sich im Mittellateinischen beobachten lassen, also der Übergang vom quantitativen Akzent zum dynamischen, verdanken sich dem Kontakt mit den Volkssprachen. Die Polemiken der Humanisten geben Hinweise darauf, dass auch Germanismen der verschiedensten Art im Lauf der Zeit Einzug in das gesprochene Latein – nicht in die literarischen Zeugnisse – gehalten haben, Wendungen wie *Ego habeo hic lites cum uno*, »Ich habe hier Streit mit einem« oder *tibi bene vadit*, »dir geht's gut«, die Heinrich Bebel in seiner *Comoedia de optimo studio iuvenum* (1501) aufs Korn genommen hat.

Am wichtigsten ist aber das Phänomen, das Hanns Fischer als »Latinisierung deutscher Literatur« bezeichnet hat. Prominente Beispiele für Übersetzungen deutscher Stoffe und Dichtungen ins Latein sind das (verlorene) *Galluslied* Ratperts von St. Gallen (um 840/50–vor 912), das Ekkehard IV. in rhythmisiertes Latein übertrug, und der *Waltharius*, ein lateinisches Versepos aus dem 9. oder 10. Jahrhundert, dem die aus der germanischen Zeit stammende Walthersage zugrunde liegt; Thema dieser Heldensage, die zum Teil nibelungisches Personal hat, ist der Konflikt zwischen Vasallentreue und Schwurfreundschaft von Waffenbrüdern. Auch das nur fragmentarisch aus dem letzten Drittel des 11. Jahrhunderts überlieferte Hexametergedicht *Ruodlieb* geht auf mündliche volkssprachige Quellen zurück. Beispiele aus der Zeit um 1200 sind die von Arnold von Lübeck veranstaltete Übersetzung von Hartmanns von Aue Verslegende *Gregorius* (*Gesta Gregorii Peccatoris*), die lateinische Adaptation der *Kindheit Jesu* Konrads von Fußesbrunnen und die Übertragung des Prologs von Wolframs *Willehalm* 1,1–3,24 in 60 Hexameter. *Herzog Ernst* wurde im 13. Jahrhundert gleich dreimal ins Lateinische übersetzt, einmal davon sogar in Hexameter, nach dem Vorbild der Ende des 12. Jahrhunderts entstandenen *Alexandreis* Walthers von Châtillon. Ein Beispiel vom Ende unserer Literaturepoche ist Sebastian Brants satirisches *Narrenschiff*, das 1494 im Druck erschien und danach wiederholt ins Lateinische übertragen wurde. Vielleicht muss man auch das *Rolandslied* hierher stellen, das der Pfaffe Konrad um 1170 nach altfranzösischer Vorlage gedichtet hat. Wenn man seinen Angaben glauben will, hat er die *Chanson de Roland* zunächst ins Latein und erst über diese Zwischenstufe ins Deutsche übertragen. Erhalten hat sich von dieser lateinischen Übersetzung nichts. Doch gleichgültig, ob es sie nun gegeben hat oder nicht, zeigt der Fall doch Autorität und Verbindlichkeit, welche die Bildungssprache Latein für den klerikal gebildeten Autor Konrad hatte. Eine vergleichbare Vorstellung liegt auch der *Nibelungenklage* (um 1200) zugrunde, derzufolge Bischof Pilgrim von Passau die Nibelungensage in lateinischer Sprache hat aufzeichnen lassen (v. 4295 ff.).

Die Gründe für die Übersetzungen ins Latein sind von Fall zu Fall verschieden. Dort, wo die volkssprachige Vorlage in lateinische Verse übersetzt wurde, darf man am ehesten mit einer poetisch-rhetorischen Schulübung rechnen; für die beiden Übertragungen von Hartmanns *Gregorius* in lateinische Hexameter – neben der Arnolds von Lübeck noch eine anonyme – trifft dies mit Sicherheit zu. Anders sieht es mit den nüchternen lateinischen Prosatexten aus, die oft nicht mehr als eine Inhaltsangabe darstellen. Hier geht es primär um die Vermittlung aparter Stoffe oder stofflicher Details, die anderweitig wenig oder nicht bekannt waren. So pragmatisch begründet etwa der Übersetzer der *Kindheit Jesu* seine Arbeit: Vermittlung von Kenntnissen, die *non multis nota sunt* »vielen nicht bekannt sind«. Gern brachte man aber auch ein anderes Argument vor: Die Würde des Erzählten und seine belehrende Funktion seien erst durch den Transfer in die Kultursprache Latein angemessen zur Geltung zu bringen. Das gilt übrigens nicht nur für die Übersetzung aus dem Deutschen. Auch in Italien, wo das *volgare*, die italienische Volkssprache, erst Ende des 13. Jahrhunderts durch Dante in Theorie und Praxis literaturfähig gemacht wurde, begründete Petrarca z. B. seine lateinische Übersetzung der *Griseldis* aus Boccaccios *Decameron* damit, dass es eine schöne Geschichte sei, bedeutsam und wert, dass man sie auch denen, die nicht des Italienischen mächtig seien, durch eine Übersetzung ins Lateinische zugänglich machen solle. Auch am Ende des Mittelalters war Latein noch die Koiné, die Weltsprache der Gebildeten in ganz Europa. Im Falle der Übertragung von Mechthilds von Magdeburg *Fließendem Licht der Gottheit* (3. Viertel 13. Jahrhundert) oder anderer Zeugnisse einer volkssprachigen Spiritualität, etwa einzelner Schwesternbücher oder *Gottesfreund*-Traktate, gehört die Latinisierung wohl auch zu den Strategien, visionäre Erfahrungen und theologische Inhalte jenseits der Schulgelehrsamkeit gegen Häresieverdacht zu schützen; zugleich kam darin aber auch die Wertschätzung dieser Schriften in gelehrten Kreisen zum Ausdruck. Der Gehalt der Texte wurde indes bei der Latinisierung in der Regel konventionalisiert, ihr innovatives Potential entschärft.

Manifest werden Existenz und Zusammenwirken der lateinischen und der volkssprachigen Kultur, wenn die beiden Sprachen und Literaturen unmittelbar zusammentreten: in den Œuvres zweisprachig schreibender Autoren, in lateinisch-deutschen Mischtexten, in der Überlieferungssymbiose lateinisch-deutscher Mischhandschriften, bei lateinischen Paratexten in deutschen Handschriften und umgekehrt, bei Schreibern und Sammlern mit zweisprachiger Kompetenz. Zu diesen gehören Michael de Leone (um 1300–1355), Jurist und Protonotar des Würzburger Bischofs, der zwei umfangreiche Sammlungen lateinischer und deutscher Texte, das sog. *Manuale* für die Ausbildung der Kleriker von Neumünster und das *Hausbuch* mit Texten zur Lebensführung, Liebesliedern, Sangsprüchen u. a. zum Gebrauch in der Familie anlegen ließ, und der etwa gleichaltrige Rudolf Losse (um 1310–1364), Jurist aus einem thüringischen Ministerialengeschlecht, der sieben Sammelhandschriften, darunter zwei wichtige Corpora lateinischer und deutscher Gedichte, veranlasste.

Zweisprachig schreibende Autoren gab es besonders seit dem späten 13. Jahrhundert, doch schon Otfrid von Weißenburg vertrat mit lateinischen Bibelkommentaren, Glossen und Bibeldichtung in althochdeutscher Sprache den Typus des zweisprachigen Autors. Unter den Sangspruchautoren des 13. und 14. Jahrhunderts, die, wie Heinrich von Meißen, der sich selbst Frauenlob nannte (um 1280/1318), und

Heinrich von Mügeln (um 1350/80), teilweise über eine fundierte lateinische Bildung verfügten, war der Marner mit seinem Repertoire von lateinischen und deutschen Liedern und Sprüchen gleichwohl eine Ausnahme.

Häufiger begegnen zweisprachige Œuvres bei Theologen und bei Autoren der sog. Wissensliteratur, jener Wissensbücher also, die »das Wissen in seiner Gesamtheit oder in einem bestimmten Teilbereich« – etwa Bibel- und Glaubenswissen, Naturkunde, Geographie, Medizin und Geschichte – »enthalten, es nach bestimmten Konzepten ordnen und in einer bestimmten didaktischen Sprache präsentieren« (Norbert Richard Wolf 1987).

So sind von Meister Eckhart, einem der berühmtesten Theologen und Mystiker des Mittelalters (um 1260–1328), ein groß geplantes, indes Torso gebliebenes Kommentarwerk zur Bibel, das *Opus tripartitum*, und das *Opus sermonum* mit Predigtentwürfen in Latein und zahlreiche deutsche Predigten und Traktate überliefert, von Heinrich Seuse (um 1295/97–1366) zwei Andachtsbücher, ein passionsmystischer Mosaiktraktat, eine Autobiographie, Predigten und Briefe auf deutsch und lateinisch eine erweiterte Neubearbeitung seines *Büchleins der ewigen Weisheit*, das *Horologium sapientiae*, die sich, anders als das *Büchlein*, an theologische Berufskollegen richtete.

Vom Bamberger *magister* und *rector scolarum* Hugo von Trimberg (um 1230/40–nach 1313) ist ein umfangreiches Werk erhalten, das neben dem *Renner*, einer deutschen Lehrdichtung, vier lateinische Schriften – die *Laurea Sanctorum*, eine Zusammenstellung der in kalendarischen Merkversen vorkommenden Heiligen, das *Registrum multorum auctorum*, eine Übersicht über die lateinischen Schulautoren des hohen Mittelalters, die Exempelsammlung *Solsequium* und einen Epilog zu dem anonym überlieferten Marienleben *Vita beate virginis Marie rhythmica* – sowie ein lateinisch-deutsches Mischgedicht *Von der Jugend und dem Alter* umfasst.

Der gelehrte Geistliche Konrad von Megenberg (1309–1374) ist Autor eines vielfältigen Werkes, das aus lateinischen Schriften aus dem Gebiet der Hagiographie, Theologie, Philosophie, Moralphilosophie, Kirchenpolitik und Kirchenrecht sowie lateinischen und deutschen Schriften zur Naturkunde besteht.

Als Repräsentant einer spezifisch lateinisch-deutschen literarischen Kultur gilt auch Heinrich von Mügeln, und dies nicht allein wegen seines zweisprachigen Œuvres, sondern auch deshalb, weil er lateinische Gelehrsamkeit in großem Umfang in den poetischen Diskurs einbrachte. Auf deutsch kommentierte er eine Schrift des Valerius Maximus, *Facta et dicta memorabilia* (um 31 n. Chr.), und deutsch sind auch die allegorische Dichtung *Der meide kranz* und eine gewaltige Zahl von Sangsprüchen, lateinisch der Überblick über die Bücher des Alten Testaments (*Libri tocius biblie*); Darstellungen der Sieben Freien Künste hat er hingegen in deutschen Strophen und in lateinischem Prosimetrum abgefasst, seine Ungarnchronik aber in deutscher Prosa und in kunstvollem lateinischen Prosimetrum.

Es ist dies kein Einzelfall; auch andere Chroniken existieren in Doppelausgaben: Jakob Twinger von Königshofen bediente sich für seine deutsche *Croniken* einer breiten lateinischen Materialsammlung (*Cronica nova de diversis collecta*); Andreas von Regensburg (um 1380–nach 1438), Augustinerchorherr und Historiograph, fertigte selbst eine deutsche Übersetzung seiner *Chronik von den Fürsten Bayerns* an (die wiederum zweimal ins Latein rückübersetzt wurde); und auch Sigismund Meisterlin (um 1435–nach 1497) übertrug seine Geschichte der Stadt Augsburg (*Cronographia Augustensium*) sofort nach Fertigstellung für den Augsburger Rat ins Deutsche.

Hinweise auf die intensive Symbiose von Latein und Deutsch geben schließlich auch Texte mit Sprachmischung. Sie gab es beinahe von Anfang an und das ganze Mittelalter hindurch und mit je verschiedener ästhetisch-programmatischer Intention. Prominente Beispiele aus dem frühen Mittelalter sind das Gedicht *De Heinrico* (nach 996), das vom feierlichen Empfang eines Herzogs Heinrich von Baiern durch einen Kaiser Otto und seiner Einsetzung zum kaiserlichen Ratgeber handelt, und das ebenfalls in den berühmten *Carmina Cantabrigiensia* überlieferte Liebeslied *Kleriker und Nonne* sowie das umfangreiche gelehrte Œuvre Notkers III. von St. Gallen, dessen lateinische Texte mit althochdeutschen Begriffen, Beispielen und Sprichwörtern durchsetzt sind. Aus der Zeit um 1060 stammt der lateinisch-deutsche Mischtext von Willirams von Ebersberg *Hoheliedkommentar*, der als dreispaltige Synopse angelegt ist: in der Mitte der Text der Vulgata, in der linken Spalte der lateinische Verskommentar und in der rechten der deutsche Prosakommentar (s. Abb. S. 118). Nicht weniger als sechs lateinisch-deutsche Mischgedichte enthalten die um 1225/30 aufgezeichneten *Carmina Burana*, eine der großen Sammlungen anonym überlieferter weltlicher lateinischer Dichtung des 12. und frühen 13. Jahrhunderts, die man fälschlich mit dem Begriff ›Vagantenlyrik‹ belegt hat, darunter Carmen Buranum 185, die Klage eines Mädchens, das Opfer männlicher Gewalt geworden ist und sich das Geschehen erinnernd vergegenwärtigt. Die Volkssprache erweist die Ich-Sprecherin als Angehörige der Laienschicht, der Wechsel der Sprachbereiche und damit auch der Bildungsregister ist »Mittel des intellektuellen Spiels« und Vergnügens (Klaus Grubmüller). Die erste Strophe dieses um 1160/90 entstandenen Liedes lautet:

> ICH was ein chint so wolgetan,
> uirgo dum florebam,
> do brist mich div werlt al,
> omnibus placebam.
> *Refl.* Hoy et oe!
> maledicantur thylie
> iuxta uiam posite!

»Ich war ein hübsches Kind, in der Blüte meiner Jungfräulichkeit. Damals sang die ganze Welt mein Lob, allen gefiel ich. *Refrain.* Ach und weh! Verflucht seien die Linden, die am Wegrand stehen!«

Bekannte Beispiele für Zweisprachigkeit sind auch das im 14. Jahrhundert entstandene Weihnachtslied *In dulci jubilo, nu singet und seit fro,* das sich in seiner spezifisch sprachlichen Struktur an der Glossierungspraxis des Schulunterrichts oder auch an der Zurichtung lateinischer Texte für die Gebets- und Andachtspraxis der Nichtlateinkundigen orientiert, und, aus dem 16. Jahrhundert, Luthers Tischreden, deren deutsche Sätze mit lateinischen Lexemen und Wortgruppen, häufig theologischen Begriffen, durchsetzt sind. Namentlich im späten Mittelalter und in der Reformationszeit wurde Sprachmischung gern in parodistischer oder auch in satirisch-polemischer Absicht verwendet. So enthält *Fichards Liederbuch,* eine Liedersammlung aus dem dritten Viertel des 15. Jahrhunderts, eine Parodie auf den liturgischen Introitus (Ps 37,23): *Deus in adiutorium meum intende, sprach ein hubsches nunnelin, das was behende* (»Gott, eile mir zur Hilfe, sagte ein hübsches Nönnlein, das war geschickt und schlau«).

Die Vielfalt der Erscheinungen belegt, dass eine schematische Unterscheidung in lateinische Kulturwelt hier, volkssprachige da eine Simplifizierung darstellt, die allenfalls als heuristische Kategorie taugt. Die mittelalterliche Kultur ist eine komplexe Kultur der Zweisprachigkeit, in der beide Bereiche an einer umfassenden Entwicklung hin zur Schriftlichkeit beteiligt sind und in der sich hochkomplexe Formen des sprachlichen Kontakts und der Verschränkung der beiden Sprachen herausgebildet haben.

Literatur: Hanns Fischer: Deutsche Literatur und lateinisches Mittelalter. In: Werk – Typ – Situation. Studien zu poetologischen Bedingungen in der älteren deutschen Literatur. Hg. von Ingeborg Glier u. a. Stuttgart 1969, S. 1–19; Klaus Grubmüller: Latein und Deutsch im 15. Jahrhundert. Zur literaturhistorischen Physiognomie der ›Epoche‹. In: Deutsche Literatur des Spätmittelalters. Ergebnisse, Probleme, Perspektiven der Forschung. Hg. von der Ernst-Moritz-Arndt-Universität Greifswald. Greifswald 1986 (Deutsche Literatur des Mittelalters 3), S. 35–49; Günter Hess: Deutsch-lateinische Narrenzunft. Studien zum Verhältnis von Volkssprache und Latinität in der satirischen Literatur des 16. Jahrhunderts. München 1971 (MTU 41); Susanne Köbele: Bilder der unbegriffenen Wahrheit. Zur Struktur mystischer Rede im Spannungsfeld von Latein und Volkssprache. Tübingen/Basel 1993 (Bibliotheca Germanica 30); Konrad Kunze: Lateinische Adaptation mittelhochdeutscher Literatur. Mit Edition der *Infantia Jesu* nach Konrad von Fussesbrunnen. In: Überlieferungsgeschichtliche Editionen und Studien zur deutschen Literatur des Mittelalters. Kurt Ruh zum 75. Geburtstag. Hg. von K. K. u. a. Tübingen 1989 (TTG 31), S. 59–99, hier S. 60–64; Latein und Volkssprache im deutschen Mittelalter 1100–1500. Regensburger Colloquium 1988. Hg. von Nikolaus Henkel und Nigel F. Palmer. Tübingen 1992 (mit einem vorzüglichen Forschungsbericht S. 1–18); Latin and Vernacular. Studies in Late-medieval Texts and Manuscripts. Hg. von Alastair J. Minnis. Cambridge 1989 (York Manuscripts Conferences. Proceedings ser. 1); Dietmar Jürgen Ponert: Deutsch und Latein in deutscher Literatur und Geschichtsschreibung des Mittelalters. Stuttgart 1975 (Studien zur Poetik und Geschichte der Literatur 43); Kurt Ruh: Vorbemerkungen zu einer neuen Geschichte der abendländischen Mystik im Mittelalter. In: K. R.: Kleine Schriften. Bd. II: Scholastik und Mystik im Spätmittelalter. Hg. von Volker Mertens. Berlin/New York 1984, S. 337–363; Heinz Rupp: Über das Verhältnis von deutscher und lateinischer Dichtung im 9. bis 12. Jahrhundert. GRM N.F. 8 (1958) 19–34; Wissensorganisierende und wissensvermittelnde Literatur im Mittelalter. Perspektiven ihrer Erforschung. Hg. von Norbert Richard Wolf. Wiesbaden 1987 (Wissensliteratur im Mittelalter 1).

c. Historische Lebens- und Gebrauchssituationen

Die lebhafte Interferenz der beiden Sprachen und, damit verbunden, Bildungswelten bestimmt nicht zuletzt die historische Lebens- und Gebrauchssituation der Texte. Gemeint sind damit nicht nur zwischen Latein und Deutsch hin und her wechselnde Benutzungshinweise, glossierende Bemerkungen und Ergänzungen in den Handschriften, die entsprechende Sprachkompetenz der Benutzer voraussetzen, und die lateinisch-deutschen Sammelhandschriften, die in der Überlieferung der Wissensliteratur mindestens bis 1400 der Regelfall sind. Von Zweisprachigkeit war über einen größeren Zeitraum hinweg auch die städtische Verwaltung des späteren Mittelalters und ihre Schriftlichkeit bestimmt, bis die Volkssprache das Latein in allen einschlägigen Textsorten abgelöst hatte.

Die Entwicklung verlief dabei in mehreren Schüben. Sie begann mit den Stadtrechten im zweiten Viertel des 13. Jahrhunderts; die ältesten überlieferten deutschen Texte sind das *Braunschweiger Stadtrecht*, das vermutlich 1227 erlassen wurde, und das *Mühlhäuser Reichsrechtsbuch* von 1224–31. Es folgten die städtischen Urkunden, die seit Mitte des 14. Jahrhunderts ebenfalls auf deutsch ausgestellt wurden, wobei die Urkundenpraxis des Adels das Vorbild abgab, und die städtische Geschichtsschreibung, die von Geistlichen oder von Stadtschreibern im Auftrag des Rats oder aus eigener Initiative betrieben wurde; die erste deutsche Stadtchronik verfasste Gottfried Hagen mit seinem (gereimten) *Boich van der stede Coelne* vom Jahre 1270. Danach wurden auch die Stadtbücher von dieser Entwicklung erfasst und zuletzt, ab dem zweiten Drittel des 14. Jahrhunderts, die kaufmännischen Handels- bzw. Rechnungsbücher. Das aber bedeutet, dass über einen großen Zeitraum hinweg lateinische und deutsche Texte in der städtischen Verwaltung nebeneinander existierten.

Diese Gleichzeitigkeit lässt sich exemplarisch am Beispiel der Hansestadt Lübeck zeigen. Hier ging man in Urkunden und Verträgen, also in den nach außen gerichteten Schriften der zentralen Ratskanzlei, bereits Anfang des 14. Jahrhunderts zur Volkssprache über, in der internen Verwaltung hingegen, im Akten- und Rechnungswesen, erst gut hundert Jahre später. Das Memorialbuch des Rates, 1318 lateinisch angelegt, wurde ab 1406 niederdeutsch geführt, die Bücher der Sonderämter ab 1417, das die privaten Schuldverschreibungen verzeichnende Niederstadtbuch ab 1418, das Oberstadtbuch, das Grundbuch des Rates, und das Kopialbuch der städtischen Privilegien allerdings erst ab 1455. Die Ratsverwaltung vollzog den Wechsel vom Latein zur Volkssprache nur zögernd und auch nur aus Rücksicht auf nichtlateinkundige Ratsmitglieder oder andere Adressaten. Erste Zeugnisse einer volkssprachigen Geschichtsschreibung sind hingegen schon für das ausgehende 13. Jahrhundert belegt, ohne die lateinischen Formen ganz zu verdrängen (vgl. die auf den Zeitraum von 1264–1324 bezogenen *Annales Lubicenses* aus den 1320er Jahren). Die niederdeutsche Chronistik beginnt mit einem Kurzbericht über die Stadt betreffende Ereignisse, die der Ratsschreiber Alexander Huno im Auftrag des Ratsherrn Albrecht von Bardewik 1298 ins Urkundenkopienbuch eintrug; Albrecht übernahm diesen Bericht in seine Chronik, die im selben Jahr entstand. Als Verfasser einer Chronik zur Lübecker Geschichte sind auch der Stadtschreiber Johannes Rode († 1349) und der Franziskaner Detmar von Lübeck (Chronik 1385) bezeugt. Man kann diesen Befund aus nationalsprachlicher Perspektive teleologisch, nämlich als allmähliche Emanzipation der Volkssprache vom Latein, deuten. Historisch angemessener scheint es jedoch zu sein, von einer selbstverständlichen Koexistenz der beiden Sprachen in einem kulturellen Gesamtsystem zu reden.

Indikatoren einer solchen zweisprachigen Schriftkultur sind aber nicht nur die in einem spezifischen Gebrauchszusammenhang entstandenen lateinischen und deutschen Texte und Textsorten, sondern auch alle lateinisch-deutschen Sammelhandschriften, die planvoll nach bestimmten Kriterien angelegt worden sind, im Unterschied zu den sog. ›Buchbindersynthesen‹, die aus bloß konservatorischem Interesse Faszikel gleichen Formats, aber beliebigen Inhalts oft lange nach ihrer Entstehung zwischen zwei Buchdeckeln vereinigten. Auswahl und Anordnung der Texte in solchen lateinisch-deutschen Mischhandschriften erlauben es, deren historische Gebrauchssituation, ihren ›Sitz im Leben‹, zu rekonstruieren.

Ein Beispiel dafür ist Manuscriptum 149 (olim 682) der Stadtbibliothek Schlettstadt, eine im ausgehenden 14. Jahrhundert entstandene Sammelhandschrift mit weit über 100 überwiegend lateinischen Einzeltexten theologisch-homiletischen und grammatischen Inhalts, darunter Texte der deutschen Mystik. Zu den grammatischen Texten zählen u. a. eine metrifizierte Sachwortsammlung, das um theologischen Abstraktwortschatz aus dem *Abstractum*-*Glossar* erweiterte lateinisch-deutsche Wörterbuch Fritsche Closeners und ein sich darauf beziehendes deutsch-lateinisches

Register, die Erklärung biblischer Namen sowie eine kleine Synonymensammlung mit deutschem theologischen Wortschatz. Diese Wörtersammlungen stehen im Verbund mit verschiedenen theologischen Materien und Textsorten: Abschnitten der Bibel für die Lesung im Gottesdienst, den sog. Perikopen, Predigten und Predigtentwürfen, Mirakeln, Viten und Legenden, verschiedensten Notizen juristischen und (moral-)theologischen Inhalts, die Mehrzahl davon anonym. Das Predigtmaterial, fast durchweg ohne Namen überliefert, ist disparat und zum Teil aus älteren Sammlungen geschöpft. Soweit man die Verfasser identifizieren konnte, handelt es sich um Angehörige des Dominikaner- und des Franziskanerordens. Eine Besonderheit dieser Sammlung sind zwei deutsche Predigten aus dem Umfeld Meister Eckharts bzw. Heinrich Seuses und Auszüge aus *Meister Eckharts Wirtschaft*, einem fiktiven Tischgespräch über Themen der Eckhartschen ›Lebenslehre‹, sowie ein Corpus lateinisch-deutscher Mischtexte, Predigten und Notae, die ebenfalls in den Umkreis der Mystik gehören. (Haupt-) Schreiber und Besitzer der Handschrift sind nicht bekannt; sicher ist jedoch, aufgrund des Inhalts und zweier Einträge einer Nachtragshand, franziskanische Herkunft. Die Handschrift stellt so das Vademecum oder das theologische Studienheft eines Seelsorgers aus dem Minoritenorden dar, der für die Vorbereitung seiner volkssprachigen Predigten nicht nur lateinische Sermones und andere geeignete Gegenstände zusammengestellt hatte, sondern auch kleinere und größere Wörterbücher, um bei Bedarf schwierige lateinische Vokabeln nachschlagen zu können. Der Wechsel von einer Sprache in die andere ergab sich beinahe selbstredend aus der Gebrauchssituation, war gewissermaßen berufsbedingt.

Eine für das spätere Mittelalter typische Überlieferung ist auch Mgq 1245 aus der Berliner Staatsbibliothek – Preußischer Kulturbesitz, eine im ersten Viertel des 14. Jahrhunderts von vier Händen kontinuierlich geschriebene Sammelhandschrift, in der lateinische und deutsche medizinische Texte in bunter Reihe aufeinanderfolgen: zu Beginn der deutsche *Macer*, eine der bedeutendsten Sammlungen von Artikeln über Heilpflanzen (erste Hälfte 13. Jahrhundert), danach ein weiteres Kräuterbuch, der *Niederdeutsche Gewürztraktat*, das *Kleine niederdeutsche Arzneibuch* nebst einigen lateinischen und deutschen Rezepten und einem lateinischen Aderlasstraktat. Daran schließt sich ein größerer Komplex überwiegend mit lateinischen Schriften des Alexander Hispanus an: einem Monatsregimen sowie Traktaten über Fieber, Lepra, Blutfluss und Lähmung, dazwischen der anonyme lateinische *Galgant-Gewürztraktat*. Der dritte Textblock umfasst verschiedene Abhandlungen zur Herstellung von Medikamenten, im Zentrum das *Antidotarium Nicolai*, genannt nach seinem Autor Nicolaus Salernitanus (um 1150), lateinisch auch dieses wie die Rezepte, der Synonymenschlüssel für die Arzneien und die Übersicht über die pharmazeutischen Maße und Gewichte davor und danach. Nachträge und Randglossen, z. B. Indikationen, lateinisch und deutsch, zeugen nicht nur von lebhaftem Gebrauch, sondern auch vom Interesse, die Kräuterbücher und pharmakologischen Abhandlungen als Nachschlagewerk bei Krankheiten zu nutzen. Die Zweisprachigkeit der Handschrift setzt Kompetenz des Benutzers bzw. der Benutzer in beiden Sprachen voraus. Textchronologie und Benutzerspuren zeigen aber auch, dass in der Praxis ein Bewusstsein für die Differenz zwischen den beiden Sprachen und Bildungswelten kaum bestanden hat und der Wechsel von der einen in die andere Sprache ebenso selbstverständlich wie unerlässlich war. Erst der Humanismus, der für die Wiederbelebung der lateinischen Sprachkultur der Antike warb, schärfte wieder den Blick für die Differenz der beiden Sprachen und Kulturen.

Literatur: Der deutsche ›Macer‹. Vulgatfassung. Mit einem Abdruck des lateinischen Macer Floridus ›De viribus herbarum‹. Kritisch hg. von Bernhard Schnell in Zusammenarbeit mit William Crossgrove. Tübingen 2003 (TTG 50); Die Vokabulare von Fritsche Closener und Jakob Twinger von Königshofen. Überlieferungsgeschichtliche Ausgabe. Hg. von Klaus Kirchert zusammen mit Dorothea Klein. Bd. 1. Tübingen 1995 (TTG 40); Ponert; Ingo Reiffenstein: Zur Begründung der Schriftlichkeit in deutschen Urkunden des 13. Jahrhunderts. In: Sprache und Recht. Beiträge zur Kulturgeschichte des Mittelalters. Fs. für Ruth Schmidt-Wiegand. Hg. von Karl Hauck. Bd. 2. Berlin/New York 1986, S. 659–699; Doris Tophinke: Handelstexte. Zu Textualität und Typik kaufmännischer Rechnungsbücher im Hanseraum des 14. und 15. Jahrhunderts. Tübingen 1999 (ScriptOralia 114).

d. Rhetorik und Poetik

Mittelalterliche Literatur ist zu einem großen Teil rhetorische Literatur. Für den Literaturwissenschaftler bedeutet das, dass er immer eine »rhetorische Textmentalität« der Autoren (Georg Braungart) einkalkulieren muss, d. h. ein Verständnis der Dichtung, des Textes allgemein als einer *ars*, die nach bestimmten erlernbaren Regeln wie ein Handwerk verfertigt wird. Dies gilt nicht nur für die lateinischen Texte, sondern auch für die volkssprachigen, waren die volkssprachigen Autoren doch vielfach, bis ins späte Mittelalter sogar regelmäßig klerikal gebildet und damit in lateinischer Grammatik und Rhetorik geschult. Wie mittelalterliche Autoren rhetorische Mittel einsetzten, um elaborierte Texte zu erzeugen, sei zunächst an einem kleinen Ausschnitt aus dem Prolog von Gottfrieds von Straßburg *Tristan* (v. 50–66) gezeigt; darin erklärt Gottfried, für welche Hörer und Leser seine Geschichte gedacht ist:

50	ich meine ir aller werlde niht
	als die, von der ich hoere sagen,
	diu deheine swære müge getragen
	und niwan in fröuden welle sweben:
	diu lâze ouch got mit fröuden leben!
55	Der werlde und diseme lebene
	enkumt mîn rede niht ebene:
	ir leben und mînez zweient sich.
	ein ander werlt die meine ich
	diu sament in einem herzen treit
60	ir süeze sûr, ir liebez leit,
	ir herzeliep, ir senede nôt,
	ir liebez leben, ir leiden tôt,
	ir lieben tôt, ir leidez leben:
	dem lebene sî mîn leben ergeben,
65	der werlt wil ich gewerldet wesen,
	mit ir verderben oder genesen.

»Ich meine all jene Menschen nicht wie die, die ich nur vom Hörensagen kenne, die kein Leid ertragen können und nur auf Wolken der Freude leben wollen: Die soll Gott auch mit ihren Vergnügungen leben lassen! Für diese Menschen und solche Lebensart ist das, wovon ich erzählen will, nicht bequem: Ihr Leben und meines gehen getrennte Wege. Andere Menschen meine ich, die in einem Herzen tragen, was ihnen zugleich süß und bitter, angenehm und schmerzvoll ist, ihre Herzensfreude und ihr Liebesleid, ihr Leben voll Lust und Freude, ihren traurigen Tod, ihren Tod in Lust und Freude, ihr trauriges Leben: Diesem Leben sei mein Leben gewidmet, diesen Menschen will ich mich zugesellen, mit ihnen leben oder sterben.«

Rhetorisch ist bereits das kalkulierte Gliederungsprinzip, die Unterscheidung von guten und schlechten Hörern und Lesern; willkommen sind dem Dichter nur jene, die mit ihm in seiner Grundauffassung vom Leben und der Liebe übereinstimmen. Rhetorisch sind die Beschreibung des Publikums, das man sich für sein Werk wünscht, und die (indirekte) Adresse an die Hörer und Leser; imaginiert wird ja das ideale Publikum – diejenigen, die er nicht möchte, kennt er nur vom Hörensagen. Es ist dies eine Form der *captatio benevolentiae*, des »Haschens nach Wohlwollen«. Auf diese Weise gewinnt der Dichter die Aufmerksamkeit des Publikums für sein Thema. Beides sind übliche Bestandteile eines Prologs.

Rhetorisch sind auch die Figuren: die Aufzählung (lat. *enumeratio*) in v. 60–63 mit Asyndeton, d.h. der Reihung der einzelnen Wörter und Wortgruppen ohne verbindende Konjunktion; die Anapher *ir*, die achtmal, jeweils am Beginn und in der Mitte der Verse 60–63, wiederkehrt; die Oxymora v. 60, die zwei sich gedanklich-logisch ausschließende Begriffe verbinden, hier *süeze* und *sûr* bzw. *liep* und *leit*; die Alliteration v. 60 und 62–64, d.i. der gleiche Anlaut von Wörtern, die aufeinanderfolgen, in diesem Fall *süeze sûr, liebez leit, liebez leben, leidez leben, lebene ... leben*; der Chiasmus v. 62 f., der einander entsprechende Wörter bzw. Wortgruppen asymmetrisch überkreuzstellt (hier *ir liebez leben – ir leidez leben* und *ir leiden tôt – ir lieben tot*); der Parallelismus v. 64 f., also der syntaktische Gleichlauf mehrerer Sätze; das Polyptoton in v. 64: das Wort *leben* wird in verschiedenen Flexionsformen verwendet; die *figura etymologica* in v. 65, die zwei oder mehr Wörter des gleichen Stammes verbindet, hier *werlt – gewerldet*; und schließlich die Antithese v. 66: *verderben oder genesen*. Die Figuren sind Ausdruck eines unmittelbaren Wirkungswillens; sie steigern den Nachdruck, sie fördern die Klimax; hohler rhetorischer Effekt sind sie nicht. Vielmehr sind die Figuren unmittelbar auf das Liebeskonzept des Romans bezogen: Gerade die Chiasmen, die Oxymora und anderen Antithesen lassen sich als rhetorische Chiffren für ein Lebens- und Liebeskonzept verstehen, das Widersprüche und Ambivalenzen einschließt.

Gottfried hatte eine geistliche Bildung genossen, er kannte das gelehrte Schrifttum seiner Zeit, und er kannte die Autoren der lateinischen Klassik, wie zahlreiche Anspielungen in seinem *Tristan* verraten. Ohne diese lateinische Vermittlung ist die literarisch-rhetorische Raffinesse seines Textes nicht denkbar. Allerdings darf man nicht übersehen, dass Gottfried eine bereits hoch rhetorisierte Vorlage hatte. Seine rhetorische bzw. poetische Inspiration dürfte er deshalb zu einem guten Teil auch aus dem Roman des Thomas von Britannien empfangen haben.

Mutatis mutandis gilt dies auch für alle anderen deutschen Autoren, für die sich rhetorische Strukturen, die Herstellung eines Textes nach bestimmten Regeln und mit bestimmten Mitteln, nachweisen lassen. Das Thema ›Rhetorik, Topik und Poetik‹ gehört so in den großen Zusammenhang Latein-Deutsch einerseits, Romanisch-Deutsch andererseits.

Wichtige Etappen in der Geschichte der Rhetorik

Der Begriff ›Rhetorik‹ bezeichnet seit der Antike die Theorie (lat. *ars rhetorica*) und Praxis des wirkungsvollen Redens (lat. *eloquentia*). Als Lehre vom Reden lieferte die Rhetorik eine differenzierte Anleitung zur Herstellung von Reden, von Texten überhaupt. Sie war gleichsam Textwissenschaft, und als solche war ihr seit der Spätantike ein fester Platz im Unterricht, im System der *septem artes liberales*, zugewiesen; diese wurden »freie Künste« genannt im Unterschied zu den angewandten Wissenschaften, den *artes mechanicae*, ursprünglich aber, weil es die Bildungsfächer waren, die dem freien Mann zustanden. Die *rhetorica* bildete gemeinsam mit *grammatica* und *dialectica* das Trivium, auf dem das Quadrivium mit *arismetica*, *musica*, *geometria* und *astronomia* aufbaute. Eine Ausbildung in Rhetorik gehörte mithin zur Grundausbildung eines jeden *litteratus*, gebildeten Menschen.

Entstanden ist die Rhetorik in der klassischen Zeit Athens (6. und 5. Jahrhundert v. Chr.), während der Ausbildung der Demokratie unter Perikles. Rede und Redekenntnis waren unabdingbare Elemente im öffentlichen Leben der Polis. Besondere Bedeutung gewann die Rede als politisches und juristisches Instrument (*genus deliberativum* »beratende und entscheidende Rede« bzw. *genus iudiciale* »gerichtliche Rede«). Um eine politische Laufbahn einschlagen zu können, war Redefähigkeit und das heißt: eine rhetorische Ausbildung nötig. Die Sophisten, wandernde Weisheitslehrer, unterrichteten für Geld: Sie machten sich anheischig, jedem die Kunst beizubringen, »die schwächere Sache zur stärkeren zu machen« (Aristoteles, *Rhetorik* II 24,11). Unter diesen Bedingungen entwickelte sich die Rhetorik zu einer fragwürdigen advokatorischen Technik. Ein neues Element brachte Gorgias von Leontinoi (ca. 485–380) ein, der 427 v. Chr. als Gesandter nach Athen kam: Er beförderte die Poetisierung der Rhetorik bzw. die Rhetorisierung der Poesie. Rhetorik war fortan nicht nur ein politisches Instrument, sondern auch eine literarische Technik; Gorgias selbst gilt als der eigentliche Begründer einer antiken Kunstprosa. Platons (427–348/47) berühmtes Verdikt »Alle Dichter lügen« traf Poesie wie Rhetorik und Sophistik gleichermaßen. Gegen diese (seither nicht mehr verstummte) Fundamentalkritik machte man jedoch von rhetorischer und philosophischer Seite Front: Isokrates, einer der bedeutendsten attischen Redner (436/35–338), erhob die Rhetorik zu einem Erziehungs- und Bildungsideal, das er an die Spitze der Bildung überhaupt stellte, und das schöne Reden zur staatsbürgerlichen Pflicht. Aristoteles (384–322 v. Chr.) hingegen betrieb die philosophische Legitimation der Rhetorik, indem er sich in seiner Affektenlehre und in seiner Poetik um ihre anthropologische Fundierung bemühte. Unter der makedonischen Fremdherrschaft verlor die Rhetorik allerdings als öffentliche Beredsamkeit an Bedeutung; sie zog sich in die Schulen zurück.

Eine neue Blüte erlebte die Rhetorik in Rom im 1. Jahrhundert, wohin sie von griechischen Rhetoren seit dem 2. Jahrhundert transferiert worden war. Standardwerke, die für Jahrhunderte die Autoritäten in Sachen Rhetorik darstellten, sind die *Rhetorica ad Herennium* eines anonymen Verfassers (85 v. Chr.), die 55 v. Chr. abgeschlossenen drei Bücher *Über den Redner* (*De oratore*), Ciceros (106–43 v. Chr.) Hauptwerk zur Rhetorik, und Quintilians *Institutio oratoria* (ca. 95 n. Chr.), »das ausführlichste und systematisch am weitesten durchgeformte Rhetorikhandbuch der Antike« (Georg Braungart). Primär war die römische Rhetorik, nicht anders als in der attischen Demokratie, auf die politische und juristische Praxis bezogen. Cicero und mehr noch Quintilian sahen indes in dem Vermögen, sich angemessen ausdrücken und mitteilen zu können, nicht ein bloßes formales Können, sondern einen wesentlichen Faktor der Menschenbildung. Wie in der Geschichte der griechischen Demokratie ging mit dem Untergang der römischen Republik wiederum der Verfall der politischen Beredsamkeit einher. Die Rhetorik flüchtete sich in die Rhetorenschulen (»zweite Sophistik«), und sie bemächtigte sich auf breiter Front der Poesie: Der Verlust der öffentlichen Funktion wurde gewissermaßen durch neue Eroberungen kompensiert.

Die Geschichte der Rhetorik ist vor allem eine Geschichte des Nachlebens der antiken Rhetorik. Von großer Bedeutung war hierbei die Stellung der Kirche und der Kirchenväter zur antiken Bildung generell und besonders zum rhetorisch geschulten Sprachgebrauch gewesen. Die christlichen Autoren waren üblicherweise dem Stilideal des *sermo humilis* verpflichtet, der einfachen Sprache, in der die Bibel, vor allem die historischen Bücher des Alten und Neuen Testaments geschrieben waren; rhetorischen Schmuck lehnten sie, zumindest in der Theorie, ab. Die entscheidende Wendung zu einer christlichen Rhetorik vollzog Augustin mit seinem 426 vollendeten Lehrbuch *De doctrina christiana*, in dem er die heidnisch-antike Schulrhetorik entschlossen in christliche Dienste nahm: Beredsamkeit, rhetorische Überzeugungs- und Wirkungskraft sollten konsequent für die Verkündigung der christlichen Glaubensbotschaft nutzbar gemacht werden. »Von da an sind Notwendigkeit und Ziel einer getauften rhetorisch-literarischen Kultur im wesentlichen nicht mehr bestritten« (Max Wehrli), und im Mittelalter war die antike Kunstlehre omnipräsent. Freilich ist die Tradition nicht ungebrochen. Die Hauptwerke der Rhetorik, Ciceros *De oratore* und Quintilians *Institutio oratoria*, wurden nur in Auszügen, kaum als Ganzes gelesen. Bedeutung gewannen nun vor allem auch Spezialrhetoriken. So entwickelte sich seit dem 11. Jahrhundert die *ars dictandi*, die Lehre vom richtigen Abfassen von Urkunden, Verträgen, Verordnungen, Kanzleischreiben und dergleichen mehr; im Zusammenhang damit entstanden zahlreiche Formelbücher, die Musterbriefe usw. bieten. Neben der Jurisprudenz und Verwaltung pflegte aber auch die Theologie weiterhin das Erbe der antiken Rhetorik; hier entwickelte sich, beginnend mit Augustins *De doctrina christiana*, die *ars praedicandi* »Predigtkunst«. Es sind dies gewissermaßen Nebenzweige der Rhetorik, der ohnehin die Kompetenz für jede Form artifizieller, d. h. nicht gesprochener, Sprache zustand.

Das Modell der klassischen Rhetorik

Das klassische Modell der Texterzeugung, das sich spätestens seit der römischen Kaiserzeit herausgebildet hatte, umfasste fünf Arbeitsschritte. Wichtig ist dieses rhetorische Konzept vor allem deshalb, weil es auch Eingang in die ›neuen‹ Poetiken des 12. und 13. Jahrhunderts fand, die nicht länger die Beherrschung des Versmaßes – wie die Horazische *Poetria vetus* – zum Kriterium der Poesie erhoben, sondern kunstvolle Wortwahl und rhetorische Durchformung. In welcher Weise man sich das Wissen dieser lateinischen Poetiken aneignete, ist unklar. Sicher ist jedoch, dass lateinische wie volkssprachige Autoren die einschlägigen Vorschriften befolgt haben.

Der erste Arbeitsschritt war die Materialsammlung (lat. *inventio*). Das Material, das der Redner bzw. Autor für seine Zwecke benötigte, wurde dabei systematisch nach einem bestimmten Fragenkatalog zusammengetragen, der möglichst alle für das Thema relevanten Aspekte, Zeit, Ort, Umstände, Ursachen usw., berücksichtigen sollte. Diese Methode, zu Argumenten zu gelangen, das Prinzip, nach dem man Argumente findet, bezeichnet man als Topik (von griech. *topos*, Pl. *topoi*, »Ort«). Matthäus von Vendôme, ein Grammatiklehrer des 12. Jahrhunderts und Verfasser einer bedeutenden Poetik, hat dieses Kategorienraster prägnant in einem hexametrischen Merkvers zusammengefasst: *Quis, quid, ubi, quibus auxiliis, cur, quomodo, quando?* (»Wer, was, wo, mit welchen Mitteln, warum, auf welche Weise, wann?«). Dieser Fragenkatalog kann seine Herkunft aus der Gerichtsrede nicht leugnen, denn es sind die Fragen nach Täter, Tat, Tatort, Mittel und Werkzeug der Tat, Grund und Hergang der Tat und schließlich nach der Tatzeit. Diese Fragen bekamen indes schon früh allgemeine Verbindlichkeit; noch die mittelalterlichen Einleitungen zur Lektüre von Schulautoren, die *Accessus ad auctores*, hat man nach diesem Muster angelegt. Der Begriff des Topos bezeichnet heute jedoch vor allem den *locus communis*, einen literarischen Gemeinplatz, die Topik ein Vorratsmagazin von Beschreibungsmustern und konventionellen Metaphern.

Nach der Sammlung des Materials fordert die rhetorische Lehre dessen Gliederung (lat. *dispositio*). Hierhin gehört nun die Lehre von den Redeteilen (*partes orationis*). Unterschieden werden: die Einleitung (*exordium*) mit dem Ziel, das Wohlwollen und die Aufmerksamkeit der Adressaten zu gewinnen; der Hauptteil, der sich in die Darstellung des Themas (*propositio*), die Erzählung des Sachverhalts (*narratio*) und die Erörterung der Argumente für und wider (*argumentatio*) untergliedert; und der Schlussteil der Rede (*peroratio* und *epilogus*), dem die Absicht zugrundeliegt, die Affekte mit einem letzten Schub zu beeinflussen. Bei der *narratio* unterscheidet man wiederum die Anordnung des Stoffes nach dem *ordo naturalis* und dem *ordo artificialis*. Im ersten Fall wird der Stoff in seiner ›natürlichen‹, chronologischen Reihenfolge präsentiert, im zweiten Fall setzt er am Ende oder in der Mitte einer Ereignisfolge ein; der Beginn wird zu einem späteren Zeitpunkt nachgeholt. Dem Prinzip des *ordo artificialis* ist z. B. Vergils *Aeneis* verpflichtet, die *medias in res*, mit dem Seesturm auf der Fahrt des Aeneas von Sizilien nach Italien, einsetzt; von den vorliegenden Ereignissen, der Eroberung und dem Untergang Trojas, berichtet erst das zweite Buch. Der Autor des altfranzösischen *Roman d'Eneas* (um 1160) wie auch Heinrich von Veldeke beginnen mit einem knappen Erzählerbericht vom Fall Trojas; ein zweites Mal und sehr viel ausführlicher erzählt davon Eneas der Königin Dido. Die mittelalterlichen Autoren haben es, wie es scheint, ihrem Publikum ein wenig leichter machen wollen; einen Anspruch auf Historizität der Romane müssen sie mit dieser Trivialisierung nicht markiert haben: Der *ordo naturalis* ist nicht nur ein historiographisches, sondern auch ein poetisches Verfahren.

Dritter Schritt der Texterzeugung war die Ausarbeitung der Gliederung (lat. *elocutio*), wobei der Gegenstand, das Publikum und Stil zu koordinieren waren. Dies ist die Grundregel der sog. Dreistillehre, die sich aus der Forderung nach Beachtung der stilistischen Angemessenheit für das Thema (*decorum* bzw. *aptum*) entwickelt hatte. Von alters her unterschied man drei Stilebenen (*genera dicendi*), wobei man sich seit dem 12. Jahrhundert allein auf die materialen Gesichtspunkte beschränkte: das *genus humile*, den niedrigen, schmucklosen Stil mit alltagssprachlichem Wortschatz und einfacher Syntax; das *genus medium*, den mittleren, blumigen Stil, mit ausgiebigem Gebrauch von rhetorischen Figuren und Tropen (s. u.); das *genus sublime*, den hohen, erhabenen Stil, der sämtlichen Prunk des rhetorischen *ornatus*, eine strenge Syntax und häufig auch religiös besetzte Metaphern einsetzt – zum hohen Stil gehören »hohe Personen«, Figuren also, die an der Spitze der gesellschaftlichen Hierarchie stehen, »hohe Gegenstände«, d. h. große, Leidenschaft erregende und pathetische Themen, und »hohe Worte«, womit ein reicher Schatz an Tropen und Figuren gemeint sind. Nach spätantikem Vorbild hat der Pariser Lehrer Johannes de Garlandia (um 1195–um 1272) daraus in einer umfassenden Stil- und Dichtungslehre, der *Parisiana poetria*, die *rota Vergilii*, »das Rad Vergils«, entwickelt, so benannt nach dessen drei Werken *Bucolica*, *Georgica* und *Aeneis*, die man den verschiedenen Stilregistern als klassische Beispiele zuordnete. Inwieweit die Dreistillehre auch für die volkssprachige Literatur des Mittelalters relevant ist, ist, wenn ich recht sehe, noch nicht systematisch untersucht.

Der vierte und fünfte Schritt der Texterzeugung – das Auswendiglernen der Rede (lat. *memoria*) und der Vortrag selbst (lat. *pronuntiatio, actio*) – können in unserem Zusammenhang vernachlässigt werden.

Für die *elocutio* waren die Stilmittel von großer Bedeutung. Die wichtigsten sind die Tropen – im uneigentlichen, ›übertragenen‹ Sinne gebrauchte Wörter oder Wortgruppen: Metapher, Metonymie, Synekdoche und Allegorie, Antonomasie, d.i. der Ersatz eines Eigennamens durch einen Allgemeinbegriff (z. B. Aristoteles durch *philosophus*) und umgekehrt, Periphrase, Hyperbel und Litotes sowie die Ironie – und die rhetorischen Figuren, welche Wortverbindungen auf der Ausdrucks- oder Inhaltsebene eines Textes (›Wortfiguren‹, lat. *figurae verborum* bzw. ›Gedankenfiguren‹, lat. *figurae sententiarum*) organisieren.

Einige wichtige ›Wortfiguren‹ – Anapher, Polyptoton, Chiasmus, Parallelismus, Asyndeton, Antithese bzw. Oxymoron – haben wir bereits im oben zitierten Textausschnitt aus Gottfrieds *Tristan* kennengelernt. Dazu gehören aber auch die *accumulatio*, die Häufung von Wörtern, die einen übergeordneten Begriff veranschaulichen, die *enumeratio* »Aufzählung«, die Ellipse, die *amplificatio* oder *dilatatio*, die Erweiterung einer Aussage und des Textumfangs über das Notwendigste hinaus, und ihr Gegenstück, die *abbreviatio* u. a. m.

Zu den ›Gedankenfiguren‹ zählen z. B. Apostrophe, Ausruf und rhetorische Frage. Mittelalterliche Schüler und zukünftige Autoren konnten diese Stilmittel vor allem aus dem vierten Buch der *Rhetorik an Herennius* und dem dritten Buch von Donats *Ars maior* (ca. 310–380) lernen, welche die wichtigsten Figurenlehren für das Mittelalter waren. Institutioneller Ort war das *artes*-Curriculum, genauer: das Trivium.

Volkssprachige Dichtung im Zeichen der Rhetorik

Der wichtigste Arbeitsschritt war antiker Theorie zufolge die *inventio*, also die Aufgabe, geeignete Argumente oder, poetologisch gesprochen, geeignete literarische Gegenstände zu finden und in einer angemessenen Ordnung zu präsentieren, um das Publikum zu überzeugen. In der Praxis fielen *inventio* und *dispositio* oft weitgehend zusammen. In den mittellateinischen Poetiken und bei den volkssprachigen Autoren spielten sie hingegen keine große Rolle, da in der Regel der literarische Stoff, den es zu behandeln galt, vorgegeben und verbindlich war; nur in den *artes dictaminis* findet dieser Teil der Rhetorik größere Aufmerksamkeit. Von Interesse war deshalb in erster Linie die *elocutio*, die Aufbereitung des Stoffes mit Hilfe historischer Topoi, rhetorischer Figuren und Tropen, aber auch durch kommentierende und deutende Erweiterung (*dilatatio*) oder durch Kürzung (*abbreviatio*), wodurch neue Akzente gesetzt, womöglich gar neue Sinnbezüge hergestellt wurden. Ein poetologisches Leitwort mittelhochdeutscher Autoren heißt deshalb *erniuwen* »erneuern, wiedererzählen«. Konrad von Würzburg setzt es programmatisch im Prolog zu seinem *Trojanerkrieg* (1281/87) ein, wenn er die Erneuerung des *alten buoches von Troye* – gemeint ist der um 1165 entstandene *Roman de Troie* Benoîts de Sainte-Maure – in klaren und doch leuchtenden Worten und als in sich geschlossene Komposition ankündigt (v. 266–279). Und schon einige Jahrzehnte früher hatte der Stricker, ein um 1220/50 in Österreich wirkender Berufsdichter, in seiner Umarbeitung des *Rolandsliedes* zu einer Vita vom Heiligen Karl, voller Stolz erklärt (v. 115–119):

> Diz ist ein altez mære.
> nu hât ez der Strickære
> erniuwet durch der werden gunst,
> die noch minnent hovelîche kunst:
> den sol hie mite gedienet sîn.

»Dies ist eine alte Geschichte. Nun hat sie der Stricker um der Edlen Gunst willen erneuert, die immer noch höfische Formkunst schätzen. Denen erweist er hiermit seinen Dienst, wie es sich gebührt.«

Auch wenn es sich bei der deutschen Epik und Lyrik der höfischen Zeit nicht um ›Importgut‹ aus der lateinischen Schriftkultur handelt, so partizipieren ihre Autoren dennoch, mittelbar und unmittelbar, ausgiebig an lateinischer Rhetorik und Poetik. Für das epische Konzept des *erniuwens* bzw. des ›Wiedererzählens‹ (Franz-Josef Worstbrock), aber nicht nur dafür, haben sie aus der Fülle der rhetorischen Stilmittel – die mittelalterlichen Poetiken verwenden dafür auch den Begriff *colores* oder *flores rhetorici* – geschöpft, deren Bedeutung für die Konstitution des Textes auf der Mikroebene kaum zu unterschätzen ist. So hat beispielsweise Hartmann von Aue ein elokutionäres Muster für die Lobrede auf den Titelhelden seiner Legendenerzählung *Der arme Heinrich* (um 1190/1200) angewandt (v. 60–63):

> er was ein bluome der jugent,
> der werlte fröude ein spiegelglas,
> stæter triuwe ein adamas,
> ein ganziu krône der zuht.

»Er war eine Blüte der Jugend, ein Spiegelbild aller Freuden dieser Welt, ein Diamant der Verläßlichkeit und Treue, eine vollkommene Krone feiner Lebensart.«

Es handelt sich um eine kleine, gleichwohl typische Reihe des Lobblümens, in der genitivisch attribuierte Metaphern zum Ideal des höfischen Menschen aufaddiert werden; benutzt wird zudem die Figur des *zeugma a capite*, welche das in der Reihe nur einmal gebrauchte Verb an den Beginn stellt.

Für die Poetik der Romane nicht weniger bedeutsam ist das Verfahren der *dilatatio materiae*. Lateinische Poetiken empfehlen für die elokutionäre Ausstattung verschiedene Techniken, neben der *descriptio* »Beschreibung«, *circumlocutio* »Umschreibung, Periphrase« und der *digressio* »Abschweifung« sind es die *interpretatio*, die Paraphrase, sinnäquivalente Wiederholung, und ihr Gegenstück, die *oppositio*, die dasselbe zuerst positiv und dann durch Verneinung des Gegenteils ausdrückt (z. B. »klein und nicht groß«), die *collatio* »Vergleich«, die Apostrophe als unmittelbare Anrede sowie die *personificatio* als uneigentlichen Sprecher.

Für die deutsche Literatur des Mittelalters sind die Methoden der Amplifikation noch nicht im Zusammenhang erforscht. Die Dichter scheinen aber, soweit bis jetzt erkennbar, insbesondere Apostrophen, Monologe und Dialoge sowie umfangreiche Beschreibungen bevorzugt zu haben, um ihre Vorlage zu erweitern und umzuakzentuieren. Hartmann von Aue etwa benutzt in seinem *Erec*, dem ersten Artusroman deutscher Sprache (um 1185), das Mittel der förmlichen *descriptio*, um die außerordentliche Schönheit Enites in Szene zu setzen, ihre Klage um den scheinbar toten Erec, mit Apostrophen an Gott, den Tod, die Eltern und die Tiere des Waldes, als einen

Schlüsseltext für das Verständnis einer Frauenfigur, die Inbegriff der *triuwe* ist, die viele hundert Verse umfassende Beschreibung ihres Pferdes aber, eine Überbietungsrhetorik ohnegleichen, als Mittel, die Fiktivität des Erzählten zu markieren.

In dem etwa zur selben Zeit wie Hartmanns *Erec* vollendeten *Eneasroman* fügte Heinrich von Veldeke dem Stoff der altfranzösischen Vorlage – die ihrerseits bereits die lateinische Vorlage um umfängliche Partien erweitert hatte, namentlich um *descriptiones* von Personen, Pferden, Bauten, Waffen, Gewändern und Kampfhandlungen sowie durch neue Liebesepisoden – eine Reihe auffälliger Beschreibungen hinzu bzw. gestaltete sie gegenüber der Vorlage neu. Dazu gehören u. a. die Begräbnisfeierlichkeiten für die gefallene Volskerkönigin Camilla und die Beschreibung ihres Grabmals, die als Parallele zu Begräbnis und Grabmal des Pallas konzipiert und damit Element eines allgemeineren, auf Korrespondenzen, Doppelungen und Oppositionen angelegten Erzählkonzepts ist. Sogar für das großepische Bauprinzip des *Nibelungenliedes* mit seinen Doppelungen, Korrespondenzen und Beratungsszenen hat man inzwischen, auch wenn der Stoff aus der einheimischen mündlichen Tradition stammt, lateinisches literarisches Erbe, vor allem das Vorbild von Vergils *Aeneis*, erwogen.

Lateinischer Rhetorik und Poetik verdankten die höfischen Dichter freilich nicht nur die verschiedenen Techniken der *dilatatio materiae*, sondern zu einem Gutteil auch deren Inhalte. Namentlich für die *descriptiones* stand ein großer Fundus an antik-mittelalterlichen Topoi, standardisierten Themen, Darstellungs- und Beschreibungsmustern, zur Verfügung. Topisch sind in der Regel Figuren-, Gegenstands- und Landschaftsbeschreibungen, Zeitklagen bzw. die *laus temporis acti*, »das Lob der Vergangenheit«, bestimmte Konzepte von Autorschaft wie die Anrufung der Musen oder die Inspiration durch den Heiligen Geist; und eine Ansammlung von Gemeinplätzen enthalten schließlich auch die Prologe und Epiloge der Dichtungen mit ihren Bescheidenheits- und Demutsformeln, Unfähigkeits- und Unsagbarkeitsbeteuerungen, dem Bekenntnis zur *brevitas* und zur Wahrheit usw., die zur Rechtfertigung des literarischen Tuns bemüht werden. In der Regel sind auch die konventionellen Formeln höchst variantenreich eingesetzt und haben ästhetischen Verweischarakter. Das lässt sich gut an den Beschreibungen von Schönheit und Hässlichkeit beobachten, auf die man vor allem in der Literatur der höfischen Blütezeit wiederholt stößt.

In der Regel folgte man bei den *descriptiones* von Figuren dem Schema *a capite ad calcem*, »vom Kopf zur Ferse«, nicht anders als die Autoren mittelalterlicher Arzneibücher, die zuerst die Krankheiten des Kopfes und die Fußleiden zuletzt behandelten. Zudem haben sich Lyriker und Epiker für ihre Beschreibungen an den historisch verbindlichen Schönheitsstandards orientiert, weshalb alle schönen Frauen Augen wie Sterne, eine weiße Haut, gerötete Wangen, rote Lippen und Zähne wie Perlen haben.

Ein solches Frauenideal entwarf z. B. Walther von der Vogelweide in seinem Frauenpreis *Si wunderwol gemachet wîp* (L 53,25), wobei er schemagerecht beim Antlitz mit den leuchtenden Augen beginnt:

> Ir houbet ist sô wünnenrîch,
> als ez mîn himel welle sîn.
> Wem solde ez anders sîn gelîch?
> Ez hât ouch himelischen schîn.
> Dâ liuhtent zwêne sterne abe
> [...]

»Ihr Antlitz ist so reich an Freude, als wolle es mein Himmel sein. Wem anders könnte es gleichen? Es trägt auch himmlischen Glanz. Da leuchten zwei Sterne herab, in denen ich mich doch nur einmal spiegeln möchte [...]«

Er fährt mit Wangen, Mund, Kehle und Händen fort und endet bei den Füßen; die Körpermitte bleibt bedeutungsvoll ausgespart. Topisch sind auch der Vergleich der Augen mit zwei strahlenden Sternen, die das Antlitz der Geliebten für den Liebenden zum Firmament werden lassen, der Vergleich ihrer Wangen mit Rose und Lilie, das *deus-artifex*-Motiv (L 53,35 f.: *Got hâte ir wengel hôhen vlîz,/ er streich sô tiure varwe dar.* »Gott hat große Sorgfalt auf ihre Wänglein verwandt, er trug so kostbare Farbe auf.«) sowie die Feststellung, dass alles *ze wunsche* ist, also dem Schönheitsideal in vollkommener Weise entspricht. Konventionell ist endlich auch der Liebespfeil, mit dem die Geliebte dem Sänger eine bis heute schmerzende Wunde beibrachte, als er sie nackt erblickte. Dennoch ist das Lied alles andere als ein konventioneller Frauenpreis. Denn Walther hat die Konventionalität des Schemas und der einzelnen Motive zur sinnlichen Vergegenwärtigung des weiblichen Körpers und seiner Reize benutzt. Er hat sich damit erotische Lizenzen genommen, die der Hohe Minnesang ansonsten nicht gestattete, und er hat vor allem den fiktionalen Status der Geliebten kenntlich gemacht – das Frauenideal ist Entwurf des männlichen Ichs (L 54,5 f.: *Mache ich si mir ze hêr,/ vil lîhte wirt mîns mundes lop mîns herzen sêr.* »Mache ich sie mir zu erhaben, dann wird im Handumdrehen der Lobspruch aus meinem Mund zum Schmerz meines Herzens.«)

Ähnliche Muster standen zur Beschreibung der Hässlichkeit bereit. Man benutzte sie gern für Figuren, die nicht zur feinen höfischen Gesellschaft gehörten und zivilisatorische und moralische Defekte aufwiesen, wie etwa die Riesen im *Erec* Hartmanns von Aue oder die starke Rûel im *Wigalois* Wirnts von Grafenberg (um 1210/20?), ein wildes Waldweib, schwarz und behaart wie ein Bär, mit aufgelösten langen Haaren, langen, grauen Brauen, flacher Nase, großen Zähnen in einem breiten Mund, herabhängenden Hundeohren, Höcker auf Brust und Rücken, gewaltigen Hängebrüsten, Klauen an den Fingern, starken Beinen und krummen Füßen (v. 6285–6355). Gewissenhaft ist auch hier das Schema *a capite ad calcem* abgearbeitet, wobei das hässliche Äußere Indikator für das böse Innere ist.

Die interessanteren Fälle sind freilich die Beschreibungen hässlicher oder alter Figuren oder auch monströser Mischwesen aus menschlichen und tierischen Bestandteilen, die der Faszination einer Ästhetik des Hässlichen erlegen sind. Sie stellen die triviale, in der höfischen Literatur weithin gültige Gleichung von schön und gut in Frage und korrigieren damit auch einen einseitigen Begriff vom Menschen. Beispiele dafür sind die Figur der uralten Sibylle im *Eneasroman* Heinrichs von Veldeke, der Waldmensch aus Hartmanns von Aue *Iwein*, Gregorius, der siebzehn Bußjahre in völliger Einsamkeit verbracht hat, aus Hartmanns gleichnamiger Legende (beide um 1190/1200) und die Gralsbotin Kundrie aus dem *Parzival* Wolframs von Eschenbach (um 1200/1210). Auch sie ist, wie Rûel, von unübertroffener Hässlichkeit, hat ein behaartes Gesicht, aus dessen Mund Hauer wie von einem Eber ragen, einen Zopf so starr wie Schweineborsten, die Ohren eines Bären, Hände wie Affenhaut mit den Krallen eines Löwen. Doch das Fräulein ist nach der neuesten französischen Mode gekleidet und überdies von großer Gelehrsamkeit und *triuwe*, einer moralischen Qualität, die für Wolfram die Grundkategorie sozialen Lebens überhaupt ist (312,2–314,10).

Gleich eine ganze Serie von Gemeinplätzen verwendet Hartmann von Aue in der folgenden kleinen Szene, in die der Ritter Iwein auf seinem Weg zum Artushof auf der Burg zum Schlimmen Abenteuer gerät (v. 6435–6469):

<blockquote>

diu selbe stiege wîst in
in einen boumgarten hin:
der was sô breit und sô wît
daz er vordes noch sît
deheinen schoenern nie gesach.
6440   dar in hete sich durch gemach
ein altherre geleit:
dem was ein bette gereit,
des waere gewesen vrô
diu gotinne Jûnô,
6445   do si in ir besten werde was.
diu schoene bluot, daz reine gras,
die bâren im vil süezen smac.
der herre hêrlîchen lac.
er hete ein schoenen alten lîp:
6450   und waene wol, sî was sîn wîp,
ein vrouwe diu dâ vor im saz.
sine mohten beidiu niht baz
nâch sô alten jâren
getân sîn noch gebâren.
6455   und vor in beiden saz ein maget,
diu vil wol, ist mir gesaget,
wälhisch lesen kunde:
diu kurzte in die stunde.
ouch mohte sî ein lachen
6460   vil lîhte an in gemachen:
ez dûhte sî guot swaz sî laz,
wand sî ir beider tohter was.
ez ist reht daz man sî kroene,
diu zuht unde schoene,
6465   hôhe geburt unde jugent,
rîcheit unde kiusche tugent,
güete und wîse rede hât.
diz was an ir, und gar der rât
des der wunsch an wîbe gert.

</blockquote>

»Dieselbe Treppe führte ihn in einen Baumgarten. Der war so lang und so breit, daß er niemals zuvor einen schöneren gesehen hatte und auch nachher nicht. Dort hatte sich ein alter Herr zur Ruhe begeben. Dem war ein Bett hergerichtet, über das die Göttin Juno sich gefreut hätte, als sie noch in höchstem Ansehen stand. Die schönen Blüten, das frische Gras verbreiteten süßesten Duft um ihn. Der Herr lag, wie es einem Herrn geziemte. Er war von altersschöner Gestalt, und ich nehme an, sie war seine Frau, die Dame, die zu seinen Füßen saß. Sie konnten in so hohem Alter beides nicht besser haben, weder Gestalt noch Benehmen. Und vor ihnen beiden saß ein Mädchen, die sich sehr gut darauf verstand, französisch zu lesen, wie mir gesagt ist. Die vertrieb ihnen die Zeit. Auch konnte sie sie ganz leicht zum Lachen bringen. Es dünkte sie gut, was sie vorlas, weil sie ihrer beider Tochter war. Es ist recht, daß man ihr eine Krone aufsetzt, die feines Benehmen und Schönheit, hohe Abkunft und Jugend, Reichtum und Unschuld, Vollkommenheit und kluge Rede besitzt. Das hatte sie und alles andere dazu, was man sich von einer Frau wünschen kann.«

Der Burgherr wird als Prototyp eines Grandseigneurs beschrieben, der seinen *schoe-*
nen alten lîp auf ein Lager gebettet hat, wie es auch der hoch angesehenen Göttin
Juno genügt hätte. Mit den Epitheta *alt*, *schoen* und *hêrlich* ist das Lobschema des
würdigen, vornehmen Alten aufgerufen; das prunkvolle Bett ist materielles Zeichen
der Vornehmheit seines Besitzers. Die Dame des Hauses ist in Aussehen, Haltung und
Verhalten das weibliche Gegenstück ihres Mannes, das Ebenbild einer ehrwürdigen
Greisin. Bei den beiden Alten sitzt ihre Tochter, die ihnen aus französischen Romanen vorliest und damit Zeit und Melancholie vertreibt. Der Erzähler bescheinigt ihr
vornehme Abkunft und Wohlstand, Jugend und Schönheit, aber auch Bildung, gutes
Benehmen und *kiusche tugent* »Dezenz und Zurückhaltung oder auch Unschuld«,
Vollkommenheit und nicht zuletzt kluge Rede, also die sich im Wort zeigende Weisheit
und Intelligenz. Es sind dies allesamt idealtypische Merkmale, die aus dem Inventar
des traditionellen Frauenpreises geschöpft sind.

Als Resümee hält der Erzähler denn auch fest, dass das Mädchen dem Ideal einer
jungen Frau entspreche. Die Idealität anzeigenden rhetorischen Beschreibungsmuster
machen wahrscheinlich, dass auch das Beziehungsmuster, das sich in dieser kleinen
Szene abzeichnet, als idealtypisches gedacht ist. Die Rolle der Tochter ist streng auf
die Eltern ausgerichtet; sie ist ihnen Freude und Stütze im Alter. Zudem wird sie bei
einer typischen Beschäftigung adeliger Mädchen bzw. adeliger Frauen gezeigt, bei
der Lektüre, die bei den Hütern der gesellschaftlichen Moral schon deshalb wohlge-
litten war, weil sie die Aufmerksamkeit auf das Buch und nicht auf fremde Männer
lenkte. Wie die Mitglieder der kleinen Familie, so ist schließlich auch der Ort, an
dem sie versammelt sind, idealisiert: Der Burggarten ist ein *locus amoenus* mit einem
makellosen Rasen und schönen Blumen, die intensiven Duft verströmen. Requisiten
eines amönen Ortes sind oft auch Sonnenlicht, schattenspendende Bäume, bevorzugt
Linden, sanfter Wind, eine sprudelnde Quelle und Vogelgesang. Gängige Topoi der
literarischen Tradition sind hier mit Esprit und Ironie (»ich nehme an, sie war seine
Frau«) verknüpft, um ein vorbildliches Familienidyll zu entwerfen und zugleich der
Kunst, der Beschreibungskunst, zu dienen. Das Idyll ist freilich nur dazu da, Hörer und
Leser in die Irre zu führen. Nichts ist so, wie es scheint: Die vornehme Gesellschaft legt
ihren Gast herein. Rhetorik wird in diesem Fall als Täuschungsmanöver benutzt.

Das topische Gegenstück zum *locus amoenus* ist der *locus occultus*. Er zeichnet
sich durch das vollständige Fehlen der genannten Requisiten aus; er ist die unkultivierte
Wildnis, das unbebaute Land. So beschreibt Gottfried die Umgebung der Minnegrotte,
in die sich das Liebespaar Tristan und Isolde zurückzieht (v. 16761–67):

> von disem berge und disem hol
> sô was ein tageweide wol
> velse âne gevilde
> und wüeste unde wilde.
> dar enwas dekein gelegenheit
> an wegen noch stîgen hin geleit

»Von diesem Berg und dieser Grotte aus gab es gut eine Tagereise weit Felsen, keine Felder, und
Wüste und Wildnis. Da war kein Zugang gebahnt, weder Wege noch Steige.«

Im Hinblick auf die Minnegrotte markiert die öde, wilde Gegend einen Bruch zwischen den Wirklichkeitsebenen: Die Minnegrotte mit ihrer kostbaren Ausstattung,
in der Tristan und Isolde ihrer Liebe leben, ist ein Ort jenseits aller menschlichen
Zivilisation und Gesellschaft und damit ein Ort, der die Zeichen der Utopie trägt.

Topoi sind eben rhetorische Versatzstücke und Ornamente mit Verweischarakter. Über ihre ästhetisch-programmatische Intention ist freilich jeweils von Fall zu Fall neu nachzudenken.

Literatur: Leonid Arbusow: Colores Rhetorici. Eine Auswahl rhetorischer Figuren und Gemeinplätze. 2., durchges. und verm. Aufl. hg. von Helmut Peter. Göttingen 1963; Wolfgang Brandt: Die Beschreibung häßlicher Menschen im höfischen Roman. Zur narrativen Integrierung eines Topos. GRM 35 (1985) 257–278; Hennig Brinkmann: Zu Wesen und Form mittelalterlicher Dichtung. Halle a.d.S. 1928, ND Tübingen 1979; Rosemary Copeland: Rhetoric, Hermeneutics and Translations in the Middle Ages. 1991; Ernst Robert Curtius: Europäische Literatur und lateinisches Mittelalter. Bern/München 1948 u. ö.; Werner Fechter: Lateinische Dichtkunst und deutsches Mittelalter. Forschungen über Ausdrucksmittel, poetische Technik und Stil mittelhochdeutscher Dichtungen. Berlin 1964 (Philologische Studien und Quellen 23); Udo Friedrich: Topik und Rhetorik. In: Literarische Säkularisierung im Mittelalter. Hg. von Susanne Köbele und Bruno Quast. Berlin/Boston 2014 (Literatur – Theorie Geschichte 4), S. 87–104; Joachim Hamm: Camillas Grabmal. Zur Poetik der *dilatatio materiae* im deutschen ›Eneasroman‹. Literaturwissenschaftliches Jahrbuch 45 (2004) 29–56; Paul Klopsch: Einführung in die Dichtungslehren des lateinischen Mittelalters. Darmstadt 1980; Joachim Knape: Was ist Rhetorik? Stuttgart 2000 (RUB 18044); Rüdiger Krüger: Puella bella. Die Beschreibung der schönen Frau in der Minnelyrik des 12. und 13. Jahrhunderts. Stuttgart 1984 (Helfant Studien 6); James J. Murphy: Rhetoric in the Middle Ages. A History of Rhetorical Theory. Berkeley etc. 1974; Clemens Ottmers: Rhetorik. 2. Aufl. Stuttgart/Weimar 2006; Rhetorik in Mittelalter und Renaissance: Konzepte – Praxis – Diversität. Hg. von Georg Strack und Julia Knödler. München 2011 (Münchner Beiträge zur Geschichtswissenschaft 6); Gert Ueding/Bernd Steinbrink: Grundriß der Rhetorik. 4. Aufl. Stuttgart/Weimar 2005; Max Wehrli: Literatur im deutschen Mittelalter. Eine poetologische Einführung. Stuttgart 1984 (RUB 8038), S. 114–142; Franz Josef Worstbrock: *Dilatatio materiae*. Zur Poetik des ›Erec‹ Hartmanns von Aue. Frühmittelalterliche Studien 19 (1985) 1–30.

e. Denkformen, poetologische Verfahren und Textdeutung

Allegorese

Bereits die antike Rhetorik und Poetik kalkulierten mit dem uneigentlichen, verhüllenden Wortgebrauch, kalkulierten mit dem spezifischen Effekt der uneigentlichen Rede, in welcher der gewöhnliche Ausdruck durch einen anderen ersetzt wird, wobei zwischen den beiden eine Ähnlichkeitsbeziehung auf der Inhaltsseite besteht. Das poetische Verfahren, das semantisch mehrschichtige Texte erzeugt, hat man im Mittelalter *allegoria* »Allegorie« oder *integumentum* genannt, ebenso das hermeneutische Verfahren, den Sinn der uneigentlichen Rede zu erschließen. Die moderne Literaturwissenschaft hat für die Methoden und die Praxis der Textauslegung den Fachterminus ›Allegorese‹ geprägt, zur Unterscheidung von der Allegorie als poetischer Form; der Begriff *integumentum* ist neuerdings für die freie, allein vom Dichter verantwortete »Verhüllung« von Sinn in allen nichtbiblischen und nichtgeistlichen Texten reserviert. Wie vieles andere auch ist diese wissenschaftliche Textauslegung ein Erbe der Antike, verdankt sie sich dem lateinischen Schriftbetrieb.

Bei der Allegorese handelt es sich ursprünglich um eine Methode der Texterklärung, welche die Theologen seit der Spätantike anwandten, um den der Bibel eingeschriebenen, verborgenen Sinn zu ermitteln. Ausgangspunkt war die Überlegung, dass hinter den Buchstaben, hinter der reinen Berichtsebene, eine zweite Sinnebene verborgen sei, die es zu entschlüsseln gelte. Man beschränkte sich also nicht darauf, die grammatischen Strukturen zu ermitteln und die Bibel als historischen Bericht zu lesen; vielmehr war man bestrebt, den Wortlaut zu interpretieren und in seiner über die wörtliche Bedeutung hinausgehenden Sinn, in seiner spirituellen Dimension zu erfassen. Im Unterschied zur Analyse von Metaphern oder Metonymien gilt die Allegorese immer größeren Texteinheiten bzw. dem gesamten Text.

Seine Wurzeln hat dieses Verfahren in der griechischen Homerkritik des 6. und 5. Jahrhunderts v. Chr., die darum bemüht war, philosophisch und moralisch anstößige Stellen in Homers Epen zu entschärfen: indem man sie nicht wörtlich nahm, sondern auf einen verborgenen Hintersinn befragte. In hellenistischer Zeit wurde dieses Interpretationsverfahren von jüdischen Theologen erstmals auf die Bibel angewendet. Aus dieser Zeit datiert die Interpretation des Hohenliedes, einer weltlichen Liebesdichtung, als Gesang über die Liebe Jahwes zu seinem Volk Israel.

Die christlichen Theologen entwickelten die Methode zur Lehre vom mehrfachen Schriftsinn weiter. Origines (um 185–254), der bedeutendste Repräsentant der Schule von Alexandrien, unterschied drei Sinnebenen der Schrift, die somatische (d. h. buchstäbliche), die psychische (d. h. moralische) und die pneumatische (d. h. allegorisch-mystische). Seine Lehre war höchst folgenreich für Theorie und Praxis der Schriftexegese auch im lateinischen Westen. Johannes Cassianus (um 360–430/35), Verfasser einflussreicher Schriften über das lateinische Mönchtum, und der Kirchenvater Augustinus erweiterten die hermeneutische Theorie auf vier Sinnebenen. Ihr Konzept der vierfachen Erklärung der Heiligen Schrift beherrschte den Lehrbetrieb und die Bibelkommentare, die Predigtliteratur, lehrhaften Traktate und Liturgieerklärungen des hohen Mittelalters und darüber hinaus. Es unterscheidet zwischen dem wörtlichen oder historischen Textverständnis (*sensus litteralis* oder *historicus*), einem allegorischen, auf die Heilsgeschichte, die Sakramente der Kirche und das Verhältnis Christi zu seiner Kirche bezogenen Sinn (*sensus allegoricus*), der moralischen, auf die Lebensführung eines jeden Gläubigen bezogenen Deutung (*sensus moralis* oder *tropologicus*) und dem *sensus anagogicus*, der Aussagen über die im Jenseits sich erfüllenden Verheißungen trifft. Diese exegetische Methode beruhte auf der Grundannahme, dass der solchermaßen zu ermittelnde Sinn von Gott selbst gegeben war, und ihr Ziel war es, aus der Bibel Aussagen über Gottes Wirken in der Welt, über die fromme, auf das Heil der Seele ausgerichtete Lebensführung und die Heilserwartungen des Christen zu gewinnen.

Wie das Verfahren funktionierte, lässt sich am Beispiel von Isaak zeigen, von dem Genesis 21 ff. erzählt. Dem Buchstabensinn nach ist er der leibliche Sohn Abrahams und Saras; im allegorischen Sinn stellt Isaak, den Abraham auf göttlichen Befehl hin opfern will, Christus dar, der von seinem himmlischen Vater für die Sünden der Welt geopfert wurde, tropologisch lässt er sich als Inbegriff des Gehorsams deuten, im anagogischen Sinn aber steht er für die Verheißung. Mittelalterliche Schüler konnten sich die vier Bedeutungsebenen mit Hilfe dieser beiden Merkverse einprägen:

> *Littera gesta docet, quid credas allegoria,*
> *Moralis quid agas, quo tendas anagogia.*

»Der Buchstabe lehrt, was geschehen ist, was du glauben sollst, die Allegorie, der moralische (Sinn), was du tun, und wohin du streben sollst, die Anagogie.«

Anders als in der antiken Homerkritik setzte der Spiritualsinn nach christlicher Lehre das historische Verständnis, den Literalsinn, nicht außer Kraft. Er ist vielmehr aus diesem ableitbar und zusätzlich zu ihm gegeben, so dass viele Bibelstellen auf verschiedene Sinnebenen hin gelesen werden konnten; eine Notwendigkeit, alle vier Kategorien abzuhandeln, bestand gleichwohl nicht.

Folgenreich für die Geschichte der Allegorese war die – in der *Doctrina christiana* niedergelegte – Augustinische Zeichentheorie, wonach nicht nur die Bibel, sondern die gesamte Schöpfung Gottes, das »Buch der Natur«, sowie alle geschichtlichen und kulturellen Phänomene, »das Buch der Geschichte«, als Zeichen der Offenbarung Gottes zu sehen sind, deren Bedeutung es zu entschlüsseln gilt. Im frühen 13. Jahrhundert hat der Dichter Freidank diese ›Imprägnierung‹ aller Lebensbereiche mit einer über sie selbst hinausweisenden Bedeutung präzise in die Worte gefasst (12,9–12):

> Diu erde keiner slahte treit,
> daz gar sî âne bezeichenheit.
> nehein geschepfede ist sô frî,
> sin bezeichne anderz, dan si sî.

»Die Erde trägt keine Art, die ganz ohne Bedeutung wäre. Kein Geschöpf ist so frei, daß es nicht (noch) etwas anderes bezeichnet, als es ist.«

Damit war die Theorie für die christliche Interpretation der belebten und unbelebten Natur, der Geschichte, der Werke antiker vorchristlicher Autoren oder auch der heidnischen Mythologie gegeben. Die Unterscheidung zwischen den *voces* und den *res*, den Wortzeichen und Sachzeichen, begründete im 12. Jahrhundert schließlich die Dingallegorese. Als Sinnträger galten nun auch der Mikro- und der Makrokosmos, Tiere, Pflanzen und Edelsteine, Bauwerke und Zahlen, Personen und Ereignisse usw. Gelehrte Autoren haben mit dieser hermeneutischen Methode schon früh auch verschiedene Gegenstände in der Volkssprache traktiert.

Das älteste Beispiel für die gelehrte Explikation eines Bibeltextes in der Volkssprache ist Otfrids von Weißenburg Erzählung von der Hochzeit zu Kana nach Io 2,1–11 (*Evangelienbuch*, II,9), auf der Jesus das Wasser von sechs Steinkrügen zu Wein verwandelte. Braut und Bräutigam deutet Otfrid nach dem *sensus allegoricus* als Christus und die Gemeinde der Gläubigen, die Freude des Hochzeitsfestes aber als Freude über das ewige Heil, das Christus allen Gläubigen am Jüngsten Tag gewähren wird. Auf die sechs steinernen Gefäße wird zunächst der *sensus moralis* angewendet; die Gefäße seien Sinnbild für die Gottesmänner, die ganz nach den Lehren der Heiligen Schrift leben und diese Lehren auch verbreiten. Sie bieten Wasser und Wein an, nämlich den wörtlich-historischen Sinn der Bibel und die geistliche Deutung. Nach dem *sensus allegoricus* bedeuten die sechs Krüge aber die sechs Weltalter, in welche die Heilsgeschichte nach spätantik-mittelalterlicher Auffassung gegliedert ist. Otfrid belässt es also nicht dabei, die Geschichte von der Hochzeit zu Kana als Beispiel für die in Jesus wirkende göttliche Kraft zu erzählen, die ihm die Fähigkeit verleiht, die Möglichkeiten des Menschen zu überschreiten; dies war die Intention des Evangelisten. Er stellt die historische Erzählung auch in aktuelle Bezüge, indem er sie als Parabel auf die christliche Gemeinde deutet, die von der Priesterkaste religiöse Unterweisung empfängt. Mit diesen Sinnzuschreibungen steht Otfrid in einer langen gelehrten Tradition. Auslegungskompetenz gestand er freilich nur den Gelehrten, insbesondere den Bischöfen zu.

Für die christliche Naturdeutung von einer kaum zu unterschätzenden Bedeutung
war der *Physiologus* (»Der Naturkundige«) eines anonymen Autors aus Alexandrien,
der wahrscheinlich im späten 2. Jahrhundert naturkundliches Wissen über 48 Tiere,
Pflanzen und Steine zusammengestellt und allegorisch ausgedeutet hatte. Er wurde
in beinahe alle Sprachen der christlichen Welt übersetzt, er wurde bearbeitet oder als
reiches Materialreservoir für die aus verschiedenen Quellen kompilierten Bestiarien
(»Tierbücher«), für Predigten, moralisch-didaktische und erbauliche Abhandlungen
u. a. ausgeschöpft, die im Mittelalter in großer Zahl entstanden. Allgemeingut wurden
insbesondere die christologischen Deutungen des Einhorns, Pelikans und Phönix'. Gemeinsam ist den geistlichen Tierinterpretationen, dass sie bestimmte Eigenschaften oder
Verhaltensweisen eines Tieres auf ihren religiösen Zeichenwert hin befragen und dabei
Ähnlichkeitsbeziehungen mit dem Personal der Heilsgeschichte konstruieren: mit Gott,
Christus und der Trinität, der Gottesmutter Maria und dem Teufel, den vier Evangelisten, Märtyrern und Heiligen, Mönchen und Weltpriestern und den Christenmenschen
ganz allgemein. Ziel der Explikation ist es, Aufschluss über die Heilswahrheiten und
den richtigen Weg zum Heil zu gewinnen. Mit einem elaborierten Sangspruch (Strauch
XV,15) knüpft auch der Marner an die *Physiologus*-Tradition an:

> Alsô des lewen welf geborn
> werdent, sô sint sie tôt;
> vil grimmeclich sô ist sîn zorn,
> vil jæmerlich sô ist sîn nôt.
> 5 lûte er in ir ôre schrît, des werdent wider lebendic sie.
> Der helfant wazzer hât erkorn,
> diz wunder got gebôt.
> sîn fruht wær anders gar verlorn.
> der strûz mit sînen ougen rôt
> 10 drî tage an sîniu eiger siht, des werdent ûz gebrüetet die.
> Der adlar lât sîniu kinder in die sunnen sehen,
> die des niht tuont, dâ mugt ir michel wunder spehen,
> die lât er vallen nider.
> der fênix der verbrennet sich und lebet nâch dem viure wider.
> 15 von liebe erkrimmet ouch der pellicânus sîniu kint;
> swenn er sie vint
> tôt, deist niht ein wint,
> sô tuot er rehte als er sî blint,
> er nimt sîns herzen bluot und machet, daz si wider lebendic sint:
> mit der bezeichenunge sîn wir von der helle erloeset hie.

»Wenn die Jungen des Löwen geboren werden, so sind sie tot. Voll Schmerz ist dann sein Zorn,
voll Wehklagen sein Leid. Laut brüllt er ihnen ins Ohr. Davon werden sie wieder lebendig.
Der Elefant hat sich das Wasser erwählt. Dieses merkwürdige Tun geschah auf Gottes Befehl.
Seine Leibesfrucht wäre sonst gestorben. Der Strauß fixiert drei Tage lang mit seinen roten
Augen seine Eier. Davon werden diese ausgebrütet. Der Adler läßt seine Jungen in die Sonne
schauen. Die das nicht tun, da könnt ihr ein großes Wunder sehen, läßt er herabfallen. Der
Phönix verbrennt sich und steht nach dem Feuer wieder lebend auf. Aus Liebe zerfleischt auch
der Pelikan seine Jungen. Wenn er erkennt, daß sie tot sind, macht das gar nichts. Dann tut
er so, als sei er blind. Er nimmt das Blut seines Herzens und macht, daß sie wieder leben: Mit
diesem Sinnbild sind wir hier (auf Erden) von der Hölle erlöst.«

Der Spruch wirkt auf den ersten Blick rätselhaft. In stark geraffter Form referiert er
Eigenschaften von fünf Tieren, die als Metapher für das Erlösungswerk Christi ge-

nommen werden. Den Schlüssel zum Verständnis liefert die lange und breite Tradition der geistlichen Tierallegorese. Sie vergleicht z. B. den Löwen, der mit seinem Gebrüll die totgeborenen Jungen zum Leben erweckt, mit Gottvater, der Christus am dritten Tag wieder vom Tod erweckt, oder den Pelikan, der seine Jungen tötet und mit seinem eigenen Herzblut wieder zum Leben erweckt, mit Gott, der den sündigen Menschen mit dem Tod schlug, ihn aber durch den Kreuzestod des eigenen Sohnes zum ewigen Leben erlöste. Der Marner hat diese Gleichungen nicht explizit gemacht, vielmehr als bekannt vorausgesetzt. Er begnügt sich damit, das die theologischen Aussagen Verbindende, die fundamentale Glaubenswahrheit, dass die Menschen erlöst sind, zu verkünden; die heilsgeschichtliche Tat, welche die Erlösung möglich gemacht hat, Taufe und Kreuzestod Christi, wird durch die Tierbilder präsent gehalten. Mit seinem Spruch mag der studierte Marner seinem Publikum so das intellektuelle Vergnügen bereitet haben, die Bilder aufgrund seines exegetischen Vorwissens selbst zu dechiffrieren, und das heißt auch: es aktiv an der theologischen Deutungstradition zu beteiligen. Für einen kurzen Augenblick wird der Laie damit zum Theologen.

In ähnlicher Weise hat man auch Gebäude, vor allem Kloster und Kirche, Pflanzen und Bäume, Jahres- und Tageszeiten und die Edelsteine auf ihren spirituellen Sinn befragt.

Für die Edelsteinallegorese, die sich aus der Allegorese geistiger Gebäude in der Bibel, besonders des neuen Jerusalems, entwickelt hat, hat man hauptsächlich den *sensus allegoricus* und den *sensus moralis* angewendet. Ansatzpunkte für eine Deutung boten die Eigenschaften der Edelsteine, Farben, Lichtwirkung, physikalische und chemische Merkmale wie Härtegrad, Größe, Gewicht usw. Freilich wird nicht jeder Edelstein auf seine spirituelle Bedeutung hin analysiert – die höfischen Dichter überbieten sich geradezu mit Edelsteinkatalogen, wenn es darum geht, den Schmuck an den Adeligen, an Gegenständen aus ihrem Besitz und an Bauwerken zu beschreiben. Edelsteinallegorese ist beinahe immer auf die heilsgeschichtliche Dichtung, geistliche Lyrik und verwandte Textsorten beschränkt. Konstitutiv für den Text als Ganzen ist die spirituelle Auslegung im frühmittelhochdeutschen Gedicht vom *Himmlischen Jerusalem* (um 1140), welches die zwölf Edelsteine der Himmelsburg der Johannes-Apokalypse (Apo 21,19 f.) der Reihe nach in ihren Farben und Lichtwirkungen erfasst und auf christliche Tugenden und Lebensformen hin auslegt. So wird beispielsweise vom Topas, der die Zinnen der Burg schmückt, gesagt, dass er entweder die Farbe des lichten Himmels oder des Goldes habe. Das Gold bezeichne den reuigen Sünder, der wie im Feuer geläutertes Gold unter Schmerzen die Huld Gottes gewinnt; die blaue Farbe hingegen bezeichne den Sünder, dessen ganzes Herz nach dem Himmel strebe.

Was die geistlichen Text- und Dingallegoresen, seien sie in Prosa oder in Versen, verbindet, ist der Anspruch der Exegeten auf Deutungshoheit, ist der Anspruch, die Bedeutung des Textes oder des Gegenstands semantisch genau zu fixieren. Ihre expliziten Erklärungen neutralisieren andere mögliche, implizite Bedeutungen, vor allem metaphorische Konnotationen.

In der deutschen Literatur haben sich seit dem frühen 13. Jahrhundert kleinere Texte in Reimpaarversen, die sog. Bîspeln, ausgebildet, für die Zweiteiligkeit der Form gattungbestimmend ist: Ein Bildteil, der ein Ding, einen Sachverhalt oder ein Faktum vorstellt, wird in einem Auslegungsteil exemplarisch auf geistliche oder auch innerweltliche Lehre gedeutet. (In der Literaturwissenschaft wird der Begriff allerdings auch für Exempel, Beispielgeschichten, im weiteren Sinn verwendet.)

Erstmals und dann gleich in großer Breite treten sie mit dem Werk des Strickers in Erscheinung.

Ein solches Bîspel ist seine Geschichte vom Raben mit den Pfauenfedern (Ausgabe Ute Schwab Nr. 2): Ein Rabe findet viele Pfauenfedern, die er sich flugs ansteckt, um allseits Bewunderung zu finden. Die Pfauendamen aber reißen ihm den fremden Schmuck genauso schnell wieder herunter, *unz er wart swarz alsam ê,* »bis er schwarz war wie zuvor«. Seine Artgenossen überziehen ihn mit Spott und Hohn. Die Explikation setzt das Verhalten des Raben in Analogie zum Verhalten eines bestimmten Menschen: Genauso (*Alsus*) verhalte sich ein törichter Mensch, der mehr sein wolle, als er ist, und sich deshalb entsprechend in Szene setze. Hat ihn die Wirklichkeit eingeholt und ist er seines Prestiges beraubt, sind ihm Spott und Verachtung gewiss. Der Stricker hat damit die Äsopische Fabel, die ursprünglich als Anleitung für erfolgreiches Handeln konzipiert gewesen war, einer innerweltlichen moralisierenden Deutung unterzogen und sie dazu benutzt, eine Warnung vor Selbstanmaßung und sozialer Überheblichkeit auszusprechen. Die Methode, den biblischen Text oder Dinge auf einen mehrfachen geistlichen Sinn hin zu befragen und zu analysieren, ist hier nicht nur auf eine Fabel, d.h. auf einen säkularen Stoff, übertragen, sondern auch – das ist das eigentliche Neue in der deutschen Literatur – für ein weltliches Sinnbildungsverfahren erprobt. Übernommen wurde auch der prinzipielle Anspruch auf präzise Festlegung der Bedeutung.

Typologie

Vom Verfahren des vierfachen Schriftsinns bzw. der Allegorese streng zu unterscheiden ist die Typologie, obgleich man im Mittelalter wie auch heute die Begriffe häufig synonym verwendet. Die Typologie ist wie die Allegorese eine Kategorie der Bibelexegese. Insofern als es ihr um das Verständnis der Heilsgeschichte im eigentlichen Sinn geht, ist sie ein Spezialfall der allegorisch-heilsgeschichtlichen Bibeldeutung. Die Typologie verknüpft Altes und Neues Testament, und zwar so, dass sie ihr Verhältnis als Vorbild (Typus) und Gegenbild (Antitypus) interpretiert. Zwei verschiedene, historische Ereignisse, das eine im Alten Testament, das andere im Neuen, werden dabei entweder antithetisch oder durch Analogie in Beziehung gesetzt. Im ersten Fall werden Fakten oder Figuren des Neuen Testaments als Korrektur der alttestamentlichen oder auch als Gegensatz, z.B. von Sünder und Erlöser, gedeutet. In diesem Sinne wurden Adam und Christus aufeinander bezogen – Adam übertrat das Gesetz, Christus erfüllte es –, oder auch Eva und Maria – Eva übertrat aus angeborenem Ungehorsam Gottes Gebot, Maria ist die Magd des Herrn, die den Erlöser gebar –, Sintflut und Taufe, Synagoge und Ecclesia, der Garten Eden und Golgatha, die Schädelstätte. Sehr viel häufiger ist indes die analoge Betrachtungsweise, die alttestamentliche Fakten, Figuren und Geschehnisse als Verheißungen dessen interpretierte, was sich im Neuen Testament erfüllen sollte. So präfigurierte z.B. Abel, der unschuldig von seinem Bruder getötet wurde, nach typologischer Lehre den Tod Christi, Daniel in der Löwengrube deutete auf Christus im Grab voraus, der Zug durch das Rote Meer auf die Taufe oder auf die Erlösung durch Christi Tod am Kreuz und das Faktum, dass Adam nach seinem Tod die Seite geöffnet wurde, auf den Lanzenstich, den Christus am Kreuz empfing. Diese Verknüpfungstechnik erlaubte es, das gesamte Heilsgeschehen, von der Erschaffung der Welt an, als Netz von Beziehungen zu fassen und zu gliedern und damit ein kontinuierliches Heilshandeln Gottes zu begründen. Erwachsen war sie aus dem Bedürfnis der frühchristlichen Gemeinde, die heiligen Schriften des Judentums für die eigene Religion zu bewahren. Ihre Wurzeln lagen, wie die der Allegorese, in der vorchristlichen Antike. Doch konnte sich die Typologie als spezifisch christliche Hermeneutik auf das Herrenwort aus der Bergpredigt: *non veni solvere, sed adimplere*, »Ich bin nicht gekommen aufzulösen, sondern zu erfüllen« (Mt 5,17) und auf die Autorität des Apostels Paulus berufen, der die Methode wiederholt in seinen Briefen angewandt (1 Cor 10,4; Gal 4,21–31 u. a.) und dafür den Terminus *typos* verwendet hatte; im Brief an die Römer bezieht er ihn z. B. auf die Übertretung Adams, die durch den Tod Christi gesühnt worden sei (Rm 5,14; vgl. auch Cor 10,6, Hbr 8,5).

In der lateinischen und volkssprachigen Dichtung des Mittelalters wurde die Typologie als Denkform und hermeneutisches Instrument außerordentlich produktiv. Allenthalben stößt man auf sie, in Bibeldichtung und geistlichen Liedern, in Dichtungen der Glaubenslehre (»Reimtheologie«) und in der geistlichen Prosa. Otfrid von Weißenburg etwa hat die Möglichkeiten der typologischen Interpretation im Rahmen seiner allegorischen Lektüre der Hochzeit von Kana am Beispiel der Opferung Isaaks erprobt. Dazu erzählt er zuerst die Geschichte nach, wie sie Genesis 22 überliefert (*Evangelienbuch* II,9,31–62), und deutet sie dann einmal literal und ein weiteres Mal typologisch. Dem Wortsinn nach erscheint Abraham als d a s Beispiel für den absoluten Gehorsam gegenüber Gott, das sich als verbindliches Vorbild für jeden frommen Christen empfiehlt. Hingegen gestattet der verborgene Sinn eine typologische Auslegung des Abrahamopfers auf das Opfer Christi (II,9,70: »... so sollst du es auf Christus beziehen«, *fon Kriste scalt thu iz zellen*): »Vernimm wahrheitsgemäß, daß Gott der Vater war und das einzige Kind Christus bezeichnet, den er, wie er wollte, dem Tode überantwortete um unseretwillen, und er verschone auch nicht den Einzigen, wie Paulus immer wieder geschrieben hat. Wie er selbst das Kreuz trug, als er die Pein erduldete, und dort auf dem Altar des Kreuzes starb« (II,9,75–80). Das heißt: So wie Abraham bereit war, seinen einzigen Sohn zu opfern, so gab Gottvater seinen einzigen Sohn. Doch Otfrid zieht noch weitere Parallelen: So wie Isaak eigenhändig das Brennholz für das Feueropfer trug, so trug Christus selber das Kreuz. Und wie in der Abrahamsgeschichte wurde auch im Passionsgeschehen das Opfer ausgetauscht. Dass für Isaak ein Widder geopfert wurde, hat »seine typologische Entsprechung darin, daß Christus als Mensch stirbt, während seine Gottheit davon nicht berührt wurde« (Walter Haug). Schließlich ist auch der gehörnte Opferaltar des Alten Testaments eine Präfiguration des Kreuzes, denn den Hörnern des Altars entsprechen die vier Kreuzesbalken. Deshalb heißt es bei Otfrid: »Die Arme haften an den ›Hörnern‹ des Kreuzes« (II,9,83).

Nicht weniger bedeutsam war die Typologie für die geistliche Lyrik; so manches Marienlied häuft typologische Bezüge zu einem einzigartigen Preis der Gottesmutter auf. Eines der ältesten deutschen Marienlieder ist das um 1140/60 entstandene, wahrscheinlich für die Liturgie des Festes Mariä Verkündigung (25. März) gedachte *Melker Marienlied*, das im ersten Teil gängige Bilder für die übernatürliche Empfängnis und Geburt Christi reiht und damit die heilsgeschichtliche Bedeutung Mariens heraushebt. Die ersten beiden Strophen lauten (ed. Waag/Schröder):

> 1   Ju in erde
> leit Aaron eine gerte.
> diu gebar mandalon,

nuzze also edile:
5   die süezze hast du fure braht,
muoter ane mannes rat,
Sancta Maria.

2   Ju in deme gespreidach
Moyses ein fiur gesach.
10   daz holz niene bran,
den louch sah er obenan,
der was lanch unde breit:
daz bezeichint dine magetheit,
Sancta Maria.

»Ja, auf die Erde legte Aaron einen Stab. Der brachte Mandeln hervor, so edle Nüsse. Diese Süße hast du geboren, Mutter ohne Zutun eines Mannes, Sancta Maria!
Ja, in jenem Strauch sah Moses das Feuer. Das Holz verbrannte nicht, die Lohe sah er oben, die war lang und breit. Das bezeichnet deine Jungfräulichkeit, Sancta Maria!«

Die erste Strophe bezieht sich auf die alttestamentliche Erzählung vom Wunder am Stab Aarons (Nm 17,16–23), der Bruder des Moses und erster Hohepriester des Alten Bundes war. Über Nacht hatte dessen Stab, zum Zeichen von Aarons Erwählung und Bestätigung als Hohepriester, gegen die Gesetze der Natur Laub hervorgebracht, Blüten getrieben und Mandeln ausgereift. Wie schon die Kirchenväter, so deutet auch das *Melker Marienlied* die Bibelstelle mariologisch, d. h. als Präfiguration der jungfräulichen Mutterschaft Mariens, die einen zentralen Glaubenssatz kirchlicher Lehre darstellt, und des wichtigsten heilsgeschichtlichen Ereignisses, der Geburt des Gottessohnes. Ebenso traditionell ist die Auslegung des brennenden, aber nicht vom Feuer verzehrten Dornbuschs, von dem Exodus 3,2 erzählt, auf die Jungfräulichkeit Mariens.

Das Muster, nach dem Beziehungen zwischen Altem und Neuem Testament gestiftet wurden, hat man im hohen und späten Mittelalter auch auf die weltliche Literatur und Dichtung übertragen. Vielfach wurden dabei Fakten und Figuren der nachbiblischen Geschichte auf biblische Geschehnisse und Figuren bezogen. So wird im *Rolandslied* des Pfaffen Konrad (um 1170) der Fürst Genelun mehrfach, in Erzähler- und Figurenrede, als Abbild des elenden Judas Ischarioth bezeichnet, der dem christlichen Mittelalter als Prototyp des Verräters überhaupt galt. Roland hingegen, eines der Opfer von Geneluns Verrat, stirbt als Märtyrer in der Nachfolge Christi. Sein Tod ist von Naturkatastrophen und Wunderzeichen begleitet, als ob das Ende der Welt bevorstehe (v. 6924–6936):

»Als Roland aus der Welt geschieden war, erschien am Himmel ein großes Licht. Sogleich danach kamen ein großes Erdbeben, Donner und Himmelserscheinungen in den beiden Reichen, in Frankreich und in Spanien. Die Stürme brachen da los. Sie brachten riesige Bäume zu Fall. Die Menschen retteten kaum ihr Leben. Immer wieder sahen sie schreckliche Blitze. Die hellstrahlende Sonne erlosch.«

Es sind dies Zeichen einer gestörten Natur ähnlich denen beim Tod Christi (vgl. Mt 27,51 f.: »Und siehe da, der Vorhang im Tempel zerriß in zwei Stücke von obenan bis untenan. Und die Erde erbebte, und die Felsen zerrissen, und die Gräber taten sich auf, und standen auf viele Leiber der Heiligen, die da schliefen«, und Lc 23,44 f.: »Und es war schon um die sechste Stunde, und es ward eine Finsternis über das ganze Land bis an die neunte Stunde, und die Sonne verlor ihren Schein, und der Vorhang des

Tempels zerriß mitten entzwei«). Rolands Vorbildlichkeit selbst noch im Sterben wird durch den intertextuellen Verweis auf die biblische Sterbeszene unterstrichen. Man hat für Fälle wie diese und andere den Begriff der Postfiguration (Albrecht Schöne) eingeführt. Er bezeichnet Analogiebeziehungen zwischen biblischer und postbiblischer Geschichte nebst ihrem handelnden Personal, die dem Verständnis und der Bewertung der nachbiblischen Figuren und Ereignisse, unter Umständen auch ihrer Überhöhung und Verklärung dienen; typologisch im strengen Sinne sind sie nicht mehr.

Dies gilt erst recht dort, wo zwei weltliche Größen im Verhältnis von Vorbild und überbietender Nachahmung oder auch in antithetischer Relation einander zugeordnet werden, also wenn etwa Gottfried von Straßburg die schöne Isolde mit den Sirenen oder mit der schönen Helena aus Mykene vergleicht. Solche Korrelationen zeigen, wie allgemein und gegenwärtig das Denken in Analogien war, auch ohne theologischen und heilsgeschichtlichen Bezug. Bei Autoren der höfischen Zeit hat es gelegentlich sogar die Architektur der Romane und Erzählungen bestimmt; jedenfalls können die Vorgeschichten der Eltern in Hartmanns von Aue *Gregorius*, im *Parzival* Wolframs von Eschenbach und im *Tristan* Gottfrieds in ein ›typologisches‹ Verhältnis zur Hauptgeschichte gesetzt werden, wenn man nicht überhaupt alle Handlungsdoppelungen wie etwa die Dido- und Laviniahandlung im *Eneasroman* Heinrichs von Veldeke in diesem Sinne betrachten will. Auf jeden Fall führt die Denkform der Typologie und Allegorese im profanen Kontext zu einer eigenständigen Sinnstiftung diesseits christlicher Frömmigkeit und Weltdeutung.

Allegorie

Literaturgeschichtlich von beinahe noch größerer Bedeutung ist die poetische Umsetzung der allegorischen Methode in die allegorische Fiktion, in die Allegorie: Der Begriff bezeichnet einen Text oder ein in sich abgeschlossenes größeres Textsegment, für das die Setzung einer zweiten Bedeutungsebene, implizit oder explizit, konstitutiv ist. Im Unterschied zur Metapher, die einen einzelnen Begriff durch einen anderen substituiert, wird durch die Allegorie syntagmatische Konsistenz erzeugt. Das Vorbild gab abermals die lateinische Literatur, denn am Beginn der Allegorie in der weltlichen Literatur stehen zwei Werke aus der lateinischen Spätantike: die *Psychomachia* (»Kampf um die Seele«) des Prudentius (348–um 405) und *De nuptiis Philologiae et Mercurii* (»Die Hochzeit Merkurs und der Philologie«) des Martianus Capella (Anfang 5. Jahrhundert).

Das Gedicht des Prudentius schildert in 915 Hexametern den Kampf der sieben vom Leib aufgebotenen Hauptlaster gegen die sieben Haupttugenden um die Seele des Menschen. Zuerst treten Götzendienst und Glaube gegeneinander an, darauf folgen Unzucht und Keuschheit, Zorn und Geduld, Hoffart und Demut, Üppigkeit und Mäßigkeit, Geiz und Barmherzigkeit. Als bereits Eintracht herrscht, betritt die Häresie unter der Maske der Zwietracht die Kampfstätte. Nach ihrer Niederlage hat der Seelenkampf ein Ende; der Glaube verkündet seine Absicht, für Christus einen Tempel errichten zu lassen. In dem Gedicht des Martianus Capella erhält die zur Göttin erhobene Philologie als Brautgeschenk von ihrem Gemahl Merkur, dem Gott der Beredsamkeit, sieben Dienerinnen, die der Reihe nach ihr Wissen kundtun. Es sind die sieben Lehrfächer, die *septem artes liberales*, die das Artes-Studium formieren. Einzelne allegorische Figuren treten auch in Augustins *Soliloquia* und in der *Conso-*

latio Philosophiae des Boethius (um 475/80–524) auf: Hier ist es die personifizierte Philosophie, mit welcher der Philosoph ein (Selbst-)Gespräch führt, dort ist es die personifizierte *Ratio* »Vernunft«. Zumindest Prudentius, Martianus Capella und Boethius sind auch im Schulunterricht des frühen und hohen Mittelalters traktiert worden und haben so musterbildend gewirkt.

Berühmtes Beispiel einer weltlichen Allegorie und das erste in der Volkssprache überhaupt ist die Minnegrotte aus dem *Tristan* Gottfrieds von Straßburg (v. 16703–16729), die ganz auf allegorische Entschlüsselung hin konstruiert ist. Sie ist rund, weit und hoch, die Wände glatt und weiß, das Gewölbe mit einem kunstvollen Schlussstein geschlossen, der Boden aus glattem grünem Marmor. In der Mitte des Raumes steht ein der Göttin Minne geweihtes Kristallbett, drei Fensterchen bringen Licht, eine eherne Tür gewährt Einlass. Der Erzähler setzt alle Einzelheiten dieses Raums, Lage, Eigenart und materielle Bestandteile, in Bezug zu den geistig-seelischen Qualitäten der Liebe (v. 16923–17099); nichts wird ausgelassen. Anders als die allegorischen Dichtungen der Spätantike oder auch die großen allegorischen Dichtungen des späteren Mittelalters wie der *Rosenroman* (s. u.), die abstrakte Vorgänge jeweils in lebendige Handlung transformieren, setzt Gottfried die allegorische Explikation als Hilfsmittel ein.

Als mögliche Vorbilder hat man die lateinische und volkssprachige Exegese kirchlicher Gebäude erwogen, welche die Kirche als Bauwerk auf die spirituelle Kirche hin auslegt (*Ecclesia aedificium significat ecclesiam spiritualem*), oder auch die altfranzösische Tradition der *maison d'amour*, welche die einzelnen Elemente des Gebäudes mit den Eigenschaften der Minne ineins setzt. Der hohe Rang und die außerordentliche Qualität, die Gottfried der Liebe in dieser Episode zuschreibt, bleiben von der Frage nach den Quellen allerdings unberührt. Indem er aber offenkundig macht, dass er die Minnegrotte als Denkfigur mit zeichenhaftem Charakter und nicht als Abbild einer realen Topographie versteht, deckt er zugleich den fiktiven Charakter, den imaginären Status der Minnegrotte und des ganzen Liebesglücks, das Tristan und Isolde dort finden, auf. Die Minnegrotte ist ein Raum der Phantasie, der utopisch ist nur in dem Sinne, dass er nicht in der geschichtlichen Welt realisiert ist, aber doch eine Wirklichkeit eigenen Rechts begründet.

Die Minnegrotte ist eine sog. Konstruktions- oder Beschreibungsallegorie. Zu diesem Typus rechnet man alle statischen Bilder, also Gebäude oder Gebäudekomplexe wie Burg, Haus, Stadt, Kloster, Kirche, Thron, Säule oder Grotte, Naturgebenheiten, z. B. Gestirne, Farben und Edelsteine, die spirituell ausgelegt werden, oder auch Figurenensembles, die Wissenskomplexe, soziale Ordnungskonzepte oder Tugend-Laster-Systeme darstellen. Davon zu unterscheiden ist die Handlungs- oder Geschehensallegorie, die dynamische Vorgänge, etwa die Jagd oder die Belagerung und Erstürmung einer Burg, auch Streit- und Gerichtsszenen, für allegorische Aussagen nutzt.

Die erste volkssprachige Allegorie in diesem Sinne ist der berühmte *Roman de la rose*, den Guillaume de Lorris um 1225/30 begonnen und Jean de Meun um 1270/80 fortgesetzt und zu Ende geführt hat. Er erzählt von der Werbung um die Geliebte und der Abwehr männlichen Begehrens im Bild von der Belagerung und Eroberung einer Burg. Dasselbe Thema, doch anscheinend unabhängig vom *Rosenroman*, hat ein unbekannter Ostfranke im zweiten Viertel des 14. Jahrhunderts in der *Minneburg* bearbeitet. In der deutschen Literaturgeschichte ist dies die Hochzeit der Allegorie als literarischer Gattung. Etwa zur selben Zeit verfasste Hadamar von Laber in 565 Titurelstrophen sein minneallegorisches Gedicht *Die Jagd*, das die höfische Werbung eines Mannes nach dem Reglement der Hohen Minne im Bild der Jagd nach dem edlen Wild inszeniert. Hingegen formulierten Konrad von Ammenhausen und Heinrich von Beringen anhand der Figuren des Schachspiels religiös-moralische Ständekritik; ihre Schachzabelbücher (1337 bzw. 1330/50?) fußen auf dem lateinischen *Solacium ludi scacorum* des Jacobus de Cessolis (um 1300).

Die einschlägigen Handbücher lehren uns, dass das Anliegen dieser Allegorien stets ein didaktisches gewesen, dass es um die Vermittlung von Minne-, Tugend- oder Ständelehre gegangen sei. Das ist auch nicht verkehrt, doch ist der ›Sinn‹ der poetischen Allegorien mit der Ermittlung der vom Autor festgelegten allegorischen Denotate in der Regel nicht erschöpft. Die mittelalterlichen Allegorien lassen durchaus Deutungsspielräume offen. Das lässt sich z. B. im *Roman de la rose* beobachten, der den Liebenden auf seinem Weg durch einen imaginären Paradiesgarten z. B. mit den Herren »Vergnügen« und »Schöner Empfang« und den Damen »Höflichkeit«, »Mitleid«, »Edelmut« und »Argwohn« zusammenführt und der die als wehrhafte, scheinbar uneinnehmbare Burg semantisierte Geliebte von den Damen und Herren »Widerstand«, »Scham«, »Angst« und »Üble Nachrede« streng bewachen lässt. Es handelt sich durchweg um Personifikationen von Eigenschaften, die das komplexe Psychogramm von Liebenden im Konflikt zwischen Begehren und Furcht vor gesellschaftlichen Sanktionen ergeben. Die Geliebte wird dabei mit freundlichem Wohlwollen und der Bereitschaft, auf die Werbung einzugehen, aber auch mit Angst und Scham ausgestattet, der liebende und begehrende Mann mit hohen moralischen Qualifikationen wie Aufrichtigkeit, Verlässlichkeit, Mitleid, Mut u. a. Die allegorischen Figuren emanzipieren sich indes von ihrer bloßen Zeichenfunktion; sie parlieren, dozieren und agieren wie andere, allegorisch nicht festgelegte literarische Figuren auch. Ein gutes Beispiel bietet der Kampf von Amors Heer gegen die Burg bzw. ihre Torwächter, der ausführlich und mit Anleihen bei heldenepischer Hyperbolik als blutiges Gemetzel beschrieben wird. Die Logik des Bildkomplexes entwickelt ihre eigene Dynamik, die über den von den beiden Autoren festgelegten Sinn hinausführt.

Zu den Kennzeichen einer Poetik allegorischen Dichtens gehört häufiger auch, dass Literalsinn und epische Funktion des Bildes im Widerstreit mit seiner allegorischen Bedeutung liegen. Ein schönes Beispiel dafür bietet Hadamar von Laber, der in seinem allegorischen Jagdgedicht an das Liebeskonzept anknüpft, das für die Liebeslyrik des späten 12. und des 13. Jahrhunderts bestimmend war. Wir bezeichnen es als ›hohe Minne‹. Es ist dies ein Konzept, das in der Liebe Ausschließlichkeit, Treue, Rücksichtnahme und Leidensbereitschaft forderte. Entscheidend (und keineswegs selbstverständlich) war aber, dass diese Zielvorstellungen nicht nur für die Frau, sondern auch und vor allem für den Mann formuliert wurden. Hohe Minne heißt: Verzicht des Mannes auf ungerichtetes Begehren und augenblickliche Erfüllung dieses Begehrens, das die Frau zum bloßen Sexualobjekt gemacht hat. Dieses Liebeskonzept legte Hadamar seiner Allegorie zugrunde, die im Bild der Jagd nach einem edlen Wild die Werbung des liebenden und begehrenden Mannes um eine Frau narrativ inszeniert: Als Jagdhunde sind *Stæte* »Beharrungsvermögen«, *Triuwe* »Aufrichtigkeit und Treue«, *Leit* »Leidensfähigkeit« und *Mâze* »Selbstbeschränkung« – Voraussetzung der Selbstlosigkeit –, eingesetzt; sie sind Leitbegriffe auch im Konzept der hohen Minne. Nicht zuletzt durch die Wahl des spezifischen Bildspenders ist dem Text jedoch ein Gegendiskurs eingeschrieben, der die Ideologie des Verzichts und Entsagens unterläuft und Aggression und Begehren stets präsent hält: Die höfische

Werbung um die Geliebte, als Jagd auf das edle Wild semantisiert, erscheint als ein aggressiver Akt, der freilich – die Jagd war ein Privileg des Adels – höchstes gesellschaftliches Prestige genießt und dem Mann eine anerkannte männliche Rollenidentität zuschreibt. Ausdrucks- und Inhaltsseite, intendiertes Liebes- und Geschlechterkonzept und der dieses Konzept ausdrückende Zeichenkomplex, die Logik des Bildes auf der Handlungsebene und der allegorische Sinn sind nicht mehr vollständig kompatibel. Allegorisch dichten heißt also nicht oder nicht von vornherein, den Sinn des Erzählten durch präzise ausgrenzende, explizite Deutung zu kontrollieren und damit eine mögliche Sinnkomplexion, die Merkmal der Literatur im engeren Sinn ist, durch eine unterkomplexe Deutung zu ersetzen.

Literatur: Walter Blank: Die deutsche Minneallegorie. Gestaltung und Funktion einer spätmittelalterlichen Dichtungsform. Stuttgart 1970 (Germanistische Abhandlungen 34); ders.: Allegorie₃. In: ³RL, Bd. 1, S. 44–48; Hennig Brinkmann: Mittelalterliche Hermeneutik. Darmstadt 1980; Ulrich Engelen: Die Edelsteine in der deutschen Dichtung des 12. und 13. Jahrhunderts. München 1978 (MMS 27); Formen und Funktionen der Allegorie. Symposion Wolfenbüttel 1978. Hg. von Walter Haug. Stuttgart 1979 (Germanistische Symposien; Berichtsbd. 3); Hartmut Freytag: Die Theorie der allegorischen Schriftdeutung und die Allegorie in deutschen Texten besonders des 11. und 12. Jahrhunderts. Bern/München 1982 (Bibliotheca Germanica 24); Manfred Fuhrmann: Die Spätantike und ihre Folgen. Über ein unterschätztes Zeitalter der lateinischen Literatur. ZfdA 121 (1992) 253–274; Geistliche Denkformen in der Literatur des Mittelalters. Hg. von Klaus Grubmüller u. a. München 1984 (MMS 51); Klaus Grubmüller: Fabel, Exempel, Allegorese. Über Sinnbildungsverfahren und Verwendungszusammenhänge. In: Exempel und Exempelsammlungen. Hg. von Walter Haug und Burghart Wachinger. Tübingen 1991 (Fortuna Vitrea 2), S. 58–76; Ernst Hellgardt: Die exegetischen Quellen von Otfrids Evangelienbuch. Beiträge zu ihrer Ermittlung. Mit einem Kapitel über die Weißenburger Bibliothek des Mittelalters und der Otfridzeit. Tübingen 1981 (Hermaea N.F. 41); Dorothea Klein: Allegorische Burgen. Variationen eines Bildthemas. In: Die Burg in Minnesang und Allegorie des deutschen Mittelalters. Hg. von Ricarda Bauschke. Frankfurt a. M. u. a. 2006 (Beiträge zur Mittelalterforschung 10), S. 113–137; Henri de Lubac: Exégèse médiévale. Les quartre sens de l'écriture. 2 Bde. Paris 1959/61; Christel Meier: Gemma spiritalis. Methode und Gebrauch der Edelsteinallegorese vom frühen Christentum bis ins 18. Jahrhundert. München 1977 (MMS 34/1); Katharina Mertens Fleury: Zeigen und Bezeichnen. Zugänge zu allegorischem Erzählen im Mittelalter (Philologie der Kultur 9), Würzburg 2014; Paul Michel: Alieniloquium. Elemente einer Grammatik der Bildrede. Bern 1987 (Zürcher germanistische Studien 3); Friedrich Ohly: Vom geistigen Sinn des Wortes im Mittelalter. ZfdA 89 (1958/ 59) 1–23; Dietrich Schmidtke: Geistliche Tierinterpretation in der deutschsprachigen Literatur des Mittelalters (1100–1500). Diss. FU Berlin 1968; Bernhard F. Scholz: Allegorie₂. In: ³RL, Bd. 1, S. 40–44; Hans-Jörg Spitz: Allegorese/Allegorie/Typologie. In: Fischer Lexikon Literatur. Hg. von Ulf Ricklefs. Bd. 1. Frankfurt a.M. 1996 (FTb 4565), S. 1–31; David A. Wells: Die Allegorie als Interpretationsmittel mittelalterlicher Texte. In: Bildhafte Rede in Mittelalter und früher Neuzeit. Hg. von Wolfgang Harms u.a. Tübingen 1992, S. 1–23.

4. Kulturtransfer II: Romanisch und Deutsch

Nicht die gesamte deutsche Literatur des Mittelalters entstand als Übertragung und Ausgliederung aus der lateinischen Schriftkultur. Gerade die Hauptgattungen der höfischen Zeit (1160/70–1220/30), Lyrik und höfischer Roman, sind genuin volkssprachigen Ursprungs; sie entstanden zum ganz überwiegenden Teil nach romanischen Vorlagen und Vorbildern. Besondere Attraktivität besaßen die altfranzösischen Romane nach antiken und keltischen Erzählstoffen, die beinahe alle ins Deutsche übertragen wurden, und nicht weniger Einfluss hatte die provençalische und altfranzösische Lyrik: Die deutschen Lieddichter übernahmen Liedtypen, Strophenformen und Motive der romanischen Lyrik mitsamt ihrem spezifischen Liebes- und Geschlechterkonzept. Auf geringeres Interesse stießen nur die Chansons de geste – Heldenepen aus mündlicher Überlieferung – und die Verserzählungen. Diese breite literarische Rezeption war Ausdruck und Teil eines intensiven kulturellen Austauschs mit Frankreich, der materielle und immaterielle – zivilisatorische, geistige und künstlerische – Güter und Leistungen in gleicher Weise umfasste.

a. Gesellschaftsformen, Sachen und Begriffe

Historische Quellen lassen uns wissen, dass an dem um die Mitte des 11. Jahrhunderts aufblühenden Handel schon früh auch Kaufleute aus dem Deutschen Reich beteiligt waren. Ein- bis zweimal im Jahr kamen Kaufleute aus aller Herren Länder, vor allem Italiener, Franzosen, Engländer, Flamen und Deutsche, auf den großen Messen Flanderns und der Champagne – Regionen mit einer großen Städtedichte, in denen die Fernstraßen sternförmig zusammenliefen –, zusammen. Troyes, Provins, Lagny und Bar-sur-Aube, dazu Gent, Brügge und Lille, Tournai, Valenciennes, Arras und Ypern waren Zentren eines regen Warenaustauschs, der, wegen der begrenzten Transportmöglichkeiten, weitgehend auf Luxusgüter beschränkt blieb. Man handelte mit Wolle und teuren Stoffen, mit kostbaren Waffen, teuren Pferden und prunkvollem Tafelgeschirr, mit Rauchwaren und Korduan, d.i. feinstes Schaf- und Ziegenleder, mit Salz, Wachs, orientalischen Gewürzen, französischem und burgundischem Wein, kurzum: mit allem, was gut und teuer war und demzufolge sich nur der Adel leisten konnte, begehrte Luxusgüter, welche die materielle Grundlage der höfischen Kultur bildeten. Aus Frankreich, England und Flandern exportierte man Wolle, kostbare Stoffe und Kleider ins Deutsche Reich, und umgekehrt fanden in Frankreich und England die Erzeugnisse deutscher Waffenschmiede und Leinenweber reißenden Absatz. Reflexe dieses Warenaustauschs finden sich auch in der Literatur. In der französischen Heldenepik wird wiederholt die Qualität der Helme und Schilde aus Bayern, der Kettenhemden aus Mainz und der Schwerter aus Köln hervorgehoben, deutsche Dichter preisen hingegen die Erzeugnisse berühmter französischer Waffenschmieden, etwa Helme aus Poitiers und Speereisen aus Troyes, Kettenhemden aus Chambly und Anjou und Brustplatten aus Soissons. Auch rühmen sie die feinen Wollstoffe aus Gent, Ypern und Arras oder die Seidenstoffe aus Griechenland und dem Orient. »Poitiers«, »Soissons«, »Ypern«: das waren gewissermaßen Markennamen, die nicht nur Qualität verbürgten, sondern den Besitzern auch Prestige eintrugen.

Aus Frankreich gab es aber auch andere wichtige Anstöße, etwa für die Kampf- und Waffentechnik. Eine wichtige Neuerung war die sog. *barbiere*, eine Metallplatte mit Atemlöchern, die am Helm befestigt wurde und die untere Gesichtshälfte schützen sollte; sie ist in Frankreich seit 1190 bezeugt, im Deutschen Reich nur wenige Jahre später, was auf eine rasche Übernahme hindeutet. Gleiches gilt für die abgeflachte Form des Helms (›Topfhelm‹) und für den kleinen, dreieckförmigen, flachen Schild, der zuerst in Frankreich, dann auch rechts des Rheins die alte Form, groß, gewölbt und konisch zulaufend, ersetzte. Auch die neue Technik des Lanzenkampfes, bei dem die Lanze nicht mehr als Wurfwaffe, sondern als Stoßlanze benutzt wurde, dürfte in Frankreich entwickelt worden sein. Anregungen für den Burgenbau, mit dem Turm als zentralem Bauwerk, scheinen hingegen aus Italien gekommen zu sein. Allerdings haben einige deutsche Fürsten, u. a. die Herzöge von Zähringen und die Markgrafen von Baden, verschiedentlich Wohntürme nach dem Vorbild des französischen Donjons errichten lassen.

Eine französische Erfindung war auch das Turnier, eine vielleicht aus dem Waffentraining für die Krieger entstandene Form des ritterlichen Kampfspiels, das zwischen zwei berittenen Parteien oder in Form des Zweikampfs zuerst auf freiem Feld, bald auch auf einem eigens abgegrenzten Terrain vor den Mauern der Burg und Stadt ausgetragen wurde. Da man bis in die ersten Jahrzehnte des 13. Jahrhunderts scharfe Waffen benutzte, unterschied sich das Turnier in puncto Gefahr für Leib und Leben nicht von einer Reiterschlacht in Krieg und Fehde; mittelalterliche Chroniken berichten deshalb immer wieder von Turniertoten. Anders als die Reiterschlacht folgte das Turnier jedoch bestimmten Regeln: Es erging eine förmliche Einladung, man legte den Turnierpreis für die siegreiche Partei und die Höhe des Lösegeldes für die unterlegene fest, man grenzte einen Schutzbezirk ab, in dem man vor dem Gegner sicher war, und Schiedsrichter achteten darauf, dass die Kampfbestimmungen eingehalten wurden. Für die Adeligen besaß das Turnier von Anfang an eine große Attraktivität, bot es doch die Aussicht auf hohen materiellen und Prestigegewinn. So konnte es rasch seinen Siegeszug von Westeuropa nach Mitteleuropa und Italien antreten. Erstmals sicher bezeugt sind Turniere auf französischem Boden seit den Jahren um 1125/30 – die Zeugnisse setzen allerdings bereits eine etablierte Praxis voraus –, und schon im Jahr 1127 soll das erste Turnier in Deutschland nach dem Bericht Ottos von Freising in den *Gesta Friderici* (1157/58) vor den Toren Würzburgs veranstaltet worden sein.

Mit den Sachen übernahm man auch ihre Bezeichnungen. Seit Mitte des 12. Jahrhunderts drang eine Fülle französischer Lehnwörter und Lehnbildungen in die deutsche Sprache; eine wichtige Vermittlerrolle spielte dabei der flämische und brabantische Raum, was auch an einer Vielzahl mittelniederländischer Wörter im Mittelhochdeutschen abzulesen ist. Man übernahm Begriffe für Waffen wie *lanze* oder *harnasch*, für Gebäude wie *schastel* »Burg« (von *chastel*), *turn* »Turm« oder *palas*, das repräsentative Gebäude in einer Burg, für Kleidung, Kissen und Stoffe wie *samît*, *siglât*, *bônît*, die alle drei kostbare Seidenstoffe bezeichnen, *kulter* »Steppdecke« (afrz. *coultre*) und *küssen* »Kissen« (afrz. *coussin*), die Begriffe aus dem Bereich der gesellschaftlichen Unterhaltung wie *tanzen* »tanzen«, *schâch* (von afrz. *eschac*), *schanzûn* »Lied« (afrz. *chanson*), und aus der Turniersprache der Romanen stammen die Begriffe *turnei* »Turnier« (von *tornoiement* »Drehung, Umkehr«) und *tjoste* »Einzelkampf«, *puneiz*, womit im Turnier der Angriff von vorn im geschlossenen Verband bezeichnet wurde, und *bûhurt*, ein Schaureiten. In der Verwendung solcher Lehnwörter kommen auch sprachlich die Hochschätzung all dessen, was das Leben der feinen Leute ausmachte, und Repräsentationsanspruch zum Ausdruck. Allein in Wolframs *Parzival* sind über 400 französische Wörter belegt.

Beinahe noch wirksamer ist die semantische Umprägung älterer deutscher Wörter unter französischem Einfluss. Der Begriff *rîter* z.B., ursprünglich nur die Bezeichnung für die Reiterkrieger oder Ministerialen – unfreie Dienstleute mit politischer, wirtschaftlicher und militärischer Funktion, die oft eine adelsgleiche Stellung erreichten –, wird um 1170 zu einem allgemeinen, soziale und rechtliche Differenzen übergreifenden Adelsprädikat; er orientiert sich darin am altfranzösischen Begriff *chevalier*, der ursprünglich nur den »Mann zu Pferd« bezeichnet, später aber moralische und religiöse Konnotationen aufgenommen hatte. Und unter dem Einfluss von afrz. *garcon* »Knappe«, das auch direkt ins Mittelhochdeutsche entlehnt wurde (*garzûn*), nimmt der genuine Begriff *knabe* »(junger) Mann, Diener, Page« bzw. seine intensivierte Form *knappe* die Bedeutung »junger Adeliger vor der Schwertleite« an. Die meisten Fremdwörter sind, wie die höfische Kultur selbst, verlorengegangen; erhalten blieben »Abenteuer«, »Reim«, »Lampe«, »Teller«, »fein« und »klar« und einige andere mehr. Freilich wissen wir von den meisten französischen Entlehnungen nur aus den poetischen Denkmälern, und es ist unklar, inwieweit der literarische Gebrauch auch die Alltagspraxis spiegelt.

Dasselbe gilt für die Konversation. In den Romanen hält man es für einen Ausdruck besonderer Noblesse und Eleganz, ein Gespräch auf französisch oder doch mit französischen Versatzstücken zu führen. Beispiele für solche *gestrîfelte* »gemischte« Rede bietet namentlich Gottfrieds von Straßburg *Tristan* in großer Zahl. Hier ein Ausschnitt aus der höfischen Konversation mit Marke (v. 3351–3364):

>   Marke sach Tristanden an:
>   »friunt«, sprach er »heizest dû Tristan?«
>   »jâ, herre, Tristan; dê vus sal!«
>   »dê vus sal, bêâs vassal!«
> 3355 »merzî«, sprach er »gentil rois,
>   edeler künic Kurnewalois,
>   ir und iur gesinde
>   ir sît von gotes kinde
>   iemer gebenedîet!«
> 3360 dô wart gemerzîet
>   wunder von der hovediet.
>   si triben niwan daz eine liet:
>   »Tristan, Tristan li Parmenois,
>   cum est bêâs et cum cûrtois!«

»Marke sah Tristan an. ›Freund‹, sagte er, ›heißt du Tristan?‹ ›Ja, Herr, Tristan; dê vus sal!‹ ›dê vus sal, bêâs vassal!‹ ›Merzî, gentil rois‹, sagte er, ›edler König von Cornwall, Ihr und Euer Gefolge möget von Gottes Sohn für immer gesegnet sein!‹ Da sagten die Leute bei Hofe unzählige Male Merzî. Sie sangen nur das eine Lied: ›Tristan, Tristan li Parmenois, cum est bêâs et cum cûrtois!‹«

Inwieweit sich tatsächlich auch in der außertextuellen Wirklichkeit ein ritterlicher Modejargon herausgebildet hat, ein Deutsch mit zahlreichen Romanizismen, sei dahingestellt. Gesellschaftskritische Literatur wie das Paradestück der schwarzen Pädagogik, der *Helmbrecht* Wernhers des Gartenæres (drittes Viertel 13. Jahrhundert), lässt diesen Schluss zu. Dort renommiert der Bauernsohn Helmbrecht, der auszog, um Ritter zu werden, bei seiner Rückkehr ins Elternhaus mit seinen Sprachkenntnissen; die Schwester grüßt er auf lateinisch mit *gratia vester*, den Vater auf französisch mit *deu sal*, die Mutter auf böhmisch mit *dobra ytra*, die Dienstboten auf niederdeutsch.

Allerdings dürfen wir nicht übersehen, dass Invektiven wie die gegen die Fremdsprachenkenntnisse des Junkers Helmbrecht eine genuine Textfunktion des didaktischen Schrifttums sind, das gegen Verhaltensformen und Mentalität sozialer Aufsteiger zu Felde zieht.

Beinahe noch problematischer ist die Beurteilung der gesellschaftlichen Umgangs- und Unterhaltungsformen. In zahlreichen Details scheint die französische Adelskultur verbindliches Vorbild gewesen zu sein: für die Kleidung, für die Bart- und Haarmode, für die Bewaffnung und das Reitwesen, für Wohn- und Esskultur. Solche Neuerungen fielen an einem deutschen Hof erstmals anlässlich der Hochzeit Kaiser Heinrichs III. († 1056) mit Agnes von Poitou († 1077), einer Tochter Herzog Wilhelms V. von Aquitanien, auf. Zunächst nur in der Umgebung der Kaiserin, dann bald auch anderswo registrierte man bei den jungen Adeligen das Abrasieren der Bärte oder kleine Bärte, langes, oftmals künstlich, mit der Brennschere gewelltes Haar »wie bei Frauen«, kürzere oder vor allem figurbetonte, enganliegende Gewänder mit modischen Accessoires, z. B. langen weiten Ärmeln und Schleppen, und spitze Schnabelschuhe. Bezeugt sind diese modischen Neuheiten zuerst in den (lateinischen) Klagen von Geistlichen, die noch ganz der traditionellen monastischen Ethik und dem ebenfalls überkommenen kulturellen Code verpflichtet waren – Bartlosigkeit z. B. war traditionell das distinkte Merkmal des geistlichen Standes – und die darin die Ehre des Reiches gefährdet sahen. Man weiß deshalb nicht recht, was übertreibende Polemik und was lebensweltliche Praxis bei Hofe war.

Dieses Grundproblem – nicht entscheiden zu können, was tatsächlich von der französischen Adelskultur an deutschen Fürstenhöfen nachgeahmt wurde – besteht auch bei der weltlichen volkssprachigen Dichtung, die nach 1150 einen vehementen Aufschwung nahm. Anders als die geistlichen Kritiker stellen die Dichter die Errungenschaften der westlichen Zivilisation und Gesellschaftskultur als vorbildlich dar. *Als mans ze Francrîche pfliget* »wie man es in Frankreich tut« und *in Franzoiser sit* »nach Art der Franzosen« sind feste Formeln in ihren laudativen (»lobenden«) Beschreibungen der Kleider und des Gangs der Damen, der festlichen Empfänge und Mahlzeiten, der feinen Umgangsformen, der charakterlichen und ästhetischen Qualitäten, die in der Gesellschaft bei Hofe erforderlich waren, der höfischen Unterhaltungsformen. Dass man Kleider und Mäntel nach französischer Mode trug, beim Festbankett Kissen und Polster auf die Sitze legte und weiße Tischtücher und Servietten benutzte, Becken zum Händewaschen und kostbares Tafelgeschirr auftrug, Brote in der französischen Backart als runde *gastel* servierte, französische Musik machte usw.: all diese Vorstellungen können auch dem Wunschdenken der Dichter entsprungen sein, die ihre *descriptiones* als Muster für vorbildliche Umgangs- und Gesellschaftsformen verstanden wissen wollten. Dahinter mochte sich sogar der Wunsch der Dichter verbergen, sich als ›Trendsetter‹ und maßgebliche Instanz in Sachen höfischer Zivilisation und Kultur zu profilieren. Sicher ist die Attraktivität dieser Entwürfe einer neuen Gesellschaftskultur, und sicher ist auch, dass sie mit normativem Anspruch vermittelt wurden. Inwieweit sie indes prägend gewirkt haben und das heißt auch: praktisch umgesetzt wurden, entzieht sich unserer Kenntnis.

Das gilt letztlich auch für das Leitbild des christlichen Ritters, zu dessen Entstehung ebenfalls wichtige Impulse von der Romania ausgegangen waren. Seit dem 10. Jahrhundert hatten dort geistliche und gelehrte Autoren zuerst in Biographien vorbildlicher Adeliger, dann auch in Fürstenspiegeln und anderen Lehrschriften für ein neues Leitbild adeliger Männlichkeit geworben. Mit dem Ideal des *miles Christi*

machten sie Front gegen den adeligen Krieger, der rücksichtslos von seinem Gewaltmonopol und seinem Fehderecht Gebrauch machte, was seit der späten Karolingerzeit
anscheinend zu teilweise anarchischen Zuständen geführt hatte. Das neue Männlich-
keitsmodell erlaubte es dem adeligen Krieger auch weiterhin, Gewalt und Aggression
auszuleben und sich darüber zu definieren; freilich war diese Lizenz zu kämpfen und
zu töten nun an bestimmte, von der Kirche gebilligte Ziele gebunden. So sollten die
Waffen nur eingesetzt werden, um Frieden und Recht zu wahren oder um die gestörte
Rechtsordnung wiederherzustellen, zum Schutz aller Armen und Bedrängten, der
Witwen und Waisen, zur Verteidigung der Kirche und des christlichen Glaubens und,
sofern der Ritter Herrendienst zu leisten hatte, zum Schutz des Lebens seines Herrn;
als nicht verdienstvoll galt der Kampf hingegen, wenn er zur materiellen Bereicherung
oder zur Rache geführt wurde. Als vorbildliche Verhaltensweisen galten ferner die
Demut, die vor den Verlockungen der Macht und des Luxus bewahrte, Mildtätig-
keit, Loyalität gegenüber dem Lehnsherrn und schließlich auch die Bereitschaft zur
Schonung und Versöhnung nach dem Sieg.

Neuen Auftrieb und zugleich einen neuen Akzent bekam das neue Helden-
und Männerideal durch die Kreuzzugspredigt und Kreuzzugsliteratur, welche das
der Kriegerkaste innewohnende Gewaltpotential auf Ziele im Ausland, vor allem
in den von Muslimen bedrohten oder eroberten Gebieten, umzulenken suchte. Eine
Schlüsselfunktion kam hier der Ansprache zu, die Papst Urban II. auf dem Konzil in
Clermont 1095 an den französischen Adel gerichtet hat. Er attackierte ihn als eine
Bande von Kriminellen und ›Anarchisten‹ und forderte ihn auf, zu ›Gottesstreitern‹
zu konvertieren und Aggression und Gewalt, die zu gegenseitigem Totschlag, Mord
und Räuberei geführt hatten, gegen die Feinde des Glaubens und des Christentums
zu richten. Mit dem religiös überformten Konzept des *miles christianus* hatte die Kirche für den adeligen Krieger ein modernes und attraktives Lebensmodell entworfen.
Vermittelt wurde es zunächst in lateinischen Viten französischer Adeliger und in der
pragmatischen Literatur, doch fand es bald auch Eingang in die weltliche Dichtung
in der Volkssprache. Die ältesten Zeugnisse dafür sind die *Chanson de Roland* und
ihre deutsche Adaptation, deren Helden ganz auf das Ideal des christlichen Ritters
verpflichtet sind, allerdings in einer fundamentalistischen Variante. Moderatere
Auffassungen vertreten die Autoren der höfischen Romane.

Auch ein ganz anderes Männlichkeitskonzept, weniger heroisch, weniger
dominant, stammt aus Frankreich, genauer: aus der romanischen Liebeslyrik und
ist im deutschen Minnesang weitergetragen worden (s. Kap. II.3.c). Seine Relevanz
für das Geschlechterverhältnis in der lebensweltlichen Praxis darf füglich bezweifelt
werden.

b. Die interkulturelle Vernetzung der Liebeslyrik

Die Liebeslyrik des europäischen Mittelalters lässt sich als innerkulturelles und inter-
kulturelles Phänomen beschreiben, als ein engmaschiges Netz des Literaturbetriebes
an den Höfen Okzitaniens, Frankreichs, Italiens und Deutschlands, das sich anhand
zahlreicher intertextueller Beziehungen nachweisen lässt. Die Entstehung eines solchen
Netzwerks war an ganz konkrete historische Voraussetzungen gebunden: Es waren
dies dynastische Verbindungen, Hoffeste, politische und diplomatische Missionen
und nicht zuletzt die Kreuzzüge des 12. Jahrhunderts.

Für gewöhnlich nimmt man an, dass die früheste deutsche Liebesdichtung autochthon entstanden ist. Doch bereits bei den ältesten Dichtern gibt es Indizien für Kontakte mit der romanischen, und das heißt hier: der okzitanischen Poesie. Ein solches Indiz liefert die Strophe MF 8,9 aus dem Kürenberg-Corpus, eine Dialogstrophe, die man lange Zeit für unecht gehalten hat. Das Budapester Fragment überliefert den Text folgendermaßen:

<I>A stûnt ich naecht[en] spate   vor dinem bette.
d[o] getorst ich dich, frowe,   nicht gewechen.
des m[v̂]zze got gehazzen.   den dinen lip.
ia was ich niht per wilder,   ich was ein wip.

»Ich stand ja gestern abend spät vor deinem Bett. Da wagte ich es nicht, dich, Herrin, zu wecken. ›Dafür möge Gott dich hassen. Ich war doch kein wilder Bär, ich war eine Frau.‹«

Das männliche Ich nimmt für sich die Rolle des liebenden und begehrenden Mannes in Anspruch, der sich mit Rücksicht auf die Geliebte sexuelle Zurückhaltung auferlegt hat. Diese ist, wie die Anrede *frowe* deutlich macht, zur Herrin stilisiert. Die Dame gibt allerdings durch den denunziatorischen Vergleich mit dem wilden Bären zu verstehen, dass sie diese Zurückhaltung für lächerlich hält.

Warum soll diese altertümliche Strophe, die der Frau eine solche indezente Antwort in den Mund legt, unter romanischem Einfluss stehen? Rede des Mannes und Gegenrede der Frau setzen die Kenntnis des Frauendienstes voraus, jenes Liebes- und Geschlechterkonzepts, das die Trobadors in ihrer Lyrik entwickelt hatten. Zentrale Merkmale dieses Konzeptes sind die Erhöhung der Frau zur Herrin, ihre Gleichgültigkeit gegenüber männlichem Begehren, die Stilisierung des Mannes zum Vasallen oder Diener der Frau, Respekt und Zurückhaltung gegenüber der Frau. Mit ihrem offen eingestandenen Interesse an Erotik widerlegt die Sprecherin der Kürenberger-Strophe freilich das von den Trobadors entworfene Bild der unerreichbaren, ihre Sinnlichkeit leugnenden Frau. Zu Recht hat man diese Strophe deshalb in neuerer Zeit als Parodie auf dieses Liebeskonzept gelesen.

Es erhebt sich die Frage, wie Der von Kürenberg, der weit weg von Okzitanien, weit weg auch von der Grenze zwischen Deutschen und Romanen im bairisch-österreichischen Salzachgebiet oder in der Gegend von Linz und Melk zuhause war, mit dem trobadesken Konzept des Frauendienstes bekannt werden konnte. Die Antwort lautet: durch die Kreuzfahrer. Die Heere der Kreuzfahrer, die sich auf dem Landweg die Donau entlang über Ungarn und Kleinasien ins Heilige Land aufmachten, führten, wie man weiß, zahlreiche Spielleute, Sänger und Musiker mit sich, okzitanische, französische, deutsche, die auf den einzelnen Etappen für Unterhaltung sorgten. Sprachliche Barrieren müssen dabei kein Hindernis gewesen sein; als gemeinsame Sprache von Romanen und Deutschen lassen sich Latein und die *langue d'oil*, also das Altfranzösische, denken, doch selbst die *langue d'oc*, die okzitanische Sprache, oder das Altitalienische muss man nicht von vornherein ausschließen. Namentlich am zweiten Kreuzzug 1145–1149 nahm beinahe der ganze europäische Hochadel einschließlich der Hofdichter und -musikanten teil.

Die Umstände, unter denen es wahrscheinlich zum Kontakt zwischen romanischer und erster deutscher Ritterkultur gekommen ist, lassen sich indes noch genauer rekonstruieren: Wenige Wochen, nachdem sich der deutsche Kaiser Konrad III. im Mai 1147 von Regensburg aus mit seinem Ritterheer auf den Weg ins Heilige Land gemacht hatte, folgte auch der französische König Ludwig VII. Sein Weg führte von

Metz über den Rhein donauabwärts; in seinem Gefolge befand sich u. a. der berühmte Berufsdichter Cercamon (Wirkungszeit 1137–1149). In Regensburg machten die französischen Kreuzfahrer Rast. Man kann sich vorstellen, dass der Burggraf der Stadt, seit 1143 Heinrich III. von Stevening und Riedenburg, vielleicht auch seine Söhne Friedrich, Heinrich und Otto – Friedrich identifiziert man meistens mit dem Liederdichter –, vielleicht auch andere dichtende Herren, soweit sie nicht mit dem Kaiser aufgebrochen waren, die vornehmen französischen und okzitanischen Ritter empfingen und (erstmals?) mit eigenen Ohren die Lieder der Trobadors gehört haben: die alten Lieder Wilhelms IX. von Aquitanien, aber auch die modernen Lieder eines Marcabru, Jaufre Rudel und Cercamon. Es kann kein Zufall sein, dass wenig später jene Lieder entstanden, die zu den ältesten der bekannten Überlieferung gehören. Das muss nicht bedeuten, dass man erst jetzt im Donauraum begonnen hätte zu dichten. Das heißt nur, dass man erst jetzt den »pergamentwürdigen Literaturcharakter« der eigenen Liedproduktion erkannte. Für diese Erkenntnis »bedurfte es eines Anstoßes von außen, den wir uns von dem prunkvollen französischen Kreuzzugsheer von 1147 ausgehend denken« können (Karl Bertau).

Ein anderes Beispiel für frühen romanischen Einfluss bietet das Œuvre Meinlohs von Sevelingen, den man ebenfalls zur Gruppe der ältesten deutschen Lyriker zählt. Ich bespreche exemplarisch die Strophe MF 11,1 aus dem ersten Ton (Text nach Handschrift B):

> Dô ich dich loben hôrte,   dô het ich dich gerne erkant.
> durch dîne tugende manige   vuor ich ie welende, unz ich dich vant.
> daz ich dich nû gesehen hân,   daz enwirret dir niet.
> er ist vil wol getiuret   den dû wilt, vrowe, haben liep.
> Du bist der besten eine,   des muoz man dir von schulden jehen.
> sô wol den dînen ougen!
> diu kunnen, swen si wellen,   an vil güetelîchen sehen.

»Als ich von deinem Ruhm hörte, da hätte ich dich gern kennengelernt. Deiner vielen Vorzüge wegen machte ich mich auf die Fahrt, um das zu prüfen, bis ich dich fand [Lesart C: *wallende* »wie ein Wallfahrer«]. Dass ich dich nun gesehen habe, das berührt dich nicht. Der steht in großer Achtung [oder: der ist hoch geadelt], den du, Herrin, lieb haben willst [C: *wilt haben in phliht* »in Dienst nehmen willst«]. Du bist der Besten eine, das muss man dir zu Recht zugestehen. Gepriesen seien deine Augen! Die können, wen immer sie wollen, ganz liebevoll [C: *tougenlîchen* »verstohlen«] ansehen.«

Die Strophe beginnt mit dem Motiv des *amor lonh*, der Liebe aus der Ferne, das der berühmte Trobador Jaufre Rudel, der Herr von Blaie, eingeführt hat. Auch Rudel nahm am zweiten Kreuzzug teil; gemeinsam mit dem Herzog von Angoulême, seinem Oheim und Lehnsherrn, landete er am 13.4.1148 in Akkon, rund 200 km südlich von Tripolis. Der Erfinder des *amor lonh* selbst soll, wenn man seinem anonymen Biographen Glauben schenken darf, die Fernliebe zur Gräfin von Tripolis ins Heilige Land getrieben haben; in ihren Armen soll er denn auch gestorben sein.

Meinloh verwendet dieses Motiv, um die Affekte zu bannen. Der Ich-Sprecher seiner Strophe verliebt sich in die Frau nicht aufgrund ihrer erotischen Attraktivität, sondern allein wegen ihrer gesellschaftlichen Reputation, aufgrund ihrer *tugende*, d. h. aufgrund ihrer inneren Qualitäten; der Augenschein bestätigt nur noch die der Dame zugesprochene Vortrefflichkeit. Sie ist Anlass des Frauenpreises, der ganz formelhaft ist: »Du bist der Besten eine!« Der Geschlechterliebe wird damit eine ethische Dimension zugesprochen, und das heißt: sie wird nobilitiert. Auf romanischen Einfluss geht auch der Gedanke zurück, dass die Liebe der Frau die Vervollkommnung des Mannes bewirke: Der ist *vil wol getiuret*, dem sie ihre Liebe schenken will. Handschrift C verstärkt das hier angedeutete Minnekonzept durch die Wendung: *den du, frowe, wilt haben in phliht*, die den Dienstgedanken explizit macht; das Geschlechterverhältnis ist damit explizit als Frauendienst definiert. Dem Minnekonzept der Trobadors entspricht schließlich auch das Motiv der gleichgültigen Dame; dass der Ich-Sprecher sie angesehen und betrachtet hat, weckt in ihr keine positive Empfindung. Gleichwohl enthält sich der Sänger jeder Klage; stattdessen preist er die Augen der Geliebten, die einen Mann liebevoll ansehen können. Der Ich-Sprecher akzeptiert damit die freie Entscheidung der Frau, das Prinzip der Freiwilligkeit, das ein tragendes Element der höfischen Liebe ist.

Die deutschen Liederdichter der zweiten Generation, Heinrich von Veldeke (um 1170/85) und die Dichter um Friedrich von Hausen († 1190), stehen ganz unter dem Einfluss des romanischen Minnesangs. Auffällige Indizien sind die Übernahme der Kanzonenstrophe (s. Kap. I.5.b), die rund 30 sicheren, wahrscheinlichen oder auch nur möglichen Kontrafakturen und das – im Vergleich zu den älteren Dichtern aus dem Donauraum – gänzlich anders geartete Liebeskonzept, das nun ganz dem Konzept von Frauendienst und *fin'amors* der Trobadors verpflichtet ist. Mit der neuen Form und der neuen Thematik wurden auch zahlreiche literarische Motive, Bilder und Vergleiche importiert, die nun Eingang in die deutsche Liebeslyrik finden. Schließlich macht sich der Einfluss der romanischen Lyrik auch an der Entwicklung neuer Liedtypen bemerkbar.

Die kulturellen Kontakte wurden allein schon durch die geographische Heimat der Dichter gefördert: Sie alle stammten aus dem Westen des deutschen Reichsgebietes, der unmittelbar an den romanischen Bereich angrenzte: Heinrich von Veldeke vom Niederrhein, genauer: aus der Nähe von Hasselt, heute in der ostbelgischen Provinz Limburg, Friedrich von Hausen, Bligger von Steinach, Ulrich von Gutenburg, Bernger von Horheim und Graf Rudolf von Fenis und Neuenburg vom Oberrhein und den angrenzenden Gebieten. Die Reichsgrenze selbst umfasste seit der Hochzeit des Kaisers Friedrich Barbarossa mit der Erbin der Freigrafschaft Burgund, Beatrix, 1156 nicht nur deutsches, sondern auch französisches und okzitanisches Gebiet: Möglichkeiten des Kontakts mit der modernen westlichen Kultur bestanden zuhauf.

Ein wichtiges dynastisches Verteilerzentrum für den Minnesang im romanischen Stil scheint der Stauferhof Friedrich Barbarossas und seiner Söhne gewesen zu sein. Fast alle Dichter der zweiten Generation, sieht man von Rudolf von Fenis und Hartwig von Raute ab, standen zumindest zeitweise in Verbindung mit dem staufischen Kaiser- und Königshof, wie urkundliche Zeugnisse belegen: Für den Königssohn Heinrich, dem die Handschriften B und C drei Lieder zuschreiben, versteht sich das von selbst. Friedrich von Hausen aus dem Geschlecht der Freiherrn von Hausen gehörte zum engsten Beraterstab des Kaisers; mehrfach ist er in Urkunden Heinrichs VI. in Italien unter den ministerialen Zeugen aufgeführt, unternahm diplomatische Missionen ins Maasgebiet und begleitete Barbarossa auf den dritten Kreuzzug, wo er im Mai 1190 ums Leben kam. Auch Bligger von Steinach, heute Neckarsteinach, aus einem Geschlecht von Pfälzer Freiherren, erscheint mehrfach als Zeuge in kaiserlichen Urkunden Friedrichs I. und Heinrichs VI. Ulrich von Gutenburg, wohl aus einem freiherrlichen Geschlecht in der Gegend von Weißenburg/Bergzabern in der Pfalz, tritt, ähnlich wie Bligger von Steinach, in Urkunden aus dem Stauferkreis um Erzbischof Christian von Mainz und den Kaisern Friedrich I. und Heinrich VI. auf.

Bernger von Horheim erscheint in zwei Urkunden Philipps von Schwaben, die 1196 in Italien ausgestellt sind.

Die Möglichkeiten, bei denen die deutschen Lieddichter im Umkreis der Staufer die Trobador- und Trouvèrepoesie kennengelernt haben konnten, waren durchaus vielfältig. Eine wichtige Rolle bei der literarischen Vermittlung könnte Beatrix von Burgund gespielt haben, seit 1156 Gemahlin Friedrich Barbarossas. Kontaktmöglichkeiten zur Lieddichtung der Trobadors und Trouvères boten indes auch die politischen und diplomatischen Missionen, auf denen die singenden und dichtenden Herren, aus dem freien Adel gebürtig oder Ministeriale, diesseits und jenseits der Sprachgrenze unterwegs waren: in Burgund, im deutsch-französischen Grenzgebiet und in Italien, wie dies etwa für Friedrich von Hausen nachweisbar ist. Möglichkeiten für kulturellen Austausch über die Sprachgrenze hinweg boten auch die großen Hoffeste. Das berühmteste Beispiel für eine interkulturelle Begegnung anlässlich eines Hoffestes ist immer noch das Mainzer Pfingstfest 1184, das Barbarossa aus Anlass der Schwertleite seiner beiden Söhne veranstaltete. Auf diesem Fest, das nach dem Urteil der Zeitgenossen alles Dagewesene übertroffen hat, trafen zahlreiche Fürsten und in ihrem Gefolge französische Trouvères und deutsche Minnesänger zusammen. Sicher bezeugt sind der junge Königssohn Heinrich, Heinrich von Veldeke, Friedrich von Hausen und Guiot de Provins, »aber es kann kein Zweifel bestehen, daß die meisten anderen Dichter im Gefolge ihrer jeweiligen Herren ebenfalls an dieser Demonstration des ritterlichen Imperiums teilgenommen haben« (Hans-Herbert S. Räkel). Vielleicht hat Friedrich von Hausen hier Guiots Lied *Ma joie premeraine* (R. 142) kennengelernt und auf dessen Melodie sein eigenes Lied *Ich denke underwîlen* (MF 51,33) getextet. Auch Hoftage, Krönungs- und Hochzeitsfeste dürften Gelegenheit für vielfältigen kulturellen Kontakt gegeben haben, der Reichstag zu Besançon 1157 etwa, Barbarossas Hochzeit mit Beatrix von Burgund 1156 und vor allem seine Krönung zum König von Burgund 1178 in Arles. Man muss dazu wissen, dass das Arelat der nördlichste Wirkungsbereich der Trobadors war. An der Krönung nahmen zahlreiche Angehörige des südfranzösischen Adels teil, u.a. Graf Bertran von Baux, Graf Raimund V. von Toulouse und Herr Raimon d'Agout, die sich allesamt auch als Förderer der Trobadorlyrik einen Namen gemacht haben.

Die Mechanismen dieses kulturellen Verteilernetzes und Kommunikationssystems lassen sich im einzelnen freilich kaum exakt ermitteln, genausowenig wie die Wege, über welche die deutschen Minnesänger die Poesie der Trobadors und Trouvères samt ihrer spezifischen Thematik kennengelernt haben. Nicht alle müssen direkt Kontakt mit den romanischen Dichtern gehabt haben. Denkbar sind auch die Vermittlung über Dritte und selbständige Weiterentwicklung, nachdem die neuen Formen und Konzepte erst einmal bekannt waren.

Was wir sicher greifen können, das sind die verschiedenen Formen einer literarischen Abhängigkeit, die intertextuellen Bezüge in den Liedern selbst: die Form- und Motivzitate, das Konzept der hohen Minne, Referenzen auf Einzeltexte, Gattungen und Textsysteme. So begegnet bei Friedrich von Hausen erstmals in der deutschen Liedtradition das Motiv der Selbstvergessenheit und der Sinnenverwirrung des Liebenden (MF 46,3), das früher schon Folquet de Marselha oder auch Bernart de Ventadorn verwendet hatten. In einem von dessen Liedern ist der verliebte Mann so sehr in Gedanken versunken, dass Diebe ihn forttragen könnten, ohne dass er es bemerkte. Von den Trobadors stammen auch das Motiv der geträumten Liebe, das dazu dient, von Erotik auch im Rahmen der hohen Minne zu sprechen und das in der

›Wirklichkeit‹ entbehrte Liebesglück zu kompensieren, das Motiv des Verstummens vor der Geliebten und das Motiv der Liebe von Kind an, das Herz als die für Liebe und Liebesleid zuständige Instanz und eine Reihe anderer.

Die Interferenzen sind schließlich auch ablesbar an den aus der Romania übernommenen Liedtypen. Freilich haben die deutschen Dichter aus dem breiten Spektrum romanischer Liedtypen nur weniges adaptiert. Keine Resonanz fanden das Klagelied aus Okzitanien und volkstümliche Romanzen, Frauenlieder und Pastourellen aus dem Norden. Auf breites Interesse stießen hingegen die wichtigste Liedgattung der Romania, der *grand chant courtois*, der Werbung und Klage eines liebenden Mannes zum Gegenstand hat, und das Kreuzlied, jener Liedtyp, der die Liebe zur Frau mit dem Thema des Kreuzzugs verbindet und den Sänger in der Regel in eine aporetische Situation treibt. Vielleicht gehörte auch das Tagelied zu den Importgütern, das die Trennung der Liebenden bei Tagesanbruch beschreibt. Zumindest das Tagelied Heinrichs von Morungen, eines der frühesten der Gattung, verrät durch den Refrain deutliche Anklänge an die okzitanische Alba. Dass die ersten Kreuzlieder aus dem sog. Hausen-Kreis stammen, ist kein Zufall. Für zwei von Friedrichs von Hausen Liedern (MF 45,37 und MF 47,9) sind inhaltliche und formale Übereinstimmungen mit romanischen Liedern nachgewiesen worden. Hausen könnte diese auf dem Hoftag Jesu Christi zu Mainz im März 1188 kennengelernt haben, auf dem auch Kaiser Friedrich I., nach langem Zögern, das Kreuz nahm.

c. Die Adaptation höfischer Romane

Von beinahe noch größerer Bedeutung ist der Transfer epischer Literatur, der etwa zeitgleich, um 1150/60, einsetzte. Dass die frühesten Adaptationen am Rhein bzw. im Rheingebiet, der Kontaktzone zwischen romanischem und deutschem Sprachgebiet, entstanden sind, ist kein Zufall. Dies gilt schon für den ersten Roman in deutscher Sprache, mit dem die weltliche Epik der höfischen Zeit einsetzt: dem *Alexander*, den der Pfaffe Lambrecht nach dem *Roman d'Alexandre* Alberics von Bisinzo/Pisancon (um 1100/1120), eines franko-provençalischen Autors, gedichtet hat, ob in Trier oder in Köln, lässt sich freilich nicht aufklären. In denselben Raum gehört auch der fragmentarische *Trierer Floyris* aus der Zeit um 1170, eine im östlichen Maasland entstandene Überarbeitung des altfranzösischen ›idyllischen‹ Versromans *Floire et Blancheflor* (um 1155/65); dieser wurde vielleicht um 1220 noch ein zweites Mal ins Deutsche übertragen, von dem Alemannen (Elsässer? Basler?) Konrad Fleck.

Etwa zur selben Zeit wie der unbekannte Autor des *Trierer Floyris* begann auch Heinrich von Veldeke mit seiner Bearbeitung des altfranzösischen *Roman d'Eneas*. Nach dem Zeugnis der Großen Heidelberger Liederhandschrift stammte er aus einer Ministerialenfamilie aus der Nähe von Hasselt, heute in der ostbelgischen Provinz Limburg, die im Dienst der Grafen von Loon und des Klosters St. Trond stand. Der Hauptteil seines *Eneasromans* lag bereits 1174 vor; fertiggestellt wurde er indes erst um 1185/90.

Um 1170, vielleicht auch erst nach 1190 dichtete Eilhart von Oberg nach der verlorengegangenen *Estoire* (um 1150?) den ersten, nur in Bruchstücken erhaltenen Tristanroman in deutscher Sprache. Ob er allerdings tatsächlich vom Niederrhein stammte, wie man lange Zeit glaubte, ist unsicher. Heute ist man eher geneigt, ihn mit einem Ministerialen der Welfen zu identifizieren, der zwischen 1189 und 1209 bzw. 1227 bezeugt ist; der Heimatort dieses Eilhart ist das Dorf Oberg zwischen Hildesheim und Braunschweig.

Ebenfalls um 1170 übertrug der Pfaffe Konrad die altfranzösische *Chanson de Roland*, deren erste, nicht erhaltene Fassung um 1100 entstanden war. Neuere Untersuchungen deuten darauf hin, dass das *Rolandslied* eher – wie auch Eilharts *Tristrant* – im sächsischen Raum, im Umkreis des Braunschweiger Hofes, und nicht, wie oft angenommen, in Regensburg entstanden ist.

Ein altfranzösisches Heldenepos scheint auch der nur fragmentarisch überlieferte *Graf Rudolf* (um 1185) benutzt zu haben, dessen unbekannter Verfasser zum rheinischen Literaturkreis oder vielleicht doch eher nach Thüringen gehörte.

Zwischen 1185 und 1200 hat auch der Alemanne Hartmann von Aue drei französische Vorlagen übertragen: zwei Romane eines der bedeutendsten Dichter des Mittelalters überhaupt, nämlich Chrétiens de Troyes *Erec et Enide* (um 1170) und *Yvain* (um 1180), sowie die Legende eines unbekannten Autors *La vie du pape saint Grégoire ou La légende du bon pécheur* (um 1150?), während ein Autor namens Heinrich, der im Elsass zu Hause war, zu derselben Zeit die Abenteuer des Reinhart Fuchs nach dem *Roman de Renart*, einem Zyklus von Tierschwänken, nacherzählte.

In der Zeit um 1200/10, vielleicht auch erst später, entstanden der *Mauricius von Craûn* eines unbekannten rheinfränkischen Autors nach einer heute verlorenen altfranzösischen Verserzählung, und der *Eraclius* eines mitteldeutschen Autors, von dem wir nur den Namen Otte kennen, nach dem legendenhaften Roman eines der bedeutendsten französischen Epiker des 12. Jahrhunderts, dem *Eracle* des Gautier d'Arras (um 1171), sowie Herborts von Fritzlar Trojaroman *Liet von Troye* (um 1210) nach Benoîts de St. Maure *Roman de Troie* (um 1165). Aber auch die bedeutendsten Romane des frühen 13. Jahrhunderts entstanden nach französischen Vorlagen: der *Parzival* Wolframs von Eschenbach (um 1200/10) nach Chrétiens de Troyes *Conte du Graal* »Erzählung vom Gral« (vor 1190) und sein *Willehalm* (1210/20) nach der *Bataille d'Aliscans* (»Schlacht von Aliscans«), dem Mittelstück des epischen Zyklus um Guillaume d'Orange (um 1200), sowie der *Tristan* Gottfrieds von Straßburg (um 1210) nach dem Tristanroman des Thomas von Britannien (um 1170 oder 1190).

Dann ließ der Einfluss der romanischen Literatur spürbar nach. (Ein zweiter, mitteldeutscher Erecroman scheint allerdings noch danach entstanden zu sein.) Die Romanautoren der folgenden Generationen haben wieder verstärkt auf lateinische Vorlagen zurückgegriffen, Rudolf von Ems etwa (um 1220/1255), der nur noch für seinen *Willehalm von Orlens* eine französische Quelle benutzte, oder sie haben nach den nun bekannten Mustern aus frei verfügbaren Motiven und Bauelementen neue Romane kombiniert. Die frühesten Beispiele dafür sind die *Crône* Heinrichs von dem Türlin (um 1230?) und der parodistische *Daniel von dem blühenden Tal* des Strickers (um 1220/50). Die letzten großen Romane, die nach französischem Vorbild geschaffen wurden, waren der *Prosa-Lancelot* (um 1250) und Konrads von Würzburg *Trojanerkrieg* (1281/87). Eine neue Phase der Rezeption begann erst wieder unter gänzlich veränderten kulturhistorischen Voraussetzungen im 15. Jahrhundert, mit den Übertragungen altfranzösischer Heldenepen, die in den 1430er Jahren am Hof der Elisabeth von Nassau-Saarbrücken und zwischen 1450/60 und 1480 am Heidelberger Hof veranstaltet wurden, und dem 1456 beendeten Melusinenroman Thürings von Ringoltingen. Verbunden war sie mit einem Wechsel zur Prosa.

Insgesamt hat man bis zum Ende des 13. Jahrhunderts über vierzig französische Epen, Romane und Verserzählungen ins Deutsche übertragen. Einige davon sind, wie

Athis und Prophilias (westmitteldeutsch, um 1210?), nur sehr fragmentarisch oder, wie Konrad Flecks *Cligès* nach dem gleichnamigen Roman Chrétiens, gar nicht erhalten, manchmal ist auch die Vorlage verloren, wie im Falle von Ulrichs von Zatzikhoven *Lanzelet* (um 1220?).

Wie die Autoren an ihre Vorlagen gekommen sind und in wessen Auftrag sie gedichtet haben, bleibt weitgehend im dunkeln. Vermutlich erfolgte in etlichen Fällen, wie in der Lyrik auch, die Vermittlung über dynastische Verteilernetze. Nachweisbar ist dies für Konrads *Rolandslied*, das insofern als Modell stehen kann: Auftraggeber waren mit ziemlicher Sicherheit Herzog Heinrich der Löwe und seine Gemahlin Mathilde, Tochter des englischen Königs Heinrich II. und seiner Gemahlin Eleonore von Poitou, an deren Hof sich die bedeutendsten Dichter Frankreichs aufhielten. Politische und dynastische Verbindungen könnten auch die Vermittlung des altfranzösischen Fabliaus an den rheinfränkischen Autor des *Mauricius von Craûn* ermöglicht haben. Man hat dabei an die Grafen von Sponheim (westlich von Bad Kreuznach) gedacht, aus deren Geschlecht Mathilde stammte, die Gemahlin Theobalds II., des Grafen der Champagne († 1152), und Schwiegermutter der Marie de Champagne, die ihrerseits bedeutende Dichter um sich scharte. Beweisbar ist diese Verbindung freilich nicht. Auch die Zähringer, eines der bedeutendsten Fürstengeschlechter im Südwesten des Reichs, hatten dynastische Verbindungen nach Frankreich: Konrad (um 1095–1152) war mit Clementia, Tochter des Grafen Gottfried von Namur verheiratet, seine Schwester nach Hochburgund, Berthold V. (um 1160–1218) mit Clementia, einer Tochter des Grafen Stefan III. von Hochburgund-Auxonne; sein Vater Berthold IV. (um 1125–1186) heiratete noch kurz vor seinem Tod die Gräfin Ida von Boulogne. Diese Heiratspolitik wäre insbesondere dann von Bedeutung, könnte man nachweisen, dass Hartmann von Aue für die Zähringer Herzöge gedichtet hat.

Auffällig ist die – in den meisten Fällen – große zeitliche Nähe zwischen der Entstehung der romanischen Vorlage und ihrer deutschen Adaptation, worin sich Modernität und Attraktivität der neuen weltlichen Literatur aus Frankreich verraten. Auffällig ist auch die geographische Verteilung dieser literarischen Rezeption: Je weiter man in den Osten des Deutschen Reiches gelangt, desto weniger ist französischer Einfluss nachweisbar. Topographisches Zentrum war das Gebiet am Rhein; ansonsten war die Rezeption von den literarischen Interessen einzelner Fürsten abhängig, etwa des Herzogs Heinrich des Löwen oder des Landgrafen Hermann von Thüringen.

Nur in den wenigsten Fällen hieß Übertragung auch sklavische Bindung an die Vorlage. Wohl behielten die Dichter das stoffliche Substrat und die Handlungsführung bei, doch verbanden sie mit dem ›Wiedererzählen‹ einer französischen Geschichte in deutscher Sprache beinahe immer auch einen eigenen konzeptionellen Anspruch. Fast durchweg scheint man dabei die Prinzipien der lateinischen Poetik, vor allem das Verfahren der *dilatatio materiae* (s. Kap. I.3.d), angewandt zu haben. Insbesondere die Romanstoffe wurden mit »naturkundlichem und literarischem Fachwissen sowie Spezialwissen der materiellen Kultur, theologische(r) Spekulation, Liebesanthropologie« und der »Reflexion über das eigene Kunstideal« (Elisabeth Schmid) angereichert. Der Eigenwille der deutschen Bearbeiter zeigt sich vor allem bei Gottfried und Wolfram, die nicht nur je eigene normsetzende Stilprinzipien – sprachliche Transparenz, luzider rhetorischer Ornat, ›Musikalität‹ der Sprache hier, eine ausgefallene Bildersprache, oft dunkel und befremdlich, und ›Manierismen‹ da –, entwickelt haben, sondern auch die Neigung zum ständigen Räsonieren des Erzählten.

Literatur: Einen systematischen Überblick über die Rezeption der altfranzösischen Literatur im hohen Mittelalter bietet jetzt das in sechs Bänden (plus Registerband) vorliegende Werk: Germania Litteraria Mediaevalis Francigena. Handbuch der deutschen und niederländischen mittelalterlichen literarischen Sprache, Formen, Motive, Stoffe und Werke französischer Herkunft (1100–1300). Hg. von Geert Henricus Marie Claassens, Fritz Peter Knapp und René Pérennec. Bd. 1: Die Rezeption lateinischer Wissenschaft, Spiritualität, Bildung und Dichtung aus Frankreich. Hg. von Fritz Peter Knapp; Bd. 2: Sprache und Verskunst. Hg. von René Pérennec; Bd. 3: Lyrische Werke. Hg. von Volker Mertens und Anton H. Touber; Bd. 4: Historische und religiöse Erzählungen. Hg. von Geert Henricus Marie Claassens, Fritz Peter Knapp und René Pérennec; Bd. 5: Höfischer Roman in Vers und Prosa. Hg. von René Pérennec und Elisabeth Schmid; Bd. 6: Kleinepik, Tierepik, Allegorie und Wissensliteratur. Hg. von Fritz Peter Knapp. Berlin/Boston 2010–2014. – Einschlägig sind ferner: Martina Backes: Fremde Historien. Untersuchungen zur Überlieferungs- und Rezeptionsgeschichte französischer Erzählstoffe im deutschen Spätmittelalter. Tübingen 2004 (Hermaea 103); Bertau, Deutsche Literatur; Bumke, Höfische Kultur (mit weiterführender Literatur); Joachim Bumke: Romanisch-deutsche Literaturbeziehungen im Mittelalter. Ein Überblick. Heidelberg 1967; ders.: Mäzene im Mittelalter. Die Gönner und Auftraggeber der höfischen Literatur in Deutschland 1150–1300. München 1979; Wilhelm Kellermann: Altdeutsche und altfranzösische Literatur I. II. GRM 26 (1938) 293–317; Ingrid Kasten: Frauendienst bei Trobadors und Minnesängern im 12. Jahrhundert. Zur Entwicklung und Adaptation eines literarischen Konzepts. Heidelberg 1986 (GRM Beihefte 5); Hartmut Kugler: Romanisch-Germanischer Literaturtransfer. In: Hybride Kulturen im mittelalterlichen Europa. Hg. von Michael Borgolte und Bernd Schneidmüller. Berlin 2009. S. 195–214; Volker Mertens: Eilhart, der Herzog und der Truchseß. Der ›Tristrant‹ am Welfenhof. In: Tristan et Iseut, mythe Européen et mondial. Hg. von Danielle Buschinger. Göppingen 1987 (GAG 474), S. 262–281; Hans-Herbert S. Räkel: Der deutsche Minnesang. Eine Einführung mit Texten und Materialien. München 1986 (Beck'sche Elementarbücher); Elisabeth Schmid: Höfischer Roman. In: ³RL, Bd. 2, S. 69–74; dies.: Übersetzen und Adaptieren französischer Versromane. Bearbeitungskonzepte im volkssprachigen Mittelalter. In: Wie anders war das Mittelalter? Fragen an das Konzept der Alterität. Hg. von Manuel Braun. Göttingen 2013 (Aventiuren 9), S. 265–298; Anton H. Touber: Romanischer Einfluß auf den Minnesang: Friedrich von Hausen und die Hausenschule. PBB 127 (2005) 62–81; Nicola Zotz: Intégration courtoise. Zur Rezeption okzitanischer und französischer Lyrik im klassischen deutschen Minnesang. Heidelberg 2005 (GRM-Beiheft 19).

5. Vers und Prosa

Die mittelalterlichen Dichter haben der äußeren Form ihrer Dichtung großen Wert zugemessen. Das hatte nicht nur pragmatische Gründe – gerade in der Beherrschung der Form erwies sich von jeher die Kunst des Dichters und begründete seinen Rang; der Vers eignete sich als mnemotechnisches und didaktisches Hilfsmittel –, sondern auch ideengeschichtliche. Form bedeutete seit alters her, Ordnung und Schönheit zu erzeugen; nicht zufällig sind die lateinischen Wörter *forma* »Form«, *formosus* »schön« und *formositas* »Schönheit« miteinander verwandt. Die Etymologie spiegelt die bereits in der Antike ausgeprägte Vorstellung, dass Schönheit ein Ausdruck der Form sei. Entscheidend für die mittelalterliche Ästhetik wurde ein Vers aus der Weisheit Salomonis (Sap 11,21), demzufolge Gott den Kosmos als ein »nach Maß, Zahl und Gewicht« harmonisch geordnetes Ganzes geschaffen habe. Der mittelalterliche Künstler ahmte mit der wohlgesetzten äußeren Form diese Ordnung und Schönheit von Gottes Schöpfung nach. In diesen weiten Horizont sind deshalb auch die Formen zu stellen, welche die deutschen Dichter hervorgebracht haben.

In der semioralen Gesellschaft des Mittelalters wurde die Ordnung der Form freilich nicht nur visuell, sondern auch und vor allem als musikalisches und akustisches Phänomen wahrgenommen, als Klang, Rhythmus und Wohllaut, im Falle der Tanzlieder auch als körperliches Phänomen. Das liegt daran, dass Dichtung bis weit in das späte Mittelalter primär gesungen oder im Rezitationston vorgetragen und manchmal auch getanzt wurde. Form war deshalb vor allem anderen klingende Form und regulierte, gleichmäßig gegliederte Bewegung.

a. Mittelalterliche Dichtung als Formkunst

In ihrer primären Erscheinungsform war die mittelalterliche Dichtung also ein Klanggebilde, und dies nicht nur in dem Sinne, dass sie durch musikalischen Vortrag oder durch Vortrag im Stil des liturgischen Rezitativs realisiert wurde. Sie war es auch durch die Verwendung bestimmter sprachlicher Mittel, durch die Klang erzeugt werden konnte: durch Reim, durch Assonanz oder durch Alliteration, Mittel, die lyrisches Sprechen ja schlechthin ausmachen. Die historisch älteste Form ist die Alliteration, d. i. der Gleichklang von Vokalen und Konsonanten im Anlaut; sie begegnet in der griechischen und lateinischen Poesie ebenso wie in der germanischen Dichtung. Vers- und literaturgeschichtlich jünger ist der Endreim; in der deutschen Literaturgeschichte ist er erstmals im siebten Jahrzehnt des 9. Jahrhunderts belegt. Bis in die höfische Zeit hinein dominierte dabei die Assonanz bzw. der ›Halbreim‹, bei dem der Gleichklang von Wörtern auf den Vokal beschränkt ist. Erst seit etwa 1180 dichtete man konsequent ›reine Reime‹ oder ›Vollreime‹, die durch den Gleichklang zweier oder mehrerer Wörter vom jeweils letzten betonten Vokal des Wortes ab definiert sind, wobei man noch zwischen einsilbig- und zweisilbig-männlichen (z. B. *tac*; *klagen*), zweisilbig-weiblichen (z. B. *swære, meie*) oder auch dreisilbigen Reimwörtern bzw. Kadenzen (z. B. *lachende*) unterscheiden kann; die Bezeichnungen ›männlich‹ und ›weiblich‹ sind von den französischen Adjektivendungen abgeleitet.

Reime können in unterschiedlichen Bindungen auftreten. Die älteste Reimbindung ist der Paarreim (aabb). Der erste deutsche Autor, der ihn verwendete, war Otfrid von Weißenburg. Von da an beherrschte das Reimpaar die geistlichen und weltlichen

Gattungen uneingeschränkt bis in die Zeit um 1150/70. In der neu aufkommenden Liebeslyrik hat man jedoch schon bald mit Kreuzreim (abab) und umarmendem oder umschließendem Reim (abba), mit verschränktem Reim (abcabc) und Schweifreim (aabccb) u. a. m. variiert und damit ganz unterschiedliche Klangfolgen erzeugt. Weitere Möglichkeiten sind die Waise, also eine reimlose Zeile innerhalb einer gereimten Strophe, und das sog. Korn, auch Kornreim: ein strophenübergreifender Reim, d. h. eine Waise, die sich mit einer Waise der folgenden Strophe bzw. Strophen reimt.

Die mittelalterlichen Lieddichter haben sich freilich nicht mit solchen Grundformen begnügt, sondern mit z.T. hochkomplexen Reimsystemen experimentiert und dabei auch über weite Distanzen gereimt. Nicht immer stehen die Reime dabei nur am Ende der Verszeilen. Ein dem Dichter Frauenlob zugeschriebenes Tagelied – ein Liedtyp, dessen wichtigstes Element der Abschied der Liebenden bei Tagesanbruch nach einer Nacht des gemeinsamen Glücks ist – beginnt etwa folgendermaßen (Ettmüller Nr. XI):

>   »Durch dinster finster nebel dicken
         blicken siht man den grâwen tac;
         in den lüften,
         ob den klüften
5   vogele schrient
         unde krient,
         singent alle ir besten dôn;
         schôn   taget ez« sus wart ein wahter singen;
         »Ich wecke, schrecke zwên getriute
10   liute sô ich beste mac,
         daz si wachen
         unt besachen,
         wie si beide
         sich vor leide
15   hüeten schiere, daz rât ich;
         mich   kan mîn muot des tages inne bringen.
         [...]

»›Durch dichte, düstere Nebelfinsternis sieht man den grauen Tag hindurchscheinen. In den Lüften, über den felsigen Klüften schreien und lärmen die Vögel und singen alle ihre schönste Melodie. Schon bricht der Tag an.‹ So ertönte der Gesang des Wächters. ›Ich wecke, versetze in Schrecken zwei Liebende, so gut ich immer kann, damit sie aufwachen und sich versehen, wie sie sich beide auf der Stelle vor Leid bewahren, das ist mein Rat; Herz und Verstand lassen mich den Tag erkennen [...]«

Frauenlob bindet hier Reime über eine große Distanz: *tac : mac* (v. 2/10) und *singen : bringen* (v. 8/16). Es sind Endreime wie auch die Paarreime in den Versen 3 f., 5 f., 11 f. und 13 f. Daneben wird aber auch Binnenreim in zwei verschiedenen Formen verwendet: Schlagreime sind *dinster finster* (v. 1), *wecke, schrecke* (v. 9). Von Schlagreim spricht man, wenn die beiden Reimwörter unmittelbar aufeinander folgen. Wenn der Schlagreim das Versende überspringt (wie v. 1 f. und 9 f.), heißt er übergehender Reim. Beide Figuren erzeugen eine hohe Klangdichte.

Zur musikalischen Qualität der Lyrik tragen indes nicht nur die genannten Klangfiguren bei; dazu gehören ganz wesentlich auch das Metrum und andere Formen der Wiederholung, z.B. der Refrain. Unter Metrum verstehen wir die regelmäßige Folge von Hebungen und Senkungen, die regelmäßige Folge von Akzenten, Zäsuren und Wiederholungen. Neben der Strophenstruktur ist das Metrum das entscheidende Instrument zur Erzeugung von Rhythmus und das heißt auch: zur Erzeugung einer sich wiederholenden Ordnungsstruktur; Rhythmus und Metrum tragen so entschieden zur Strukturierung und Musikalität der literarischen Sprache bei. Die metrische Gestalt eines Gedichtes und sein semantischer Gehalt können sich dabei entsprechen, sie können aber auch in einen spannungsgeladenen Gegensatz treten und damit Brüche und Dissonanzen sprachlich inszenieren. Oft sind Metrum und Reim Bedeutungsträger, übernehmen also selbst eine semantische Funktion, wie sich an einer Strophe aus einem Lied Friedrichs von Hausen zeigen lässt (MF 51,33):

> Ich denke underwîlen,
> ob ich ir nâher waere,
> waz ich ir wolte sagen.
> daz kürzet mir die mîlen,
> 5   swenne ich mîne swaere
> sô mit gedanken klage.
> Mich sehent manige tage
> die liute in der gebaerde,
> als ich niht sorgen habe,
> 10   wan ich si alsô vertrage.

»Bisweilen sinne ich darüber nach, was ich ihr sagen wollte, wenn ich ihr näher wäre. Das verkürzt mir die Meilen, wenn ich mein Leid so in Gedanken beklage. Viele Tage sehen mich die Leute so verhalten, als ob ich keine Sorgen hätte, weil ich sie auf diese Weise ertrage.«

Der Ich-Sprecher dieses Liedes imaginiert hier eine Reise, die ihn weit von der Geliebten weggeführt hat. Er verkürzt sich die Reisezeit durch das Dichten von Minneklagen. Der Rhythmus des Liedes ist regelmäßig alternierend, d.h. durch den regelmäßigen Wechsel von je drei Hebungen und Senkungen pro Verszeile bestimmt. Die Regelmäßigkeit setzt sich im Reim fort; Aufgesang und Abgesang (zu diesen Begriffen s. u.) haben dieselben Reime bzw. Assonanzen (abc, abc // cbcc). Abwechslung bringen nur die Kadenzen, die zweisilbig männlich oder aber weiblich sind. Was erzeugt dieser regelmäßige Rhythmus? Er strukturiert nicht nur die Aussage des Reisenden, sondern lässt das Pferdegetrappel auf der Reise selbst hören, realisiert es also mit den klanglichen Mitteln der Sprache, im Medium der Sprache selbst.

Dass Dichtung vorzugsweise als klingende Form wirkte und wirken wollte, lässt sich bereits am ältesten Gedicht in deutscher Sprache zeigen. Es ist dies das *Wessobrunner Schöpfungsgedicht und Gebet*, das um oder bald nach 800 entstanden ist. Dem eigentlichen Gebetstext geht eine kleine Erzählung über das Chaos vor dem Schöpfungsakt Gottes und von der Allmacht Gottes voraus:

> Dat gafrégin ih mit fírahim   fíriuuizzo méista,
> dat ero ni uuas   noh ufhimil,
> noh paum   noh pereg ni uuas,
> ni nohheinig   noh sunna ni scein,
> 5   noh máno ni líuhta,   noh der máreo séo.
> Do dar niuuíht ni uuás   énteo ni uuénteo,
> énti do uuas der éino   álmahtico cót,
> mánno míltisto,   enti dar uuárun auh mánake mit inan
> cóotlihhe géista   enti cót héilac.

»Das erfragte ich unter den Menschen   als wunderbarstes Wissen:
dass die Erde nicht war   und nicht der Himmel oben,
dass kein Baum war   und kein Berg,
nicht ein einziger,   dass die Sonne nicht schien
5   und der Mond nicht leuchtete   und das glänzende Meer.
Als da gar nichts war: keine Grenzen, keine Wenden,
da war doch der eine   allmächtige Gott,
der gabenreichste aller Männer,   und mit ihm waren da auch viele
erhabene Geister,   und der heilige Gott.«

Thema des Gedichts ist das kosmische Chaos oder besser: das Nichts vor der Erschaffung der Welt. Um diesen Zustand zu beschreiben, bedient sich der Dichter einer apophatischen Sprechweise (von gr. *apophasis*, lat. *negatio*), d.h. er bestimmt das Nichts als absolute Negation alles Seienden: »dass die Erde n i c h t war und n i c h t oben der Himmel, dass k e i n Baum war und k e i n Berg, nicht ein einziger, dass die Sonne n i c h t schien und der Mond n i c h t leuchtete und n i c h t das glänzende Meer«. Diese negative Kosmologie wird entworfen, um begreiflich zu machen, dass es vor aller Schöpfung bereits den Schöpfergott gegeben hat. »Als da gar nichts war«, da war doch ein Wesen, das allen Wesen und allem Sein vorausgeht, »der eine, allmächtige Gott«; in seiner Gesellschaft »die Menge der erhabenen Geister«, worunter wir uns wohl die Heerscharen der Engel vorzustellen haben.

Um diese Botschaft auch sinnlich wahrnehmbar zu machen, bediente sich der Dichter ebenso archaischer wie überzeugender Klangmittel. Er benutzt das rhetorische Mittel der Wiederholung, das wiederholte *noh* und *ni*, das den Zustand des Nichts beschwört, das der eine allmächtige Gott bändigt. Und er benutzt den Stabreimvers, wie er in der germanischen Dichtung und z.B. für das *Hildebrandlied* verwendet wurde. Unter Stabreim versteht man den Gleichklang von Vokalen und Konsonanten im Anlaut (des Wortstammes); es handelt sich also um eine Vorform der Alliteration. Im ersten Vers staben *gafregin*, *firahim* und *firiuuizzo* aufeinander, im zweiten Vers sind es *ero* und *ufhimil* – nach den Regeln der germanischen Stabreimtechnik konnten alle Vokale miteinander staben –, im dritten sind es *paum* und *pereg* usw. Den klanglichen Eindruck verstärken die zwei Betonungen oder Ikten, die – zumindest idealiter – auf jede Vershälfte einer Langzeile kommen; im ersten Vers des Gedichts liegen die Ikten auf *gafrégin* und *fírahim* einerseits, auf *fíriuuizzo* und *méista* andererseits. (Staben können nur Wörter, die auch eine Betonung tragen; aber nicht alle Wörter, auf die ein Iktus kommt, tragen einen Stab.) Sie erzeugen einen Rhythmus, der die Glaubensbotschaft mit großer Wucht einhämmert. Der Rhythmus erzielt dabei nicht nur eine ästhetische Wirkung, er erfüllt zugleich eine semantische Funktion: So wie der Schöpfergott das undifferenzierte Chaos ordnete, so ordnet das Metrum des Stabreimverses die amorphe Masse sinnlicher Eindrücke und Bilder. Es ist eine Kraft, welche die vorwärtsdrängende Bewegung mit Ordnung verbindet.

b. Vers- und Strophenformen: Ein historischer Überblick

Die ältesten Formen

Der Stabreimvers ist die älteste poetische Form der deutschen Dichtung. Er war die Versform der heimischen mündlichen Dichtung, der Heldendichtung und Zaubersprüche, doch wurde er auch für einige Denkmäler verwendet, die in einen genuin christlichen und schriftliterarischen Horizont gehören: Neben dem *Wessobrunner Schöpfungsgedicht* sind auch der *Heliand* und das *Muspilli*, ein Gedicht über das Schicksal der Seele nach dem Tod und das Jüngste Gericht, ebenfalls aus dem 9. Jahrhundert, in Stabreimversen gedichtet.

In der zweiten Hälfte des 9. Jahrhunderts hielt jedoch der Vers mit Endreim Einzug in die deutsche Dichtung. Anders als der Stabreimvers galt er als eine spezifisch ›christliche‹ Versform. Die griechische und lateinische Antike kannte nämlich, wie man weiß, nur quantifizierende, d. h. Längen und Kürzen messende Versstrukturen. Lateinische Verse mit Endreimen gab es erstmals in der frühen christlichen Kirche, die sich wiederum von den mit Endreimen gedichteten Gebeten der jüdischen Synagoge im ersten nachchristlichen Jahrhundert hatte anregen lassen. Als Vorbild für den althochdeutschen Endreimvers kommen indes vor allem die späten Hymnen des Kirchenvaters Ambrosius und die karolingischen *rithmi* – lateinische Dichtungen, für die der Wortakzent und die binnengereimte Langzeile bestimmend sind – in Betracht.

Die erste Endreimdichtung in deutscher Sprache ist das *Evangelienbuch* Otfrids von Weißenburg. Gleichwohl zögert man, Otfrid als ›Erfinder‹ des deutschen Endreims zu deklarieren. Vielmehr partizipierte er an einer volkssprachigen Formtradition, die bereits vor und neben ihm bestanden haben muss, wie die baugleiche romanische Langzeile mit Endreim in der altfranzösischen *Eulaliasequenz* (um 881) und gelegentlich gereimte paraliturgische Bittformeln erkennen lassen. So gilt Otfrid denn eher als ›Vollender‹ des althochdeutschen Endreimverses (Wolfgang Haubrichs). Zu Beginn des Kapitels I,5, das die Verkündigung Mariens erzählt, schmückt er ihn zusätzlich mit der Klangfigur der Alliteration:

> Ward áfter thiu irscritan sár,   so mōht es sin, ein halb jár,
> mánodo after ríme   thría stunta zuéne;
> Tho quam bóto fona góte,   éngil ir hímile,
> brāht er therera wórolti   diuri árunti.
> Floug er súnnun pad,   stérrono stráza,
> wega wólkono   zi theru ítis frono,
> Zi édiles fróuun,   sélbun sancta Máriun,
> [...]

»Danach wurde es später vollendet, es konnte wohl ein halbes Jahr gewesen sein, in Monaten gerechnet: dreimal zwei, da kam ein Bote von Gott, ein Engel vom Himmel [*ir = ur* »von ... weg«], er brachte dieser Welt kostbare Botschaft. Er flog auf dem Pfad der Sonne, auf der Straße der Sterne, auf den Wegen der Wolken zu der erhabenen Herrin, zu der edlen Frau, zur heiligen Maria selbst.«

Mit Reim ist, wie man auf den ersten Blick sieht, nicht der Reim der Stammsilbe gemeint. Otfrid genügte bereits der Reim der unbetonten Endsilbe; da reimt sich dann *rime* auf *zuene*, *gote* auf *himile*, *worolti* auf *arunti*. Daneben gibt es aber auch viele Fälle, die unter unsere Kategorie des »reinen« Reimes fallen: *sar : jar* im abgedruckten Beispiel, aber auch *gimuati : guati* oder *giwaht : maht*. Diese Reimpraxis ist der lateinischen Endreimdichtung durchaus vergleichbar, denn auch dort reimen sich etwa *pueros : illos*. Der Vers selbst besteht aus einer Langzeile, deren Hälften aber, im Unterschied zum Stabreimvers, gleich lang sind. Auf jede Vershälfte entfallen vier Takte, die frei gefüllt sein können. Neben dem regelmäßigen Wechsel von Hebung und Senkung gibt es also auch einsilbige Takte mit beschwerten Hebungen und gespaltene Hebung oder Senkung. Hinzu kommen Auftakt und fehlende Senkung im vierten Takt, die Senkung ist also pausiert. Für den ersten Vers des oben zitierten Textabschnitts würde man folgendes Skansionsschema angeben: x / x́x / x́x / x́x / x́(x) // x / x́x / x́x / ⏑̄ / x́(x). Im Unterschied zur frühen Heldendichtung ist Otfrids Evangelienbuch in Strophen gegliedert. Dabei umfasst eine Strophe jeweils zwei Langzeilen mit der Reimfolge aabb.

Vers- und Strophenformen in der Literatur bis 1160/70

Der Epocheneinschnitt um 1160/70 (s. Kap. II.1) markiert auch den Neubeginn der deutschen Dichtung als Formkunst; zur gleichen Zeit wurde in Frankreich die ältere Laissenstrophe durch den achtsilbigen Reimpaarvers abgelöst. Der *Eneasroman* Heinrichs von Veldeke, der ein »Musterbuch des neuen ästhetischen Standards« (Elisabeth Schmid) wurde, beginnt so:

> Ir habet wol vernomen daz,
> wi der kunich Menelaus besaz
> Troien die rîchen
> vil gewaldechlîchen,
> 5   do er sie zefûren wolde
> dorch Pârîses scholde,
> der im sîn wîb hete genomen.
> niht enwolder dannen komen,
> ê danne er Troien gewan.
> 10   manech wîb unde man
> beleib dâ jâmerlîche tôt.
> dâ was vile michel nôt,
> dô man die borch sach vallen,
> [...]

»Ihr habt gewiss davon gehört, wie der König Menelaus das mächtige Troja mit großer Heeresmacht belagerte, als er es wegen der Schuld des Paris zerstören wollte, der ihm seine Frau geraubt hatte. Er wollte nicht von dort weichen, bevor er nicht Troja eingenommen hatte. Viele Frauen und Männer kamen da um, dass es Leid brachte. Dort gab es sehr große Kampfesnot, als man die Burg fallen sah.«

Das Neue bezieht sich nicht nur auf die optische Präsentation: Kurzverse statt binnengereimter Langzeilen. Neu sind auch der reine Reim und das regulierte Metrum. Und neu ist die gesamte Form des Sprechens und die dichterische Form der Aussage: Statt der alten Strophenblöcke aus zwei binnengereimten Langzeilen mit ihrem blockhaften Erzählen wird nun fortlaufend in zum Teil komplexer Syntax erzählt. Satz-, Reim- und Strophengrenze fallen nicht mehr zusammen, vielmehr geht der Satz weiter, wo der Reim endet (»gebrochener Reim«), oder der Reim bindet zwei Sätze. Das aber bedeutet die Auflösung des Reimpaars als sprachlicher Einheit. Der stichische, also fortlaufende, vierhebige Reimpaarvers mit männlicher oder klingender Kadenz, den Heinrich von Veldeke als Erster konsequent verwendete, wurde die Norm für den höfischen Roman und darüber hinaus für eine Vielzahl narrativer und räsonierender Gattungen des hohen und späten Mittelalters: für die Verserzählungen, die gereimten Legenden und Chroniken, die Lehrdichtung und alle andere Literatur lehrhaften Zuschnitts, selbst für die weltlichen und geistlichen Spiele einschließlich des Fastnachtsspiels bis weit in die Frühe Neuzeit.

Zwischen Otfrid und Heinrich von Veldeke liegen 300 Jahre. Irgendwann muss ein Umbruch von der binnengereimten Langzeilenstrophe zum paargereimten Kurzvers stattgefunden haben. Aber wann? Mit Beginn der frühmittelhochdeutschen Dichtung? Oder erst um 1160/70? Wie hat es die frühmittelhochdeutsche Dichtung mit der Vers- und Strophenform gehalten? War sie noch in binnengereimten Langzeilenstrophen oder bereits in paargereimten Kurzzeilen abgefasst? Die Überlieferung lässt keine Rückschlüsse zu. Die Verse sind in den Handschriften, schon um Platz und kostbares Pergament zu sparen, jeweils fortlaufend geschrieben, also nicht, wie etwa in den Otfrid-Handschriften, abgesetzt. Während Werner Schröder grundsätzlich kurze Reimpaare annahm (vgl. seine Ausgabe der kleineren Gedichte des 11. und 12. Jahrhunderts in der Altdeutschen Textbibliothek), unterschied Friedrich Maurer in seiner Ausgabe der religiösen Dichtungen des 11. und 12. Jahrhunderts fünf Formtypen. Den eigentlichen Wendepunkt von der Langzeile zum Reimpaarvers sah er um die Mitte des 12. Jahrhunderts. Vermutlich wird es sich so verhalten haben, dass alte und neue Formen in der frühmittelhochdeutschen Epoche eine gewisse Zeit nebeneinander bestanden haben. Die Vorstellung einer strikten Entwicklung von der Langzeile zur Kurzzeile ist ohnehin ein vers- und stilgeschichtliches Modell, das der komplexen Wirklichkeit der Texte nicht gerecht wird.

Unabhängig von dieser Frage gilt für die frühmittelhochdeutschen Dichtungen aufs Ganze gesehen das, was wir von Otfrids Endreimdichtung gesagt haben: Die Texte weisen eine hohe Zahl assonierender bzw. ›Halbreime‹ auf; quantitativ ist diese Zahl zu Beginn der Epoche sogar höher als bei Otfrid. Daneben können wir zahlreiche Freiheiten in puncto Kadenz und Versfüllung – drei bis acht Hebungen – beobachten. Die Syntax ist einfach. In der Regel haben sich die Autoren auf die Reihung von Hauptsätzen beschränkt; wo Nebensätze angeschlossen werden, ist *daz* die universelle Subjunktion. Oft fallen Vers, Satz und Sinnabschnitt zusammen.

Die neuen Standards der Reim- und Verstechnik, die für die Literatur der höfischen Klassik verbindlich wurden, lassen sich freilich nicht aus der versgeschichtlichen Entwicklung der frühmittelhochdeutschen Literatur erklären. Die höfischen Autoren haben sich vielmehr an den formalästhetischen und poetologischen Standards orientiert, die in der lateinischen Dichtung des Mittelalters, aber auch in ihren altfranzösischen Vorlagen schon früher erreicht waren. Einen direkten Weg von Otfrid zu Heinrich von Veldeke, über wieviele Etappen auch immer, hat es nicht gegeben. Die neuen formalen Standards in der Dichtung nach 1160/70 sind vielmehr Ergebnis der Übernahme lateinischer und romanischer Vorbilder.

Vers- und Strophenformen in der höfischen Zeit

Was die Verstechnik der höfischen Zeit (1160/70–1220/30) betrifft, so unterscheidet sie sich von der vorausgehenden Zeit durch die »Ausgleichung und Einebnung der extremen Gegensätze« vor allem in der Versfüllung, durch die »Beschränkung auf den reinen Reim« und durch die »Entwicklung klarer Bauformen« (Siegfried Beyschlag). Dabei kristallisierte sich eine klare gattungsspezifische Verteilung heraus: Die Strophe ist der weltlichen und geistlichen Lyrik und der Heldenepik vorbehalten; in der Lyrik ist sie die ausschließliche Form, in der Heldenepik die bevorzugte. Auch sind diese beiden Gattungen mit dem Privileg ausgestattet, Verse von unterschiedlicher Länge – zwei bis neun Hebungen – zu bauen; in der Lyrik führte dies, zusammen mit der zunehmenden Varianz der Reimbindungen, zu einer nahezu unüberschaubaren Vielfalt von Strophenformen. Der höfische Roman hingegen und alle übrigen Gattungen sind in fortlaufenden vierhebigen Reimpaarversen verfasst; diese hielten sich bis in die Neuzeit, obgleich ihnen im späten Mittelalter durch die Prosa zunehmend Konkurrenz erwuchs.

Um so mehr muss es auffallen, wenn einer der ganz großen Autoren, Wolfram von Eschenbach, sich zu der gattungsmäßigen Verteilung quer verhält, wenn er ein Romanthema in Strophen abhandelt – die Fragmente seines *Titurel* –, einen heldenepischen Stoff aber – den *Willehalm* – in vierhebigen Reimpaarversen. In beiden Fällen gibt bereits die Form Auskunft über die spezifische Zurichtung des Themas: Der Vers des (meistens) glücklich endenden höfischen Romans taugt nicht für die tödlich endende Liebesgeschichte von Sigune und Schionatulander, und ebenso wenig passt die Strophe der heroischen Dichtung zu einem Helden Willehalm, dem Autor und Erzähler jeden heroischen Glanz verweigern.

Auch einige andere Heldenepen der mittelhochdeutschen Zeit sind nach dem Muster des höfischen Romans in Reimpaarversen gedichtet; gattungstypisch ist jedoch die Strophenform. Insgesamt acht verschiedene Bauformen sind nachgewiesen. Das *Nibelungenlied* wurde in der sog. Nibelungenstrophe verfasst:

> Uns íst in álten máeren   wúnders víl geséit
> von hélden lóbebáeren,   von grôzer árebéit,
> von fröúden, hôchgezîten   von wéinen únd von klágen,
> von küéner récken strîten   múget ir nu wúnder hóeren ságen.
> (Str. 1)

»Uns ist in Geschichten aus alter Zeit viel Erstaunliches erzählt von ruhmreichen Helden, von großer Kampfesnot, von Freuden und Festen, von Weinen und Klagen, vom Kampf tapferer Krieger könnt ihr nun Erstaunliches erzählen hören.«

Die ersten drei Verse sind Sechsheber, mit einer Zäsur nach der dritten Hebung. Der Abvers der vierten Zeile ist verlängert, enthält also vier Hebungen. Der Strophenschluss wird so auch formal hervorgehoben. Dass die Anverse untereinander reimen (›Zäsurreim‹), ist nicht die Regel im *Nibelungenlied*.

Fast alle anderen Epenstrophen sind direkt oder indirekt aus der Nibelungenstrophe entwickelt: die Walther-und-Hildegund-Strophe des nur fragmentarisch erhaltenen Epos *Walther und Hildegund* (vor 1250), die Kudrunstrophe des gleichnamigen Brautwerbungsepos eines unbekannten bairischen Autors (um 1240), der Hildebrandston, die beliebteste Epenstrophe überhaupt – in ihm sind allein sieben Epen verfasst, u.a. *Ortnit* und *Wolfdietrich* (beide um 1230) –, die Heunenweise (Hönweise), die u.a. für zwei Fassungen des *Rosengarten* (zweites Viertel 13. Jahrhundert?) verwendet wurde, und die dreizeilige Strophe, die für die *Rabenschlacht* (zweite Hälfte 13. Jahrhundert) entwickelt wurde. Eine extravagante Bauform weist der Bernerton auf, der für vier Epen – *Eckenlied* (vor 1230), *Sigenot* (2. Viertel 13. Jahrhundert?), Albrechts von Kemenaten *Goldemar* (vor 1235) und die *Virginal* (2. Viertel 13. Jahrhundert) – verwendet wurde. Es handelt sich um eine elaborierte Kanzonenform, die aus der Lyrik übernommen wurde. Melodien sind zum Hildebrandston, zur Heunenweise und zum Bernerton bekannt. Für das *Nibelungenlied* hat man erwogen, ob seine verlorene Melodie nicht identisch sein könnte mit der Langzeilenmelodie, die für die *Trierer Marienklage* und für das *Alsfelder Passionsspiel* verwendet wurde.

Im Unterschied zum Versroman mit seinen fortlaufenden Reimpaaren markieren die Strophen der Heldenepik jeweils geschlossene Sinneinheiten. Satzschluss und Strophenschluss fallen deshalb in der Regel zusammen, und nur ausnahmsweise führt der Satz über die Strophengrenze hinweg (›Enjambement‹ oder ›Zeilensprung‹). In einigen Epen wird diese Sinneinheit zusätzlich durch eine metrische Besonderheit betont, nämlich durch den verlängerten vierten Abvers. Erzählen in Strophen heißt also, den Erzählzusammenhang in eine Folge isolierter Sinneinheiten zu zerlegen. Das Ergebnis ist ein ganz spezifischer Erzählduktus, ein »blockhaftes, ruckartiges Fortschreiten« (Joachim Heinzle) von einer Sinneinheit zur nächsten.

Mit der Strophenform rückt die mittelhochdeutsche Heldenepik entschieden ab vom höfischen Roman mit seinen verschiedenen Sparten, dem Antikenroman, Artusroman, Gralsroman und Tristanroman, die ihr Sprachmaterial jeweils mit Hilfe des fortlaufenden Reimpaarverses organisieren. Sie distanziert sich aber auch von der älteren und zeitgenössischen Bibel- und Geschichtsepik. Was die Wahl der strophischen Form, gegen den vorherrschenden Trend zum Reimpaarvers in allen narrativen Textsorten, zum Ausdruck bringen sollte, darüber lässt sich nur spekulieren. Am wahrscheinlichsten ist wohl die bewusste Anknüpfung an die mündliche Erzähltradition mit ihrem gesungenen Vortrag: Die mit Singstimme realisierte Strophe ist unter diesem Gesichtspunkt ein Mittel der stilisierten Mündlichkeit.

Während die epischen Strophenformen aufs Ganze gesehen Variationen aus einer Grundform darstellen, entwickelten die Lyriker eine Fülle von Formen, teils in Übernahme lateinischer oder romanischer Formmuster, teils in Weiterentwicklung einheimischer Strophenformen. Können und Rang bemaßen sich ja nicht zuletzt an der formalen Variation, die zugleich eine musikalische war.

Am Beginn der Lieddichtung stehen einfache Töne; als ›Ton‹ bezeichnet man die Einheit von Melodie, Reimschema und metrischer Struktur, wobei die Melodie heute nur selten erhalten ist. Die einfachste Strophenform in der Lyrik besteht aus vier Langzeilen und ist baugleich mit der Strophenform des *Nibelungenliedes*. Sie dominiert im schmalen Werk des Kürenbergers, des ersten namentlich bekannten Lieddichters. Ob dieser die Form aus einer mündlichen Vorstufe der Nibelungendichtung entlehnt hat oder ob man umgekehrt für die verschriftlichte Fassung des *Nibelungenliedes* die Strophenform des Kürenbergers benutzt hat, lässt sich nicht klären. Neben dieser Form aus vier paargereimten Langzeilen hat der Kürenberger für die beiden Lieder MF 7,1 und 7,10 noch eine zweite Strophenform benutzt: Sie unterscheidet sich von der ersten durch den Einschub eines nichtreimenden dreihebigen Halbverses (›Steg‹) nach dem ersten Reimpaar. Die Burggrafen von Regensburg und Riedenburg (die vielleicht ein einziger Dichter sind) und Meinloh von Sevelingen, die man ebenfalls zur ersten Generation von Liedautoren rechnet, haben variiert, indem sie die Verslänge und die Zeilenzahl pro Strophe steigerten.

Der kombinations- und variationsfreudigste unter den frühen Dichtern ist jedoch Dietmar von Eist. 42 Strophen in 16 verschiedenen Tönen werden ihm zugeschrieben. Neben Langzeilen (Ton I–III und XI) hat er auch kurzzeilige Lieder von unterschiedlicher Länge verfasst; neben der einfachsten Form mit zwei Reimpaarversen auch mehrfache Repetitionen, z.B. mit sechs bzw. sieben Reimpaaren (vgl. MF 37,4; 37,18); auch die Kombination von paargereimten Lang- und Kurzzeilen war möglich (z.B. MF 32,13). Variiert hat Dietmar schließlich auch Reimschemata und Reimstellung; neben der ältesten Form, dem Paarreim, verwendete er auch den Kreuzreim abab, während Binnenreime erstmals in Ton I und II des Kaisers Heinrich zu finden sind. Versgeschichtlich bedeutsam ist auch Dietmars Ton XII, dessen erste Strophe lautet (MF 38,32):

> Nu ist ez an ein ende komen, dar nâch ie mîn herze ranc,
> daz mich ein edeliu vrowe hât genomen in ir getwanc.
> der bin ich worden undertân,
> als daz schif dem stiurman,
> 5   swanne der wâc sîn ünde alsô gar gelâzen hât.
> sô hôh ôwî!
> si benimet mir mange wilde tât.

»Nun ist es dahin gekommen, wonach mein Herz schon immer gestrebt hat, dass eine edle Dame mich unter ihre Herrschaft genommen hat. Der bin ich jetzt untertan wie das Schiff dem Steuermann, wenn das Meer seine Wogen so ganz und gar gelassen hat. Wohl auf, ohe! Sie hält mich ab von vielen wilden Taten.«

Die reimlose Interjektion (v. 6) wiederholt sich in den beiden anderen Strophen des Tons. Sie stellt, soweit wir das angesichts der Unsicherheiten in der Chronologie der Dichter und ihrer Lieder sagen können und wenn wir nicht Friedrich von Hausen oder Heinrich von Veldeke den Vorzug geben wollen, den ältesten Refrain der mittelhochdeutschen Lieddichtung dar.

Ein bereits elaborierteres Gebilde stellt die Periodenstrophe dar, die zuerst die Minnesänger am Rhein, die zweite Generation der Liedautoren, verwendet haben. Die Periodenstrophe verbindet zwei oder mehr Versperioden von gleicher oder verschiedener Zeilenlänge mit differenzierten Reimstellungen wie zum Beispiel: aaa / bccb / ddd oder: abbc / addc; die Grundmuster werden dabei nicht wiederholt. Eine Periodenstrophe stellt etwa Rudolf von Fenis MF 84,10 dar, das aus zwei Reimperioden mit jeweils umarmenden Reimen nach dem Schema abba / cddcc besteht:

> Nun ist niht mêre mîn gedinge,
> wan daz si ist gewaltic mîn:
> bî gewalte sol genâde sîn.
> ûf den trôst ich ie noch singe.
> 5   Genâde diu sol überkomen
> grôzen gewalt durch miltekeit.
> genâde zimt wol bî rîcheit.
> ir tugende sint sô vollekomen,
> daz durch reht mir ir gewalt sol vromen.

»Nun ist nichts mehr meine Hoffnung, als dass sie Macht über mich hat: Bei der Macht soll Gnade sein. In dieser Zuversicht singe ich noch stets. Gnade soll große Macht durch Freigebigkeit überwinden. Gnade steht dem Reichtum wohl an. Ihre Vortrefflichkeit ist so vollkommen, dass mir von Rechts wegen ihre Macht nützen soll.«

Die wichtigste mittelalterliche Liedform überhaupt ist freilich die Kanzone, die aus der romanischen Lyrik übernommen wurde. Grundstruktur ist eine prinzipielle Zweiteilung in Aufgesang und Abgesang. Der Aufgesang besteht aus zwei metrisch gleich gebauten Teilen, den sog. Stollen, die auf die gleiche Melodie gesungen werden. Der Abgesang ist dagegen metrisch und musikalisch davon in der Regel unabhängig und frei kombinierbar; jedenfalls wird er auf eine andere Melodie als die beiden Stollen gesungen. Die Grundform ist also AAB; sie liegt übrigens auch den meisten Kirchenliedern zugrunde. Diese Grundstruktur konnte ganz verschieden variiert werden; eine einfache Form hat zum Beispiel Kaiser Heinrich komponiert (MF 5,16):

> Ich grüeze mit gesange die süezen,
> die ich vermîden niht wil noch enmac.
> daz ich sie von munde rehte mohte grüezen,
> ach leides, des ist manic tac.
> 5   Swer nu disiu liet singe vor ir,
> der ich sô gar unsenfteclîche enbir,
> ez sî wîp oder man, der habe si gegrüezet von mir.

»Ich grüße mit Gesang die Süße, der ich nicht fernbleiben will noch kann. Dass ich sie mit eigenem Mund auf die richtige Weise grüßen konnte, das ist leider schon lange her. Der nun diese Strophen vor ihr singe, die ich so schmerzlich entbehre, es sei Frau oder Mann, der sage sie als Gruß von mir an sie.«

Diese Kanzone besteht also aus einem Aufgesang aus zweimal zwei Zeilen (mit Kreuzreim abab), die jeweils auf eine Melodieteil A gesungen wurden, und einem musikalisch-metrisch davon abweichenden Abgesang B, dessen drei Zeilen jeweils gleich reimen: ccc.

    Stollig gebaute Strophen gibt es schon bei einigen Dichtern des donauländischen Minnesangs, bei Dietmar von Eist, beim Burggrafen von Riedenburg, für die man frühen romanischen Einfluss bzw. späte Entstehung der Lieder annimmt. Bei den Minnesängern am Rhein, die der zweiten Phase des Minnesangs zugerechnet werden, überwiegen sie zunehmend, im Minnesang um 1200 kommt anderes so gut wie nicht mehr vor. Mehr und mehr werden Strophen aus heterometrischen, d. h. verschieden langen, Versen oder auch aus Versen mit echten Dreiertakten, also Takten mit regelmäßiger Doppelsenkung, gebaut, die man in Anlehnung an das antike Versmaß ›Daktylen‹ genannt hat, obwohl sie sicherlich unabhängig davon, vielmehr unter dem Einfluss der romanischen 10- und 11-Silbler-Verse entstanden sind; nicht zufällig erscheinen sie zuerst bei den rheinischen Minnesängern, etwa bei Heinrich von Veldeke und Friedrich von Hausen. Auch werden die Strophen insgesamt immer länger, die Reimschemata immer komplizierter: Neben dem Paarreim treten nun auch Kreuzreim und umschlingender Reim in verschiedenen Kombinationen auf. Häufig hat man die Stollenstrophen auch durchgereimt, d. h. für Aufgesang und Abgesang werden die gleichen Reimlaute verwendet. Die wichtigste Unterform der Kanzone wurde die Strophe mit einem dritten Stollen nach dem Abgesang: AABA oder – wenn auch der Abgesang repetiert wurde – AABBA.

    Unter dem Einfluss der romanischen Lyrik wurde schließlich auch die Mehrstrophigkeit die Regel, während im ältesten Minnesang prinzipiell Einstrophigkeit gegolten hatte. Aber schon bei Meinloh von Sevelingen und Dietmar von Eist zeichnen sich zusammengehörige Strophenkomplexe und damit mehrstrophige Lieder ab. Die

Frage allerdings, ob und wie Strophen inhaltlich zusammengehören, ist nicht leicht zu beantworten, zumal die Handschriften prinzipiell nach formalen Gesichtspunkten, d. h. nach Tönen, angeordnet haben. Alles in allem blieb die Strophe bis in den späten Minnesang hinein »inhaltlich ein relativ selbständiges Element« (Günther Schweikle). Festgefügte Strophenreihen ergaben sich meist nur, wenn der Liedinhalt einen kausalen Zusammenhang oder eine bestimmte Abfolge von Argumente voraussetzte, wie in dem Dialoglied Albrechts von Johansdorf MF 93,12, oder wenn formale Kennzeichen, etwa die Vokalfolge der Reime, die Strophenfolge festlegen wie z. B. in Walthers fünfstrophigem Reimkunststück L 75,25, in dem die Reimwörter der ersten Strophe alle auf /â/, der zweiten auf /ê/, der dritten auf /î/ usw. enden. Solche Reimbindungen über eine ganze Strophe hinweg hat man in der mittelhochdeutschen Lyrik, anders als in der romanischen, ansonsten vermieden, vermutlich weil sie, wegen des Akzents auf der Stammsilbe in den germanischen Sprachen, etwas aufdringlich wirkten. Walther benutzte sie, um einen komischen Effekt zu erzielen.

Besonders kunstvolle Kanzonen haben die Berufsdichter gebaut; insbesondere die Sangspruchdichter haben das Grundprinzip in zahlreichen Unterformen variiert. Walther von der Vogelweide, einer der ersten Berufsdichter, hat Minnelieder von sechs bis zwölf Zeilen gedichtet, von der einfachsten Form – zweizeilige Stollen und zweizeiliger Abgesang – bis hin zu komplexeren Gebilden wie etwa dem Lied L 66,21:

> Ir reiniu wîp, ir werden man,
> ez stât alsô, daz man mir muoz
> êre und minneclîchen gruoz
> nû volleclîcher bieten an.
> 5 Des   habent ir von schulden groezer reht danne ê.
> welt ir vernemen, ich sage iu wes:
> wol   vierzic jâr hân ich gesungen unde mê
> von minnen und also iemen sol.
> Dô was ich sîn mit den andern geil,
> 10 nû enwirt mirs niht, ez wirt iu gar.
> mîn minnesanc, der diene iu dar,
> und iuwer hulde sî mîn teil.

»Ihr reinen Frauen, ihr edlen Männer, es ist so, dass man mir Anerkennung und freundlichen Gruß nun in größerer Fülle gewähren muss. Dazu seid ihr mit gutem Grund stärker verpflichtet als früher. Wollt ihr es hören, dann sage ich euch, weshalb: Wohl vierzig Jahre und mehr habe ich von der Liebe gesungen und wie jemand sein soll. Darüber war ich da mit den anderen froh. Nun habe ich nichts mehr davon, ihr alles. Mein Minnesang diene euch weiterhin, und euer Wohlwollen werde mir zuteil.«

Walther hat hier eine Strophe mit zweizeiligen Stollen und einem langen, über acht Zeilen geführten Abgesang komponiert. Die Verse sind bis auf den fünften und siebten isometrisch gebaut; sie haben jeweils vier Hebungen. Die beiden davon abweichenden Zeilen zeichnen sich darüber hinaus noch durch die reimtechnische Besonderheit des Pausenreims aus, der das erste und letzte Wort eines Verses, eines Verspaares oder einer Strophe verbindet (v. 5 f.: *des : wes*, v. 7 f.: *wol : sol*) und in diesem Fall den Abgesang noch einmal eigens von Aufgesang abhebt. Eine Besonderheit bietet auch der Aufgesang mit Spiegelstollen, d. h. wir haben nicht wie üblich Kreuzreime im Aufgesang, sondern umschließende Reime.

Kein Dichter der Zeit um 1200 aber hat das poetische und technische Instrumentarium so vielseitig und so virtuos beherrscht wie Heinrich von Morungen. So hat er teils sehr kunstvolle Kanzonenstrophen komponiert, in denen er erstmals im deutschen Minnesang Kopfreim und Schweifreim kombiniert (abbc, addc), auch mehrteilige Abgesänge oder gar die Rundkanzone, bei welcher der Stollen bzw. eine Melodiezeile des Stollens als ein Bauelement des Abgesangs verwendet wird. Selbstzweck ist diese formale Virtuosität dennoch nie, weder bei Morungen noch bei anderen Liedautoren. Morungen hat seine formale Kunst indes in besonderer Weise in den Dienst der Liebessprache, zur Artikulation geistiger und emotionaler Befindlichkeiten gestellt. Ich zeige das an der ersten Strophe des Liedes MF 139,19:

> Ich hôrte ûf der heide
> lûte stimme und süezen sanc.
> dâ von wart ich beide
> vröiden rîch und an trûren kranc.
> 5   Nâch der mîn gedanc   sêre ranc   unde swanc,
> die vant ich ze tanze, dâ si sanc.
> âne leide   ich dô spranc.

»Ich hörte auf der Heide helle Stimmen und süßen Gesang. Davon wurde ich überglücklich und frei von Trauer zugleich. Um die meine Gedanken sich schmerzvoll mühten und kreisten, die fand ich beim Tanz, wo sie sang. Frei von Leid sprang ich da mit.«

Es hat den Anschein, als ob Morungen in dieser Kanzone alternierende Verse mit Daktylen kombiniert habe; Vers 5 kann man daktylisch interpretieren, auch die Verse 1 und 3, wenn man Elision – die Auslassung eines Vokals im Auslaut, wenn das nächste Wort mit Vokal beginnt – annimmt. Letzte Klarheit wird man hier freilich nicht erreichen, da die Melodie fehlt. Die Verse sind unterschiedlich lang, zwei Hebungen in der ersten und dritten Zeile, vier in der zweiten, vierten und siebten, fünf in der fünften und sechsten. Auffällig ist die Durchreimung, sie ist für Morungen typisch, ebenso der Binnenreim; Morungen verwendet den Reim a dreimal, den Reim b insgesamt siebenmal im Versinneren und am Ende, gehäuft im Abgesang. Solche konsekutiven Dreireime wie der in der fünften Zeile sind im Minnesang um 1200 ganz ungewöhnlich. Erzielt wird damit ein Rhythmus, der die inhaltliche Aussage – Tanz auf der Heide – nicht nur unterstützt, sondern den Tanz im Medium der Sprache selbst imitiert.

Zum Spiel der Lyriker mit Sprache und Formen gehörte schließlich auch der Leich, der seit dem späten 12. Jahrhundert belegt ist. Der Begriff geht wie auch got. *laik* »Tanz« auf das germanische Verb **laik-a-* »spielen« zurück. Formal ist der Leich mit lateinischen und altfranzösischen Liedtypen verwandt; die Frage, ob er von der Sequenz oder anderen Gattungen beeinflusst ist, wird kaum zu entscheiden sein. Von den Strophenliedern und Sangsprüchen in Kanzonenform unterscheidet sich der Leich sowohl durch den Umfang als auch durch die besondere Form. In der Regel umfasst er über hundert, oft sehr kunstvoll gereimte Verse, die in unterschiedlich gebauten strophenartigen Abschnitten, den sog. Versikeln, angeordnet sind; ein Versikel kann zwei bis zwanzig Verse umfassen. Diese werden meist paarweise auf eine immer wieder neue, sich nur einmal wiederholende Melodie vorgetragen. Der Leich ist also eine versikelweise durchkomponierte Großform.

Die Dichter des 13. Jahrhunderts haben die formalen Standards, die in der höfischen Zeit erreicht worden waren, ausgebaut und verfeinert und damit die formale Variationskunst noch ein gut Stück weitergetrieben. Die Reimkünste wurden noch differenzierter, und noch kunstvoller wurde der Strophenbau. Möglichkeiten, formale Virtuosität und Vielfalt zu entfalten, bot darüber hinaus auch der Leich. Einer der Dichter, die virtuos das Spiel mit Rhythmus, Form und Reim beherrschten, war Konrad von Würzburg, der 1287 gestorben ist. Eines seiner Tagelieder beginnt so (Schröder Nr. 30):

Swâ	tac	er-	schînen	sol	zwein	liuten,	
die	ver-	borgen	inne	liebe	stunde	müezen	tragen,
dâ	mac	ver-	swînen	wol	ein	triuten:	
nie	der	morgen	minne-	diebe	kunde	büezen	clagen.

»Wo immer ein Tag für zwei Menschen anbricht, die im Verborgenen Liebesstunden haben können, da soll gewiss die Vertraulichkeit ein Ende haben. Noch nie konnte der Morgen dem, der sich die Liebe stiehlt, das Wehklagen erlassen.«

In diesem Gedicht reimt sich jedes Wort, jede Silbe auf das im gleichen Takt des übernächsten, metrisch und reimtechnisch gleich gebauten Verses stehende Wort bzw. Silbe. Der semantische Zusammenhang bleibt, auch wenn das formale Experiment vorrangig scheint, einigermaßen gewahrt. Es dominiert das virtuose Spiel mit Sprache und Reim, ohne dass sich die Form ganz vom Inhalt gelöst hätte. Sie ist eben nicht ›bloßes‹ asemantisches Dekor – das wäre auch eine der mittelalterlichen Lyrik gänzlich unangemessene Vorstellung, die sich erst in der nachaufklärerischen Ästhetik herausgebildet hat.

Wie wenig es mit Etiketten wie ›Artistik der Form‹ getan ist, lässt sich abschließend am Beispiel Gottfrieds von Neifen zeigen, der urkundlich zwischen 1234 und 1255 bezeugt, also eine Generation älter als Konrad ist; die erste Strophe seines Liedes KLD 15,VI lautet:

> Hî,   wie wunnenclîch diu heide
> sich mit mangem spæhen kleide
> gein dem meien hât bekleit!
> loup gras bluomen vogel beide,
> 5   diu man sach in mangem leide,
> gar verswunden ist ir leit.
> alsô möhte ouch mir verswinden
> sorge, diu von fröide ie swant;
> wolde fröide sorge enbinden,
> 10   sît daz fröide ie sorge enbant,
> so wurd ich von sorgen frî.

»Hei, mit welcher Lust und Freude hat sich die Heide mit vielen feinen Kleidern bekleidet, den Mai zu begrüßen! Laub, Gras, Blumen und Vögeln, die man sehr leiden sah, ist ihr Leid ganz und gar verschwunden. So könnten auch mir Sorge und Leid verschwinden, die durch die Freude immer verschwunden sind. Wollte die Freude von Sorge und Leid befreien, weil Freude immer von ihr befreite, so würde ich von Sorge und Leid befreit.«

Das Reimschema ist komplex: Da gibt es zunächst einmal zwei Terzinen mit Schweifreim: bbc, bbc, die den Aufgesang bilden. Der Abgesang besteht aus zwei Kreuzreimen: dede und einer letzten Zeile, die sich auf das erste Wort der Strophe reimt: Pausenreim. Dieses Reimschema überlagern zusätzlich grammatische Reime: *kleide : bekleit* (v. 2/3), *leide : leit* (v. 5/6), *verswinden : swant* (v. 7/8), *enbinden : enbant* (v. 9/10). Hinzu kommen auffällige Wortwiederholungen: viermal *sorge*, dreimal *vröide* in den letzten vier Versen. Reimästhetik und sprachliche Repetition sind freilich kein bloßes Ornament, vielmehr stiften sie ein musikalisches und akustisches Klanggebilde, in dem der Liebesaffekt, in dem das Begehren sich unmittelbar artikuliert. Denn das ist der Effekt der reimtechnischen und sprachlichen Rekurrenzen: ein euphorisches, rauschhaftes, die Sinne – des Sprecher-Ichs wie der Hörer – betörendes Sprechen, das die Harmonie zwischen der frühlingshaften, Liebeserfüllung verheißenden Natur und der inneren und äußeren Situation des Liebenden geradezu herbeizwingt. Liebe und Begehren sind hier unmittelbar Sprache geworden.

Literatur: Siegfried Beyschlag: Altdeutsche Verskunst in Grundzügen. 6. Aufl. Nürnberg 1969; Horst Brunner: Epenmelodien. In: Formen mittelalterlicher Literatur. Hg. von Otmar Werner und Bernd Naumann. Göppingen 1970 (GAG 25); Dieter Burdorf: Einführung in die Gedichtanalyse. 2. Aufl. Stuttgart/Weimar 1997 (SM 284); Johnson, Die höfische Literatur; Nikolaus Henkel: Wann werden die Klassiker klassisch? Überlegungen zur Wirkungsweise und zum Geltungsbereich literarisch-ästhetischer Innovation im deutschen Hochmittelalter. In: Tradition, Innovation, Invention. Fortschrittsverweigerung und Fortschrittsbewusstsein im Mittelalter. Hg. von Hans-Joachim Schmidt. Berlin/New York 2005 (Scrinium Friburgense 18), S. 441–467; Christine Lubkoll: Rhythmus und Metrum. In: Literaturwissenschaft – Einführung in ein Sprachspiel. Hg. von Heinrich Bosse und Ursula Renner. Freiburg i. Br. 1999, S. 103–121; Christoph März: Metrik, eine Wissenschaft zwischen Zählen und Schwärmen? Überlegungen zu einer Semantik der Formen mittelhochdeutscher gebundener Rede. In: Mittelalter. Neue Wege durch einen alten Kontinent. Hg. von Jan-Dirk Müller und Horst Wenzel. Stuttgart/Leipzig 1999, S. 317–332; Johannes Rettelbach: Metrik, Reim, Strophe(nformen). In: Literaturwissenschaftliches Lexikon, S. 263–268, 334–336, 377–380; Schweikle, Minnesang, S. 154–166; Anthonius H. Touber: Lyrische Strophenformen. In: Germania Litteraria Mediaevalis Francigena. Handbuch der deutschen und niederländischen mittelalterlichen literarischen Sprache, Formen, Motive, Stoffe und Werke französischer Herkunft (1100–1300). Bd. 2: Sprache und Verskunst. Hg. von René Pérennec. Berlin/Boston 2012, S. 267–302.

c. Durchbruch der Prosa

Anders als die lateinische Literatur des Mittelalters, die anfangs ganz überwiegend aus Prosawerken bestand, ist die deutsche Literatur des frühen und hohen Mittelalters beinahe ausschließlich Versliteratur. Vom *Wessobrunner Schöpfungsgedicht* vom Beginn der deutschen Literaturgeschichte über Bibel- und Legendendichtung, Roman und Geschichtsdichtung, Naturbeschreibung, Jagdliteratur und Tischzuchten kam praktisch kein anderes Aussagemedium als der Vers in Frage. Der Vers war die elementare, die schlichteste Form der Poesie. Den christlichen Autoren galt er überdies auch als Abbild der kosmischen Ordnung: In der zahlenmäßigen Struktur des Metrums konnte man die Ordnung des Weltgrundes gespiegelt sehen. Dass ihm in der mittelalterlichen Literatur ein so hoher Rang zugebilligt wurde, hat seinen Grund aber auch darin, dass der Vers eine, wenn nicht die einprägsame Form mündlicher Vermittlung war und er häufig eine mnemotechnische und didaktische Funktion erfüllte. In der mittellateinischen Literatur hat dies in den Jahren um 1200 dazu geführt, dass weite Sachbereiche und Wissensstoffe für den trivialen und akademischen Unterricht versifiziert wurden: Die Geschichtsbücher des Alten Testaments wurden nebst allegorisierendem Kommentar in Verse gesetzt – die *Aurora* des Petrus Riga (um 1160/90) –, ebenso das wichtigste enzyklopädische Nachschlagewerk, die *Etymologiae* des Isidor von Sevilla (um 570–636), und in metrischem Gewande wurden auch grammatischer Wissensstoff, Poetiken und Literaturgeschichte, Mathematik und Komputistik, Astronomie, Zahlentheorie und Metrologie, Botanik und Zoologie, Medizin, Pharmazie und Musiktheorie präsentiert.

In der deutschen Literatur war der Vers Medium der Wissensvermittlung von Beginn an. Angesichts des klaren Übergewichts, das die gebundene Rede hatte, übersieht man leicht, dass es geschriebene Prosa in der deutschen Literatur seit ihren ersten Anfängen und erst recht nach ihrem Wiederbeginn und Aufschwung im 11. und 12. Jahrhundert gab. In ihr Ressort fiel vor allem das geistliche Schrifttum, fielen die Gebete und Benediktionen, Predigten und Traktate, aber auch christliche Naturlehre wie der *Physiologus*, der vom 11. bis 15. Jahrhundert wiederholt in deutsche Prosa übersetzt wurde, der um 1200 entstandene *Lucidarius*, der einen enzyklopädischen Aufriss des Wissens über Kosmos und Welt bietet, und der *Ältere deutsche Macer* (erste Hälfte 13. Jahrhundert), ein Kräuterbuch, die beiden letztgenannten übrigens mit einer Reimvorrede ausgestattet. Die entscheidende Wende trat im zweiten Viertel des 13. Jahrhunderts ein. Sie vollzog sich freilich nicht auf einen Schlag, nicht in allen Gattungen gleichzeitig und gleichmäßig intensiv. Prosa war und blieb zunächst einmal Sache des pragmatischen Schrifttums, der Wissensliteratur, während die Literatur im engeren Sinne noch lange beim Vers blieb.

Eingeleitet wurde die allgemeine Trendwende durch die Kodifizierung vormals mündlicher Rechtstraditionen. Am Beginn der Reihe deutscher Rechtstexte in Prosa standen Eikes von Repgow zwischen 1225 und 1235 niedergeschriebener *Sachsenspiegel*, das *Mühlhausener Reichsrechtsbuch* aus den Jahren 1224–1231 und das *Braunschweiger Stadtrecht* von 1227. In den Jahrzehnten bis etwa 1300 vermehrte sich die Zahl der Rechtstexte auf rund 150.

Zur selben Zeit entstand auch die erste deutsche Geschichtsschreibung in Prosa: Vermutlich um 1230 entstand die erste Fassung der *Sächsischen Weltchronik*, zwischen 1274/75 und 1282 das *Buch der Könige alter Ee*, das als historischer Vorspann für ein oberdeutsches Rechtsbuch, den *Spiegel aller deutschen Leute*, konzipiert war und Beispielerzählungen von vorbildlichen oder negativen Richter- und Herrschergestalten des Alten Testaments enthält.

Etwa gleichzeitig, also im zweiten Viertel des 13. Jahrhunderts, im Zusammenhang mit den großen religiösen Laienbewegungen, entwickelten sich auch neue Formen einer geistlichen Prosa mit den Predigten des sog. St. Georgener Predigers, den man jetzt wohl aufgrund eines neu aufgefundenen Fragments in die Zeit vor 1250 datieren muss, und der *Heiligen Regel für ein vollkommenes Leben*, einem Traktat über die rechte Einrichtung und den Sinn des Klosterlebens, ebenfalls um die Mitte des 13. Jahrhunderts entstanden. Einen ersten Höhepunkt entfaltete das neue geistliche Schrifttum im Franziskanerkreis um David von Augsburg (um 1240?) und Berthold von Regensburg (um 1240–1272) sowie mit der Begine Mechthild von Magdeburg (um 1207–um 1282). Die Zahl der Texte, die in den beiden darauffolgenden Jahrhunderten entstanden, ist Legion. Einen ersten Eindruck über die Vielheit und Vielgestalt dieser geistlichen Prosa vermittelt Wolfgang Stammler (Deutsche Philologie im Aufriß, Bd. 2, 2. Aufl. Berlin 1960, Sp. 749– 1102).

Aus der Fülle des geistlichen Prosaschrifttums sei nur noch ein Bereich herausgegriffen, weil ihm für die Entstehung des Prosaromans eine besondere Bedeutung zugesprochen worden ist: die Prosalegende. Legenden sind fast so alt wie die Christenheit, und lateinische Legenden gab es in Vers und Prosa von Anfang an. Die volkssprachige Heiligenlegende erscheint hingegen zuerst als Versdichtung; darin stimmt sie mit anderen Erzähltypen überein. Einzige Ausnahme ist das altenglische Heiligenleben Aelfrics, das vor 1100 in rhythmischer und alliterierender Prosa verfasst wurde. Zur Prosa ging die deutsche Legende erst im 14. Jahrhundert über, in Frankreich schon rund 100 Jahre früher. Die älteste Sammlung von deutschen Prosalegenden könnte noch vor 1322 entstanden sein; sie war für die Dominikanerinnen in Töß oder Ötenbach bestimmt. Gut 25 Jahre jünger ist das *Heiligenleben*, das Hermann von Fritzlar zwischen 1343 und 1349 zusammengestellt hat. In der Wirkung obenan steht indes die *Elsässische Legenda aurea*, eine um 1350 entstandene Übersetzung der lateinischen *Legenda aurea* des Jacobus de Voragine (um 1260/67?).

Ganz allgemein kann man sagen: In dem Maße, in dem sich die Volkssprache immer mehr Wissensgebiete eroberte, verschaffte sich auch die Prosa immer mehr Geltung. Zunehmende Verschriftlichung und Zunahme der Prosa hängen zusammen. Die neue Prosa entsteht dabei auf zwei Wegen: einmal als Übersetzung aus dem Latein, dann aber auch durch die Auflösung älterer deutscher Verstexte. Auf diese Weise kam z. B. *Der Heiligen Leben* zustande, ein wirkmächtiges Prosalegendar, das Ende des 14. Jahrhunderts in Nürnberg entstanden ist. Hauptquellen sind das *Märterbuch* und das dritte Buch des *Passionals*, beides Legendensammlungen in deutschen Versen. Auch der *Gregorius* Hartmanns von Aue lebt, in Prosa aufgelöst und auf das Faktische reduziert, in diesem Verbund fort, wie andere Verslegenden des 13. Jahrhunderts auch.

d. Die Debatte um Vers und Prosa

Anders als auf deutschem Sprachgebiet setzte sich in Frankreich im Laufe des 13. Jahrhunderts die literarische Prosa durch: Schon um 1200 zählen wir eine ganze Reihe von Prosaromanen, Prosalegenden und Prosachroniken. Der erste Roman in Prosa war Roberts de Boron *Estoire dou Graal* (um 1200), die ursprünglich in Versen geschrieben, kurz nach ihrer Entstehung in Prosaform aber aufgelöst worden war. Die ersten Romane, die von vornherein als Prosawerk konzipiert wurden, sind die umfangreichen Zyklen des *Lancelot-Graal-Romans* und des *Prosa-Tristans* (um 1215/40) und der *Perlesvaus* (um 1225/40). Und ihren Siegeszug trat die Prosa auch in der altfranzösischen Historiographie an, wie die *Histoire de la conquête de Constantinople* Geoffrois de Villehardouin (nach 1204), die gleichnamige Chronik Roberts de Clari (nach 1216), die im Auftrag Renauts de Boulogne 1206 entstandene Übersetzung der Chronik des Pseudo-Turpin, die *Chronique des rois de France* des Anonymus von Chantilly (1210/30) u. a. zeigen. Aus ästhetischen Gründen, in der Unterhaltungsliteratur, konnte man indes auch weiterhin am Reim festhalten.

Erst spät und nur sporadisch haben die deutschen Autoren die Wahl der Prosa begründet; sieht man vom frühen Beispiel des Prologs zum *Lucidarius* ab, stammen fast alle Belege, die Werner Besch und Hubert Herkommer zusammengestellt haben, aus der Zeit nach 1400. Es wurden insbesondere drei Gründe geltend gemacht: Erstens mache die Reimdichtung Verständnisschwierigkeiten, der Vers sei, zweitens, kein adäquates Ausdrucksmittel für bestimmte Sachverhalte, und drittens bewirke der Vers- und Reimzwang Auslassungen oder verfälschende Zusätze; eine originalgetreue Wiedergabe der Vorlage sei nur in der Prosa möglich. Dieses Argument läuft auf die Behauptung Vers gleich Lüge, Prosa gleich Wahrheit hinaus, die durchaus Tradition hat.

Vergleichbare Argumente hatten bereits die französischen Autoren zu Beginn des 13. Jahrhunderts formuliert. So behauptete der anonyme Übersetzer der *Turpinchronik*, der seine Übertragung 1206 abgeschlossen hatte, dass der Reimvers die

Unwahrheit sage, weil er dazu zwinge, Worte hinzuzufügen, die den historischen Fakten und ihrer Darstellung in der lateinischen Vorlage nicht entsprechen. Für eine wahrheitsgemäße Darstellung sei deshalb die Prosa vorzuziehen. Die gleichen Argumente hatte zuvor schon der Verfasser der *Histoire de Charlemagne et de Roland* von 1202, ein gewisser Pierre, vorgebracht. Mustert man die einschlägigen Stellenbelege (vgl. die Zusammenstellung bei Peter M. Schon), so fällt auf, dass die frühesten Zeugnisse aus französischen Chroniken stammen, die als Übersetzungen aus dem Lateinischen entstanden sind.

Die ganze Debatte um Vers und Prosa hatte sich in Frankreich offensichtlich am Problem der sachlich korrekten Wiedergabe lateinischer Historiographie in der Volkssprache entzündet; den Autoren ging es um die »Gleichrangigkeit und Gleichwertigkeit ihrer Werke mit den Vorlagen« (Rüdiger Schnell). Ihre Argumente wurden jedoch rasch von Autoren anderer Gattungen aufgegriffen: Pierre de Beauvais schrieb 1218 die Begründung für die Prosaform seines *Bestiaire* wörtlich aus der altfranzösischen *Turpinchronik* ab, und der anonyme Verfasser einer nach 1226 entstandenen Biographie des französischen Königs Philippe Augustes deutete den radikalen Formwechsel, den der Roman vollzogen hatte, als Wende zur Wahrheit der Prosa: da man dem Vers nicht genügen könne, ohne Lügen einfließen zu lassen. Das ist das Klischee, das auch in den Vorreden deutscher Prosawerke auftaucht, ein altehrwürdiges Klischee, denn die Argumente wider den Vers sind solche, mit denen man schon in der Antike jene Geschichtsschreiber kritisiert hatte, die ihren Stoff rhetorisch und poetisch ausgestaltet hatten: Deren Darstellung enthalte keine wirklichkeitsgetreue Wiedergabe der Ereignisse und könne nicht für sich beanspruchen, wahr und glaubwürdig zu sein. Prosa galt schon von alters her als die angemessene Form der Geschichtsschreibung, sie allein war Garant der Wahrheit.

In der neueren Forschung hat man vier Thesen zum Umschlag vom Vers zur Prosa diskutiert:

Die erste These macht sich die Polemik der mittelalterlichen Autoren wider den Vers zu eigen und erklärt die literarische Neuorientierung unmittelbar mit der Stigmatisierung des Verses als Medium der Lüge. Dagegen spricht freilich schon die erstaunliche Zahl der Versdichtungen, die noch im 14. und 15. Jahrhundert auf der Grundlage von lateinischen Prosavorlagen entstanden sind, oder die hohe Zahl von Handschriften aus dem 15. Jahrhundert, die mittelhochdeutsche Versdichtungen überliefern, also nicht die (neue) Möglichkeit der Prosaauflösung genutzt haben.

Sodann hat man den Wechsel vom Vers zur Prosa mit sozialen Veränderungen erklären wollen: Das aufkommende Bürgertum sei nicht nur für die Prosa der Verhältnisse, sondern auch für die Prosa der Literatur verantwortlich, was auf die Gleichung: Adel = Vers und Bürgertum = Prosa hinausläuft. Diese ständische Zuordnung, die wie die moderne Fortschreibung der *rota Vergilii* anmutet, wird jedoch weder den komplexen gesellschaftlichen Verhältnissen des späten Mittelalters und der frühen Neuzeit noch den tatsächlichen Adressaten und Rezipienten der Literatur gerecht. Man ist von dieser Hypothese deshalb inzwischen wieder abgerückt.

Als dritte Möglichkeit hat man den Wechsel im Kommunikationsmodus, d. h. die zunehmende Aneignung von Literatur in privater Lektüre, erwogen. Dabei ist man von der Gleichung: Vers = mündlicher Vortrag und Prosa = Lektüre ausgegangen, die inzwischen jedoch ebenfalls auf Skepsis stößt. Man mag zugestehen, dass die im späten Mittelalter zunehmende Lesefähigkeit den Prozess der Prosaisierung gefördert hat; die Hauptursache ist sie aber gewiss nicht.

Schließlich hat man auch die sprachliche Entwicklung in Betracht gezogen: Weil eine überregionale Schriftsprache im 15. Jahrhundert gefehlt habe, seien die Reime einer Dichtung auf eine bestimmte Sprachlandschaft begrenzt gewesen; in letzter Konsequenz soll dies die Aufgabe bzw. Auflösung der Versform erzwungen haben (Werner Besch). Das mag im Einzelfall zwar zutreffen, als Generalargument taugt es aber nicht.

Überhaupt scheinen solche monokausalen Erklärungen wenig geeignet, das komplexe Phänomen der Prosaliteratur zu erklären. Man tut deshalb wohl gut daran, mit ganz unterschiedlichen Motivationen und Entstehungsbedingungen für Prosatexte zu rechnen. Vielfach mag eine spezifische Gebrauchssituation und/oder ein verfestigtes Gattungsbewusstsein den Ausschlag gegeben haben. Das lassen, gewissermaßen als Gegenprobe, die Sangsprüche des Dichters und Sängers Michel Beheim vermuten, der im zweiten Drittel des 15. Jahrhunderts gewirkt hat: Mehrheitlich gehen sie auf deutsche Prosaquellen zurück, zum guten Teil auf geistliche Texte aus der ›Wiener Schule‹, eine um 1400 von den Theologen der Wiener Universität begründete Tradition, die scholastische Theologie und seelsorgerische Praxis miteinander verband. Beheim hielt sich in der Regel ziemlich getreu an Wortlaut und Syntax seiner Vorlage und ergänzte nur soviel, wie zur Füllung des Verses und der Strophe notwendig war. Versform und Musik verleihen diesen ursprünglich prosaischen Texten neuen höfisch-repräsentativen Glanz (Burghart Wachinger). In welcher Form man einen Text rezipierte, in Vers oder in Prosa, dürfte ganz wesentlich von Gattungstraditionen, die ja immer auch normativ wirkten, und von aktuellen Gebrauchssituationen abhängig gewesen sein. Soziokulturelle Faktoren wie die zunehmende Lesefähigkeit oder die musterbildende Funktion der Prosa mögen den Prozess dann befördert und beschleunigt haben.

Literatur: Werner Besch: Vers oder Prosa? Zur Kritik am Reimvers im Spätmittelalter. In: Fs. für Hans Eggers. Tübingen 1972 (PBB 94, Sonderheft), S. 745–766; Haug, Literaturtheorie im deutschen Mittelalter, bes. S. 241–258; Heinzle, Wandlungen und Neuansätze; Hubert Herkommer: Überlieferungsgeschichte der ›Sächsischen Weltchronik‹. Ein Beitrag zur deutschen Geschichtsschreibung des Mittelalters. München 1972 (MTU 38); Kurt Ruh: Geistliche Prosa des Spätmittelalters. In: Europäisches Spätmittelalter. Hg. von Willi Erzgräber. Wiesbaden 1978 (Neues Handbuch der Literaturwissenschaft 8), S. 565–605; Rüdiger Schnell: Prosaauflösung und Geschichtsschreibung im deutschen Spätmittelalter. Zum Entstehen des frühneuhochdeutschen Prosaromans. In: Literatur und Laienbildung im Spätmittelalter und in der Reformationszeit. Symposion Wolfenbüttel 1981. Hg. von Ludger Grenzmann und Karl Stackmann. Stuttgart 1984 (Germanistische Symposien. Berichtsbände V), S. 214–248; Burghart Wachinger: Michel Beheim. Prosabuchquelle – Liedvortrag – Buchüberlieferung. In: Poesie und Gebrauchsliteratur im deutschen Mittelalter. Würzburger Colloquium 1978. Hg. von Volker Honemann u. a. Tübingen 1979, S. 37–74.

6. Bedingungen der literarischen Kommunikation

Der Literaturbetrieb der Vormoderne beruhte auf konkreten historischen und personellen Voraussetzungen: Er war gebunden an die Orte, an denen überhaupt eine geregelte Schriftlichkeit und eine kontinuierliche Schriftüberlieferung möglich war, und er war geprägt vom engen persönlichen Kontakt von Autoren, Schreibern, Auftraggebern und Publikum. Literatur entstand in einer konkreten Situation, für konkrete Hörer und Leser, für einen konkreten Zweck. Produktion, Austausch, Verbreitung und Vervielfältigung der Texte erfolgten durchweg aufgrund von persönlichen Beziehungen. In dieser gänzlich personalisierten Struktur unterscheidet sich die Literaturproduktion des Mittelalters grundsätzlich von der der Moderne, in der ein ›freier‹, d. h. von persönlichen Aufträgen unabhängiger, allenfalls von kollektiven Wünschen, Moden und ökonomischen Sachzwängen abhängiger Autor für eine anonyme Leserschaft schreibt.

a. Literarische Zentren

Hauptorte volkssprachiger Schriftlichkeit im frühen Mittelalter

Literarische Zentren waren im frühen Mittelalter in erster Linie die Domstifte und Klöster. Hier wurde die ganze Fülle der lateinischen Literatur produziert, abgeschrieben und verbreitet – die Bibel und die gelehrten Kommentare zu einzelnen Büchern der Bibel, Sacramentarien und andere liturgische Bücher, Predigten, Unterweisungen für das richtige monastische Leben, Martyrologien, Kalendarien und Chroniken, die antiken Autoren, die im Schulunterricht gelesen wurden usw. –, und hier wurde auch das erste Schrifttum in deutscher Sprache verfasst oder aufgezeichnet, kopiert und konserviert. Fast alle wichtigen Klöster und Bischofssitze des deutschsprachigen Reichsteils bzw. – nach der karolingischen Reichsteilung 843 – des ostfränkischen und lotharingischen Reiches, die zu bedeutenden Zentren monastischer Gelehrsamkeit aufgestiegen waren, hatten auch an der Verschrift(lich)ung der Volkssprache teil; öfter handelte es sich um Gründungen der iro-schottischen und angelsächsischen Missionare.

Die älteste dieser Klostergründungen ist St. Gallen südwestlich des Bodensees. Im Jahr 612 hatte dort der irische Mönch Gallus eine Mönchszelle errichtet, die ab 719 durch den Alemannen Otmar zu einem Benediktinerkloster ausgebaut wurde. Zur selben Zeit, im Jahre 724, gründete der heilige Pirmin (†um 755), der Herkunft nach wohl ein Romane, das Kloster auf der Reichenau, drei Jahre später legte er den Grundstein für das Kloster Murbach im südlichen Elsass. Eine Gründung des 7. Jahrhunderts ist das Kloster Weißenburg im nördlichen Elsass. Schon früh hatten diese Klöster ein Skriptorium eingerichtet, das ihnen erlaubte, eine große Bibliothek aufzubauen und qualitätsvollen Unterricht zu halten; die im 9. Jahrhundert angelegten Bücherkataloge verzeichnen jeweils über 400 Handschriften.

Wichtige Schreiborte im Rheinfränkischen waren die Klöster Lorsch, Mainz und Fulda, das 744 von dem angelsächsischen Mönch Wynfrith/Winfrid, besser bekannt unter dem Namen Bonifatius, den er nach seiner Weihe zum Bischof von Mainz (746/47) angenommen hatte, gegründet worden war. Hinzu kommen als ostfränkischer Schreibort Würzburg, das Bonifatius 746 zum Bischofssitz erhoben hatte, und Trier, Echternach, Köln und Aachen als mittelfränkische Schreiborte; einige Denkmäler stammen auch aus sächsischen Klöstern.

Zu den Hauptorten volkssprachiger Schriftlichkeit im frühen Mittelalter gehörten früh schließlich auch einige bairische Klöster und Bischofssitze: das 748 gegründete Kloster Mondsee, das etwa gleich alte Wessobrunn und das etwas jüngere Kloster Tegernsee (um 770) sowie die beiden 739 eingerichteten Bischofssitze Regensburg mit dem Kloster St. Emmeram und Freising mit dem Kloster Weihenstephan. Aus Freising stammt das älteste Denkmal der deutschen Literaturgeschichte überhaupt, der *Abrogans* (um 750?).

Neben den Klöstern und Bischofszentren gab es in der karolingischen Zeit noch ein weiteres literarisches Zentrum: die *capella regis*, die königliche Hofkapelle, die zentrale geistliche Institution und Kanzlei zugleich war. Allerdings ist kein volkssprachiger Text bekannt, der mit ihr unmittelbar in Verbindung gebracht werden könnte. Auch kein anderer volkssprachiger Text scheint direkt für den Hof bestimmt gewesen zu sein. Die Vorrede zum *Heliand* gibt zwar den »allerfrömmsten und erhabenen Herrscher Ludwig« (*Ludouuicus piissimus Augustus*) als Auftraggeber an – gemeint ist damit entweder Kaiser Ludwig der Fromme (814–840), der Sohn und Nachfolger Karls des Großen, oder, wahrscheinlicher, König Ludwig der Deutsche (833–876), der Enkel Karls –, allerdings ist nicht sicher, ob die lateinische Vorrede überhaupt genuiner Bestandteil des Epos ist. Auch Otfrid von Weißenburg stellte erst nachträglich, in seiner Dedikation eines Exemplars an Ludwig den Deutschen, einen Zusammenhang zwischen dem *Evangelienbuch* und dem Königshaus her. Alle anderen Hypothesen, etwa zum *Althochdeutschen Isidor* oder zum *Muspilli*, ließen sich ebensowenig verifizieren.

Hauptorte volkssprachiger Schriftlichkeit im hohen Mittelalter

Ein von den geistlichen Zentren unabhängiger Literaturbetrieb entwickelte sich erst seit der Mitte des 12. Jahrhunderts durch den Auf- und Ausbau eines geregelten Schriftwesens an den weltlichen Fürstenhöfen. Zuvor hatten die Fürsten und anderen Adeligen, vom Kaiser und König abgesehen, keine eigene Kanzlei. Ihren Schriftverkehr ließen sie, wenn notwendig, vom Hauskloster – dem auf adeligen Eigenbesitz gegründeten Kloster, über das der Stifter und seine Rechtsnachfolger Patronatsrechte ausübten – erledigen oder auch von den anderen Klöstern und Stiften, die in ihrem Herrschaftsbereich lagen. Im wesentlichen ging es dabei um die schriftliche Fixierung von Rechtsakten, d. h. um die Ausstellung von Urkunden, doch erwuchsen aus der Verbindung von Herrenhof und Hauskloster verschiedentlich auch genealogische Darstellungen der Stifterfamilie, Haus- und Landeschroniken und Fürstenbiographien. Literatursprache war Latein. Entscheidende Veränderungen, im Hinblick auf die Literatursprache wie auf die Wahl der literarischen Sujets, brachte erst die Einrichtung einer eigenen Kanzlei an den weltlichen Fürstenhöfen. In den Anfängen bestand das Personal in der Regel aus dem Leiter, dem *notarius*, meist einem der Hofkapläne, und ein, zwei Schreibern; erst im Laufe des 13. Jahrhunderts stieg mit der zunehmenden und immer differenzierter werdenden schriftlichen Arbeit auch die Zahl des Kanzleipersonals an, worauf z. B. die Beschäftigung eines zusätzlichen Protonotars hinweist. Zu ihren Aufgaben gehörte es, Urkunden auszustellen sowie die Einkünfte und den gesamten Besitz des Herrschers zu verwalten; literarisch schlugen sich diese Agenden in Güterverzeichnissen, den sog. Urbaren, in Lehnsbüchern, Steuerverzeichnissen, Amts-, Geschäfts- und Rechnungsbüchern nieder.

Der erste weltliche Fürst, der an seinem eigenen Hof Rechtsakte beurkunden ließ, war Heinrich der Löwe; die Kanzlei in Braunschweig ist seit 1144 nachweisbar. 1168 folgten die Landgrafen von Thüringen. Die Babenberger, die Herzöge von Österreich von 1156 bis 1246, scheinen in den 1180er Jahren eine eigene Kanzlei eingerichtet zu haben, die Wittelsbacher, die nach der Entmachtung der Welfen 1180 das Herzogtum Baiern bekamen, nach 1200, in der Regierungszeit Ludwigs I. († 1231). Es ist sicherlich kein Zufall, dass die weltlichen Fürsten, die als erste die Innovationen in der Verwaltung einführten, nämlich der Welfenherzog und die Thüringer Landgrafen, auch die bedeutendsten Gönner im literarischen Leben der höfischen Zeit gewesen sind. Denn mit den Kanzleien der großen Fürsten waren nicht nur neue Zentren einer geregelten Schriftlichkeit entstanden; mit ihnen waren auch die materiellen und personellen Voraussetzungen für die neue weltliche Literatur gegeben, die in der zweiten Hälfte des 12. Jahrhunderts, in Frankreich schon um 1100, aus dem Meer der lateinischen Schriftkultur auftauchte. Literarische Zentren von vergleichbarer Bedeutung bildeten im 15. Jahrhundert vor allem der Königshof und die großen Territorialhöfe in Prag, Wien, Heidelberg und München mit ihrem umfangreichen Beamten- und Verwaltungsapparat, der sich überwiegend aus dem Adel rekrutierte. Diese Zentren fürstlicher Macht und Repräsentation waren »neue literarische Kristallisationspunkte für die Betätigung adeliger Autoren oder von außen herangezogener Nichtadeliger« (Thomas Cramer).

Eine gewisse Relevanz für das literarische Leben der höfischen Zeit hatten auch die Höfe und Burgen des nichtfürstlichen Adels, die kleineren Herrensitze. Immerhin ist für sie mehrfach der Vortrag von weltlicher Literatur bezeugt. So dürfte Wolfram von Eschenbach einen Teil seines *Parzival* auf der Burg Wildenberg im Odenwald vorgetragen haben, die den Freiherrn von Durne gehörte; ob Rupert I. (urkundlich 1171–1197 bezeugt) die Entstehung des Romans oder eines Teils davon gefördert hat, ist indes ungewiss. Ebenso vage bleiben die anderen Anspielungen, etwa auf den Grafen von Wertheim und die Grafen von Abenberg, die Wolframs Erzähler zum Vergleich heranzieht. Der Stricker dürfte sein umfangreiches und vielfältiges Œuvre nicht nur in Österreich vor dem Landesfürsten und in klerikalen Kreisen, sondern auch vor den Landherren vorgetragen haben. Und vor allem die Spruchdichter des 13. Jahrhunderts haben auch an den kleineren Höfen Aufnahme gefunden, bei Grafen, Freiherren und sogar Ministerialen. Bruder Wernher (um 1217/50?) etwa bedichtete den Herrn von Orte, Friedrich von Sonnenburg (drittes Viertel 13. Jahrhundert) und Rumelant von Schwaben (um 1275) Ulrich von Rifenberg, beides Freiherrn, und Kelin (um 1250/75) und Rumelant von Schwaben rühmten den Reichsministerialen Volkmar von Kemenaten. In diesen Fällen muss literarisches Interesse keineswegs immer auch geregelte Schriftlichkeit und etabliertes Kanzleiwesen voraussetzen. Es ist gut denkbar, dass zumindest die Spruchdichter auch an Höfen vortrugen, die noch ohne Schriftlichkeit lebten.

Hauptorte volkssprachiger Schriftlichkeit im späten Mittelalter

Dass Klöster und fürstliche Kanzleien auch im hohen und späten Mittelalter Zentren der Schriftlichkeit blieben, versteht sich beinahe von selbst. Neue literarische Zentren entstanden im 13. Jahrhundert in und mit den Städten. Städtische Literatur gab es schon von Anfang an in dem Sinne, dass der Bischofssitz, Klöster und Schulen in der Stadt angesiedelt waren und nach der Mitte des 12. Jahrhunderts zunehmend auch weltliche Fürsten ihre Höfe und Residenzen in die Städte verlegten. Städtische Literatur im eigentlichen Sinne entstand freilich erst, als die Bürger der Stadt selbst am literarischen Leben fördernd und rezipierend teilnahmen. Voraussetzung dafür war auch hier eine geregelte Schriftlichkeit. Tatsächlich spielte das Schriftwesen für die Ordnung und Regulierung des städtischen Lebens in allen seinen Bereichen eine eminente Rolle, und gar nicht so selten nahm das Bedürfnis nach Aufzeichnung und Regelung auch exzessive Formen an.

Den engen Zusammenhang von Schriftlichkeit, städtischer Verwaltung und literarischem Leben zeigt das Beispiel des Straßburger Stadtschreibers Hesse, der in den 1240er Jahren als einflussreicher Vorsteher der städtischen Kanzlei bezeugt ist. Er dürfte mit jenem *maister Hesse*, dem *sribaere von Strasburg*, identisch sein, den Rudolf von Ems in seinem *Willehalm von Orlens* als Autorität in Sachen Literatur erwähnt (v. 2279–2289).

Ein deutliches Profil als literarische Zentren gewinnen die Städte freilich erst gegen Ende des 13. Jahrhunderts. Prominentestes Beispiel ist Zürich, wo sich ein regionaler Kreis von Dichtern und Literaturliebhabern um Johannes Hadlaub als zentraler Gestalt gebildet hatte. Die Literatur, die zu dieser Zeit entstand, war noch die typische Adelsliteratur, geschrieben für den Stadtherrn – den König in den reichsfreien Städten, den Territorialfürsten in den Territorialstädten, den Bischof in den Bischofsstädten – und seine Entourage oder für die städtische Oberschicht, »die mit den Adelsfamilien des Umlandes in den engsten verwandtschaftlichen, wirtschaftlichen und politischen Beziehungen stand« (Joachim Heinzle). Städtische Institutionen, die spezifisch städtische Literaturtypen generierten, gab es erst seit dem 14. Jahrhundert: Dazu gehört zum einen die Spieltradition, insbesondere die Tradition der Fastnachtspiele, die von Patriziern (wie in Lübeck) oder von Handwerkergesellschaften (wie in Nürnberg) gepflegt wurde; Träger der geistlichen Spiele waren erst die Welt- und Ordensgeistlichkeit, dann aber auch und mit großem Interesse die Bürgerschaft. Zu den spezifisch städtischen Literaturtypen gehört aber auch der Meistergesang, der die Tradition des Sangspruchs fortsetzte und von den Handwerkern der Stadt in Singschulen organisiert wurde. Und schließlich gehören dazu die städtische Chronistik und das ganze pragmatische Schrifttum, das die in der Stadt angesiedelten Kaufleute und Handwerker hervorgebracht haben.

Literatur: Bumke, Höfische Kultur, bes. S. 617–677; Cramer, Geschichte der deutschen Literatur, passim; Haubrichs, Die Anfänge, bes. S. 210–228; Heinzle, Wandlungen und Neuansätze; Kartschoke, Geschichte der deutschen Literatur; Kurt Ruh: Versuch einer Begriffsbestimmung von ›städtischer Literatur‹ im deutschen Spätmittelalter. In: K. R.: Kleine Schriften. Bd. 1: Dichtung des Hoch- und Spätmittelalters. Hg. von Volker Mertens. Berlin/New York 1984, S. 214–233; Schreiborte des Mittelalters: Skriptorien, Werke, Mäzene. Hg. von Martin J. Schubert. Berlin/Boston 2013 (bis etwa 1350).

b. Schreiber und Schreiben

Die Buchherstellung im frühen Mittelalter

Im frühen Mittelalter lag die Buchherstellung hauptsächlich in den Händen der Mönche. Sie war Arbeit wie jede andere körperliche und geistige Tätigkeit, welche die Regel des heiligen Benedikt – *ora et labora!* »Bete und arbeite!« – den Mönchen zur Pflicht machte. Das Schreiben von heiligen Schriften und gelehrten und liturgischen Büchern, der aufwendige Prozess der Buchherstellung überhaupt galt als eine fromme asketische Übung, die dreifach verdienstvoll war: Sie diente der Sicherung des eigenen Seelenheils wie dem Nutzen der Menschen, die man mit den heiligen Schriften versorgte, und sie war eine Art Gottesdienst, vollzogen zum höheren Ruhme Gottes und zur Verbreitung seiner Lehre.

Das hat um so mehr Gewicht, als das Schreiben eines Buches eine langwierige und mühselige, auch körperlich anstrengende Arbeit war. Man saß auf Bänken, die Füße auf einen Schemel gestellt; das Pergament lag auf einem schrägen Pult oder auf einem Schreibbrett, das man auf den Knien hielt. Das Schreibgerät, in der Regel eine eigens präparierte Gänsefeder, fasste man gewöhnlich mit Daumen, Zeigefinger und Mittelfinger, wobei die Hand allein durch den abgewinkelten kleinen Finger abgestützt wurde, nicht durch Handballen oder Unterarm; es war dies die übliche Handhaltung beim Schreiben bis ins 16. Jahrhundert. Während des Schreibens hielt die linke Hand das Pergamentblatt mit einem gerundeten Messer fest. Immer wieder musste die Arbeit unterbrochen werden, um neue Pergamentblätter zu falzen, die Zeilenabstände mit einem Zirkel zu markieren und mit einem Griffel die Zeilen zu ziehen, die Feder nachzuschneiden, Fehler mit einem Federmesser auszuradieren. Die Schreibgeschwindigkeit war abhängig von Blattgröße und Schriftart, ferner von der Routine des Schreibers und seiner Motivation – ein monastischer Schreiber hatte in der Regel ein langsameres Tempo als die Berufsschreiber, die im späten Mittelalter aufkamen. Aus Schreibervermerken in Handschriften hat man eine durchschnittliche Schreibleistung von zwei bis drei Blättern pro Tag errechnet; für die Abschrift eines Textes mittleren Umfangs benötigte man demnach mehrere Monate. Kälte und schwaches Tageslicht im Winter, karge künstliche Beleuchtung oder altersbedingte Fehlsichtigkeit – die Brille wurde erst gegen Ende des 13. Jahrhunderts erfunden – erschwerten zusätzlich das Geschäft.

Wie mühevoll die Arbeit war, tun immer wieder Schreiberverse kund. In einem seit dem 8. Jahrhundert immer wieder kopierten und variierten Schreiberspruch heißt es: *Scribere qui nescit, nullum putat esse laborem: / Tres digiti scribunt totum corpusque laborat* (»Wer nicht zu schreiben versteht, glaubt, dass es keine Mühe sei. Drei Finger schreiben, und der ganze Körper leidet«). Doch finden sich auch deutsche Stoßseufzer wie der, den eine zittrige Hand in eine St. Galler Handschrift um oder nach 850 eintrug: *Chumo kiscreib filo chumor kipeit* (»Mit Müh und Not habe ich geschrieben, noch inständiger habe ich das Ende ersehnt«).

Mühselig war aber auch die Vorbereitung, die Herstellung des Pergaments und der Tinte. Um Pergament zu gewinnen, wurde die Tierhaut – von Schafen, Ziegen oder Kälbern – zuerst in Kalkwasser gebeizt und gereinigt, dann ausgespannt, von beiden Seiten geglättet und getrocknet. Das getrocknete Pergament wurde schließlich in Folioformat zugeschnitten und gefalzt. Für die Tinte kochte man meist Rinde von Schlehenzweigen aus; dieser Sud wurde vollständig eingekocht und an der Sonne

Abb. 5: Schreibender Mönch und Laie (Buchmaler?, links) im Echternacher Evangelistar Heinrichs III. (Bremen, Staats- und Universitätsbibliothek, Ms. b. 21, f. 124v)

getrocknet, das Pulver bei Bedarf mit Wein angerührt und in einem Rinderhorn aufbewahrt. Die so entstandene Tinte war von brauner Farbe. Schwarze Tinten waren entweder mit Ruß versetzt, oder sie enthielten Eisen- bzw. Kupfersulfate sowie Gerbstoffe, die man z. B. aus Galläpfeln gewonnen hatte. Rote Tinten, die vor allem für Auszeichnungsschriften verwendet wurden, enthielten das Mineral Mennige (lat. *minium*; davon leitet sich das Wort Miniatur her). Besonders wertvolle Texte, beispielsweise Messbücher und Evangeliare, wurden mit Gold- und Silbertinten geschrieben, das Pergament dafür war öfters purpurn eingefärbt; ein berühmtes Beispiel ist die Bibelübersetzung des gotischen Bischofs Wulfila im Codex argenteus (Anfang 6. Jahrhundert; heute in Uppsala). War der Text auf das Pergament übertragen, waren gegebenenfalls auch die Miniaturen gemalt, wurde der Kodex gebunden und mit Buchdeckeln und Schließen versehen. Für Handschriften des täglichen Gebrauchs genügten einfache Schutzblätter. Wertvollere Handschriften erhielten jedoch Einbände aus Holz oder Leder; insbesondere liturgische Prachtkodizes erhielten oftmals Deckel mit Elfenbeinschnitzereien und Edelsteinen – das Äußere des Buches sollte seinem Inhalt, dem Wort Gottes, angemessen sein.

Die Buchherstellung im hohen und späten Mittelalter

Bis in die 1320er Jahre konnten Buchhandschriften im deutschen Sprachgebiet nur aus Pergament hergestellt werden. Solche Bücher waren teuer und kostbar schon allein deshalb, weil aus einer Tierhaut immer nur wenige Blätter gewonnen werden konnten. Aus der Haut eines Kalbes oder großen Schafes, ca. 50–55 x 70–80 cm, erhielt man ein Doppelblatt im Großfolioformat, wie es etwa für große Choralhandschriften benötigt wurde; die Haut eines kleineren Schafes, etwa 35 x 50 cm, ergab ein Doppelblatt im Folioformat oder – durch weiteres Falten – zwei Doppelblätter im Quartformat oder vier Doppelblätter im Oktavformat. Eine Abschrift der *Weltchronik* Rudolfs von Ems (München, Bayerische Staatsbibliothek, Cgm 6406, um 1300) besteht aus 240 Folioblättern (28–28,5 x 19,5–20,5 cm), also aus 120 Häuten, und das Exemplar von Ulrich Fuetrers *Buch der Abenteuer* für Herzog Albrecht IV. von Baiern (ebd., Cgm 1, Ende 15. Jahrhundert) aus 348 Blättern von 54 x 36 cm, für die 174 große Tierhäute gebraucht wurden. Solche Zahlen lassen erahnen, welcher Schatz ein jedes Buch war. Mit der Einführung und Verbreitung des billigeren und auch leichter herzustellenden Papiers wurde die Buchproduktion wesentlich kostengünstiger, doch hat man bis in die frühe Neuzeit am Pergament festgehalten, wenn es um Prachtkodizes mit hohem Repräsentationsanspruch ging.

Im hohen und späten Mittelalter übernahmen auch andere die Aufgabe der Buchherstellung und des Schreibens, und in dieser Auflösung des monastischen Schriftmonopols spiegelt sich die Zunahme der Schriftlichkeit überhaupt. Pergament wurde nur noch selten im Kloster zur Belieferung des eigenen oder auch fremder Skriptorien hergestellt. Im Lauf des späten Mittelalters hatte sich dafür ein eigener Berufsstand, der *pergamentarius*, *pirmenter*, *buchfeller* o.ä., herausgebildet, in dessen Gefolge auch der Pergamenthandel, teilweise über weite Entfernungen, aufblühte. Auch die Papierfabrikation war ein eigenständiges Gewerbe, das in den sog. Papiermühlen betrieben wurde.

Eine noch größere Ausdifferenzierung gab es bei den Schreibern: Wohl gab es immer noch Klosterskriptorien, in denen viel, meist für den eigenen Bedarf, geschrieben wurde, wie etwa im Dominikanerinnenkloster Katharinenthal/Diessenhofen bei Schaffhausen. Manche religiöse Gemeinschaften wie die Kartäuser haben das Schreiben explizit zur Pflicht gemacht, und die Brüder vom gemeinsamen Leben haben sogar ganz überwiegend ihren Lebensunterhalt durch das Kopieren von Handschriften bestritten. Insgesamt ging aber im 14. Jahrhundert die Schreibtätigkeit in den alten monastischen Schreibzentren, etwa in St. Emmeram und in Tegernsee, zurück; vielfach kaufte man andernorts die benötigte Literatur. Neue Impulse brachten erst wieder die Ordensreformen Anfang des 15. Jahrhunderts; so entstand im Nürnberger Katharinenkloster nach 1428 dank emsigem Kopieren eine der größten deutschsprachigen Klosterbibliotheken des 15. Jahrhunderts. Besonders die reformierten Augustinerchorherren der Windesheimer Kongregation haben sich in der Pflicht des Schreibens geübt.

Neben den Ordensleuten und den in den fürstlichen und städtischen Kanzleien tätigen Weltgeistlichen traten seit dem 13. Jahrhundert zunehmend auch Berufsschreiber in Erscheinung. Ein Laie als Notar ist erstmals 1296 bezeugt (in der niederbairischen Kanzlei). Danach stieg die Zahl der weltlichen Kräfte, vor allem derer mit juristischer Kompetenz, in den Kanzleien sprunghaft an. Seit dem 14. Jahrhundert hatten selbst kleinere Städte in der Regel einen Stadtschreiber. Nicht selten haben solche Kanzleischreiber neben ihren Verwaltungsaufgaben Handschriften als Auftragsarbeit kopiert, um ihr Salär aufzubessern. Ein bekanntes Beispiel für einen Sekretär, der offensichtlich Schreibgeschäfte aller Art erledigte, ist Heinz Sentlinger aus einem Münchner Patriziergeschlecht, der im Dienst des 1393 geadelten Südtirolers Nikolaus Vintler drei umfangreiche Texte – ein Exemplar der *Rechtssumme* Bruder Bertholds und zwei Handschriften der *Weltchronik* Heinrichs von München – kopierte, der Luzerner Stadtschreiber Johannes Friker, der nach dem Rückzug vom Amt für das Frauenkloster St. Andreas in Engelberg offenbar kopierte und kompilierte, ist ein anderes. Johannes Rothe aus Eisenach (um 1360–1434) und Hermann Bote aus Braunschweig († um 1520) haben ihr Stadtschreiberamt mit eigener literarischer Tätigkeit kombiniert. Aber auch Leutpriester und andere Weltgeistliche, Juristen, Notare, Lehrer, Schüler und Studenten verdienten sich einen Teil ihres Einkommens durch die Abschrift von Büchern.

Einen besonderen Typus repräsentierten die weltlichen Lohnschreiber in Schreibwerkstätten, deren bekannteste die zwischen 1427 und 1467 bezeugte Werkstatt Diebolt Laubers in Hagenau ist. Nachweisbar waren dort fünf Schreiber und sechzehn Zeichner tätig, die lateinische und deutsche Handschriften manufakturmäßig auf Vorrat herstellten; in seinen ›Verlagskatalogen‹ bot Lauber allein 46 verschiedene deutsche Titel an. Mit der frommen asketischen Übung schreibender Mönche hatte eine solche gewerbemäßige Produktion von Büchern freilich nicht mehr viel zu tun. Den Berufsschreibern ging es um Zeit und Geld, und so mancher hat seine Vorlage stark gekürzt, dafür aber in um so größerer Schrift kopiert, um auf den vorgesehenen Umfang zu kommen, wie etwa jener *kaspar haller de nyffen*, der 1438 in riesiger Bastarda – der im späten Mittelalter am häufigsten benutzten Schriftart – das Wörterbuch des Jakob Twinger von Königshofen abschrieb und dabei mehr als die Hälfte der Wortartikel ausließ (Berlin, Staatsbibliothek zu Berlin – Preuß. Kulturbesitz, Mgo 479).

Literatur: Bernhard Bischoff: Paläographie des römischen Altertums und des abendländischen Mittelalters. 2. Aufl. Berlin 1986 (GG 24); Fridolin Dreßler: Scriptorum opus. Schreiber-Mönche am Werk. 2. Aufl. Wiesbaden 1999; Klaus Grubmüller: Gegebenheiten deutschsprachiger Textüberlieferung bis zum Ausgang des Mittelalters. In: Sprachgeschichte. Ein Handbuch zur Geschichte der deutschen Sprache und ihrer Erforschung. Hg. von Werner Besch u. a. 1. Halbbd. Berlin/New York 1984, S. 214–223; Johan Peter Gumbert: The speed of scribes. In: Scribi e colofoni, le sottoscrizioni di copisti dalle origini all' avvento della stampa. Hg. von E. Condello und G. di Gregorio. Spoleto 1995 (Biblioteca del Centro per il collegamento degli studi medievali e umanistici in Umbria 14), S. 57–69; Rudolf Kautzsch: Diebolt Lauber und seine Werkstatt in Hagenau. Centralblatt für Bibliothekswesen 12 (1895) 1–32 und S. 57–113; Otto Ludwig: Geschichte des Schreibens. In: Schrift und Schriftlichkeit. Ein interdisziplinäres Handbuch internationaler Forschung. Hg. von Hartmut Günther und Otto Ludwig. 1. Halbbd. Berlin/New York 1994 (Handbücher zur Sprach- und Kommunikationswissenschaft 10), S. 46–65; Wolfgang Oeser: Die Brüder des gemeinsamen Lebens in Münster als Bücherschreiber. Archiv für Geschichte des Buchwesens 5 (1964) 197–398; Lieselotte E. Saurma-Jeltsch: Der Einzelne im Verbund. Kooperationsmodelle in der spätmittelalterlichen Buchherstellung. In: Wege zum illuminierten Buch. Hg. von Christiane Beier und Evelyn Theresia Kubina. Wien 2014, S. 177–201; Schneider, Paläographie/Handschriftenkunde; Vera Trost: Skriptorium. Die Buchherstellung im Mittelalter. Stuttgart 2011; dies.: Kupfergrün, Zinnober & Co. Die Buchherstellung im Mittelalter. In: Kupfergrün, Zinnober & Co. Der Stuttgarter Psalter. Hg. von V. T. Stuttgart 2011, S. 79–110; Wilhelm Wattenbach: Das Schriftwesen im Mittelalter. 4. Aufl. Graz 1958.

c. Gönner und Auftraggeber

Genauere Aussagen über die Gönner und Auftraggeber volkssprachiger Autoren können wir erst für die höfische Zeit und die Zeit danach machen. Für die deutsche Literatur des frühen Mittelalters sind keine Auftraggeber bekannt. Daran ist festzuhalten, auch wenn wir davon ausgehen können, dass beinahe die gesamte Literatur in althochdeutscher und altsächsischer Sprache ihre Entstehung direkt oder indirekt den Reformimpulsen verdankte, die vom karolingischen Königs- und Kaiserhof ausgingen. Für den *Heliand* und für Otfrids *Evangelienbuch* hat man, wie schon angedeutet, einen Zusammenhang mit dem Herrscherhaus herstellen wollen, doch reichen die Indizien nicht aus, um einen solchen Zusammenhang stringent zu beweisen. Auch nicht zu beweisen ist, dass der *Althochdeutsche Isidor*, jene Glanzleistung unter den althochdeutschen Übersetzungen, im unmittelbaren Umkreis Karls des Großen entstanden ist. Im Grunde spielt es auch keine große Rolle, ob man königliche oder andere adelige Auftraggeber oder geistliche für die deutsche Literatur nachweisen kann. Der Gegensatz zwischen weltlich-adeligen und geistlichen Auftraggebern ist ohnehin nur ein scheinbarer, da auch die Insassen der Klöster und die Inhaber der Bischofssitze aus den großen Adelsfamilien kamen – »Klöster waren vor allem Institutionen des Adels« (Dieter Kartschoke). Das erklärte z. B., warum man im Kloster Fulda einen weltlichen Text wie das *Hildebrandlied*, das ganz dem Ethos der frühmittelalterlichen Kriegerkaste verpflichtet ist, auf den Außenseiten einer geistlichen Sammelhandschrift aufzeichnete.

Anders stellt sich das Bild ab der Mitte des 12. Jahrhunderts dar. Erstmals lassen sich Auftraggeber nachweisen; sie wurden überhaupt erst zu einer für die Literatur entscheidenden Instanz. Sie stellten den Dichtern die für die Literatur notwendigen ›Produktionsmittel‹ zur Verfügung: das kostbare Pergament und die anderen teuren Schreibmaterialien, Schreiber und die literarische Vorlage, »die man kopieren lassen oder kaufen mußte, wenn man sie nicht ausleihen konnte oder keine Gelegenheit hatte, sie zu stehlen« (L. Peter Johnson). Damit nahmen sie aber zugleich entscheidenden Einfluss auf die Wahl der Stoffe und Themen. Auftraggeber der höfischen Literatur, wie sie etwa seit 1150 entstand, war der Adel: die großen Territorialfürsten, aber ebenso die kleineren Adeligen und geistliche Würdenträger, seit dem späten 13. Jahrhundert auch das städtische Patriziat. Die Belege sind freilich zu dünn gesät, als dass wir ein genaues Bild von den Auftraggebern der Literatur der höfischen Zeit gewinnen könnten. Die historischen Quellen schweigen sich in der Regel über die Alltagskultur aus, so dass wir fast immer auf die textinternen Hinweise der Autoren – in den Prologen und Epilogen ihrer Romane und Erzählungen, in den Sangsprüchen, soweit sie auf konkrete historische Personen und Situationen referieren – angewiesen sind. Es bleiben so, um mit L. Peter Johnson zu sprechen, »viele Höfe, mit denen wir kein literarisches Werk in Zusammenhang bringen können, und viele Werke, die mit keinem Hof zu verbinden sind.«

Merkwürdig ist, dass der Kaiser- und Königshof keine größere Dichtung in der Volkssprache förderte. Wohl gehörte es traditionell zum Repräsentationsstil eines deutschen Kaisers, die Literatur – historiographische Werke, panegyrische Dichtung und wissenschaftliche Traktate – zu fördern, die Literatursprache war indes immer Latein. So sind etwa auf Anregung des Kaiserhofs die bedeutenden Geschichtswerke Ottos von Freising (gest. 1158) entstanden oder auch der *Ligurinus*, ein die ersten Regierungsjahre Friedrich Barbarossas darstellendes Hexameterepos eines gewissen Gunther (1181–

86/87?). Das heißt freilich nicht, dass sich der Königs- und Kaiserhof der volkssprachigen Literatur ganz verschlossen hätte, im Gegenteil: Gegen Ende des 12. Jahrhunderts wurde er ein Sammelpunkt der Minnesänger und Sangspruchdichter.

Nicht nur die Nachrichten vom berühmten Mainzer Hoffest vom Jahre 1184 bezeugen das, sondern auch zahlreiche Sangsprüche Walthers von der Vogelweide, der für eine gewisse Zeit im Dienst Philipps von Schwaben (1198–1208), Ottos IV. (1198–1218) und Friedrichs II. (1215–1250) gestanden haben muss. An diesen richtete er z.B. in einem Sangspruch (L 28,1) die Bitte, seine künstlerische Leistung durch eine angemessene Gabe zu honorieren: *Von Rôme voget, von Pülle künec, lât iuch erbarmen, / daz man bî rîcher kunst mich lât alsus armen. / gern wolte ich, möhte ez sîn, bî eigenem fiur erwarmen* (»Schirmherr von Rom, König von Apulien, lasst es Euch erbarmen, dass man mich trotz großer Kunst so arm sein lässt. Gern wollte ich mich, wenn es sein könnte, am eigenen Feuer wärmen«). Die Zahl der Überlieferungszeugnisse, fünf, für Liedüberlieferung eher hoch, könnte dafür sprechen, dass Walther diesen Spruch seit 1215 immer wieder auf den Hoftagen vorgetragen hat. Auch Reinmar von Zweter, vielleicht auch Bruder Wernher haben Sangsprüche auf Friedrich II. gedichtet. In der Zeit, in der die Kaisersöhne Heinrich (VII.) und Konrad IV. (1237–1254) für ihren Vater in Deutschland die Regierungsgeschäfte führten, haben sich am Königshof oder doch in dessen Umfeld namhafte Dichter aufgehalten: die Lyriker Burkhart von Hohenfels, Gottfried von Neifen und Ulrich von Winterstetten, vielleicht auch Hiltbolt von Schwangau, die man zum schwäbischen Dichterkreis um den staufischen Königshof zählt, sowie die Epiker Rudolf von Ems und Ulrich von Türheim. Inwieweit sich die beiden Könige als deren Förderer profiliert haben, ist unklar; sicher ist nur, dass Rudolf seine *Weltchronik* im Auftrag Konrads IV. gedichtet hat. Als direkten Gönner heben Rudolf wie auch Ulrich ansonsten einen anderen hervor: den Reichsschenken Konrad von Winterstetten.

In vielem taten es die großen weltlichen Fürsten dem Kaiserhof nach: in der Organisation der Verwaltung, im Pfalzbau, in der Münzprägung und im Urkundenstil. Im Unterschied zum Kaiserhof haben die Fürsten jedoch von Anfang an nur die volkssprachige Literatur gefördert. Es war dies eine Form der Selbstdarstellung, mit der sie sich vom Kaiserhof abgrenzen und ihre Position als eines von der zentralen Gewalt weitgehend unabhängigen Landesfürsten demonstrieren konnten. Ein weiterer Grund werden die Bildungsverhältnisse an den Fürstenhöfen gewesen sein, denn auch nach der Einrichtung eigener Kanzleien wird nur eine Minderheit am Hof Latein beherrscht haben.

Als die bedeutendsten Förderer einer weltlichen Literatur in der Volkssprache haben sich die Ludowinger erwiesen, eine Dynastie, die von 1131 bis 1247 die Landgrafen von Thüringen stellte. Der wichtigste war Landgraf Hermann I. († 1217), mit dem verschiedene Dichter und Dichtungen in Verbindung gebracht werden können: der *Eneasroman* Heinrichs von Veldeke, Herborts von Fritzlar *Liet von Troie*, Albrechts von Halberstadt *Metamorphosen*, der *Parzival*, *Titurel* und *Willehalm* Wolframs von Eschenbach und einige Sangsprüche Walthers von der Vogelweide. Als Auftraggeber ist Hermann zwar nur für Herborts *Trojaroman* und für den Schlussteil des *Eneasromans* gesichert, doch auch so dürfen wir getrost annehmen, dass er der wohl größte Gönner mittelhochdeutscher Romane und Lieddichtung gewesen ist.

In der Chronologie steht freilich ein anderes Fürstenhaus an erster Stelle: das weitverzweigte Adelsgeschlecht der Welfen. Als Gönner der Dichter profilierte sich insbesondere Heinrich der Löwe, bis zu seiner Absetzung 1180 Herzog von Sachsen

Abb. 6: Hermann von Thüringen und seine Frau Sophia im Elisabethpsalter (Cividale del Friuli, Museo Archeologico Nazionale, Ms. CXXXVII, f. 167v)

und Baiern. Er und seine Frau Mathilde, eine Tochter des englischen Königs, und nicht sein Vater Heinrich der Stolze, dürften gemeint sein, die der Pfaffe Konrad im Epilog zu seinem *Rolandslied* als Auftraggeber nennt. Lange Zeit hat man geglaubt, dass Heinrich der Löwe auch den *Lucidarius* bei den Hofkaplänen der Braunschweiger Residenz in Auftrag gegeben habe. Nach neuen Forschungen kommt indes eher sein ältester Sohn Heinrich in Frage, Pfalzgraf bei Rhein (1173/74–1227) und Herzog von Sachsen seit 1194. Auch Eilhart von Oberg und seinen *Tristrant* hat man in Verbindung mit dem sächsischen Herzogshof gebracht, doch fehlen hier sichere Indizien. Zu einem Mittelpunkt der Literatur wurde der Braunschweiger Hof wieder in der zweiten Hälfte des 13. Jahrhunderts; seit 1235 zählten die Welfen als Herzöge von Braunschweig-Lüneburg erneut zu den Reichsfürsten. Berthold von Holle dichtete hier seinen *Crâne*, vielleicht auch seine anderen Werke, und hier entstand auch die *Braunschweigische Reimchronik*, die der anonyme Verfasser den Kindern Albrechts I. († 1279) dedizierte.

Am Herzogshof der Babenberger in Wien, die im 12. Jahrhundert mit den Staufern und Welfen zu den vornehmsten Familien zählten, lassen sich vor allem Lieddichter wahrscheinlich machen: Reinmar und Walther um 1200, Neidhart in den 1230er Jahren, der Tannhäuser um 1250.

Im deutschen Südwesten haben neben den Staufern und den Welfen die Zähringer im 12. Jahrhundert ein drittes Machtzentrum aufgebaut. Als Mäzene sind sie allerdings nur zweimal nachzuweisen: Berthold von Herbolzheim verfasste im Auftrag des letzten Herzogs der Zähringer Berthold V. († 1218) einen Alexanderroman, der freilich verloren ist, und seine Gemahlin Clementia gab die *Wallersteiner Margaretenlegende* in Auftrag. In der Regel bringt man heute auch Hartmann von Aue in Verbindung mit dem Zähringer Hof; wenn sich diese Verbindung verifizieren ließe, hätten die Zähringer für die deutsche Literaturgeschichte eine ähnliche Bedeutung wie die Thüringer Landgrafen. Ein sicherer Beweis dafür konnte bisher indes nicht erbracht werden.

Im 13. Jahrhundert kamen neue literarische Zentren hinzu: Für die Wittelsbacher etwa, seit 1180 Herzöge von Baiern, entstanden mindestens drei Dichtungen: Im Auftrag Ottos II. († 1253) verfasste Reinbot von Durne seine Verslegende vom *Heiligen Georg*, während Herzog Ludwig II. von Oberbaiern († 1294) vielleicht Albrechts *Jüngeren Titurel* und den *Lohengrin* eines gewissen Nouhusius initiiert hat. Ein Anziehungspunkt für die Lyriker war hingegen der Hof der wettinischen Markgrafen von Meißen. Wahrscheinlich hat schon Heinrich von Morungen dort gedichtet und vorgetragen, mit Gewissheit taten dies Walther von der Vogelweide, Reinmar von Zweter und der Tannhäuser.

Für die Geschichte der höfischen Literatur noch wichtiger ist aber der böhmische Königshof in Prag, d. h. die Familie der Přemisliden, die Böhmen und Mähren bis 1306 regierten und sich durch verschwenderische Hofhaltung und großzügiges Mäzenatentum auszeichneten. Schon unter König Wenzel I. († 1253) zog es deutsche Sangspruchdichter, Meister Sigeher und Reinmar von Zweter, nach Prag. Unter Ottokar II. († 1278) kamen Friedrich von Sonnenburg, Sigeher und Der Meißner und brachten Lobsprüche auf den König aus. Ulrich von dem Türlin widmete ihm seine *Arabel* (früher: *Willehalm*), welche die Vorgeschichte zu Wolframs *Willehalm* erzählt. Für Ottokars Sohn und Nachfolger Wenzel II. († 1305), von dem selbst Minnelieder überliefert sind, hat Ulrich von Etzenbach zwei panegyrisch-didaktische Fürstenromane, den *Alexander* und *Wilhelm von Wenden*, gedichtet.

Als Gönner und Auftraggeber weltlicher Literatur traten neben den weltlichen Fürsten auch Bischöfe und andere geistliche Würdenträger hervor. Prominentestes Beispiel ist Wolfger von Erla, von 1191 bis 1204 Bischof von Passau und danach bis zu seinem Tod 1218 Patriarch von Aquileja. Mit ihm lassen sich die Minnesänger Walther von der Vogelweide und Albrecht von Johansdorf in Verbindung bringen, und gute Gründe sprechen dafür, dass Wolfger auch der Auftraggeber des *Nibelungenliedes* (um 1190/1200) und des *Welschen Gastes* (1215/16) war, den der aus Friaul stammende Thomasin von Zerklære gedichtet hat. Wolfgers Mäzenatentum war dabei gewiss nicht nur von einem genuinen Interesse an Literatur und Kunst geleitet, sondern auch vom Willen zur politischen Repräsentation. Aus der zweiten Hälfte des 13. Jahrhunderts sind wiederholt geistliche Würdenträger als Förderer der höfischen Literatur aufgetreten. Darunter finden sich auch einige Auftraggeber Konrads von Würzburg: Die Erzählung *Heinrich von Kempten* ist für den Straßburger Domprobst Berthold von Tiersberg († 1277) entstanden, die *Silvesterlegende* hat der Basler Archidiakon Liutolt von Roeteln († 1316), den umfangreichen *Trojanerkrieg* der Basler Domkantor Dietrich am Orte (urkundlich bezeugt bis 1289) in Auftrag gegeben.

Literarische Interessen an kleineren Höfen lassen sich, von einzelnen Ausnahmen abgesehen, erst ab Mitte des 13. Jahrhunderts nachweisen. Bei ihnen fanden insbesondere die Spruchdichter gastliche Aufnahme, wie Lob- und Preisstrophen auf namentlich adressierte Grafen und Herren bezeugen. Im späten Mittelalter scheinen sich die kulturellen Interessen des niederen Adels indes verlagert zu haben. Selbstdarstellung suchte man eher in Turniergesellschaften oder anderen ständischen Korporationen als in der Förderung von Literatur. Als nach dem Bauernkrieg Inventarlisten über die Verluste auf fränkischen Adelssitzen angelegt wurden, hat man in den seltensten Fällen einmal Bücher erwähnt und dann auch nur einige wenige Sachtexte oder religiöse Schriften. Das zeigt, welche geringe Bedeutung das Buch im Leben des Kleinadels hatte.

Kulturelle Zentren stellten im 14. und 15. Jahrhundert nur die großen Höfe dar. Aber auch hier hatte sich das Interesse weitgehend von der erzählenden Literatur und der Lyrik auf pragmatische Literatur in der Volkssprache, auf religiöse, juristische oder historiographische Werke, verlagert. Ansätze dazu zeigten sich bereits im 13. Jahrhundert. In engem Zusammenwirken von Herzogshof und Theologischer Fakultät der neu gegründeten Wiener Universität entstand in den Jahrzehnten vor und nach 1400 die Fülle des Prosaschrifttums der ›Wiener Schule‹. Herzog Albrecht III. (1365–1395) scheint auch Peter Suchenwirt gefördert zu haben, der u. a. politisch-didaktische Reimreden über das Zeitgeschehen verfasst hat, und wahrscheinlich hat er auch die *Österreichische Chronik von den 95 Herrschaften*, die Leopold von Wien geschrieben haben soll, und dessen Übersetzung von drei Pilgerschriften angeregt; mit Bestimmtheit hat Leopold aber die Übertragung der *Historia tripartita* Cassiodors für den Herzog angefertigt. Beispiele für ein primär Wissensliteratur aller Art – Falkenjagd, Diätetik, Fürstenspiegel, Regierungskunst, Historiographie u. a. m. – förderndes Mäzenatentum geben schließlich auch der Heidelberger Hof und der Münchner Hof der Herzöge Albrecht III. (1438–1460), Siegmund (1460–67) und Albrecht IV. (1465–1508).

Literatur: Joachim Bumke: Mäzene im Mittelalter. München 1979 (mit einer Zusammenstellung der Gönnerzeugnisse der höfischen Literatur im 12. und 13. Jahrhundert); Bumke, Höfische Kultur, S. 638–677; Cramer, Geschichte der deutschen Literatur; Werner Fechter: Das Publikum der mittelhochdeutschen Dichtung. Frankfurt a. M. 1935 (Deutsche Forschungen 28); Klaus Grubmüller: Der Hof als städtisches Literaturzentrum. Hinweise zur Rolle des Bürgertums am Beispiel der Literaturgesellschaft Münchens im 15. Jahrhundert. In: Befund und Deutung. Zum Verhältnis von Empirie und Interpretation in Sprach- und Literaturwissenschaft. Hg. von K.G. u. a. Tübingen 1979, S. 405–427; Höfische Literatur – Hofgesellschaft – Höfische Lebensformen um 1200. Kolloquium am Zentrum für interdisziplinäre Forschung der Universität Bielefeld (Nov. 1983). Hg. von Jan-Dirk Müller und Gert Kaiser. Düsseldorf 1986 (Studia humaniora 6); Johnson, Die höfische Literatur; Kartschoke, Geschichte der deutschen Literatur; Landesherrliche Kanzleien im Spätmittelalter. Referate zum VI. Internationalen Kongreß für Diplomatik, München 1983. 2 Teilbde. München 1984 (Münchener Beiträge zur Mediävistik und Renaissance-Forschung 35); Schubert (Hg.), Schreiborte (wie S. 93); Wolfram D. Sexauer: Frühneuhochdeutsche Schriften in Kartäuserbibliotheken. Untersuchungen zur Pflege der volkssprachlichen Literatur in Kartäuserklöstern des oberdeutschen Raums bis zum Einsetzen der Reformation. Frankfurt a. M. u. a. 1978 (EHS Reihe 1: Deutsche Literatur und Germanistik 247); Wissen für den Hof. Der spätmittelalterliche Verschriftungsprozeß am Beispiel Heidelberg im 15. Jahrhundert. Hg. von Jan-Dirk Müller. München 1994 (MMS 67).

d. Autoren – Autortypen – Autorschaft

Namen und Namenlosigkeit in der Literatur bis 1160/70

Über die Autoren der frühen deutschen Literatur wissen wir, anders als in der lateinischen Literatur, so gut wie nichts. Anonymität ist die Regel; wir kennen weder Namen noch Person. Sicher ist nur, dass es sich jeweils um klerikal Gebildete gehandelt haben muss, die des Lesens und Schreibens und damit auch der Bildungssprache Latein mächtig waren. Auch sonst wird Autorschaft kaum einmal thematisiert, etwa in dem Sinne, dass über das Verfassen, Schreiben und Vortragen eines Textes reflektiert würde.

Diese Gleichgültigkeit gegenüber der Person des Autors und seinem Tun galt beinahe uneingeschränkt bis zur Mitte des 12. Jahrhunderts, und sie hatte verschiedene Gründe. Die Verfasser der geistlichen Literatur sahen sich offenbar nicht als *auctores* »Urheber« im Sinne eines kreativen Individuums oder auch nur als Neugestalter einer überlieferten Materie, sondern als Vermittler eines frommen Wissensstoffes. Ihr literarisches Tun galt ihnen deshalb nicht als schöpferische Leistung eines Einzelnen, die mit dem Verfassernamen zu signieren wäre, sondern als fromme Verrichtung und Dienst am Werk; dies traf insbesondere auf alle Formen der volkssprachigen Aneignung der Heiligen Schrift, die nach traditioneller Vorstellung in Gott selbst ihren Ursprung hat, sowie auf alle Formen der pastoralen Gebrauchsliteratur zu. Der Verzicht auf die Nennung des eigenen Namens war Ausdruck des geistlichen Gehorsams, der Selbstdisziplin und der Demut, die dem frommen Autor und besonders den Ordensleuten abverlangt wurden. Die Anonymität der Texte, die für die offizielle oder private Liturgie gedacht waren – Gebete, Credo und Paternoster, Sündenklagen und Beichten, geistliche Lieder und Predigten –, lässt sich überdies mit ihrer überindividuellen Funktion begründen: Allein die Anonymität erlaubte im aktuellen Vollzug die Identifikation des Betenden, Bekennenden, Beichtenden usw. mit dem Sprecher-Ich der Texte. Dies galt das ganze Mittelalter und darüber hinaus; nur in der Predigtüberlieferung begegnen seit der Blütezeit der Bettelorden, also nach 1250, immer häufiger Autorennamen.

Von alters her unbekannt sind auch die Verfasser und Sänger von Heldenliedern und Heldenepen; Anonymität ist Gattungsmerkmal ihrer im Medium der Mündlichkeit existierenden Formen ebenso wie ihrer sekundären Verschriftlichungen. Selbst der Dichter des *Nibelungenliedes*, das zwar auf mündlich tradierter Heldensage beruht, in der vorliegenden Form jedoch als Buchepos konzipiert wurde, verschweigt den Gesetzen der Gattung gemäß seinen Namen. Nur zufällig sind uns Namen überliefert wie der des blinden friesischen Sängers Bernlêf. Von den Verfassern der mittelhochdeutschen Heldenepen ist uns nur Albrecht von Kemenaten, der Autor des *Goldemar*, bekannt. Diese epische Anonymität lässt sich so erklären, dass der Sänger wie auch der schriftgestützt arbeitende Dichter sich anscheinend als Sprachrohr und Vermittler einer kollektiven Tradition verstanden haben, als einer von vielen in der Weitergabe der *alten mære*, der alten, im kollektiven Gedächtnis gespeicherten Geschichten. Autoren und Vortragende grenzten sich so von den Autoren des höfischen Romans ab, selbst wenn sie, nicht anders als diese, die überlieferten Geschichten neu erzählt und neu gedeutet haben. Vergleichbares gilt für die deutschen Chanson de geste und die Legendenromane des 12. Jahrhunderts (*König Rother*, *Herzog Ernst*, *Oswald*, *Orendel*, *Salman und Morolf*), für die ebenfalls mündliche Vorformen anzusetzen sind. Mehrfach motiviert könnte die Anonymität solcher Werke sein, die biblische Stoffe im Stil der vorliterarischen mündlichen Tradition aufbereiten, wie die geistlichen Heldenlieder der *Älteren Judith*, der *Drei Jünglinge im Feuerofen* und des *Lobes Salomo* (erstes Drittel 12. Jahrhundert).

Typisch ist Anonymität im ganzen Mittelalter offensichtlich auch für alle Texte und Textsorten, die überindividuelles Wissen – religiös-theologisches, juristisches, historisch-chronistisches, medizinisches und anderes Sachwissen – sammeln, wiederholen, verarbeiten und weitergeben. Wichtiger als die Namen des zeitgenössischen Autors, Übersetzers oder Kompilators waren oft die Namen altehrwürdiger ›Autoritäten‹ oder der Name des Autors der lateinischen Vorlage, die den Werken Ansehen und Überzeugungskraft verleihen konnten.

Schließlich kann Anonymität auch Merkmal einer besonderen kommunikativen Situation sein: Ein Großteil der volkssprachigen Literatur des Mittelalters war für den mündlichen Vortrag vor einem konkreten, begrenzten Hörerkreis konzipiert, bis ins 14. Jahrhundert beinahe generell. Eine Namensnennung des Autors erübrigte sich aber, wo dieser in der aktuellen Vortragssituation präsent war. Dort, wo Autornamen genannt wurden, sei es durch den Autor selbst im Text oder durch Schreiberzusätze, mochte dies bereits ein Indikator für den Übergang eines Werkes von der primären, mündlichen Kommunikation in die Schriftlichkeit sein, Zeichen der »Ablösung des Autors und seines Werks von der aktuellen Vortragssituation« (Ernst Hellgardt).

Namentlich bekannt und biographisch ansatzweise fassbar sind uns aus der frühen Zeit, d. h. bis etwa 1150, nur ganz wenige: aus dem 9. Jahrhundert Otfrid von Weißenburg, aus der Zeit um 1000 Notker III. von St. Gallen, aus der zweiten Hälfte des 11. Jahrhunderts Ezzo, Verfasser des wohl im Auftrag Bischof Gunthers von Bamberg entstandenen *Ezzoliedes* (um 1060), Abt Williram von Ebersberg († 3.1.1085), Verfasser eines hochgelehrten Kommentars zum Hohenlied, und Otloh von St. Emmeram († nach 1070), Noker, der Dichter eines auf Ende des 11. Jahrhunderts datierten *Memento mori*, aus dem frühen 12. Jahrhundert Frau Ava, Verfasserin von vier kleineren neutestamentlichen Dichtungen, und der Arme Hartmann, Verfasser einer *Rede vom Glauben* (um 1140/60). Otfrid nennt sich in verschiedenen Widmungen seines *Evangelienbuchs*, wobei er sich mit den Begriffen *scriptor* und *scribere* (im Brief an den Mainzer Erzbischof), mit den *salutatio*-Formeln und Akroteleuta – die ersten und letzten Buchstaben der Verszeilen ergeben den gleichen Satz – als selbstbewusster Vertreter der lateinisch-klerikalen Schriftkultur zu erkennen gibt. Im Gebet an den allmächtigen Schöpfergott mit der Bitte um Beistand und Hilfe inszeniert er sich hingegen als Autor, der zur vollen Entfaltung seines literarischen Vorhabens der Führung und Unterstützung Gottes bedarf. Dieser auktoriale Selbstentwurf als inspirationsbedürftiger und Inspiration empfangender Dichter diente der Absicherung und Legitimation der neuen Gattung, der biblischen Großepik in der Volkssprache, die Otfrid mit seinem *Evangelienbuch* (mit)begründet hat. Der Name Ezzos ist uns nur als Fremdzuschreibung, in einer späteren Bearbeitung des Liedes und in der *Vita Altmanni* (um 1130), überliefert; dieser zufolge war er *canonicus* und *scholasticus*, also Mitglied des Domkapitels und Gelehrter an der Domschule, sein Auftraggeber Bischof Gunther von Bamberg. Noker, der sich am Schluss seiner gereimten Bußpredigt nennt, hat man, wenn auch nicht mit letzter Sicherheit, mit Abt Notker von Zwiefalten identifiziert. Frau Ava, die ihren Namen am Schluss des *Jüngsten Gerichts* nennt, dürfte mit jener *inclusa Ava* – Inklusen bzw. Reklusen sind Männer und Frauen, die sich von der Welt zurückzogen und ganz einem frommen

Leben widmeten, indem sie sich in eine Zelle einschließen oder einmauern ließen
– identisch sein, deren Tod die Annalen des Klosters Melk für das Jahr 1127 melden.
Der Arme Hartmann, der sich am Ende seiner Dichtung vorstellt, rechnet sich selbst
nicht zu den *pfaffen* und *priestern*, sondern zu den *tumben* »Ungelehrten«, an die er
auch sein Lehrgedicht über das Glaubensbekenntnis richtet. Die Hypothese, dass er
Laienbruder – ein Mitglied der klösterlichen Gemeinschaft, das keine Ordensgelübde
abgelegt hat – gewesen war, ist naheliegend, doch genauso gut kann seine Selbstdefinition Ausdruck geistlicher Demut sein; immerhin muss er beachtliche Latein- und
Theologiekenntnisse besessen haben. Falls er nicht in Frage kommen sollte, so können
wir doch mit Ava, einige Jahrzehnte später auch mit dem sog. Heinrich von Melk
erstmals religiös interessierte Laien als Autoren geistlicher Texte fassen, freilich nur
in dem kirchenrechtlichen Sinne, dass sie nicht eine Person geistlichen Standes oder
Mitglied einer geistlichen Gemeinschaft waren; auf jeden Fall sind für sie Kontakt zu
geistlichen Kreisen und/oder eine zumindest elementare Bildung vorauszusetzen.

Autortypen und Autorschaftskonzepte in der Literatur der höfischen Klassik

Nach der Mitte des 12. Jahrhunderts gaben sich auch Weltpriester als Autoren geistlicher Texte zu erkennen, so etwa Priester Adelbrecht, Dichter eines Johanneslebens
(um 1150?), Priester Arnolt, Verfasser einer Julianenlegende und eines Lobliedes auf
den Heiligen Geist (um 1160), Priester Wernher, Autor eines Marienlebens (1172),
und Priester Alber, Verfasser einer Erzählung über die Jenseitsvisionen des irischen
Ritters Tundalus (um 1190). Ob man allerdings auch die Autoren, die sich selbst *pfaffe*
nennen, den Weltgeistlichen zuordnen darf, ist sehr fraglich. Der Begriff *pfaffe* und
seine lateinische Entsprechung *clericus* bezeichneten ganz allgemein den *litteratus*, also
jeden, der eine gelehrte Bildung und Ausbildung genossen hatte; eine solche war bis
ins 13., 14. Jahrhundert hinein nur an kirchlichen Schulen – im frühen Mittelalter im
Kloster und an Domschulen, seit dem hohen Mittelalter auch an den Universitäten,
städtischen und Stiftsschulen – zu erwerben. Wer sich als *clericus* oder als *pfaffe*
bezeichnete, gab selten eindeutig Auskunft über seinen kirchenrechtlichen Stand; die
Statusbezeichnung signalisierte vielmehr den Anspruch auf geistliche und literarische
Kompetenz. Wenn sich der Theologe Rupert von Deutz († 1130) gegenüber dem
Abt Kuno von Siegburg beklagte, dass »es üblich ist, mit dem Begriff *clericus* einen
hochgebildeten Mann jeglichen Ranges und Standes zu benennen«, so ist dies ein
Beleg dafür, dass der Begriff *clericus* tatsächlich in dieser Zeit eher den Bildungsgrad
denn ein Amt benannte. Noch deutlicher äußert sich der Prämonstratenserabt Philipp
von Harvengt († 1183) in seinem Traktat *De institutione clericorum*: »Wenn wir je-
manden fragen, ob er ein *clericus* sei, wollen wir nicht wissen, ob er zur Verrichtung
des Altardienstes geweiht ist, sondern vielmehr, ob er ein *litteratus* ist. Folgerichtig
antwortet der Befragte, indem er sagt, daß er ein Kleriker sei, wenn er gebildet ist,
dagegen daß er ein Laie sei, wenn er ungebildet ist« (Zitate nach Joachim Bumke).

   In diesem Sinne bezeichneten sich auch die Verfasser der ersten weltlichen
Epen und Romane als *pfaffen*: der Pfaffe Lambrecht, Verfasser des ersten deutschen
Alexanderromans sowie einer Tobiaslegende, und der Pfaffe Konrad, der Bearbeiter
der altfranzösischen *Chanson de Roland*. Beider Namensnennungen stehen, wie die
anderen Autornamen der frühmittelhochdeutschen geistlichen Texte auch, im Kontext

von Fürbitte und Gebet um das Seelenheil bzw. um die Gnade Gottes, dienen also der Sicherung der *memoria*. Auch Hartmann von Aue gibt im Prolog zum *Armen Heinrich* an (oder: vor), aus diesem Grund von seiner eigenen Person zu sprechen (v. 1–25):

> Ein ritter sô gelêret was,
> daz er an den buochen las,
> swaz er dar an geschriben vant.
> der was Hartman genant.
> 5   dienstman was er ze Ouwe.
> [..]
> dar umbe hât er sich genant,
> daz er sîner arbeit,
> 20   die er dar an hât geleit,
> iht âne lôn belîbe,
> und swer nâch sînem lîbe
> sî hoere sagen oder lese,
> daz er im bittende wese
> 25   der sêle heiles hin ze gote.

Hartmann präsentiert sich hier als literarisch gebildeten schreibenden Laien: »Ein Ritter war so gelehrt, dass er in den Büchern las, was er darin geschrieben fand. Der war Hartmann genannt. Dienstmann war er zu Aue.« Inwieweit diese Verbindung von *litteratus* und Laienstatus in einer Person einen autobiographischen Hintergrund hat, lässt sich nicht feststellen; neuerdings neigt man dazu, den buchgelehrten Ritter und Ministerialen als literarischen Selbstentwurf des Autors zu deuten, mit dem dieser seinen Anspruch, autoritativ über den adeligen Herrn Heinrich (oder über den Ritter Iwein) zu erzählen, bekräftigt. Der Vortrag des Autors vor einem Publikum, das ihn kennt – man hat sich das als Primärrezeption der Erzählungen zu denken –, lässt eine solche ›Kunstfigur‹ allerdings wenig plausibel erscheinen. Beweisen lässt sich für Hartmann indes allein seine klerikale Ausbildung. Ein Selbstentwurf in kalkulierter Absicht ist vermutlich auch, was Hartmann im weiteren schreibt: »Deshalb hat er sich genannt, damit er für seine Mühe, die er darauf [auf die Geschichte, die er erzählen möchte] verwandt hat, nicht ohne Lohn bleibe, und damit der, wer immer sie nach seinem Tode vorgetragen hört oder liest, für ihn bei Gott um das Heil seiner Seele bitte.« Hartmann inszeniert sich damit als demütig-frommen Autor, der sich allein aus Sorge um sein Seelenheil zu erkennen gibt. Solche Bescheidenheitsformeln mögen Ausdruck wirklicher frommer Haltung gewesen sein oder Bestandteil einer öffentlichen Inszenierung des Autor-Ichs oder auch Element einer Gattungssage, hier der Ankündigung einer Erzählung mit legendarischem Zuschnitt.

    Kleriker waren mit Sicherheit auch die Verfasser der anonym überlieferten deutschen Chansons de geste und Legendenromane, ebenso die Epiker der höfischen Zeit; für den Dichter des *Nibelungenliedes*, für Heinrich von Veldeke, Herbort von Fritzlar, Albrecht von Halberstadt und Gottfried von Straßburg darf man dies mit Sicherheit annehmen, schon wegen ihrer souveränen Beherrschung des rhetorischen Ornats. Ihr Status als *litterati* müsste gar nicht eigens betont werden, hätte nicht ein anderer der großen Epiker, Wolfram von Eschenbach, im *Parzival* bekannt: *schildes ambet ist mîn art* (115,11: »Ich bin zum Ritterdienst geboren«) und *ine kan decheinen buochstap* (115,27: »Ich kann keinen Buchstaben [lesen]«). Noch pointierter erklärt er im Prolog zum *Willehalm*: *swaz an den buochen stât geschriben,/ des bin ich künstelos beliben./ niht anders ich gelêret bin:/ wan hân ich kunst, die gît mir sin* (2,19–22: »Von dem, was in den Büchern steht, kann und weiß ich nichts. Dies ist meine ganze Gelehrsamkeit: Denn was ich kann und weiß, gibt mir der Geist«). Man hat dies lange Zeit als autobiographisches Bekenntnis gelesen und für Wolfram deshalb illiteraten Status angenommen. Heute versteht man seine Selbstaussagen indes eher als eine gezielte Polemik gegen die lateinische Buchgelehrsamkeit, mit der er sich gegen jene Autoren abgrenzt, die Anspruch und Autorität von menschlicher Wissenschaft und Weisheit und/oder von der Beherrschung der rhetorischen Regeln ableiten. Das heißt: Nicht als Aussage über seinen sozialen Stand oder über Art und Grad seiner Bildung wollen die Verse gelesen sein, sondern als ein bestimmtes Konzept von Autorschaft: als auktorialer Selbstentwurf des schöpferisch begnadeten Dichters, mit dem Wolfram den Typus des *poeta doctus* abwehrt.

Andere Dichter haben andere Wege gewählt, um ihr literarisches Tun explizit zu machen. Die Autoren der frühmittelhochdeutschen Literatur thematisierten Autorschaft, wenn überhaupt, durch Namensnennung, bestimmte Redeweisen und Terminologie – Verben wie *tihten*, *vinden* u. a. – sowie durch einen bestimmten Redekontext, in der Regel mündliche Vortragssituation oder Gebet. In der epischen Literatur der höfischen Zeit differenziert sich dieser Diskurs in eine Vielzahl divergenter Konzepte aus, die zur Profilierung der einzelnen Dichter dienen. Die Vorgänge des Erzählens, Schreibens, Verfassens und Vortragens im Kontext von Mündlichkeit und Schriftlichkeit hat man für die Inszenierung von Autorschaft ebenso genutzt wie den Bezug auf lateinische Traditionen, die Neusemantisierung eingeführter Begriffe, Demutsformel und Inspirationstopos oder auch den radikalen Bruch mit allen Konventionen. Der Kreativität der Dichter waren hier so gut wie keine Grenzen gesetzt. Eine raffinierte Form, Autorschaft zu thematisieren, hat – um ein kleines Beispiel zu geben – Rudolf von Ems im Prolog zu seiner *Weltchronik* gewählt, dem er seinen Namen in Form eines Akrostichons eingeschrieben hat:

> Richter Got, herre ubir alle kraft,
> Vogt himilschir herschaft,
> Ob allin kreften swebit din kraft:
> Des lobit dich ellú herschaft.
> 5 Orthaber allir wisheit,
> Lob und ere si dir geseit!
> Frider, bevride mit wisheit
> [...]

Rudolf hat seinen Namen in den Anfangsbuchstaben der aufeinanderfolgenden Verszeilen versteckt und seine *persona* damit gewissermaßen zum Verschwinden gebracht. Zugleich demonstriert er dem Kenner seine Virtuosität in der Handhabung des stilistischen Instruments. Die im Akrostichon verborgene Namensangabe setzte freilich Benutzung der Handschrift, also private Lektüre voraus; im Vortrag war sie nicht wahrnehmbar. Was aber noch wichtiger ist: Rudolf verschränkt in den Eingangszeilen seiner *Weltchronik*, welche die Erschaffung der Welt und ihre Geschichte bis in die Gegenwart erzählen soll, den eigenen Namen mit dem Gebet an den allmächtigen Schöpfergott und Weltenrichter. Er stellt damit eine Analogie zwischen der eigenen literarischen Autorschaft und der ›Autorschaft‹ Gottes her: So wie Gott am Anfang der Welt war, so steht der Dichter am Anfang der Erzählung über die Erschaffung der Welt und ihre Geschichte; er wird dadurch gewissermaßen zum zweiten *auctor* »Urheber«.

Über den sozialen Status der Epiker lässt sich, im Unterschied zu ihren Vorstellungen von Autorschaft und deren mögliche Textfunktionen, so gut wie nichts sagen. Einige wenige, Hartmann von Aue und Rudolf von Ems, geben an, Ministerialen gewesen zu sein, doch ist umstritten, ob man solche Angaben als fiktive Entwürfe ohne lebensweltlichen Bezug oder als autobiographische Angaben deuten soll. Aufgrund textexterner Indizien vermutet man, dass Heinrich von Veldeke aus einem Dienstmannengeschlecht stammte. Unsicherheiten bestehen hingegen etwa bei Eilhart von Oberg oder Ulrich von Türheim, weil die Identität der Dichter mit Urkundenzeugen gleichen Namens nicht zu klären ist. Von den meisten Epikern, etwa von Herbort von Fritzlar, Wolfram von Eschenbach, Gottfried von Straßburg, Heinrich von dem Türlin, Konrad von Würzburg und Ulrich von Etzenbach, nimmt man indes an, dass sie Berufsdichter waren, was andere Aufgaben am Hof nicht ausschließen muss.

Etwas besser ist es mit unserer Kenntnis der Lieddichter der höfischen Zeit bestellt. Autornamen finden sich allerdings nur im Ausnahmefall in den Liedern selbst – in Liedern des Kürenbergers, Hartmanns von Aue, Walthers von der Vogelweide, Neidharts und des Tannhäusers – und dann als literarisches Spiel mit verschiedenen Rollen. Die meisten Namen sind durch liedexterne Zuschreibungen in den Handschriften überliefert. Ihnen kann man entnehmen, dass Minnesang im Wesentlichen die Kunst adeliger Laien war. Denn die überwiegende Zahl der Minnesänger lässt sich historisch bezeugten Adelsgeschlechtern zuordnen, so etwa, um nur wenige Beispiele zu nennen, Heinrich VI., der Sohn Kaiser Friedrich Barbarossas, die Burggrafen von Regensburg und Riedenburg, der Reichsministeriale Friedrich aus dem Freiherrengeschlecht derer von Hausen, Graf Rudolf von Fenis-Neuenburg, Gottfried von Neifen usw. Von den adeligen Autoren, die im späten Mittelalter die Liedtradition fortführten, sind Graf Hugo von Montfort und Oswald von Wolkenstein die prominentesten. Der Hochadel nahm an dieser repräsentativen Kunstübung ebenso teil wie der kleinere Adel und die Ministerialen. Die Große Heidelberger Liederhandschrift (s. u.), die wie die beiden anderen großen Liederhandschriften nach dem Stand der Autoren angelegt ist, beginnt mit Kaiser Heinrich VI. und drei Königen, darunter Wenzel II. von Böhmen, es folgen die Herzöge, Grafen und Markgrafen, sodann die Herren und Ministerialen und schließlich alle anderen, die man nicht in diese ständische Hierarchie einordnen konnte.

Um 1190/1200 bekamen die dichtenden Aristokraten freilich Konkurrenz durch Berufsdichter. Ein solcher Berufssänger war mit Sicherheit der bedeutendste Lyriker der Zeit um 1200, Walther von der Vogelweide, der seine Lebensform vor allem in seinen Sangsprüchen wiederholt thematisiert hat. Professionalität nimmt man aber auch für Reinmar den Alten, Heinrich von Morungen und Neidhart an, wegen des Umfangs und des künstlerischen Ranges ihrer Lieder; beweisen kann man das allerdings, anders als bei Walther, nicht. Die Professionalisierung des Minnesangs war eine Entwicklung, die in etwa parallel zur Epik verlief; die ersten Berufsdichter unter den Epikern lassen sich ebenfalls gegen Ende des 12. Jahrhunderts wahrscheinlich machen.

Ganz überwiegend Berufsdichter ohne feste Position waren die Autoren von Sangsprüchen; das legen nicht nur die vielen Sprüche nahe, welche die *milte* »Freigebigkeit« weltlicher und geistlicher Herren rühmen oder einfordern (›Heischestrophen‹) oder die mangelnde Großzügigkeit und den literarischen Geschmack des Publikums beklagen, sondern auch klangvolle Künstlernamen wie Fegfeuer, Frauenlob, Gast, Höllefeuer, Rumelant, Singauf und der Unverzagte und nicht zuletzt die literarische

Polemik gegen Kollegen. Die Sangspruchdichter gehörten zu den Bessergestellten in der großen Gruppe von Spielleuten und Unterhaltungskünstlern, die von Hof zu Hof zogen und von ihrer Kunst lebten; einige brachten es sogar zu Besitz und zu einer Vertrauensstellung am Hof. Für viele blieben jedoch die Armut und die Bitte an die Herren, *guot umb êre*, materiellen Lohn gegen den Lobpreis im Lied, zu geben, Thema ihrer Sprüche und wohl auch ihrer Existenz. Dem rechtlichen Status nach gehörten die Fahrenden, da sie keinen festen Wohnsitz hatten, zu den Rechtlosen; bildungsmäßig gehörten manche von ihnen, etwa der Marner und Heinrich Frauenlob, zu den *clerici*.

Autortypen im späten Mittelalter

Im späteren Mittelalter differenzierte sich das Spektrum der Autortypen weiter aus. Im 13. Jahrhundert kamen Weltgeistliche und Ordensgeistliche insbesondere der neu gegründeten Bettelorden hinzu, denen sich der Aufschwung der geistlichen Prosa verdankte, im 14. Jahrhundert auch städtische, fürstliche und bischöfliche Beamte. Angehöriger einer städtischen Kanzlei war z. B. Johannes Rothe aus Eisenach (vor 1360–1434), und Notar, Secretarius, Hofkaplan und Hofkanzler des böhmischen Königs war Johann von Neumarkt (um 1315–1380), von dem ein umfangreiches Corpus erbaulicher Schriften und Gebete überliefert ist. Heinrich Wittenwiler, dem wir den bedeutendsten Roman des späten Mittelalters, den satirisch-didaktischen *Ring* (um 1410?), verdanken, war wohl Advokat und später Hofmeister am Bischofshof zu Konstanz. Stadtschreiber und Kanzleibeamte profilierten sich häufig als Verfasser juristischer, historiographischer und didaktischer Schriften, wofür der genannte Johannes Rothe ein typisches Beispiel ist: Er verfasste nicht nur eine bedeutende thüringische Landeschronik und das *Eisenacher Rechtsbuch*, das stadt-, familien- und polizeirechtliche Bestimmungen versammelt, sondern auch lehrhafte Dichtungen, das *Lob der Keuschheit* und einen *Ritterspiegel*, der offenbar zur Unterweisung adeliger Knaben gedacht war.

Ab dem 15. Jahrhundert bildeten sich schließlich zwei weitere Autortypen heraus: der akademisch-fachwissenschaftlich ausgebildete Hofliterat, der sich vor allem als Verfasser pragmatischen Schrifttums hervortat, und der städtische Handwerkerdichter. Bekanntes Beispiel eines gebildeten Hofliteraten ist Johannes Hartlieb (vor 1410–1468), Leibarzt des Herzogs Albrecht III. von Baiern. Von ihm ist ein vielfältiges Œuvre erhalten, darunter ein *Mondwahrsagebuch* und eine Einführung in die Kunst des Handlesens, ein Handbuch der verbotenen magisch-mantischen Praktiken, mehrere medizinische Abhandlungen, aber auch Übersetzungen eines lateinischen Alexanderromans, des Traktats *De amore* des Andreas Capellanus und einer großen Sammlung geistlicher Exempel, des *Dialogus miraculorum* des Caesarius von Heisterbach. In den Kreisen der städtischen Handwerkerdichter wurden verschiedene literarische Gattungen, darunter auch ganz neue, gepflegt: Fastnachtspiel und Meistergesang, Mären und Reimpaarreden. Herausragende Vertreter im 15. Jahrhundert sind die beiden Nürnberger Hans Folz und Hans Rosenplüt.

Literatur: Anonymität und Autorschaft. Zur Literatur- und Rechtsgeschichte der Namenlosigkeit. Hg. von Stephan Pabst. Berlin/Boston 2011 (Studien und Texte zur Sozialgeschichte der Literatur 126); Autor und Autorschaft im Mittelalter. Kolloquium Meißen 1995. Hg. von

Elizabeth Andersen u. a. Tübingen 1998; Autorentypen. Hg. von Walter Haug und Burghart Wachinger. Tübingen 1991 (Fortuna Vitrea 6); Thomas Bein: Zum ›Autor‹ im mittelalterlichen Literaturbetrieb und im Diskurs der germanistischen Mediävistik. In: Rückkehr des Autors. Zur Erneuerung eines umstrittenen Begriffs. Hg. von Fotis Jannidis u. a. Tübingen 1999, S. 303–320; Bumke, Höfische Kultur, S. 677–700; Sebastian Coxon: The Presentation of Autorship in Medieval German Narrative Literatur 1220–1290. Oxford u. a. 2001 (Oxford Modern Languages and Literature Monographs); Ernst Hellgardt: Anonymität und Autornamen zwischen Mündlichkeit und Schriftlichkeit in der deutschen Literatur des elften und zwölften Jahrhunderts. Mit Vorbemerkungen zu einigen Autornamen der altenglischen Dichtung. In: Autor und Autorschaft (s. o.), S. 46–72; Dorothea Klein: Inspiration und Autorschaft. Ein Beitrag zur mediävistischen Autordebatte. DVjs 80 (2006) 55–96; Alastair J. Minnis: Medieval Theory of Authorship. Scholastic Literary Attitudes in the later Middle Ages. London 1984; Timo Reuvekamp-Felber: Autorschaft als Textfunktion. Zur Interdependenz von Erzählerstilisierung, Stoff und Gattung in der Epik des 12. und 13. Jhs. ZfdPh 120 (2001) 1–23; Rüdiger Schnell: ›Autor‹ und ›Werk‹ im deutschen Mittelalter. Forschungskritik und Forschungsperspektiven. Wolfram-Studien 15 (1998) 12–73; Julius Schwietering: Die Demutsformel mittelhochdeutscher Dichter. Berlin 1921 (Abhandlungen der kgl. Gesellschaft der Wissenschaften zu Göttingen, Phil.-hist. Kl. N.F. Bd. XVII,3); Fritz Tschirch: Das Selbstverständnis des mittelalterlichen deutschen Dichters. In: ders., Spiegelungen. Untersuchungen vom Grenzrain zwischen Germanistik und Theologie. Berlin 1966, S. 123–166; Monika Unzeitig: Autorname und Autorschaft. Bezeichnung und Konstruktion in der deutschen und französischen Erzählliteratur des 12. und 13. Jahrhunderts. Berlin/New York 2010 (MTU 139); Benedikt Konrad Vollmann: Autorrollen in der lateinischen Literatur des 13. Jahrhunderts. In: Literarische Leben. Rollenentwürfe in der Literatur des Hoch- und Spätmittelalters. Fs. für Volker Mertens zum 65. Geburtstag. Hg. von Matthias Meyer und Hans-Jochen Schiewer. Tübingen 2002, S. 813–827; Wehrli, Literatur im deutschen Mittelalter, S. 68–113.

e. Publikum

Wie die Autoren und Mäzene, so sind auch die Adressaten der mittelalterlichen deutschen Literatur nur schemenhaft erkennbar; unsere Texte geizen mit Hinweisen. Die Frage nach dem Publikum ist aber um so drängender, als Literatur im Mittelalter, anders als heute, für einen konkreten Adressatenkreis konzipiert und dort auch vorgetragen oder vorgesungen wurde. Nur das lateinische Schrifttum, insbesondere das gelehrte, war von Anfang an eine Literatur für Leser.

Die Adressaten der Literatur im frühen Mittelalter

Namentlich aus der frühen Zeit gibt es so gut wie keine Hinweise; hier sind wir auf allgemeine Überlegungen und Vermutungen angewiesen. So nimmt man sicherlich zu Recht an, dass die mündliche heroische Dichtung sich primär an Hörer in den Herrenhöfen richtete; ihre Inhalte und ihr Ethos trafen Lebensstil und Mentalität der adeligen Kriegerkaste des frühen Mittelalters. Daneben muss es auch mündliche Stabreimdichtung über biblisch-heilsgeschichtliche Gegenstände gegeben haben, die von Laiensängern im Auftrag der Kirche vorgetragen wurde. Das macht der legendenhafte Bericht wahrscheinlich, den der berühmte Gelehrte Beda Venerabilis (673/74–735) in seiner angelsächsischen Kirchengeschichte, der *Historia ecclesiastica gentis Anglorum*, gibt. Demnach sei dem gänzlich ungelehrten Laien Caedmon eines

Nachts im Schlaf eine Gestalt erschienen, die ihn zum Dichtersänger geistlicher und erbaulicher Gedichte berufen habe. So sei der Viehhirte durch göttliche Inspiration zum Begründer der geistlichen Dichtung in angelsächsischer Sprache geworden; bis auf ein von Beda ins Latein übersetztes Textbeispiel hat sich von diesen Gesängen jedoch nichts erhalten. Als Publikum einer solchen mündlichen Dichtung kann man sich die Angehörigen der Kriegeraristokratie ebenso vorstellen wie Mönche, Nonnen und Laienbrüder in den Klöstern; vor allem die Konversen dürften in Frage gekommen sein, jene Mönche, die erst im fortgeschrittenen Alter ins Kloster eintraten und für eine umfassende lateinische Schulbildung nicht mehr empfänglich waren.

Diese monastischen Gruppen waren mit Sicherheit auch die Adressaten der buchmäßigen geistlichen Dichtung. Otfrid von Weißenburg hat sein *Evangelienbuch* nach eigener Aussage auf Bitten einiger ehrwürdiger Mitbrüder und einer bis heute nicht identifizierten *matrona Judith* verfasst, die aber eine Religiose, d. h. eine Nonne, gewesen sein muss. Ob Otfrid über die Klostermauern hinaus wirken wollte, muss offenbleiben. Sein Anspruch, mit dem *Evangelienbuch* den *laicorum cantus obscenus*, die »anstößigen Lieder der Laien«, zurückzudrängen, kann auch nur den Klosterbrüdern gegolten haben, die vor allem, wie im Benediktinerorden das ganze Mittelalter üblich, den großen Adelsfamilien entstammten und, wenn sie nicht schon als Kinder dem Kloster übergeben worden waren, ›literarisch‹ entsprechend sozialisiert waren. Ein geistliches Publikum wird man auch für die anonymen Bibeldichtungen in althochdeutscher und altsächsischer Sprache annehmen dürfen. Die pastorale Gebrauchsliteratur war hingegen für jedermann bestimmt, auch wenn die Texte in den Händen der Kleriker verblieben. Denn lesen konnte bis ins späte Mittelalter üblicherweise ohnehin nur, wer auch Latein, gut oder nicht gut, konnte.

Die Adressaten der frühmittelhochdeutschen Literatur

Als Publikum der geistlichen Literatur des 11. und 12. Jahrhunderts hat man lange Zeit Laien vermutet. Man hat dies aus der Tatsache geschlossen, dass die Texte in der Volkssprache abgefasst sind, und dabei unterstellt, dass jeder, der in ein Kloster eingetreten war, die notwendigen Lateinkenntnisse besaß. Heute wissen wir, dass die Verhältnisse nicht so einfach lagen und dass deshalb die Adressaten der frühmittelhochdeutschen geistlichen Dichtungen in ganz verschiedenen Kreisen zu suchen sind. »Weder handelt es sich um reine ›Klosterliteratur‹ noch um eine überwiegend von Weltgeistlichen getragene ›Pastoraldichtung‹, die sich an breitere laikale Kreise richtete und deshalb zunehmend auch Probleme des Weltlebens anzusprechen bemüht war« (Dieter Kartschoke). In der Regel geben die Texte wie auch die Handschriften keine Hinweise auf den anvisierten Adressaten- und Benutzerkreis.

In einigen Fällen kann man allerdings Herkunft der Texte bzw. der Handschriften aus Klöstern der Seelsorgeorden – im 11. und 12. Jahrhundert waren dies vor allem die Augustinerchorherren und -chorfrauen, die Prämonstratenser und die reformierten Benediktiner – nachweisen oder zumindest wahrscheinlich machen. Manche, wie die *Mariensequenz aus Seckau* (um 1160/70) oder die Julianenlegende des Priesters Arnolt, waren offensichtlich speziell für die geistliche Betreuung der nicht oder nur mittelmäßig gebildeten Frauen in den Doppelklöstern gedacht, wie es sie etwa in Admont, Seckau und Schäftlarn gegeben hat. Auch das *St. Trudperter Hohelied*, die erste rein deutsche, vollständige Auslegung des alttestamentlichen Hohenlieds, ist prononciert auf Anliegen und Lebensform von Klosterfrauen bezogen.

Ein anderer Teil der geistlichen Denkmäler mochte für die klösterliche Gemeinschaft im weiteren Sinne gedacht gewesen sein, die die Konversen und Laienbrüder ebenso umfasste wie die klösterlichen Dienstmannen – als Vorlesung vor Konversbrüdern denkt man sich z. B. des Armen Hartmann *Rede vom Glauben* –, und wiederum ein anderer Teil für ein laikales Publikum, etwa für die Adeligen und ihre *familia*; an sie könnte etwa der sog. Heinrich von Melk, wohl ein Adeliger, der sich als Eremit vom Weltleben zurückgezogen hatte, seine ständekritische Mahnrede *Von des todes gehugede* (um 1160/80) gerichtet haben. Die wenigen textinternen Ansatzpunkte reichen indes nicht aus, um ein konkretes Bild von den Adressaten zu gewinnen. Meist kann man aufgrund sprachlicher Merkmale nur den Entstehungsraum (z. B. »aus einem bairisch-österreichischen Kloster«) festlegen.

Die Adressaten der höfischen Literatur

Die weltliche Literatur des 12. und 13. Jahrhunderts, zum guten Teil auch des späten Mittelalters, war exklusive Literatur des Adels; ihre Hörer, vereinzelt auch schon Leser, fand sie an den Höfen der großen weltlichen Fürsten und der kleineren Adeligen, überdies auch, wie das Beispiel Wolfgers von Erla zeigt, am Bischofshof. Über Größe und Zusammensetzung dieser Höfe ist wenig bekannt; sicher ist nur, dass die literarischen Zeugnisse, vor allem die höfischen Romane, ein idealisiertes Bild vermitteln. Aus zeitgenössischen Rechnungsbüchern und Hofordnungen kann man schließen, dass die ständische Zusammensetzung des Hofes durchaus inhomogen war; neben den adeligen Herren gehörten auch Verwaltungspersonal und Dienerschaft dazu. Der Personenbestand muss überdies stark fluktuiert haben, wie die hohe Gesamtzahl der Personen, die in den Zeugenlisten von Urkunden einzelner Fürsten genannt sind, belegt; in den Urkunden des Landgrafen Hermann von Thüringen erscheinen z. B. nach Joachim Bumkes Berechnungen alles in allem über 250 Zeugen. Die Tatsache, dass die Urkunden an verschiedenen Orten ausgestellt waren, deutet überdies auf wechselnden Aufenthaltsort des Hofes hin.

Für gewöhnlich nimmt man an, dass es relativ wenige Personen waren, die sich ständig am Hof eines weltlichen oder geistlichen Fürsten aufhielten: »der fürstliche Gönner selbst und seine Familie, die Hofgeistlichkeit, die Verwalter der obersten Hofämter mit ihren Frauen, die engsten Berater des Fürsten aus dem Adel des Landes, alles in allem sicherlich nicht mehr als 20 bis 25 Personen« (Joachim Bumke). Dies ist auch der Kreis von Personen, der regelmäßig am literarischen Leben des Hofes teilgenommen haben wird. In Ausnahmefällen, etwa bei festlichen Anlässen, dürfte sich diese Zahl durch die hinzukommenden Gäste beträchtlich erhöht haben. Der große Festsaal auf der Wartburg, eine der Hauptburgen der Landgrafen von Thüringen, bot 100 bis 200 Personen Platz. Auf den Hoffesten wurden nachweislich Minnelieder und Sangsprüche vorgetragen, vielleicht auch Abschnitte aus den neu entstandenen oder neu entstehenden Epen; der Vortrag eines ganzen Romans von 10000 und mehr Versen ist hingegen so gut wie ausgeschlossen, weil er erheblich mehr Zeit beansprucht hätte. Die großen weltlichen Dichtungen der höfischen Zeit hat als Ganze deshalb wohl nur gehört, wer sich ständig am Hof aufhielt.

Nicht selten wenden sich die Romanautoren in textinternen Hörer- und Le-
seranreden an ein weibliches Publikum, doch ist unklar, inwieweit solche Adressen
lebensweltliche Verhältnisse spiegeln oder Bestandteil einer Autorfiktion sind. In
einigen Fällen scheint es sicher zu sein, dass adelige Frauen eine Dichtung in Auftrag
gegeben oder die Wahl des Stoffes mitbestimmt haben (s. o.). Die Autoren haben aber
auch die für die Liebeslyrik zentrale Vorstellung des Frauendienstes auf die erzählende
Literatur übertragen und ihre Arbeit als Dienst an den Frauen stilisiert; *sus heb ich
an in gotes namen und ouch durch ein guotes wîp* (»So beginne ich in Gottes Namen
und auch einer edlen Frau zuliebe«), erklärte z. B. Ulrich von Türheim in seinem Prolog zum *Rennewart* (nach 1243), und in Wolframs *Parzival* ist mehrfach davon die
Rede, dass eine Frau Einfluss auf den Roman genommen habe. Die nachklassischen
Romane mit ihren marginalisierten Frauenfiguren und entproblematisierten Helden
dürften sich hingegen eher, so die These Horst Brunners, an die männliche Hofju-
gend, an Knappen und junge Ritter gerichtet haben; sie dürften auch das Publikum
der nachnibelungischen Heldenepik gewesen sein, die das ›Hauen und Stechen‹ ins
Zentrum rückt.

Ausdifferenzierungen im späten Mittelalter

Im späten Mittelalter differenziert sich das Publikum weiter aus, parallel zur Diversifi-
zierung der literarischen Zentren, der Textsorten und Gattungen und der Verbreitung
der Schriftlichkeit generell. Ein adeliges und stadtadeliges Publikum haben sicherlich
die Texte und Textsorten gehabt, welche die älteren literarischen Traditionen fortfüh-
ren: Minnesang und Sangspruch, höfischer Roman und Heldenepik. An ein adeliges
Publikum und hier vor allem an die Frauen dürften sich auch die Verslegenden und
Legendenromane in Versen gerichtet haben, die vor allem im 13. Jahrhundert in großer
Zahl entstanden sind. Es ist dies ja überhaupt das »Jahrhundert der Frommen« (Karl
Bertau), und es waren vor allem auch adelige und fürstliche Frauen, die von den
neuen religiösen Bewegungen der Zeit erfasst wurden und sich verstärkt religiöser
Literatur aller Art zuwandten.

Vieles indes, was an geistlicher Prosa seit der Mitte des 13. Jahrhunderts entstanden ist, war für geistliche Gemeinschaften verfasst worden. Eine Schlüsselposition hatten dabei die Bettelorden, vor allem die Dominikaner und Franziskaner, zu
deren zentralen Aufgaben, neben dem Studium und der Wissenschaft, die Seelsorge
(einschließlich Beichte und Bestattung) und die Verkündigung des Gottesworts in der
Predigt gehörten. Dabei orientierten sie sich nicht nur auf die städtische Öffentlich-
keit – die Bettelorden haben sich von Anfang an gezielt in den Städten niedergelassen –, sondern gerade auch auf die in jener Zeit rasch anwachsende Zahl von Frauen-
konventen und Beginenhöfen. (Beginen waren fromme Frauen zwischen Laien- und
Ordensstand, die sich zu einer geistlichen Gemeinschaft zusammengeschlossen hatten,
ohne ein Gelübde abgelegt und eine Regel approbiert zu haben.) Die Predigten der
Franziskaner und Dominikaner, die uns in großer Zahl vom 13. bis 15. Jahrhundert
überliefert sind, waren deshalb vielfach Klosterpredigten, die sich an geistliche Frauen
richteten, ebenso ein Gutteil des sonstigen geistlichen Schrifttums. Klösterliche Gemeinschaften waren schließlich auch die Adressaten jener Literatur, die im Kontext
der Ordensreformen des 15. Jahrhunderts entstand, wobei die reformierten Benediktiner und Augustinerchorherren auch die Laienbrüder mit einbezogen. Speziell

für die Laienseelsorge waren hingegen die katechetischen Schriften aus der ›Wiener Schule‹ gedacht.

Die im späten Mittelalter entstandene volkssprachige Fachliteratur wiederum hat ihre Leser sicherlich in jenem pragmatischen Zusammenhang und bei den Vertretern jener Berufe gefunden, auf deren Bedürfnisse sie zugeschnitten war, auch wenn wir dies nicht für jede Überlieferung konkret nachweisen können. Die kleineren Gedichte in Reimpaaren, die vor allem im 14. und 15. Jahrhundert zu Tausenden entstanden sind und der Seelsorge und Lebenslehre dienten, richteten sich vermutlich an ein weltliches Publikum, ohne dass man dieses immer genau eingrenzen könnte. Auch das soziale Umfeld der weitgehend anonym überlieferten spätmittelalterlichen Lieddichtung lässt sich kaum jemals präzise fassen. In Einzelfällen lässt sich belegen, dass die Lieder von Adeligen und für Adelige aufgezeichnet worden sind, so z.B. das *Königsteiner Liederbuch* (um 1471/72) oder das schon ins 16. Jahrhundert gehörende Liederbuch der Amalia von Cleve, doch der überwiegende Teil der Lieder ist in städtischem Milieu entstanden und wohl auch für ein städtisches Publikum gedacht. Grenzen setzen uns hier die Texte selbst oder ihre Überlieferung. Die vom Autor intendierten Adressaten lassen sich in der Regel nur durch textinterne Hinweise, die Benutzer der Handschriften nur aus kodikologischen Daten ermitteln; wo solche internen oder überlieferungsgeschichtlichen Hinweise fehlen, können wir über mögliche Adressaten und Benutzer allenfalls Vermutungen anstellen. Der Buchdruck bedeutete dann vollends die Anonymisierung der Rezipientenkreise, des Publikums und der Leser.

Auch wenn wir häufig, vielleicht sogar in den allermeisten Fällen, keine Antwort auf die Frage nach den konkreten Rezipienten eines Textes erhalten, können wir davon ausgehen, dass die Literatur des Mittelalters, von einigen Ausnahmen wie der seelsorgerischen Gebrauchsliteratur abgesehen, ein Phänomen der privilegierten Schichten bzw. Stände war. Ihre Adressaten rekrutierten sich aus den gesellschaftlichen Eliten. Im späten Mittelalter erweiterten sich zwar die Kreise, die literarische Interessen bekundeten; die ›Masse‹ jedoch, was immer man darunter verstehen mag, trat nicht einmal im 15. Jahrhundert, in dem die Zahl der Leser erheblich anstieg, in Erscheinung. Literatur blieb als exklusives Kulturgut den sozialen Eliten vorbehalten: dem Adel mit seinen verschiedenen Gruppen, von den Fürsten bis zum niederen Adel mit den Rittern und Edelknechten; dem Patriziat, das auf mannigfaltige Weise mit dem Landadel verbunden war; dem aufstrebenden Bürgertum, dem neuen ›Geldadel‹; den städtischen Bürgern in gehobenen Berufen wie etwa Richtern, Gerichtsschreibern und Ärzten; den Stiftsherren, Welt- und Ordensgeistlichen. Die explosionsartige Zunahme der Schriftlichkeit im 15. Jahrhundert war offenbar »nicht gleichbedeutend mit der nun als selbstverständlich anzunehmenden Möglichkeit einer freien Verfügbarkeit von Literatur« (Helmut Weck).

Literatur: Bumke, Höfische Kultur, S. 700–709; Horst Brunner: *Hie ist diu aventiure geholt –/ wa ist nu der minne solt?* Die Rolle der Frau des Helden in einigen nachklassischen Artusromanen. In: Literarische Leben. Rollenentwürfe in der Literatur des Hoch- und Spätmittelalters. Fs. für Volker Mertens zum 65. Geburtstag. Hg. von Matthias Meyer und Hans-Jochen Schiewer. Tübingen 2002, S. 55–65; Cramer, Geschichte der deutschen Literatur, passim; Werner Fechter: Das Publikum der mittelhochdeutschen Dichtung. Frankfurt a. M. 1935; Kartschoke, Geschichte der deutschen Literatur, S. 79–84, 217–221; Achim Masser: Bibel- und Legendenepik des deutschen Mittelalters. Berlin 1976 (GG 19), S. 38–45; Heinz Rupp: Deutsche religiöse Dichtungen des 11. und 12. Jahrhunderts. Untersuchungen und Interpretationen. 2. Aufl. Bern/München

1971, S. 273–277; Helmut Weck: Die ›Rechtssumme‹ Bruder Bertholds. Die handschriftliche Überlieferung. Tübingen 1982 (TTG 6).

f. Verbreitung und Überlieferung von Literatur

Dass wir uns mit Fragen der Überlieferung beschäftigen, hat seinen guten Grund. Die Überlieferung nämlich, die Abschriften eines Textes und ihre Zahl, geben Auskunft darüber, wie Literatur gelebt hat. Diese lebendige Funktion der Literatur, ihr »Sitz im Leben«, lässt sich nur (oder fast nur) mittels der Überlieferung fassen. Ich gebe auf den folgenden Seiten wieder einen chronologischen Abriss.

Formen der Überlieferung im frühen Mittelalter

Dass die deutsche Literatur des frühen Mittelalters, verglichen mit der lateinischen, eine randständige Existenz führte, lässt sich zuerst an ihrer Überlieferung bzw. an den Formen ihrer Überlieferung ablesen. Fast alle der kleineren Texte, von der kirchlichen Gebrauchsliteratur bis hin zu den selbständigen Gedichten, sind vereinzelt in lateinischen Handschriften überliefert (›Streuüberlieferung‹), oft als Eintrag am Rand oder auf leer gebliebenen Seiten; wenn man von ihrer marginalen Existenz spricht, so ist dies ganz wörtlich zu verstehen. Prominentestes Beispiel dafür ist das *Hildebrandlied*, das in eine theologische Handschrift aus dem Kloster Fulda eingetragen wurde (Kassel, Murhardsche Bibliothek der Stadt Kassel und Landesbibliothek, 2° Ms. theol. 54). Hauptext der Handschrift sind zwei – traditionell dem König Salomo zugeschriebene – alttestamentliche Bücher, der *Liber Sapientiae* und der *Ecclesiasticus*. Die leeren Blätter der Handschrift wurden mit weiteren Texten religiösen Inhalts gefüllt, mit Fragmenten von Predigten und mit Gebeten, bis nur noch die Außenseiten der beiden Schutzblätter übrig waren, auf die dann das *Hildebrandlied* geschrieben wurde. Ein anderes Beispiel sind das *St. Galler Paternoster und Credo* vom Ende des 8. Jahrhunderts, die am Schluss einer Handschrift des *Abrogans* (St. Gallen, Stiftsbibliothek, Cod. 911) auf den freigebliebenen Blättern, schadhaftem Pergament, eingetragen wurden; der Schreiber hat um das Loch herumgeschrieben (s. Abb. S. 116). Der Rest eines alten Zauberspruchs findet sich im Fragment einer Schlettstädter Handschrift des 9. Jahrhunderts, von einer Hand des 11. Jahrhunderts am unteren Blattrand, dazu in kopfständiger Schrift, eingetragen, neben »dem Abrakadabra eines lateinischen Spruches zur Abwehr von Würmern« (Ernst Hellgardt).

   Es ist nicht leicht zu sagen, wie man solche kodikologischen Befunde interpretieren soll. Sicherlich sagen sie etwas über die Einschätzung der volkssprachigen Texte durch Schreiber und Benutzer aus, also über ihren Verschriftungswert. Aber was? Öfters hat man Überlieferungsbefunde wie die beschriebenen als Zeichen einer Gering(er)schätzung der volkssprachigen Literatur gegenüber der lateinischen genommen und als Hinweis auf ihren Status des Lückenbüßers: Nur wenn zufällig ein Blatt oder einige wenige Blätter in einer lateinischen Handschrift freigeblieben waren, seien die deutschen Texte auch aufgezeichnet worden. Vieles in der Überlieferung der deutschen Literatur im frühen Mittelalter habe deshalb zufälligen Charakter. Ob dies generell so richtig ist, ist zweifelhaft. Denn in diese Interpretation der Überlieferungsbefunde sind die Erfahrungen von heute eingeflossen. Die Überlieferung der

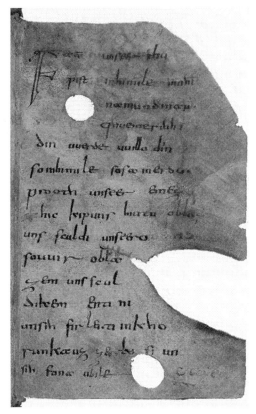

Abb. 7: *St. Galler Paternoster*
(St. Gallen, Stiftsbibliothek, Hs. 911,
S. 320)

deutschen Literatur erscheint freilich in einem ganz anderen Licht, wenn man bedenkt, dass es anfänglich nicht zum ›Wesen‹ volkssprachiger Texte gehörte, aufgezeichnet und verschriftet zu werden (s. Kap. I.2.a); selbstverständlich war die Aufzeichnung deutscher Texte nur dort, wo sie zum Latein hinführten: in allen Glossensammlungen, aber auch in den großen Übersetzungen, dem *Althochdeutschen Isidor* und dem *Althochdeutschen Tatian*, die jeweils als zweisprachige Abschriften angelegt sind. Zu bedenken ist aber auch, wie teuer die Schreibmaterialien bis ins 13., 14. Jahrhundert hinein waren. Die Aufzeichnung deutscher Texte auf kostbarem Pergament, so zufällig und marginal sie auch erscheinen mag, erweist sich aus diesem Blickwinkel nicht als Ausdruck der Geringschätzung, sondern eher als Zeichen ihrer Hochschätzung und des Willens zu ihrer Bewahrung. Hugo Kuhn hat diese These für die Überlieferung der Literatur des 11. und 12. Jahrhunderts formuliert, doch lässt sie sich ohne weiteres auch auf die Literatur der früheren Jahrhunderte übertragen.

So gesehen, nimmt die Überlieferung der beiden großen Bibeldichtungen der Zeit nur scheinbar eine Sonderstellung ein. Sie sind in eigenen Kodizes überliefert: der *Heliand* in zwei fast vollständigen Handschriften sowie in drei Fragmenten, Otfrids *Evangelienbuch* in vier Handschriften. Die vollständigste Handschrift des *Heliand* ist der Codex Cottonianus der British Library in London, der in der zweiten Hälfte des 10. Jahrhunderts in England von einem angelsächsischen Schreiber nach einer kontinentalen Vorlage geschrieben wurde (C). Deutlich älter ist eine um 850 im Kloster Corvey im Weserbergland geschriebene Handschrift (M; heute Bayerische Staatsbibliothek München, s. Abb. S. 18). Die Überlieferung beginnt also um 850 oder kurz danach und reicht bis in die zweite Hälfte des 10. Jahrhunderts. Die älteste Handschrift von Otfrids *Evangelienbuch* ist die Wiener Handschrift 2687, ein Prachtkodex, der in Weißenburg noch unter Aufsicht des Autors geschrieben und von diesem höchstpersönlich durchkorrigiert wurde. Wir haben gewissermaßen eine vom Dichter autorisierte ›Ausgabe letzter Hand‹ vor uns: ein einmaliger Fall in der Überlieferung der deutschen Literatur des frühen und hohen Mittelalters. Nur wenig jünger als die Wiener Handschrift ist der Heidelberger Codex Pal. lat. 52, auch er kommt aus dem Weißenburger Skriptorium. Zwei weitere Handschriften stammen aus dem 10. Jahrhundert.

Überlieferungstypen der frühmittelhochdeutschen Dichtung

In der Überlieferung der frühmittelhochdeutschen Dichtung lassen sich drei Formen unterscheiden. Der erste Typus ist bereits aus der Überlieferung der ältesten Literatur bekannt: der vereinzelte Eintrag in einer lateinischen Handschrift, vor allem auch der Eintrag auf einer leer gebliebenen Seite einer solchen Handschrift. Ein Beispiel dafür wäre die Abschrift des *Ezzoliedes* in einer Straßburger Pergamenthandschrift aus dem 11. Jahrhundert, die Teil 3 und 4 der *Moralia in Job* Gregors des Großen enthält; auf den freigebliebenen Schlussseiten derselben Handschrift ist auch Nokers *Memento mori* überliefert. Beide deutschen Texte sind von einer späteren Hand in der ersten Hälfte des 12. Jahrhunderts nachgetragen.

Der zweite Überlieferungstypus ist die Sammlung größerer und kleinerer deutscher Texte in Mischhandschriften; es ist dies die typische Überlieferung deutscher Prosa- und Versstücke, die primär für den Gebrauch in Schule, Gottesdienst, Seelsorge und Andacht bestimmt waren. Solche gemischtsprachigen Handschriften waren im 11. Jahrhundert noch eine Rarität, im 12. Jahrhundert wurden sie häufiger. Ein Beispiel dafür wäre der Clm 4460 der Bayerischen Staatsbibliothek München, eine aus vier ursprünglich selbständigen Kodizes bestehende lateinische Sammelhandschrift; der Schluss der zweiten Handschrift enthält ein ausführliches Glaubens- und Beichtformular, den *Bamberger und Ersten Wessobrunner Glauben und Beichte*, sowie, ebenfalls in Prosa, die Schilderung von *Himmel und Hölle*. Die restlichen Blätter sind leer geblieben. Eine besondere Form von Mischhandschriften entstand durch jene Werke, die von vornherein als Bilinguen, zweisprachige Texte, angelegt waren; dazu zählen etwa alle Interlinearversionen zum Psalter oder anderen Bibelbüchern, liturgische oder katechetische Texte oder Willirams von Ebersberg Paraphrase zum Hohenlied, die dreispaltig konzipiert war (in der Mitte der Text der Vulgata, in der linken Spalte Paraphrase und Kommentar des Vulgatatextes in lateinischen Hexametern, in der rechten Spalte eine Übersetzung in deutscher Prosa nebst allegorisierendem lateinisch-deutschen Kommentar; s. Abb. S. 118).

Als dritter Typus in der Überlieferungsgeschichte der deutschen Literatur sind seit dem letzten Viertel des 12. Jahrhunderts auch deutsche Sammelhandschriften nachweisbar. Sie überliefern etwa die Hälfte aller erhaltenen deutschen Dichtungen aus dem 11. und 12. Jahrhundert. Neben Fragmenten von zerschnittenen Sammelhandschriften kennen wir fünf als Ganze erhaltene Kodizes: die wohl in Kärnten vielleicht schon um 1250 entstandene Wiener Handschrift 2721 und die berühmte

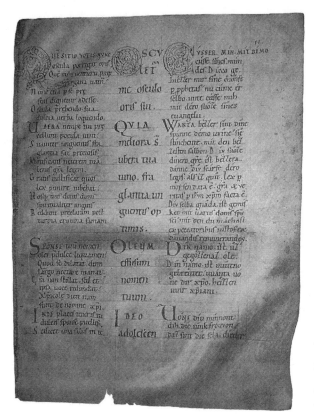

Abb. 8: Williram von Ebersberg, Kommentar zum Hohenlied (München, Bayerische Staatsbibliothek, Cgm 10, f. 10r)

Vorauer Handschrift, d. h. Cod. 276 aus dem Augustinerchorherrenstift Vorau, aus dem letzten Viertel des 12. Jahrhunderts, die etwas jüngere, um 1200 entstandene Millstätter Handschrift (Geschichtsverein für Kärnten im Kärntner Landesarchiv, Cod. 6/19), die 1870 verbrannte Straßburg-Molsheimer Handschrift aus dem frühen 13. Jahrhundert, in südrheinfränkischer Schreibsprache, und den Wiener Cod. 2696 vom Beginn des 14. Jahrhunderts, der vielleicht aus dem Dorotheenkloster in Wien stammt. Zumindest drei dieser Handschriften sind keine willkürlichen Textzusammenstellungen, sondern planmäßige Kompositionen: Der älteren Wiener Handschrift liegt mit *Altdeutscher Genesis*, dem den Schöpfungsbericht erläuternden *Physiologus* und der *Altdeutschen Exodus* das Programm einer Heilsgeschichte *ante legem* zugrunde. Ein heilsgeschichtliches Programm mit der Schöpfung als Ausgangspunkt und einem Ausblick auf das Himmlische Jerusalem als Endpunkt zeichnet sich auch in der Millstätter Handschrift ab, und die Vorauer Handschrift verbindet alt- und neutestamentliche Dichtungen mit Lambrechts *Alexander* zu einem universalgeschichtlichen Zyklus, in dem aus einzelnen, unabhängigen Dichtungen komponiert ist, was in den Universalchroniken des 13. Jahrhunderts durchgehende Darstellung wurde.

Die frühmittelhochdeutschen Texte sind fast immer unikal und meist nur im 12. Jahrhundert überliefert, ein Drittel davon fragmentarisch; ins 11. Jahrhundert gehören nur zwei Handschriften mit der Hoheliedauslegung Willirams von Ebersberg;

nur weniges wurde auch noch im 13. bzw. beginnenden 14. Jahrhundert abgeschrieben. Dieser überlieferungsgeschichtliche Befund lässt sich so deuten, dass die Texte nur eine begrenzte Wirkung erzielten. Einige wie das *Ezzolied* mögen freilich von vornherein nur für einen aktuellen Anlass geschrieben gewesen sein; sie sind im besten Sinne Gebrauchs- und Verbrauchsliteratur, wurden mehr verbraucht denn überliefert. Dass die Überlieferung beinahe ganz auf das 12. Jahrhundert beschränkt ist, dürfte auch damit zusammenhängen, dass die Texte in Sprache und Darstellungsmodus durchweg stark zeitgebunden waren; ihre Themen kehren auch in den Dichtungen des 13. und 14. Jahrhunderts wieder, dann jedoch in durchweg modernen Formen und auf anderem sprachlichen und diskursivem Niveau. Man ginge allerdings zu weit, wollte man behaupten, dass die frühmittelhochdeutsche geistliche Literatur beinahe ganz von der neuen weltlichen Dichtung verdrängt worden sei. Die großen Sammelhandschriften stammen alle aus der zweiten Hälfte des 12. Jahrhunderts oder sind noch jünger. Das aber heißt: Die geistliche Dichtung der frühmittelhochdeutschen Zeit wurde vor allem in jener Zeit aufgezeichnet, in der die große weltliche Literatur der Höfe entstand. Die Entstehung der höfischen Literatur hat also nicht zwangsläufig zum Tod der älteren geistlichen Literatur geführt. Vielmehr spiegeln sich im Nebeneinander von älteren geistlichen und jüngeren weltlichen Texten unterschiedliche literarische Interessen, aber auch regionale Unterschiede. Tatsächlich gehören die großen Sammelhandschriften bis auf die verbrannte Straßburg-Molsheimer Handschrift alle in den bairisch-österreichischen Raum, der am weitesten von den kulturellen und geistigen Zentren Frankreichs, aber auch von den literarischen Zentren im Südwesten und in der Mitte Deutschlands entfernt lag. Es ist sicherlich auch kein Zufall, dass dieser Raum ganz eigene Formen des Minnesangs und obendrein nahezu die gesamte mittelhochdeutsche Heldenepik hervorgebracht hat.

Überlieferung der höfischen Literatur

Was die seit 1160/70 entstandenen Epen betrifft, die man üblicherweise als ›vorhöfisch‹ und ›höfisch‹ qualifiziert – deutsche Chansons de geste, Legenden-, Liebes-, Antikenromane, Artus- und Tristanromane –, so setzt ihre schriftliche Überlieferung relativ früh ein, später jedoch als bisher angenommen. Aus dem 12. Jahrhundert sind zwar eine vollständige Handschrift sowie Fragmente des *Rolandsliedes* erhalten, nicht aber von *König Rother*, *Herzog Ernst* oder Eilharts von Oberg *Tristrant*, vom *Eneasroman* Heinrichs von Veldeke, Hartmanns von Aue *Erec* und Herborts von Fritzlar *Liet von Troie*, deren älteste Textzeugen nicht vor 1200 entstanden sind. Bis 1250 steigt die Zahl der Überlieferungszeugen kontinuierlich, nach 1250 sogar sprunghaft an. Man muss diesen quantitativen Zuwachs im Kontext eines Verschriftlichungsschubs sehen, der die Volkssprache insgesamt erfasst hat. Allein 150 deutsche Rechtstexte sind aus dem 13. Jahrhundert bekannt – kein einziger aus dem 12. Jahrhundert – und rund 3500 deutsche Urkunden. Der Zuwachs ist aber auch Ausdruck und Vehikel einer allgemeinen Literalisierung, denn gleichzeitig mit den deutschen Textzeugen stieg proportional auch die Zahl der lateinischen. So sind in der ersten Hälfte des 13. Jahrhunderts schätzungsweise allein 11500 lateinische Urkunden ausgestellt worden – ›nur‹ 4400 waren es im Zeitraum von 1100 bis 1200.

Die Zahl der Epen- und Romanhandschriften nimmt sich im Vergleich dazu bescheiden aus. ›Bestseller‹ bereits in der ersten Hälfte des 13. Jahrhunderts waren

Wolframs *Parzival* mit neun Textzeugen, Veldekes *Eneasroman* und Hartmanns *Iwein* mit je fünf, Wolframs *Willehalm*, Eilharts *Tristrant*, Strickers *Karl* und der *Wigalois* Wirnts von Grafenberg mit jeweils drei Textzeugen. Insgesamt kennen wir heute 294 Epenhandschriften aus dem 13. Jahrhundert: Einzelhandschriften und große Sammelhandschriften, die sich in Einrichtung und Format deutlich voneinander unterscheiden, sowie eine Vielzahl von Fragmenten. Zu Beginn des Jahrhunderts dominierte noch die alte Form der einspaltig beschriebenen Handschrift (z. B. die Gießener Handschrift von Hartmanns *Iwein*), im Lauf des Jahrhunderts wird indes die zwei- oder gar dreispaltige Einrichtung üblich, letztere vor allem in den großformatigen Epenhandschriften – Beispiele sind die Berliner Veldeke-Handschrift Mgf 282 aus der Zeit um 1220 oder die Wolfram-Handschrift Cgm 19, die noch aus der ersten Hälfte des 13. Jahrhunderts stammt –, mit der sich ein besonderer Repräsentationsanspruch verbindet.

Die Überlieferung der volkssprachigen Texte im 13. Jahrhundert ist in den vergangenen Jahren von Forschern der Universität Marburg gesammelt und gesichtet worden (›Marburger Repertorium deutschsprachiger Handschriften des 13. Jahrhunderts‹). Ihre Untersuchungen insbesondere zur höfischen Epik des 12. und 13. Jahrhunderts zwingen uns dazu, unsere Vorstellungen vom Literaturbetrieb

Abb. 9: Heinrich von Veldeke, *Eneasroman* (Staatsbibliothek zu Berlin. Preußischer Kulturbesitz, Mgf 282, f. 9v)

des 13. Jahrhunderts zu korrigieren. Deutlich wird nämlich die Gleichzeitigkeit des Ungleichzeitigen; das literarische Leben war auch weiterhin von einem Nebeneinander von literarischen Neuerscheinungen und immer noch aktuellen älteren Texten bestimmt: So wurde beispielsweise das *Rolandslied* des Pfaffen Konrad auch noch in einer Zeit abgeschrieben und rezipiert, als Wolfram von Eschenbach bereits seinen *Willehalm*, der ein verwandtes Sujet behandelt, allerdings auf einem ganz anderen sprachlichen und Reflexionsniveau, gedichtet hatte. Dieses Phänomen können wir im Grunde bis weit in die frühe Neuzeit hinein beobachten: Epen und Romane des späten 12. und des 13. Jahrhunderts wie Wolframs *Parzival* und das *Nibelungenlied* sind noch lange abgeschrieben und wahrscheinlich auch gelesen worden; die Überlieferung der Dietrichepik (Handschriften und Drucke) reicht sogar bis weit in das 17. Jahrhundert hinein. Die Fixierung auf die literarischen Neuschöpfungen, wie sie in unseren Literaturgeschichten gang und gäbe ist, lässt ein verzerrtes Bild von der literarischen Wirklichkeit des späten Mittelalters entstehen. Diese war erheblich komplexer.

Im Unterschied zur Epik setzte die Überlieferung der mittelhochdeutschen Lyrik verhältnismäßig spät ein; oft lagen mehr als hundert Jahre zwischen der vermuteten Entstehung eines Liedes und seiner ersten schriftlichen Fixierung. Die frühen Aufzeichnungen sind durchweg partikulär und stehen stets in lateinischem Kontext, das heißt, sie verdankten sich dem Sammelinteresse des gebildeten Klerus. Aus der Zeit um 1200 sind uns nur der *Kreuzzugsleich* Heinrichs von Rugge und die unter Namenlos I–III aufgeführten Denksprüche in *Des Minnesangs Frühling* überliefert; sie füllen leer gebliebene Seiten in lateinischen Handschriften. Einige Strophen Walthers und Heinrichs von Morungen wurden im zweiten Viertel des 13. Jahrhunderts in zwei ältere liturgische Handschriften aus Kremsmünster (CC 127 und CC 248) eingetragen. Rund 50 weitere Strophen wurden in die um 1225/30 entstandene Sammlung der *Carmina Burana* aufgenommen; die Strophen, oft die ersten eines mehrstrophigen Liedes, wurden dabei jeweils einzeln lateinischen Liedern angehängt, offenbar aufgrund der ähnlichen Bauweise. Die Überlieferung ist meist anonym, doch lässt sich ein Teil der Strophen aufgrund von Parallelüberlieferung bekannten Autoren zuordnen; die anderen, nur durch die Handschrift der *Carmina Burana* bezeugt, bleiben namenlos. Es sind Strophen, die an die ältere und zeitgenössische deutsche Liedtradition anknüpfen, darunter auch solche, die keine Aufnahme in die an hochminnesängerischen Formtypen interessierten späteren Sammelhandschriften fanden.

Eine systematische buchliterarische Tradition setzte erst nach der Mitte des 13. Jahrhunderts ein. Dabei lassen sich zwei Grundtypen unterscheiden: die Sammlung einzelner Autorenœuvres, solo oder in umfangreichen Mischhandschriften, und die großen Liederhandschriften. Die ersten großen Autorsammlungen, die als Ganzes erhalten sind, stammen aus der Zeit um 1300. Es sind dies die Riedegger Handschrift (Berlin, Mgf 1062) mit einer Sammlung von knapp 400 Strophen Neidharts (neben Hartmanns *Iwein*, *Dem Pfaffen Amis* des Strickers und dem Doppelepos von *Dietrichs Flucht* und *Rabenschlacht*) und der Heidelberger Cpg 350 mit 193 thematisch geordneten Sangsprüchen Reinmars von Zweter u. a.; die um 1350 entstandene Würzburger Liederhandschrift (München, Universitätsbibliothek, 2° Cod. ms. 731), das Hausbuch des Michael de Leone, enthält neben didaktischen und erzählenden Texten Lieder Walthers und Reinmars. Fragmente umfangreicher Sammlungen von Liedern und Sangsprüchen Walthers von der Vogelweide stammen noch aus dem letzten Viertel des 13. Jahrhunderts und vom Ende des Jahrhunderts. Die älteste uns bekannte Sammlung dieser Art hat ein Autor nach eigenen Angaben selber veranstaltet, nämlich Ulrich von Liechtenstein. Sie ist aus seiner nach eigenen Angaben im Jahr 1255 beendeten fiktiven Autobiographie, dem *Frauendienst*, erschließbar.

Der überlieferungsgeschichtlich jüngere Typus ist die Zusammenstellung mehrerer Autorenœuvres zu selbständigen Liederhandschriften. Aus dem ausgehenden 13. und dem 14. Jahrhundert sind uns einige wenige solcher Handschriften erhalten, denen wir in der Hauptsache unsere Kenntnisse der Lieddichtung des 12. und 13. Jahrhunderts verdanken; gleichwohl enthalten sie nur eine Auswahl aus dem tatsächlich einmal vorhandenen Liedgut.

Die älteste der drei großen Handschriften mit Minneliedern ist die Kleine Heidelberger Liederhandschrift (Heidelberg, Universitätsbibliothek, Cpg 357). Nach neuesten paläographischen Untersuchungen muss sie noch vor 1270 entstanden sein. Die Handschrift überliefert 29 Autorenœuvres mit insgesamt 791 Strophen und zwei Minneleiche, davon 67 Strophen allein hier, wobei fast das ganze Spektrum der Liedtypen vertreten ist; der Umfang der einzelnen Œuvres variiert zwischen zwei und 151 Strophen.

Die Weingartener Liederhandschrift (Stuttgart, Württembergische Landesbibliothek, Cod. HB XIII 1), wahrscheinlich im ersten Viertel des 14. Jahrhunderts in Konstanz entstanden, enthielt ursprünglich ca. 900 Strophen; die 857 erhaltenen gehören 30 verschiedenen Autoren. Die Liedauswahl ist fast ganz auf Lieder der hohen Minne beschränkt. Wohl nach französischem Vorbild enthält die Handschrift Autorenbilder; von den 29 geplanten Miniaturen wurden 25 ausgeführt.

Die umfangreichste und repräsentativste der Minnesangsammlungen ist die Große Heidelberger Liederhandschrift (Heidelberg, Universitätsbibliothek, Cpg 848),

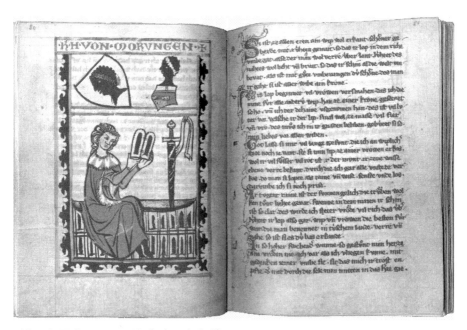

Abb. 10: Weingartener Liederhandschrift
(Stuttgart, Württembergische Landesbibliothek, Cod. HB XIII 1, f. 80v/81r)

die rund 6000 Strophen unter 140 Autorennamen überliefert; fast allen Œuvres ist ein ganzseitiges, gerahmtes Autorbild vorangestellt. Neben Minnesang sind auch Sangsprüche und Leiche überliefert. Der Grundstock der Handschrift entstand Anfang des 14. Jahrhunderts, weitere Strophen wurden im ersten Drittel des 14. Jahrhunderts nachgetragen. Dass der Kodex im Auftrag des Zürcher Patriziers Rüdiger Manesse († 1304) geschrieben wurde, lässt sich nicht beweisen. Auch die Auftraggeber der beiden anderen Sammlungen sind unbekannt.

Diese drei großen Handschriften und die Würzburger Liederhandschrift gehen auf ältere, nicht erhaltene Sammlungen zurück, die aber kaum vor das letzte Drittel des 13. Jahrhunderts zurückreichen dürften.

Die genannten Liederhandschriften sind reine Textsammlungen, d. h. sie überliefern die Lieder ohne Melodien. Wie dieser Befund zu interpretieren sei, ist umstritten. Er kann bedeuten, dass eine Aufzeichnung der Melodien sich erübrigte, weil diese allgemein bekannt waren. Er kann aber auch besagen, dass die Liederhandschriften »von vornherein als repräsentative Buch- und Lesetexte gedacht« waren und so eine »Distanz zur Aufführungssituation« als der primären Rezeptionsform der Lieder markierten (Christa Bertelsmeier-Kierst 2002). Es wäre dann die Aufgabe der Handschriften gewesen, die Literatur der Vergangenheit als repräsentatives Kulturgut zu bewahren. Dafür spräche nicht zuletzt die zeitgleiche Ablösung des Paradigmas Minnesang durch das spätmittelalterliche Liebeslied.

Anders ist es mit der Sangspruchdichtung bestellt, die bis um 1500 gepflegt und von städtischen Handwerkern u. a. zum Teil noch im 18. und 19. Jahrhundert weitergeführt wurde. Die ältere Sangspruchdichtung ist in den drei großen Liederhandschriften mit überliefert, die jüngere hauptsächlich in Autorhandschriften (Heinrich von Mügeln, Muskatblut, Michel Beheim) und in Sammelhandschriften der Meistersinger wie etwa der um 1460 entstandenen Kolmarer Liederhandschrift, die auch Melodien enthält. Eine der wichtigsten Sammlungen von Sangspruchdichtung überhaupt stellt die großformatige und kostbar ausgestattete Jenaer Liederhandschrift (Jena, Universitätsbibliothek, Ms. El. f. 101; Mitte 14. Jahrhundert) dar, die Sangsprüche von 28 zumeist mitteldeutschen Autoren enthält. Zusätzliche Bedeutung gewinnt sie durch die reiche Überlieferung von Melodien, die im 4-Linien-System und in gotischer Choralnotation, einer französischen Notenschrift, aufgezeichnet sind (s. Abb. S. 19). Als Auftraggeber vermutet man Herzog Rudolf I. von Sachsen-Wittenberg (1298–1356).

Dass die Literalisierung der Lieddichtung später als in der Epik einsetzte, hängt sicherlich mit ihrer primären Lebensform, der musikalischen Aufführung durch den Dichtersänger oder einen Kollegen, zusammen. Diese stützten sich für ihren Vortrag vermutlich auf lose Blätter, Sängerhefte und Vortragsrollen, die aus aneinandergenähten Pergamentblättern bestanden; auch Aufzeichnungen auf Wachstafeln dürften zur Unterstützung des Gedächtnisses benutzt worden sein. Von diesen frühen Formen der Liedaufzeichnung hat sich kaum etwas erhalten. Das mag an der Art des Überlieferungsträgers gelegen haben – Einzelblätter gehen leichter verloren als dicke Folianten –, aber auch daran, dass sie einfach nicht für die literarische Kommunikation und Konservierung bestimmt waren, sondern zum Gebrauch und Verbrauch in der Aufführung.

Formen der Überlieferung im späten Mittelalter

An der Typologie der Überlieferung, wie sie sich seit dem hohen Mittelalter ausgebildet hatte, änderte sich im späten Mittelalter nicht mehr viel: Lateinisch-deutsche Mischhandschriften existierten neben rein deutschen Kodizes, Streuüberlieferung und Sammlungen kleinerer Texte neben Sammelhandschriften mit umfangreichen Werken. Die Zahl der deutschen Handschriften vermehrte sich allerdings, mit gattungsspezifischen Unterschieden, rasant: Die poetischen Denkmäler spielten quantitativ keine große Rolle. Heinrich Wittenwilers narrativ-didaktisches Großepos *Der Ring* (um 1410?), das man zu den literarischen Glanzleistungen des späten Mittelalters zählt, ist in einer einzigen Handschrift überliefert, anderes hingegen, vor allem pragmatisches Schrifttum, massenhaft: Vom *Vocabularius Ex quo* etwa, einem 1410 oder wenig früher entstandenen lateinisch-deutschen Wörterbuch, sind 309 handschriftliche Textzeugen sowie 37 Druckauflagen bekannt. Thomas Peuntners *Büchlein von der Liebhabung Gottes*, ein katechetisches Erbauungsbuch (erste Fassung 1428), ist in 72 Handschriften und neun Druckauflagen erhalten, das Normalkorpus der *Elsässischen Legenda aurea* in 34 Handschriften und 13 Drucken – die lateinische Vorlage des Jacobus de Voragine jedoch in weit über 1000 Handschriften! –, die alemannischen *Vitaspatrum* (erstes Drittel 14. Jahrhundert), eine Sammlung von Eremiten- und Mönchsviten sowie Lehrgesprächen, in 83 Handschriften und 14 Drucken, die *Rechtssumme* Bruder Bertholds (1300/40?), ein Kompendium des geistlichen und weltlichen Rechts, in 81 Vollhandschriften und Fragmenten sowie in 12 Inkunabeln und Frühdrucken, und von den seit 1300 entstandenen Übersetzungen des *Compendium theologicae veritatis* Hugo Ripelins von Straßburg, eines theologischen Lehrbuchs, sind 56 Handschriften erhalten.

Literatur: Peter Becker: Handschriften und Frühdrucke mittelhochdeutscher Epen. Eneide, Tristrant, Tristan, Erec, Iwein, Parzival, Willehalm, Jüngerer Titurel, Nibelungenlied und ihre Reproduktion und Rezeption im späten Mittelalter und in der frühen Neuzeit. Wiesbaden 1977; Christa Bertelsmeier-Kierst: Aufbruch in die Schriftlichkeit. Zur volkssprachlichen Überlieferung im 12. Jahrhundert. Wolfram-Studien 16 (2000) 157–174; dies.: Von der *vocalité* zur schriftgestützten Kommunikation. Zum volkssprachlichen Literalisierungsprozeß (1200–1300). In: Die Präsenz des Mittelalters in seinen Handschriften. Hg. von Hans-Jochen Schiewer und Karl Stackmann. Tübingen 2002, S. 49–61; Horst Brunner: Die alten Meister. Studien zur Überlieferung und Rezeption der mittelhochdeutschen Sangspruchdichter im Spätmittelalter und in der frühen Neuzeit. München 1975 (MTU 54); Bumke, Höfische Kultur, S. 718–783; Joachim Bumke: Epenhandschriften. Vorüberlegungen und Informationen zur Überlieferungsgeschichte der höfischen Epik im 12. und 13. Jahrhundert. In: Philologie als Kulturwissenschaft. Fs. für Karl Stackmann. Hg. von Ludger Grenzmann. Göttingen 1987, S. 45–59; Deutsche Handschriften 1100–1400. Oxforder Colloquium 1985. Hg. von Volker Honemann und Nigel F. Palmer. Tübingen 1988; Entstehung und Typen mittelalterlicher Lyrikhandschriften. Akten des Grazer Symposiums 13.–17. Oktober 1999. Hg. von Anton Schwob und András Vizkelety. Bern u. a. 2001 (Jahrbuch für Internationale Germanistik. Reihe A, Kongreßberichte 52); Hans Fromm: Die mittelalterliche Handschrift und die Wissenschaften vom Mittelalter. Staatsbibliothek Preußischer Kulturbesitz. Mitteilungen 8 (1976) 35–62; Joachim Heinzle: Handschriftenkultur und Literaturwissenschaft. Literaturwissenschaftliches Jahrbuch 45 (2004) 9–28; Ernst Hellgardt: Die deutschsprachigen Handschriften im 11. und 12. Jahrhundert. Bestand und Charakteristik im chronologischen Aufriß. In: Deutsche Handschriften 1100–1400 (s. o.), S. 34–81; ders.: Die deutschen Zaubersprüche und Segen im Kontext ihrer Überlieferung. In: Atti della Accademia Peloritana dei Pericolanti. Classe di Lettere, Filosofia e Belle Arti 71 (1995), Messina 1997, S. 5–62; Franz-Josef Holznagel: Wege in die Schriftlichkeit. Untersuchungen und Materialien zur

Überlieferung der mittelhochdeutschen Lyrik. Tübingen/Basel 1995 (Bibliotheca Germanica 32); ders.: Typen der Verschriftlichung mittelhochdeutscher Lyrik vom 12. bis zum 14. Jahrhundert. In: Entstehung und Typen (s. o.), S. 107–130; ders.: Mittelalter. In: Geschichte der deutschen Lyrik. Stuttgart 2004, S. 11–94; Kartschoke, Geschichte der deutschen Literatur, S. 86–88 und S. 221–224; Sigrid Krämer: Handschriftenerbe des deutschen Mittelalters. 3 Bde. München 1989/90; Hugo Kuhn: Frühmittelhochdeutsche Literatur. In: ²RL, Bd. 1, S. 494–507; Uwe Neddermeyer: Von der Handschrift zum gedruckten Buch. Schriftlichkeit und Leserinteresse im Mittelalter und in der frühen Neuzeit. Bd. 1. Wiesbaden 1998 (Buchwissenschaftliche Beiträge aus dem Deutschen Bucharchiv München 61); Friedrich Neumann: Überlieferungsgeschichte der altdeutschen Literatur. In: Geschichte der Textüberlieferung der antiken und mittelalterlichen Literatur. Bd. 2: Überlieferungsgeschichte der mittelalterlichen Literatur. Von Karl Langosch u. a. Zürich 1964, S. 641–702; Schrifttafeln zum althochdeutschen Lesebuch. Hg. von Hanns Fischer. Tübingen 1966; Burghart Wachinger: Deutsche und lateinische Liebeslieder. Zu den deutschen Strophen der Carmina Burana. In: Der deutsche Minnesang. Aufsätze zu seiner Erforschung. Bd. 2. Hg. von Hans Fromm. Darmstadt 1985 (WdF 608), S. 276–308; Jürgen Wolf: Buch und Text. Literatur- und kulturhistorische Untersuchungen zur volkssprachlichen Schriftlichkeit im 12. und 13. Jahrhundert. Tübingen 2008 (Hermaea N. F. 115).

II. Das Mittelalter als Literaturepoche

1. Periodisierung und Binnengliederung

Die Frage nach der zeitlichen Eingrenzung des Mittelalters als Literaturepoche und seiner Binnengliederung scheint nur auf den ersten Blick überflüssig zu sein. Tatsächlich geben Epochengrenzen eine wichtige Orientierung bei der Rekonstruktion literarhistorischer Zusammenhänge und Veränderungen und speziell auch bei der ›Verortung‹ eines literarischen Denkmals. Um so wichtiger ist es, sich über solche Epochenmarken und über die Kriterien, die zur Epochenbildung führen, zu verständigen.

Autoren und Herausgeber von Literaturgeschichten sind oft ganz verschiedene Wege gegangen, und sie haben auch verschiedene Epochenbenennungen gewählt. Der eine oder andere hat sich an Wendepunkten der politischen oder der Frömmigkeitsgeschichte orientiert. Besonders auffällig ist dies bei Helmut de Boor, der die um 1050/60 anhebende Literaturepoche mit dem Etikett ›cluniazensisch‹ versieht und dessen Epochendatum 1250 eines der Ereignisgeschichte ist: Es ist das Todesjahr Kaiser Friedrichs II. Auch Max Wehrli hat die erste Hälfte seiner Literaturgeschichte nach der Allgemeinhistorie gegliedert: ›Von der Völkerwanderung bis zum Ende der Ottonen‹, ›Salische und frühe staufische Zeit‹, ›Die ritterlich-höfische Dichtung der Stauferzeit‹. Wenn Horst Brunner hingegen eine althochdeutsche, mittelhochdeutsche und frühneuhochdeutsche Epoche unterscheidet, dann orientiert er sich an der Sprachgeschichte. In fünf Großabschnitte ist hingegen Karl Bertaus Geschichte der deutschen Literatur von 800 bis 1220 unterteilt: ›Von der fränkischen Spätantike zum Imperium Sacrum‹, ›Translatio Imperii auf die weströmische Kirche‹, ›Wanderung der Weltgeschichte nach Frankreich‹, ›Kaiser Karl und König Artus‹ und ›Mittelhochdeutsche Literaturblüte im gespaltenen Imperium‹. Die Gliederung nimmt in diesem Fall konsequent auf das Gesamtprogramm – Darstellung der deutschen Literatur im Kontext der europäischen Geschichte – Bezug.

Unumstritten ist der Beginn der deutschen Literatur des Mittelalters, der in das 8. Jahrhundert fällt. Das älteste Zeugnis der deutschen Literaturgeschichte ist der *Abrogans*, ein lateinisch-deutsches Glossar, das seinen Namen nach dem ersten lateinischen Stichwort erhielt; es ist um das Jahr 750 (?) entstanden. Nicht ganz so einfach verhält es sich mit der Abgrenzung der Großepoche Mittelalter zur frühen Neuzeit hin. Favorisiert hat man zwei Zeitmarken, die Jahre um 1450/60 und um 1500/20, wobei die ältere üblicherweise mit der ›Einbürgerung‹ des italienischen Humanismus in Deutschland begründet wurde. In diesem Zusammenhang verwies man auf die Neuerungen an den Universitäten, an den fürstlichen und städtischen Kanzleien, auf die Entwicklung eines ganz anders gearteten Bildungsprogramms und auf die Neuorientierung der Literatur an der klassischen Antike. Was man allerdings nicht berücksichtigte: Die Kronzeugen für den Epochenwandel in der deutschen Literaturgeschichte um 1450/60 schrieben Latein, sind also für die Periodisierung der deutschen Literatur nicht geeignet. Von einer deutschen Antikerezeption und einem Humanismus in deutscher Sprache kann erst seit etwa 1500 die Rede sein. Doch erst die religiösen und sozialen Umwälzungen im Zusammenhang mit der Reformation wirkten sich massiv auf die Literatur aus. In der Zeit nach 1520 entstanden neue literarische Formen und Gattungen, und wo man die alten Formen und Typen beibehielt, wurden sie mit neuem Inhalt gefüllt. Es spricht deshalb vieles dafür, das Ende des Mittelalters in der deutschen Literatur auf die Jahre um 1500/20 festzulegen.

Was die Binnengliederung angeht, so unterscheidet man üblicherweise und in Anlehnung an den Sprachgebrauch der Historiker drei Epochen, die weiter untergliedert werden können: die Literatur des frühen, des hohen und des späten Mittelalters.

Die älteste Epoche der deutschen Literaturgeschichte umfasst den Zeitraum von etwa 750/60 bis um 900; ihr rechnet man alle Denkmäler in althochdeutscher und altsächsischer Sprache zu. Zwischen dieser Epoche und der folgenden, dem Jahrhundert zwischen 1050/60 und 1160/70, klafft eine Lücke von gut 150 Jahren, in denen offensichtlich so gut wie keine volkssprachige Literatur entstanden ist. Diese Zäsur macht es uns leicht, die beiden Zeitabschnitte voneinander abzugrenzen. Inhaltlich-thematisch gehören sie jedoch eng zusammen. Es ist ganz überwiegend geistliche Literatur, die in den Jahren nach dem Neueinsatz entstanden ist: Literatur zur geistlichen Unterweisung und Sicherung des Seelenheils, Formen des unmittelbaren Glaubensvollzugs und der erzählenden Aneignung des Glaubens- und Heilswissens.

Zu Recht hat man das Ende dieser Epoche auf die Jahre um 1160/70 festgesetzt. Die Literatur der höfischen Klassik unterscheidet sich signifikant von der vorausgehenden durch die Wahl der literarischen Stoffe und Themen, durch die Entwicklung neuer Gattungsmuster und durch den sozialen Stand der Autoren, Auftraggeber und des Publikums, auch durch neue Überlieferungsformen. Es ist eine elitäre weltliche Literatur in der Volkssprache für die soziale Elite am Hof, die höfische Lebensformen und höfisches Lebensideal vorbild- und beispielhaft zur Anschauung bringt und in ihren zentralen Gattungen, der Lyrik (Minnesang und Sangspruch) und höfischem Epos/Roman adelige Lebensmodelle zur Diskussion stellt.

Die zeitliche Erstreckung der höfischen Klassik ist umstritten. Diskutiert wurden vor allem zwei Grenzmarken, nämlich 1220/30 und 1300/20. Beide Ansätze können sich auf signifikante literarhistorische Daten stützen. Für den Frühansatz sprechen ganz neue Gattungstraditionen, die seit 1220/30 aufkamen: Rechtsaufzeichnungen in deutscher Sprache, Weltchroniken, epische und didaktische Kleinformen wie Verserzählungen, Bîspel, Reden, neue Formen geistlicher Prosa und anderes mehr. Gemeinsam ist diesen neuen Texttypen, dass es sich jeweils um Äußerungsformen handelt, die vormals der Mündlichkeit oder dem Lateinischen vorbehalten waren. Die um 1220/30 aufkommende Literatur markiert einen neuen Schub in der Verschriftlichung der Volkssprache, den Durchbruch der Prosa und eine fortschreitende Emanzipation der Volkssprache aus der Vorherrschaft des Lateins. Mit ihr ist ein entscheidender Schritt zur Etablierung einer eigenständigen Schriftkultur der Laien getan. Die nach 1220/30 entstandene Literatur ist Ausdruck dieses Vorgangs und Vehikel zugleich. Das würde es rechtfertigen, das Ende des hohen Mittelalters und den Beginn der neuen Epoche, des späten Mittelalters, auf die Jahre um 1220/30 festzusetzen. Es ist dies der Ansatz, für den Joachim Heinzle sich in seiner Literaturgeschichte entschieden hat.

Andere Literarhistoriker gaben indes der Zäsur um 1300/20 den Vorzug. Sie kann damit begründet werden, dass eben um diese Zeit wichtige Literaturgattungen des hohen Mittelalters abbrachen. Es sind dies namentlich der Roman, die Heldenepik und die Lieddichtung. Tatsächlich entstanden nach 1320 keine Romane mehr, die sich an die alte Tradition anschließen lassen; für die Lieddichtung lässt sich ein vergleichbarer Traditionsbruch feststellen. Wer den späteren Ansatz privilegiert, erklärt den Zeitraum zwischen 1220/30 und 1300/1320 gern zur Übergangszeit, so z. B. Max Wehrli in seiner Literaturgeschichte. Es ist eine Zeit, in der neben dem Neuen auch lange noch das Alte existierte: Die älteren literarischen Themen und Formen waren noch produktiv, es entstanden noch neue Werke nach den alten Gattungsmustern; diese mussten aber zunehmend mit neuen literarischen Typen und mit neuen Stoff- und Wissensgebieten konkurrieren.

Zur Wahl stehen also zwei Möglichkeiten: Entweder man orientiert sich am Auftreten signifikanter Neuerscheinungen oder am Abbruch markanter Traditionslinien; je nachdem endet das hohe Mittelalter um 1220/30 oder um 1300/20. Beide Verfahren sind legitim, und für beide gibt es Beispiele in den gängigen Literaturgeschichten. Die Diskussion um die Epochengrenzen vermag so bewusst zu halten, dass das Mittelalter als Ganzes und die Binnengliederung keine axiomatischen Größen sind, vielmehr, wie jede Epochensetzung und Periodisierung, literaturwissenschaftliche Hilfsmittel, die gleichwohl für das historische Verstehen unentbehrlich sind. Diese Einführung gibt dem frühen Zeitansatz um 1220/30 den Vorzug, um der Gefahr zu entgehen, den entscheidenden literarischen Neuerungen einer Zeit nicht jenes Gewicht zuzumessen, das ihnen von ihrer Bedeutung her zukommt. Sie unterscheidet also folgende Epochen:

750/60–900	Die Literatur des frühen Mittelalters
1050/60–1160/70	Der Wiederbeginn der Literatur im hohen Mittelalter
1160/70–1220/30	Die Literatur der höfischen Klassik
1220/30–1500/20	Die Literatur des späten Mittelalters

Literatur: Horst Brunner: Probleme der Literaturgeschichtsschreibung des Spätmittelalters. In: Neuere Aspekte germanistischer Spätmittelalterforschung. Hg. von Freimut Löser, Klaus Wolf, Robert Steinke und Klaus Vogelsang. Wiesbaden 2012 (Imagines Medii Aevi 29), S. 23–34; Epochenschwellen und Epochenstrukturen im Diskurs der Literatur- und Sprachhistorie. Hg. von Hans Ulrich Gumbrecht und Ursula Link-Heer. Frankfurt a. M. 1985 (stw 486); Epochenschwelle und Epochenbewußtsein. Hg. von Reinhart Herzog und Reinhart Koselleck. München 1987 (Poetik und Hermeneutik 12); Joachim Heinzle: Wann beginnt das Spätmittelalter? ZfdA 112 (1983) 207–223; Johannes Janota: Das vierzehnte Jahrhundert – ein eigener literarhistorischer Zeitabschnitt? In: Zur deutschen Literatur und Sprache des 14. Jahrhunderts. Dubliner Kolloquium 1981. Hg. von Walter Haug u. a. Heidelberg 1983, S. 9–24; Dorothea Klein: Wann endet das Spätmittelalter in der Geschichte der deutschen Literatur? In: Forschungen zur deutschen Literatur des Spätmittelalters. Fs. für Johannes Janota. Hg. von Horst Brunner und Werner Williams-Krapp. Tübingen 2003, S. 299–316; Fritz Peter Knapp: Herbst des Mittelalters? Historische Beschreibung, Bewertung und Periodisierung der spätmittelalterlichen Literatur. In: Neuere Aspekte germanistischer Spätmittelalterforschung (s. o.), S. 11–22; Hubert Paul Hans Teesing: Das Problem der Perioden in der Literaturgeschichte. Groningen 1949; Michael Titzmann: Probleme des Epochenbegriffs in der Literaturgeschichtsschreibung. In: Klassik und Moderne. Die Weimarer Klassik als historisches Ereignis und Herausforderung im kulturgeschichtlichen Prozeß. Hg. von Karl Richter und Jörg Schönert. Stuttgart 1984, S. 98–131.

2. Probleme der Datierung und Lokalisierung

Literarhistorisch zu arbeiten heißt, Autoren und Werke in ein zeitliches Kontinuum einzuordnen und die Entwicklung von Gattungen zu beschreiben. Das setzt üblicherweise genaue Kenntnis der Entstehungszeit eines Textes voraus. Der mediävistische Literaturwissenschaftler sieht sich hier allerdings mit fundamentalen Problemen konfrontiert. Denn den Fall, dass ein Autor die Fertigstellung eines Werkes datiert hätte, gibt es vereinzelt erst im späten Mittelalter. So hat ein gewisser Seifrit in seiner Alexanderdichtung notiert, dass er die Dichtung in der Martinsnacht, also am 11. November, des Jahres 1352 vollendet habe (v. 9027–30). Ein anderes Beispiel ist Hans Sachs, der produktivste und berühmteste Dichter des 16. Jahrhunderts, der gewissenhaft den Abschluss einer jeden Dichtung, ob Meisterlied, Drama oder Spruchgedicht, notiert hat.

Davor sind allenfalls Datierungen durch den Schreiber einer Handschrift überliefert. So hält ein unbekannter Schreiber am Schluss seiner Abschrift des *Liet von Troie* Herborts von Fritzlar – es ist der einzige vollständige Textzeuge – fest, dass er den Roman im Jahre 1333 im Auftrag des Deutschordensritters Wilhelm von Kirweiler kopiert habe: *Do er diz buch scriben hiez / Das was al vur war / Von gotes geburt druzehenhundert iar / Vnd in dem dri vnd drizgesten darnach / Zv wirtzeburg daz geschach / Daz diz buch gescriben wart.* Manchmal finden sich solche Einträge auch mitten im Text, wo man sie gar nicht vermuten würde. So bemerkt ein Schreiber beim Wortartikel *Jubileus* »Jubeljahr« in einer Abschrift des lateinisch-deutschen Wörterbuchs Jakob Twingers von Königshofen: *Quartus jubileus fuit institutus per papam nicolaum anno domini Mcccc°l°. Et a tempore natiuitatis cristi usque ad tempus quo presens liber per me johannem fritag de northuß erat scriptus non fuerunt plures jubilei quam quatuor ut supra dictum est* (»Das vierte Jubeljahr wurde von Papst Nikolaus im Jahr 1450 installiert. Und von der Zeit von Christi Geburt bis in die Zeit, in der das vorliegende Buch von mir, Johannes Fritag aus Nordhausen [südlich von Straßburg], geschrieben war, gab es nicht mehr als vier Jubeljahre, wie oben gesagt«). Die Handschrift muss also nach 1450 geschrieben sein.

In vielen Fällen, und bis 1300 beinahe generell, sind Werke und Handschriften indes nicht datiert. Hier ist dann der kriminalistische Spürsinn der Philologen gefragt. Ein exaktes Datum wird dabei nicht zu ermitteln sein, sondern immer nur Näherungswerte.

Einen ersten Ansatzpunkt gewährt die Schriftform der frühesten Abschrift, bei Papierhandschriften oft auch die Wasserzeichen. Auf den paläographischen Befund stützt sich insbesondere die Datierung unikal überlieferter Denkmäler, wie sie typisch für die frühe Zeit sind. Aufgrund solcher Indizien konnte die Aufzeichnung des *Hildebrandliedes* auf die Zeit um 830/40 datiert werden, die der beiden *Merseburger Zaubersprüche* in die erste Hälfte des 10. Jahrhunderts. Über die eigentliche Entstehungszeit sagt das allerdings noch nichts aus. Gewonnen ist damit nur ein *terminus ante quem.* Für eine genauere Datierung müssen andere Kriterien herangezogen werden.

Im Fall des *Hildebrandliedes* sind dies etwa sprachliche Indizien, vor allem der Umstand, dass der Dichter noch [h] vor Konsonant stabte. Da das anlautende [h] vor Konsonant im Althochdeutschen gegen Ende des 8. Jahrhunderts verschwand, hat man daraus geschlossen, dass das *Hildebrandlied* vor dieser Zeit entstanden sein muss. Der Stoff freilich ist noch älter. Im Falle der beiden *Merseburger Zaubersprüche* spricht allein der Inhalt, die Nennung germanischer Götter und das Fehlen aller christlichen Elemente, für eine Entstehung noch in vorchristlich-germanischer Zeit. Genaueres lässt sich nicht sagen.

Eine andere Möglichkeit der Datierung bieten literarische Bezüge und Anspielungen im Text oder die Erwähnung eines Werks in anderen Texten. Solche intertextuellen Verweise erlauben es, den Entstehungszeitraum eines Werkes wenigstens annähernd einzugrenzen und eine relative Chronologie festzulegen. Beide Möglichkeiten hat man z. B. für die Datierung des *Helmbrecht*, einer Verserzählung Wernhers des Gartenæres, genutzt, die nur in zwei späten Handschriften vom Beginn des 15. bzw. 16. Jahrhunderts überliefert ist. Hinweise geben die zentralen Motive, die exorbitante Haube und die skurrile Haar- und Kleiderpracht des Helden, und dieser selbst, der den Typus des geckenhaften Bauernburschen repräsentiert. Beides sind literarische Anleihen, die Wernher wahrscheinlich vom Dichter Neidhart bezogen hat. Da wir aus anderen Quellen wissen, dass Neidhart zwischen 1237 und 1246 gestorben sein muss, ist damit ein *terminus a quo* für die Datierung des *Helmbrecht* gewonnen. Die obere Grenze, der *terminus ante quem*, ist festgelegt durch das I. und das XV. Gedicht im *Seifried Helbling*, die zwischen 1291, d. h. nach dem Tod Rudolfs von Habsburg, und 1299 entstanden sein müssen; hier finden sich Anspielungen auf den *Helmbrecht*. Der *Helmbrecht* ist also mit Sicherheit nach 1237/46 und vor 1291/99 entstanden; alle genaueren Datierungsversuche müssen Hypothese bleiben.

Für die Chronologie eines Autorenœuvres hat man zusätzlich die Möglichkeit, mit Stilkriterien – Wortwahl, Reimtechnik, Versfüllung, Verhältnis von Sprach- und Versrhythmus – zu argumentieren. Aufgrund solcher stilkritischen Erwägungen nimmt man z. B. an, dass Hartmann von Aue zuerst seinen *Erec* gedichtet hat, dann die *Klage*, eine minnedidaktische Abhandlung, die beiden höfischen Legenden *Gregorius* und *Armer Heinrich* und am Schluss den *Iwein*. Nicht im Falle Hartmanns, aber grundsätzlich ist eine solche Datierung problematisch, weil sie den Gattungsaspekt vernachlässigt; im Allgemeinen ist damit zu rechnen, dass jede literarische Gattung ihre je eigenen Stilmittel erfordert.

Zu welchen Fehlentscheidungen eine Datierung mit Hilfe von Reim- und Verstechnik, Wortschatz und Stil führen kann, zeigt das Beispiel der *Kaiserchronik*, die in Versbau, Reimtechnik und Syntax ausgesprochen archaisch wirkt: Es bestehen fast durchgängig Assonanzen; die Verse sind nicht regelmäßig gefüllt; Parataxe dominiert; Satzgrenze und Grenze des Verspaars fallen in der Regel zusammen. Dieser stilistische Befund und inhaltliche Kriterien – die Benutzung des *Annoliedes* im Cäsarabschnitt, das der zum Bischof von Regensburg promovierte Siegburger Abt Kuno mitgebracht haben dürfte, führten zu einer Frühdatierung auf die 1120er Jahre. Heute engt man die Entstehungszeit hauptsächlich auf die vierziger Jahre ein. Eine genaue Fixierung scheiterte nicht zuletzt an der Frage der Auftraggeber; wir können sie nur vermuten.

Generell ist das Kriterium von Sprache und Stil, solange es nicht auf ein Autorœuvre bezogen ist, problematisch: Denn es setzt nicht nur voraus, dass man in allen Regionen des Reichs stilgeschichtlich auf gleichem Niveau war, sondern auch, dass der Autor sprachlich-stilistisch auf der Höhe der Zeit, also nicht etwa einem älteren Reim- und Stilideal verpflichtet war, und Sprache und Stil nicht von einer möglichen Vorlage abhängig waren. Bei allen Datierungen mittels Wortschatz, Reim- und Verstechnik usw. sind also regionale und individuelle Unterschiede sowie die stilistische Abhängigkeit von der Vorlage in Rechnung stellen. Letzteres gilt insbesondere für die Dichter an der Schwelle zur höfischen Zeit: Hier »hat das Form- und Stilniveau der

Quelle eine Bedeutung, die das Niveau des deutschen Werks mitbestimmt« (L. Peter Johnson). Eine Datierung, die allein mit Form- und Stilphänomenen argumentiert, ist so auf jeden Fall mit großen Unsicherheiten belastet.

Anhaltspunkte für die Datierung bieten schließlich auch die in den literarischen Texten erwähnten historischen Ereignisse und Personen; sie allein erlauben eine absolute Chronologie. Für die Literatur der höfischen Zeit haben wir zwei solcher Daten, auf denen letztlich unser gesamtes chronologisches Gerüst der Epoche beruht. Das eine Datum ist das der Hochzeit der Gräfin Margarete von Kleve mit dem Landgrafen Ludwig III. von Thüringen vermutlich in Kleve im März 1174 (ganz sicher ist das nicht), auf der ein Graf Heinrich dem Dichter Heinrich von Veldeke sein zu vier Fünfteln fertiggestelltes Romanmanuskript entwendete und nach Thüringen mitnahm (vgl. *Eneasroman* 352,19–354,1). Allgemein nimmt man an, dass der Dieb der 1180 verstorbene Bruder des Landgrafen war. Erst neun Jahre später, also 1183, konnte Veldeke nach eigener Aussage sein Manuskript vollenden. Die Schlusspartie des *Eneasromans* entstand jedenfalls vor 1190, weil sie Hermann noch als Pfalzgrafen von Sachsen adressiert und nicht als Landgrafen, der er erst 1190 wurde. Die gesamte Epik um oder nach Veldeke wird mit Hilfe dieser Daten fixiert: der *Straßburger Alexander*, eine modernisierte Version von Lambrechts *Alexander*, der *Tristrant* Eilharts von Oberg, der *Graf Rudolf* u. a. Entscheidend ist dabei, wie man jeweils die literarischen Relationen zwischen dem *Eneasroman* und den anderen Romanen beurteilt. Je nachdem, ob man Veldeke als Gebenden oder Nehmenden deutet, hat sein Roman zeitliche Priorität oder nicht.

Das für die Literaturgeschichte des hohen Mittelalters zweite wichtige Datum ist die Zerstörung der Erfurter Weinberge wohl anlässlich der Belagerung der Stadt 1203, als Philipp von Schwaben von den Verbündeten Ottos IV. in Erfurt eingeschlossen wurde. Darauf spielt Wolfram im VII. Buch des *Parzival* an, wenn er die Verheerung, welche die reitende Kriegerschar des Herrn Poydiconjunz anrichtet, mit den von Pferdehufen zertrampelten Erfurter Weinbergen vergleicht (379,18–20). Man schließt daraus, dass Wolfram diese Passage nicht lang danach, also um das Jahr 1205, formuliert haben kann. Da Wolfram im V. Buch bereits auf Hartmanns *Iwein* verweist, heißt das, dass dieser vor 1205 vorgelegen haben muss. Ähnliches gilt auch für das *Nibelungenlied*, das Wolfram im VIII. Buch zitiert; 420,26 ff. rät Liddamus ausdrücklich unter Bezug auf Rumolt vom Kampf ab: Er wolle lieber wie Rumolt handeln, der König Gunther geraten hatte, die Einladung ins Hunnenreich abzulehnen und lieber zu Hause zu bleiben. Aus der parodistischen Erwähnung des burgundischen Küchenmeisters ergibt sich, dass das Heldenepos älter als der *Parzival* sein muss. Aufgrund der Vers- und Reimtechnik lässt sich die Entstehungszeit des *Nibelungenliedes* noch genauer eingrenzen: nach 1185/90, weil das Epos die Standards aufweist, die im letzten Viertel des 12. Jahrhunderts erreicht waren, und vor 1205, wegen der Anspielung im *Parzival*. Vom Weingartendatum ist schließlich auch die Datierung von Gottfrieds *Tristan* abhängig; er dürfte nach dem *Parzival* entstanden sein, da Wolfram nur die altertümliche, bei Eilhart bezeugte Namensform *Isalde* kennt, nicht aber *Isolde* bzw. *Isôt*, wie die Dame bei Gottfried heißt. Was wir so durch die Kombination verschiedener Indizien in der Regel ermitteln können, ist ein Datierungsrahmen, so gut wie nie aber ein fixes Datum. Das ändert sich erst und auch nur partiell im späten Mittelalter.

Mit ähnlichen Unsicherheiten ist auch die Lokalisierung eines Autors und Werks belastet. Erste Hinweise auf den Entstehungsraum kann die Schreibsprache der frühesten Handschrift(en) geben, oft auch die Reimsprache. Hartmann von Aue beispielsweise verrät sich durch spezifische Reimbindungen als Alemanne, obwohl er ansonsten die überregionale oberdeutsche Literatursprache benutzt. Bestätigt wird diese Zuordnung durch das Zeugnis eines späteren Dichterkollegen, Heinrichs von dem Türlin, der Hartmann Herkunft *von der Swâbe lande* bescheinigt. Gemeint ist damit keine reale politische Einheit, sondern das alte Stammesherzogtum, das vom bairischen Schwaben im Osten bis ins Elsass und vom heutigen südlichen Württemberg und Baden bis in die Nordschweiz reichte. Die Herkunftsbezeichnung *von Ouwe*, die Hartmann selbst verwendet, gibt für eine Lokalisierung hingegen nichts her: Es gibt mehrere Orte mit dem Namen in der Region, die als Heimatorte Hartmanns in Frage kommen.

Der spezifische Gebrauch der Reime und Reimwörter allein kann allerdings auch in die Irre führen, wie man am Beispiel des Strickers, eines Berufsdichters aus der ersten Hälfte des 13. Jahrhunderts, studieren kann. Seiner Reimsprache nach stammte er aus dem südlichen Rheinfranken. Es ist dies aber keineswegs das Gebiet, in dem er wirkte. Ortsnennungen sowie Anspielungen auf aktuelle zeitgenössische Ereignisse machen es vielmehr wahrscheinlich, dass er überwiegend oder sogar ausschließlich in Österreich tätig war. Öfters muss der ursprüngliche Reim auch erst aus der abschriftlichen Überlieferung rekonstruiert werden. Die Erzählung von Mauricius von Craûn z. B. ist nur in einer bairischen Handschrift des frühen 16. Jahrhunderts überliefert. Der Text selbst aber, etwa 300 Jahre älter, muss am Oberrhein irgendwo zwischen Straßburg und Worms entstanden sein. Dafür spricht der Übergang von auslautendem /m/ zu /n/; *Craûn* reimt sich da auf *rûn* für normalmhd. *rûm* »Raum« und *man* auf *vernan* für normalmhd. *vernam*.

Auch innerliterarische Hinweise, z. B. Ortsnamen, können Anhaltspunkte für eine Lokalisierung geben. Wie kompliziert die Dinge allerdings sein können, lässt sich am Beispiel des *Helmbrecht* zeigen. Überlieferungsgeschichtliche Grundlage der Lokalisierungsdiskussion sind die Namen: Handschrift A nennt Hohenstein, Waldenberg und den Brunnen von Wanghausen; sicher identifiziert ist hiervon nur Wanghausen auf der Innviertler Seite des Inn. Handschrift B nennt die Orte Wels, Traunberg und Leonbach im österreichischen Traungau. In keinem Fall dienen die Namen dazu, das erzählte Geschehen zu verorten; sie lassen nicht einmal Rückschlüsse auf die vom Autor eingesetzten Namen zu. Vielmehr sind sie austauschbare Variable, dem Zugriff der Schreiber ausgesetzt, die einen aktuellen Bezug zur textexternen Lebenswelt der Zuhörer oder Leser herstellen, mit dem Effekt der Aktualisierung der Erzählung im konkreten Vortrag. Als Entstehungsraum ist demnach nur das österreichisch-bairische Grenzgebiet gesichert, worauf der spezifische Wortschatz hindeutet (z. B. *scherge* in der Bedeutung »Gerichtsvollzieher, Henker« und die Speisebezeichnungen) sowie die Nachwirkung des *Helmbrecht* im *Seifried Helbling*, beim Pleier und bei Ottokar von Steiermark. Einfacher liegen die Dinge dort, wo Auftraggeber genannt sind und diese sich eindeutig identifizieren lassen. Aufs Ganze gesehen, ist unser Wissen über den konkreten lebensweltlichen Ort der Literatur im Mittelalter aber begrenzt.

Literatur: Johanne Autenrieth: Probleme der Lokalisierung und Datierung von spätkarolingischen Schriften. Codicologica 4 (Litterae textuales). Leiden 1978, S. 67–74; Theo Gerardy: Der Identitätsbeweis bei der Wasserzeichendatierung. Archiv für Geschichte des Buchwesens 9 (1969) 733–778; Gerhardt Powitz: Datieren und Lokalisieren nach der Schrift. Bibliothek und Wissenschaft 10 (1976) 124–136; Schneider, Paläographie/Handschriftenkunde.

3. Die Epochen im Überblick

Der folgende Abriss bezieht politische und kulturhistorische Entwicklungen nur insofern ein, als sie für die Entstehung der deutschen Literatur unabdingbar scheinen. Historische Ereignisse bleiben ansonsten ausgeklammert, nicht zuletzt deshalb, weil ein unmittelbarer Zusammenhang zwischen politischer Ereignisgeschichte und Literatur kaum einmal nachweisbar ist. Zur Orientierung sind Grunddaten der politischen Geschichte in tabellarischer Form beigegeben.

a. Die Literatur des frühen Mittelalters (750/60–900)

Volkssprachige Literatur für die Schule. Bildungsreform

Die ersten volkssprachigen Wörter kamen bereits im 6. Jahrhundert im Kontext lateinischer Aufzeichnungen des fränkischen Stammesrechts auf das Pergament; sie sind Relikte einer mündlichen Rechtspraxis, die noch keinen Kontakt mit der spätantiken, durch christliche Missionare vermittelten Schrift- und Buchkultur hatte. Eine mehr oder weniger systematische Verschriftung der Volkssprache begann allerdings erst um die Mitte des 8. Jahrhunderts im Zusammenhang mit dem Erlernen der Bildungssprache Latein. Es ist deshalb kein Zufall, dass das erste deutsche Buch ein Wörterbuch ist: der *Abrogans deutsch*, eine um 750 entstandene Übersetzung eines alphabetisch geordneten, mit dem Lemma *Abrogans* beginnenden lateinischen Synonymenwörterbuchs. Nur wenig jünger sind der *Vocabularius Sancti Galli*, ein nach Sachgruppen (Bäume, Pflanzen, Gewässer usw.) geordnetes lateinisch-deutsches Wörterbuch, und die *Samanunga worto*, eine kürzende und korrigierende Bearbeitung des *Abrogans*, beide um 790 entstanden.

Solche umfangreichen Wortsammlungen blieben im frühen Mittelalter indes die Ausnahme. Die Regel waren auf einen konkreten Einzeltext bezogene Glossen: deutsche Wörter oder Wortfolgen, die an den Rand der lateinischen Texte oder zwischen die Zeilen geschrieben wurden und der Erklärung schwieriger lateinischer Wörter und Wortformen, Sätze oder Satzteile dienten. Die eminente Bedeutung der Glossen für das althochdeutsche Schrifttum belegen Überlieferungszahlen: Noch heute besitzen wir über 1100 Handschriften mit althochdeutschen Glossen. Viele dieser Textzeugen sind nur sporadisch glossiert, daneben eine größere Zahl relativ dicht.

Eher selten ist hingegen die durchgehende Glossierung, derart dass zwischen den lateinischen Zeilen eine vollständige deutsche Übersetzung steht. Selbständige, den Eigengesetzlichkeiten der deutschen Sprache folgende Übertragungen sind solche Interlinearübersetzungen nicht und wollen es auch nicht sein; es sind Schultexte zum Spracherwerb und zur Aneignung der lateinisch formulierten Bildung. Aus diesem Grund sind sie streng auf den lateinischen Ausgangstext bezogen, den sie Wort für Wort – öfters mit *ad hoc* gebildeten ›Kunstwörtern‹ – und Form für Form – diese bisweilen abgekürzt – wiedergeben, einschließlich der Spezifika des lateinischen Satzbaus wie Gerundivkonstruktionen und Akkusativ mit Infinitiv.

Die älteste und zugleich umfangreichste dieser für den Unterricht entstandenen Interlinearversionen ist die *Althochdeutsche Benediktinerregel* vom Anfang des 9. Jahrhunderts; wenig jünger sind die nur in Bruchstücken erhaltenen *Altalemannischen Psalmenübersetzungen*, die *Rheinfränkischen Cantica-Fragmente* und die sog. *Murbacher Hymnen*; in der um 850 angefertigten Abschrift der Übersetzung des lateinischen Reimgebets *Carmen ad deum* ist die ursprünglich interlineare Anordnung aufgelöst. Die bedeutendste Wort-für-Wort-Übersetzung, der *Althochdeutsche Tatian*, schließt zwar formal noch an den interlinearen Übersetzungstypus an, ist aber zweispaltig angelegt. Es handelt sich hierbei um die Übertragung einer lateinischen Fassung der Evangelienharmonie (›Diatessaron‹), einer Zusammenstellung der Geschichte Jesu, die der syrische Christ Tatian wohl im späten 2. Jahrhundert aus den Berichten der vier Evangelisten kompiliert hat. Entstanden ist der *Althochdeutsche Tatian* um 830 im Kloster Fulda, das sich in der ersten Hälfte des 9. Jahrhunderts unter dem berühmten Abt und Gelehrten Hrabanus Maurus (822–847) zum bedeutendsten Zentrum der frühmittelalterlichen Bildung in Deutschland entwickelt hatte. Ob der *Tatian* allein für die Schule und den Spracherwerb bestimmt war, scheint indes fraglich. Man denkt ihn sich auch als »rudimentäre, von der Volkssprache gestützte Einführung in den Inhalt der Evangelien« (Wolfgang Haubrichs).

Übersetzungen wie die beschriebenen hatten die Aufgabe, den angehenden *litteratus* mit der Sprache und den Inhalten der lateinischen Bildungswelt vertraut zu machen. In der Zeit um 800 entstanden indes zunehmend auch Übersetzungen, die dazu bestimmt waren, lateinische Texte den *illiterati* zu erschließen. Die entscheidenden Impulse für diese neue Entwicklung gingen von der Spitze des Reichs aus. Die deutsche Literatur, die etwa ab 800 entstand, darf man getrost als Ausdruck und Teil jener umfassenden Bildungserneuerung sehen, die Karl der Große gemeinsam mit seinen hochgebildeten geistlichen und weltlichen Beratern wie dem Angelsachsen Alkuin oder dem Westgoten Theodulf von Orléans ins Leben gerufen und nach allen Kräften gefördert hat.

Daten der Ereignisgeschichte I

Die Herrschaft der Karolinger

751–768	Pippin III. (der Jüngere) König der Franken
768–814	Karl der Große König der Franken
772–804	Sachsenkriege und Sachsenmission
773–774	Eroberung des Langobardenreichs
778	Spanienfeldzug Karls des Großen
788	Absetzung Herzog Tassilos III. von Baiern
789–812	Slawenkriege Karls des Großen
791–804	Awarenkriege Karls des Großen
795	Errichtung der spanischen Mark
800	Kaiserkrönung Karls des Großen
814–840	Kaiser Ludwig der Fromme
817	Regelung der Herrschaftsverhältnisse und Nachfolge im Frankenreich durch die *Ordinatio imperii*
830/833	Empörung der Söhne Lothar, Ludwig und Pippin
ab 834	Plünderungszüge der Normannen im Frankenreich
840–843	Machtkampf zwischen den Söhnen Ludwigs des Frommen
843	Teilung des Frankenreiches zwischen Lothar (Mittelreich), Ludwig dem Deutschen (Ostreich) und Karl dem Kahlen (Westreich) im Vertrag von Verdun
843–855	Kaiser Lothar I.
843–876	König Ludwig (II.) der Deutsche

843–877	König Karl (II.) der Kahle
855	Kaiserkrönung Ludwigs des Deutschen
855–869	Lothar II. König im Nordteil des Mittelreichs
870	Teilung des Mittelreichs zwischen Ludwig dem Deutschen und Karl dem Kahlen im Vertrag von Meersen
875	Kaiserkrönung Karls des Kahlen
876	Teilung des ostfränkischen Reichs zwischen Karlmann (876–880), Ludwig III. dem Jüngeren (876–882) und Karl III. dem Dicken (876–887)
881	Kaiserkrönung Karls III. des Dicken; Sieg des westfränkischen Königs Ludwig III. über die Normannen in der Schlacht bei Saucourt
882–887	Karl III. der Dicke Alleinherrscher im ostfränkischen Reich
885–887	Letzte Vereinigung des fränkischen Imperiums unter Karl III.
887–899	Arnulf von Kärnten König des ostfränkischen Reichs
891	Sieg Arnulfs über die Normannen in der Schlacht bei Löwen; Ende der Normannengefahr im ostfränkischen Reich
896	Kaiserkrönung Arnulfs von Kärnten
899–955	Plünderungszüge der Ungarn gegen Mitteleuropa und Byzanz
900–911	Ludwig IV. das Kind König im ostfränkischen Reich
911–918	Konrad I. von Franken König des ostfränkischen Reichs

Die Herrschaft der Ottonen

918–936	Herzog Heinrich I. von Sachsen König des ostfränkischen-deutschen Reichs (*regnum Teutonicum* erst ab 11. Jh.)
925	Rückgewinnung Lothringens
936–973	König Otto I. der Große
951/952	1. Italienzug Ottos I.; Huldigung als König der Langobarden
955	Sieg Ottos I. über die Ungarn in der Schlacht auf dem Lechfeld; Ende der Ungarnzüge gegen Mitteleuropa
961–965	2. Italienzug Ottos I. 962 Kaiserkrönung Ottos I.; Selbstkrönung zum König der Langobarden
966–972	3. Italienzug Ottos I.
967	Krönung seines Sohnes Otto zum Mitkaiser
973–983	Kaiser Otto II.
980–983	Italienzug Ottos II.
983–1002	König Otto III.; 984–991 Kaiserin Theophanu Regentin für ihren minderjährigen Sohn; 991–995 Kaiserin Adelheid Regentin für ihren Enkel
996	1. Italienzug und Kaiserkrönung Ottos III.
997	2. Italienzug Ottos III.; Konzept einer christlichen Erneuerung des römischen Reichs als Rahmen für großangelegte Missionspläne
1002–1024	König Heinrich II. der Heilige
1004	1. Italienzug Heinrichs II.; Krönung zum König von Italien
1013/1014	2. Italienzug Heinrichs II.
1014	Kaiserkrönung Heinrichs II.
1021/1022	3. Italienzug Heinrichs II.

Die Grundgedanken des Karlschen Bildungsprogramms sind in der *Epistola de litteris colendis* (»Sendbrief über die Pflege von Schreibkunst, Bildung und Wissenschaft«) von 784/85 und in der berühmten *Admonitio generalis* (»Allgemeine Vermahnung«) aus dem Jahr 789 niedergelegt.

Die an die Klöster, Bischofs- und Stiftskirchen des Reichs gerichtete *Epistola* ermahnt die Kleriker eindringlich, ihre Schreibfähigkeiten und Lateinkenntnisse inklusive der Kenntnisse in Rhetorik zu verbessern und eifrig das Studium der *litterae*, der »Wissenschaften«, zu betreiben, damit sie den in den heiligen Schriften verborgenen geistlichen Sinn richtig erfassen können. Dass Karl der Große an der Anhebung des Bildungsniveaus in den klösterlichen und anderen klerikalen Gemeinschaften interessiert war, hatte verschiedene Gründe. Die *Epistola* selbst benennt als entscheidende Triebkraft der Reform den Willen, »Gott durch rechte Lebensweise zu gefallen«, sowie die Furcht, die Geistlichen könnten durch Fehler in der Messe oder durch falsche Auslegung der Bibel Gottes Zorn erwecken. Man wird diese Motive durchaus ernstnehmen müssen, waren im frühen Mittelalter politisches Handeln und religiöses Verhalten doch kaum je einmal zu trennen. Es ging aber auch um die Effizienz der Reichsverwaltung und um die Effizienz der kirchlichen Missionstätigkeit. Vom Bildungsstand des Klerus, der das Monopol über die Schrift und über allen Schriftverkehr hatte, hing es ab, wie effektiv die Verwaltung arbeitete. Das war vor allem deshalb von Bedeutung, weil auf Karls Veranlassung hin Latein zur alleinigen Verwaltungssprache im Reich wurde. Vom Bildungsstand des Klerus hing aber auch die Qualität der Vermittlung des Glaubens an das Volk ab. Karls Bemühungen galten deshalb zunächst einmal der Verbesserung des Schul- und Bildungswesens.

Die Rahmenbedingungen dafür wurden in der *Admonitio generalis* festgelegt: In Klöstern und Bischofssitzen wurde die Einrichtung von Schreib- und Leseschulen und von Bibliotheken verbindlich gemacht. Das verwilderte, in örtliche Gebrauchsidiome zersplitterte Latein sollte nach dem Vorbild der klassisch-antiken *latinitas* von Grund auf reformiert werden, die Bischöfe sollten überprüfen, ob die Priester die Grundtexte der pastoralen Gebrauchsliteratur – Taufgelöbnis, Credo, Paternoster – und die liturgischen Texte beherrschen und verstehen.

Die *Admonitio generalis* gab aber auch den Anstoß zu einer kritischen Überprüfung der religiösen und kirchlichen Grundtexte. Verschiedene Gelehrte erhielten den Auftrag, den Bibeltext orthographisch zu revidieren und eine authentische Textfassung herzustellen. Revidiert wurde auch die Benediktinerregel, eine auf den Ordensgründer Benedikt von Nursia zurückgehende Sammlung von Vorschriften für das Zusammenleben im Kloster. Überprüft und vereinheitlicht wurden schließlich auch die Bücher, die im Gottesdienst benutzt wurden, die Psalmen und liturgischen Gesänge, die Berechnung der kirchlichen Festtage und anderes. In allen Fällen wurden Mustertexte abgeschrieben und an Kirchen und Klöster verschickt.

Auswirkungen hatten die Reformbestrebungen schließlich auch auf Schrift und Buchkultur. Bis dahin hatte man, je nach Schreibregion, unterschiedliche Provinzialschriften benutzt; nun wurde die Schrift vereinheitlicht. Im ganzen Frankenreich wurde die sog. karolingische Minuskel eingeführt; von den bisher im Gebrauch gewesenen Schrifttypen unterschied sie sich vor allem durch die Klarheit ihrer Formen. Zur gleichen Zeit entstanden Prachtkodizes mit eindrucksvollen Miniaturen; wie die kirchlichen Mustertexte waren sie als Vorlage und Orientierungshilfe für die Schreiber und Buchmaler gedacht. Die Erneuerung der Buchmalerei kam vor allem den sakralen Texten zugute.

Im Rahmen dieser umfassenden Bildungsreform gewann auch die Volkssprache an Bedeutung. Sie wurde nun entschieden in den Dienst des Glaubens, seiner Ausbreitung und Vertiefung gestellt. Man wird voraussetzen dürfen, dass die *litterati* sich für die Vermittlung der zentralen Inhalte des Glaubens an die *illiterati* von Anfang an der Volkssprache bedient haben. Die *Admonitio generalis* und nachfolgend verschiedene Capitularien und Statuten machten nun aber die Kenntnis der Kernstücke des Glaubens zur religiösen Pflicht eines jeden Laien. Sie gaben die Anweisung, dass jeder Laie Gelöbnisse und Gebete in seiner Sprache lernen sollte; den Geistlichen wurde eingeschärft, den Laien diese Texte beizubringen und zu erklären, »damit sie gut verstünden«, *bene intellegant*, »was sie beten, geloben und glauben sollen« (*Admonitio generalis*, c. 70). Es waren beileibe nicht nur fromme Motive, die Karl trieben, die Volkssprache in dieser Weise zu fördern. Hinter der Entstehung einer deutschen Literatur stand vielmehr ein handfestes machtpolitisches Interesse, das Interesse nämlich, die im Frankenreich vereinten Völker, die Franken, Alemannen, Baiern, Sachsen u. a., unter dem gemeinsamen Dach des Christentums zu integrieren und auf diese Weise die politische Herrschaft zu konsolidieren. Als Garanten der reichspolitischen Einheiten waren insbesondere die beiden Grundtexte des christlichen Glaubens, Credo und Paternoster, das Gebet, das Christus selbst gelehrt hat. Mit ihnen ließ sich eine Kultgemeinschaft begründen und zum Ausdruck bringen, die wiederum den politischen Zusammenhalt stärkte.

Über die Laienunterweisung hinaus wurde die Volkssprache aber auch das Mittel für die Geistlichen selbst, sich die Inhalte von Bibel, Liturgie und Theologie anzueignen. Die Volkssprache wurde damit in mannigfacher Weise zum Träger christlicher Inhalte. Im Dienst der Glaubensvermittlung entwickelte sie sich zur Schriftsprache.

Was man gemeinhin als ›karolingische Renaissance‹ bezeichnet, war ein auf das gesamte Reich der Franken bezogenes, mithin europäisches Phänomen. Die literarischen Zeugnisse in ›deutscher‹ Sprache mögen erst aus späterer Sicht als Ausgangspunkt einer Nationalkultur erscheinen. Zu der Zeit, in der sie entstanden, waren sie Ausdruck und Teil einer umfassenden geistig-kulturellen Bewegung, die Sprachgrenzen, wie es scheint, mühelos überstieg. Das ist im Hinterkopf zu behalten, wenn auf den folgenden Seiten der Blick auf die ›deutsche‹ Literatur, also auf Texte in der Sprache der Franken, Alemannen, Baiern und Sachsen, eingeschränkt wird.

Katechetisch-kirchliche Gebrauchsliteratur

Mittelbar und unmittelbar im Zusammenhang mit den Anordnungen Karls des Großen, die Volkssprache für die christliche Glaubensunterweisung zu verwenden, entstand eine beachtliche Zahl von Übersetzungen katechetisch-kirchlicher Gebrauchstexte in althochdeutscher und altsächsischer Sprache. Die ältesten Texte dieser Art sind das *St. Galler Paternoster* und *Credo*, beide noch vom Ende des 8. Jahrhunderts. Zeitlich folgen ihnen das *Freisinger Paternoster* in zwei Fassungen, die auf eine nicht mehr erhaltene Vorlage aus der Zeit um 800 zurückgehen, und der *Weißenburger Katechismus* vom Anfang des 9. Jahrhunderts, der u. a. Paternoster, Apostolisches und Athanasianisches Glaubensbekenntnis enthält; Kenntnis dieses Credos wurde nur vom Priester, nicht aber vom schriftunkundigen Laien verlangt, wie zeitgenössische kirchenpolitische Vorschriften deutlich machen.

Pastoralvorschriften der karolingischen Zeit spiegeln auch die Beichtformulare für die private Ohrenbeichte vor dem Priester wider, die auf dem europäischen Kontinent seit dem 7. Jahrhundert neben den älteren Formen der Bußpraxis – der öffentlichen Kirchenbuße, die auf die Gemeinde ausgerichtet war, und der *confessio* der Sünden, die der Gläubige im Stillen vor Gott ablegte – Usus wurde. Zahlreiche Bußbücher aus dem 8. Jahrhundert sind die stummen Zeugen dieser neuen Beicht- und Bußpraxis; sie dokumentieren auch, dass eine Einheitlichkeit und Systematik nicht bestanden hat. Die karolingischen Reformsynoden waren deshalb um die Standardisierung des Beichtordos und die Entwicklung eines möglichst vollständigen Sündenkatalogs bemüht, da nur dieser eine intensive und sorgfältige Gewissenserforschung und ein vollständiges Sündenbekenntnis garantieren konnte.

Wie erfolgreich diese Bemühungen waren, zeigen die volkssprachigen Beichtformulare des 9. und 10. Jahrhunderts. Zentraler Teil ist jeweils ein ausführlicher Katalog der abzufragenden bzw. zu bekennenden Verfehlungen; er wird gerahmt von einer Einleitungsformel, mit der der Pönitent seine Bereitschaft zur Beichte erklärt, und der Angabe der Personen, an die sich die Beichte insbesondere richten soll, sowie von einem Schlussabschnitt mit Reueversicherung, Bußversprechen und Bitte um Vergebung. Die erhaltenen Textzeugen solcher volkssprachigen Beichtformulare datieren relativ spät, doch gehen sie auf ältere, nicht erhaltene Vorlagen zurück: Der Archetyp der *Lorscher*, *Vorauer* und der *Sächsischen Beichte* dürfte an den Beginn des 9. Jahrhunderts gehören, und nur wenig jünger ist der Archetyp der *Fuldaer*, *Pfälzer* und *Mainzer Beichte*.

Von den Taufgelöbnissen des frühen Mittelalters haben sich nur zwei erhalten, doch dürfte ihre Zahl erheblich größer gewesen sein. Für das *Altsächsische Taufgelöbnis* aus der Zeit um 800 nimmt man eine Vorlage an, die wohl in die siebziger oder achtziger Jahre des 8. Jahrhunderts gehört, also in die Zeit der ersten Kriegszüge Karls des Großen gegen die ›heidnischen‹ Sachsen. Das *Fränkische Taufgelöbnis* ist wohl im zweiten oder dritten Jahrzehnt des 9. Jahrhunderts niedergeschrieben worden. Aufbau und Struktur sind in beiden Gelöbnissen gleich: Beide Taufformeln bestehen aus Fragen, die der Priester dem Täufling bzw., wenn es sich um ein Kind handelte, dem Paten stellte und aus dessen formelhaften Antworten. Der erste Teil der Fragen erkundet die Bereitschaft des Täuflings, den heidnischen Göttern bzw. dem Teufel abzuschwören, der zweite Teil zielt auf das Bekenntnis des Glaubens. Dass Abschwörung und Glaubensbekenntnis in der Volkssprache erfragt und beantwortet werden mussten, hatte sicherlich nicht nur pädagogische, sondern auch juristische Bedeutung. Denn nach den Vorstellungen des frühen Mittelalters ging der Täufling mit dem Taufgelöbnis einen Vertrag mit Gott ein, in dem er diesen, analog dem Feudalrecht, als obersten Lehnsherrn anerkannte. Rechtsverbindlich war dieser Vertrag nur, wenn die Vertragspartner alles richtig verstanden hatten.

Von der mächtigen Gebetskultur der Karolingerzeit, die sich im Kontext einer stark leistungsbezogenen Frömmigkeit ausgebildet hatte, ist in der Volkssprache nur weniges erhalten, vom deutschen Paternoster abgesehen, gerade ein halbes Dutzend Texte. Übersetzung einer Gebetsformel, wie sie in den täglich vom Priester zu sprechenden Gebeten und in Sündenbekenntnissen vorkommt, ist das *Fränkische Gebet* aus einer 821 geschriebenen Handschrift, Bitte um Vergebung der Sünden ist das *Augsburger Gebet* (um 880); auf paraliturgische Zusammenhänge verweisen die beiden kurzen Gebete in der zwischen 902 und 906 in Freising entstandenen Abschrift von Otfrids *Evangelienbuch*; Übersetzung für den Unterricht sind die Übertragung des *Carmen ad deum* um 850 und das ebenfalls aus dem 9. Jahrhundert stammende *Merseburger Gebetbruchstück*. ›Private‹ Gebetsfrömmigkeit artikuliert sich wohl nur in dem unmittelbar auf das *Wessobrunner Schöpfungsgedicht* folgenden Prosagebet, das um oder bald nach 800 entstanden ist (s. Kap. I.5.a).

Musterübersetzungen

Mit den kulturellen Bestrebungen Karls und seines Hofes hat man auch eine Gruppe von althochdeutschen Übersetzungen in Verbindung gebracht, von denen sich nur Bruchstücke einer (?) aus dem Kloster Mondsee stammenden Handschrift erhalten haben: einer Übersetzung des Matthäus-Evangeliums, des Evangeliums mit dem höchsten Prestigewert, sowie Übertragungen verschiedener Traktate und Predigten. Die wichtigsten Stücke sind *De fide catholica ex veteri et novo testamento contra Iudaeos*, eine apologetisch-polemische Abhandlung des Kirchenvaters Isidor von Sevilla (um 560–636) über die Glaubensirrtümer der Juden, und der Traktat *De vocatione gentium* (Ende 8. Jahrhundert?), der, unter Bezug auf den »Lehrer der Völker« Paulus, über die Bekehrung aller Völker zu dem einen Herrn und dem einen Glauben handelt und dabei den *barbaricae locutiones*, »rohen, ungebildeten Sprachen«, ihr Recht vor Gott einräumt.

Es handelt sich um Musterübersetzungen, die ein zur intellektuellen und geistlichen Führungsschicht gehörender Gelehrter südrheinfränkischer Sprache, vielleicht in Lothringen, um 790/800 angefertigt hat. Möglicherweise waren sie zur inhaltlichen wie formalen Vorbereitung der Predigt, der Verkündigung des Evangeliums und der Glaubenslehre, in der Volkssprache gedacht, wie sie von den Reformern um Karl den Großen seit 769 wiederholt gefordert wurde. Tatsächlich handelt es sich um eine selbständige Übersetzungsprosa von hohem Rang, die das Bemühen des Übersetzers erkennen lässt, das Deutsche schriftwürdig zu machen und als eine dem Latein ebenbürtige Sprache in der Verkündigung einzusetzen. Darin unterscheiden sich der *Althochdeutsche Isidor und die Monsee-Wiener Fragmente* fundamental von allen anderen zweisprachig angelegten Texten der Zeit.

Bibeldichtung und Heiligenlied

Die ältesten Beispiele einer christlichen Buchepik in der Volkssprache – der anonym überlieferte *Heliand* (vor 840/843) und das *Evangelienbuch* Otfrids von Weißenburg (863–871; s. Kap. III.4.c) – sind erst einige Jahrzehnte nach dem Tod Karls des Großen entstanden; sie direkt mit dem Zentrum der politischen Macht in Verbindung zu bringen, ist nicht gelungen. Beide Autoren haben mit je verschiedenen poetischen Mitteln den wichtigsten Abschnitt der Heilsgeschichte, das Leben Jesu in altsächsischem bzw. südrheinfränkischem Idiom nachgestaltet und damit die Tradition der spätantiken lateinischen Bibeldichtung in der Volkssprache weitergeführt. Von der *Altsächsischen Genesis* (um 850?) sind nur geringe Reste erhalten, insgesamt 337 Stabreimverse.

Die älteste religiöse Dichtung in deutscher Sprache überhaupt ist das *Wessobrunner Schöpfungsgedicht*, das mit elementaren poetischen Mitteln, in Stabreimversen, das Nichts vor der Erschaffung der Welt beschreibt (s. Kap. I.5.a). Aus dem späteren 9. und dem 10. Jahrhundert sind nur noch wenige kleinere, endgereimte Gedichte überliefert. Jedes von ihnen besitzt einen besonderen Charakter und eine je eigene poetische Prägung. Das fragmentarische Gedicht *Muspilli* (vor 876?) handelt vom Ende der Welt und dem Schicksal der einzelnen Seele nach dem Tod. Das Thema war von großer Aktualität, glaubte man doch im frühen Mittelalter, am Ende der geschichtlichen Zeit zu leben. Das ebenfalls fragmentarische Gedicht *Christus und die Samariterin* von der Mitte des 10. Jahrhunderts erzählt pointiert, knapp und lebendig, ohne theologische und erbauliche Erklärungen, die in Io 4,1–42 berichtete Begegnung Christi mit der Frau am Brunnen in Samaria.

Volkssprachige Relikte der Heiligenverehrung sind das nur in einer lateinischen Übersetzung erhaltene *Galluslied* aus der Zeit um 880, das *Petruslied* und das *Georgslied*; diese wurden jeweils Ende des 9. Jahrhunderts aufgezeichnet. Das *Petruslied*, ein respondierender Zwiegesang zwischen Priester und Gemeinde, stellt in den ersten beiden Strophen die Macht des Apostelfürsten und Himmelspförtners Petrus heraus und ruft in der dritten Strophe performativ dazu auf, ihn um Erbarmen zu bitten. Das Lied war wohl für paraliturgischen Gebrauch – Prozession oder Wallfahrt – bestimmt, ebenso wie das *Georgslied*, ein Gemeinschaftslied zum Zwecke der Heiligenverehrung, das Glaubensfestigkeit und Martyrium des Grafen *Gorio* preisend vergegenwärtigt.

Alle volkssprachigen Schriftzeugnisse, ob sie nun zur Unterweisung der Laien in der seelsorgerischen Praxis oder für die Ausbildung und Belehrung der Kleriker gedacht waren, verblieben freilich immer in den Händen derer, die sich aufs Lesen und Schreiben verstanden. Kein einziger dieser Texte war, aus naheliegenden Gründen, direkt für die Hand der leseunkundigen Laien bestimmt. Auch die elementaren Texte der Glaubensunterweisung, Vaterunser und Credo, verblieben in der Hand der Kleriker, welche die Glaubensinhalte mündlich an die Laien vermittelten. Die volkssprachige Literatur des frühen Mittelalters war insofern immer Literatur von Geistlichen für Geistliche, einerlei, ob es sich um pastorale Gebrauchsliteratur in Prosa oder um religiöse Stoffe und Themen in gebundener Sprache handelte. Selbst die großen Bibelepen waren wohl in erster Linie für die geistlichen Gemeinschaften gedacht: Denn auch in den Kreisen des Klerus konnte nicht durchweg mit so vorzüglichen Lateinkenntnissen gerechnet werden, dass nicht eine dichterische Paraphrase in der Volkssprache für viele Geistliche hilfreich und für alle erbaulich gewesen wäre.

Relikte der mündlichen Dichtungstradition

Neben dieser deutschen Literatur, die in der Welt der Klöster entstanden ist – Literatur von Geistlichen für Laien oder Literatur von Geistlichen für Geistliche –, gab es immer auch weltliche Dichtung, die auf dem Weg der Mündlichkeit weitergegeben wurde und in der germanische Traditionen nachlebten (s. Kap. I.2. a). Auf Karls Initiative sollen zwar, wie sein Biograph Einhard zu berichten weiß (*Vita Karoli Magni*, c. 29), »die uralten deutschen Lieder, in welchen die Taten und Kriege der alten Könige besungen wurden«, Heldenlieder also, gesammelt und aufgezeichnet worden sein, erhalten hat sich von diesen Aufzeichnungen jedoch kein einziges Stück. Sieht man einmal von den angeblichen Bemühungen Karls um die einheimische volkssprachige Heldendichtung ab, geriet die im Medium der Mündlichkeit lebende Poesie nur gelegentlich und eher zufällig in den Bann der Schrift. Das einzige alte Zeugnis germanischer Heldendichtung ist im deutschen Bereich das *Hildebrandlied*, eine Sprossfabel der Dietrichsage, das um 830/840 auf den Außenseiten einer theologischen Handschrift aus dem Kloster Fulda eingetragen wurde. Handlungkonstituierend ist der tragische Zweikampf zwischen Vater und Sohn, der ein weitverbreitetes Sagen- und Erzählschema variiert. Was darüber hinaus an Sagenstoffen zwischen dem 8. und 10. Jahrhundert im Frankenreich im Umlauf war, muss fast immer aus Reflexen der zeitgenössischen lateinischen Historiographie und Dichtung oder aus den verschiedenen Fassungen der

Heldensagen in der altenglischen, altnordischen oder mittelhochdeutschen Literatur erschlossen werden. Indirekt bezeugt sind der Nibelungenstoff und der Sagenkreis um Dietrich von Bern, die Sage um Wieland den Schmied, die Walther- und die Iringsage und einige andere auch; mit Sicherheit hat es mehr Lieder und Sagen gegeben, als man aufgrund der indirekten Zeugnisse rekonstruieren konnte.

Auch andere Formen vorchristlicher Dichtung haben sich nur in Resten erhalten: poetisch geformte Sprüche mit magisch-beschwörender Funktion. Diese sog. Zaubersprüche hatten die Aufgabe, Schaden abzuwehren und Nutzen wie etwa die Wundheilung und Schmerzlinderung zu erzwingen, immer aber die gestörte Ordnung wiederherzustellen. Die Formeln, die solches bewirken sollten, waren Geheimwissen: Ihre Wirksamkeit war geradezu an die Geheimhaltung gebunden. Die Kirche ist gegen die ›heidnischen‹ Praktiken energisch zu Felde gezogen, allerdings mit geringem Erfolg. Das in den frühmittelalterlichen Bußbüchern, Kapitularien und Pastoralgesetzen wiederholt formulierte Verdikt lässt den Schluss zu, dass die ›heidnische‹ Zauber- und Segenspraxis trotz kirchlichen Verboten weit verbreitet war.

Angesichts der angedeuteten Voraussetzungen überrascht es desto mehr, dass seit dem 9. Jahrhundert zunehmend Zaubersprüche den Weg aufs Pergament fanden, die auf vorchristliche Praktiken verweisen. Die meisten von ihnen sind christlich überformt und werden deshalb »rücksichtsvoll« (Max Wehrli) Segen genannt. Zwei dieser Sprüche sind jedoch ausschließlich paganen (»heidnischen«) Inhalts: die beiden *Merseburger Zaubersprüche*, die um 950 in ostfränkischer Sprache in ein Messbuch aus der Bibliothek des Domstifts Merseburg eingetragen wurden, ein Lösespruch zur Befreiung von Gefangenen der eine, ein Spruch zur Heilung eines Pferdes der andere. Andere Sprüche sollten den Menschen vor Würmern und das Haus vor dem Teufel bewahren, die Hunde vor den Wölfen schützen oder, wie der *Lorscher Bienensegen*, der im 10. Jahrhundert in rheinfränkischer Schreibsprache auf den Rand einer einst dem Kloster Lorsch gehörenden Handschrift festgehalten wurde, ein Bienenvolk wieder zurückbringen, das ausgeflogen ist und sich niedergelassen hat.

Diese Splitter einer reichen mündlichen Dichtungstradition machen die grundlegende Besonderheit der deutschen Literatur der Karolingerzeit evident: ihre Zwischenposition zwischen volkssprachig-laikaler Tradition einerseits und lateinisch-klerikaler andererseits und die Teilhabe an beiden.

Ablesbar ist diese Teilhabe an beiden Bereichen schließlich auch am *Ludwigslied*, das den Sieg Ludwigs III. über die Normannen bei Saucourt im Jahr 881 verherrlicht. In seiner panegyrischen Thematik knüpft das Lied vielleicht noch an die Tradition des germanischen Heldenliedes bzw. Fürstenpreises an; es ist aber gänzlich von christlichem Geist durchdrungen: seine Darstellungs- und Deutungsmuster bezieht es weitestgehend aus dem Alten und Neuen Testament. Sein Held vereint freilich in vorbildlicher Weise die Haltung des frühmittelalterlichen Kriegeradeligen mit der Vorbildlichkeit des nach biblischem Muster modellierten Herrschers, seine Schlacht gegen die Normannen ist Kriegs- und Gottesdienst zugleich. Vielleicht ist in der Figur Ludwigs der Heldentypus der französischen Heldenepik, der Chansons de geste, vorgeprägt, der das christliche Element von Anfang an innewohnt.

Um 900 brach die Produktion einer Literatur in der Volkssprache fast völlig ab; bis 1050 etwa ist so gut wie keine deutsche Literatur bezeugt. Eine Kontinuität hat es nur auf unterster literarischer Ebene gegeben, im Bereich der schulischen Gebrauchsliteratur. Aus der Übersetzungsliteratur für den Schulgebrauch, den Glossaren und Vokabularien, ragt nur das gelehrte Übersetzungswerk Notkers des Deutschen (um 950–1022) heraus, Lehrer an der Klosterschule von St. Gallen und Leiter der dortigen Klosterbibliothek. Kontinuität über die ganze Zeit hinweg hatten nur diese beiden: die nur indirekt bezeugte mündliche Dichtung in der Volkssprache und die Literatur in lateinischer Sprache. In älteren literaturgeschichtlichen Darstellungen hat man die Lücke in der volkssprachigen Schriftproduktion zwischen 900 und 1050/60 gern mit zeitgleichen lateinischen Dichtungen gefüllt, etwa mit dem poetischen Werk der Stiftsdame Hrotsvith von Gandersheim, der ersten uns namentlich bekannten Dichterin, oder mit dem lateinischen Tierepos *Ecbasis captivi* (1043/46). Die lateinische Dichtung ist als Lückenbüßer freilich kaum geeignet, zumal sie sich nicht an die volkssprachige Literatur der Karolingerzeit anschließen lässt, sondern auf eigenen Traditionen beruht.

Wie es zu diesem Abbruch kam, ist unklar. Sicherlich haben der Verfall des Karolingerreichs und das Ende der karolingischen Dynastie Verhältnisse erbracht, die der kulturellen Entwicklung eher abträglich waren. In der ersten Hälfte des 10. Jahrhunderts kamen die Einfälle der Normannen und Ungarn hinzu, die die bestehende Klosterkultur weitgehend vernichteten. Unter den Ottonen stabilisierten sich zwar die politischen Verhältnisse wieder, auch kam es zu einem kulturellen Aufschwung. Was aber ausblieb, war der Anstoß von oben, die Reformbemühungen des Herrschers, denen die deutsche Literatur der Karolingerzeit ihre Entstehung verdankte. Otto der Große knüpfte zwar in vieler Hinsicht an die Tradition Karls des Großen an, an die volkssprachige Literaturtradition der Karolingerzeit jedoch nicht.

Literatur: Bertau, Deutsche Literatur; de Boor, Geschichte der deutschen Literatur, Bd. 1; Europäisches Frühmittelalter. Hg. von Klaus von See. Wiesbaden 1985 (Neues Handbuch der Literaturwissenschaft Bd. 6); Josef Fleckenstein: Die Bildungsreform Karls des Großen als Verwirklichung der norma rectitudinis. Bigge/Ruhr 1953; Karl der Große. Lebenswerk und Nachleben. Bd. 2: Das geistige Leben. Hg. von Bernhard Bischoff. Düsseldorf 1965; Haubrichs, Die Anfänge; Nikolaus Henkel: Die althochdeutschen Interlinearversionen. Wolfram-Studien 14 (1996) 46–72; Mathias Herweg: ›Ludwigslied‹, ›De Heinrico‹, ›Annolied‹. Die deutschen Zeitdichtungen des frühen Mittelalters im Spiegel ihrer wissenschaftlichen Rezeption und Erforschung. Wiesbaden 2002 (Imagines Medii Aevi 13); Kartschoke, Geschichte der deutschen Literatur; Dieter Kartschoke: Bibeldichtung. Studien zur Geschichte der epischen Bibelparaphrase von Juvencus bis Otfrid von Weißenburg. München 1975; Monika Schulz: Magie oder: die Wiederherstellung der Ordnung. Frankfurt a. M. 2000.

b. Der Wiederbeginn im hohen Mittelalter (1050/60–1160/70)

Voraussetzungen und Grundzüge

Wenn etwa um 1060 eine kontinuierliche, nun nicht mehr abreißende Produktion deutscher Literatur begann, so war dies, sieht man einmal von den Texten zum Gebrauch in der Schule und einigen Formen der pastoralen Gebrauchsliteratur ab, ein Neueinsatz ohne erkennbaren Bezug zur Literatur der ältesten Zeit. Diese neue Literatur entstand aus ganz eigenen Voraussetzungen, wie auch die Sprache eine andere, nämlich frühes Mittelhochdeutsch, geworden ist. Es wurde nun zunehmend selbstverständlich, Texte in der Volkssprache zu verfertigen und schriftlich zu fixieren, erstmals auch sind Ansätze zu einer inneren Entwicklung, einer historischen Kontinuität erkennbar, die es überhaupt erst erlaubt, von Literaturgeschichte im eigentlichen Wortsinn zu sprechen. Erschwert wird die Rekonstruktion literarhistorischer Zusammenhänge freilich durch die Unsicherheiten in der Chronologie der einzelnen Denkmäler. Die Texte geben kaum je einmal etwas für eine genaue Datierung her. Auch aus den paläographischen und kodikologischen Befunden lassen sich selten Anhaltspunkte gewinnen.

Wie in der karolingischen Zeit waren die Autoren Geistliche. Sie schrieben aber offensichtlich nicht mehr auf Betreiben einer weltlichen Macht, sondern kirchlicher Institutionen. Fast durchweg geistlich sind auch die Stoffe und Themen der frühen mittelhochdeutschen Literatur, freilich mit deutlich anderer Akzentsetzung als am Beginn der deutschen Literatur. Zwar entstanden auch im 11. und 12. Jahrhundert Hilfsmittel der elementaren Glaubensunterweisung und Seelsorge, vor allem Beichtformulare, die man gern mit Übersetzungen des Glaubensbekenntnisses kombiniert hat. Ihre Zahl ist jedoch auffällig gering, was man nicht nur als Indiz für hohe Überlieferungsverluste, sondern auch für einen fundamentalen Interessenwandel interpretieren darf. Denn die Volkssprache wurde nun auch verwendet, wo es um ein vertieftes Verständnis des Heilswissens ging. Jetzt wurden auch dogmatische und exegetische Gegenstände, selbst komplexe theologische Spekulation in der Volkssprache literaturfähig. Es entstanden kommentierende Lehrgedichte zu den zentralen Heilstatsachen, Auslegungen des Vaterunsers und der Messe, Zahlenallegorien, christliche Naturlehre u. a., dazu eine beträchtliche Zahl von heilsgeschichtlichen Erzählungen – Bibel-, Legenden- und Visionsdichtungen, in denen sich Erzählung und Kommentar in verschiedenen Mischungsverhältnissen verschränkten –, Gebete und Sündenklagen, alles in allem etwa 80 Texte.

Man darf diese Texte nicht umstandslos als Dokumente einer vertieften Frömmigkeit der Laien und ihres seit der althochdeutschen Zeit gewachsenen Interesses an religiösen Fragen lesen, wie dies vor allem die ältere Forschung getan hat, in der irrigen Annahme, dass Texte in der Volkssprache nur für den illiteraten Laien gedacht sein können. Auch die *homines religiosi*, die sich als Konversen – Laienbrüder und -schwestern, die sich einem regulierten Leben unterwarfen, ohne die geistlichen Weihen anzustreben – oder Reklusen – Männer und Frauen, die sich in eine Zelle einschließen oder einmauern ließen, um sich einem frommen Leben zu widmen – der klösterlichen *familia*, besonders im Kreis der neuen Orden, angeschlossen hatten, bedurften geistlicher Belehrung und Erbauung in der Volkssprache, ebenso die wenig gebildeten Geistlichen und die klösterlichen Dienstmannen. Wenn wir auch noch die nicht oder nur halb gebildeten Ordensfrauen einbeziehen, deren Anteil an der *vita religiosa* seit dem 11. Jahrhundert beträchtlich zugenommen hatte, scheint die religiöse Literatur des 11. und 12. Jahrhunderts zum guten Teil der klösterlichen Lebenswelt erwachsen zu sein. Den Anstoß dazu könnten gerade die Mitglieder der monastischen Gemeinschaften gegeben haben, die über keine oder nur eine geringe Lateinkompetenz verfügten (s. Kap. I.6.e).

Lange Zeit hat man die Entstehung der neuen geistlichen Literatur in deutscher Sprache auch mit den Umbrüchen in Verbindung gebracht, in die Kirche und Reich im 10. und 11. Jahrhundert hineingestellt waren. Vor allem sah man einen Zusammenhang mit den großen asketischen Reformbewegungen des Mönchstums, die vom lothringischen Kloster Gorze und vom burgundischen Cluny ausgingen, zum einen wegen der Gleichzeitigkeit der historischen Erscheinungen, zum anderen wegen der Übereinstimmung in ihrer Haltung zur Welt. Als vorherrschendes Merkmal der frühen mittelhochdeutschen Literatur glaubte man nämlich, asketische Bußstimmung, Weltverneinung und Weltabkehr, analog der Haltung des *contemptus mundi* in den monastischen Reformbewegungen, erkennen zu können. Die mediävistische Literaturwissenschaft hat von diesem Denkmodell inzwischen wieder Abstand genommen, nicht zuletzt deshalb, weil das Etikett ›Weltflucht‹ nur auf wenige Texte des frühmittelhochdeutschen Corpus passt. Die ganz überwiegende Zahl orientiert in erzählender oder räsonierender Rede über das Heil und insbesondere darüber, wie ein gottgefälliges, christliches Leben unter den gesellschaftlichen Bedingungen der Zeit möglich sei. Wie drängend diese Frage im ausgehenden 11. und im 12. Jahrhundert gewesen sein muss, kommt auch in der Vermehrung geistlicher Lebensformen, der Entstehung neuer Konvente, Kongregationen und geistlichen Gemeinschaften und in der zunehmenden Zahl von Nonnen und Konversen zum Ausdruck. Nicht zu einem bestimmten monastischen Reformprogramm, wohl aber in den historischen Zusammenhang einer allgemeinen Intensivierung des religiösen Lebens gehört auch die frühe mittelhochdeutsche Literatur.

Daten der Ereignisgeschichte II

Die Herrschaft der Salier

1024–1039	König Konrad II.
1026	Krönung Konrads II. zum König von Italien
1027	Kaiserkrönung Konrads II.
1028	Krönung des Thronfolgers Heinrich zum Mitkönig
1033	Krönung Konrads II. zum König von Burgund; Vereinigung des Königreichs Burgund mit dem deutschen Reich
1037/38	2. Italienzug Konrads II.
1039–1056	König Heinrich III.; Höhepunkt des theokratischen Königtums
1040	Verkündigung des Gottesfriedens in Frankreich
1046/47	1. Italienzug Heinrichs III.
1046	Kaiserkrönung Heinrichs III.
1055	2. Italienzug Heinrichs
1056–1106	König Heinrich IV.; 1056–1062 Königin Agnes Regentin für den unmündigen König; 1062–1065 Erzbischof Anno II. von Köln Regent für Heinrich IV.
1073–1085	Papst Gregor VII.
1075	Beginn des Investiturstreits
1077	Gang nach Canossa; Absolution und Aufhebung des Banns über Heinrich IV.
1077–1080	Rudolf von Schwaben Gegenkönig
1081–1084	1. Italienzug Heinrichs IV.
1084	Kaiserkrönung Heinrichs IV. durch den Gegenpapst Klemens III.
1090–1097	2. Italienzug Heinrichs IV.
1096–1099	1. Kreuzzug; 1099 Errichtung des Königreichs Jerusalem unter Gottfried von Bouillon
1098	Gründung des Zisterzienserordens
1099	Krönung Heinrichs (V.) zum Mitkönig
1106	Abdankung Heinrichs IV. erzwungen
1106–1125	König Heinrich V.
1111	Kaiserkrönung Heinrichs V.
1116–1118	2. Italienzug Heinrichs V.
1122	Wormser Konkordat zwischen Heinrich V. und Papst Calixt II.; Ende des Investiturstreits
1125–1137	König Lothar III. (von Süpplingenburg)
1133	Kaiserkrönung Lothars III.
1136	2. Italienzug Lothars: Kampf gegen König Roger II. von Sizilien

---

Beginn der staufischen Herrschaft

1137–1152	König Konrad III.
1142–1180	Heinrich der Löwe Herzog von Sachsen
1147–1149	2. Kreuzzug unter Führung Kaiser Konrads III. und König Ludwigs VII. von Frankreich
1152–1190	König Friedrich I. Barbarossa
1154/1155	1. Italienzug Friedrichs I.
1155	Kaiserkrönung Friedrichs I.
1156	Heinrich II. Jasomirgott erhält die Markgrafschaft Österreich als selbständiges Herzogtum
1158–1162	2. Italienzug Barbarossas
1163/64	3. Italienzug Barbarossas
1165	Heiligsprechung Karls des Großen
1166–1168	4. Italienzug Barbarossas

Auffällig ist die Vielfalt der literarischen Formen, die der Neueinsatz deutscher Dichtung hervorgebracht hat. Sie zu beschreiben und zu ordnen, macht nicht geringe Mühe. Verbindliche Vorstellungen von Dichtungsgattungen, also normative Kategorien im Sinne einer Gattungspoetik, haben sich nämlich weder im 11. und 12. Jahrhundert noch später ausgebildet. Doch ist die frühe mittelhochdeutsche Literatur in besonderem Maße eine Literatur im Experimentierstadium: Die Autoren erprobten neue literarische Formen und entwickelten ein Textrepertoire mit je eigenen Typen und Gebrauchsfassungen. Literarische Traditionen haben sich erst ganz allmählich herausgebildet; gattungstypologische Unfestigkeit und Kontaminationen, fließende Übergänge von den hymnisch-liedhaften zu episch-rezitativen Gedichten oder von narrativen zu traktathaft-erklärenden sind die Regel. Die Zuordnung eines Gedichts zu der einen oder anderen Gruppe bleibt oft problematisch. Die Autoren nennen ihre Werke *scoph* »Gedicht«, *spell* oder *rede* – beides bedeutet soviel wie »Erzählung« oder »Geschichte« –, *liet* oder *buoch*. Brauchbare literaturwissenschaftliche Gattungsbegriffe lassen sich aus solchen Bezeichnungen nicht gewinnen.

Performative Dichtung

Den Neubeginn der deutschen Literatur markiert das nach dem Dichter, einem Bamberger *canonicus* und *scholasticus*, benannte *Ezzolied*, und dies in zweifacher Hinsicht. Tatsächlich handelt es sich um das älteste Zeugnis der frühen mittelhochdeutschen Literatur; seine Entstehungszeit lässt sich ziemlich genau auf die Jahre zwischen 1057 und 1065 eingrenzen. Neu sind aber auch, verglichen mit den Denkmälern des frühen Mittelalters, Inhalt und Konzeption. In der kürzeren, unvollständigen Fassung – erhalten sind sieben Strophen – stellt es eine Lobpreisung Gottes als des Schöpfers und Erlösers dar, in der erweiterten Fassung von 34 Strophen eine Art Reimpredigt, die in konzentrierter Form die Heilsgeschichte, mit der Heilstat Christi im Mittelpunkt, vergegenwärtigt, den Kreuzestod typologisch und allegorisch auslegt und die Hoffnung auf Gnade herausstellt. Beide Typen sind in der Folgezeit produktiv geworden:

Die ältere, in einer Straßburger Handschrift überlieferte Fassung eröffnet eine Reihe von gereimten Texten – Hymnen, Sequenzen, Gebete, Sündenklagen –, denen, bei allen Unterschieden in Inhalt und Form, das Merkmal der Performativität gemeinsam ist: Indem sie vorgetragen wurden, konstituierten und vollzogen sie unmittelbar eine für den Sprecher heilswirksame Handlung, sei es, wie im Hymnus, den Lobpreis Gottes, Mariens oder eines Heiligen, seien es, wie im Gebet, Lobpreis, Bitte und Dank, die direkt an die numinose Instanz gerichtet sind, oder, wie in den gereimten Sündenbekenntnissen, Klage und Eingeständnis der Schuld. Alle diese Texte stellen zugleich jeweils Sprechsituationen her, in denen sich der Sprecher unmittelbar des Heils vergewissert bzw. sein Heilsbegehren artikuliert. Während das *Ezzolied* Gott feierlich als Schöpfer und Erlöser preist, reflektiert das doch wohl erst um 1140/60 nach dem Vorbild lateinischer Marienhymnen entstandene *Melker Marienlied* die neuen und intensiven Formen der Marienverehrung seit Beginn des 12. Jahrhunderts. Im Mittelpunkt steht die heilsgeschichtliche Bedeutung der Gottesmutter, die durch eine Reihe typologischer Bezüge und preisender Marienbilder ausgestellt wird; die Schlussstrophe ruft Maria überdies als gnädige Fürbitterin an. Vergegenwärtigung und Lobpreis von Mariens Rolle in der Heilsgeschichte sind auch Thema im Fragment der *Mariensequenz aus Seckau* (um 1160/70). Wie alle geistlichen Lieder erfüllen der Hymnus Ezzos und die beiden Marienlieder eine kommunikative und eine rituell-kulturelle Funktion: Sie vermitteln und vergegenwärtigen zentrale Inhalte des Glaubens, haben aber auch, indem sie gemeinsam gesungen werden, Gemeinschaft stiftende und stärkende Kraft.

Die älteste erhaltene Mariendichtung überhaupt ist vielleicht das *Vorauer Marienlob* (1120/30?), ein hymnischer Preis der Himmelskönigin, Jungfrau und Gottesmutter. Die Dichtung war wohl nicht für den Gesangsvortrag mit ausgeprägter Melodie konzipiert, ebenso wenig das um 1150 entstandene *Arnsteiner Mariengebet*, das einen Marienpreis mit einem umfangreichen Gebetsteil verbindet. Die Sprecherrolle ist weiblich definiert – *ig armez wif* (v. 219) –, die Fürbitte speziell für die Jungfrauen, Ehefrauen und Witwen scheint ein weibliches Publikum vorauszusetzen. Von den übrigen Versgebeten sei nur noch das wichtigste aufgeführt: die *Litanei* eines Heinrich aus der Zeit um 1160, die in ihrem dreiteiligen Aufbau an der lateinischen Allerheiligenlitanei ausgerichtet ist, den liturgischen Wechselgesang aber durch erzählende und lobpreisende Partien sowie durch Sündenbekenntnisse zu einem »erbaulichen Vortragsgedicht« (Dieter Kartschoke) von rund 950 Versen ausgebaut hat.

Ein expliziter performativer Sprechakt liegt schließlich auch den Sündenklagen zugrunde, die in größerer Zahl überliefert sind: Die älteste ist wohl die um 1130 entstandene *Millstätter Sündenklage*, in der ein umfangreicher Katalog der Sünden, die mit den einzelnen Körperteilen begangen wurden, von preisenden Anrufungen des Schöpfers und Weltenrichters bzw. der Trinität, Mariens und Christi gerahmt ist. Der *Rheinauer Paulus*, um 1130/40, legt eine ähnliche, kaum weniger umfangreiche Sündenlitanei dem Apostel Paulus in den Mund, der dem Mittelalter ein herausragendes Beispiel für Reue und Bekehrung war. Einen Sonderfall stellt die ebenfalls nur fragmentarisch erhaltene *Uppsalaer Sündenklage und Beichte* aus derselben Zeit dar. Sie gehört textgeschichtlich in eine Gruppe von altdeutschen Beichten, deren älteste Fassung die *Reichenauer Beichte* vom Ende des 10. Jahrhunderts darstellt; die *Uppsalaer Sündenklage und Beichte* ist die einzige gereimte Fassung dieser Beichtformulare. Anders als die Beichten in Prosa dürften die gereimten Sündenklagen der Andacht und Erbauung, vermutlich im Rahmen einer gemeinschaftlichen Lesung, gedient haben.

Gereimte Theologie

Mit der jüngeren, in der berühmten Vorauer Handschrift 276 überlieferten Fassung gehört das *Ezzolied* in eine Reihe von geistlich-belehrenden Dichtungen, die Heilsgeschichte und Glaubenslehre in unterschiedlicher Gewichtung kombinieren. Zeitlich wohl am nächsten steht ihm die *Summa theologiae* aus dem ersten Viertel des 12. Jahrhunderts, die ebenfalls die zentralen Stationen der Heilsgeschichte rekapituliert, doch ist die Chronologie hier vor allem Ordnungsgerüst für eine an Allusionen reiche systematische Erörterung des Glaubens. Das Gedicht setzte auf jeden Fall ein theologisch vorgebildetes Publikum voraus, das die knappen Andeutungen zu entschlüsseln wusste.

Der Vertiefung des Heilswissens und der Heilserfahrung diente auch des Armen Hartmann *Rede vom Glauben*, die auf die Jahre um 1140/60 datiert wird. Hierbei handelt es sich um ein umfangreiches, über 3700 Verse zählendes Gedicht, das die Artikel des damals nur in der Sonntagsliturgie verwendeten Nizänischen Glaubensbekenntnisses auslegt. Den breitesten Raum nimmt die Auslegung des dritten, dem Heiligen Geist zugeordneten Teils ein, der durch zahlreiche Beispielerzählungen, u. a. von Maria Magdalena und Maria Ägyptiaca, sowie durch die Schilderungen frommer und weniger frommer Lebensformen – des Eremiten, des Klosterbruders und des in Luxus lebenden Ritters – angereichert ist. Neben die Vermittlung der Heilswahrheiten, die das Credo in konzentriertester Form enthält, tritt so auch die Vermittlung einer religiös fundierten Lebensorientierung. Alles, was den neuen feudalen Gesellschaftsstil (s. u.) ausmachte – kostbare Kleider und Rüstungen, Schmuck und Waffen, die höfischen Mahlzeiten, Frauenschönheit und Liebe –, wird aus klerikaler Perspektive als Ausdruck des Hochmuts und der Maßlosigkeit und damit als Gefahr für das Seelenheil gebrandmarkt.

Einen Mischtyp vertritt auch das wohl um 1140 entstandene Gedicht vom *Himmlischen Jerusalem*, das die von Johannes in der Apokalypse geschaute Himmelsstadt beschreibt und allegorisch auslegt. Im Mittelpunkt stehen die zwölf Edelsteine aus Apo 21,19 f., die als materielle Zeichen des rechten christlichen Verhaltens gedeutet werden; die Muster waren in der lateinischen Kommentarliteratur zur Apokalypse und den davon abgeleiteten Steintraktaten vorgeprägt. Die Edelsteinallegorese wird flankiert von den Allegoresen der Tore und der Dimensionen der Stadt. Die predigthaften Elemente – Publikumsadressen, Ermahnungen, Vergleiche – bekräftigen die Relevanz der geistlichen Belehrung für die Gegenwart.

Zahlenallegorische Dichtung

Von ganz anderem Zuschnitt sind die zahlenallegorischen Dichtungen; sie dienen weniger der Belehrung denn der meditativen Vergegenwärtigung der Ordnung in Schöpfung und Heilsgeschichte:

Die *Auslegung des Vaterunsers*, vor 1150 (?), ein Gedicht von 20 Strophen, ordnet in einer kunstvollen Komposition die sieben Bitten des Paternosters weiteren Septenaren, Siebenerzahlen, zu: den Seligpreisungen der Bergpredigt (Mt 5,3–11), den Gaben des Heiligen Geistes (nach Is 11,2), den Siegeln auf dem Buch der Apokalypse (5,1), die mit den Lebensstationen Christi verbunden werden, und den Patriarchen des Alten Testaments. Auf eine Strophe mit einer Bitte und ihrer Auslegung folgt jeweils eine Strophe, welche die Begriffe aus den anderen Septenaren korreliert. Eine gedankliche Kohärenz wird dadurch nicht erzielt. Wohl aber wird über die Zahl, in diesem Fall die Sieben – ein *numerus perfectus* wegen seiner Zusammensetzung aus Drei und Vier und wegen seines biblischen Vorkommens –, ein komplexer Zusammenhang zwischen Altem und Neuem Testament und der Heilsgeschichte nach Christi Erdenleben hergestellt und zugleich die Ordnung dieses Zusammenhangs augenfällig gemacht, die auf die Allgegenwart des Heiligen Geistes verweist.

Unmittelbar auf die *Auslegung des Vaterunsers* folgt in der Handschrift das ebenfalls um 1150 entstandene Gedicht *Von der Siebenzahl* (*De septem sigillis*), das 28 biblische und andere Septenare zusammenstellt und allegorisch ausdeutet. So werden die sieben Siegel auf dem Buch der Apokalypse auf die sieben Gaben des Heiligen Geistes bezogen, die den Menschen gegen die sieben Todsünden rüsten, die sieben Tage der Schöpfung auf die sieben Lebensalter, die sieben Sterne in der Rechten Gottes, die sieben Hörner und Augen des apokalyptischen Lammes (Apo 5,6) auf die sieben Gemeinden Kleinasiens, d.i. die Einheit der Christenheit usw.

Dasselbe Gestaltungsprinzip liegt schließlich auch der umfangreichen Reimpaardichtung des Priesters Arnolt, *Von der Siebenzahl*, zugrunde, die um 1160 (?) entstanden ist. Sie handelt zunächst die sieben Gaben des Heiligen Geistes ab, dann die sieben Bitten des Vaterunsers, die sieben Siegel auf dem Buch der Apokalypse, die Siebenzahl in Mikro- und Makrokosmos, die sieben *artes liberales*, die sieben Zeichen bei der Geburt Christi, die sieben Planeten, Lebensalter u. a. Am Ende steht ein siebenstrophiger Hymnus. Alles erscheint so von der Zahl Sieben geformt, das Leben wie das Gedicht.

Christliche Lebenslehre

Die Physiognomie der Epoche prägt darüber hinaus eine größere Zahl von Reimdichtungen, die christliche Lebenslehre und moralische Unterweisung in den Vordergrund stellen. Der älteste Text, noch vom Ende des 11. Jahrhunderts, ist das *Memento mori* eines Noker, eine 19 Strophen umfassende Bußpredigt, die das Schreckbild der Vergänglichkeit und Nichtigkeit alles Irdischen heraufbeschwört, um die Menschen, besonders die Reichen und Mächtigen, auf den rechten Weg und zu einem besseren, gottgefälligen Leben zurückzuführen. Die Erinnerung an jedermanns Sterblichkeit und Tod wollte nicht als Aufruf der Laien zur Weltverneinung, sondern zum richtigen Leben um des Seelenheils willen verstanden sein.

Vielleicht noch kurz vor der Mitte des 12. Jahrhunderts entstand das Gedicht *Vom Rechte* (549 Verse), das von der von Gott gesetzten sozialen Ordnung, vom Verhältnis eines jeden Menschen zu Gott und den Mitmenschen und von seinen Rechten und Pflichten handelt. Es ist der erste Text in der Volkssprache, der die soziale und rechtliche Ungleichheit der mittelalterlichen Ständegesellschaft reflektiert und rechtfertigt. Der erste Teil erörtert die moralischen Qualitäten, die soziale Ordnung zuvörderst garantieren – Treue, Gerechtigkeit gegen die Mitmenschen und Wahrhaftigkeit –, und ihre Gefährdung durch Habsucht und Eigennutz. Der zweite Teil belehrt über die Pflichten einzelner Stände; er formuliert Vorschriften mit normativem Geltungsanspruch, welche die überkommenen hierarchischen Strukturen fixieren und, indem sie als Setzung Gottes behauptet werden, ideologisch absichern: Der Knecht sei dem Herrn, die Magd der Herrin, die Frau dem Manne, der Laie dem

Priester gehorsam. Indem sie ihre Pflichten im täglichen Leben erfüllen, werden die Menschen ungeachtet der bestehenden ständischen Unterschiede einander ebenbürtig und erwirken obendrein das ewige Leben.

Eine ähnliche Thematik, jedoch mit einer stärker geistlichen Akzentuierung, behandelt ein um 1160 entstandenes Gedicht von 1089 Versen, das in derselben Handschrift wie *Vom Rechte* und unmittelbar nach diesem aufgezeichnet ist: Nach dem dominanten Motiv – der Vermählung eines mächtigen Herrn aus dem fernen Gebirge mit einer Braut aus dem Tal, von der er sich einen Erben erhofft – hat das Gedicht den Titel *Die Hochzeit* erhalten. Vereinfacht gesagt, legt es die Geschichte nach dem Muster lateinischer Hoheliedkommentare auf die Zuwendung Gottes zur menschlichen Seele und auf das ewige Leben im himmlischen Jerusalem aus und reichert die Allegorese durch weitere Beispiele und Gleichnisse sowie durch zahlreiche Anweisungen für ein christliches und gottesfürchtiges Leben, namentlich der Mächtigen und Reichen, an. Es ist nicht nur der Bezug auf eine Lebenswelt, die bis dahin kaum in die volkssprachige Literatur gelangt war, sondern auch die (partielle) Verselbständigung der Erzählung und deren an der mündlichen weltlichen Dichtung orientierter Stil, die den Text literarhistorisch bedeutsam machen.

Ein Lehrgedicht über rechte christliche Lebensführung, mit Warnungen vor Besitzgier und Vergänglichkeit, vor allem aber mit Lehren über den geistlichen Adel und die Ehe als Hausgemeinschaft, ist wohl auch der bruchstückhaft überlieferte *Scoph von dem lone* »Gedicht vom (himmlischen) Lohn«; ob es noch in die Epoche der frühen mittelhochdeutschen Literatur oder bereits in die nächste Epoche gehört, ist ungewiss.

Geschichtsdichtung

Neben den literarischen Formen, die direkt an Gott, Maria oder einen Heiligen gerichtet sind, um zu preisen, zu klagen oder zu bitten, und solchen, die sich in belehrender Absicht an die Mitmenschen wenden, hat die frühmittelhochdeutsche Epoche auch eine stattliche Reihe von Geschichtsdichtungen hervorgebracht, die Heilsgeschichte und Reichsgeschichte narrativ vergegenwärtigen und entfalten (s. Kap. III.4.c). An der Spitze steht die *Altdeutsche Genesis* (um 1060/80?), die in schlichten Versen den Beginn der Heilsgeschichte, von der Erschaffung der Engel bis zu Joseph in Ägypten, nacherzählt. Wie beinahe immer in der mittelalterlichen Bibelepik wird das Geschehen feudalen Denk- und Vorstellungsmustern angepasst. Dass das Konzept überzeugt hat, belegt die um 1120/30 entstandene *Millstätter Genesis*, eine sprachliche, stilistische und metrische Überarbeitung der *Altdeutschen Genesis*. Ähnlichen Gestaltungsprinzipien folgt die etwa zur selben Zeit entstandene *Altdeutsche Exodus*, während es den *Vorauer Büchern Mosis* (um 1130/40?) primär um die geistliche Auslegung der biblischen Ereignisse zu tun ist. Von den neutestamentlichen Dichtungen sind der *Johannes* und das *Leben Jesu* der Frau Ava (vor 1127?) literaturgeschichtlich am bedeutsamsten.

Neben diesen umfänglicheren Bibelparaphrasen sind auch drei kürzere strophische Bibeldichtungen aus dem ersten Drittel des 12. Jahrhunderts erhalten, die man aufgrund ihres spezifischen Erzählduktus – Ereignisse und Wechselreden werden unvermittelt und gedrängt aneinandergereiht, meist ohne dass die Zusammenhänge verdeutlicht würden – in die Nähe der mündlichen heroischen Dichtung gestellt hat.

Die drei Jünglinge im Feuerofen erzählen nach dem dritten Kapitel des Buches Daniel vom Bekennermut und der Märtyrerbereitschaft dreier jüdischer Männer und ihrer wundersamen Errettung aus der von König Nebukadnezar verhängten Feuerstrafe. Die *Ältere Judith* stellt dar, wie die schöne und selbstbewusste Judith die von den Truppen Nebukadnezars belagerte Stadt Bethulia durch den Mord am Feldherrn Holofernes befreit. Das *Lob Salomos* erzählt im freien Umgang mit biblischem und apokryphem Erzählmaterial von Weisheit und Reichtum des demütig-gottesfürchtigen Königs Salomo, Tempelbau und Besuch der Königin von Saba und deutet den Friedenskönig abschließend allegorisch auf Christus aus. Anders als die *Ältere Judith* ist die in derselben Vorauer Handschrift überlieferte *Jüngere Judith* (um 1140?) eine streng am Wortlaut des alttestamentlichen Buches orientierte poetische Paraphrase in 1821 Kurzversen; dementsprechend ist Judith als Exempel für den Gehorsam gegen Gott und dessen erbarmende Hilfe modelliert.

Zu den Geschichtsdichtungen sind auch die Legenden und die poetischen Beschreibungen des Jüngsten Gerichts und der Visionen der Hölle zu zählen. Lebensbeschreibungen von Heiligen in deutschen Versen sind, wenn wir der Überlieferung trauen dürfen, in größerer Zahl erst seit der Mitte des Jahrhunderts entstanden; als Ganzes sind nur der *Trierer Aegidius* (um 1160) und die *Juliane* des Priesters Arnolt (um 1160?) erhalten. Einen Sonderfall stellt das um 1077/81 entstandene *Annolied* dar, das die Vita des Kölner Erzbischofs Anno II. mit einem Abriss der Heilsgeschichte und der Geschichte des Römischen Reichs verknüpft; es schlägt damit einen Bogen von den Anfängen der Heils- und Reichsgeschichte bis zu Anno, der als vorbildlicher Kirchenfürst und verehrungswürdiger Heiliger dargestellt wird. Die ältesten deutschen Erzählungen vom Ende der Geschichte stammen von Frau Ava. Ihr kurzes Gedicht vom *Antichrist* (118 Verse) imaginiert die Herrschaft des Antichrist, welche die Parusie, das endgültige Erscheinen Christi zum Weltgericht, ankündigt; dieses und die es ankündigenden fünfzehn Zeichen sowie Hinweise, wie man die ewige Seligkeit erwerben könne, sind Gegenstand ihrer Dichtung über das *Jüngste Gericht* (406 Verse).

Ein Gutteil der frühmittelhochdeutschen Bibel-, Legenden- und Visionsdichtungen ist nur in Resten erhalten. Vermutlich verloren die frühmittelhochdeutschen Geschichtsdichtungen an Attraktivität, als sich neue Formen des Erzählens, vor allem aber ein anderes Formniveau durchsetzten.

Als wirkungsmächtig erwies sich allein die *Kaiserchronik* (um 1140/50), die in 17283 Versen die Geschichte des Römischen Reichs von Julius Cäsar bis in die eigene Zeit erzählt; diese erste große Chronik in deutscher Sprache wurde noch im 13. Jahrhundert mehrfach bearbeitet und sogar in Prosa aufgelöst.

Geistliche Prosa

Unter den Prosaformen der frühen mittelhochdeutschen Zeit spielte die pastorale Gebrauchsliteratur eine vergleichsweise geringe Rolle, was wohl nicht allein mit hohen Verlustraten, sondern auch mit dem geringeren Bedarf zu erklären ist. In erster Linie handelt es sich um verschiedene Versionen von Glaube und Beichte und um Gebete, deren Entstehung in der Regel nicht genauer eingrenzbar ist; lediglich der früheste aller Gebetstexte in Prosa, *Otlohs Gebet*, lässt sich ziemlich genau auf die Zeit nach 1062 datieren, die *Rheinauer Gebete* noch auf den Beginn des 12. Jahrhunderts. Vereinzelt sind auch deutsche Predigten überliefert. Sie sind, wie bis ins

13. Jahrhundert üblich, als Musterpredigten konzipiert. Ihre Zahl nimmt erst nach der Jahrhundertmitte zu, dann aber rasch.

Belehrungen über das Heil und seine Gefährdung bezog man aber auch aus dem kleinen Lehrbuch des *Physiologus* (s. Kap. I.3.e), der Kurzbeschreibungen überwiegend exotischer Tiere enthält und deren Eigenschaften mit den Methoden der christlichen Allegorese geistlich ausdeutet. Die älteste deutsche Übersetzung, um 1070 entstanden, ist der *Ältere Physiologus*, der insgesamt 12 Tiere auf ihren geistlichen Sinn hin analysiert; der *Jüngere Physiologus*, um 1120, der Grundlage der wenig jüngeren gereimten Millstätter Fassung wurde, hat den Katalog auf 28 Tiere erweitert.

Die nach der althochdeutschen Übersetzung des Matthäus-Evangeliums älteste deutsche Evangelienübersetzung ist in den *Wien-Münchener-Evangelien-Fragmenten* bezeugt, deren Vorlage wohl noch ins 11. Jahrhundert gehörte. Noch älter ist die erste Übertragung des Hohenliedes ins Deutsche, die der berühmte Abt Williram von Ebersberg um 1065 veranstaltete; sie stellt gegenüber den schlichten Übersetzungen ein höchst ambitioniertes Unternehmen dar, vereint sie doch in einer dreispaltigen Synopse den lateinischen Text der Vulgata, dessen Paraphrase und Kommentar in lateinischen Hexametern und die Übersetzung in deutsche Prosa nebst allegorisierendem lateinisch-deutschen Kommentar (s. Abb. S. 118). Verdeutschungen des Psalters vor 1160/70 belegen mit Sicherheit nur die *Brieger Psalmenbruchstücke*; alle weiteren Fragmente gehören vielleicht erst wie die vollständig erhaltenen Interlinearversionen zum Psalter in das spätere Jahrhundert.

Einzigartig in der geistlichen Prosa des 11. und 12. Jahrhunderts ist das *St. Trudperter Hohelied*, das wohl an der Epochenschwelle, um 1160/70, entstand: die erste rein volkssprachige Auslegung des Hohenliedes, mit der zugleich die deutsche Mystik begann. Die Übersetzung des lateinischen Vulgatatextes wie auch nicht wenige allegorische Deutungen im Kommentar sind der älteren Version Willirams verpflichtet. Vor allem aber partizipierte der unbekannte geistliche Verfasser am zeitgenössischen theologischen Diskurs, insbesondere an den gelehrten mariologischen und brautmystischen Hohelied-Deutungen des frühen 12. Jahrhunderts, die nun erstmals auch in der Volkssprache Fuß fassten. Mit Rupert von Deutz OSB (um 1070–1129/30) legte er die Braut des Hohenlieds auf die Gottesmutter Maria aus, die sich mit Gott vermählt. Indem er Maria jedoch als Vorbild für jede bräutliche Seele deutete, konnte er die biblische Liebesgemeinschaft von Braut und Bräutigam auch als Bild für die Vereinigung der Seele mit Gott auslegen. Es war dies die Interpretation des Hohenlieds, der die Zisterzienser den Vorzug gaben; maßstabsetzend war Bernhard von Clairvaux mit seinen *Sermones in canticis canticorum*.

Von den zwischen 1135 bis 1153 entstandenen lateinischen Predigten Bernhards unterscheidet sich das *St. Trudperter Hohelied* nicht nur in der Sprache, sondern auch im Rede- und Darstellungsstil. Bernhard bietet weitestgehend Erzählung und Meditation. Das Hohelied ist ihm die »Geschichte einer Brautschaft«, die er nacherzählend und meditativ vergegenwärtigt, und dies durchweg im affektiven Ton. Die deutsche Auslegung ist hingegen primär theologisches Wissen vermittelnder Kommentar und Didaxe. Die belehrende Absicht stellt der Autor nachdrücklich im Epilog heraus, wenn er sein Werk als »Spiegel für die Bräute des allmächtigen Gottes«, als ›geistlichen Brautspiegel‹, bestimmt.

Die Kodierung der Gottesliebe als Geschlechterliebe, wie sie für das brautmystische Schrifttum konstitutiv geworden ist, hat eine eminent bewusstseinsgeschichtliche Bedeutung. Indem das Konzept der erotischen Gottesliebe die Erfahrung der einzelnen Seele in den Mittelpunkt rückt, fördert es die Herausbildung der Subjektivität. Es ist kein Zufall, dass dieses geistliche Konzept zeitlich parallel zum Konzept der hohen Minne in der weltlichen Literatur entsteht. Beide, Mystik wie Minnesang, markieren den Aufbruch in die Welt der Innerlichkeit, den Aufbruch in die Subjektivität.

Weltliche Gebrauchsprosa

Schließlich zeichnen sich auch erste Ansätze einer weltlichen Gebrauchsprosa in der Volkssprache ab, die danach rasch an Bedeutung zunimmt. Den Anfang machen das *Innsbrucker* und das *Bamberger Arzneibuch* (*Arzneibuch Ipocratis*) mit Rezepten zur Heilung verschiedenster Krankheiten, das *Prüller Kräuterbuch*, das eine kleine Liste von Heilkräutern mit Vorschriften zu ihrer Verwendung umfasst, und das *Prüller Steinbuch*, das über Farben und Heilkräfte von 12 Edelsteinen handelt. Die älteste Überlieferung stammt jeweils aus dem dritten Viertel des 12. Jahrhunderts.

Relikte der mündlichen Dichtungstradition

Neben dieser volkssprachigen Literatur, die ganz überwiegend von geistlicher Thematik beherrscht war, lebte die mündlich-heroische Dichtungstradition fort. Ihre Existenz bezeugen etwa die Prologstrophe zum *Annolied*, die unmittelbar auf Heldensage und Heldenlied Bezug nimmt (vgl. S. 258 f.), der formelhafte Erzählstil und eine spezifische Idiomatik in der heils- und reichsgeschichtlichen Erzählliteratur, z. B. in der *Altdeutschen Exodus* oder in der *Kaiserchronik*, oder das blockhafte, Szenen und Reden unverbunden nebeneinanderstellende Erzählen in den Gedichten *Die Drei Jünglinge im Feuerofen* und *Ältere Judith*. Vielleicht ist deren »epische Szenengestaltung« aber gar nicht von der mündlichen Erzähltradition beeinflusst, sondern, darauf hat Dieter Kartschoke hingewiesen, von der lateinischen Rhythmendichtung. Literarisch, im primären Sinn des Wortes, wurde die genuin volkssprachig-mündliche Tradition jedenfalls erst in der höfischen Zeit, im Zusammenhang und unter dem Einfluss jener weltlichen Erzählliteratur, die von vornherein schriftlich konzipiert war.

Literatur: Ernst Hellgardt: Frühmittelhochdeutsche Literatur. In: Literaturwissenschaftliches Lexikon, S. 129–131; Kartschoke, Geschichte der deutschen Literatur; Hugo Kuhn: Frühmittelhochdeutsche Literatur. In: H. K.: Text und Theorie. Kleine Schriften. Bd. 2. Stuttgart 1969, S. 141–157; Vollmann-Profe, Wiederbeginn volkssprachiger Schriftlichkeit.

c. Die Literatur der höfischen Klassik (1160/70–1220/30)

Voraussetzungen

Um die Mitte des 12. Jahrhunderts tauchten aus dem Meer der Schriftlichkeit neue literarische Formen auf: das weltliche Lied – Minnesang und Sangspruch – und neue Formen des Erzählens – Epen nach französischen Chansons de geste bzw. nach deren Vorbild und vor allem der Roman –, eine elitäre weltliche Literatur für den Hof, d. h. für die ritterliche Hofgesellschaft, wie sie sich im hohen Mittelalter herausgebildet hat. Es waren vor allem die Höfe der großen weltlichen Territorialfürsten, die im Deutschen Reich seit der zweiten Hälfte des 12. Jahrhunderts – in Frankreich schon früher – soziale und kulturelle Sammelpunkte der neuen Gesellschaft und zugleich Zentren der neuen literarischen Tätigkeit in der Volkssprache wurden. Literatur in der Volkssprache hatte für diese feudale Elite eine hohe symbolische Bedeutung; sie war ein wesentliches Moment ihrer sozialen Identität.

Man hat das Aufkommen dieser neuen Literatur mit der sog. Renaissance des 12. Jahrhunderts, vor allem mit der Schule von Chartres und der Universität zu Paris in Verbindung gebracht, in denen ein neues, auf Logik und Dialektik gründendes wissenschaftliches Verfahren entwickelt wurde. Für die französische und deutsche Literaturgeschichte wichtiger war freilich die Tatsache, dass in Chartres auch ein Zentrum für das Studium der antiken Literatur entstand; die Wiederentdeckung Ovids, der einen kaum zu unterschätzenden Einfluss auch auf die volkssprachige Dichtung hatte, ging von hier aus. Von immenser Bedeutung für die Entwicklung der weltlichen Literatur in der Volkssprache war auch die lateinische Dichtung – Vagantenlyrik und religiöse Lyrik, lateinische Epik und geistliches Spiel, didaktische und satirische Dichtung –, die dank den neuen Schulen und der neuen Intellektualität im 12. Jahrhundert neu erblühte. Doch reicht das allein als Erklärung für die Entstehung der höfischen Literatur nicht aus.

Eine Grundvoraussetzung war die Besserung der wirtschaftlichen Lage und der gesamten Lebensbedingungen, die überhaupt erst jene materiellen Ressourcen freistellten, ohne die Kultur und Literatur nicht möglich sind. Seit dem Beginn des 12. Jahrhunderts waren die Durchschnittstemperaturen leicht angestiegen, was zu höheren landwirtschaftlichen Erträgen geführt hatte. Mittelbar wirkten sich auch verschiedene technische und organisatorische Neuerungen (›agrarische Revolution‹), die seit dem beginnenden Hochmittelalter nachweisbar sind, auf die Ernteerträge aus: die Entwicklung des schweren Räderpfluges mit asymmetrischer Pflugschar, welche die Schollen tief umbrach, die Erfindung der Egge und anderer bäuerlicher Werkzeuge, die Einführung des Kummets, das eine ganz andere Ausnutzung der Zugkraft von Ochse und Pferd erlaubte, der Schubkarre und des Wagens mit vier Rädern und einer beweglichen Vorderachse und endlich die Einführung der Drei-Felder-Wirtschaft. Bei dieser Methode lag im jährlichen Wechsel immer ein Drittel des Ackerlandes brach, während die zwei anderen Drittel bewirtschaftet wurden; das Verfahren verhinderte, dass der Boden zu stark ausgelaugt wurde und wenig Ertrag brachte. Die Besserung der Ernährungslage führte zu einem Wachstum der Bevölkerung, das wiederum dazu zwang, die alten Siedlungsräume auszuweiten. Neue Anbauflächen entstanden seit dem 11. und 12. Jahrhundert durch die Rodung von Wäldern, das Trockenlegen von Sümpfen und durch Deiche, mit denen man das Meer zurückdrängte. Der intensive Landesausbau beförderte wiederum den wirtschaftlichen und demographischen Aufschwung: Zwischen 1100 und 1350 nahm die Bevölkerung Mitteleuropas um das Drei- bis Vierfache zu, ebenso die Besiedlungsdichte; allenorts gründete man neue Dörfer und Siedlungen, Burgen und Städte bzw. baute die bestehenden aus; die Geldwirtschaft nahm zu. Für die grundbesitzende Oberschicht, den Feudaladel, erbrachte der wirtschaftliche Aufschwung höhere Rentenerträge aus dem Besitz und ganz allgemein einen Zuwachs an Reichtum und Wohlergehen und damit die materiellen Grundlagen für die Luxusgüter Kultur und Literatur.

Die Entstehung einer weltlichen Literatur der Höfe war indes noch an zwei weitere konkret-materielle Voraussetzungen gebunden: an den Übergang von der

Reiseherrschaft zur Residenzbildung und an die Ausbildung eines geregelten Schriftbetriebs am weltlichen Fürstenhof. Solange es keine öffentliche Verwaltung und keinen Beamtenapparat gab, wurde Herrschaft im Mittelalter persönlich, in der Form der Reiseherrschaft, ausgeübt; nicht nur Kaiser und Könige haben sie gepflegt, sondern auch Fürsten und Landesherren: indem sie mitsamt dem Hof in ihrem Territorium umherzogen und an den jeweiligen Aufenthaltsorten die lokalen Gewalthaber, der König auch Fürsten und Bischöfe, um sich sammelten, mit ihnen Rat hielten und Recht sprachen. Für die schriftliche Dokumentation, etwa für die Ausstellung von Urkunden, nahmen sie die Schreibstuben von Klöstern und Stiften in ihrem Herrschaftsbereich in Anspruch. Seit dem 12. Jahrhundert zeichnete sich jedoch vor allem bei den großen Feudalherren eine Tendenz zur Ortsfestigkeit ab, die dann auch den Auf- und Ausbau eines eigenen Schriftwesens möglich machte. Die Fürstenhöfe entwickelten sich zu komplexen Herrschafts- und Verwaltungszentren, die den weltlichen Herren Unabhängigkeit vom Schriftmonopol der klösterlichen und bischöflichen Geistlichkeit sicherte. Die erste deutsche Residenz war die Pfalz Dankwarderode in Braunschweig, die Heinrich der Löwe zum Mittelpunkt des Herzogtums Sachsen gemacht hatte; hier ist seit 1144 auch die erste weltliche Kanzlei nachweisbar. Das Sesshaftwerden der Höfe hatte aber auch bedeutende Folgen für das Gesellschaftsleben und für die Formen höfischer Repräsentation. Auch die Dichter haben davon profitiert, vor allem die Epiker: Bei einem ruhelos umherziehenden Hof wäre die ungestörte Ausarbeitung eines größeren Werkes kaum vorstellbar gewesen.

Von eminenter Bedeutung war schließlich die Ausbildung einer neuen adeligen Lebenskultur. Ihre Grundmerkmale waren das Bestreben, sich von der kirchlichen Deutungshoheit zu lösen, das Bedürfnis nach höfischer Repräsentation und ein neuer Gesellschaftskodex:

Anders als für die Vertreter der Kirche, die das Diesseits, das Leben in der Welt, oft einseitig unter dem Aspekt der Vergänglichkeit und der Sünde bewerteten, behauptete die sich formierende höfische Gesellschaft ihre neue Kultur als eine Sphäre eigenen Rechts und eigenen Werts. Die Entstehung des höfischen Romans und der weltlichen Lyrik darf man in unmittelbarem Zusammenhang damit und als Ausdruck dieser Emanzipation des weltlichen Adels von der klerikalen Deutungshoheit verstehen; beide Genera sind Mittel adeliger Selbstdarstellung und artikulieren, wie idealisierend auch immer, das Selbstverständnis der höfischen Gesellschaft.

Das Bedürfnis nach höfischer Repräsentation entsprang dem ständigen Konkurrenzkampf der adeligen Herren um Macht und Prestige. Er trieb sie dazu an, die Leistungsfähigkeit ihres Hauses, Macht und Reichtum auszustellen. Besonders in luxuriösen Stoffen und Kleidern, in der repräsentativen Ausstattung von Pfalzen und Burgen, kostbaren Waffen, herrenmäßigem Essen und Trinken, auch in Empfängen, Festen und Turnieren konnte sich das ausgeprägte Repräsentationsbedürfnis der ritterlichen Hofgesellschaft glanzvoll entfalten. Die Dichter wurden nicht müde, diesen ganzen materiellen Bereich höfischer Lebensart in ihren Romanen vorbildhaft darzustellen; sie boten ihren Hörern und Lesern damit Symbole einer kollektiven adeligen Identität und bestätigten sie zugleich. Zur adeligen Selbstdarstellung gehörte es aber auch, sich als Förderer der Kunst zu präsentieren und sich mit Hilfe der Kunst feiern zu lassen. Gelegenheit dazu boten vor allem die Hoffeste, auf denen man die besten Künstler auftreten zu lassen pflegte. Legendären Ruf genoss das Mainzer Hoffest zu Pfingsten des Jahres 1184, das Kaiser Friedrich Barbarossa aus Anlass der Schwertleite seiner beiden Söhne – mit der Promotion zum Ritter wurden sie volljährig gesprochen – ausrichtete. Nach dem Urteil der Zeitgenossen hat dieses Fest alles Dagewesene übertroffen. Damals trafen zahlreiche Fürsten und in ihrem Gefolge französische Trouvères und deutsche Minnesänger zusammen.

Kennzeichen des neuen höfischen Lebensbereichs war schließlich auch ein besonderer Gesellschaftskodex, der die verschiedenen Mitglieder des Hofes, Fürsten, kleinere Adelige und Ministerialen, über alle ständischen und rechtlichen Unterschiede hinweg verband: Zum neuen Leitbild adeliger Männlichkeit avancierte, unter dem Einfluss der Gottesfriedensbewegung und der Kreuzzüge, der christliche Ritter, der *miles christianus*, der das alte Männlichkeitsideal des Kriegeradels erheblich korrigierte. Wohl hatte auch der Ritter Gewaltmonopol und Fehderecht, doch sollten die Waffen nur eingesetzt werden, um Frieden und Recht zu wahren oder um die gestörte Rechtsordnung wiederherzustellen, zum Schutz der Armen und Bedrängten, der Witwen und Waisen, zur Verteidigung der Kirche und des christlichen Glaubens und, sofern der Ritter Herrendienst zu leisten hatte, zum Schutz des Lebens seines Herrn.

Mit dem Begriff des Ritters verbanden sich, neben dem kontrollierten Umgang mit der Gewalt, aber auch und vor allem Formen einer neuen Zivilisiertheit, die ästhetischen Anspruch und ethische Normen in gleicher Weise umfasste; die mittelalterlichen Dichter haben sie mit dem Oberbegriff der *hövescheit* »höfische Erziehung und Lebensart« umschrieben. Zu den ethischen Normen gehörten die vier antiken Kardinaltugenden – Weisheit, Gerechtigkeit, Mäßigung und Tapferkeit (*prudentia*, *iustitia*, *medietas*, *fortitudo*), sodann spezifisch christliche Normen wie Demut, Mitleid, Barmherzigkeit, Beständigkeit (*stæte*, *constantia*), Maßhalten (*mâze*, *temperantia*), schließlich auch neue Leitwerte wie *kiusche* »Lauterkeit«, *güete* und *triuwe* »Treue«.

Verbindlich wurden aber auch neue höfische Verhaltensstandards, die feinen Umgangsformen und Manieren, wie sie bis zum Ende der Feudalzeit und darüber hinaus, als bürgerliche Umgangsform der ›Höflichkeit‹, bis heute gültig blieben: Zurückhaltung, Rücksichtnahme und Selbstbeherrschung, Wohlerzogenheit, Galanterie, gute Manieren bei Tisch und im Umgang mit den Damen etwa, Dezenz in Auftritt, Sprechen und Lachen. Schließlich umfasste der Begriff der *hövescheit* auch spezifische Formen der Kommunikation und höfischen Geselligkeit: Kenntnisse von Fremdsprachen, Instrumentenspiel, Tanz und Gesang, Spiel und Literatur. Vorbild war in jeder Hinsicht die Hofkultur Frankreichs. Wer immer sich auf diesen exklusiven Kodex der Höflichkeit, die feine höfische Lebensart überhaupt verpflichtete, vom Kaiser und den Fürsten über die kleineren Adeligen bis zu den Ministerialen, durfte, unbeschadet aller ständischen und rechtlichen Unterschiede, »Ritter« genannt werden. Das weibliche Gegenstück bildete die höfische Dame.

Seine Wurzeln hat dieser neue laikale Gesellschaftsentwurf, wie C. Stephen Jaeger gezeigt hat, im Bildungs- und Verhaltenskonzept der *curialitas*, das seit Ende des 10. Jahrhunderts an den Domschulen entstanden ist. Leitwerte dieses Konzepts sind *elegantia morum* – Oberbegriff für alle ethischen Wertmaßstäbe –, *disciplina* – ein Begriff, der seit dem 11. Jahrhundert zunehmend die »Bedeutung von Höflichkeit, Selbstbeherrschung und gutem Betragen« annahm –, *urbanitas* – eine Haltung, die Takt und Feingefühl, Freundlichkeit im Reden und Handeln und eine geistreiche ironische Redeweise verbindet –, *facetia* – gemeint sind eine ironische oder witzige Redeweise und/oder die Verfeinerung der Sitten – und *hilaritas* bzw. *iocunditas*, die den heiteren, liebenswürdigen, freundlichen Sinn bezeichnet, entsprechend dem mhd. *vröude*. Gebildete Kleriker vermittelten die Werte und Verhaltensweisen des klerikalen Konzepts der *curialitas* seit dem 12. Jahrhundert auch dem weltlichen Adel;

bevorzugtes Medium war der Roman, zuerst der Roman in französischer Sprache. Die Tatsache, dass die Epiker des 12. und 13. Jahrhunderts wohl ausnahmslos eine geistliche Bildung genossen hatten – Autorenbezeichnungen wie afrz. *clerc* oder mhd. *pfaffe* belegen das –, bekommt unter diesem Aspekt noch ein ganz anderes Gewicht.

Die höfische Literatur mit ihren spezifischen Formen und Inhalten erwuchs auf dem Boden dieser neuen, höfischen Kultur, an deren Formierung sie sich zugleich beteiligte. Was von der feinen höfischen Lebensart dichterisches Wunschbild blieb und was tatsächlich an den Höfen praktiziert wurde, lässt sich kaum entscheiden.

Daten der Ereignisgeschichte III

Herrschaft der Staufer

1174–1178	5. Italienzug Friedrichs I.
1178–1180	Prozess, Ächtung und Absetzung Heinrichs des Löwen
1180	Otto von Wittelsbach erhält das Herzogtum Baiern
1184	Hoftag zu Mainz: glanzvolle Repräsentation imperialer Macht
1184–1186	6. Italienzug Friedrichs I.
1189–1192	3. Kreuzzug; Friedrich I. ertrinkt 1190 im Fluss Saleph
1190–1197	König Heinrich VI.
1190–1217	Landgraf Hermann I. von Thüringen
1191	1. Italienzug Heinrichs VI. und Kaiserkrönung
1192–1194	Richard Löwenherz nach seiner Rückkehr vom Kreuzzug in Deutschland in Haft gehalten
1194/95	2. Italienzug Heinrichs VI.; 1194 Krönung Heinrichs zum König von Sizilien
1196	Wahl des zweijährigen Friedrich (II.) zum deutschen König
1196/97	3. Italienzug Heinrichs VI.
1198–1214	Deutscher Thronstreit, ausgelöst durch die Doppelwahl Philipps von Schwaben und des Welfen Otto IV. (von Braunschweig)
1202–1204	4. Kreuzzug, 1204 Plünderung Konstantinopels durch die Kreuzfahrer
1208	Ermordung Philipps von Schwaben
1209	Kaiserkrönung Ottos IV.
1209/10	Erste päpstliche Approbation des Franziskanerordens
1212–1250	König Friedrich II.; allgemeine Anerkennung 1215 durch zweite Krönung
1214	Sieg Friedrichs II. und König Philipps II. August von Frankreich über Otto IV. in der Schlacht von Bouvine
1216	Päpstliche Approbation des Dominikanerordens
1220	Kaiserkrönung Friedrichs II.; Zugeständnis wichtiger Königsrechte an die geistlichen Fürsten; Wahl Heinrichs (VII.) zum Mitregenten
1228/29	5. Kreuzzug; Friedrich II. König von Jerusalem

Die beiden wichtigsten Gattungen der höfischen Literatur sind Epik und Lyrik. Sie bringen Lebensformen und Lebensideal der neuen adeligen Hofgesellschaft vorbild- und beispielhaft zur Anschauung. Literarische Muster und materielle Vorlagen verdanken sich beinahe ohne Ausnahme der Literatur aus dem altfranzösischen und okzitanischen Kulturbereich.

Literatur: Bumke, Höfische Kultur, S. 71–76, 382–503, 617–638; Joachim Bumke: Studien zum Ritterbegriff im 12. und 13. Jahrhundert. 2. Aufl. mit einem Anhang: Zum Stand der Ritterforschung 1976. Heidelberg 1977 (Beihefte zum Euphorion 1); ders.: Höfische Kultur. Versuch einer kritischen Bestandsaufnahme. PBB 114 (1992) 414–492; Curialitas. Studien zu Grundfragen höfisch-ritterlicher Kultur. Hg. von Josef Fleckenstein. Göttingen 1990 (Veröffentlichungen des Max-Planck-Instituts für Geschichte 100); Peter Ganz: »curialis/hövesch«. In: Höfische Literatur, Hofgesellschaft, höfische Lebensformen um 1200. Hg. von Gert Kaiser und Jan-Dirk Müller. München 1982, S. 39–56; C. Stephen Jaeger: Die Entstehung höfischer Kultur. Vom höfischen Bischof zum höfischen Ritter. Berlin 2001 (Philologische Studien und Quellen 167; engl. Ausgabe 1985); Walter Haug: Gibt es einen Zusammenhang zwischen dem klerikalen Konzept der Curialitas und dem höfischen Weltentwurf des vulgärsprachlichen Romans? In: Courtly Literature and Clerical Culture. Höfische Literatur und Klerikerkultur. Hg. von Christoph Huber und Henrike Lähnemann. Tübingen 2002; Henri Pirenne: Sozial- und Wirtschaftsgeschichte Europas im Mittelalter. 7. Aufl. Tübingen 1994 (UTB 33).

Höfische Epik

Seit der Mitte des 12. Jahrhunderts entstanden neue Formen des Erzählens, die sich in Themenstellung und Stoffwahl ebenso wie in ihren Sinnbezügen fundamental von den älteren Formen – den Nacherzählungen der biblischen Geschichte und der Heiligenleben, den Erzählungen von Gestalten und Ereignissen der Reichsgeschichte, den im Medium der Mündlichkeit überlieferten Erzählungen aus der heroischen Vergangenheit – unterscheiden. Es sind spannende, berührende, auch irritierende Geschichten, die zentrale Probleme der neu sich formierenden Adelswelt diskutieren: Herrschaft, Krieg, Gewalt und ihre Legitimation, das Verhältnis der Geschlechter, Liebe und Ehe, Interaktionsregeln, soziale Normen und Werte, die zivilen Formen des gesellschaftlichen Miteinanders. Wir fassen diese neuen Formen des Erzählens unter dem Begriff ›höfische Epik‹ zusammen.

Was die Erzählstoffe angeht, schließen die neuen Epen an die unterschiedlichsten Traditionen an. Auf großes Interesse stießen historische Stoffe aus der Antike – die Geschichte des makedonischen Königssohnes Alexander, der zum Begründer eines Weltreiches wurde; die Geschichte des Trojaners Aeneas, der aus Troja floh und in Italien eine neue Herrschaft gründete; die Geschichte des Trojanischen Krieges –, aber auch, wie die Geschichten von Roland und Herzog Ernst, Stoffe der karolingischen und der deutschen Geschichte; sie wurden teils über altfranzösische Vorlagen, teils mündlich überliefert. Für die Epiker der zweiten Generation wurden vor allem keltische Erzählstoffe relevant – die Geschichte Tristans und Isoldes, die Geschichten um König Artus und die Ritter der Tafelrunde, die Parzival-Gral-Sage –, aus denen bereits die Autoren der französischen Vorlagen, allen voran Chrétien de Troyes, ganz eigene imaginäre Weltentwürfe komponiert haben. Und wieder andere Erzählungen gehen, wiederum vermittelt über romanische Vorlagen, auf orientalische und hellenistisch-byzantinische Erzählstoffe zurück.

Stoffvielfalt prägt bereits den Beginn der höfischen Epik. An ihrer Spitze steht der *Alexanderroman* des Pfaffen Lambrecht (um 1150/60; s. Kap. III.4.c) nach dem *Roman d'Alexandre* Alberics von Bisinzo/Pisancon (um 1100/1120). Der *König Rother* (um 1160/70) erzählt von der schwierigen Werbung Rothers um die Tochter des Königs von Konstantinopel, ihrer beider Flucht, der Rückentführung der Braut und dem Sieg Rothers über Konstantin und die Heiden. Gegenstand des *Herzog Ernst*, dessen erste

Fassung vielleicht ebenfalls schon um 1160/70 entstanden ist, sind Ereignisse aus der ottonischen Reichsgeschichte, die wohl erst bei der Komposition des Buchepos mit Orientabenteuern verknüpft wurden (s. Kap. III.4.d). Beide Stoffe stammen aus der mündlichen Tradition; die Autoren dürften sich indes bei der Verschriftlichung auch an altfranzösischen Chansons de geste, im Falle des *Herzog Ernst* am Typus der Empörer-geste, orientiert haben. Das *Rolandslied* des Pfaffen Konrad (s. Kap. III.4.d), um 1170 entstanden, erzählt Ereignisse aus dem historischen Spanienfeldzug Karls des Großen 778: den Überfall auf die die spanische Mark sichernden Truppen, den Heldentod Rolands und seiner Mitstreiter und den Sieg des Kaisers in der Racheschlacht; Vorlage war die altfranzösische *Chanson de Roland*. Und der nur fragmentarisch erhaltene *Graf Rudolf* (um 1185), der ebenfalls auf einer französischen Vorlage beruht, handelt von Brautwerbung und Orientfahrt. So unterschiedlich die Texte in den Einzelheiten auch sein mögen, was sie verbindet, ist der Diskurs der Herrschaft und Gewalt: die Darstellung politischer Strategien und feudaler Praktiken mit dem Ziel, Modelle vorbildlichen Herrschertums verbindlich zu machen. Waffenhilfe und Krieg, auch in der besonderen Form des Kreuzzugs, gehören dazu ebenso wie Beratungsszenen, Reichtum und *milte* »Freigebigkeit«, Ablenkungsmanöver, Belehnung und Stabilisierung einer Herrschaft durch Heirat, Bewährung des Fürsten in der Brautwerbung und/oder im Kampf gegen einen übermächtigen Gegner u. a.

Auch für ein anderes großes anthropologisches Thema, die Liebe, hat man sich schon bald lebhaft interessiert. Von dem um 1170 entstandenen *Trierer Floyris*, einer Übertragung des altfranzösischen Romans *Floire et Blancheflor* (um 1155/ 65), sind nur Fragmente erhalten. Er erzählt nach dem Schema und mit Motiven des spätgriechischen Romans die sentimentale Geschichte von der Liebe, Trennung, Gefährdung und glücklichen Wiedervereinigung eines jungen Paares. Unter gänzlich anderer Perspektive steht das Thema im Tristanroman, der von der Liebe Tristans, des Neffen des Königs, und der Königin Isolde erzählt, einer Passion, die in Not und Tod führt. Die ersten Dichter, die sich des Tristanstoffs annahmen, haben eine solche Liebe vor allem als Verstoß gegen die vom Feudalrecht gebotene Lehnstreue, allgemeiner: als Störung der gesellschaftlichen Ordnung gedeutet, überdies als die Karriere des Helden gefährdende Torheit; der Tod des Liebespaares erscheint unter diesem Aspekt als Bestätigung der sozialen und moralischen Ordnung. Die erste literarische Fassung ist die nicht mehr erhaltene altfranzösische *Estoire*, die wohl um 1150 entstanden ist. Auf sie geht der älteste deutsche Tristanroman zurück, den Eilhart von Oberg um 1175/80 oder, wahrscheinlicher, erst nach 1190 verfasst hat. Mit den älteren Epen verbindet Eilharts *Tristrant* nicht nur die politische Stoßrich-tung, ablesbar an der Behandlung der Minnethematik und an den Episoden, die das richtige Zusammenwirken der Herrschaftsträger und damit das Funktionieren von Herrschaft demonstrieren; es betrifft dies auch die Poetik seines Romans. Wiederholt greift Eilhart auf heldenepisches Formelinventar zurück, das er aus der mündlich vorgetragenen Dichtung kennengelernt haben konnte; auch benutzt er erzählerische Requisiten, burleske Komik und Hyperbolik etwa, wie sie z. B. der Autor des *König Rother* verwendet hat.

Eine eigene Gruppe bilden drei erst im 15. und 16. Jahrhundert bezeugte Epen, von denen nicht sicher ist, ob sie überhaupt im 12. Jahrhundert entstanden sind. Gemeint sind das strophische Epos *Salman und Morolf*, das die zweimalige Entführung der Königin von Jerusalem durch ihren Liebhaber, ihre erzwungene Heimkehr zum Ehemann und schließlich ihren gewaltsamen Tod zum Gegenstand hat; *Oswald*, der von der Geschichte der gefährlichen Brautwerbung König Oswalds von England und seiner keuschen Ehe erzählt; und *Orendel*, der die Werbung des Königssohnes Orendel um Bride von Jerusalem, die wiederum in einer keuschen Ehe endet, mit der Legende vom Grauen Rock Christi verknüpft. In der Thematik wie in den poetischen Mitteln, die u. a. das Brautwerbungsschema, Hyperbolik und burleske Komik privilegieren, gehören alle drei Epen in die Nähe des *König Rother*. In der Verwendung hagiographischer Elemente stehen *Oswald* und *Orendel* indes der Legende nahe. Hingegen rückt die Erzählung von Salman und Morolf in puncto Minnekonzeption näher an den älteren Tristanroman; wie dieser stellt sie die Liebe als eine – mit Hilfe zauberischer Mittel – die Sinne verwirrende und die gesellschaftliche Ordnung bedrohende Macht dar, die nur durch den Tod der beiden Liebhaber und schließlich durch den Mord an der schönen Königin gebannt werden kann. Negiert wird damit zugleich das politische Programm des Brautwerbungsschemas: »Frieden und Sicherheit« werden am Ende »nicht durch die Gewinnung der Frau, sondern durch ihren endgültigen Verlust garantiert« (Gisela Vollmann-Profe).

Die Epiker der zweiten Generation – Heinrich von Veldeke, Hartmann von Aue, Wolfram von Eschenbach, Herbort von Fritzlar, Gottfried von Straßburg – erschlossen dem deutschen Publikum nicht nur neue Stoffe; die Welten, von denen sie erzählen, sind auch wesentlich komplexer, was immer auch Sinnfülle bedeutet. Und sie entwickelten eine ganz neue Erzählkunst, wobei sie die deutsche Literatursprache auf ein ganz neues Niveau gehoben haben.

Eine Schlüsselposition kam in diesem Zusammenhang dem *Eneasroman* Heinrichs von Veldeke (Teil I: um 1170/74, II: vor 1190) zu (s. Kap. III.2.a), der in mancher Hinsicht zu einem »Musterbuch der neuen ästhetischen Standards« (Elisabeth Schmid) wurde. Dies betrifft nicht nur die Verskunst und die gesamte Form des Sprechens, die Einführung der ›stichischen‹ Dialogtechnik und die Übertragung gelehrter rhetorischer Techniken, vor allem der kunstvollen Beschreibung, aus der lateinischen Epik, sondern auch ein neuartiges, an antiken Vorbildern geschultes Liebeskonzept und die Repräsentation von Figurenbewusstsein durch innere Monologe. Das meiste davon findet sich schon in den altfranzösischen Antikenromanen ausgeprägt; doch war Heinrich von Veldeke der erste, der dieses neue Erzählniveau in der deutschen Literatur etablierte.

Mit dem *Erec* (um 1180/85) und dem *Iwein* (um 1190/1200) begründete Hartmann von Aue nicht nur die Gattung des deutschen Artusromans (s. Kap. III.2.b und III.2.c); mit der eleganten Klarheit seiner Sprache und dem abwechslungsreichen Zusammenspiel seiner Satz- und Versformen ist auch ein neues Stadium im epischen Erzählen des hohen Mittelalters erreicht. Ebenfalls neu sind die Einführung eines Erzählers, der den Anspruch erhebt, den Zuhörern die Bedeutung des Erzählten durch fortlaufenden Kommentar und Dialog zu erschließen, und die Herausstellung der Fiktivität des Erzählten, überhaupt eine ›urbane‹, auch ironische Erzählhaltung und schließlich die Organisation der Handlung über eine Reihe einzelner, weitgehend unabhängiger Episoden, den sog. Aventiuren, mit einer Peripetie, die die Reihe in zwei Teile ungleicher Länge unterteilt; zusammengehalten werden sie durch die Figur des Titelhelden. In Handlungsstruktur und -inhalten hat Hartmann sich ziemlich genau an seinen französischen Vorlagen, den Romanen Chrétiens de Troyes, orientiert. Konzeptionell formte er tatsächlich aber etwas Neues.

Wiederum etwas ganz Neues in der Geschichte des Erzählens stellt der *Parzival* Wolframs von Eschenbach dar (s. Kap. III.2.d). Das betrifft den Stoff und die

Thematik, die Bauform, die Poetik und die Ideologie in gleicher Weise. Nicht alles ist die genuine Leistung Wolframs; drei der für die Entwicklung des Romans relevanten Neuerungen gehen bereits auf den Autor der französischen Vorlage, Chrétien de Troyes, zurück: die Erfindung einer Kindheitsgeschichte, die Anlass gibt, über die Probleme der Sozialisation nachzudenken; die Einführung eines zweiten Helden, die eine alternative Erzähltechnik erforderlich macht; und die Einführung einer religiösen Dimension mit dem geheimnisvollen Bereich des Grals, an dem das Thema der Heilsbedürftigkeit auch der ritterlich-höfischen Welt entfaltet wird. Neu und musterbildend in der Entwicklung des Romans sind aber auch Wolframs Sprache und Stil – sein eigenwilliger Umgang mit der Syntax und dem Mittel der *descriptio*, seine Vorliebe für unkonventionelle Metaphern und Vergleiche – und eine Erzählerfigur, die nicht nur durch die nun üblichen Typen der Erzählerrede – Erläuterungen, Sentenzen und Sprichwörter, Höreradressen, zeitgeschichtliche Allusionen – in Erscheinung tritt, sondern auch durch ausgesuchte Bildlichkeit, Witz und Komik sowie durch eine ausgeprägte Ichhaltigkeit der Rede, d. h. durch Einwürfe, die den Erzähler als biographische Person entwerfen. Maßstäbe für die Epik des 13. Jahrhunderts setzte Wolfram schließlich auch durch die Präsentation enzyklopädischen Wissens. Der Erzähler des *Parzival* profiliert sich als ein in vielen Wissensgebieten bewanderter Gelehrter, informiert über Fragen der Mineralogie, Astronomie, Medizin, Theologie u. a. Der *Willehalm*, Wolframs zweites großes Epos, um 1210/20 nach dem altfranzösischen Heldenepos *Aliscans* entstanden (s. Kap. III.2.e), präsentiert umfangreiche Register von Völkern und Ländern, und dies mit dem Anspruch auf historische Verbindlichkeit.

Neue Maßstäbe setzte auch Gottfried von Straßburg mit seinem *Tristan* (um 1210). Wie kein anderer Dichter der Zeit hat er seine Sprache an der lateinischen Rhetorik geschult, ohne dass die Rhetorik Selbstzweck geworden wäre. Von ebenso großer Bedeutung sind die sprachmusikalischen Mittel; Gottfrieds Reimpaarverse bieten eine Überfülle an Klang, der weit über den Gleichklang der Reimwörter hinausgeht. Gottfried hat schließlich das gesamte epische Geschehen mit einem dichten Netz von Kommentaren und Reflexionen über- und durchzogen: Dazu gehören Sprichwörter und Sentenzen, kürzere und längere theoretische Ausführungen – über die Liebe und das Verhältnis von Mann und Frau, über falsche Freundschaft, Argwohn und Eifersucht, Poetik und Ästhetik –, auch eine umfangreiche allegorische Auslegung der Minnegrotte. Auf die Kommentare des Erzählers ist freilich kein Verlass; sie werden einbezogen in das Programm der Ambiguität, das Gottfried seiner Version des Tristanstoffs eingeschrieben hat (s. Kap. III.2.f). Nicht die Demontage der Autorität des kommentierenden Erzählers, nicht das Infragestellen aller festgefügt scheinenden Positionen und jeder scheinbar sicheren Wahrheit, wohl aber Gottfrieds Sprache und Stil haben zahlreiche Nachahmer gefunden.

In die Epoche der höfischen Klassik fallen schließlich auch noch einige Außenseiter, welche die Gleichzeitigkeit des Ungleichzeitigen illustrieren. Zu nennen sind hier vor allem das *Liet von Troie* Herborts von Fritzlar (nach 1190 oder 1210), das eine Abneigung gegen den weltlichen Schönheitsdiskurs entwickelt, und der unernst-ludistische *Lanzelet* Ulrichs von Zatzikhoven (um 1210), der, wie es scheint, überhaupt darauf verzichtet, einen Sinn zu entfalten. Der *Guote Gêrhart* Rudolfs von Ems (um 1210/20) entwickelt hingegen anhand der Geschichte eines Kölner Großkaufmanns, die dieser dem Kaiser Otto erzählt, eine Adelslehre und problematisiert so die feste Verbindung von Herkunfts- und Tugendadel. Der Sinn der Geschichte entfaltet sich nicht mehr allein über den epischen Prozess, sondern wird explizit durch die Konzeption der Binnengeschichte als Exempelgeschichte festgelegt. Doch auch unter dem Aspekt der Poetik hat dieser Roman eine besondere Bedeutung: Er ist der erste Roman mit einer Rahmengeschichte und der erste Ich-Roman obendrein.

Die Tradition des Artusromans setzen der *Wigalois* Wirnts von Grafenberg (um 1210/20), Strickers *Daniel von dem blühenden Tal* (um 1220/50) und Heinrichs von dem Türlin *Diu Crône* (um 1225/30) fort. In keinem Fall ist eine konkrete Vorlage nachweisbar; alle drei Autoren haben ihre Version des Artusromans aus Motiven und Erzählmustern älterer Romane und Heldenepen generiert. Signum dieser Romane ist das Spiel mit der Intertextualität, der souveräne Umgang mit der literarischen Tradition. Das Interesse an der Verhandlung anthropologischer Themen tritt zurück. Die Helden dieser Romane sind von Anfang an vollkommene Repräsentanten des Artusrittertums. Sie müssen freilich in einer phantastischen Erzählwelt mit faszinierend fremdartigen oder auch grausigen Bildern agieren, in denen sich die Bedrohung durch das Irrationale verdichtet hat. In den Strategien zur Bewältigung der Gefahr unterscheiden sie sich hingegen: Wirnt rüstet seinen Helden gegen Höllenzauber und Teufelsspuk nicht nur mit Mut, Ausdauer, guter Kondition und Geschicklichkeit, sondern auch mit einer tiefen Frömmigkeit, die ihm die Hilfe Gottes sichert. Heinrich von dem Türlin konfrontiert seinen mit Dauerglück begabten Helden Gawein gleich mit drei Sequenzen von grausigen Wundern und Phantasmagorien, die den Bereich des Leids und der Zerstörung repräsentieren. Der Artusritter kann diesen Bereich, der seiner eigenen hellen und heilen Welt, in der der Erfolg regiert, entgegengesetzt ist, nicht bewältigen, er kann sie nur registrieren oder ignorieren. Und wieder anders bewältigt der Held im Artusroman des Strickers die Begegnung mit Teufelswesen und anderen übermächtigen Gegnern: Er setzt auf Logik, Kalkül und List. Sie sind das Gegengift in einer Welt, in der die Gegner mit magischen Techniken und Zaubermechanismen operieren.

Die Anfänge der mittelhochdeutschen Heldenepik

In die höfische Zeit fallen auch die Anfänge der mittelhochdeutschen Heldenepik. Wohl unter dem Einfluss der schriftlich verfassten Romane wurde nun auch die Jahrhunderte lang mündlich tradierte Heldensage verschriftlicht. Den Anfang machte das um 1190/1200 verfasste *Nibelungenlied* (s. Kap. III.4.d); der unbekannte Dichter hat den Nibelungenstoff unter dem Einfluss und nach dem Muster antiker Epen, vor allem an Vergils *Aeneis* ist hier zu denken, in heldenepische Großform gegossen. Verschriftlichung heißt in diesem Fall auch: Gestaltung des Stoffs als Großepos und mit den Mitteln des Großepos.

Höfische Lyrik I: Minnesang

Etwa zur selben Zeit wie die ersten höfischen Epen entstanden die ältesten erhaltenen Zeugnisse der höfischen Liebeslyrik, die zur zweiten Leitgattung der Epoche avancierte. Sie war für die neu sich formierende Adelswelt das Medium schlechthin, sich über die Liebe (mhd. *minne*) als zentrales Lebenselement und anthropologische Gegebenheit zu verständigen und zu vergewissern. Minnesang ist aber auch Ausdruck und Medium einer Gefühls- und Gesprächskultur, die den Gesellschaftskodex seit dem 12. Jahrhundert ganz wesentlich mitbestimmte. Das Sprechen über die Liebe, über die Erfahrung des Begehrens und der Zurückweisung dieses Begehrens, der Frustration und des Leids, aber auch das Sprechen über die Freude, die der Liebende empfindet, ist konstitutives Element der Lieddichtung. So erschloss sich im Singen über die Liebe und das Liebesleid, über Ängste und getäuschte Hoffnung, über Wut, Schmerz und Trauer die ganze Skala der Affekte. Minnesang heißt deshalb auch: Bewusstwerdung und Versprachlichung dieser Emotionalität, genauer noch: die Inszenierung der Gefühle im Lied.

Die Geschichte des deutschen Minnesangs beginnt mit einer erstaunlichen Vielfalt von Liedtypen und Sprecherrollen, Liebes- und Geschlechterkonzepten. Es gibt Dialogstrophen und Wechsel – eine Kombination von mindestens einer Männer- und einer Frauenstrophe, die jeweils monologisch gestaltet sind; die Sprechsituation setzt räumliche Trennung, meist aber innere Nähe von Mann und Frau voraus – und Lieder (in der frühen Zeit in der Regel einstrophig), die einen Ritter, das adelige Mädchen bzw. die Dame oder einen Boten als Sprecher imaginieren; auch ein Tagelied – ein Liedtypus, der die Trennung zweier Liebender am Morgen zum Grundmodell hat – findet sich darunter. Die Versicherung gegenseitiger Liebe und Treue ist kaum je einmal Gegenstand der Lieder geworden. Literarisch ergiebiger sind die schmerzliche Erfahrung der Trennung, Frustration und seelischer Schmerz, die Sehnsucht nach dem Geliebten und die Trauer um den untreuen Mann. Es sind vor allem die Frauen, die in den frühen Liedern Träger von Gefühlswerten sind, die Untreue und Liebesverlust befürchten, das Trennungsleid, den Konflikt zwischen ihrer gegen die sozialen Normen verstoßenden Liebe und der Gesellschaft und die Konkurrenz mit anderen Frauen beklagen, aber auch ihre Freude über die bevorstehende Rückkehr des Geliebten und ihr Minneglück artikulieren oder selbstbewusst die Liebe des Mannes einfordern. Die Rolle des Mannes ist oft dazu komplementär; er ist derjenige, der seine Unabhängigkeit behauptet oder sich nur vorübergehend bindet. Dies gilt vor allem für die Männerstrophen des von Kürenberg, des ältesten der namentlich bekannten Lieddichter (um 1160/70?). Hingegen stehen die Männerstrophen Meinlohs von Sevelingen (um 1160/70?), auch einige Dietmars von Eist (um 1160/80?), mit ihren spezifischen Motiven – Fernliebe, Frauendienst in der Hoffnung auf Lohn, Veredelung des Mannes durch die Liebe – bereits unter dem Einfluss der romanischen Lyrik und deren Konzept der *fin'amors*, der »feinen Liebe«. Auch das schmale Œuvre des Burggrafen von Regensburg und Riedenburg lässt sich als Übergangsphänomen deuten. Alle diese Dichter stammen, soweit identifizierbar, aus dem bairisch-österreichischen Sprachraum (›Donauländischer Minnesang‹).

Ganz dem Liebes- und Geschlechterkonzept des *grand chant courtois* in der romanischen Lyrik, dem Konzept von Frauendienst und hoher Minne, haben sich die Dichter verschrieben, die dem ›Rheinischen‹ und dem klassischen Minnesang zugerechnet werden. Es ist dies ein Entwurf, der in der Liebesbeziehung Ausschließlichkeit und Beständigkeit, Aufrichtigkeit und Treue, Selbstlosigkeit und Rücksichtnahme, Freiwilligkeit, Gegenseitigkeit und Leidensbereitschaft verlangt. Entscheidend ist aber, dass diese Zielvorstellungen nicht nur für die Frau, sondern vor allem für den Mann formuliert sind. Hohe Minne bedeutet die freiwillige Selbstverpflichtung des Mannes auf eine dauerhafte und ausschließliche Ich-Du-Beziehung, bedeutet Rücksichtnahme und Anerkennung des freien Willens der Frau, Disziplinierung der Affekte, insbesondere des Sexualtriebs, und überdies die Bereitschaft, um der Liebe zu der Einen willen Frustration und Leid zu ertragen, unter Umständen auch die Erfahrung des scheiternden Begehrens. Die dominanten Liedtypen sind nun das Werbelied und die Minneklage eines liebenden und begehrenden Mannes, der sich nun, anders als in den ältesten Liedern, durch radikale, existentielle Abhängigkeit von der Geliebten profiliert. Diese ihrerseits wird als spröde und abweisend erfahren.

Als der bedeutendste Vermittler zwischen dem romanischen und deutschen Minnesang und als einer der vielseitigsten Dichter der zweiten Phase, auch in formaler Hinsicht, gilt Friedrich von Hausen († 1190). Er hat hauptsächlich Werbelieder und Minneklagen komponiert. Vermutlich war er aber auch der erste gewesen, der Kreuzlieder in deutscher Sprache – Lieder, die zum Kreuzzug aufrufen oder sonst in irgendeiner Weise Bezug auf den Kreuzzug nehmen – gedichtet hat. Eine Sonderstellung hat man oft Heinrich von Veldeke nachgesagt, und dies in geographischer, formaler und konzeptioneller Hinsicht. Zwar hat auch er, wie die Dichter am Oberrhein, also Kaiser Heinrich († 1197), Friedrich von Hausen selbst, Rudolf von Fenis (um 1180/90), Bligger von Steinach (4. Viertel 12. Jahrhundert), Ulrich von Gutenburg (nach 1200?), Bernger von Horheim (um 1190/1200) und Hartwig von Raute, am modernen Minnediskurs partizipiert und Minnelieder im Stil des hohen Minnesangs gedichtet. Das Thema, an der einen Liebe trotz vielfältigem Leid festzuhalten, hat er indes z.T. in kunstvoller Rhetorik und in Reimformen präsentiert, für die es im deutschen Minnesang des 12. Jahrhunderts kaum etwas Vergleichbares gibt. Insgesamt nimmt er in konzentrierter Form die »Vielfalt an Strophenformen, Stilebenen, Stimmungen und Inhalten« vorweg, wie sie für die spätere Lyrik konstitutiv werden sollte (L. Peter Johnson).

Auch die Autoren des klassischen Minnesangs – Heinrich von Rugge (um 1180/nach 1190), Albrecht von Johansdorf (um 1180/1210), Hartmann von Aue (um 1180/1200), Heinrich von Morungen (um 1190/1220), Reinmar (um 1190/1210), Wolfram von Eschenbach (um 1195/1220) und Walther von der Vogelweide (um 1190/1230) – sind dem Konzept der hohen Minne verpflichtet; sie unterscheiden sich darin nicht von den Minnesängern am Rhein. Sie haben sich indes weitgehend von den romanischen Vorbildern emanzipiert. Klassischer Minnesang heißt: eigenständige Weiterentwicklung des romanischen Minnekonzepts und der romanischen Formmuster auf der Basis der eigenen Traditionen. Weiterhin ist die Hauptform die Kanzone bzw. die Stollenstrophe; Reimverhältnisse und Strophenform werden jetzt aber zunehmend komplexer, man kann auch sagen: artistischer (s. Kap. I.5.b). Gegenüber der ersten Phase des hohen Minnesangs verbreitert sich wieder das Gattungsspektrum. Es umfasst jetzt nicht nur das Sänger- oder Ich-Lied mit seinen Subtypen der Werbung, der Minneklage und des Frauenpreises; man greift auch vermehrt wieder auf die alten Typen zurück, welche die einheimische archaische Lieddichtung ausgebildet hatte, insbesondere auf Frauenlied und Wechsel. Die Autoren zeichnen sich durch einen jeweils individuellen Umgang mit dem Motiv- und Formenrepertoire des Minnesangs aus. Fast ausnahmslos waren es Berufsautoren, die sich ein eigenes, unverwechselbares Profil zugelegt haben, um in der beruflichen Konkurrenzsituation zu bestehen.

Zu Morungens unverwechselbarem Personalstil gehören nicht nur die virtuose Beherrschung der Form und eine bilder- und assoziationsreiche Sprache von suggestiver Kraft, sondern auch eine unkonventionelle Liebesauffassung. Entscheidende Voraussetzung der Liebeserfahrung ist ihm die sinnliche Erfahrung der Schönheit der Frau, die alle geistigen und seelischen Kräfte des Mannes zu binden vermag. Damit begründet er eine »neue, ausgesprochen subjektiv-ästhetisierende Tendenz in der Auseinandersetzung um die Liebe« (Ingrid Kasten). Hinzu kommt die poetologische Reflexion auf einem Niveau, das deutlich über das hinausgeht, was die Minnesänger am Rhein eingeführt hatten.

Der Großteil der unter dem Namen Reinmars überlieferten Lieder ist dem Programm der hohen Minne verschrieben; neben diesen melancholischen Liedern, die dem »schönen Schmerz« (Karl Bertau) huldigen, findet sich aber auch unverblümt Erotisches, sogar Schwankhaftes und Burleskes. Reinmars Liedkunst ist wesentlich bestimmt von der produktiven Auseinandersetzung mit älteren Modellen und Liedtypen – Frauenlied, Botenlied, Wechsel, Kreuzlied und Tagelied –, von der subtilen Ironisierung und Komisierung der hohen Minne, der subjektiven Wahrnehmung der Welt, die das Sprecher-Ich für sich verbindlich macht, und dem prozessualen Charakter seiner Ich-Erkenntnis, schließlich auch vom Anspruch des Sänger-Ichs, Meister in der kunstvollen Gestaltung des Liebesleids zu sein, was nichts anderes heißt, als das Liebesleid zu ästhetisieren. Dass Minnesang eben auch Gesellschaftskunst – Kunst zur Verständigung der höfischen Gesellschaft über Leidenschaft, Glück, Frustration und Leid, vor allem über das Liebesleid – ist, wird vielleicht am deutlichsten bei Reinmar artikuliert.

Ein wiederum ganz eigenes Profil hat der Lyriker Wolfram von Eschenbach. Sein Liedœuvre ist verhältnismäßig klein: Neun Lieder sind unter seinem Namen überliefert. Die vier Minnelieder zeichnen sich, bei aller Konventionalität insgemein, durch eine auffällige Bildlichkeit aus, vor allem durch Metaphern und Vergleiche aus der Vogelwelt. Allerdings begegnen nicht so sehr die üblichen Nachtigallen, sondern Storch, Falke und Eule, was den Verdacht nahelegt, dass Wolfram Frauendienst und Frauenpreis parodiert hat. Noch größere Bedeutung haben die fünf Tagelieder, mit denen er der Gattung, wenn wir der Überlieferung glauben dürfen, recht eigentlich zum Durchbruch verhilft.

Der vielseitigste der Lyriker ist gewiss Walther von der Vogelweide, und dies nicht allein deshalb, weil er neben dem Liedeslied auch den Sangspruch, die zweite lyrische Großgattung, im Repertoire führte. Konventionelle Lieder der hohen Minne nehmen bei ihm nur einen kleinen Stellenwert ein; es dominieren Lieder, die das Ideal der gegenseitigen Minne mit innovativen Strategien proklamieren und direkt oder indirekt scharfe Kritik am »schönen Schmerz« der hohen Minne üben. Dem korrespondiert eine auffällige Typenvielfalt: Neben den traditionellen Formen wie Minneklage, Werbelied und Frauenpreis finden sich auch ältere Liedtypen wie der Wechsel und das Gesprächslied, Frauenlied, Botenlied und Tagelied oder auch neuere Typen wie die Pastourelle bzw. das sog. Mädchenlied. Walther reagiert aber auch in besonderer Weise auf das Subjektivitätsproblem des hohen Sangs, also auf das Problem, dass das Sprecher-Ich in seiner Doppelrolle als Liebender und als Sänger seine subjektive Wahrnehmung der fernen Geliebten mitteilt; damit ist nichts weniger als die Verbindlichkeit der Aussage wie des Modells der hohen Minne in Frage gestellt. Walther umgeht dieses Problem wie schon Reinmar durch die »Substantialisierung der Frau« (Albrecht Hausmann) in den Frauenliedern, aber auch durch eine neue Form der Ich-Inszenierung – durch die Referenz des Sprecher-Ichs auf die textexterne, empirisch-biographische Existenz des Künstlers Walther – sowie dadurch, dass er die Fiktionalität der Minnedame und damit die Fiktionalität des gesamten Minnesangs, seiner Auftrittsrollen und Aufführungssituationen deklariert. Die Werbung um die Geliebte ist damit als literarisches Spiel, die hochgelobte Geliebte aber als Produkt der künstlerischen Phantasie entlarvt.

Neben Walther gab es eine Reihe von Lyrikern, die traditionell bereits dem Minnesang des späten Mittelalters zugerechnet werden. Die meisten waren Gelegenheitsautoren, von denen oft nicht mehr als ein bis drei Lieder erhalten sind. Inhaltlich und formal z.T. an Walther orientiert sind die 36 Minnelieder und Sangsprüche Ulrichs von Singenberg (um 1210/1230); unter den Minneliedern finden sich eher konventionelle Minneklagen, Tagelieder, Gesprächslieder, aber auch einige Lieder mit parodistischer Intention. Vielleicht ist auch Hiltbolt von Schwangau hierherzustellen, unter dessen Namen 23 Lieder, bis auf eines durchweg Lieder der hohen Minne, überliefert sind. Bezeugt ist ein Ministeriale dieses Namens für die Zeit zwischen 1221 und 1256; stilgeschichtlich weisen die Lieder auf die Zeit um 1190/1210. Als einer der bedeutendsten Lyriker darf jedenfalls Burkhart von Hohenfels (um 1210/1230) gelten. Seine Lieder schließen zwar konzeptionell und thematisch weitgehend an die traditionelle Minneklage und den Frauenpreis an, gehen aber in der Gefühlssprache ganz neue Wege. So hat Burkhart die Sezierung der Minne als Seelenvermögen deutlich vorangetrieben und ihr durch seine spezifische Metaphorik einen neuen Ausdruck verliehen.

Höfische Lyrik II: Sangspruch

Von der Minnelyrik unterscheidet sich die zweite lyrische Hauptgattung, der Sangspruch, durch thematische Heterogenität, räsonierenden, belehrenden oder preisenden Redegestus und, bis etwa 1350, durch prinzipielle Einstrophigkeit. Die ältesten namentlich bekannten Vertreter sind Herger und Spervogel (um 1170/90?). Ihre Sprüche enthalten *in nuce* bereits das Themenspektrum, das die Gattung im 13. und 14. Jahrhundert wesentlich prägte: Moral- und Lebenslehre, z.T. in Form von Tierbîspeln, religiöse Unterweisung, Herrenlob und -tadel, die ungesicherte Existenz der Berufsliteraten.

Ein ganz neues Profil und zugleich ein neues Gewicht erhielt die Gattung durch Walther von der Vogelweide. Wohl pflegte auch er die traditionellen Formen mit Gnomik und religiöser Didaxe. Hauptsächlich aber benutzte er den Sangspruch als Instrument der Gesellschaftsanalyse und -kritik und als politisches Kampfmittel. Im Auftrag Kaiser Ottos IV. entstanden Sprüche gegen Papst Innozenz III., Muster an Bissigkeit und Bosheit, andere Sprüche, ebenfalls aus der Zeit des Deutschen Thronstreits, beziehen Stellung für und gegen Philipp von Schwaben und Otto IV., für und gegen verschiedene Reichsfürsten, spätere bekunden Parteinahme für Kaiser Friedrich II. Darüber hinaus reflektiert eine Anzahl von Strophen die Position des Berufsdichters: die Konkurrenz mit anderen Dichterkollegen, die Unbehaustheit, die materiellen Unsicherheiten des Daseins, die Abhängigkeit von der Gunst adeliger Mäzene.

Geistliche Literatur

Viele der geistlichen Texte, die herkömmlicherweise der frühmittelhochdeutschen Epoche zugeschlagen werden, sind erst nach 1160/70 entstanden. Das aber bedeutet: Neben der weltlichen Literatur der Höfe, die das Bild der Epoche in unseren Literaturgeschichten geprägt hat, wurden die älteren literarischen Traditionen fortgeführt und intensiviert. Mit einer gewissen Berechtigung mag man hier von der Gleichzeitigkeit des Ungleichzeitigen sprechen. Einige dieser Texte lassen sich jedoch als unmittelbare Reaktion auf die höfische Kultur und Literatur verstehen.

Dies gilt etwa für die gereimte Ständepredigt *Von des todes gehugede* des sog. Heinrich von Melk (um 1160/80), die Kritik an der neuen weltlichen Adelskultur wie an der Praxis der Geistlichen mit einem *Memento mori* verknüpft. Heinrichs zweites

Gedicht, *Vom Priesterleben*, tadelt in scharfen Worten den Klerus. Geistliche Traktate in Versform zur moralischen und zur Glaubensunterweisung hat der Wilde Mann verfasst (*Van der girheit*, *Von christlicher Lehre*, um 1170?), eine gereimte Predigt über Sündenleben und Errettung ein unbekannter oberdeutscher Autor (*Trost in Verzweiflung*, um 1180). Über Heilsdogmatik und Exegese unterrichten die anonymen Gedichte *Vom Himmelreich* und *Von den letzten Dingen* (*Linzer Entechrist*), beide um 1170, sowie das *Anegenge*, *Esau und Jakob* und *Die zehn Gebote* aus dem letzten Viertel des 12. Jahrhunderts.

Etwa zur selben Zeit entstanden auch einige bedeutende Zeugnisse religiöser Lyrik: die *Mariensequenz aus Muri* und die *Vorauer Sündenklage*, beide um 1180/ 90. Auch Walther von der Vogelweide schreibt diese Tradition mit seinem Marienleich, religiösen Liedern und Spruchstrophen mit religiöser Thematik fort.

Die Bibeldichtungen und Heiligenerzählungen in Reimpaarversen, die nach der Jahrhundertmitte in größerer Zahl entstanden sind, weisen zum guten Teil Interferenzen zur weltlichen Literatur auf, nicht zuletzt deshalb, weil sie für ein adeliges Publikum gedacht waren. Prominenteste Beispiele sind die beiden Verserzählungen Hartmanns von Aue, *Gregorius* und *Armer Heinrich*, die mit Mitteln des Romans erzählt sind, aber auch die um 1200 nach lateinischen apokryphen Erzählungen entstandene *Kindheit Jesu* Konrads von Fußesbrunnen; dieser inszeniert anlässlich der Einkehr der Heiligen Familie bei einem Räuber einen adeligen Standeskomfort und adeliges Formverhalten wie die zeitgenössischen Romanautoren bei ihrer Darstellung der feinen höfischen Lebensart (s. Kap. III.4.c). Aber auch *Oswald* und *Orendel* (s. o.) kann man hierher stellen, die ihre über das Brautwerbungsschema organisierte Handlung durch legendarische Erzählformen und Motive modifiziert haben.

Seit der Mitte des 12. Jahrhunderts ist auch die Zahl der überlieferten Predigten und planvoll angelegten Predigtkorpora beinahe sprunghaft gestiegen, was auf zunehmende Predigttätigkeit schließen lässt. Wichtige Sammlungen sind u. a. die *Leipziger Predigtsammlung*, deren VI. Teil aus der Mitte und die Teile III, IV und VII vom Ende des 12. Jahrhunderts stammen, das *Speculum ecclesiae deutsch* aus der Zeit um 1170, das Predigtbuch des Priesters Konrad von etwa 1180 und die *Oberaltaicher Predigtsammlung* vom Ende des 12. Jahrhunderts.

Schließlich fällt in die Zeit der höfischen Klassik auch der Beginn einer wissenschaftlichen Literatur in deutscher Sprache. Der *Lucidarius*, wohl vom Ende des 12. Jahrhunderts, ist das erste Kompendium, das systematisch auf der Grundlage gelehrten lateinischen Schrifttums Natur-, Welt- und Heilswissen an die (adeligen) Laien vermitteln wollte.

Literatur: Bertau, Deutsche Literatur; Horst Brunner: Lyrische Gattungen (Mittelalter). In: Das Fischer Lexikon. Literatur. Hg. von Ulfert Ricklefs. Bd. 2. Frankfurt a. M. 1996 (FTb 4566), S. 1223–1243; Brunner, Hahn u. a.: Walther von der Vogelweide; Bumke, Geschichte der deutschen Literatur; Thomas Cramer: Der deutsche höfische Roman und seine Vorläufer. In: Europäisches Hochmittelalter. Hg. von Henning Krauss. Wiesbaden 1981 (Neues Handbuch der Literaturwissenschaft 7), S. 323–356; Johnson, Die höfische Literatur; Harald Haferland: Minnesang bis Walther von der Vogelweide. Eine Forschungsdiskussion. In: Forschungsberichte zur Internationalen Germanistik. Germanistische Mediävistik. Hg. von Hans-Jochen Schiewer. Teil 2. Bern u. a. 2003 (Jahrbuch für Internationale Germanistik C/6), S. 54–160; Wolfgang Haubrichs: Deutsche Lyrik. In: Europäisches Hochmittelalter (s. o.), S. 61–120; Albrecht Hausmann: Reinmar der Alte als Autor. Untersuchungen zur Überlieferung und zur programmatischen Identität. Tübingen/Basel 1999 (Bibliotheca Germanica 40); Gert Hübner: Erzählform im höfischen Roman. Studien zur Fokalisierung im ›Eneas‹, im ›Iwein‹ und im

›Tristan‹. Tübingen/Basel 2003 (Bibliotheca Germanica 44); Dorothea Klein: Der Roman. In: »Überall ist Mittelalter«. Zur Aktualität einer vergangenen Epoche. Hg. von D. K. Würzburg 2015, S. 195–220; Ingrid Kasten: Frauendienst bei Trobadors und Minnesängern im 12. Jahrhundert. Zur Entwicklung und Adaptation eines literarischen Konzepts. Heidelberg 1986 (GRM Beihefte 5); Mertens, Der deutsche Artusroman; Mertens/Müller, Epische Stoffe; Jan-Dirk Müller: Höfische Kompromisse. Acht Kapitel zur höfischen Epik um 1200. Tübingen 2007; Retextualisierung in der mittelalterlichen Literatur. Hg. von Joachim Bumke und Ursula Peters. Berlin 2005 (ZfdPh, Sonderheft 124); Franz Josef Worstbrock: Wiedererzählen und Übersetzen. In: Mittelalter und frühe Neuzeit. Übergänge, Umbrüche und Neuansätze. Hg. von Walter Haug. Tübingen 1999 (Fortuna vitrea 16), S. 128–142; Elisabeth Schmid: Höfischer Roman. In: [3]RL, Bd. 2, S. 69–74; Armin Schulz: Erzähltheorie in mediävistischer Perspektive. Berlin/ Boston 2015; Günther Schweikle: Minnesang. Stuttgart 1989 u. ö. (SM 244).

d. Die Literatur des späten Mittelalters (1220/30–1500/20)

Voraussetzungen und Grundzüge

Hauptmerkmal des späten Mittelalters ist die zunehmende Verschriftlichung der Volkssprache in allen Kultur- und Sachbereichen des Lebens. Im frühen Mittelalter waren es fast ausnahmslos religiöse Themen, Texte religiösen und geistlichen Inhalts, die verschriftlicht wurden. Ab der zweiten Hälfte des 12. Jahrhunderts kam die weltliche Literatur in der Volkssprache hinzu: die frühhöfischen und höfischen Epen, in deren Gefolge wenig später erstmals auch ursprünglich mündlich tradierte Heldensage verschriftlicht wurde. Im 13. Jahrhundert eroberte sich die Volkssprache weiteres Terrain. Es kam zu einer kontinuierlichen Zunahme der literarischen Produktion, die allmählich alle Lebensbereiche erfasste. Der Prozess setzte eher zögernd ein und nahm im 15. Jahrhundert dann eine so rasante Entwicklung, dass man von einer »Literaturexplosion« (Hugo Kuhn) gesprochen hat.

Zu den Lebensbereichen, in denen sich die Volkssprache schon früh etablierte, gehörten Verwaltung und Rechtswesen: Etwa ab 1230 wurden Urkunden in deutsch geschrieben, und ungefähr zur selben Zeit entstanden mit dem *Sachsenspiegel* Eikes von Repgow (um 1225/35) und dem *Mühlhäuser Reichsrechtsbuch* (1224–1231) auch die ersten deutschen Rechtsbücher. Sie spiegeln Gewohnheitsrecht, das ursprünglich nur mündlich tradiert worden war. Verschriftlicht und damit konserviert wurden ferner die Lieddichtung und das geistliche Spiel, die man zuvor nur als kulturelle Handlungen im mündlichen Vortrag – das Lied im gesungenen Vortrag vor der höfischen Gesellschaft, das Spiel in der Aufführung im liturgischen Rahmen, später auch außerhalb des kirchlichen Raums – realisiert hatte.

Von noch größerer Bedeutung war die Popularisierung ursprünglich lateinisch gefasster Wissenstexte aller Art. Der Großteil der spätmittelalterlichen deutschen Literatur ist der lateinischen Tradition erwachsen. Auf lateinischer Grundlage beruhen die gesamte Geschichtsschreibung und Geschichtsdichtung – Antikenromane in Vers und Prosa, Weltchroniken, Klostergründungsgeschichten und Ordenschronistik, Landes- und Städtechroniken, dynastiegeschichtliche Darstellungen –, die religiöse Lyrik, das geistliche Spiel, Legendenepik und Legenden in Vers und Prosa, die Predigt und der Großteil der erbaulichen und belehrenden Literatur, schließlich auch ein Gutteil der Fachliteratur, jener Literatur also, die Praxiswissen zum Handwerk, zur Kriegskunst, zur Medizin usw. verschriftlicht. Zumeist handelt es sich um Übersetzungen und Bearbeitungen lateinischer Vorlagen. Namentlich im 15. Jahrhundert liegt die Zahl der Übersetzungen und Adaptationen deutlich höher als die Zahl der ›Neuproduktionen‹. Man hat deshalb dieses Jahrhundert nicht ganz zu Unrecht als das Jahrhundert der Rezeption bezeichnet.

In dem Maß, in dem die Volkssprache literaturfähig wurde, wuchsen Vielfalt und Vielzahl neuer Texttypen. Sie führten zu deutlichen Verschiebungen im herkömmlichen Gattungsgefüge, wie es seit dem hohen Mittelalter bestand. Literatur im engeren Sinne spielte eine marginale Rolle. Die meisten der neu entwickelten Texttypen erfüllten eine pragmatische Funktion, waren Lebens- und Orientierungshilfe, Mittel zur Bewältigung des Alltags und des Berufs generell oder Instrument der Seelsorge insbesondere.

Ein weiterer Grundzug der Epoche ist die zunehmende Anwendung literarischer Verfahren mit kritisch-distanzierender Funktion. Verstärkt pflegte man Komik und Ironie, Parodie, Satire und Groteske, und dies nicht allein im Rahmen konventioneller Texttypen. Es bildeten sich auch ganz neue Formen – im Bereich des Minnesangs etwa die Liebeslieder Neidharts, ferner Schwankerzählungen, Ständesatire und Fastnachtspiele – aus.

Ein letztes Merkmal der Epoche der spätmittelalterlichen Literatur ist die allmähliche Durchsetzung der Prosa (s. Kap. I.5.c). Die Literatur des hohen Mittelalters ist noch beinahe ohne Ausnahme Versliteratur, und im 13. und 14. Jahrhundert, auch noch im 15. wird vieles in Versform abgefasst, keineswegs nur Romane und Lieder. In der Chronistik hat der Vers anfangs noch deutliches Übergewicht, auch legendarische Stoffe sind in Versen abgefasst, sogar medizinisches und naturkundliches Wissen. Die Versform kam ganz offensichtlich dem mündlichen Vortrag, wohl auch der Memorierbarkeit entgegen, und man behielt sie auch unter geänderten Rezeptionsbedingungen bei, im Unterschied zu Frankreich, wo sich bereits um 1200 in der erzählenden Literatur die Prosa durchsetzte. Im deutschen Sprachgebiet vollzog sich der Übergang vom Vers zur Prosa erst allmählich, in einem Prozess über ein, zwei Jahrhunderte hinweg.

Zu den äußeren Voraussetzungen der zunehmenden Schriftlichkeit im späten Mittelalter gehörten Veränderungen der literarischen Kommunikation wie des Literaturbetriebs überhaupt (s. Kap. I.6). Die Literatur des hohen Mittelalters war überwiegend eine Literatur der großen weltlichen Fürstenhöfe. Bereits im 13. Jahrhundert stieg die Zahl der Schreiborte und die Zahl der literarischen Produktionsstätten sprunghaft an und damit die Zahl jener Orte, an denen Literatur produziert und vervielfältigt werden konnte. Literatur, die weltliche zumal, war nicht mehr allein Sache der großen Territorialfürsten. Sie wurde nun auch gefördert von Mitgliedern des Kleinadels, von den weltlichen und geistlichen Mitgliedern der städtischen Oberschicht, seit dem 14. Jahrhundert auch von den städtischen Bürgern, im 15. Jahrhundert auch von den Handwerkern. Insgesamt differenzierten sich Auftraggeberschaft und Publikum so erheblich aus. Schließlich wäre ein Gutteil des volkssprachigen Schrifttums nicht ohne die Universitäten denkbar – 1348 wurde die Prager, 1365 die Wiener Universität gegründet –, wenn diese auch nur mittelbar, in Form von Übersetzungen, Einfluss nahmen. Die geistliche Literatur erhielt vor allem Auftrieb durch die verschiedenen Ordensreformen (Windesheimer, Melker und Raudnitz-Indersdorfer Reform), die sich zum Teil aus dem Zusammenspiel von Mönchtum und Universität entwickelten.

Die für das späte Mittelalter so signifikante Zunahme an Literatur, der lateinischen und der volkssprachigen gleichermaßen, war freilich noch an zwei weitere Voraussetzungen gebunden: an den Wechsel des Beschreibstoffs und an Ausbau und Entfaltung des spätmittelalterlichen Schulwesens. Diese gewichtigen Veränderungen im Bildungswesen führten dazu, dass vergleichsweise breite Schichten der Bevölkerung lesen und schreiben lernten und ihr Interesse an volkssprachigen Wissensgegenständen aller Art anmeldeten. Lese- und Schreibfähigkeit war nicht mehr nur auf eine kleine Elite lateinisch und akademisch Gebildeter beschränkt. Lesen und schreiben konnten zunehmend nun auch jene, die keine Lateinkenntnisse besaßen. Ein Straßburger Chronist aus der zweiten Hälfte des 14. Jahrhunderts, Jakob Twinger von Königshofen, hat für diese den Begriff der »klugen Laien« geprägt.

Seit dem 14. Jahrhundert löste das Papier allmählich das kostspielige Pergament als Beschreibstoff ab; im 15. Jahrhundert machten Pergamentkodizes nur noch 30 Prozent des (erhaltenen) Handschriftenbestands aus. Die Bedeutung der Papierherstellung, die von den Chinesen über die Araber seit etwa dem 10. Jahrhundert an die Länder um das Mittelmeer vermittelt worden war, kann man nicht hoch genug einschätzen. Für die Verbreitung von Literatur leistete diese technische Revolution ähnliches wie die Erfindung des Buchdrucks um die Mitte des 15. Jahrhunderts. Dank dem Papier konnten die Herstellungskosten von Büchern deutlich gesenkt werden. Für die frühen Buchhandschriften bezog man das Material noch aus Italien und Frankreich, wo Papier bereits seit dem 13. Jahrhundert hergestellt wurde. Die erste nachweisbare Papiermühle in Deutschland entstand 1390 in Nürnberg, ihr Betreiber war der Patrizier Ulman Stromer. Die Produktion und Verwendung von Papier für die Buchherstellung ermöglichten immer mehr Menschen den Zugang zu einer immer größeren Zahl von Texten. Die billigere Papierhandschrift kam so dem steigenden Bedarf an Literatur bzw. an der Vervielfältigung von Texten entgegen.

Dem trug aber auch das Auftreten von Berufsschreibern Rechnung. Nachweisbar sind professionelle Schreiber seit dem 13. Jahrhundert; seit dem ausgehenden 14. Jahrhundert wurden dann professionelle Schreibwerkstätten eingerichtet, in denen Bücher zum Teil bereits auf Vorrat hergestellt wurden, ein Verfahren, das dann für die Buchdrucker die Regel wurde. Die bekannteste dieser Werkstätten ist die des Elsässers Diebolt Lauber in Hagenau; sie ist von 1427 bis 1467 bezeugt. Die Voraussetzung für die massenhafte Vervielfältigung von Literatur schuf allerdings erst der Buchdruck.

Daten der Ereignisgeschichte IV

Herrschaft der Staufer (Forts.)

1231	*Statutum in favorem principum:* Privilegien der geistlichen Fürsten auf die weltlichen Fürsten ausgedehnt
1235	Absetzung Heinrichs (VII). nach Aufstand gegen Friedrich II.
1246/47	Landgraf Heinrich Raspe von Thüringen deutscher Gegenkönig
1247–1256	Graf Wilhelm von Holland deutscher (Gegen-)König
1250–1254	König Konrad IV.
1254–1265	Wilhelm von Holland deutscher König
1254	Gründung des Rheinischen Städtebunds zur Sicherung des Landfriedens
1256–1273	Interregnum
1257	Doppelwahl Richards von Cornwall (bis 1272) und Alfons' X. von Kastilien zum deutschen König (verzichtet 1275); Ausbildung des Kurfürstenkollegiums

Wahlkönigtum

1273–1291	König Rudolf I. (von Habsburg)
1278	Sieg Rudolfs I. über König Ottokar II. von Böhmen in der Schlacht auf dem Marchfeld

1291–1298	König Adolf (von Nassau)
1298–1308	König Albrecht I. (von Habsburg)
1308–1313	König Heinrich VII. (von Luxemburg)
1312	Kaiserkrönung Heinrichs VII.
1314	Doppelwahl Ludwigs IV. des Bayern (Wittelsbach; bis 1347) und Friedrichs des Schönen von Österreich (Habsburg; bis 1330) zum deutschen König
1322	Sieg Ludwigs IV. über Friedrich den Schönen in der Schlacht bei Mühldorf am Inn
1328	Kaiserkrönung Ludwigs IV. des Bayern
1338	Kurverein zu Rhense legt fest, dass der gewählte deutsche König keiner päpstlichen Bestätigung mehr bedarf

Herrschaft der Luxemburger

1346–1378	Karl IV., König von Böhmen, deutscher (Gegen-)König
1348/49	Pest in Europa
1349	Allgemeine Anerkennung Karls IV. durch erneute Krönung
1355	Kaiserkrönung Karls IV.
1356	Goldene Bulle legt fest, dass der durch Stimmenmehrheit in Frankfurt gewählte und in Aachen gekrönte deutsche König zugleich Kaiser sei
1358	Gründung der Hanse
1363–1404	Herzog Philipp der Kühne von Burgund; Aufstieg Burgunds
1365	Krönung Karls IV. zum König von Burgund
1377–1389	Süddeutscher Städtekrieg gegen die Landesfürsten
1378–1400	König Wenzel I. (Sohn Karls IV., abgesetzt wegen Untätigkeit)
1378–1417	Großes Schisma, ausgelöst durch die Doppelwahl von Urban VI. (bis 1389) und Clemens VII. (bis 1394) zum Papst
1400–1410	König Ruprecht (von der Pfalz; Wittelsbacher)
1410–1437	König Sigmund (Sohn Karls IV.)
1414–1418	Konzil von Konstanz; Ende des Großen Schismas 1417
1419–1436	Hussitenkrieg
1431–1437	Konzil von Basel
1433	Kaiserkrönung Sigmunds

Herrschaft der Habsburger

1438/1439	König Albrecht II. (von Habsburg)
1440–1493	König Friedrich III.
1448	Konkordat von Wien; Ende der Kirchenreform in Deutschland
um 1450	Johannes Gutenberg druckt erste Bücher mit beweglichen Lettern
1452	Kaiserkrönung Friedrichs III.
1453	Eroberung von Konstantinopel durch die Osmanen; Ende des byzantinischen Reichs
1486	Wahl des Erzherzogs Maximilian zum deutschen König
1492	Christoph Columbus entdeckt Amerika
1493–1519	Kaiser Maximilian I.
1495	Reichstag in Worms: Verkündigung des ewigen Landfriedens, Installierung des Reichskammergerichts
1512	Reichstag zu Köln: Fortführung der Reichsreform

Die zunehmende Verschriftlichung aller Kultur- und Sachbereiche des Lebens bedeutete einen nahezu sprunghaften Anstieg der literarischen Produktion. Die literarische Landschaft des späten Mittelalters wurde zunehmend komplex.

Im Gesamtsystem der volkssprachigen Literatur des späten Mittelalters dominierte zunächst noch die höfische Dichtung. Spätmittelalterliche Literatur heißt erst einmal: Fortführung der älteren literarischer Traditionen, insbesondere der Traditionslinien der höfischen Klassik.

Sangspruch und Meistergesang

Im Bereich der Lyrik gilt dies in erster Linie für den Sangspruch, dem Walther von der Vogelweide recht eigentlich zur Geltung verholfen hatte. Hier bestand eine ungebrochene Kontinuität bis in das späte 15. Jahrhundert. Zu den bedeutendsten Spruchdichtern des 13. Jahrhunderts zählen Bruder Wernher (um 1217/50?) und Reinmar von Zweter (um 1230/50), der Marner (um 1230/70), Friedrich von Sonnenburg († um 1275), Konrad von Würzburg († 1287), der sich zugleich als der bedeutendste Epiker in der zweiten Hälfte des 13. Jahrhunderts profilierte, der Meißner (um 1270/1300) und Rumelant von Sachsen (um 1270/90). Als der wichtigste Sangspruchdichter des frühen 14. Jahrhunderts gilt Heinrich von Meißen, genannt Frauenlob († 1318). Von den späten Dichtern sind vor allem Heinrich von Mügeln (um 1350/80), Suchensinn (um 1380/1400) und Muskatblut (um 1415/38) zu nennen.

Das stoffliche und thematische Spektrum des Sangspruchs neben und nach Walther ist breit. Großen Raum nehmen religiöse Themen und christliche Glaubenslehre ein (Marienpreis, Mariengruß, Lobpreis der Allmacht Gottes und des Heiligen Geistes, Trinität, Inkarnation, Verehrung des Kreuzes, Ermahnung der sündigen Christenheit); in diesen Themen kommt etwas von der intensiven Laienfrömmigkeit zum Ausdruck, die namentlich für das 13. Jahrhundert kennzeichnend ist. Kaum weniger bedeutsam sind allgemeine Weisheitslehre und Didaxe (Priesterlehre und Priesterschelte, Tugendlehre, Zeitklage, Lob und Tadel der Alchemie, Totenklage), Fürstenlob und Fürstenpreis, schließlich auch poetologische Reflexionen und Kunsttheorie. Nach 1250 entwickelte der Sangspruch überdies einen ausgeprägten Zug zur Gelehrsamkeit, indem er sich Themen aus dem Bereich des naturkundlich-gelehrten (u. a. kosmologischen und astronomischen) und theologisch-philosophischen Wissens sowie des Artes- und des Bibelwissens öffnete. Die schlichte Vermittlung von Inhalten lateinischer Bildung an die Laien war dabei wohl kaum das vorrangige Ziel; die Sprüche setzen in der Regel Kennerschaft und Wissen bereits voraus, wie sich exemplarisch am Œuvre des Marners oder Heinrichs von Mügeln studieren lässt. Mit der Ausbildung eines breiten und vielfältigen, auch geistlich-gelehrtes Wissen umfassenden Repertoires reagierten die fahrenden Dichter auf die Konkurrenz um die Gunst des laikalen Publikums bei Hof, die ihnen durch die Prediger der Bettelorden erwachsen war. Umgekehrt integrierten die Mendikanten (Bettelorden, von lat. *mendicare* »betteln«) Formen der weltlichen Literatur in ihre Predigt – Sentenz, Rätsel, Fabel, Exempel, Schwank u. a. –, die ins Repertoire der fahrenden Sänger gehörten.

Die Tradition des Sangspruchs wurde vom 15. bis 17. Jahrhundert, vereinzelt sogar bis ins 19. Jahrhundert, in den Kreisen der städtischen Handwerker fortgeführt. Die Meistersinger knüpften mit ihrem Meistergesang an die Tradition der berufsmäßigen Sangspruchdichter an, von denen sie auch zahlreiche Töne übernahmen. In der vorreformatorischen Zeit dominierten die geistlichen Themen: Maria, die Trinität, das Passionsgeschehen u. a.

Nachklassischer Minnesang und spätmittelalterliches Liebeslied

Stärker als der Sangspruch ist die spätmittelalterliche Liebeslyrik von Diskontinuität geprägt. Der Minnesang des 13. Jahrhunderts, rund 750 Lieder von etwa 90 Autoren, steht freilich noch ganz im Zeichen der Auseinandersetzung mit dem Modell der hohen Minne und der Tradition des höfischen Minnesangs. Viele der Lieder sind Varianten und Modifikationen der Modelle, welche die klassische Zeit des Minnesangs, repräsentiert durch Reinmar, Heinrich von Morungen und Walther von der Vogelweide, ausgebildet hatte. Bevorzugte Liedtypen sind nach wie vor die Minneklage, Werbelied, Frauenpreis und Tagelied. An der Imitation und Variation dieser schon lange eingeführten Typen lässt sich ablesen, dass die Liebeslyrik des 13. Jahrhunderts vornehmlich Gesellschaftskunst war, ein ›Massenprodukt‹ und unentbehrliches Requisit bei festlichen Veranstaltungen am Hof, kein Mittel mehr – oder doch nicht in erster Linie – zur Verständigung über Gefühle. Innovatives Potential und Kreativität haben die Dichter hauptsächlich in den Strophenformen entfaltet, die im Lauf des 13. Jahrhunderts immer artifizieller wurden. Doch auch so war nicht alles konventionell:

Charakteristisch für die Lyrik Gottfrieds von Neifen (zwischen 1234 und 1255 bezeugt), 45 Minnelieder und sechs Erzähllieder, sind die klare Sprache und die serielle Wiederholung von Begriffen und Motiven – die Freude bzw. das zu mindernde Leid, der rote Mund u. a. –, Klangfiguren und rhetorischen Mustern. Diese sprachlichen Rekurrenzen sind weder »Manierismus« (Joachim Heinzle) noch »autonomes Sprachspiel« (Thomas Cramer), vielmehr Ausdruck eines die Sinne trunken machenden Sprechens, eines rauschhaften Herbeiredens von Liebesglück und Freude, die als innere Bewegung, als eine Leistung der Phantasie, erfahren werden (s. auch Kap. I.5.b).

Als Reaktion auf das der klassischen Minneklage inhärente Subjektivitätsproblem kann man Tendenzen des späten Minnesangs verstehen, die unter dem Begriff der ›Konkretisierung‹ (Ingeborg Glier) zusammengefasst werden. Gemeint ist damit die konkrete Ausgestaltung von Rollen und Situationen, die im klassischen Minnesang jeweils nur schemenhaft präsent waren, mit ›biographischen‹ oder anderen lebensweltlichen Elementen oder auch die Einbettung von Minneklage und Frauenpreis in einen erzählerischen Rahmen, der auf die lebensweltliche Praxis referiert und damit auf eine ganz neue Weise Authentizität behauptet. Schlüsselfiguren für solche Entwicklungen sind Ulrich von Liechtenstein mit seinem *Frauendienst* (um 1255), der Tannhäuser (um 1245/65) und vor allem Johannes Hadlaub (um 1290/1310), der namentlich in seinen Erzählliedern bzw. Romanzen ›realitätshaltige‹ Szenen entwickelt hat.

In ganz neuer Weise spricht auch Frauenlob über die Liebe, die er als unauflösbare Einheit von Spiritualität und Erotik, Heil und Lust, Ich-Verlust und Ich-Findung imaginiert. Seine sieben Minnelieder sind das Beispiel einer extremen Subjektivierung des Minnesangs, die freilich keine Nachfolger gefunden hat.

Die wirkmächtigste Neuerung des nachklassischen Minnesangs ist mit dem Namen Neidharts (um 1210/40) verbunden: die Parodie des Minnesangs und seiner Subtypen (›Gegensang‹) in zwei eigens dafür entwickelten Liedtypen, die formal und nach ihrem Natureingang in Sommerlied und Winterlied unterschieden werden. Parodie gab es vereinzelt auch schon früher, bei Walther, Wolfram von Eschenbach und Ulrich von Singenberg; zum System erhoben hat sie indes erst Neidhart. Was macht die Originalität von Neidharts Liedkunst aus? Es ist die Transposition des hochminnesängerischen Geschehens in ein dörflich-bäuerliches, das heißt: dem höfischen

Minnesang gänzlich unangemessenes Milieu. Der Minnesänger und Ritter Neidhart wirbt nicht um die *vrouwe* als Inbegriff weiblicher Vollkommenheit, sondern um Bauernmädchen, die ausnehmend vitale Interessen vertreten. In den Sommerliedern tritt er als Objekt der Begierde von Alten und Jungen auf, in den Winterliedern als erfolgloser Liebhaber, der mit den um die Gunst der Schönen konkurrierenden Bauernburschen nicht mithalten kann, oft auch Opfer ihrer Aggression wird. Dieses Konzept war außerordentlich erfolgreich; Neidhart hat bis ins 15. Jahrhundert zahlreiche Nachahmer gefunden.

Die produktive Phase des Minnesangs brach nach 1300 ab. Den Abschluss dieser Phase markieren die großen Sammelhandschriften, die in dieser Zeit entstanden. In der Folgezeit übernahmen vor allem die kleineren Reimpaargedichte, die sog. Minnereden und Minnebriefe, Inhalte und Funktion der älteren Liebeslyrik. Zum Teil begegnen hier die gleichen Themen und Motive, u. a. auch die obligatorischen Minneklagen und der Preis der Dame.

Das Liebeslied des 14. und 15. Jahrhunderts, auch Gesellschaftslied genannt (weil es zunehmend in der Form des geselligen Singens realisiert wurde), verwendete zwar die älteren Formtypen – Frauenpreis, Liebesversicherung, Werbungs- und Sehnsuchtslied, Abschieds- und Liebesklage, Tagelied und Pastourelle – und das Motivinventar des Minnesangs weiter. Von diesem unterscheidet es sich aber fundamental durch seine Minnekonzeption – Thema ist nun generell eine gegenseitige, von inneren Konflikten und Problemen gänzlich unbelastete Liebe, die nur von außen, durch die Aufpasser, gestört werden kann – und durch die Anonymität der Überlieferung. Während die höfischen Minnelieder jeweils unter den Namen ihrer Autoren überliefert sind, stehen die jüngeren Lieder fast ausnahmslos anonym in größeren Sammlungen, etwa dem *Lochamer Liederbuch*, dem *Augsburger Liederbuch* (1451/55 bzw. 1454) oder dem *Liederbuch der Klara Hätzlerin* (Augsburg 1471), was eine genaue zeitliche, soziale und personelle Fixierung unmöglich macht. Größere Autorenœuvres sind nur vom Mönch von Salzburg (letztes Drittel 14. Jahrhundert), von Hugo von Montfort (um 1390–1423) und Oswald von Wolkenstein (Ende 14. Jahrhundert –1445) überliefert. Alle drei zeichnen sich durch ein individuelles Autorprofil aus. Der Mönch war im deutschen Sprachbereich der erste, der mehrstimmige Lieder mit weltlichem Inhalt komponierte, Hugo und noch mehr Oswald ›personalisieren‹ das Lied durch autobiographische Elemente.

Höfischer Roman

Fortdauer und Fortschreibung der Dichtung der älteren Tradition gilt auch für den Roman, der im 13. Jahrhundert allerdings einen ästhetischen Paradigmenwechsel vollzog.

Ein wichtiges Merkmal ist die Tendenz zum Religiösen. Poetologisch gesprochen, bedeutet dies eine Anknüpfung an die Gattung der Legende. Die religiöse Dimension hatte bereits Wolfram von Eschenbach – nach dem Vorbild Chrétiens – in den Roman eingeführt; doch ist die Sakralität der Gralwelt durchaus mehrdeutig-komplex. Seine Nachfolger banden die religiöse Dimension wieder stärker an spezifisch christliche Vorstellungen zurück. Das zeigt schon der *Wigalois* Wirnts von Grafenberg (um 1210/20), und erst recht zeigen das die Romane außerhalb des arthurischen Stoffkreises. Eine Vorreiterfunktion übernahm in dieser Hinsicht der

Guote Gêrhart Rudolfs von Ems. Wichtige Legendenromane des 13. Jahrhunderts sind ferner Rudolfs *Barlaam und Josaphat* (um 1222/1232), die *Gute Frau* eines unbekannten Dichters (um 1230), Konrads von Würzburg *Engelhard* (um 1260) und *Mai und Beaflor* eines wiederum anonymen Autors (um 1270/80). In ihnen artikuliert sich ein neues Bedürfnis nach geistlicher Verbindlichkeit, wie es überdies in einer Fülle von geistlichen und heilsgeschichtlichen Erzählungen – Heiligenviten, Legenden, Mirakeln, Jenseitsvisionen, Teufelsgeschichten usw.; auch des Strickers Umarbeitung des alten *Rolandsliedes* zur hagiographischen Vita des heiligen Kaisers Karl (des Großen; *Karl*, um 1220/30) gehört hierher – zum Ausdruck kommt. Die Literatur des 13. Jahrhunderts ist zu großen Teilen eine »Literatur der Frommen« (Karl Bertau), an welcher die Epik mit spezifischen Formen partizipiert.

Nicht minder bedeutsam ist die Rehistorisierung des Romans. In ihr artikuliert sich ein wieder vermehrtes Interesse des weltlichen Adels an der Geschichte, wie es sich auch an den verschiedenen Formen der Geschichtsdichtung, etwa an den vielen Erzählungen mit heilsgeschichtlicher Thematik und an der neuen Großgattung der Weltchronik zeigt. Die Rehistorisierung des Romans wurde vor allem durch die neue und verstärkte Rezeption antik-historischer Stoffe befördert. Die Quellen sind beinahe ohne Ausnahme lateinisch. Als Prototyp der neuen Entwicklung kann der *Alexanderroman* Rudolfs von Ems gelten (Teil I: vor 1235, II: um 1240/54). Ihm folgten in der zweiten Hälfte des Jahrhunderts der *Alexander* Ulrichs von Etzenbach (vor 1278 und nach 1283), der *Göttweiger Trojanerkrieg* (um 1270/1300), der *Tro-janerkrieg* Konrads von Würzburg (1281–1287) und der *Basler Trojanerkrieg* (um 1300). Aber auch den sog. Minne- und Aventiureromanen, die sich aus ganz anderen Stofftraditionen speisen – Rudolfs von Ems *Willehalm von Orlens* (um 1235/40), der *Lohengrin* eines Nouhusius (1283/89), Ulrichs von Etzenbach *Wilhelm von Wenden* (1289/91), der anonyme *Reinfried von Braunschweig* (nach 1291), Heinrichs von Neustadt *Apollonius von Tyrland* (um 1306/10) und Johanns von Würzburg *Wilhelm von Österreich* (um 1314) – hat man historische Verbindlichkeit eingeschrieben: durch zeitgeschichtliche Allusionen und genealogische Verknüpfungen. Ihr Thema ist, bei aller Verschiedenheit ansonsten, das in der Geschichte situierte Herrschertum.

Ein drittes Merkmal des Romans im 13. Jahrhundert ist die interpretierende Intertextualität, das heißt: der Bezug auf die eigene deutsche Romantradition. Dies gilt namentlich für den Artusroman. Die Autoren nutzten älteres Material aus *Erec* und *Iwein*, *Tristan*, *Parzival*, auch aus *Titurel* und *Lanzelet*, um daraus neue, eigenständige Romane zu bauen; sie bezogen sich insbesondere auf die Textpoetik, Gattungsmuster, Figuren- und Handlungskonzepte ihrer Vorgänger und entwickelten diese weiter. Eine ganze Reihe von Romanen ist deshalb ohne konkrete Vorlage entstanden, so schon Strickers *Daniel* (um 1220/50), aber auch der *Wigamur* (um 1250), Konrads von Stoffeln *Gauriel von Muntabel* (um 1250) und die drei Artusromane des Pleier (um 1260/80). Etwas anders verhält es sich mit dem ebenfalls ohne einheitliche, geschlos-sene Vorlage entstandenen Riesenwerk der *Crône* (um 1225/30): Heinrich von dem Türlin hat dafür allerdings nicht nur deutsche Romane, sondern auch zahlreiche fran-zösische Dichtungen in Vers und Prosa benutzt, und dies in einem singulären Umfang. An ihm lässt sich besonders gut die Verfügbarkeit und Zitierbarkeit der literarischen Tradition studieren, die für den Roman der nachklassischen Zeit – mit wechselndem ästhetischen Erfolg – prägend geworden sind. Das poetologische Interesse hat dabei das Interesse an Problemen anthropologischer Natur in den Hintergrund gedrängt, was auch heißt: Die Romane haben damit in gewisser Weise ihre Verbindlichkeit aufgegeben. Die Neuorientierung auf religiöse und historische Themen mag auch von daher begründet sein.

Schließlich war der Roman des 13. Jahrhunderts, die Epik überhaupt, auch von der Tendenz zur Vollständigkeit bestimmt. Romane der Klassiker, die unvollendet geblieben waren, wurden von anderen und späteren Autoren zu Ende geführt. Ein gewisser Albrecht baute am Ende des Jahrhunderts (vor 1294, vielleicht schon vor 1272) die Fragmente von Wolframs *Titurel* zu einem umfangreichen Gralroman aus, und Gottfrieds *Tristan* hat gleich zwei Fortsetzer gefunden: Ulrich von Türheim (vor 1243), der sich auf den älteren deutschen Tristanroman oder auch auf eine verlorene altfranzösische Vorlage stützte, und Heinrich von Freiberg, der Gottfrieds *Tristan* um 1280/90 nach einer nicht ermittelten Vorlage weiterführte. Ulrich von Türheim ergänzte mit seinem *Rennewart* (nach 1243) den Torso von Wolframs *Willehalm*; in den sechziger Jahren dichtete Ulrich von dem Türlin noch eine Vorgeschichte, *Arabel*, hinzu.

Während die französische Erzählliteratur nach 1200 zur Prosa überging, blieb der deutsche Roman des 13. Jahrhunderts noch durchweg beim Vers. Die einzige Ausnahme ist die monumentale Trilogie des *Lancelot-Gral-Prosaroman*, die um 1250 im niederrheinisch-ripuarischen Raum aus dem Altfranzösischen übertragen wurde. Anders als der *Lancelot en prose* (um 1215/30) wurde die deutsche Übersetzung nur zögernd rezipiert.

Heldenepik

Die Verschriftlichung mündlicher Erzähltraditionen wurde im 13. Jahrhundert mit dem Komplex der historischen Dietrichsepik fortgesetzt, bestehend aus *Dietrichs Flucht* (4. Viertel 13. Jahrhundert) und *Rabenschlacht* (2. Hälfte 13. Jahrhundert), d.i. die Schlacht bei Ravenna, ferner *Alpharts Tod* (4. Viertel 13. Jahrhundert) und *Dietrich und Wenezlan* (1. Hälfte 13. Jahrhundert). Die Epen erzählen, wie umgestaltet auch immer, von Ereignissen um die historische Gestalt des Ostgotenkönigs Theoderich des Großen (s. Kap. III.4.d). Alle anderen Werke der nachnibelungischen Heldendichtung sind Neuschöpfungen des 13. Jahrhunderts. Auf einen historischen Kern geht nur der Hildeteil der *Kudrun* (um 1240) zurück; das Epos als Ganzes ist nach dem schon für die Epen des 12. Jahrhunderts konstitutiven Handlungsschema der Brautwerbung gebaut. Nach dem Muster des höfischen Romans wurden hingegen jene Epen gedichtet, die zum Komplex der – häufig von Kämpfen gegen Riesen, Zwerge oder Drachen erzählenden – märchen- oder aventiurehaften Dietrichsepik gerechnet werden: das *Eckenlied* (vor ca. 1230), *Virginal, Laurin, Sigenot, Der Rosengarten zu Worms* (jeweils 2. Viertel 13. Jahrhundert?) und Albrechts von Kemenaten *Goldemar* (vor ca. 1235). Was die nachklassische Heldenepik insgesamt vom Heldenepos der höfischen Klassik, also vom *Nibelungenlied*, unterscheidet, ist die Zunahme an burlesker Komik. Dieses hat sicherlich viel zur Beliebtheit dieser Texte beigetragen.

Hybridbildungen sind auch die Epen in der Tradition der Chansons de geste wie z. B. *Karl und Galie* (um 1215/20) oder Ulrichs von Türlin *Arabel* (1261/69), die im 13. Jahrhundert zunehmend romanhafte Züge annehmen.

Um 1320 brach die produktive Phase von Roman und Heldenepos ab. Offensichtlich gab es keine Auftraggeber und kein Publikum mehr, die an neuen höfischen Romanen und an Heldenepen Interesse gefunden hätten. Die klassischen und nachklassischen Epen wurden aber lange noch, bis zum Ende des Mittelalters, abgeschrieben und gelesen. Einen letzten Höhepunkt erlebte die Rezeption des höfischen Epos in der sog. Ritterrenaissance an der Wende zum 16. Jahrhundert. In dieser Zeit entstanden große Sammelwerke oder große Sammelhandschriften wie Ulrich Fuetrers kompilatorisches *Buch der Abenteuer* (1473–1481) oder das im Auftrag Kaiser Maximilians I. verfertigte *Ambraser Heldenbuch* (1504/16), denen wir die Kenntnis eines nicht geringen Teils der mittelalterlichen erzählenden Literatur überhaupt verdanken.

Geschichtsschreibung und Geschichtsdichtung

Zu den auffälligsten literarischen Neuerungen der Epoche gehören die deutschen Weltchroniken, mit denen eine neue, intensive Phase der Geschichtsschreibung und Geschichtsdichtung in deutscher Sprache eingeleitet wird. Die Weltchroniken sind großangelegte Versuche, die gesamte Weltgeschichte in deutschen Reimpaarversen zu erzählen, von der Schöpfung bis zur Gegenwart (s. Kap. III.4.c), Heilsgeschichte und Profangeschichte. Den ersten Versuch einer solchen gereimten Weltchronik unternahm Rudolf von Ems (1240/54). Die Chronik bricht im Kapitel über König Salomo ab. Etwa zur gleichen Zeit entstand die *Christherre-Chronik* eines unbekannten Thüringer Klerikers; auch sie ist unvollständig. Erst der dritte Versuch einer Weltchronik in Versen gelangte zum Abschluss: die *Weltchronik* des Wiener Stadtbürgers Jans Enikel (richtig: Jans von Wien; nach 1272 oder nach 1284). Die älteste deutsche Weltchronik überhaupt ist die im niederdeutschen Sprachgebiet entstandene *Sächsische Weltchronik*, die bereits in der modernen Form der Prosa abgefasst ist. Von den drei Verschroniken unterscheidet sie sich überdies durch die Privilegierung der Geschichte des Römischen und Deutschen Reiches. Der Durchbruch der Weltchroniken erfolgte etwa zur selben Zeit, in der sich auch der Roman, nach dem hochfiktionalen Experiment des Artusromans, wieder stärker an der Geschichte orientierte, in der auch heilsgeschichtliche (biblische, apokryphe, legendarische) Erzählungen wieder vermehrt, zuerst vorwiegend in Versen, ab dem 14. Jahrhundert auch in Prosa, entstanden. In diesen verschiedenen Formen historischen Erzählens hat sich das Interesse der Laien niedergeschlagen, sich Geschichtswissen aller Art anzueignen, Muster für vorbildliches und abschreckendes Verhalten zu gewinnen, sich zu orientieren über das heilsgeschichtliche Wirken Gottes, über das eigene Herkommen und darüber, wie es in der Welt zugeht.

Im 14. und 15. Jahrhundert blühten neue Formen historischen Wissens mit je eigenen Akzentsetzungen auf: die oft mit weltgeschichtlichem Bezug angelegten territorial-, dynastie-, ordens- oder stadtgeschichtlichen Chroniken, in denen sich die allgemeine Entwicklung neuer staatlicher Organisationsformen spiegelt. Die ältesten Zeugnisse, noch aus dem 13. Jahrhundert, sind jeweils noch in Versen abgefasst: Priester Eberhards *Gandersheimer Reimchronik* (1216/17), welche die Gründung des Klosters und die Familiengeschichte der Liudolfinger darstellt; Gottfried Hagens *Boich van der stede Coelne* (1270); die *Braunschweigische Reimchronik* (1279/1292), welche die Geschichte des Welfenhauses erzählt; Jans Enikels *Fürstenbuch* (nach 1277) und die *Österreichische Reimchronik* Ottokars von Steiermark (um 1301/19) zur Geschichte Österreichs; die *Livländische Reimchronik* vom Ende des 13. Jahrhunderts, deren Gegenstand die Eroberung Livlands durch den Deutschen Orden ist. Zu einem blühenden Zweig entwickelte sich die regionale Geschichtsschreibung freilich erst nach

1350; Prosa ist dann die gängige Form. Bedeutende Vertreter der offiziellen, im Auftrag des Rats auf der Basis von Archivalien und Akten verfertigten, oder semioffiziellen städtischen Geschichtsschreibung sind Fritsche Closener († vor 1396) und Jakob Twinger von Königshofen (1346–1420) aus Straßburg, Ulman Stromer (1329–1407) und Heinrich Deichsler (1430–1506) aus Nürnberg und der Benediktiner Sigismund Meisterlin (um 1437 – nach 1497), Verfasser von Stadtgeschichten Augsburgs und Nürnbergs. Primäre Aufgabe solcher Historiographie war die Vergewisserung der Autorität der Tradition, Wissensbewahrung und Wissensvermittlung mit der Absicht, Herrschaft und Machtansprüche zu legitimieren, Panegyrik und Lebenslehre.

Geistliche Prosa

Die breiteste Wirkung unter den literarischen Neuerungen entfaltete ohne Zweifel die geistliche Prosa. Das lässt sich an Zahlen ablesen: Drei Viertel der deutschen Handschriften des Spätmittelalters haben geistliche Themen zum Gegenstand. Stoffe und Typen sind dabei durchaus verschieden.

Zu den wichtigsten Gattungen gehört die Predigt in deutscher Sprache. Sie gab es bereits im 12. Jahrhundert in Form der einfachen Homilie, d.i. eine Predigt, die ein Bibelwort auslegt und eine praktische Anwendung auf das Leben der Christen enthält. Im 13. Jahrhundert entwickelte sie jedoch neue Formen und Inhalte; entscheidenden Einfluss hatten hier die Bettelorden, welche die Laien in den Städten direkt und intensiv ansprachen. Die aus dem Mittelalter überlieferten Predigten geben allerdings nur einen ungefähren Eindruck von der gehaltenen Predigt wieder. Erhalten sind oft Musterpredigten, die der Predigtvorbereitung dienten, oder Nachschriften, die vom Autor überarbeitet wurden, sog. Lesefassungen. Dabei konnten durchaus Signale von Mündlichkeit beibehalten oder sogar fingiert werden, wie dies bei den Predigten des Franziskaners Berthold von Regensburg (um 1210–1272) der Fall ist. Er ist der bedeutendste Prediger des 13. Jahrhunderts. Große Predigtwerke sind daneben die Sammlung des sog. St. Georgener Predigers, die vor ca. 1250 im Umkreis zisterziensischer Geistigkeit entstanden sein dürfte, und die Predigten des sog. Schwarzwälder Predigers (4. Viertel 13. Jahrhundert), der wohl dem Franziskanerorden angehörte. Ihren eigentlichen Höhepunkt erlebt die Predigt indes erst in der Mystikerpredigt des 14. Jahrhunderts, und zwar mit dem berühmten Dreigestirn aus dem Dominikanerorden: Meister Eckhart (um 1260–1328), Heinrich Seuse (um 1295–1366) und Johannes Tauler (um 1300–1361). Namentlich Eckhart formuliert in seinen Predigten mit vielfältigen, auch sprachschöpferischen Ausdrucksmitteln einen hohen spekulativen Anspruch.

Die Bibelübersetzung setzte nach den Teilübertragungen des 9. bis 12. Jahrhunderts – und nach den von der Kirche unterdrückten Versuchen einer Laienbibel – erst wieder in der ersten Hälfte des 14. Jahrhunderts in breiter Front ein. Große Teile der Bibel übertrug ein Laie aus der Diözese Passau mit dem Anspruch, auch den Lateinunkundigen den Zugang zu den heiligen Schriften zu ermöglichen. Diesem Österreichischen Bibelübersetzer gehören das *Schlierbacher Alte Testament*, die – früher Heinrich von Mügeln zugeschriebene – Übersetzung des Psalters einschließlich des Kommentars von Nikolaus von Lyra, das *Klosterneuburger Evangelienwerk* und mindestens Teile der Apokalypse. Die Übertragung der Bibel von einem Laien für Laien war ein gewagtes Unternehmen, das leicht unter Häresieverdacht geraten konnte. Die *Augsburger Bibelhandschrift* (um 1350) enthält zur Hauptsache eine Übersetzung des Neuen Testaments und des apokryphen Evangelium Nicodemi, die noch vor 1402 im Auftrag König Wenzels I. entstandene *Wenzelsbibel* blieb auf das Alte Testament (bis Hesekiel) beschränkt. Hinter Klaus Krancs Übersetzung der Großen und Kleinen Propheten (1347/59) stand der Deutsche Orden, hinter der ebenfalls noch ins 14. Jahrhundert gehörenden annähernd vollständigen *Wien-Zürcher-Bibel* wohl der Dominikanerorden, wie auch die Bibelübersetzungen des 15. Jahrhunderts vielfach aus monastischen Kreisen, insbesondere aus den Reformorden, hervorgingen. Insgesamt sind aus dem 14. und 15. Jahrhundert rund 60 Handschriften mit Voll- oder Teilübersetzungen der Bibel erhalten. 1466 wurde in Straßburg erstmals eine vollständige deutsche Bibel gedruckt; die Druckvorlage dieser sog. Mentelin-Bibel war eine sich eng an den Text der Vulgata haltende Übersetzung, die im 14. Jahrhundert (um 1350?) in Nürnberg entstanden sein muss. Auf diese Bibelausgabe gehen direkt oder indirekt 13 weitere bis 1518 im oberdeutschen Raum entstandene Bibeldrucke zurück.

Kaum überschaubar ist das dogmatische, moraltheologische und spekulative Schrifttum der lateinischen Scholastik, das seit dem 13. Jahrhundert auch ins Deutsche übertragen wurde: Lehren über Gott und die Schöpfung, über Erlösung, Rechtfertigung und Gnade, über die Sakramente und die letzten Dinge, Auslegungen und Traktate von Vaterunser, Ave Maria, Magnificat, Glaubensbekenntnis und den Zehn Geboten, Beicht- und Sündenspiegel, Mess- und Eucharistietraktate, *Ars moriendi*-Literatur, Breviere und Stundenbücher usw. Vieles davon ist namenlos überliefert. Prominente Beispiele sind das *Compendium theologiae veritatis* Hugo Ripelins von Straßburg (um 1260/70), ein umfassendes Handbuch der Glaubenslehre, das seit Anfang des 14. Jahrhunderts wiederholt ins Deutsche übersetzt wurde, *Pater noster* und *Ave Maria* Davids von Augsburg (um 1210–1272) sowie die *Dekalogerklärung* und der *Eucharistie-Traktat* Marquards von Lindau († nach 1391). Auch das praktisch-seelsorgerische Schrifttum der sog. ›Wiener Schule‹ – einer um 1400 von den Theologen der Wiener Universität begründeten Tradition, die scholastische Theologie und seelsorgerische Praxis miteinander verband – stellt popularisierende Adaptationen scholastischer Theologie dar. Wichtige Autoren sind Heinrich von Langenstein, Nikolaus von Dinkelsbühl, Thomas Peuntner und Ulrich von Pottenstein (um 1360–1417); dessen katechetisches Werk mit Auslegungen von Paternoster, Ave Maria, Credo, Magnificat und Dekalog ist das umfassendste des deutschen Spätmittelalters überhaupt. Aus der ›Wiener Schule‹ hervorgegangen ist auch die vollständige Übertragung des *Rationale divinorum officiorum* des Wilhelm Durandus (1230–1296), des maßgeblichen lateinischen Handbuchs zur Liturgie; die Übersetzung war ein Auftragswerk für Herzog Albrecht III. von Österreich.

Von der lehrhaften Literatur nicht immer prägnant abzugrenzen ist die Erbauungsliteratur, sofern der Moral- und Glaubenslehre immer auch meditative und kontemplative Elemente beigemischt sein konnten. Häufige Gegenstände der Erbauung sind das Paternoster und die Passion Christi. Die Zahl der Schriften ist Legion, das meiste sind auch hier Übersetzungen. Wichtige Beispiele sind die Anselm von Canterbury zugeschriebene *Interrogatio Sancti Anselmi de Passione Domini* und die Pseudo-Anselmische *Meditatio de humanitate Christi*, die mehrfach übersetzt und in Versform paraphrasiert wurden und überdies auch mittelbar, als Quelle für Passionshistorien und -betrachtungen, wirkten. Am erfolgreichsten aber war der um 1400 entstandene Passionstraktat *Extendit manum* Heinrichs von St. Gallen.

Einen jeweils eigenen Sachbereich der geistlichen Prosa konstituierten endlich auch kanonistische Schriften und Enzyklopädien. Das kanonische oder kirchliche Recht regelte nicht nur innerkirchliche Angelegenheiten – Amtsführung und Leben der kirchlichen Amtsträger, Sakramentenrecht, Vergeltung von Vergehen gegen Gott und den Nächsten –, sondern auch weite Bereiche des sozialen Lebens, u. a. Ehe und Familie. Das »erfolgreichste Rechtsbuch des Spätmittelalters« (Kurt Ruh) war die *Summa confessorum* des Johannes von Freiburg (um 1250–1314), eine kommentierte Bearbeitung der berühmten *Summa de casibus penitentie* Raimunds von Peñafort. Eine deutsche Bearbeitung, die *Rechtssumme* Bruder Bertholds (um 1300?), hat – mit Blick auf den potentiellen Benutzerkreis – den Schwerpunkt auf die moraltheologischen Artikel und jene gelegt, die Bezug auf das Leben der Laien nehmen. Als Summe des Rechts und der Verhaltensnormen wurde Bertholds Bearbeitung nicht nur in anderen deutschen Rechtsbüchern wie dem *Rechtsabecedar der 2200 Artikel* (um 1450) rezipiert, sondern auch in der theologischen und katechetischen Literatur, z. B. in Heinrichs von Langenstein *Erchantnuzz der sund*. Ein Handbuch des Rechts – Recht im weiteren Sinne verstanden als die »sittlich begründete Gesetzlichkeit des Lebens in der menschlichen Gemeinschaft« (Klaus Berg) – ist auch das kurz nach 1300 entstandene *Buoch der tugenden*, das Auskunft über Rechtsfragen, Moral und religiöse Praxis gibt.

Beinahe ein Jahrhundert früher und zweifellos unter dem Einfluss der zunehmenden Kodifikation lateinischer Rechtsquellen, vor allem des kanonischen Rechts, hatte bereits die systematische Aufzeichnung volkssprachiger Rechtstraditionen, die ursprünglich in der Mündlichkeit existierten, eingesetzt. Eines der ältesten Rechtsbücher und mit Sicherheit das mit der größten Wirkung war der *Sachsenspiegel* Eikes von Repgow (1225/35), der in seiner Anlage an die lateinische Speculum-Tradition anschloss und auch sonst wiederholt lateinisches Schrifttum, z. B. die *Historia scholastica* Petrus Comestors und das *Speculum ecclesiae* des Honorius Augustodunensis, heranzog. Allein bis 1300 war die Zahl der Rechtskodifikationen auf rund 150 angewachsen. Zeitgleich begann die Fertigung bzw. Aufzeichnung auch anderer Rechtsquellen in deutscher Sprache, von den Urkunden, welche die Handlungen in Wirtschaft und Verwaltung rechtsverbindlich machten, bis zu den ländlichen Weistümern, welche die Rechtsbeziehungen und Verhältnisse der bäuerlichen Bevölkerung regelten. Die umfangreichen Nachschlagewerke des 15. Jahrhunderts zum Recht, die sog. Rechtsabecedarien, schöpften gleichermaßen aus dem volkssprachigen wie dem kanonistischen Recht.

Von den drei großen, das Sachwissen der Zeit summierenden lateinischen Enzyklopädien des Mittelalters – *De proprietatibus rerum* des Bartholomäus Anglicus (um 1240), einem Standardwerk der Bibelexegese, dem aus drei Teilen (*Speculum naturale, doctrinale, historiale*) bestehenden *Speculum maius* des Vinzenz von Beauvais (1230/59) und dem *Liber de natura rerum* des Thomas von Cantimpré (1225/26 – um 1241), dem Hauptwerk der Naturkunde – hatte nur dieses eine in der Tat große und lang anhaltende Wirkung im Deutschen. Fünfmal wurde es ganz oder in Auszügen übersetzt; am einflussreichsten war die Bearbeitung durch Konrad von Megenberg. Dessen *Buch von den natürlichen dingen* (1348/50) ist das erste Kompendium, das systematisch in deutscher Sprache das Wissen über die von Gott geschaffene Natur erschließt. Den Sachartikeln, hierarchisch in acht Bereiche (Mensch, Kosmos, Tierwelt, Bäume und Sträucher, Pflanzen, Edelsteine, Metalle, wunderwirkende Gewässer und Monster) untergliedert, sind vielfach moralisch-tropologische Deutungen beigegeben, die aus den Eigenschaften der Naturphänomene Erkenntnisse über die Heilswahrheiten und den richtigen Weg zum Heil zu gewinnen suchen.

Prosa der Mystik

Zur geistlichen Literatur des späten Mittelalters gehört auch die Prosa der Mystik. Sie ist ein gesamteuropäisches Phänomen mit Wurzeln in der augustinischen, neuplatonischen und scholastischen Theologie. Dies gilt es im Auge zu behalten, auch wenn die folgende Skizze sich auf Zeugnisse in der deutschen Sprache konzentriert.

Was die unter dem Begriff ›Mystik‹ (von griech. *mystikos* »geheimnisvoll«, »geheim«) versammelten Texte verbindet, ist ihre spezifische Thematik. Sie alle handeln, auf verschiedene Weise, von den Möglichkeiten der Annäherung des Menschen an Gott, genauer: von der – gewöhnliche Erfahrung und alle vernunftmäßige Erkenntnis übersteigenden – Vereinigung (*unio mystica*) der menschlichen Seele mit Gott. Man kann auch, die christliche Kodierung einmal auflösend, sagen: Sie handeln von der Überschreitung der Ich-Grenzen zum Absoluten.

Diese Transgression der Ich-Grenzen ist in vielerlei Formen gedacht und beschrieben worden: als gnadenhaft geschenkte Vision oder Audition, in der das Subjekt einer übermenschlichen Einsicht teilhaftig wird, als *raptus*, in dem das Subjekt vollständig vom göttlichen Willen ergriffen ist, als Hochzeit der Seele mit dem himmlischen Bräutigam, als Versenkung in das blutige Leiden Christi und Einswerden mit ihm, als etwas ganz und gar Unaussprechliches oder aber als metaphysische Erkenntnis Gottes.

Entsprechend vielfältig ist das Schrifttum. Es umfasst einerseits Schriften der praktischen oder Erlebnismystik – als autobiographische Erlebnisse inszenierte Berichte über Offenbarungen aller Art –, andererseits Schriften der spekulativen oder theoretischen Mystik; zu diesen gehören Lehrschriften über den Weg zur Gottesschau und der Vereinigung mit Gott (Mystagogik) genauso gut wie theologisch-philosophische Reflexion und Theorie (Mystologie), die den Aufstieg zu Gott mit Hilfe der Vernunft denkt.

Die deutsche Mystik begann mit dem *St. Trudperter Hohenlied* aus den frühen 1160er Jahren. Es kombiniert die ältere, mariologische Tradition der Hoheliedauslegung mit der von Bernhard von Clairvaux eingeführten Hermeneutik, welche die Liebesgemeinschaft von Braut und Bräutigam, ihre Vermählung und geschlechtliche Umarmung, als Chiffre für die Vereinigung der menschlichen Seele mit Gott interpretiert (s. Kap. II.3.b). Bernhard hatte die Vorstellung, dass die Seele eine sich dem himmlischen Bräutigam hingebende Frau sei, für Männer, nämlich für die Mönche seines Ordens, entwickelt. Doch eigneten sich auch Nonnen und Beginen – fromme Frauen, die wie Nonnen nach religiösen Regeln zusammenlebten, ohne ein Gelübde abgelegt und eine Ordensregel approbiert zu haben – die erotische Metaphorik rasch an. Brautmystik war die literarische Form, in der im 13. Jahrhundert vor allem Frauen ihre mystischen Erfahrungen fassten.

Der wichtigste deutsche Text aus dem Bereich der Brautmystik ist das *Fließende Licht der Gottheit*, an dem die Begine Mechthild von Magdeburg um 1250 bis etwa 1260 und dann, nach ihrem Eintritt in das Kloster Helfta, bis zu ihrem Tod (um 1282) schrieb. Es handelt sich um ein Offenbarungs- und Bekenntnisbuch, bestehend aus Visionen, Meditationen, Gebeten, Allegorien und Lehrreden, wobei die Prosa immer wieder in poetische Formen übergeht. Grundthema ist die liebende Begegnung mit Gott, die jedoch die Erfahrung der Verlassenheit und der Gottesferne (*gotzvrömdunge*, IV,12) mit einschließt. Wenn Mechthild indes die visionären Erfahrungen des weiblichen Ichs in erotischen Bildern kodierte, konnte die literale Wortbedeutung nicht mehr so einfach von der allegorischen Bedeutung abgelöst werden, wie dies noch in den gegengeschlechtlichen Entwürfen Bernhards möglich schien: »die Erotik der Gottesbegegnung zeigte sich entwaffnend direkt« (Uta Störmer-Caysa). In jedem Fall wäre Mechthilds erotische Bildersprache missverstanden, wollte man sie als Sublimierungsphänomen oder aber als Ausdrucksmedium rein geistiger Vorgänge werten.

Andere Autoren haben das Einssein mit Gott als liebende Versenkung in Armut und Leiden Christi beschrieben. Vorgelebt hatte diese Mystik Franziskus von Assisi. *Imitatio* und *conformitas Christi*, die Angleichung seines Wesens an Christus, bildeten »Stationen eines Lebens«, die von der mystischen Hochzeit mit Frau Armut bis zur Stigmatisierung auf dem Berg Alverna reichten (Kurt Ruh). Die Franziskus-Viten, die mit dem Orden in alle Volkssprachen West- und Mitteleuropas gelangten, haben diese *vita mystica* verbindlich gemacht. Auf deutschem Boden war es zuerst der Franziskaner Lamprecht von Regensburg, der in seinem *Sanct Franzisken leben* (um 1238) – nach einer lateinischen Vita des Thomas von Celano – das Leben des Ordensgründers als fortwährende Begegnung mit Gott erzählt.

Zeugnisse für das gnadenhaft geschenkte Einssein mit Gott nach Mitleiden mit Christus und strenger Askese brachte aber auch der Dominikanerorden hervor. Herausragendes Beispiel ist die als Autobiographie angelegte *Vita* Heinrich Seuses (um 1360), in der von der Hauptfigur, dem Diener der ewigen Weisheit, berichtet wird, wie er den Leib kasteite, um zur Vollkommenheit zu gelangen: Ein härenes Hemd und eine eiserne Kette habe er so lange getragen, bis das Blut von ihm herabbrann. Danach aber habe er sich heimlich ein härenes Unterkleid mit hundertfünfzig spitzen Nägeln machen und in sein Gewand einnähen lassen. Von Autoaggressionen und Selbstbestrafungen im Zusammenhang mystischer Frömmigkeit berichten wiederholt auch Klosterchroniken und die Sammlungen von Lebensbildern vorbildlicher Klosterfrauen, die sog. Schwesternbücher. Das eindrücklichste Beispiel einer solchen leidensfixierten Frömmigkeit findet sich in den Offenbarungen der Dominikanerin Elsbeth von Oye (vor 1340) aus dem Kloster Ötenbach. Beschrieben wird hier eine Leidensekstase, die, ähnlich wie bei Seuses Diener, durch Geißelung, Selbstfesselung und das Tragen eines Nagelkreuzes auf dem Leib erzeugt wurde. Die selbstauferlegte blutige Marter, in der ›Elsbeth‹ analog erleidet, was der Gottessohn vormals am Kreuz erlitten hat, wird Ausgangspunkt der mystischen Gottesschau. In einer der Visionen versichert Christus der Nonne: *Dur daz pinlich ser dins krúzes [...] sol ich giborn werden in dem inresten grunt diner sele* (»Wegen der grausamen Qual des Kreuzes [...] werde ich im innersten Grund deiner Seele geboren werden«). Heinrich Seuse lässt seinen Diener der ewigen Weisheit die strenge, die Gesundheit ruinierende Selbstkasteiung, welche die geistige Vollkommenheit befördern sollte, schließlich abbrechen. Er hat sich die Einsicht zu eigen gemacht, die bereits Meister Eckhart, der wichtigste Vertreter dominikanischer Theologie und Mystik vertreten hatte: dass nämlich zu Gott der Weg auch ohne Kasteiung führen kann.

Die über hundert Predigten und die Traktate Meister Eckharts (um 1260–1328) stellen den Höhepunkt der theoretisch-philosophischen Mystik in deutscher Sprache dar; hinzu kommt eine große Zahl lateinischer Schriften. Eckhart schrieb, ganz im Sinne der Dominikanerschule, dem Intellekt die führende Rolle bei der Erkenntnis

Gottes zu, im Unterschied zu den franziskanischen Theologen, die der Liebe den Vorzug gaben. Der Weg zur *unio mystica* führte für ihn deshalb über die Vernunft. Als den Ort im Menschen, der zur Einheit mit dem Göttlichen befähigt, bestimmte er den Seelenfunken, der das immer schon in der Seele vorhandene Bild Gottes ist, ungeschaffen und gleichewig wie Gott. Eckhart setzte ihn mit der Vernunft und überdies mit dem Gewissen gleich. Als notwendige Bedingung für die Gotteserkenntnis definierte er die *abegescheidenheit*, verstanden als den Zustand der absoluten Freiheit des Menschen vom eigenen Ich und von allen Dingen, und innere Armut. Der Mensch ist arm, d. h. wirklich frei, »der nichts will, nichts weiß und nichts hat« (Predigt Q. 52: *Beati pauperes spiritu*). Das ist einer der Kernsätze der Eckhartischen Lehre. Eckhart hat sich nicht davor gescheut, auch einem volkssprachigen Publikum philosophische Lehren und Einsichten zu vermitteln, und dies zum Teil in einer Bildersprache, die noch im Bezug zur lateinischen Tradition steht und sich von dieser zugleich prägnant abhebt. Für das Verständnis seiner Predigten setzte er indes den Status der inneren Armut und das heißt: den Rückgang auf das absolute Sein voraus. Wer diesen Status nicht besitzt, kann die Predigt nicht verstehen: *Wan alsô lange der mensche niht glîch enist dirre wârheit, sô lange ensol er dise rede niht verstân; wan diz ist ein unbedahtiu wârheit, diu komen ist ûz dem herzen gottes sunder mittel* (Predigt Q. 52; »Denn solange der Mensch nicht dieser Wahrheit gleicht, solange wird er diese Rede nicht verstehen. Denn dies ist die unverdeckte Wahrheit, die unmittelbar aus Gottes Herzen gekommen ist«). Dieser Anspruch impliziert, dass der Prediger selbst aus dem Status der inneren Armut heraus spricht.

Dass Eckhart aus der *wârheit* gesprochen habe, bestätigt der berühmte Satz des Johannes Tauler: »Er sprach aus der Ewigkeit, und ihr versteht es zeitlich.« Tauler selbst (um 1300–1361) nahm freilich in seinen Predigten ein Gutteil der metaphysischen Fundierung, die Eckhart geleistet hatte, zurück. Wohl gesteht auch er dem Seelenfunken eine göttliche Natur zu, behauptet indes, anders als Eckhart, dass dieser gnadenhaft gegeben und damit geschaffen sei. Die Einheit mit dem Göttlichen ist, so gesehen, »nicht ruhender Besitz, ›Gelassenheit‹, sondern erstrebtes Ziel« (Kurt Ruh). Dementsprechend bindet Tauler die Lehre von der Gottesgemeinschaft, wie übrigens auch Heinrich Seuse in seiner *Vita*, an traditionelle Stufen- und Aufstiegsmodelle zurück. Seine rund 80 Predigten vermitteln ohne Zwang zur Systematik mystische und praktische Lebenslehre. Ihnen war eine Wirkung ohnegleichen beschieden. Noch das 19. Jahrhundert schätzte Johannes Tauler als Lehrer auf dem Weg zu Gott.

Der letzte ›Gipfel‹ im ›Höhenkamm‹ der deutschen Mystik ist die *Theologia deutsch* (*Der Frankfurter*, Ende 14. Jahrhundert?), ein Traktat vom vollkommenen Leben eines namentlich nicht bekannten Priesters und Kustos im Deutschherrenhaus zu Frankfurt. Ziel des menschlichen Strebens nach Vollkommenheit ist dem Verfasser das Einssein mit Gott, das indes nicht, wie bei Eckhart, *in got als gotheit* erreicht werden kann, sondern durch Selbstlosigkeit, Demut und radikalen Gehorsam gegen Gott (und die Kirche).

Fachliteratur

Parallel dazu entstand im 14. Jahrhundert eine nichttheologische Fachliteratur in Prosa, in der zwei verschiedene Wissenstraditionen, mündlich tradiertes Erfahrungswissen und lateinisches Buch- bzw. Autoritätswissen, zusammenflossen. Sie trug den Bedürfnissen einer sich differenzierenden Berufs- und Lebenswelt Rechnung, und sie vermittelte ein Wissen, das der praktischen Bewältigung des Alltags diente. Entsprechend breit gestreut sind Themen, Stoff- und Sachbereiche. Vertreten sind u. a. Astronomie, Medizin und Alchemie – sie befasst sich mit dem Zusammenwirken der Elemente –, Prognostik und Mantik – Wahrsage- und Zaubertechniken, die Aussagen über die Zukunft und die Herrschaft über die Natur erlauben –, die Zeitrechnung (Komputistik), die für die genaue Festlegung des Datums und für die Bestimmung der Heiligenfeste notwendig war, aber auch Jagd- und Tierkunde, Landbau und Haushalt, Hofkunst und Kriegswesen. Außerordentlich erfolgreiche Werke waren beispielsweise: das *Arzneibuch* Ortolfs von Baierland (um 1300), ein Lehrbuch über das gesamte schulmedizinische Wissen seiner Zeit, von der Elementen- und Komplexionenlehre, Anatomie, Physiologie und Diätetik über Diagnostik und Prognostik bis zur Therapie; der *Deutsche Macer* (1. Hälfte 13. Jahrhundert), ein Kompendium über Heilpflanzen und ihre spezifische Anwendung; das *Pelzbuch* Gottfrieds von Franken, das Anleitungen zur Veredelung von Obstbäumen, zur Weinlese und Weinpflege gibt; vier mantische Lehrschriften – ein *Mondwahrsagebuch*, eine *Namenmantik*, eine *Chiromantie* und ein *Buch aller verbotenen Kunst* –, hat man lange mit Johannes Hartlieb (um 1400–1468), dem Leibarzt Herzog Albrechts III. von Baiern-München, in Verbindung gebracht; seine Autorschaft scheint durch neuere Untersuchungen in Frage gestellt. Mehrfach übersetzt und bearbeitet wurden auch die diätetischen Schriften Konrads von Eichstätt (1300/1320), die zu den erfolgreichsten Regimina sanitatis, d. h. Regeln für eine gesunde Lebensführung, des späten Mittelalters gehörten.

Reimpaarrede

Eine der produktivsten literarischen Formen war im 14. und 15. Jahrhundert die Reimpaarrede, kurz Rede. Man versteht darunter eine Dichtung in Reimpaarversen, die Sachverhalte jedweder Art vorwiegend räsonierend darlegt, das erzählende Element also zugunsten der Erörterung zurücktreten lässt. Der Umfang dieser Reden schwankt: meist sind es 80 bis 200 Verse, aber auch Kurztexte von 40 bis 50 Versen kommen vor und längere Abhandlungen von über 600 Versen. Durchweg obligatorisch ist der pragmatische Bezug, der für gewöhnlich auf Seelsorge oder Lebenslehre für die Laien zielt.

Erstmals treten solche Reden in der frühmittelhochdeutschen Zeit auf, doch gibt es keine historische Kontinuität über die Epoche der Klassik hinweg. Die frühesten Beispiele spätmittelalterlicher Reden stammen vom Stricker (um 1220/50); er gab die Muster vor, denen dann viele nachfolgten. Die Themen des Strickers gelten vor allem der geistlichen Unterweisung; seine Reden handeln etwa vom Tod und vom Heiligen Geist, von den sieben himmlischen Gaben, den Wirkungen des Teufels, den verschiedenen Versuchungen und Lastern, den drei größten Sünden und von der Buße. Weltliche Sujets behandeln seine Reden von der Ehre und der Ehe, den Unarten der Pfaffen und der Frauen, den Rechten und Pflichten der einzelnen Stände

u. a. m. Da auch ihr Anliegen die Vermittlung allgemeiner Verhaltensnormen ist, sind diese weltlichen Reden nicht immer säuberlich von den geistlichen zu unterscheiden. Die gleiche Verschränkung von geistlichen und weltlichen Themen und ein ähnlich breites Spektrum zeigen sich auch bei Heinrich dem Teichner, einem österreichischen Berufsautor († vor 1377). Von ihm stammt das umfangreichste Korpus von Reimpaarreden überhaupt. Auch hier steht die Laienseelsorge im Mittelpunkt.

Zu einem besonders wirkmächtigen Subtyp der Rede entwickelte sich im 14. Jahrhundert die sog. Minnerede, die diskursiv das Thema Minne erörtert; insgesamt sind rund 500 Texte, die meisten namenlos, überliefert. Kaum weniger bedeutsam waren die politischen Reden, die seit dem 14. Jahrhundert dem Sangspruch Konkurrenz machten: Lobreden, auch Tadel, auf Städte und Herrschaften, Ehrenreden, Preisgedichte und Totenklagen auf einzelne Personen, Wappen- und Heroldsdichtungen. Schließlich waren die Reden auch eine präferierte Form für die Vermittlung von Sachwissen aller Art: Naturlehre (z. B. Volmars *Steinbuch*, um 1250?), Gesundheitslehren (z. B. das *Bäderbüchlein*, *Pestregimen*, *Konfekt-* und *Branntweinbüchlein* des Hans Folz [um 1435/40–1513]), Physiognomik (z. B. das *Gedihte von der physonomie* im Hausbuch Michaels de Leone, um 1350) und alchimistische Lehrgedichte sind ebenso vertreten wie Tischzuchten (z. B. Tannhäusers *Hofzucht*, um 1245/65) und gereimte Kataloge des Hausrats, diese bisweilen in parodistischer Absicht. An ihnen lässt sich ablesen, dass der Vers bis zum Ende des Mittelalters und darüber hinaus die bevorzugte Form der Didaxe war.

Mit der Rede im moralpädagodischen oder geistlich-belehrenden Zuschnitt verwandt ist das – wohl ursprünglich im Kontext franziskanischer Predigt und lateinischer Exempelerzählungen – entstandene Bîspel, für das strukturelle Zweiteiligkeit konstitutiv ist: Ein kurzer, pointierter Erzählteil wird funktional auf die moralisierende und belehrende Auslegung bezogen. Als Begründer dieses didaktischen Texttyps in der Volkssprache gilt der Stricker. Für den narrativen Teil hat er häufig Fabeln verwendet, an die sich eine meist umfangreiche Moralisation schließt. Andere Bîspelautoren haben für die *narratio* auch aus dem reichen Reservoir an Exempeln, Anekdoten u. a. geschöpft. Viele dieser zumeist recht kurzen Reimpaargedichte sind anonym überliefert; undeutlich verlaufen oft die Grenzen zum lehrhaften Exempel und zur Fabel.

Märe

Charakteristisch für die Literatur des späten Mittelalters ist auch der Aufschwung der erzählerischen Kleinform, für die sich der Begriff ›Märe‹ eingebürgert hat. Es handelt sich um weltliche »Geschichten in der Art, wie sie auch bei Boccaccio erzählt werden könnten, freilich in Versen und nicht zyklisch gebunden, nicht einem einzigen Autorwillen unterworfen und deshalb vielfältiger und bunter in ihrem Erscheinungsbild, ihren Bauformen und ihren stilistischen Niveaus« (Klaus Grubmüller). Stoffe und Motive sind einem internationalen Reservoir entnommen; vielfach lässt sich der Einfluss lateinischer Schwank- und Exempelsammlungen und altfranzösischer Fabliaux feststellen. Vielfältig sind die Themen, Typen und Erzählverfahren, mit einer Dominanz des schwankhaften Typus, der zumeist Ehe, Liebe, Treue und Sexualität zum Thema hat und mit Komik, Gelächter und Parodie operiert. Gemeinsam ist vielen Geschichten ein lehrhafter Impetus: Sie diskutieren Normen des menschlichen Zusammenlebens – in der Darstellung vorbildlichen oder törichten und tadelnswerten

Verhaltens – oder verkehren diese gegebenenfalls auch, vor allem in den schwankhaften Erzählungen, ins Groteske. Im 14. und 15. Jahrhundert löst sich das Märe jedoch immer öfter von einer lehrhaft-moralischen Zielsetzung und entfalten Komik und Groteske ihr subversives Potential (Beispiele s. Kap. III.3.e).

Als Begründer der Gattung gilt wiederum der Stricker, der anhand überzogener Erzählkonstellationen grundlegende Einsichten in normgerechtes Verhalten vermittelt. Aus dem 13. Jahrhundert sind neben zwei kleinen Autorœuvres, dem Herrands von Wildonie (1250/75) und Konrads von Würzburg (vor 1260?), vor allem Einzeltexte überliefert, darunter so berühmte wie *Mauricius von Craûn* (1210/30) oder der *Helmbrecht* Wernhers des Gartenaeres (vielleicht letztes Drittel 13. Jahrhundert). Dasselbe gilt für das 14. Jahrhundert, aus dem wir 25 namentlich bekannte Märenautoren und rund 60 namenlos überlieferte Mären kennen. Wichtige Märenautoren waren erst wieder Heinrich Kaufringer (um 1400) aus Landsberg und die beiden Nürnberger Hans Rosenplüt (um 1400–1460) und Hans Folz (1435/40–1513). Kaufringer erzählt Geschichten von bestürzender Geradlinigkeit, die nicht mehr aus dem Bezug auf eine soziale oder religiöse Ordnung zu erklären sind, sondern nur noch aus den Gesetzen des Genres selbst. Hans Rosenplüt führt einen Weg weiter, der vereinzelt bereits früher, etwa durch die *Drei Mönche zu Colmar* des Niemand (nach 1316), beschritten wurde. Seine Erzählungen, etwa der *Fünfmal getötete Pfarrer*, stellen eine Welt dar, in der der bloße Zufall regiert.

Prosaroman

Um 1410 entstand noch einmal, wenn auch ohne erkennbaren Bezug zur älteren Romantradition, ein großer, auch literarisch hochbedeutsamer Versroman: Heinrich Wittenwilers *Ring*. In mancher Hinsicht ist er ein Schmelztiegel der unterschiedlichen literarischen Traditionen, die sich im späten Mittelalter ausgebildet haben. Das Grundgerüst der Handlung lieferte das schwankhafte Märe von der *Bauernhochzeit* in der Fassung der *Metzen hochzit* oder eine nahe verwandte Version, das von der Werbung des Bauernburschen Betz um die Dirne Metz, ihrer Eheberatung und Hochzeit und schließlich von Aggression, Streit und Tumult unter den Hochzeitsgästen erzählt. Heinrich Wittenwiler hat diese Kernfabel zu einer Großdichtung über das irdische Dasein und seine Sinnlosigkeit ausgebaut und dabei Anleihen bei der Neidhartliteratur, der Heldenepik und der höfischen und populären Lieddichtung gemacht. Darüber hinaus partizipiert der *Ring* in außerordentlichem Maß an der pragmatischen Literatur. Der Handlung sind zahlreiche Lehren inseriert; in den ersten beiden Teilen sind dies u.a. ausführliche Lehren über Liebe und Ehe, Haushalt und Gesundheit, ein Laiendoktrinal, katechetische Texte, ein Schülerspiegel und eine Tischzucht, im dritten Teil ausgiebige Lehren des politischen Handelns und der Kriegsführung u.a.m. Lebens- und pragmatische Lehre verbinden sich dabei auf irisierend-zweideutige Weise mit Komik und Satire.

Die Zeit für den Versroman ging nun aber deutlich zu Ende. Die Zukunft gehörte dem Prosaroman, der, mit Vorläufern im späten 14. Jahrhundert, im zweiten Drittel des 15. Jahrhunderts in Erscheinung trat und zu deutlichen Verschiebungen im Gattungsgefüge der spätmittelalterlichen Literatur führte.

Zum Teil sind die neuen Romane aus der Auflösung der alten Versromane, etwa Wirnts *Wigalois*, Eilharts *Tristrant* und Johanns von Würzburg *Wilhelm von*

Österreich, in Prosa entstanden, andere durch Übersetzungen aus dem Lateinischen, so z. B. der *Alexanderroman* Johann Hartliebs und Enea Silvio Piccolominis *Euryalus und Lucrezia*, und wieder andere durch eine neue Phase der Übernahme französischer Stoffe mit dynastisch-herrscherlicher Thematik. Dazu gehören die von Elisabeth von Nassau-Saarbrücken in den 1430er Jahren initiierten Romane, *Pontus und Sidonia* der Eleonore von Tirol (um 1450) und die *Melusine* Thürings von Ringoltingen (1456). Auch wenn der Roman des 15. Jahrhunderts stofflich zum Teil die alten Traditionen fortführte, so knüpfte er in den Darstellungsverfahren an die Historiographie an, und auch sonst stand sein Neubeginn doch unter ganz anderen Vorzeichen. Erster deutscher ›Originalroman‹ in Prosa war der *Fortunatus*, der 1509 erstmals gedruckt wurde.

Geistliches und weltliches Spiel

Eine typisch spätmittelalterliche Gattung ist schließlich auch das aus liturgischem Zusammenhang entstandene und an die Stadt als Aufführungs- und Wirkungsraum gebundene geistliche Spiel. Seine Funktion war primär lehrhaft-erbaulich. Einzelszenen in deutscher Sprache sind im Kontext lateinischer Spiele erstmals seit der ersten Hälfte des 13. Jahrhunderts belegt, deutsche Spiele als Ganze seit der zweiten Hälfte. Aufmerksamkeit fanden vor allem die zentralen Ereignisse des Kirchenjahres – Christi Geburt, Passion und Auferstehung –, deren erlösende Heilsgewissheit im Spiel wiederholt und unmittelbar vergegenwärtigt werden konnte; daneben stießen auch Himmelfahrt, Pfingsten, Fronleichnam und Weltgericht, das Leben Marias, Legenden, alttestamentliche Szenen und Teufelsszenen auf großes Interesse. Das älteste überlieferte Spiel ist das *Benediktbeurer Osterspiel* (um 1230), das lateinische und deutsche Szenen aus der Passionsgeschichte kombiniert. Ganz vom Lateinischen gelöst haben sich zuerst das *Osterspiel von Muri* (um 1250) und das *St. Galler Weihnachtsspiel* (3. Drittel 13. Jahrhundert). Seit Mitte des 14. Jahrhunderts wuchsen die Spiele zu mehrtägigen Veranstaltungen, wie die – für die Hand des Spielleiters gedachte, Spielanweisungen und die Anfänge von rund 400 Reden und Gesängen verzeichnende – Dirigierrolle des ältesten *Frankfurter Passionsspiels* (1315/45) belegt.

Das weltliche Spiel erwuchs aus den in das geistliche Spiel eingebundenen komischen Szenen, die sich verselbständigten. Bedeutung bis weit über die Epochenschwelle hinaus gewann vor allem aber das im Kontext der Vorfastenzeit entwickelte Fastnachtspiel, das seit Beginn des 15. Jahrhunderts zuerst in Lübeck nachweisbar ist. Die in Lübeck aufgeführten Spiele, von denen nur der *Henselin* erhalten ist, standen in der Tradition der niederländischen Moralitäten. Ihre Gegenstände waren demnach Moraldidaxe und historische Stoffe der Antike und des Mittelalters; die lehrhafte Ausrichtung war ganz allgemein. Ein ganz anderes Profil hatte das mit über 100 Texten breit bezeugte Nürnberger Fastnachtspiel, das wohl aus dramatisierten Fassungen der Neidhart-Schwänke entwickelt wurde. Die Gegenstände betreffen häufig Schwankhaftes (Ehestreit, Gerichtsklage), Fäkalisches oder Geschlechtliches. Musterbildend waren die revueartigen Reihenspiele Hans Rosenplüts (um 1425–60), die in der zweite Hälfte des Jahrhunderts durch das stärker literarisierte Handlungsspiel abgelöst wurden; eine Schlüsselfunktion kam in diesem Zusammenhang Hans Folz zu.

Frühhumanistische Literatur

Während der Frühhumanismus in Italien spätestens um 1350 Einzug hielt, wurden die neuen, der antiken Literatur abgewonnenen literarischen und geistigen Orientierungsmuster im deutschen Sprachbereich nur zögernd aufgenommen. Das humanistische Bildungsideal artikulierte sich auch hier in Latein und wurde von den Mitgliedern elitärer akademisch gebildeter Zirkel getragen. Ein isoliertes und folgenloses Phänomen blieb die Reform des Stils der kaiserlichen Kanzlei unter Johann von Neumarkt in der zweiten Hälfte des 14. Jahrhunderts, die man als ›böhmischen Frühhumanismus‹ bezeichnet hat. Auch der sog. frühhumanistischen Übersetzungsliteratur in deutscher Sprache war keine dauerhafte Wirkung beschieden. Von den wichtigsten Vertretern – Heinrich Steinhöwel (1411/12–1479), Niklas von Wyle (um 1415–1479), Albrecht von Eyb (1429–1475) – hatte sich nur Niklas von Wyle ganz den neuen humanistischen Literatur- und Stilmustern verschrieben. Eine deutsche humanistische Literatur mit eigenem Profil, überwiegend Übersetzungsliteratur, vermochte sich erst gegen Ende der Epoche zu etablieren.

Literatur: Rudolf Bentzinger: Zur spätmittelalterlichen deutschen Bibelübersetzung. Versuch eines Überblicks. Rostocker Beiträge zur Sprachwissenschaft 7 (1999) 29–42; Bumke, Geschichte der deutschen Literatur; Cramer, Geschichte der deutschen Literatur; Crossgrove, Die deutsche Sachliteratur des Mittelalters; Zur deutschen Literatur und Sprache des 14. Jahrhunderts. Dubliner Colloquium 1981. Hg. von Walter Haug u. a. Heidelberg 1983 (Reihe Siegen 45); Deutsche Bibelübersetzungen des Mittelalters. Hg. von Heimo Reinitzer. Bern u. a. 1991 (Vestigia Bibliae 9/10); Eine Epoche im Umbruch. Volkssprachliche Literalität 1200–1300. Cambridger Symposium 2001. Hg. von Christa Bertelsmeier-Kierst und Christopher Young. Tübingen 2003; Glier, Deutsche Literatur im späten Mittelalter; Klaus Grubmüller: Mittelalter, spätes. In: Literaturlexikon. Begriffe, Realien, Methoden. Hg. von Volker Meid. Gütersloh/München 1993 (Literaturlexikon. Hg. von Walter Killy. Bd. 14), S. 110–117; ders.: Die Ordnung, der Witz und das Chaos. Eine Geschichte der europäischen Novellistik im Mittelalter: Fabliau – Märe – Novelle. Tübingen 2006; Mathias Herweg: Wege zur Verbindlichkeit. Studien zum deutschen Roman um 1300. Wiesbaden 2010 (Imagines Medii Aevi 25); Hübner, Minnesang im 13. Jahrhundert; Alfred Karnein: Die deutsche Lyrik. In: Europäisches Spätmittelalter. Hg. von Willi Erzgräber. Wiesbaden 1978 (Neues Handbuch der Literaturwissenschaften 8), S. 303–329; Florian Kragl: Heldenzeit. Interpretationen zur Dietrichepik des 13. bis 16. Jahrhunderts. Heidelberg 2013 (Studien zur historischen Poetik 12); Johannes Janota: Grundriß zu einer Geschichte der deutschen Literatur im Spätmittelalter. PBB 123 (2001) 397–427; ders.: Vom späten Mittelalter zum Beginn der Neuzeit; Heinzle: Wandlungen und Neuansätze im 13. Jahrhundert; Hugo Kuhn: Entwürfe zu einer Literatursystematik des Spätmittelalters. Tübingen 1980; Eberhard Lämmert: Reimsprecherkunst im Spätmittelalter. Eine Untersuchung der Teichnerreden. Stuttgart 1970; Freimut Löser: Bibel (-auslegung, -übersetzung, -dichtung). In: Literaturwissenschaftliches Lexikon, S. 50–56; ders.: Mystik. In: Literaturwissenschaftliches Lexikon, S. 284–288; Religiöse Individualisierung und Mystik: Eckhart, Seuse, Tauler. Hg. von dems. und Dietmar Mieth. Stuttgart 2014 (Meister-Eckhart-Jahrbuch 8); Positionen des Romans im späten Mittelalter. Hg. von Walter Haug und Burghart Wachinger. Tübingen 1991 (Fortuna Vitrea 1); Hans Rost: Die Bibel im Mittelalter. Beiträge zur Geschichte und Bibliographie der Bibel. Augsburg 1939; Kurt Ruh: Geistliche Prosa. In: Europäisches Spätmittelalter. Hg. von Willi Erzgräber. Wiesbaden 1978 (Neues Handbuch der Literaturwissenschaften 8), S. 565–605; Störmer-Caysa, Einführung in die mittelalterliche Mystik.

III. Diskurse

1. Orientierung für das Leben in der Welt: Lehren für die Stände

Pragmatischer Bezug und didaktische Intentionalität sind Merkmale der mittelalterlichen Literatur schlechthin (s. Kap. I.1.c). Selbst hochfiktive Gattungen wie die Liebeslyrik, der Roman und die Verserzählungen (›Mären‹) haben eine eminent lebenspraktische Bedeutung, die sich freilich nur indirekt, über die Reflexion oder den epischen Prozess, erschließt. Explizit wird die Vermittlung von Sach-, Verhaltens- und Orientierungswissen hingegen in den ›lehrhaften‹ Gattungen, also solchen, in denen der diskursiv-räsonierende, belehrende oder adhortative Redegestus bestimmend ist: in Predigten, Sittenlehren, dogmatischen, moraltheologischen und spekulativen Schriften, in den Texten der sog. Spiegelliteratur – Spiegel (lat. *speculum*) für Christen, Laien, Fürsten, Ritter, Frauen, Mönche, Nonnen, des Gewissens, des Rechts, der Seele, Ehe, Tugenden und Sünden –, in Reimreden und verschiedenen narrativen Formen wie Exempel und Bîspel, im Sangspruch, in moralischen Sentenzen, Lehr- und Merksätzen, in der Fachliteratur usw. Sie dominieren insbesondere die Literatur des späten Mittelalters. Das Wissen, das diese lehrhaften Gattungen vermitteln, umfasst prinzipiell alle Lebensbereiche, geistliche wie weltliche.

Ein großer Teil dieser Texte mit pragmatischem Bezug ist Standesliteratur, will heißen: Literatur, die sich an die Vertreter der Stände richtet, nach denen die mittelalterliche Gesellschaft geordnet ist, und die ihnen Orientierung für das richtige Leben und Verhalten in ihrem Stand gibt.

Der Begriff ›Stand‹ meint freilich durchaus Verschiedenes. Ganz allgemein bezeichnet er »gesellschaftliche Verbände, die sich innerhalb eines hierarchisch gegliederten sozialen Gefüges aufgrund rechtlich-sozialer und/oder verfassungsrechtlich-politischer Merkmale voneinander abgrenzen« (Lexikon des Mittelalters). Er ist also eine Kategorie der sozialen Ordnung, die vertikal wie horizontal ausdifferenziert war. Die Kriterien, nach denen die Rangordnung festgelegt wurde, waren keineswegs einheitlich; entsprechend vielfältig waren die Gliederungs- und Ordnungsmodelle, die man anhand dieser Kriterien entwickelt hat. Überschneidungen oder auch Divergenzen waren die Folge. Unterscheidungsmerkmale waren die Abstammung, der Grad der Teilhabe an der politischen Herrschaft oder auch die Stellung im Lehnsverband, die berufliche Qualifikation und Tätigkeit, Lebensformen, persönliche Lebenssituation, Lebensverhältnisse und -bedingungen. Nach dem Kriterium der Geburt unterschied man Freie und Unfreie, nach der Teilhabe an der politischen Macht Adel, Klerus und ›gemeinen‹ Mann, wobei Adel und Klerus wiederum keine homogenen Gruppen waren, nach der lehnsrechtlichen Standesgliederung die Rangstufen der Lehnsfähigkeit, d. h. das Recht des Lehnsherrn, eigene Vasallen zu haben und zur Heerfahrt einberufen zu können. Legte man die Lebensverhältnisse als Kriterium zugrunde, unterteilte man z. B. die Gesellschaft in Arme und Reiche; dem ›Familienstand‹ nach unterschied man, wie heute noch, zwischen verheiratet, unverheiratet und verwitwet und nach der Lebensform z. B. Kleriker und Laien. Beinahe jeder dieser Gliederungsversuche beruhte auf dem biblischen Gedanken, dass die Ordnung der Welt in Gott gegründet sei und »ein jeglicher aber in seiner Ordnung« (I Cor 15,23: *unusquisque autem in suo ordine*) stehe.

Vielgestaltig ist auch die Literatur, die sich an die verschiedenen Stände richtet. Sie umfasst Ständelehren im engeren Sinn, also Texte, die Modelle sozialer Ordnung entwerfen und begründen, und solche, die ethische Normen und allgemeine Verhaltensregeln für einzelne Stände – für Herren und Knechte, Arme und Reiche, Fürsten und Adel, Ehe- und Witwenstand usw. – vermitteln, und schließlich die gesamte Fachliteratur für die einzelnen Berufsstände. Aus der Vielzahl der Texte, die namentlich im späten Mittelalter entstanden sind, bespreche ich jeweils nur wenige Beispiele. (Zum höfischen Roman, der im Medium der Erzählung Normen und Werte der adeligen Welt reflektiert, s. Kap. III.2.)

a. Ständetheorie

Bereits in der Spätantike hatte sich die Vorstellung eines *ordo ecclesiasticus* bzw. *sacerdotalis* und eines *ordo laicorum*, eines geistlichen und weltlichen Standes, herausgebildet. Diese Unterscheidung wurde Grundlage aller künftigen Ständetheorie. Im frühen Mittelalter gliederte man, unter Rückgriff auf antike Überlegungen, die Gesellschaft zusätzlich nach der Abstammung in Freie und Unfreie (*liberi* und *servi*) oder nach den Lebensverhältnissen in Vermögende und Arme (*potentes* und *pauperes*). So unterscheidet der gelehrte Mönch Haimo von Auxerre (Mitte 9. Jahrhundert) in seinem Kommentar zur Apokalypse drei Stände – Kleriker, weltlichen Kriegeradel und Bauern (*oratores*, *bellatores* und *laboratores*) –, in denen er die antiken *ordines* der *senatores*, *milites* und *agricolae* fortleben sieht. Dieses idealtypische Schema dominiert seit dem 10. Jahrhundert alle Darstellungen der sozialen Ordnung. »Gott hat drei Lebensformen erschaffen: Bauern, Ritter und Geistliche«, resümiert der Dichter Freidank in einem seiner Sprüche (27,1 f.: *Got hât driu leben geschaffen:/ gebûre, ritter unde pfaffen*). Der Dichter Heinrich (von Meißen) Frauenlob († 1318) hat dieses Modell zum Thema eines seiner Sangsprüche (VII,22) gemacht:

> In driu geteilet waren
> von erst die liute, als ich las:
> buman, ritter und pfaffen.
> ieslich nach siner maze was
> 5   gelich an adel und an art
> dem andern ie. war stet der pfaffen sin?
> Sie leren wol gebaren,
> kunst, wisheit, aller tugent craft,
> fride, scham und darzu forchte
> 10   die ritterlichen ritterschaft.
> der buman hat sich des bewart,
> daz er den zwein nar schüfe mit gewin.
> Nu pfaffe, werder pfaffe,
> laz ander orden under wegen.
> 15   du stolzer ritter, schaffe,
> daz ritterschaft dir lache,
> nicht nim an dich ein ander leben.
> du buman solt nicht hoher streben,
> daz lere ich dich, durch fremdes prises sache.

»In drei (Gruppen) waren von Beginn an die Menschen eingeteilt, wie ich las: Bauern, Ritter und Kleriker. Jeder war in seiner Art und Weise hinsichtlich Vollkommenheit und Herkunft dem andern gleich. Worauf richtet sich der Sinn der Kleriker? Sie lehren die ritterlich lebende Ritterschaft gutes Benehmen, Wissenschaft, Weisheit, die Fülle aller Fähigkeiten, Friedfertigkeit, Dezenz und auch Ehrfurcht. Der Bauer hat sich dafür entschieden, den beiden zu seinem Vorteil Nahrung zu verschaffen. Nun Pfaffe, ehrwürdiger Pfaffe, lass andere Lebensformen beiseite. Du stolzer Ritter, mache, dass Ritterschaft dir lacht, nimm kein anderes Leben an. Du Bauer sollst nicht aus falschem Ehrgeiz höher streben, das lehre ich dich.«

Frauenlob unterscheidet, den Konventionen entsprechend, drei soziale Gruppen, denen er genau festgelegte, aufeinanderbezogene Tätigkeitsbereiche und Pflichten zuweist. Den Klerikern obliegt demnach die Aufgabe, die Ritter, also die Mitglieder der weltlichen Oberschicht, zu erziehen und zu idealem Verhalten anzuhalten. Der Bauer sichert den beiden anderen Ständen das physische Überleben und hat davon selbst Gewinn. Eine entsprechende Forderung an die Adresse der Adeligen fehlt. Aus der Lehre, die an die Kleriker gerichtet ist, sind allgemeine vorbildliche Verhaltensweisen abzuleiten, nicht aber die primäre Tätigkeit: Herrschaft auszuüben, Krieg und Fehde zu führen, Schutz zu gewähren.

Frauenlob sieht diese soziale Ordnung nicht als historisch gewachsen, sondern von Gott selbst eingesetzt, damit von der höchsten Autorität legitimiert. Das impliziert aber auch die Vorstellung, dass das Heraustreten aus dem von Gott eingerichteten Stand, dass sozialer Aufstieg oder schon der Wunsch danach Sünde sei. Die letzten beiden Verse, an den sozial unterprivilegierten Bauern gerichtet, sprechen eine deutliche Wertung (*fremdes prises sache*) aus. So fixiert Frauenlob mit seinem Spruch traditionelle Vorstellungen einer gottgewollten hierarchischen Gliederung der Gesellschaft. Die programmatische Absicht einer solchen Fixierung liegt auf der Hand: Sie dient der ideologischen Absicherung ständischer, primär feudaler Privilegien.

Die tatsächlich bestehenden sozialen Verhältnisse bildet der Sangspruch nicht ab, wie übrigens keine der mittelalterlichen Gesellschaftstheorien. Die Lebenswelt war erheblich komplexer, und sie war überdies von einer hohen ständischen Mobilität geprägt. Namentlich der Adel protegierte Aufsteiger aus Eigeninteresse, dem z. B. im 12. Jahrhundert die Ministerialen ihren Aufstieg verdankten. Im Versuch, in der Ständetheorie hierarchische Strukturen festzuschreiben, kommt deshalb auch eine allgemeine Verunsicherung angesichts der Umschichtungen im sozialen Gefüge des hohen und späten Mittelalters zum Ausdruck.

Erklärt hat man die Entstehung der Stände und der damit verbundenen sozialen und rechtlichen Ungleichheit der Menschen mit dem Sündenfall oder Kains Bluttat an Abel, am häufigsten aber mit der Geschichte von Noahs Fluch über seinen Sohn Cham (Gn 9,20–27). Dieses Erklärungsmuster greift z. B. auch Hugo von Trimberg im *Renner* (um 1300), einer umfangreichen Lehrdichtung, auf. Dort wird ein Ritter von einem aufsässigen Bauern gefragt, woher es komme, dass der eine adelig sei und der andere nicht, der eine frei und der andere unfrei. Daraufhin erzählt der Ritter (v. 1853–1882):

> Von Adâm mêr denne tûsent jâr
> Vergangen wâren, daz ist wâr,
> 1855 Verre von der alten ê,
> Dô lebte ein man der hiez Nôê,
> Der gerne gotes willen tet.
> Sem, Cham und Japhet
> Hiezen sîne süne drî.
> 1860 Der wurden zwêne edel und frî,

Des dritten geslehte verfluochet ist,
Als man in den buochen list.
Nu sült ir hoeren wie daz kam:
Der mittel sun was geheizen Cham,
1865   An zühten, an tugenden was er lam.
Er sach eines tages sînes vaters scham,
Dô er was trunken unde slief.
Sînen zwein brüedern er dô rief
Und liez si schouwen wie er lac.
1870   Dô kêrten si beide dar den nac
Und giengen rückelingen dar
Dâ si des vater nâmen war,
Und breiten über in ir gewant.
Nôê erwachte sâ zehant
1875   Und merkte waz si hêten getân
Und sprach: »Verfluocht sî Chanaân
Und allez sîn geslehte
Sol diener und eigen knehte
Mîner zweier süne sîn!«
1880   Nu merket, lieben friunde mîn:
Alsus sint edel liute kumen
Und eigen, als ir habt vernumen.

»Mehr als tausend Jahre waren seit Adam vergangen, das ist wahr, weit vor dem alten Bund [den Gott mit Abraham schloss], da lebte ein Mann namens Noah, der gern Gottes Willen tat. Seine drei Söhne hießen Sem, Cham und Japhet. Zwei von ihnen wurden adelig und frei, das Geschlecht des dritten ist verflucht, wie man in den Büchern liest. Nun sollt ihr hören, wie es dazu kam: Der mittlere Sohn hieß Cham, an feiner Bildung und guten Eigenschaften mangelte es ihm. Eines Tages sah er die Schamteile seines Vaters, als der seinen Rausch ausschlief. Da rief er seine beiden Brüder und ließ sie sehen, wie er so lag. Da wendeten die beiden den Kopf ab und gingen rückwärts dorthin, wo sie den Vater wussten, und breiteten ihr Gewand über ihn. Sogleich erwachte Noah, merkte, was sie getan hatten, und sprach: ›Verflucht sei Chanaan, und sein ganzes Geschlecht soll Diener und Leibeigene meiner beiden Söhne sein!‹ Nun passt auf, meine lieben Freunde: Auf diese Weise, wie ihr gehört habt, sind Edelleute und Unfreie entstanden.«

Der Mythos bezieht seine Evidenz aus der sozialen Ungleichheit der Gegenwart, und umgekehrt wird die Ungleichheit gerechtfertigt mit Berufung auf die Heilige Schrift, die Autorität schlechthin. Gleichwohl enthält die Rahmenerzählung Hugos ein subversives Element: Denn es ist der Bauer, der die Frage nach der sozialen Ungleichheit stellt. Zumindest vorübergehend stellt er damit die überkommene Ordnung in Frage, er nimmt sie nicht als selbstverständlich hin.

Der Text sagt auch, wer Herrschaft in der mittelalterlichen Gesellschaft innehat, wer also die Träger politischer Rechte sind. In erster Linie sind dies die Angehörigen der Aristokratie. Herrschaft war im Mittelalter von der frühen germanischen Zeit bis zum Beginn der Neuzeit aufs Ganze gesehen Adelsherrschaft. Herrschaftsträger sind die ständisch jeweils Höhergestellten.

Im 14. und 15. Jahrhundert wurde das alte dreiteilige Ständemodell öfters durch ausführliche und differenzierte Ständelisten ersetzt. Sie berücksichtigten nun auch die sozialen Gruppen, die sich durch das Aufkommen der Städte neu herausgebildet hatten: die Handwerker und Kaufleute sowie die Gelehrten. Von großer Bedeutung waren in diesem Zusammenhang die sog. Schachbücher, Ständelehren, welche die Figuren des Schachspiels allegorisch auf die zeitgenössischen Stände hin ausdeuten

(s. u. S. 198 f.): König und Königin des Schachspiels werden mit der Spitze der politischen und sozialen Hierarchie gleichgesetzt, der Läufer mit dem Richter, der Springer mit dem Ritter, die Türme mit den Landpflegern oder Vögten, einer der Bauern mit dem Vertreter des Nährstandes, und die anderen sieben sind auf verschiedene handwerkliche und sonstige Berufe verteilt. Das Schachspiel liefert so das Ordnungsmodell für das Verständnis sozialer Strukturen: «es vermittelt das Bild einer Gesellschaft, deren einzelne Mitglieder in ihrem Rang und in ihren Beziehungen untereinander festgelegten und überschaubaren Regeln unterliegen» (Thomas Cramer).

Gemeinsam ist den Ständetheorien (und Ständelehren, die konkrete Anleitungen für standesgemäßes Verhalten und Handeln formulieren) die Absicht, Modelle der sozialen Ordnung zu entwerfen und mit normativem Geltungsanspruch Regeln für standesgemäßes Verhalten festzulegen. Gemeinsam ist ihnen auch die eminent sozialkonservative Ausrichtung. Denn alle diese Konzepte beruhen auf der Auffassung, dass ein jeder in den Stand hineingeboren ist, der ihm von Gott zugewiesen wurde, dass er den Platz, den er im gesellschaftlichen Gesamtgefüge einnimmt, ein Leben lang ausfüllt und dass er ihn schließlich auf seine Nachkommen vererbt.

Literatur: Bumke, Höfische Kultur, S. 39–43; Cramer, Geschichte der deutschen Literatur; Klaus Grubmüller: Nôes Fluch. Zur Begründung von Herrschaft und Unfreiheit in mittelalterlicher Literatur. In: Medium aevum deutsch. Beiträge zur deutschen Literatur des hohen und späten Mittelalters. Fs. für Kurt Ruh. Hg. von Dietrich Huschenbett u. a. Tübingen 1979, S. 99–119; Ralf Mitsch: Stand, Stände, -lehre. In: Lexikon des Mittelalters, Bd. 8, Sp. 44–49; Otto G. Oexle: Die funktionale Dreiteilung der »Gesellschaft« bei Adalbero von Laon. Deutungsschemata der sozialen Wirklichkeit im frühen Mittelalter. Frühmittelalterliche Studien 12 (1978) 1–54; ders.: Tria genera hominum. Zur Geschichte eines Deutungsschemas der sozialen Wirklichkeit in Antike und Mittelalter. In: Institutionen, Kultur und Gesellschaft im Mittelalter. Fs. für Josef Fleckenstein. Hg. von Lutz Fenske. Sigmaringen 1984, S. 483–500; Wilhelm Schwer: Stand und Ständeordnung im Weltbild des Mittelalters. Die geistes- und gesellschaftsgeschichtlichen Grundlagen der berufsständischen Idee. 2. Aufl. Paderborn 1952.

b. Vermittlung ethischer Normen und allgemeiner Verhaltensregeln

Ständelehre im 12. Jahrhundert

Orientierung zu geben für eine allgemein-christliche Lebensführung um des Seelenheils willen, gehört zu den Grundzügen der deutschen Literatur des Mittelalters. Davon zeugen bereits die gereimten Verspredigten und Sittenlehren der frühmittelhochdeutschen Zeit und erst recht die Denkmäler geistlicher Prosa, die geistlichen Traktate zur moralischen und zur Glaubensunterweisung, die im späteren Mittelalter in großer Zahl entstanden sind.

Beinahe von Anfang an wurden die Belehrungen auch ständisch perspektiviert. Bereits Nokers *Memento mori*, das noch in das späte 11. Jahrhundert gehört und sich zunächst allgemein an *wib unde man* wendet, thematisiert (und kritisiert?) die Ungleichheit der Menschen: Es stellt den Mächtigen und Reichen als denjenigen heraus, der dem Armen vorenthält, was ihm nach göttlichem Recht zustünde, und der so sein Seelenheil gefährdet. Gleichheit und Gerechtigkeit gebe es erst wieder im Tod. Lehren über den geistlichen Adel und den Ehestand enthält der nur bruchstückhaft überlieferte *Scoph von dem lone* »Gedicht vom (himmlischen) Lohn« (Handschrift: letztes Viertel 12. Jahrhundert).

Die geistliche Rede des Wilden Mannes, die den Titel *Van der girheit* trägt (um 1170), richtet sich, auch wenn dies nicht ausformuliert ist, mit ihren Invektiven gegen Habsucht und Wucher und der Aufforderung, unrechten Gewinn an die Geschädigten zurückzugeben, wohl zuvörderst an die reichen Kaufleute; aufgrund des sprachlichen Befunds darf man sie sich wohl in Köln denken.

Die in Gott gegründete Ordnung der Welt und die allgemeinen Grundsätze rechten Verhaltens und Handelns – Treue, Aufrichtigkeit und die ›goldene Regel‹, den Mitmenschen so zu behandeln, wie man selbst behandelt werden möchte (vgl. Mt 7,23) –, vor allem aber verschiedene Stände – Herr und Knecht, Herrin und Magd, Ehemann und Ehefrau, Priester und Laie – und deren Rechte und Pflichten sind Gegenstand des Gedichtes *Vom Rechte* (1140/50). Im Zentrum stehen Herr und Knecht, die ermahnt werden, ihrer Treuepflicht eingedenk zu sein und Verleumdungen vor Gericht und die Lüge allgemein, Hochmut und Besitzgier zu vermeiden; auch soll der eine den anderen bei der gemeinsamen Arbeit nicht übervorteilen: »Wenn es dann soweit kommt, dass das gerodete Gebiet Ertrag abwirft, sollen sie ihn [...], wenn sie recht handeln wollen, in zwei Teile teilen« (v. 167–171). Ein Leben nach diesen Grundsätzen hebt die ständische Ungleichheit nicht auf, bekräftigt sie vielmehr.

Scharfe Kritik an den Geistlichen übt der sog. Heinrich von Melk in seinem Gedicht *Vom Priesterleben* (1160/80). Nicht nur die Vernachlässigung der priesterlichen Pflichten hält er ihnen vor, sondern auch Kapitalsünden und andere Laster wie Völlerei, Unzucht, Macht- und Habgier, Ämterkauf und Eitelkeit. Standeslehre in Form der Standes- und Sozialkritik betreibt Heinrich auch in seiner zweiten Dichtung, *Von des todes gehugede*. Sie richtet sich zum einen an den gesamten Klerus, an Papst, Bischöfe und Priester, Welt- und Ordensgeistliche, zum anderen an den weltlichen Adel, der sein Leben dem Laster des Hochmuts geweiht habe. Die Herren werden bezichtigt, alle Familien- und Treuebindungen zu zerstören und nur nach materiellem Gewinn zu streben, während die Frauen niedrigen Standes sich mit Schminke und kostspieligem Kopfputz den Herren andienen. Die Kritik mündet in eine allgemeine Klage über die Korruption in allen Ständen der Gesellschaft. Formuliert ist sie von einem geistlichen Standpunkt aus in der Sorge, dass das Ziel des christlichen Lebens verfehlt werden könnte. Maßstab ist hier wie in allen geistlich geprägten Gesellschaftsentwürfen der geistliche Wertehorizont, für den normative Geltung beansprucht wird.

Adelige Standeslehren

Aus ganz anderer Perspektive sind die lehrhaften Dichtungen geschrieben, die seit dem späten 12. Jahrhundert entstanden: das *Moralium dogma philosophorum* Wernhers von Elmendorf (um 1170/80), der erste Fürstenspiegel in deutscher Sprache; der *Winsbecke* (um 1210/20) mit Lehren über ritterliche Ethik in Form von Ansprachen des Vaters an den Sohn, und das weibliche Gegenstück dazu, die wenig jüngere *Winsbeckin*; *Der Magezoge* (*Spiegel der Tugend*, um 1250), eine an junge Adelige gerichtete Sammlung von Sprüchen, die über das richtige Verhalten gegen Gott und die Welt belehren, und das um dieselbe Zeit entstandene Gedicht über König Tirol, der seinen Sohn in den Herrscherpflichten unterweist; eine dem Dichter Tannhäuser zugeschriebene *Hofzucht* (um 1245/65), die Benimmregeln für Adelige bei Tisch zusammenstellt; *Der Jüngling* Konrads von Haslau (um 1280), gleichfalls ein Lehrgedicht, das Anstands- und Benimmregeln sowie ethische Normen vermittelt u. a. Anders als die geistliche Hofkritik etwa eines Heinrich von Melk reagieren diese Ständelehren positiv auf die neue höfische Lebensform, die sich im Laufe des 12. Jahrhunderts herausgebildet hat. Es handelt sich jeweils um Anleitungen zu höfischer Vorbildlichkeit, die vor allem für die adelige Jugend bestimmt sind.

An diesem breiten Diskurs partizipieren auch die Sangspruchdichter, und dies so gut wie von Anfang an. Gattungs- und formbedingt setzen sie freilich eigene Akzente. Verhandelt werden zentrale Werte und Grundmerkmale adliger Lebensführung, der Kommunikation bei Hofe und der Herrschaft: Werte wie *êre*, *mâze* »Selbstbeherrschung«, *erbermde* »Barmherzigkeit«, *schame* »Schamgefühl, Dezenz«, *triuwe* »Treue, Zuverlässigkeit« und *zuht* »feine, höfische Erziehung und Bildung«, aber auch negative Eigenschaften wie Lüge, Falschheit und Heuchelei, Habgier und Treulosigkeit. Solche Lehren schöpfen aus heterogenen Traditionen, sie formulieren Handlungs- und Erfahrungswissen ebenso wie moralphilosophische und moraltheologische Vorstellungen. Vielfältig sind die Sprechakte, die derlei Adelsethik vermitteln – sie reichen vom Lob der Tugenden und der Klage über ihren Verlust über Rat, Mahnung und Appell bis hin zu Kritik und Scheltrede. Und kaum weniger ausdifferenziert sind die rhetorischen, narrativen und hermeneutischen Verfahren, die bei der Unterweisung für die rechte Lebensführung zum Einsatz kommen. Schließlich mussten sich die Sangspruchdichter gegen die Konkurrenz der Lehrdichtung und der Predigt behaupten.

Die Vermittlung solcher Lehren war freilich keineswegs auf diskursiv-räsonierende Texte beschränkt; Fürsten- und Ritterlehre sind Bestandteil auch der erzählenden Dichtung der Zeit. So erteilt im *Gregorius* Hartmanns von Aue (um 1190/1200) der Fürst von Aquitanien auf dem Sterbebett seinem minderjährigen Sohn eine Tugendlehre, welche die Anforderungen an die Person des Herrschers und die Herrschaftspraxis umreißt; eine Ritter-, Hof- und Herrscherlehre erteilt Gurnemanz, der Fürst von Graharz, dem jungen Parzival in Wolframs gleichnamigem Roman (um 1200/10); und der *Wigalois* Wirnts von Grafenberg (um 1210/20) schließt – nachdem er seinen Helden als vorbildlichen Landesherrn inszeniert hat, der souverän die Mittel der lebensweltlichen Herrschaftspraxis einsetzt, um die verletzte Ordnung zu restaurieren – mit einem kleinen Fürstenspiegel, Lehren für eine gerechte Herrschaft aus dem Mund des Musterritters Gawein.

Die weitaus bedeutendste und umfangreichste der selbständigen Adelslehren ist *Der welsche Gast* Thomasins von Zerklære (1215/16), eine – nach dem Muster lateinischer Schriftlichkeit – in zehn Bücher und unterschiedlich viele Kapitel gegliederte Verhaltenslehre, die nach Thomasins eigenen Worten zum richtigen Reden, Benehmen und Handeln anleiten will (v. 195: *daz man niht spreche unêre*; v. 197: *daz man gebar reht unde wol*; v. 198: *daz man tuo, daz man sol*). Adressaten sind *vrume rîtr, guote vrouwen, wîse pfaffen* (v. 14695 f.; »tüchtige Ritter, gute adelige Damen, kluge Geistliche«), vor allem aber die *kinde*, die »jungen Leute«, am Hof, die höfisches Wesen und Wohlverhalten einüben sollen. Die primären Empfänger waren wohl deutsche Adelige aus dem Friaul. Für sie schreibt der Friulaner Thomasin, dessen Muttersprache das Romanische war, auf deutsch; daher der Titel des Werkes: *Der welsche Gast* (v. 14681 u. ö.).

Den meisten Raum, die Bücher 2–10, nehmen Reflexionen über das fürstliches und adeliges Handeln leitenden ethischen Normen und deren Wirkungen in allen Bereichen des Lebens – des öffentlichen und ›privaten‹, politischen, wirtschaftlichen und religiösen – ein. Zu den von Thomasin traktierten Normen zählen z. B. die *mâze* »Maßhalten, Selbstbeherrschung«, *zuht* »Wohlerzogenheit, feine höfische Bildung«, das *reht* »Recht, Gerechtigkeit, Pflicht«, die *bescheidenheit* »Verstand, Unterscheidungsvermögen« und die *milte* »Freigebigkeit«, die teils der Kardinaltugend der Gerechtigkeit zugeordnet, teils ihr übergeordnet erscheint. Es sind dies allesamt Normen, die feudale Herrschaft zu legitimieren helfen. Im Mittelpunkt steht aber die *stæte* »Treue (zu sich selbst), Beständigkeit«, das »Formalprinzip aller Tugenden« (Christoph Cormeau), das in immer neuen Anläufen umkreist wird. Die Folgen der *unstæte* »Untreue, Wankelmut«, hier vor allem als Verlassen der vorgegebenen Ordnung bestimmt, demonstriert Thomasin an den weltlichen Gütern Reichtum, Herrschaft, Macht, Ansehen, Adel, menschlichem Trieb und Vergnügen; ihnen ordnet er jeweils ein spezifisches Laster zu: dem Reichtum die Habgier, der Herrschaft die Hoffart, der Macht die Verachtung der Menschen, Rang und Namen die Eitelkeit, dem Adel die Torheit und dem Trieb gleich vier Laster, nämlich Trägheit, Völlerei, Trunksucht und sexuelle Gier. Ein eigenes Buch (VI) illustriert die Verbindlichkeit der ethischen Normen mit Hilfe einer Allegorie, in der ein mit den Tugenden gewappneter Ritter gegen die Scharen der Laster kämpft.

Herrschaftskompetenz verknüpft Thomasin auch mit Lese- und Schreibkenntnissen, mit Bildung überhaupt. Darin unterscheidet er sich nicht von den Verfassern zeitgenössischer lateinischer Fürstenspiegel oder volkssprachiger Romane. Als Prototyp des modernen Herrschers, der die traditionellen Qualitäten des adeligen Kriegers mit den neuen Formen höfischer Geselligkeit und mit Bildung verknüpft, hat beispielsweise Gottfried von Straßburg den Helden seines Romans angelegt: Tristans Ziehvater Rual gibt den Siebenjährigen, der einst die Herrschaft in seinem Erbland Parmenîe antreten soll, in die Obhut eines Gelehrten, der mit dem Knaben eine Art Kavalierstour ins Ausland unternimmt. Tristan erhält nicht nur Unterricht in Waffenhandwerk, Reitkunst, Weidwerk, Saitenspiel und vornehmer höfischer Unterhaltung, sondern auch im Lesen, in den sieben freien Künsten, also in Grammatik, Rhetorik, Dialektik, Arithmetik, Musik, Geometrie und Astronomie, und in Fremdsprachen. Er lernt dies alles in Perfektion. Von diesem Herrscherideal sieht Thomasin die eigene Zeit freilich weit entfernt: Nur in den alten Zeiten »war die adelige Jugend gelehrt, was sie heute nicht ist« (v. 9199 f.). Desto dringlicher fällt sein Appell an die *herren* aus, ihre Söhne zur Schule zu schicken und ihnen eine solide Bildung zu ermöglichen.

Seine Gedanken hat Thomasin nicht streng systematisch entwickelt. Der Duktus seines Werkes ist vielmehr von einer »assoziative(n), das Thema umkreisende(n) Reflexion« mit einem »mehr oder minder rasche(n) Wechsel der Perspektive« geprägt (Christoph Cormeau), was die Orientierung für den Leser heute nicht ganz einfach macht. Thomasin hat seine theoretischen Erörterungen durch praktische Anwendungslehren und durch zahlreiche literarische Beispiele unterstützt. Sein *Welscher Gast* ist so ein veritables Handbuch der Ethik für die höheren Stände geworden, die ein wichtiger Bestandteil dessen war, was man als *hövescheit* bezeichnete.

Zur *hövescheit* gehörte aber auch der ganze Bereich der Umgangsformen und Manieren, die pflegte, wer zu den ›höfischen‹, den feinen Leuten gezählt werden wollte. Vom richtigen Sprechen und Benehmen bei Hofe handelt das erste Buch des *Welschen Gastes*. Es ist eine Erziehung zu Zurückhaltung, Selbstdisziplin und Rücksichtnahme. Insbesondere wird Dezenz im Auftritt, beim Sprechen und Lachen gefordert, zumeist in Form von Negativvorschriften: Wer ›höfisch‹ sein will, soll nicht angeben, lügen, spotten, grölen, laut lachen; er soll verschwiegen sein und Freunde wie Fremde ehrenvoll behandeln – die Regeln lassen Schlüsse auf den zeitgenössischen Standard zu. Eine Reihe von Verhaltensregeln und Rollenerwartungen ist geschlechtsspezifisch modelliert. Eine Zügelung der affektiven Äußerungen und die systematische Dämpfung der Spontaneität wird vor allem vom adeligen Mädchen bzw. von der adeligen Frau verlangt: Sie soll nicht zu viel und zu laut reden und vor allem nicht, wenn sie isst oder nicht gefragt wurde, sie soll keine großen Schritte machen, soll beim Sitzen die Beine nicht übereinanderschlagen, keine nackte Haut zeigen, keine frivolen Scherze machen usw. Ein Ritter aber soll keinesfalls reiten, wo eine Dame zu Fuß geht, auch soll er nicht auf sie zu sprengen, beim Reiten geradeaus schauen und Damen nicht mit nackten Schenkeln aufsuchen usw.

Solche dem Ansehen, wohl auch der Karriere und nicht zuletzt dem Funktionieren der Kommunikation am Hof förderlichen Verhaltensweisen sollten immer wieder empfohlen werden: in Lehrgedichten ebenso wie im Sangspruch (s. o.). Eine Ende des 13. Jahrhunderts entstandene Bearbeitung der mittelhochdeutschen Gesamtübersetzung der *Disticha Catonis*, des am weitesten verbreiteten, in zahlreiche Sprachen übersetzten Schulbuchs des europäischen Mittelalters, erlegt dem Mann von Welt folgende Regeln auf (Der deutsche Cato, ed. Friedrich Zarncke):

> pfligstu hofwitze,
> 135 sô soltu niht ze einer tür
> den andern dringen für.
> sîstu der hofzühte man,
> sô soltu niht für frowen gân
> geswertôt, daz stât zühteclich,
> 140 sitz vor in niht, daz stât hoflich.
> ist aber daz ez kome dar zuo,
> daz dich ir einiu sitzen tuo
> zuo ir, des bis gemant,
> und sitz ir niht ûf ir gewant,
> 145 ouch niht ze nâch, daz rât ich dir,
> wiltu iht reden heimlich zir;
> negrîf sie mit den armen niht,
> swaz dir ze reden mit ir geschiht.

»Wenn du dich den höfischen Anstandsregeln gemäß verhalten willst, so sollst du dich nicht an einer Tür vor die anderen drängen. Wenn du ein mit der höfischen Etikette vertrauter Mann bist, so sollst du nicht mit dem Schwert bewaffnet vor adelige Frauen treten, das gehört sich nicht für höfische Erziehung. Nimm nicht vor ihnen Platz, das entspricht den Vorschriften bei Hofe. Kommt es aber dazu, dass eine von ihnen dich auffordert, dich zu ihr zu setzen, dann sei daran erinnert und setze dich nicht auf ihr Gewand, auch nicht zu nahe, das rate ich dir, wenn du etwas heimlich mit ihr zu bereden hast. Fasse sie nicht an, was immer du mit ihr besprechen kannst.«

Höfische Verhaltensweisen hat man indes nicht nur aus lehrhaften Gedichten wie diesen lernen können; Anschauungsmaterial für den neuen Kodex der Höflichkeit und des höfischen Benehmens in Fülle bot auch der höfische Roman. Zur Schulung für das richtige Verhalten empfiehlt Thomasin deshalb die Lektüre höfischer Romane; die Mädchen sollen sich literarische Heldinnen wie Penelope oder Enite zum Vorbild nehmen, die Knaben aber Gawein, Erec, Iwein, Tristan oder Parzival.

Einschränkung und größere Selbstbeherrschung fordert Thomasin auch für das Verhalten bei Tisch. Wer sich an einer Tafel niederlässt, soll nichts außer seinen Speisen anfassen – was das Verbot beinhaltet, sich während des Essens zu kratzen –, nicht mit beiden Händen Speisen in den Mund schieben, nicht mit vollem Mund sprechen oder trinken und nicht zu schnell beim Griff in die Schüssel sein; der Gastgeber aber soll nichts seinen Gästen vorsetzen, was sie nicht mögen. Vorschriften wie diese nehmen ganz offensichtlich Bezug auf zeitgenössische Ess- und Trinkgewohnheiten, die zunehmend als ›unfein‹ galten.

Jüngere Tischzuchten – Sammlungen von Regeln für das richtige Benehmen bei Tisch – haben solche Vorschriften weitergeführt und noch weiter verfeinert. Zum Teil reagieren sie auch auf den zunehmenden Gebrauch von Tafelgeschirr und Essbesteck. Die *Rossauer Tischzucht* z. B. (älteste Handschrift: um 1344), die auf die dem Tannhäuser zugeschriebene *Hofzucht* zurückgeht, fordert zusätzlich, vor dem Essen die Hände zu waschen und die Nägel kurz geschnitten zu halten, nicht mit demselben Löffel zu essen wie der Tischnachbar, nicht aus der (Vorlege-)Schüssel zu trinken, beim Essen nicht zu schmatzen, zu schnauben, zu rülpsen oder sich gar ins Tischtuch zu schneuzen. Zum Teil mögen hygienische Gründe hinter den Vorschriften gestanden haben, zum Teil dürfte aber auch die Scham- und Peinlichkeitsschwelle angehoben worden sein. Es sind gerade solche Wandlungen in den Entwürfen für das Verhalten der weltlichen Oberschichten, die Norbert Elias als den »Prozeß der Zivilisation« im Abendland beschrieben hat.

Ständelehre und Ständekritik im späten Mittelalter

Über hundert Jahre, bis etwa 1300, war Ständelehre in der Hauptsache die Vermittlung zentraler ethischer Normen und ziviler Umgangsformen an die weltliche Elite. Auch später wurden noch adelige Standeslehren formuliert, wie etwa der *Ritterspiegel* des Eisenacher Stadtschreibers Johannes Rothe (um 1415) oder Hans Vintlers *Die pluemen der tugent* (1411), eine Laiendidaxe für eine adlige Oberschicht, die in über 10 000 Versen Tugenden und Laster erörtert und die Explikationen, wie schon die italienische Vorlage, durch zahlreiche historische und Tierexempel und *auctores*-Zitate verdeutlicht. Insgesamt verbreiterte sich aber das soziale Spektrum wieder.

Breitangelegte Belehrung und Ermahnung vermittelten seit dem 14. Jahrhundert vor allem die großen Schachallegorien, die zahlreiche Berufsgruppen und Einzelberufe ansprechen. Prototyp ist das lateinische *Schachbuch* eines italienischen Dominikaners, Jacobus de Cessolis (um 1300), der insgesamt 29 Berufe bzw. Berufsgruppen behandelt. Von den einzelnen Standesvertretern fordert er je spezifische ethische Qualitäten: von den ›edlen‹ Schachfiguren (König und Königin, Läufer, Springer, Turm) vor allem Gerechtigkeit, Weisheit, Keuschheit, Barmherzigkeit und Freigebigkeit, von den ›gemeinen‹ hingegen Fleiß, Zuverlässigkeit, Ehrlichkeit, Selbstbescheidung, Genügsamkeit und Keuschheit. Lehrhaft-abstrakte Erörterung und Kritik unstandesgemäßen Verhaltens werden mit zahlreichen Beispielgeschichten und Spruchweisheiten, zumeist antiker und spätantiker Autoritäten, illustriert.

Der Prosatraktat des Jacobus ist direkt oder indirekt Quelle für die fünf gereimten Schachgedichte, die in deutscher Sprache entstanden sind: das *Schachgedicht* Heinrichs von Beringen (2. Viertel 14. Jahrhundert), Konrads von Ammenhausen *Schachzabelbuch* (abgeschlossen 1337), die Dichtungen des Pfarrers zu dem Hechte (1355) und Stephans von Dorpat (1357/75) sowie Jakob Memmels (1507). Es handelt sich um zum Teil sehr umfangreiche Auslegungen der dreizehn Schachfiguren, die mit zahlreichen Exempelerzählungen und Weisheitssprüchen garniert sind; viele sind aus der lateinischen Vorlage übernommen, andere sind übergangen, und neue kamen hinzu. Die Attraktivität des Texttyps und seiner Inhalte bezeugen auch drei oder vier Übertragungen des *Schachbuchs* des Jacobus de Cessolis in deutsche Prosa.

Den größten Erfolg hatte, geht man von der Zahl der erhaltenen Textzeugen aus, die Dichtung Konrads von Ammenhausen; sie ist zugleich die umfangreichste. Konrad hat nicht nur eine Reihe von zusätzlichen Beispielerzählungen und Exkursen eingefügt, sondern auch die Zahl der Berufe vergrößert. So ordnet er dem dritten Bauern eine stattliche Reihe von Einzelberufen zu: neben dem Schreiber den Weber, Färber, Tuchscherer, Schneider, Bartscherer, Metzger, Gerber, Schuster, Kürschner, Hutmacher und Sattler. Damit differenziert er aus, was Jacobus pauschal als Gruppe der wolle- und hautverarbeitenden Berufe zusammengefasst hat. Neu hinzukommen auch die Geistlichen, die Jacobus komplett übergangen hat, der Müller sowie der Kurpfuscher. Detailliert breitet Konrad die Tricks aus, mit denen die Handwerker ihre Kunden täuschen und betrügen. Sie sind ihm Anlass, um über die *triuwe* als Grundkategorie der sozialen Ordnung nachzudenken und unentwegt Ehrlichkeit und Verlässlichkeit einzufordern, immer freilich in ständespezifischer Perspektivierung. So erweist sich die *triuwe* des Bauern vor allem in der Ehrfurcht und Dankbarkeit gegen Gott, in der Abgabe des Zehnten – einer Art Grundsteuer, die in Naturalien zu entrichten war –, in der Ehrlichkeit gegenüber den Nachbarn, denen man weder Gras und Heu stiehlt noch die Grenzsteine umsetzt, und in der Einhaltung der Verpflichtungen gegen Knecht und Magd. Moralisch gefährdet ist der Bauer vor allem durch das Laster der Hoffart. Seine Moral- und Heilslehre veranschaulicht Konrad durch zahlreiche Zitate aus den Schriften der Kirchenväter Augustinus und Hieronymus und durch alttestamentliche Beispiele (z.B. die Anbetung des Goldenen Kalbs und König Davids Hochmut und Mord an Urias), aber auch durch Exempelgeschichten. Seine Forderung nach *triuwe* gegen den Herrn illustriert er u.a. mit der Geschichte des Bauern Pompeius, der gegen den der Unzucht beschuldigten Gelehrten Antonius aussagen soll und trotz schlimmster Folter seinen Herrn nicht verrät. Die Forderung nach Abgabe des Zehnten aber unterstreicht er mit dem Mirakel jenes Ritters, der dem Pfaffen in einem schlechten Jahr nicht nur den zehnten Teil, sondern den ganzen Ertrag seiner Ernte abgibt und dafür von Gott auf wunderbare Weise mit einer zweiten, über die Maßen reichen Ernte belohnt wird.

Großangelegte Ständelehren, wenngleich von ganz anderem Zuschnitt, bieten das *Buch der Rügen* (um 1276/77) und *Des Teufels Netz* (um 1420). Das eine kritisiert die Laster von insgesamt 28 geistlichen und weltlichen Ständen, vom Papst bis zum Laienbruder und vom Kaiser bis zu den Bauern. Das andere ist eine als Sündenkatalog nach Art der Beichtspiegel angelegte Ständerevue. Auch sie übt harsche Kritik an den Lastern der Stände, vor allem des Klerus (vom Papst über die Ordensgeistlichen bis zu den semilaikalen Eremiten und Beginen), der Frauen (Jungfrauen, Witwen, Ehefrauen) und des städtischen Bürgertums (vom Bürgermeister und den Kaufleuten bis zu den Huren, Räubern, Mördern und Wirten). Wie eine jede Ständelehre wollen sie Handlungsanweisungen für ein gutes und gottgefälliges Leben geben.

Ständelehre und Ständekritik sind freilich nicht an diese Texttypen gebunden. Einmal mehr, einmal weniger umfassend, beteiligen sich im späten Mittelalter auch Predigt, Reimreden – hier ist vor allem auf die Corpora des Strickers (um 1220/50), Heinrichs des Teichners (um 1350/65) und Peter Suchenwirts (1347/49–1395) zu verweisen –, geistliches und weltliches Spiel, selbst der Totentanz an diesem Diskurs.

Erstmals nachweisbar sind diese bildlichen Darstellungen von Vertretern der einzelnen Stände, die im Tanz aufgereiht sind, mit dem personifizierten Tod als Führer, seit Ende des 14. Jahrhunderts. Die beigefügten Bilderläuterungen, meist in Versen, benennen Fehlverhalten und Schwächen der einzelnen Standesvertreter und veranschaulichen damit die Gefahr, das Ziel des christlichen Lebens zu verfehlen. Wie jede geistliche Ständelehre ist auch die den Totentänzen ablesbare Gesellschafts- und Zeitkritik vor allem Mittel der Ermahnung, das Leben angesichts der Bedrohlichkeit des Todes zu überdenken.

Am Ende des Mittelalters hat Sebastian Brant schließlich das ständische Ordnungsmodell zu einer großangelegten Satire auf menschliches Fehlverhalten schlechthin umgemünzt. In seinem 1494 erschienenen *Narrenschiff* reiht er nach dem Muster der Ständelehren revueartig 112 Vertreter der verschiedensten Stände aneinander, die jeweils im Narrengewand auftreten. Stoßrichtung der Kritik sind indes nicht mehr unstandesgemäße Verhaltensweisen, sondern die menschlichen Fehler und Laster, von den sieben Todsünden samt deren Nebenzweigen bis zu allgemeinen Schwächen und Torheiten wie Aberglauben, Pseudogelehrsamkeit und Ständchensingen zu nächtlicher Stunde. Mit der älteren Ständeliteratur und -satire teilt Brant jedoch den Anspruch, gegen die Instabilität der Lebensläufte die Normierung des menschlichen Verhaltens zu setzen.

Zeitgleich zu den mehr oder weniger komplexe Ständereihen traktierenden Lehrgedichten bildeten sich Texttypen heraus, die Normen und Verhaltensregeln für einzelne soziale Gruppen entwickeln. Dazu mag man auch den *Renner* Hugos von Trimberg (um 1300) stellen, ein umfangreiches Lehrgedicht für die Laien, denen Hugo lateinisch formuliertes enzyklopädisches Wissen – Morallehre, Grammatik, Astronomie, Musik, Naturlehre, Medizin u. a. – zum Zweck der Selbst- und Gotteserkenntnis nahebringen will. Etwa drei Viertel der rund 24600 Verse sind Morallehre mit ausuferndem Lasterkatalog, das übrige Viertel ist der Heilslehre (Lebens-, Sitten- und Sterbelehre) gewidmet; zahlreiche Beispielerzählungen und Fabeln machen die diskursive Rede anschaulich.

Seit Ende des 14. Jahrhunderts entstanden in größerer Zahl nach lateinischem Vorbild auch Fürstenspiegel, mehr oder weniger umfangreiche Traktate, die einen Herrscher über das rechte Ethos, Regierung, Staat, Verwaltung, Kriegführung, Erziehung und Ehe belehren. Im Unterschied zu den Herrenlehren des späten 12. und des 13. Jahrhunderts sind sie alle in Prosa abgefasst. Von größerer Bedeutung war vor allem der Fürstenspiegel *Wiewol all menschen erstlich entsprungen aus ainer wurczel Adam*, eine Kompilation, die Mitte des 15. Jahrhunderts für Herzog Ludwig IX. von Baiern-Landshut gefertigt wurde.

Das 15. Jahrhundert brachte schließlich auch selbständige Haushaltslehren, Kinder- und Ehespiegel hervor, Themen, derer sich zuvor auch schon die Prediger oder die Verfasser größerer lehrhafter Summen angenommen hatten. Richtlinien für die Erziehung der Kinder gab bereits Berthold von Regensburg um 1260. In der Predigt *Von den drîen huoten* kreuzen sich freilich, wie zu erwarten, pädagogischer und paränetisch-geistlicher Diskurs: Berthold deutet die Kindheit primär als eine Phase der geistlichen Gefährdung, und entsprechend ist auch das Ziel der Erziehung geistlich definiert: Alle Bemühungen sollen auf die Bewahrung des Seelenheils gerichtet sein. Über die Säuglingspflege handelt Heinrich Laufenberg in seinem *Regimen* von 1429, einer astrologisch-diätetischen Gesundheitslehre. Der erste selbständige deutsche Traktat über Säuglingspflege, Kinderheilkunde und Kindererziehung bis zum Schulalter stammt von dem Augsburger Arzt Bartholomäus Metlinger (Erstdruck des *Kinderbüchleins* 1473).

Um dieselbe Zeit, 1472, ist auch der erste selbständige Traktat über den Ehestand, das *Ehebüchlein* Albrechts von Eyb, entstanden. Darin diskutiert er zunächst, in der Tradition der eheskeptischen Literatur, die Frage, *Ob einem manne sey zunemen ein eelichs weyb oder nicht*, und begründet die (positive) Entscheidung. Den thematischen Schwerpunkt des zweiten Teils bilden die Kapitel *Das lob der Ee* und *Das lob der frawen*, welche die zuvor verstreut angeführten theologischen, moralphilosophischen und juristischen Argumente für den Ehestand bündeln. Eine *Lehre vom Haushaben*, die in verschiedenen Fassungen zirkulierte (älteste Überlieferung vom Jahr 1410), gibt dem Vorstand eines Haushalts Ratschläge für die Führung des Hausstandes nach innen und nach außen. Im Mittelpunkt steht das richtige Verhalten unter den Bewohnern eines Hauses, den Angehörigen der Familie wie des Gesindes. Weitere Lehren betreffen das Verhältnis zu Amtleuten, Freunden und Feinden, das Vieh, Hausbau, Handel und solides Wirtschaften usw. Die genannten Texte sind, aufs Ganze gesehen, vereinzelte Vorläufer eines Lehr- und Erbauungsschrifttums über den Ehe- und Hausstand, das im 16. Jahrhundert zu einem kaum überschaubaren Berg anwachsen sollte.

Gelegentlich werden solche Lehren auch noch im Rahmen der erzählenden Literatur vermittelt. Prominentestes deutsches Beispiel ist Heinrich Wittenwilers *Ring* (um 1410), der einzige Versroman, den das späte Mittelalter hervorgebracht hat. Wittenwiler hat seine Erzählung von der Werbung des Bauern Bertschi Triefnas um die abgrundtief hässliche Mätzli Rüerenzumph, dem Hochzeitsfest und dem sich daraus entwickelnden Krieg zwischen den Bauern von Lappenhausen und Nissingen, der die ganze Welt in den Untergang treibt, mit langen Passagen aus der didaktischen Literatur des späten Mittelalters durchsetzt: Liebes- und Ehelehre, Haushalts-, Gesundheits- und Tugendlehre sind ebenso vertreten wie Schülerspiegel, Laiendoktrinal, Christenlehre, Tischzucht, Kriegs- und Briefkunst; sie werden in direkter Rede oder in Form der *disputatio*, also dem Wechsel von Rede und Gegenrede, mit abschließendem Resümee vorgetragen. Die didaktischen Passagen sind am Rand der Handschrift mit einem roten Strich markiert, die narrativen mit einem grünen. Doch was die Linien fein säuberlich auseinanderzuhalten scheinen, beginnt rasch zu verschwimmen: Das Lehrhafte schlägt ins Satirische um und umgekehrt, die Lehre ist ebensowenig eindeutig wie die *narratio*. Die Multiplikation der Perspektiven, der souveräne Umgang mit den literarischen und didaktischen Traditionen hebt Wittenwilers *Ring* aus der Literatur des späten Mittelalters, und nicht nur aus der lehrhaften, weit heraus.

Literatur: Boesch, Lehrhafte Literatur; Cramer, Geschichte der deutschen Literatur; Dichtung und Didaxe. Lehrhaftes Sprechen in der deutschen Literatur des Mittelalters. Hg. von Henrike Lähnemann und Sandra Linden. Berlin/New York 2009; Glier, Die deutsche Literatur im späten Mittelalter; Wolfgang Heinemann: Zur Ständedidaxe in der deutschen Literatur des 13.–15. Jahrhunderts. PBB (Halle) 88 (1966) 1–90; 89 (1967) 290–403; 92 (1970) 388–437; Johnson, Die höfische Literatur der Blütezeit; Heinz-Jürgen Kliewer: Die mittelalterliche Schachallegorie und die deutschen Schachzabelbücher in der Nachfolge des Jacobus de Cessolis. Gießen 1966; Ralf Mitsch: Stand, Stände, -lehre. In: Lexikon des Mittelalters VIII, Sp. 45–49; Daniel Rocher: Thomasin von Zerklaere: ›Der wälsche Gast‹ (1215–1216). 2 Bde. Lille/Paris 1977; Ernst Johann F. Ruff: Der Wälsche Gast des Thomasin von Zerklaere. Untersuchungen zu Gehalt und Bedeutung einer mittelhochdeutschen Morallehre. Erlangen 1982; Brigitte Schulte: Die deutschsprachigen spätmittelalterlichen Totentänze. Köln/Wien 1990 (Niederdeutsche Studien 36); Sowinski, Lehrhafte Dichtung des Mittelalters; Text und Geschlecht. Mann und Frau in Eheschriften. Hg. von Rüdiger Schnell. Frankfurt a. M. 1997 (stw 1322); Rudolf Weigand: Der ›Renner‹ des Hugo von Trimberg. Überlieferung, Quellenabhängigkeit und Struktur einer spätmittelalterlichen Lehrdichtung. Wiesbaden 2000 (Wissensliteratur im Mittelalter 35).

c. Literatur für die Berufsstände

Von eminenter lebenspraktischer Bedeutung war schließlich auch das fachwissenschaftliche Schrifttum, das im Zusammenhang mit den unterschiedlichsten Disziplinen und Institutionen entstand. Rein quantitativ gesehen, dominieren zwei Themenbereiche: die Literatur für die Schule und die medizinische Literatur. Dies gilt erst recht, wenn man die lateinische Fachliteratur mit einbezieht. Die Schulliteratur – Glossierungen, Interlinearversionen und Übersetzungen zu lateinischen Schultexten, derivatorisch-etymologisch oder alphabetisch angelegte lateinische Lexika, zweisprachige Vokabularien, Lehrwerke der lateinischen Grammatik in Vers und Prosa u. a. – diente dem Erwerb der Wissens- und Gelehrtensprache Latein, die Voraussetzung für das weitere Studium der *Artes liberales* sowie der Theologie, des Rechts oder der Medizin war. Die Vielzahl der heilkundlichen Texte erklärt sich hingegen aus der wissenschaftlichen und existentiellen Bedeutung der Medizin.

Die ältesten deutschen Texte für die Heilkunde stammen aus der zweiten Hälfte des 12. Jahrhunderts. Die Reihe beginnt mit dem *Prüller Steinbuch* und dem *Prüller Kräuterbuch* (um 1150), zwei kleinen pharmakologischen Texten, welche die Wirkung von Edelsteinen bzw. Kräutern als Heilmittel beschreiben. Der älteste Textzeuge stammt aus dem Kloster Prüll (bei Regensburg) aus der Zeit, zu der dort ein Spital eingerichtet wurde. Hingegen sind das *Arzneibuch Ipocratis* und das *Innsbrucker Arzneibuch*, die beide im dritten Viertel des 12. Jahrhunderts entstanden, zwei nach dem Schema ›vom Scheitel bis zur Sohle‹ angelegte Rezeptsammlungen. Rezepte speziell für die Wöchnerin, auf der Basis von Tier- und Pflanzendrogen, enthalten die sog. *Frauengeheimnisse* (um 1270/75). Ein anderer Texttyp, eine Krankheitsprognostik, wird mit der *Capsula eburnea* (»Kapsel aus Elfenbein«) greifbar, die erstmals in deutscher Sprache die Anzeichen des Todes abhandelt. Den Titel verdankt sie ihrem Herkunftsmythos: Angeblich fand Caesar die Kapsel unter dem Leichnam des Hippokrates, der ärztlichen Symbolfigur schon in der Zeit der Antike.

Das bescheidene *Prüller Kräuterbuch* repräsentiert einen Texttypus, der sich im Lauf des 13. Jahrhunderts zu einer der Großformen der mittelalterlichen Medizinliteratur entwickelte. Bis zum Ende des 15. Jahrhunderts entstanden auf deutsch neun zum Teil sehr umfangreiche und wirkmächtige Kräuterbücher, die Auskunft über die Indikation und Applikation von Heilpflanzen und Drogen geben, darüber also, gegen welche Krankheit(en) diese helfen und wie sie zubereitet und verabreicht werden. Die Anordnung der einzelnen Kapitel folgt entweder nach der ›Familienzugehörigkeit‹ der einzelnen Pflanzen oder nach dem humoralpathologischen Prinzip, das die Primärqualitäten ›heiß‹, ›kalt‹, ›feucht‹ und ›trocken‹ unterscheidet, im späteren Mittelalter auch nach dem Alphabet; häufig sind Mischformen. Eines der bedeutendsten Kräuterbücher, mit einer Wirkung bis ins 16. Jahrhundert, ist der *Deutsche Macer* (1. Hälfte 13. Jahrhundert), der über 97 Arzneipflanzen orientiert. Das Kapitel über den Anis, eines der kleineren, lautet:

> Anisium heiset aniz. Das ist heiz unde trücken in dem dritten grade. Der aniz, swi man
> den nutzet, vertribit den wint, der di darme müwet (»quält«) unde den magen beswert
> unde gibt güte hitze der lebern unde ganze douunge dem magen. Aniz in ezsige gesoten
> unde genutzet stillet di rüre. Mit wine genutzet ist her güt wider der tyre bisse, di vergift
> tragin. Aniz mit bonenmel unde mit heizem honege getempert (»gemischt«) hilfet den
> man, ob im sin geschote (»Hoden«) zoswollen ist, ob manz druf leigt. Aniz mit pusca
> (d. i. mit Wasser verdünnter Wein) genutzet stillet der wibe suche (»Menstruation«).
> Aniz pfleclichen genutzet gibet hitze.

Zum Rezeptar und dem Kräuterbuch kamen im 14. Jahrhundert zwei weitere Groß-formen hinzu: das Arzneibuch und das Regimen sanitatis. Arzneibücher sind medi-zinische Kompendien, zusammengesetzt aus Rezepten und Traktaten zur Diagnostik, Prognostik und Therapie von Krankheiten. Das älteste Arzneibuch ist der *Bartho-lomäus* (nach 1200), der eine allgemeine Krankheitslehre, einen Harntraktat – eine Abhandlung über das Erkennen von Krankheiten aus Farbe und Beschaffenheit des Harns –, ein Rezeptar und drei pharmazeutische Traktate versammelt. Bis etwa 1400 beherrschte der *Bartholomäus* nahezu unangefochten den Sektor der Arzneibücher und Rezeptare. Erst danach wurde er allmählich durch das *Arzneibuch* Ortolfs von Baier-land (um 1300) verdrängt, welches das umfassendere Handbuch war: Neben einer allgemeinen Gesundheitslehre bietet es einen Harntraktat, eine Pulslehre, Merksätze zur Diagnose und Prognose sowie Anleitungen zum Behandeln innerer Krankheiten und eine Wundarznei, also Anleitungen für chirurgische Eingriffe.

Wie die anderen medizinischen Schriften gehen auch die Regimina sanitatis, die im späten 14. Jahrhundert aufkommen, auf lateinische Vorbilder und Vorlagen zurück. Sie vermitteln Wissen für die Aufrechterhaltung der Gesundheit, für die Prophylaxe und Therapie. Beispiele einer solchen Präventivmedizin sind die um 1400 entstandene *Ordnung der Gesundheit* für den schwäbischen Grafen Rudolf von Hohenberg und das *Regimen* Heinrich Laufenbergs (1429) in rund 6000 Reimpaarversen, das eine di-ätetische Gesundheitslehre auf astrologischer Basis bereithält. Der letzte Teil vermittelt Prophylaxe und Therapie gegen die Pest. Selbständige deutsche Pestregimina waren zuerst nach der Mitte des 14. Jahrhunderts – die erste Pestwelle zog von 1348 bis 1351 über das Abendland hinweg – im Umkreis der eben erst gegründeten Prager Universität, der ersten im Deutschen Reich, entstanden. Seuchenbekämpfung war Sache der Staats-spitze; die obersten Autoritäten waren die medizinischen Fakultäten der Hochschulen.

Wer die deutsche medizinische Literatur benutzt hat, lässt sich gar nicht so leicht sagen. Der *physicus*, also der Arzt mit einem abgeschlossenen Hochschulstudium, hat sich in der Regel sicherlich auf lateinisches Schrifttum gestützt. Das heißt aber nicht, dass die deutschen Texte nur für Nichtfachleute, für medizinische Laien, geschrieben wurden. Dieser Schluss verbietet sich schon deshalb, weil die medizinische Versorgung im Mittelalter in den Händen vieler lag. Das Spektrum reichte vom akademisch ge-bildeten Arzt über den Wundarzt, d. h. den nichtstudierten Praktiker, die Hebamme, den Bader und Aderlasser bis zu den Quacksalbern und Kräuterfrauen. Sicher ist, dass die ältesten Texte aus dem Kloster stammen und für die Heilkunde im Kloster gedacht waren; diese war noch einem ganzheitlichen, das geistliche wie leibliche Heil gleichermaßen berücksichtigenden Konzept vom Menschen verpflichtet. Für die seit dem 13. Jahrhundert entstandenen Texte differenzierte sich das Spektrum der Benutzer aus. Ortolf von Baierland hatte z. B. als primären Adressaten seines *Arzneibuchs* den Wundarzt im Visier. Wer tatsächlich die medizinischen Texte verwendet hat, können nur die Benutzerspuren in den Handschriften verraten. Nach den Untersuchungen, die man bislang angestellt hat, dominieren die Benutzer aus dem Bürgertum: Ärzte, Stadtschreiber, Schulmeister, gelegentlich auch Adelige und Besitzer aus dem geistlichen Stand. Nicht jeder medizinische Text war, wie Bernhard Schnell einmal formulierte, ein Text für einen Mediziner. Die Tatsache, dass die deutschen Texte meist im latei-nischen Kontext überliefert werden, zeigt aber, dass die Besitzer der Handschriften gewohnt waren, Latein zu lesen.

Einen ständischen Hintergrund haben auch die Schriften zur Veterinärmedizin, Jagd und Hofkunst. Das Weidwerk, besonders die Jagd mit Beizvögeln und Hunden oder die Pirschjagd auf Rotwild, war Privileg der adeligen Oberschicht wie das Führen von Waffen auch. So ist es kein Zufall, dass am Hof der Pfalzgrafen zu Heidelberg gleich zweimal die Abschnitte über die Falken, Habichte, Sperber, Pferde und Hunde aus *De animalibus libri XXVI* des Albertus Magnus (um 1258) übertragen wurden, 1404 von einem Kirchenrechtler, der von der Jagd und der Veterinärmedizin nichts verstand, und um 1440 vom Leibarzt des Pfalzgrafen, Heinrich Münsinger. Wohl bereits vom Beginn des 14. Jahrhunderts stammt die *Ältere deutsche Habichtslehre*, die von der Pflege und Abrichtung des weiblichen Habichts, der Behandlung kranker Vögel und der Abrichtung des zur Beizjagd eingesetzten Hundes handelt; gegen Ende des Jahrhunderts wurde sie umgearbeitet und erweitert. Seit Generationen mündlich tradiertes Erfahrungswissen sammelt die gleichfalls im 14. Jahrhundert entstandene *Lehre von den Zeichen des Hirsches*, eine Anleitung für die Interpretation der vom Rotwild hinterlassenen Spuren. Gedacht war sie für die Ausbildung des Berufsjägers, den man namentlich für die Rotwildjagd, die vornehmste Form des Jagens überhaupt, benötigte.

Auch die tiermedizinische Literatur privilegiert die Tiere, die in der Lebenspraxis des Adels eine wichtige Rolle spielten; das übrige Nutzvieh wird weitgehend vernachlässigt. Einschlägig sind nicht nur die Jagdtraktate, die Vorschriften für die Behandlung kranker Tiere und Vögel enthalten, sondern die Rossarzneien, die Rezepte zur Behandlung erkrankter Pferde bereithalten. Das *Roßarzneibuch* eines Meisters Albrant (1. Hälfte 13. Jahrhundert) ist der wirkmächtigste dieser Traktate, dessen ständischer Bezug schon im Vorwort bekräftigt wird: Es stellt den Verfasser als *chayser Fridreichs smitt und marstaller* – das ist der für die Pferde eines Fürsten zuständige Hofbeamte – und damit als oberste Autorität in Sachen Pferdeheilkunde vor. In den Bereich der Verbotenen Künste gehören hingegen Texte wie die *Roßaventüre* (älteste Überlieferung: um 1400), die Marstaller, Pferdehändler und Reiter über die Tricks der Rosstäuscher aufklärt.

Seit dem ausgehenden 13. Jahrhundert wurde den Adeligen und Patriziern die kunstvolle Führung der Waffen nicht nur mündlich, sondern auch schriftlich vermittelt. Das älteste selbständige Turnierbuch, durch Brun von Schönebeck bezeugt, ist nicht mehr erhalten. Das Hauptwerk für die Fechter und Ringer war Johann Liechtenauers Lehre für das Fechten mit dem langen Schwert (älteste Handschrift: 1389), die in der Überlieferung durch Anleitungen für den Kampf mit Schild, langem Messer u. a., zunehmend auch durch Illustrationen ergänzt wurde; für Liechtenauer sind nur die Vorschriften für den Ringkampf gesichert.

Neue Möglichkeiten der Kriegsführung eröffnete die ›Entdeckung‹ des – den Chinesen und Arabern schon länger bekannten – Schießpulvers; es wurde nachweisbar seit dem frühen 14. Jahrhundert für Büchsen und Geschütze eingesetzt. Das lebhafte Interesse an der neuen effektiven Kriegsführung schlug sich in einer Fülle von kriegstechnischen und kriegstaktischen Bilderhandschriften und Traktaten, Kriegs-, Büchsenmeister- und Feuerwerksbüchern, nieder. Das älteste deutsche Werk dieser Art ist das *Feuerwerkbuch von 1420*, welches das gesammelte Wissen der Zeit über die verschiedenen Verfahren zur Läuterung des Salpeters, der neben Kohle und Schwefel zur Herstellung des Schießpulvers benötigt wurde, über die verschiedenen Pulversorten und ihre Wirkungsweisen, Geschosse, Schussarten, die Bedienung der Geschütze u. a. m. festhält. Autoren und Adressaten dieser Lehrbücher waren Büchsenmeister, jene Fachleute also, die für die Herstellung und fachgerechte Bedienung der Pulverwaffen zuständig waren.

Für die Obstgärtner und Weinbauern innerhalb und außerhalb der Klostermauern waren die Lehrschriften über den Landbau gedacht, für Köche und Küchenmeister hingegen die Rezeptsammlungen für die Zubereitung von Speisen und Diätgerichten, die seit der Mitte des 14. Jahrhunderts entstanden. Das erste Lehrbuch seiner Art war das *Pelzbuch* Gottfrieds von Franken (um 1350), das Vorschriften zur Veredelung von Obstbäumen, zur Weinlese und Weinpflege enthält. Nach den auch im Mittelalter noch stark rezipierten antiken Vorbildern war es lateinisch abgefasst, in den Inhalten aber von diesen weitgehend unabhängig. Mehrfach wurde es ins Deutsche übertragen. Das älteste deutsche Kochbuch, *Das buoch von guoter spise*, findet sich im *Hausbuch* des Juristen und bischöflichen Protonotars Michael de Leone (um 1350) aus Würzburg. Wie dieses sind beinahe alle Rezeptsammlungen in Sammelhandschriften überliefert, oft im Verbund mit Schriften zur Medizin, Säfte- und Elementenlehre. Das deutet darauf hin, dass die Kochrezepte aus dem Kontext medizinischer Prophylaxe und Therapie erwachsen sind; sie dürften praktische Umsetzungen für diätetische Ratschläge dargestellt haben.

Ganz ähnliches gilt auch für das mantische Schrifttum, das vielfältige Techniken zur Vorhersage der Zukunft vermittelte: Prognosen ließen sich nach dem jeweiligen Stand des Mondes, in komplizierten Orakel- und Losverfahren, aus den vier Elementen, der Hand u.a. ermitteln. Entsprechend vielfältig sind die Texttypen, die das mantische Wissen seit dem 14. Jahrhundert auch auf deutsch bekannt machten: Mondwahrsagebücher, Losbücher u.a. Solche Prognostiken waren vor allem für die medizinische Praxis, u.a. für die Befolgung von Gesundheitsregeln und Diätvorschriften und für den Aderlass, relevant. Eine bekannte Kollektion, die astrologisches und medizinisches Wissen aufeinander bezieht, ist das *Iatromathematische Hausbuch*, das um 1400 zusammengestellt wurde. Es enthält Gesundheitsregeln, die in den einzelnen Monaten des Jahres zu berücksichtigen sind, eine Tierkreis-, Planetenkinder- und Himmelslehre, eine Temperamentenlehre, eine Diätetik mit Vorschriften für die Reinigung der Körpersäfte und ein Aderlassbüchlein. Als Adressaten denkt man sich den »astromedizinisch interessierten« Hausvorstand.

Es war vor allem das »anspruchsvollere, von grundherrlicher Bindung gelöste und auf Verkaufsware eingestellte Handwerk« (Peter Assion), das die Produktion der Fachliteratur weiter anwachsen ließ. Die älteste Sammlung von Rezepten für das Färben überliefert das *Bairische Färbebüchlein* (Handschrift: um 1330); Vorschriften für die Malerei, für die Stoff-, Wachs-, Glas- und Metallbehandlung folgten. Rezepte für die Herstellung neuartiger Wasserfarben, aber auch für das Färben von Tuchen, für das Seifesieden u.a. überlieferte z.B. das um 1400 angelegte, 1870 verbrannte *Malerbüchlein* des Andreas von Colmar.

Das Wissen der Alchemisten, die sich mit den Veränderungen und Verwandlungen von Naturstoffen abgaben – u.a. hofften sie, unedle Metalle in Gold und Edelsteine umzuwandeln –, wurde hingegen nur zögernd und oft in verrätselter Form verschriftet. Die ersten deutschen Texte sind die *Alchymey teuczsch* (um 1426) und das angeblich von einem Frater Ulmannus verfasste *Buch der Heiligen Dreifaltigkeit* (1415/19), das astronomisch-astrologisch basierte Anweisungen für den richtigen Zeitpunkt chemischer Experimente und zur Praxis im Labor enthält, hauptsächlich aber eine alchemistisch begründete Theologie entwickelt.

Der eine Teil dieser ständisch gebundenen Fachliteratur ist Übersetzungsliteratur im weitesten Sinn, der andere geht auf die Verschriftlichung ursprünglich mündlich weitergegebenen Wissens zurück. Viel Berufswissen wurde freilich bis zum Ende des

Mittelalters und darüber hinaus nur mündlich weitergegeben. Schriftliche Zeugnisse fehlen hier ganz.

Literatur: Trude Ehlert: Das mittelalterliche Kochbuch: Von der Handschrift zum Druck. In: Kulinarischer Report des deutschen Buchhandels 2005–2006. Hg. von den Gebrüdern Kornmayer. Dreieich 2006, S. 121–134; Glier, Die deutsche Literatur im späten Mittelalter; Nikolaus Henkel: Deutsche Übersetzungen lateinischer Schultexte. Ihre Verbreitung und Funktion im Mittelalter und in der frühen Neuzeit. München 1988 (MTU 90); Bernhard Schnell: Vorüberlegungen zu einer »Geschichte der deutschen Medizinliteratur des Mittelalters« am Beispiel des 12. Jahrhunderts. Sudhoffs Archiv 78 (1994) 90–97; ders.: Die volkssprachliche Medizinliteratur des Mittelalters – Wissen für wen? In: Laienlektüre und Buchmarkt im späten Mittelalter. Hg. von Thomas Kock und Rita Schlusemann. Frankfurt a. M. u. a. 1997, S. 129–145; ders.: Prag und die Anfänge der deutschen Pestliteratur im Mittelalter. In: Deutschsprachige Literatur des Mittelalters im östlichen Europa. Forschungsstand und Forschungsperspektiven. Hg. von Ralf G. Päsler und Dietrich Schmidtke. Heidelberg 2006, S. 483–501; Michael Stolz: Artes-liberales-Zyklen. Formationen des Wissens im Mittelalter. 2 Bde. Tübingen/Basel 2004 (Bibliotheca Germanica 47); Burghart Wachinger: Wissen und Wissenschaft als Faszinosum für Laien im Mittelalter. In: *Ars* und *Scientia* im Mittelalter und in der Frühen Neuzeit. Ergebnisse interdisziplinärer Forschung. Fs. für Georg Wieland. Hg. von Cora Dietl und Dörte Helschinger. Tübingen/Basel 2002, S. 13–29.

2. Adelige Lebensmodelle im Medium der Erzählung

Mit Epos und Roman des 12. und 13. Jahrhunderts schuf sich der weltliche Adel das Forum, in dem er sich über die Grundbedingungen seiner Existenz verständigen konnte. Vor allem der Roman hat wie kaum eine andere Gattung der mittelalterlichen Literatur eine Fülle von anthropologischen Themen, immer freilich in ständischer Kodierung, bearbeitet und dabei ganz unterschiedliche Entwürfe adeliger Identität im Medium der Erzählung, über den epischen Prozess, diskutiert: Gewinn und Sicherung von Herrschaft, Krieg und Gewalt, das Verhältnis der Geschlechter, Liebe und Ehe, das Verhältnis von Männlichkeit und Gewalt, das Problem des Erwachsenwerdens, die Gefährdung der adeligen Existenz durch die Liebe und anderes mehr. Bereits der erste Romanautor, der Pfaffe Lambrecht, verhandelte anhand eines antiken Stoffes ein Thema, das für den zeitgenössischen Adel von hoher Aktualität war (s. Kap. III.4.c), und ähnliches gilt für die Autoren, die Epen nach französischen Chansons de geste oder nach deren Muster dichteten, sowie für die Autoren der mittelhochdeutschen Heldenepen (s. Kap. III.4.d). Vor allem aber die keltischen Erzählstoffe, die *matière de Bretagne*, mit ihrer zeitlos-märchenhaften Atmosphäre waren offenbar vorzüglich geeignet, um Modelle adeligen Lebens zu entwerfen und seine Bedingungen zu diskutieren. Ich gebe einige wenige Beispiele für diese Debatte. Das komplexe Sinnpotential der Texte können die folgenden Interpretationsskizzen freilich nur ansatzweise erschließen.

Höfische Romane

Pfaffe Lambrecht: *Alexander*, um 1150/60
    Vorauer Alexander, um 1160; *Straßburger Alexander*, um 1170/85; *Basler Alexander*, 4. V. 13. Jh.
Heinrich von Veldeke: *Eneasroman*, um 1170/74 (I) und vor 1190 (II)
Trierer Floyris, Frgm., um 1170
Eilhart von Oberg: *Tristrant*, um 1175/80 oder nach 1190
Hartmann von Aue: *Erec*, um 1180/85
Hartmann von Aue: *Iwein*, um 1190/1200
Herbort von Fritzlar: *Liet von Troie*, nach 1190 oder 1210
Wolfram von Eschenbach: *Parzival*, um 1200/10
Gottfried von Straßburg: *Tristan*, um 1210
Athis und Prophilias, Frgm., um 1210
Ulrich von Zatzikhoven: *Lanzelet*, um 1210
Wirnt von Grafenberg: *Wigalois*, um 1210/20
Rudolf von Ems: *Der guote Gêrhart*, um 1210/20
Wolfram von Eschenbach: *Titurel*, Frgm., 1217/20?
Konrad Fleck: *Flore und Blanscheflûr*, um 1220?
Erec, Frgm., 1. H. 13. Jh.
Stricker: *Daniel von dem blühenden Tal*, um 1220/50
Heinrich von dem Türlin: *Diu Crône*, um 1225/30
Die gute Frau, um 1230?
Ulrich von Türheim: *Cligès*, um 1230/40?
Ulrich von Türheim: *Tristan*-Fortsetzung, vor 1243
Rudolf von Ems: *Willehalm von Orlens*, um 1235/40
Rudolf von Ems: *Alexander*, vor 1235 (I) und um 1240/54 (II)
Wigamur, um 1250

Konrad von Stoffeln: *Gauriel von Muntabel*, um 1250
Edolanz, Frgm., Mitte 13. Jh.
Blanschandin, Frgm., Mitte 13. Jh.
Segremors, Frgm., 1250/70
Prosa-Lancelot, nach 1250
Berthold von Holle: *Demantin, Darifant* und *Crane*, 3. V. 13. Jh.
Konrad von Würzburg: *Engelhard*, um 1260
Albrecht: *Jüngerer Titurel*, vor 1272?/vor 1294
Der Pleier: *Garel von dem blühenden Tal, Meleranz, Tandareis und Flordibel*, um 1260/80
Mai und Beaflor, um 1270/80?
Ulrich von Etzenbach: *Alexander*, vor 1278 und nach 1283
Konrad von Würzburg: *Partonopier und Meliur*, 1277?
Göttweiger Trojanerkrieg, um 1280
Konrad von Würzburg: *Trojanerkrieg*, 1281–1287
Nouhuwius (Nouhusius): *Lohengrin*, um 1285
Heinrich von Freiberg: *Tristan*-Fortsetzung, um 1280/90
Reinfried von Braunschweig, nach 1291
Ulrich von Etzenbach: *Wilhelm von Wenden*, vor 1297
Basler Trojanerkrieg, um 1300
Trojanerkrieg-Fortsetzung, um 1300
Manuel und Amande, Frgm., um 1300
Heinrich von Neustadt: *Apollonius von Tyrland*, um 1300/1312
Johann von Würzburg: *Wilhelm von Österreich*, 1314
Claus Wisse und Philipp Colin: *Rappoltsteiner Parzival*, 1331/36
Ulrich Fuetrer: *Buch der Abenteuer*, 1473–78 und vor 1484 (nur hier nachweisbar:
　　Seifrid von Ardemont, Persibein, Poytislier, Flordimar)

a. Heinrich von Veldeke: *Eneasroman*

Grundthema der mittelalterlichen Fassungen des Eneasromans ist die Vertreibung des Fürstensohnes Eneas aus Troja und die Eroberung einer neuen Herrschaft in Latium. Gerade für die französischen und deutschen Hörer und Leser hatte dieses Thema eine hochaktuelle Brisanz: Denn Eroberung und Ausbau von Landesherrschaften waren seit der zweiten Hälfte des 12. Jahrhunderts ein zentraler Bestandteil adeliger Politik, die König, Fürsten und nichtfürstlicher Adel in Frankreich und Deutschland in gleicher Weise betrieben. Der Eneasroman instrumentalisiert den antiken Stoff freilich stärker noch als der etwas ältere Alexanderroman für eine komplexe Verhandlung über die Begründung einer Herrschaft mit den Mitteln des Krieges und der Gewalt. Weitere Sinndimensionen erschließt die Diskussion eines zweiten, nicht minder brisanten Themas: der Frage nach der Liebe und der feudalen Heiratspraxis. Sie ist unmittelbar mit dem politischen Thema verknüpft. Ich zeige das an Heinrichs von Veldeke *Eneasroman* (Teil I: um 1170/74, II: vor 1190), der hier die Vorlage vertritt.

Bereits die Ausgangssituation ist verwickelt: Die trojanischen Flüchtlinge landen in Italien, an der Mündung des Tiber, in jenem Land, das Anchises, der Vater des Eneas, seinem Sohn verheißen hat. Dieses Land befindet sich in der Hand des Königs Latinus. Auch steht bereits der künftige Landesherr fest; es ist Turnus, der Verlobte der Königstochter Lavinia und damit der designierte Nachfolger des Latinus. Dieser favorisiert, trotz der bestehenden vertraglichen Vereinbarungen mit Turnus, Eneas als

Schwiegersohn. Das Recht, sein gegebenes Wort zu brechen, leitet er von den Göttern her; die Übergabe von Tochter und Reich an den landesfremden, besitzlosen Adeligen sei ihm »von den Göttern aufgetragen und vorhergesagt worden«. Seine eigentlichen Motive sind jedoch politischer und dynastischer Art; ihm ist es, nicht anders als der Königin, die Turnus als Schwiegersohn vorzieht, um die Sicherung der Herrschaft zu tun. Mit ihrer Landung in Italien zielen die Trojaner auf die Eroberung eines Territoriums und auf die Usurpation bestehender Herrschaftsansprüche.

Der erste Akt der gewaltsamen Landnahme ist der Bau der Burg Montalbane an einer geographisch und strategisch günstigen Stelle, auf einem von drei Seiten unzugänglichen Bergrücken. Solche wehrhaften Höhenburgen, wie sie seit dem 11. Jahrhundert üblich wurden, waren Instrument und Zeichen der Herrschaft über Land und Leute. Wenn Eneas gleich nach seiner Ankunft im fremden Land eine Burg erbaut, dann ist dies ein erstes Signal, dass er von dem Gebiet Besitz ergreift, real ebenso wie symbolisch. Damit aber wird eine Mechanik von Gewalt und Gegengewalt, Rache und Gegenrache in Gang gesetzt, die in der vollkommenen Niederlage und Vernichtung der Landesbewohner und mit dem Sieg der Landfremden endet. Versuchen, die Gewalt durch Verhandlungen und Abkommen zu regulieren und zu beenden, ist immer nur ein vorübergehender Erfolg beschieden:

Gegen die Vereinnahmung von Land und Braut legt Turnus Widerspruch ein. Er versammelt ein großes Heer, um seinen Rechtsanspruch auf Lavinia und die Herrschaft über das Königreich des Latinus durchzusetzen; er führt in diesem Sinn eine rechte Fehde. Allerdings tut der Erzähler einiges, um die Trojaner als Aggressoren und Usurpatoren zu entlasten; er schreibt auch den Einheimischen die Bereitschaft zur Gewalt zu: Der Fürstenrat des Turnus beschließt, Montalbane zu belagern und Eneas und seine Trojaner gefangenzunehmen. Diese treffen Vorbereitungen für die Belagerung. Man beschafft ausreichend Lebensmittel, befestigt die Burg und versorgt die gesamte Besatzung mit Waffen. Hier wie auch im weiteren Verlauf der Kämpfe liest sich Veldekes Roman wie ein Handbuch der zeitgenössischen Kriegs- und Belagerungstechnik: Trotz den Mauern und Gräben und trotz dem wehrhaften Vorwerk und Bergfried gibt Turnus den Befehl zum Sturmangriff; als dieser Angriff erfolglos bleibt, entschließt Turnus sich zum Abzug. Um den Trojanern einen Rückzug unmöglich zu machen, verbrennt er ihnen die Schiffe. Kurze Zeit später erneuert er die Belagerung. Dazu lässt er Wurfmaschinen und Belagerungstürme heranfahren. Der Einsatz der »Artillerie« sowie von Brand- und Rauchfackeln hat Erfolg; es gelingt, den Brückenturm zu erobern. Daraufhin lässt Turnus abermals die Festung von drei Seiten berennen; beide Seiten beschießen sich heftig mit Speeren und Armbrüsten; schließlich dringt Turnus in die Burg ein, wird dabei aber isoliert und kann mit knapper Not entkommen. Schließlich einigt man sich auf einen Waffenstillstand von vierzehn Tagen. Die Entscheidung soll ein Zweikampf zwischen Eneas und Turnus herbeiführen, der es erlaubt, die Aggressivität in einer kontrollierten, auch rechtlich verbindlichen Form auszutragen. In diesem Zweikampf bleibt Eneas Sieger.

Damit ist die Landnahme der Trojaner endgültig gesichert; König Latinus gibt Eneas nicht nur seine Tochter zur Frau, sondern überträgt ihm auch die Herrschaft über das gesamte Land, Burgen und Menschen. Mit dem Bau der Burg Alba Longa ist der Territorialisierungsprozess abgeschlossen und die Herrschaft des Eneas endgültig etabliert. Behauptet hat sich damit auch das Prinzip der Gewalt gegen Recht und Herkommen. Eneas setzt seine Ansprüche auf Lavinia und auf Latium mit dem Mittel der nackten kriegerischen Gewalt durch; seine Herrschaft gründet nicht, das zeigt der Ausgang des Kampfes, auf Recht, dynastische Tradition und Erbe, sondern auf persönlicher Stärke und Körperkraft.

Heinrich von Veldeke scheint allerdings, nicht anders als der Autor seiner altfranzösischen Vorlage, ein gewisses Unbehagen an der aggressiven Territorialpolitik seines Helden verspürt zu haben, ein Unbehagen an der Gewalt, die Tatsachen schafft und Recht und Tradition außer Kraft setzt. Das machen die verschiedenen Legitimationsstrategien wahrscheinlich, die seiner Darstellung eingeschrieben sind: Götterauftrag, Verheißung und Vision, Rechtsansprüche und die Liebe. Vom Befehl der Götter an Eneas, aus dem brennenden Troja zu flüchten und nach Italien zu fahren, berichtet zuerst der auktoriale Erzähler; König Latinus und dann auch Eneas selbst bekräftigen den Götterauftrag. Dieser beruft sich überdies auf einen genealogisch begründeten Rechtsanspruch, wobei er sich auf seinen Vorfahren Dardanus bezieht, der aus Italien stammte und von der Göttin Fortuna einst an die kleinasiatische Küste geschickt worden war, um dort Troja und das Geschlecht der Trojaner zu gründen. Dem Recht des Turnus auf Frau und Land setzt Eneas damit einen eigenen, älteren Rechtsanspruch entgegen. Seine aggressive Territorialpolitik stellt sich aus dieser Perspektive als Wiedergewinn der Erblande dar. Probate Mittel der Legitimation sind ferner Verheißung und Vision. Sie sind, wie der Auftrag der Götter auch, vorrationalen, numinosen Ursprungs und können damit eine höhere Verbindlichkeit beanspruchen als Vorgänge, die sich natürlich erklären lassen. Von zentraler Bedeutung ist in diesem Zusammenhang die Unterweltfahrt, auf der Eneas dem Geist seines Vaters Anchises begegnet. Als beinahe ebenso wichtig erscheint die Abstimmung mit seinen Vasallen, den weltlichen Stützen seiner Macht. Folgerichtig berät er sich vor seiner Flucht aus Troja mit seinen Getreuen, mit Verwandten und Lehnsleuten, teilt ihnen den Auftrag der Götter mit und fragt sie um Rat.

Was Veldeke wie schon sein französisches Vorbild betreibt, ist die starke »Übercodierung« einer Territorialpolitik, deren eigentliche Machtbasis die kriegerische Gewalt ist (Udo Friedrich). Zu den Rechtfertigungsstrategien gehört auch die Liebe. Eneas wirbt zwar um Lavinia, weil diese ihm von den Göttern vorherbestimmt ist; doch dann wird er von der Minne selbst affiziert, so wie schon zuvor Lavinia. Aus der Figurenperspektive ist die Liebe Ansporn und Antriebskraft im Kampf um die Burg Laurente, und umgekehrt ist der Kampf um Laurente zum Kampf um die Liebe der Lavinia geworden. Von außen betrachtet, ist sie hingegen Mittel der Rechtfertigung der gewaltsamen Eroberungspolitik und der Usurpation von Herrschaft.

Zur Legitimation der aggressiven Territorialpolitik gehört schließlich auch der Rechtsentscheid mittels Zweikampf. Dieser ist ein rechtliches bzw. gerichtliches Verfahren, in dem die Frage der Herrschaft bzw. die Rechtsgültigkeit der jeweiligen Herrschaftsansprüche durch Kampf entschieden wird. Wer sich als der Stärkere durchsetzt, setzt damit zugleich die Rechtmäßigkeit seiner Ansprüche durch. Mit seinem Sieg über Turnus erringt Eneas also auch die rechtliche Anerkennung seiner gewaltsamen Territorialpolitik; sein Sieg ist der Beweis für die Rechtmäßigkeit seiner Herrschaftspolitik und seiner Ansprüche auf Lavinia. Eine zusätzliche Legitimität erhält der Kampf des Eneas mit Turnus durch seine Stilisierung zum Gottesurteil. Mit seinem Sieg erringt Eneas nicht nur die Anerkennung für die Legitimität seiner Herrschaft, sondern auch ihre Sakralisierung. Im Mittelhochdeutschen heißt dieses gottgegebene Glück *saelde*.

Im mittelalterlichen *Eneasroman* geht es freilich nicht nur um aggressive Territorialpolitik und ihre Rechtfertigung. Der antike Stoff ist in gleicher Weise geeignet, das herkömmliche Konzept adeliger Männlichkeit zu demonstrieren. Nicht anders als in der lebensweltlichen Praxis erweist sich Männlichkeit im *Eneasroman* zuvörderst in der Demonstration kriegerischer Überlegenheit und heroischer Stärke. Die heldenhafte Verteidigung der Burg Montalbane, die zahlreichen Duelle, die während der Kämpfe um Latium ausgetragen werden, von denen die Zweikämpfe zwischen Turnus und Pallas bzw. Turnus und Eneas nur die wichtigsten sind, endlich auch der alles entscheidende Zweikampf zwischen Eneas und Turnus lassen sich ebenso unter diesem Aspekt lesen.

Vorgeführt wird freilich auch die Gefährdung der heroischen Männlichkeit durch die Liebe. Eneas wird, als er erstmals Lavinia erblickt, vom Pfeil Amors getroffen. Augenblicklich stellen sich die Symptome der Liebeskrankheit – Appetit- und Schlaflosigkeit, Hitze- und Kältegefühl, Wechsel der Hautfarbe und der Stimmung – ein. Die Autoren der französischen Antikenromane haben sie aus der antiken Liebesdichtung entlehnt; sie in die deutsche Literatur eingeführt zu haben, war das Verdienst Heinrichs von Veldeke. Als Eneas seinen Zustand diagnostiziert, gerät er in *zorn*. Der Heros fürchtet den Verlust seiner männlichen Identität, die bislang ausschließlich über die Gewalt definiert war, und die Schwächung seiner Heldenkraft. Schließlich fasst er aber den Entschluss, den Liebesbrief des Fräuleins ernstzunehmen und darauf zu reagieren. In dem Augenblick, in dem der Heros bereit ist, sich auf den ungewohnten Affekt einzulassen und nicht mehr dagegen zu rebellieren, wächst ihm neue Kampfeskraft zu. Die Liebe erweist sich nun nicht mehr als Störung der heldischen Existenz, sondern als kraftspendende Qualität, die das heldische Dasein auf eine ganz neue Ebene heben kann.

Und noch in einer anderen Hinsicht benutzt Veldeke, wie schon sein französisches Vorbild, den antiken Stoff, um Praktiken der adeligen Lebenswelt zur Diskussion zu stellen. Namentlich an der Frauenfigur Lavinia arbeitet er das Problem der feudalen Heiratspraxis ab. Anders aber als im Diskurs über Herrschaft und Gewalt, der herkömmliche Praktiken der feudalen Kriegergesellschaft bekräftigt, entwickelt Veldeke im Diskurs über Liebe und Ehe einen Entwurf, der zur herkömmlichen Ordnung quer steht.

Eingeführt wird die Königstochter Lavinia als Objekt dynastischer Heiratspolitik; ihren Eltern ist es, auch wenn sie unterschiedliche Kandidaten favorisieren, um die Regelung der Nachfolge und um den Erhalt der Dynastie zu tun. Es sind dies Motive, die auch sonst den Ausschlag für eine Heirat in der adeligen Gesellschaft des Mittelalters gaben. Mit Liebe hatten derlei Veranstaltungen nichts zu tun. In der Regel scheinen sich die Töchter ohne nennenswerten Widerstand gefügt zu haben, und auch Lavinia verhält sich zunächst rollenkonform. Erst als sie sich in Eneas verliebt – aus der Sicht der Königin: in den Falschen –, wird das herkömmliche feudale Ehemodell radikal in Frage gestellt. Für Lavinia zählt nur noch die Liebe, die ganz über Innennormen, durch Exklusivität, Gegenseitigkeit, Treue und Beständigkeit, definiert ist. Die Vorsehung, die metaphysische ebenso wie die epische, sorgt geschickterweise dafür, dass auch Eneas von der Liebe zu Lavinia affiziert wird. Gleichwohl votiert Veldeke nicht für eine Ablösung des feudalen Ehemodells durch die Liebesheirat; er verbindet vielmehr beide Möglichkeiten. Dass Latinus sich mit dem Trojaner über Herrschaft, Land und Frau einig wird, entspricht ziemlich genau feudaler Heiratspraxis. Auch die Hochzeit, die man nach dem Sieg über Turnus vereinbart, wird nach den Prinzipien der feudalen Heiratspraxis geregelt, als Absprache zwischen dem Vater der Braut und dem Bräutigam. Eneas erinnert, wie schon im *Roman d'Eneas*, den König an seinen

Eid und »forderte die Dame Lavinia, die ihm lieb war wie das eigene Leben«. Der Nebensatz zeigt aber an, dass hier zwei Ehemodelle, die Heirat aus dynastischen und machtpolitischen Gründen und die Liebesheirat, miteinander kombiniert werden.

Veldeke artikuliert damit einen Vorbehalt gegen das traditionelle Ehemodell, aber ebenso einen Vorbehalt gegen die Liebe. Die Liebe als obsessive Leidenschaft, die sich rationaler Kontrolle entzieht, war ihm wie vielen seiner Zeitgenossen obsolet. Er demonstriert dies an der Gestalt der Dido. Sie ist Exempel für die zerstörerische Kraft einer Liebe, die Herrschaft und Leben vernichtet. Eingeführt wird Dido als mächtige und kluge Landesherrin, der sieben mächtige Herren mit ihren Vasallen Lehnsdienst leisteten. Das ändert sich in dem Augenblick, als sie sich in Eneas verliebt, ohne dauerhafte Gegenliebe zu erfahren. Durch ihre Heirat mit dem Fremden und die Übergabe der Herrschaft an ihn gerät das machtpolitische Gefüge aus der Balance; die Landesfürsten bewerten ihr Handeln als *schande* und sprechen ihr damit die *êre*, die öffentliche Reputation des Herrschers, ab, die Fundament aller Herrschaft ist. Ihre Liebe zu Eneas demontiert Dido als Herrscherin Karthagos und zerstört ihre politische Existenz. Der Abschied des Geliebten vernichtet sie schließlich auch in ihrer physischen Existenz.

Abb. 11: Heinrich von Veldeke, *Eneasroman*: Gastmahl bei Dido (oben), Dido und Eneas sitzen auf einer gemauerten Bank (unten) (Staatsbibliothek zu Berlin. Preußischer Kulturbesitz, Mgf 282, f. 9v)

Der *Eneasroman* verhandelt anhand eines antiken Geschichtsstoffs, im Spiegel des altrömischen Mythos, zentrale Fragen adeliger Identität: Herrschaft, Krieg und Gewalt, Ehre und Kampfesruhm, den heroischen, der *memoria* würdigen Tod (vgl. S. 248–250), aber auch das Verhältnis der Geschlechter, Liebe und Ehe – namentlich das Liebesthema begründete Veldekes zeitgenössischen und späteren Ruhm als Dichter. Sein Roman entwirft Sinnangebote und Verständnisperspektiven, die sich gegen jede plane Deutung sperren. In dieser literarischen Komplexität, mit einer ästhetisch-programmatischen Funktion, die nicht in der wissenvermittelnden, didaktischen Funktion aufgeht, unterscheidet sich dieser Antikenroman kategorial von den anderen historiographischen Formen und stellt sich an die Seite der großen fiktionalen Entwürfe, die um 1200 entstanden sind.

Literatur: Udo Friedrich: Die Zähmung des Heros. Der Diskurs der Gewalt und Gewaltregulierung im 12. Jahrhundert. In: Mittelalter. Neue Wege durch einen alten Kontinent. Hg. von Jan-Dirk Müller und Horst Wenzel. Stuttgart/Leipzig 1999, S. 149–179; Gert Hübner: Erzählform im höfischen Roman. Studien zur Fokalisierung im ›Eneas‹, im ›Iwein‹ und im ›Tristan‹. Tübingen/Basel 2003 (Bibliotheca Germanica 44); Dieter Kartschoke: Didos Minne – Didos Schuld. In: Liebe als Literatur. Hg. von Rüdiger Krohn. München 1983, S. 99–116; Lienert, Deutsche Antikenromane; Ingrid Kasten: Herrschaft und Liebe. Zur Rolle und Darstellung des ›Helden‹ im *Roman d'Eneas* und in Veldekes *Eneasroman*. DVjs 62 (1988) 227–245; dies.: Heinrich von Veldeke: Eneasroman. In: Brunner (Hg.), Interpretationen, S. 75–96; Anette Syndikus: Dido zwischen Herrschaft und Minne. Zur Umakzentuierung der Vorlagen bei Heinrich von Veldeke. PBB 114 (1992) 57–107.

b. Hartmann von Aue: *Erec*

Die Geschichte der Mannwerdung eines jungen Königssohnes erzählt Hartmann von Aue in seinem *Erec* (um 1180/85). Sie ist zugleich die Geburt des Artusromans in der deutschen Sprache. Zur Diskussion gestellt werden entscheidende Elemente der Sozialisation: verschiedene Geschlechterkonzepte, verschiedene Formen der Liebe, Ehe und Gewalt.

Die Ausgangssituation: Der Titelheld von Hartmanns Roman ist ein Jüngling auf der Grenze zwischen Kindheit und Erwachsensein, der noch keine Kampf- und Turniererfahrung hat. Gleich in der ersten Szene, während er die Königin und ihre Damen begleitet, wird dieser Jüngling zunächst Augenzeuge, dann Opfer physischer Gewalt: Er wird vom Zwerg eines fremden Ritters geschlagen. Erec ist der Gewalttätigkeit des Ritters und seines Dieners hilflos ausgeliefert, denn er ist, wie der Erzähler pointiert vermerkt, »nackt und bloß wie eine Frau«, nämlich ohne Rüstung und Waffen. Es fehlt ihm damit eine entscheidende Qualifikation zum Mannsein: die Fähigkeit, sich und andere gegen Aggressivität zu verteidigen und zu schützen. Erec schämt sich wegen der Schande, vor den Augen der Königin und ihrer Damen sich noch nicht als (Ritter-)Mann erwiesen zu haben. Mit dem Ziel, die beschädigte Ehre wiederherzustellen, nimmt er die Verfolgung des Ritters auf. Es wird ein Aufbruch in die Männlichkeit.

Seine Initiation in das Mannsein erlebt der Held außerhalb der vertrauten Welt des Artushofes in Tulmein, einem Marktflecken am Fuße einer Burg, wo sein Beleidiger offensichtlich großes Ansehen genießt. Sein erster Schritt in die Männlichkeit ist seine Ausrüstung durch den verarmten Grafen Koralus, der ihn darüber aufklärt, welche Bewandtnis es mit dem Ort und der *costume*, der festen Einrichtung, des Sperberkampfes habe und wer der Ritter sei. Erec erkennt die Chance, die erlittene Schande zu tilgen. Er bittet den Alten um eine Rüstung und um seine schöne Tochter als Begleiterin und verspricht, sie im Falle eines Sieges zu heiraten.

In dem langen und erbitterten Kampf erfolgt Erecs Verwandlung in einen Mann. Idêrs muss bereits bei der ersten Tjost – einem Kampf, bei dem die beiden Gegner mit untergeschlagenen Lanzen aufeinandersprengen – erkennen, dass sein Gegner zwar fast noch wie ein Kind aussieht, aber den Mut eines Helden besitzt. Im Schwertkampf, der danach ausgetragen wird, kämpfen die beiden mit Ingrimm und Verbissenheit »wie zwei tüchtige Krieger«, *ir vehten was manlîch* (»wie es sich dem Manne ziemt«).

Zur Initiation in die Männlichkeit gehört aber auch die Begegnung mit der Frau. Freilich gibt es keinen direkten Weg zu ihr. Erec erhält die schöne Enite erst nach dem heroischen Kampf, als Prämie für seinen Sieg. Mit der Übergabe der Rüstung, die Koralus ihm auf sein Versprechen, Enite zu heiraten, aushändigt, wird ihm aber bereits die *patria potestas*, die Verfügungsgewalt des Vaters über seine Tochter, übergeben. Männlichkeit erwirbt sich der Held des höfischen Romans also nicht allein durch heroische Gewalt, sondern auch durch die strukturelle, personenrechtliche Herrschaft über die Frau, die das Prinzip der Muntehe ausmachte; sie stattete den Mann mit weitreichenden Verfügungskompetenzen, u. a. dem Züchtigungsrecht, aus.

Auf dem Weg zum Artushof, an dem das Hochzeitsfest stattfinden soll, kommt freilich die Minne ins Spiel. Hartmann verordnet seinen Protagonisten damit eine Beziehung, die das Modell der Muntehe und das in der Literatur favorisierte Modell der höfischen Liebe miteinander verknüpft. Man darf dies gewiss als ein Korrektiv der gesellschaftlichen Praxis interpretieren. Hartmann erweitert damit das herkömmliche Konzept hegemonialer Männlichkeit um eine neue Dimension, um Erotik, Sexualität, um gegenseitige Faszination und Hingabe.

Wie problematisch dieses Konzept ist, zeigt sich in der berühmten Karnantszene. Nach seiner Krönung zum König von Karnant erliegt der Held im wörtlichen wie im übertragenen Sinn der erotischen Attraktivität seiner Frau; gerade noch findet er Zeit für Messe und Frühstück, um dann wieder ins Bett zu eilen, er nimmt nicht mehr an Turnieren teil und vernachlässigt auch alle anderen gesellschaftlichen Pflichten. Die sozialen Folgen sind verheerend: Das Minneglück, das Erec mit Enite so ausschließlich lebt, trägt ihm Ansehensverlust und Schande ein, der Hof ist aller *vreude*, des höfischen Lebensstils beraubt. Zunächst entladen Ärger und Frustration sich in Unmut, scharfem Tadel und Flüchen, schließlich wandern die Leute ab. Der Roman zeigt mit dieser Szene, wie eine primär über Kampf und Krieg definierte Männlichkeit durch Liebe und Sexualität bedroht ist: Der Held vertreibt sich den Tag, wie der Erzähler in indigniertem Ton konstatiert, »als sei er nie Mann geworden«, mehr noch: Er verrät das Ideal der kriegerischen Männlichkeit.

Aus diesem Blickwinkel lässt sich die Aventiurefahrt, die Erec danach unternimmt, als der Versuch lesen, den früheren Identitätsstatus und mit ihm die verlorene Hegemonie wiederzugewinnen. Dies geschieht durch Maßnahmen, die der einseitigen Fixierung auf Liebe und *grôzes gemach* rigoros gegensteuern. Erec verfügt die Aufhebung der ehelichen oder besser: der Minnegemeinschaft und der Kommunikation überhaupt, und er verordnet sich und Enite ein Leben voller Unrast und Fährnisse, in denen seine kriegerische Tüchtigkeit immer wieder aufs neue herausgefordert wird. Dadurch dass er die Trennung von Tisch und Bett vollzieht und den liebevollen

Umgang miteinander, die auf Gegenseitigkeit gründende Emotionalität und Intimität verabschiedet, geht er auf größtmögliche Distanz zu jener Lebensform, die seine kriegerische Männlichkeit in Frage stellte. Er befiehlt Enite bei Todesstrafe, beim gemeinsamen Ritt stets vorauszureiten und unter allen Umständen zu schweigen, verweigert ihr die ehrerbietige Anrede *vrouwe* und erlegt ihr die erniedrigende und schwere Arbeit eines Pferdeknechtes auf. Später, nach der Versöhnung, wird Erec die Schikanen als Eignungstest deklarieren, für den jedoch kein Grund (oder Rechtsgrund) bestand, weshalb er Enite um Vergebung bittet. Die kommentierende Erzählerrede lenkt freilich den Blick darauf, dass hier demonstrativ die Ausübung der *patria potestas*, der eheherrlichen Gewalt, vorgeführt werden sollte; mit ihr schließt Erec wieder an den herrschenden Männlichkeitscode an, der über die mittelalterlichen Standesgrenzen hinweg verbindlich war. Indem Erec sich Autorität über seine Frau verschafft, kann er seine Identität als Mann zurückgewinnen und sichern.

Enite erträgt die ihr auferlegten Schikanen ohne Murren und Klage, mit demütigem und sanftem Herzen; bei allem bewahrt sie ihrem Eheherrn treue Liebe. Hartmann hat die weibliche Hauptfigur – nach dem Muster von Legendenheiligen – als hart geprüfte Unschuld und Inbegriff weiblicher *güete* und Selbstlosigkeit, des Gehorsams und der *triuwe* stilisiert und ihr damit ein Geschlechterkonzept auf den Leib geschrieben, das sich zum Konzept der männlichen Hegemonialität, das die Titelfigur exponiert, genau komplementär verhält.

Denn »seinen Mann steht« Erec freilich nun auch in den Kämpfen, die ihm auf seinem Weg aufgezwungen werden. Die Kämpfe gegen drei bzw. fünf Räuber, der Kampf gegen den Grafen, der Enite entführen will, der erste Kampf gegen den zwergenhaften König Guivreiz, der Kampf gegen die beiden Riesen, die den Ritter Cadoc entführt haben, der Kampf gegen Oringles, der die vermeintliche Witwe Enite gegen ihren Willen geheiratet hat, der zweite Kampf gegen Guivreiz: all dies sind Bewährungsproben, in denen Erec immer wieder neu zum Mann gemacht bzw. als Mann in seiner kriegerischen Männlichkeit bestätigt wird. Diese Kämpfe sind eine Schule der Männlichkeit aber auch in dem Sinn, dass hier gleichzeitig verhandelt wird, unter welchen Bedingungen Kampf und Gewalt erlaubt sind und wann nicht. Es sind Kämpfe, in denen Gewalt ideologisiert, d. h. an ein spezifisches Ethos zurückgebunden wird, und umgekehrt bestimmte Formen der Gewalt problematisiert werden.

Die beiden Kämpfe gegen die Räuber profilieren Erec hingegen als Kämpfer gegen unrechte Gewalt, ebenso die Kämpfe gegen die beiden Adeligen, die, wie schon die Räuber, getrieben von ihrem Verlangen nach Liebe und Besitz der schönen Enite, zu Gewalttätern werden. In der Figur des Grafen Oringles wird zudem eine Männlichkeit diskriminiert, die ihren Status durch autoritäres Gebaren und Gewalt gegen die Frau sichert, besonders die Attitüde des Eheherrn, die Oringles nach der Zwangsverheiratung Enites annimmt: Er glaubt, mit ihr nach Belieben verfahren zu können. Seine Unbeherrschtheit und brutale Ausübung der eheherrlichen Gewalt tragen ihm die Kritik der Höflinge ein. Aber auch der Erzähler scheint ein Unbehagen an dieser Form hegemonialer Männlichkeit empfunden zu haben: Er erweckt Erec aus seiner tiefen Bewusstlosigkeit und verleiht ihm die Kraft, wie ein Berserker unter die Hochzeitsgesellschaft zu fahren und Oringles mit einem Schwertstreich zu töten. Damit erledigt Erec aber auch jene rigorose eheherrliche Autorität, die er selbst bis dahin praktiziert hat; wenig später versöhnt er sich mit Enite.

Wiederum eine andere Facette des im *Erec* dominierenden Männlichkeitskonzepts wird in der Cadoc-Episode realisiert. Wieder erwirbt Erec sich Anerkennung als

Mann durch Kampf, doch steht dieser jetzt ganz im Zeichen christlicher Nächstenliebe: Erec befreit den Ritter Cadoc, der von zwei Riesen entführt und arg misshandelt worden ist, aus der Gewalt seiner Peiniger; die Männlichkeit des feudalen Subjekts bewährt sich so in der Umsetzung von Grundsätzen der kirchlichen Laienethik, die dem Adel den Schutz und die Hilfe für Bedürftige und Unterdrückte, für Witwen und Waisen sowie die Verteidigung der Kirche zur Pflicht machte. In den Riesen, »poetische Chiffren für Menschen, die Unrecht und Gewalt ausüben« (Ingrid Kasten), besiegt Erec, was für den höfisch-kultivierten Mann eine permanente Gefährdung darstellt, von außen wie von innen: Ungeschlachtheit und Grobheit, Grausamkeit und sadistische Lust an der Qual des Opfers, Ignoranz und Überheblichkeit.

Gemeinsam ist allen Episoden dies: Das dominierende Konzept der heroischen Männlichkeit wird auf ein feudales und christliches Ethos bezogen und damit auf ein sicheres Fundament gestellt. Die Gegenprobe liefern Erecs Kämpfe gegen König Guivreiz. Beide Kämpfe haben kein anderes Motiv als das sportliche Kräftemessen, das dazu beitragen soll, die Position des Einzelnen in der innerständischen Rangordnung zu ermitteln. Beide Male hat Hartmann jedoch seiner Darstellung ein deutliches Ungenügen an solchem Kräftemessen, bei dem es gleichwohl um Leben und Tod geht, eingeschrieben. Bei der ersten Begegnung versucht Erec, den Waffengang zu vermeiden; auch als ihm der Kampf regelrecht aufgezwungen wird, bleibt er lange defensiv. Der zweite Kampf folgt vollends dem Schema von Reiz und Reaktion: Er wird durch nichts anderes ausgelöst als durch den Umstand, dass dem Ritter auf seiner Straße zufällig ein fremder Ritter begegnet. Danach aber lässt Hartmann seinen Helden schonungslos Selbstkritik üben: Erec wertet sein Verhalten, das ihn um ein Haar das Leben gekostet hätte, als Torheit und Maßlosigkeit. Damit ist zugleich die Erkenntnis formuliert, dass die Gewalt nicht als Schlüsselqualifikation für Männlichkeit taugt, wo sie um ihrer selbst willen ausagiert wird.

Erecs härteste Prüfung aber ist der alles entscheidende Zweikampf in *Joie de la curt* gegen den Roten Ritter Mabonagrin, einen wahren Hünen von Gestalt, der noch von keinem besiegt werden konnte und Furcht und Schrecken verbreitet. Für diesen letzten Kampf muss Erec die Schwelle zum Totenreich überschreiten. Textsignale dafür gibt es mehr als genug: Der Garten ist von einem Zauber umgeben, der den Unwissenden den Zutritt verwehrt; die darin wachsenden Früchte kann man nicht mit nach draußen nehmen; auf den im Inneren des Gartens aufgestellten Palisaden sind die Köpfe der von Mabonagrin erschlagenen Ritter aufgespießt; der Herr des Gartens erscheint in brandroter Rüstung auf einem Pferd von der gleichen Farbe als Inbegriff tödlicher Aggression. Mit seinem Sieg über den Angstgegner schlechthin erwirbt Erec die endgültige Anerkennung als Rittermann und bestätigt damit, dass er zu Recht *man* und *künec* heißt. Bei seiner Rückkehr zum Artushof avanciert er schließlich auch noch zum Heils- und Freudenbringer. Mit dieser Rolle ist der Prozess seiner Mannwerdung abgeschlossen; das Krönungsfest ist glanzvolle Bestätigung des erreichten Status.

Im Zweikampf, den Erec und Mabonagrin austragen, wird definitiv über zwei Liebes- und Geschlechterkonzepte entschieden, wie sie gegensätzlicher nicht sein könnten. Mabonagrin und seine *amie* leben in dem Zaubergarten eine ideale Liebesgemeinschaft nach den Grundsätzen der *fin'amors*, die auf Dauer, Exklusivität und gegenseitigem Einvernehmen angelegt ist. Das Fräulein hat dabei die Rolle der Minnedame inne, die die Gewährung ihrer Liebe von bestimmten Konditionen abhängig macht. Komplementär dazu erscheint Mabonagrin als treu ergebener

Minnediener, der seine kriegerischen Fähigkeiten allein auf die Aufrechterhaltung der Exklusivität – räumlich wie ideell verstanden – verwendet. Der Lebens- und Liebesgemeinschaft dieses Paares hat Hartmann (wie schon Chrétien) eine große humane Qualität zugemessen. Und dennoch lässt er keinen Zweifel daran, dass die Umkehrung der Geschlechterordnung als allgemeines Handlungsmodell ungeeignet ist. Denn die ideale Harmonie ist erkauft mit dem sozialen Tod.

Hartmann hat mit seinem *Erec* einen für seine Zeit neuartigen Entwurf einer adeligen Männlichkeit vorgelegt und zugleich Kritik an herkömmlichen Lebensformen geübt: Kritik am heroischen Haudegen, für den Gewalt einen Eigenwert hat; Kritik an der traditionellen feudalen Eheform, die den Mann mit weitreichenden Gewaltlizenzen ausstattet; Kritik an einer Liebesbeziehung, die in sozialer Isolation gelebt wird. Als Gegenentwurf präsentiert er ein Harmoniemodell: ein Männlichkeitskonzept, zu dessen zentralen Elementen der verantwortungsvolle, ethisch fundierte Umgang mit der Gewalt genauso gehört wie der harmonische Ausgleich von Sexualität und Kriegertum, von Liebe und Ehe. Die Tragfähigkeit dieses programmatischen Entwurfs steht freilich nicht von Anfang an fest; sie muss erst auf einem langen Aventiurenweg erwiesen werden.

c. Hartmann von Aue: *Iwein*

Auch Hartmanns *Iwein* (um 1190/1200) verhandelt das Thema feudaler Herrschaft und Gewalt, Minne und Ehe, indes wieder mit ganz anderer Akzentsetzung. Der Roman beginnt mit einem Vorspann, der dem Abenteuer des eigentlichen Helden vorausgesetzt ist: Kalogrenant, ein Verwandter Iweins, berichtet, wie er vor zehn Jahren auf der Suche nach Aventiure einem Wildhüter von grässlicher Gestalt begegnete und von diesem zu einem Brunnen geschickt wurde, wo ihm der Hüter der Quelle, der Ritter Askalon, eine empfindliche Niederlage beibrachte. Das Brunnenabenteuer ist eine *costume*, die dem Artusritter Gelegenheit bietet, sich mit einem adäquaten Gegner zu messen und Ruhm und Ehre zu erwerben. Der Zweikampf um der Ehre willen: das ist Daseinszweck und Lebensideal der adeligen Junggesellen, die sich am Artushof tummeln. Der Tod, der eigene oder des Gegners, ist dabei von Anfang an mit einkalkuliert. Programmatisch formuliert ist dieses Lebensideal in der Aventiure-Definition, die Kalogrenant dem Wildhüter gibt. Auf dessen Frage: *aventiure? waz ist daz?* erklärt er nämlich (v. 528–537):

> ›daz wil ich dir bescheiden baz.
> Nû sich wie ich gewâfent bin:
> 530 ich heize ein rîter unde hân den sin
> daz ich suochende rîte
> einen man der mit mir strîte,
> unde der gewâfent sî als ich.
> daz prîset in unde sleht er mich.
> 535 gesige aber ich im an,
> sô hât man mich vür einen man,
> unde wirde werder danne ich sî.‹

»Das will ich dir genauer erklären. Nun schau, welche Rüstung ich trage. Ich nenne mich einen Ritter und habe die Absicht, zu reiten und dabei einen Mann zu suchen, der mit mir kämpfe, [einen Mann], der wie ich eine Rüstung trägt. Das trägt ihm Ruhm ein, wenn er mich schlägt [oder: erschlägt]. Siege aber ich über ihn, dann hält man mich für einen [gestandenen] Mann, und ich werde angesehener sein als jetzt.«

An der Begegnung mit dem Wildhüter mitten im Wald handelt Hartmann freilich auch ein Wahrnehmungs- und Erkenntnisproblem ab, die Frage nämlich, ob eine hässliche Natur Zeichen der Verworfenheit oder der Auserwählung sei. Der Waldmensch erweist sich als grundsätzlich gutartig; von ihm geht – gegen alle Annahmen einer negativen Anthropologie, die Hässlichkeit mit Unheil und Gefahr korreliert – keine Gefahr aus.

Kaum hat Kalogrenant zu Ende erzählt, beschließt König Artus, mit seinem Heer in vierzehn Tagen zur Quelle zu ziehen. Iwein, ein junger Egozentriker, von Ehr-Geiz getrieben wie alle anderen männlichen Mitglieder des Artushofes auch, will die Schmach seines Verwandten selbst rächen und bricht heimlich auf. Er besteht die Brunnenaventiure, tötet nach einem erbitterten Kampf, in dem beide sich an Tapferkeit nichts nachstehen, den Herrn der Quelle, heiratet dessen Frau und avanciert zum Landesherrn. Er erlebt damit einen ähnlich steilen Aufstieg in seiner ritterlichen Karriere wie der Königssohn Erec.

Bei rechtem Lichte besehen, ist Iweins Aventiure freilich eine einzige Serie von Rechtsbrüchen: Er begeht Fahnenflucht, indem er heimlich den Artushof und das arthurische Ritterheer verlässt; er verletzt den in der Woche nach Pfingsten geltenden Gottesfrieden; er fordert Askalon ohne Ankündigung und ohne zureichenden Rechtsgrund zum Kampf heraus und verstößt damit gegen das Fehderecht; er verfolgt den verletzten Gegner *âne zuht*, was immer das heißen mag – »rücksichtslos«? »unbe-

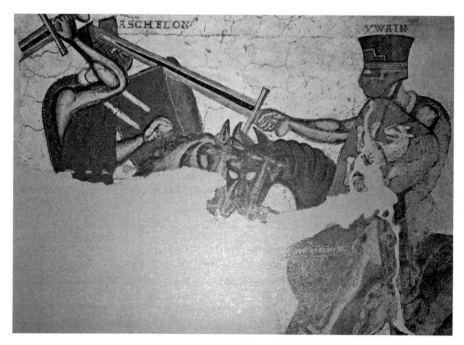

Abb. 12: Iwein im Zweikampf mit Askalon
Fresko auf Schloss Rodenegg (Südtirol)

herrscht«? »sofort«? – und erschlägt ihn von hinten. Die Erzählung privilegiert freilich eine andere, nämlich Iweins Sicht der Dinge. Sie erzählt ganz aus der Perspektive und vom Normenhorizont des arthurischen Ritters her, für den Ehrgewinn und Rache für den Ehrverlust des Verwandten selbstverständlich sind. Erst im Rückblick wird das Brunnenabenteuer und mit ihm das gesamte arthurische Ritterideal problematisch. Was auf der einen Seite Mehrung des Ruhms ist, ist auf der anderen eine Verletzung von Recht und Ordnung.

Ähnlich ambivalent erscheint der Gewinn von Frau und Herrschaft. Auf den ersten Blick sieht es zwar so aus, als ob der Titelheld zu Frau und Land kommt, indem er heldenhaft einen Kampf besteht. Die Mechanik, die Erec mit dem Sieg über Iders die schöne Enite gewinnen lässt, ist jedoch aufgehoben. Iwein verliebt sich in die Burgherrin, die schöne Laudine, als er, im Torhaus der Burg gefangen, durch ein Fenster blickt. Seinen neuen Status als Ehemann der Witwe und Landesherr wie zuvor sein Überleben verdankt er weniger eigener ritterlicher Tüchtigkeit denn der Klugheit und Argumentationskraft der Zofe Lunete. Diese kann die trauernde Laudine davon überzeugen, dass nach dem Tod ihres Eheherrn und Geliebten das Land einen Verteidiger benötige, und wer wäre geeigneter als Iwein? Iweins Erfolg ist, wie es Volker Mertens formuliert hat, »mehr dem Eingreifen Lunetes als eigenem Handeln zu verdanken; die Belohnung erscheint also eher geschenkt als verdient.«

Wie prekär der erreichte Status ist, zeigt sich unmittelbar nach der Hochzeit. Laudine hat Iwein primär aus pragmatischen Gründen geheiratet, weil das Land einen Hüter und Verteidiger der Ordnung braucht, Iwein hingegen aus Liebe. Seiner Mentalität nach ist er der neuen Rolle noch nicht gewachsen; darüber darf auch nicht die Verteidigung der Quelle gegenüber dem Artushof hinwegtäuschen: Sie ist als Ehrbeweis namentlich gegen den provokanten Keie motiviert. Iwein bleibt dem ruhmorientierten Verhaltensideal der arthurischen Rittermänner auch nach seiner Heirat und der Übernahme der Herrschaft in Laudines Reich verpflichtet. Als Gawein ihm, unter Bezug auf das Warnbild Erec, rät, weiterhin an Turnieren teilzunehmen, um Ehre zu erwerben, ist er nur zu schnell bereit. In seinem Ehrgeiz versäumt er, den von Laudine gesetzten Termin einzuhalten. Dass er seine Pflichten als Landesherr vergisst, ist freilich nicht wirklich begründet. Dass beide Erzähler, Hartmanns wie Chrétiens, an dieser Stelle auffällig kurz bleiben, wird man deshalb als Hinweis auf eine Schwäche in der Motivation lesen dürfen.

Es ist indes ein Versäumnis von weitreichenden Folgen, bestand doch die Rechtsnotwendigkeit, die Usurpation von Herrschaft binnen Jahresfrist zu ahnden, andernfalls verjährte der Rechtsbruch. Als Lunete am Hof erscheint und Iwein der Treulosigkeit und des Verrats bezichtigt, sieht er seinen Fehler sofort ein und verfällt dem Wahnsinn. Er rennt nackt in den Wald und lebt wie die Tiere von rohem Fleisch und rohen Pflanzen, führt mithin eine Existenz weit unterhalb jeder höfischen Zivilisation und Kultur. Schrittweise und unter Anleitung eines Eremiten kehrt er in die Zivilisation zurück, gart das Fleisch am Feuer und bekommt Brot zu essen – Iweins Reintegration ist, wie schon bei Chrétien, als kurze Geschichte der Zivilisation entworfen.

Über die Ursache von Iweins Wahnsinn lässt der Erzähler keine Zweifel aufkommen: *vrou Minne*, genauer: der nicht zu kompensierende Verlust des Liebesobjekts, hat ihn so ganz sich selbst entfremdet. Der Wahnsinn trägt die Symptome der Melancholie, nämlich *zorn* und *tobesuht*. Sie machen Iwein zu einem Leidensgefährten Lancelots, des anderen großen Melancholikers aus Liebe in der mittelalterlichen Literatur. Das bedeutet aber auch, dass Hartmann (wie schon Chrétien) dem Iweinroman ein ganz

anderes Liebeskonzept als dem *Erec* zugrunde gelegt hat: Es geht hier um die Liebe als
Passion, die unerwidert bzw. verloren ist. Diese Asymmetrie der Beziehung bestand von
Anfang an. Darüber kann auch der Erzähler nicht hinwegtäuschen, der dem Ehepaar
bei Iweins Aufbruch zur Turnierfahrt den Tausch der Herzen zugesteht. Er tut dies nur
widerwillig und erst nach einem langen Streitgespräch mit der allegorischen Gestalt
der Minne. Der Herzenstausch ist so wenig mehr als ein dem Erzähler abgetrotztes
Requisit konventioneller Abschiedsbeschreibung – dass die Iweinliebe eine einseitige
Liebe ist, lässt sich kaum deutlicher markieren.

Die zweite Aventiuresequenz ist konsequent auf Iweins Verhaltensfehler und
Rechtsbrüche sowie auf den Verlust der Geliebten bezogen. Dreimal hilft er schutzbe-
dürftigen Frauen in Not, alle drei Opfer von Rechtsverstößen: zuerst der Dame von
Narison, dann Lunete, schließlich, im Erbstreit der Töchter des Grafen vom Schwarzen
Dorn, der jüngeren Tochter. Seine Gegner sind Friedens- und Rechtsbrecher, gegen
die er, in spiegelbildlicher Verkehrung seiner ersten Aventiure, die Rechtsordnung
verteidigt oder reinstalliert; ob er damit auch gleich seine Kompetenz als Landesherr
beweist, scheint indes fraglich. Zuerst befreit er die Dame von Narison von dem sie
bedrängenden Grafen Aliers, dann bekämpft er den Riesen Harpin, der die Lände-
reien eines Burgherrn verwüstet, dessen sechs Söhne entführt und zwei auch schon
getötet hat, um ihm die Tochter abzupressen. Im dritten Kampf erweist er Lunetes
Unschuld gegen den Truchsess und seine Brüder, im vierten Kampf, auf der Burg zum
Schlimmen Abenteuer, besiegt er zwei Riesen, die auf einer Burg dreihundert Damen
unter widrigen Bedingungen in einem Arbeitshaus gefangen halten, und im letzten
Kampf tritt er gegen Gawan für die jüngere der Schwarzdorngräfinnen an, die von
ihrer Schwester um das Erbteil gebracht werden soll. Zweimal gerät er bei seinen
Kämpfen in Terminnot: Da sich der Riese Harpin verspätet, erscheint Iwein erst in
letzter Minute zum Gerichtskampf für Lunete, den er bereits vor der Harpin-Aventiure
zugesagt hat, und gerade noch zur rechten Zeit trifft er am Artushof ein, um der Bitte
der jüngeren der beiden Grafentöchter um Hilfe nachzukommen; in Zeitnot brachte
ihn hier der Kampf auf der Burg zum Schlimmen Abenteuer. Schließlich beweist Iwein
wiederholt auch seine Liebe und Treue gegen Laudine: Er lehnt das dezente Angebot
der Gräfin von Narison ab, die ihn zum Bleiben bewegen wollte, und zweimal weigert er sich, das schöne Fräulein auf der Burg zum Schlimmen Abenteuer als Preis
des Sieges über die Riesen zu nehmen. Gegen das Recht der *costume* reklamiert er
die exklusive Bindung an die Geliebte, die er verloren hat. Kämpfte Iwein bis zur
Peripetie allein um des persönlichen Prestige- und Ehrgewinns willen, stellt er seine
ritterliche Kampfkraft danach in den Dienst der Schwachen und Schutzlosen, denen
er selbstverständlich zum Recht verhilft.

Iwein praktiziert auf dem zweiten Aventiureweg einen Umgang mit der Gewalt,
wie er der von kirchlichen Autoren seit dem 10. Jahrhundert in Viten und theoretischen Schriften entwickelten Laienethik entsprach. Gegen das arthurische Ritterideal,
welches das sportliche Kräftemessen zur Festlegung einer innerständischen Rangfolge
privilegiert, setzt Hartmann (wie Chrétien) ein Männlichkeitsideal, das Aggression
und Gewalt zu einem guten Zweck und in sozialverträgliche Formen überführt. Mit
dieser Adelsethik übt er zugleich Kritik an der Handlungsethik des Artushofes, der
ihm keineswegs als Repräsentant ritterlicher Idealität gilt.

Aus dem egozentrischen, abenteuer- und ehrbegierigen Jungritter der Tafelrunde ist ein verantwortungsbewusster Hüter der Rechtsordnung geworden – Iwein
ist erwachsen geworden. Das Erwachsenwerden ist freilich ein Prozess, der nicht

darzustellen ist. Hartmann hat aber den Übergang von der einen Phase in die andere markiert: durch die Episode von Iweins Wahnsinn, die den radikalen Verlust der alten Identität und Mentalität sichtbar macht. Die Heilung durch die Dame von Narison kommt einer Neugeburt gleich; danach ist Iwein tatsächlich ein anderer. Er macht wiedergut, was gutzumachen ist: die Verletzung der Ordnung aus persönlicher Ehrpusslichkeit. Ursache des Wahnsinns ist freilich die übergroße Leidenschaft bzw. der Verlust Laudines, den Iwein nicht oder nicht ohne weiteres korrigieren kann. Die Liebe ist ein unverfügbares Gut, das sich auch durch noch so gut gemeinte Aktionen nicht wiedergewinnen lässt. Die Wahnsinnsszene führt mithin eine Verschiebung vor: Korrigiert wird, was korrigiert werden kann, und das ist das Fehlverhalten in rechtlichen Dingen. Das Fehlverhalten jedoch, das zum Verlust der Geliebten und dem Identitätsverlust geführt hat, kann nicht wiedergutgemacht werden. Hierzu bedürfte es eines Gnadenaktes der Geliebten.

Deshalb verweigert Hartmann seinen Protagonisten und Lesern auch ein allzu harmonisches Ende. Die Versöhnung mit Laudine wird durch einen Trick erreicht, wie schon das erste Mal: Als Iwein den Brunnenguss wiederholt und damit erneut ein schweres Unwetter auslöst, rät Lunete, als Verteidiger des Landes jenen Ritter zu wählen, der ihr im Gerichtskampf beigestanden habe. Wenn Laudine ihm die Gunst seiner Herrin wiedergewinne, stünde er zur Verfügung. Laudine, durch Eid gebunden, muss Iwein wieder annehmen. Der Erzähler hegt freilich gewisse Zweifel an dem neugewonnenen Glück.

Literatur: Cormeau/Störmer, Hartmann von Aue; Christoph Huber: Ritterideologie und Gegnertötung. Überlegungen zu den ›Erec‹-Romanen Chrétiens und Hartmanns und zum ›Prosa-Lancelot‹. In: Spannungen und Konflikte menschlichen Zusammenlebens in der deutschen Literatur des Mittelalters. Bristoler Colloquium 1993. Hg. von Kurt Gärtner u. a. Tübingen 1996, S. 59–73; Gert Hübner: Erzählform im höfischen Roman. Studien zur Fokalisierung im ›Eneas‹, im ›Iwein‹ und im ›Tristan‹. Tübingen/Basel 2003 (Bibliotheca Germanica 44); Peter Kern: Interpretation der Erzählung durch Erzählung. Zur Bedeutung von Wiederholung, Variation und Umkehrung in Hartmanns Iwein. ZfdPh 92 (1973) 338–359; Dorothea Klein: Geschlecht und Gewalt. Zur Konstitution von Männlichkeit im ›Erec‹ Hartmanns von Aue. In: Literarische Leben. Rollenentwürfe in der Literatur des Hoch- und Spätmittelalters. Fs. für Volker Mertens zum 65. Geb. Hg. von Matthias Meyer und Hans-Jochen Schiewer. Berlin 2002, S. 433–463; Mertens, Der deutsche Artusroman; Uwe Ruberg: Die Königskrönung bei Chrétien und Hartmann im Kontext arthurischer Erzählabschlüsse. LiLi 25 (1995) 69–82; Elisabeth Schmid: Spekulationen über das Band der Ehe in Chrétiens und Hartmanns Erec-Roman. In: Vom Mittelalter zur Neuzeit. Fs. für Horst Brunner. Hg. von Dorothea Klein u. a. Wiesbaden 2000, S. 109–127; Ursula Schulze: *âmîs unde man*. Die zentrale Problematik in Hartmanns ›Erec‹. PBB (Tüb.) 105 (1983) 14–47.

d. Wolfram von Eschenbach: *Parzival*

Aufs Ganze gesehen, hat Hartmann sich in seinen Artusromanen einer optimistischen Anthropologie verschrieben. Seine Helden sind einsichtig und lernfähig und damit in der Lage, ihre Fehler zum Wohle aller zu korrigieren. Eine grundsätzliche Skepsis, dass der Mensch aus sich heraus etwas besser kann, eine Skepsis auch gegen die zivilisierende Kraft der höfischen Kultur artikuliert hingegen Wolfram von Eschenbach. Die Welt, die er in seinem *Parzival* (um 1200/1210) entwirft, ist unvollkommen und heillos, eine Welt voller Gewalt und Leid. Selbst da, wo die Liebe zu ihrem Recht kommt, steht sie im düsteren Kontext von Hass, Krieg, Gewalt und Tod. – Die eng mit der Parzival-Handlung verknüpfte Erzählung von Gawan, dem zweiten Helden des Romans, muss ich bei der folgenden Skizze aus pragmatischen Gründen vernachlässigen.

An keiner Figur hat Wolfram den Zusammenhang von Ritterschaft, Tod und Leid deutlicher herausgestellt als am Fürsten von Graharz, dem Erzieher des jungen Parzival und Oheim von dessen künftiger Frau Condwiramurs. Der Hang zur Gewalttätigkeit, der der adeligen Kriegerkaste immanent ist, hat ihm nahezu die gesamte Familie ausgelöscht. Schenteflûrs, der Erstgeborene, starb, als er der bedrängten Condwiramurs beistehen wollte; der zweite Sohn wurde auf einem Turnier erschlagen, bei dem ein Sperber als Preis ausgelobt war; der dritte starb von der Hand des gefürchteten Ritters Mabonagrin. Aus Schmerz darüber sind Gurnemanz auch Frau und Schwiegertochter gestorben. Verzweifelt und zutiefst resigniert stellt er fest: *sus lônt iedoch diu ritterschaft: / ir zagel ist jâmerstricke haft.* »So belohnt jedoch die Ritterschaft: An ihrem Schwanz hat sie des Jammers Schlinge angebunden.« Geblieben ist sein einziges Kind, die zarte Tochter Liaze, doch sein Wunsch, sie an den strahlend schönen, gutherzigen Parzival zu vermählen, erfüllt sich nicht. Nur die Sorge um dieses letzte Kind hält ihn am Leben; längst hätte er sonst schon den Tod herbeigesehnt. Und dennoch, trotz aller schmerzlichen Erfahrungen mit der Ritterschaft, führt Gurnemanz das Naturkind Parzival in die ritterlich-höfische Kultur ein; er bringt ihm nicht nur die Umgangsformen bei, die für das zivile Leben bei Hofe unabdingbar sind, er erteilt ihm auch ethische Unterweisung und Unterricht in Waffentechnik und Reiten. Für den adeligen Spross gibt es eben nur diese eine Lebensform: gewiss nicht die beste aller Welten, sondern eine defizitäre, eine zutiefst gestörte, eine Welt der Aggression und Gewalt und des fortgesetzten Leids, doch eine andere gibt es nicht. In dieser Welt zu leben, ohne die Achtung der Mitmenschen zu verlieren und ohne an der Seele Schaden zu nehmen, das ist, wie Wolfram im Epilog sagt, *ein nütziu arbeit,* »das ist der Mühe wert« (827,24).

Die Figuren, die in dieser Welt agieren, sind vielfältig und widersprüchlich: Gemeinheit und Gewalttätigkeit sind da ebenso vertreten wie Einfühlungsvermögen, Noblesse und Großzügigkeit; Angst, Aggression, Eifersucht, Verbitterung, Verzweiflung, Trauer, Mitleid und Schmerz: das sind die Affekte, die diese Figuren antreiben und bewegen. Das ganze Spektrum menschlicher Gefühle und Eigenschaften breitet Wolfram in seinem Roman aus. Fast immer schreibt er seinen Figuren, männlichen ebenso wie weiblichen, dabei ambivalente Züge, Janusköpfigkeit zu; fast immer haben sie Schwächen und Fehler; fast immer sind es problematische Gestalten, die Täter ebenso wie die Opfer.

Herzeloyde etwa, die Königin von Waleis und Norgals, Schwester des Gralkönigs Anfortas und Mutter des Helden Parzival, wird als selbstbewusste und zielstrebige junge Frau eingeführt: Sie setzt alle Mittel, selbst juristische, daran, den Sieger des Turniers von Kanvoleiz zum Mann zu bekommen. Es ist Gahmuret, ein attraktiver Frauenheld und tapferer Kämpfer, der sich die Ritterschaft zum Lebensprogramm gewählt hat und rastlos, von Unruhe getrieben, nach immer neuen Gelegenheiten sucht, sich durch kriegerische Tat zu profilieren. Auch seine junge Frau kann ihn nicht dauerhaft an sich binden. Noch bevor ihr gemeinsamer Sohn Parzival geboren ist, zieht es Gahmuret in den Orient. Dort findet er in den Diensten des Baruc von Bagdad den Tod. Als ihr die Nachricht vom Tod des geliebten Mannes überbracht wird, reagiert Herzeloyde mit fassungslosem Schmerz. Ihre ganze Liebe wendet Herzeloyde fortan dem Neugeborenen zu, mit dem sie Gahmuret wieder in den Armen zu halten glaubt.

Um ihn vor dem Schicksal der Rittermänner zu bewahren, zieht sie sich in die Einöde von Soltane zurück, wo sie ein armseliges Leben fern allen höfischen Glanzes und Komforts führt. Gegen alle Gepflogenheiten adeliger Damen stillt sie ihren Sohn selbst; mit Zärtlichkeit umsorgt sie das Kleinkind. Der radikalen Fixierung auf den Sohn, auf den sie ihre ganze Liebe projiziert, spricht der Erzähler hohe ethische Qualität zu. Gleichwohl lässt er keinen Zweifel daran, dass solche Mutterliebe ihre Schattenseiten hat. Sie treten in Erscheinung, kaum dass der Sohn den Windeln entwachsen ist. Herzeloyde verweigert ihm eine standesgemäße Erziehung. Absichtlich hält sie den Knaben unwissend; ihren Leuten untersagt sie bei Todesstrafe, auch nur ein Wort über Ritter und Ritterschaft zu sprechen. Der Erzähler bewertet diese Pädagogik als Einengung und Betrug am Sohn.

Negative Züge sind auch der Mutter selbst eingeschrieben. Am deutlichsten treten sie in der berühmten Szene vom Vogelkrieg hervor: Als Herzeloyde erkennt, dass die Vögel mit ihrem Gesang in Parzival jene schmerzliche Sehnsucht wecken, die auch ein Wesenszug seines Vaters gewesen ist, lässt sie die Vögel töten. Ihre Verzweiflung über die tödliche Karriere Gahmurets ist umgeschlagen in Hass auf die männliche Natur überhaupt, der sich nun in der Gewalt gegen die Vögel Bahn bricht. Die Aktion gegen die Vögel ist der aberwitzige Versuch, den Zerstörungstrieb der Rittermänner durch Zerstörung auszurotten (Elisabeth Schmid). Wolfram zeigt mit dieser Szene, die er sich gegenüber seiner französischen Vorlage neu ausgedacht hat, dass nicht nur die männlichen Mitglieder der adeligen Kriegerkaste zu Aggression und Destruktion fähig sind; diese sind vielmehr der menschlichen Natur schlechthin eigen. Auch Herzeloyde, Inbegriff der *güete* und *diemüete*, die bei ihrem Tod vom Erzähler in den Heiligenstand gerückt wird, ist, im Grunde aus Liebe und Treue zu ihrem Kind, zu solcher Destruktion fähig.

Nicht weniger widersprüchlich ist Clâmidê, der junge König von Brandigan, an dem Wolfram das Thema des Liebeskriegs abhandelt. Clâmidê wirbt vergebens um die Liebe der schönen Königin Condwiramurs, schließt Pelrapeire, die Hauptstadt ihres, Condwiramurs, Königreiches, mit seinen Truppen ein, blockiert jede Zufahrt und Versorgung und versucht so, die Zustimmung der Königin zu erzwingen. Was in anderen Romanen und Epen jedoch als gänzlich unproblematisch erscheint – die Qualifikation des Mannes zum Ehemann und Landesherrn durch Demonstration militärischer Überlegenheit –, wird bei Wolfram, wie zuvor schon bei Chrétien, zum Problem. Er hebt den Zusammenhang von Aggressivität und erotischer Attraktivität auf, indem er den Krieg nicht aus der Perspektive des Werbers, sondern konsequent aus der Sicht der Opfer erzählt. Der um der Liebe willen geführte Krieg erscheint so nicht nur als Möglichkeit heroischer Bewährung, sondern auch als Ursache vielfältigen Leids: Er bedeutet die Zerstörung von Burgen und Land und die Dezimierung der Herrschaftsträger, der kleineren und größeren Vasallen, und damit die Destabilisierung von Herrschaft überhaupt, er bringt Hungersnot der Bevölkerung und Leid der königlichen Frau, Trauer und Leid um den toten Cousin, der von Clâmidês Seneschall erschlagen wurde. Doch auch den König, der aus enttäuschter Liebe zum Gewalttäter wird, nimmt Wolframs Erzähler in Schutz: Er sei eben noch blutjung, ein Jüngling *âne bart*, grundsätzlich gutartig, und übergroß das Liebesleid, das er erfahren müsse. Deshalb wird Clâmidê auch freundlich von der vornehmen Gesellschaft am Hof des Königs Artus aufgenommen. Der Artushof ist ja keineswegs, und nicht nur bei Wolfram, der Inbegriff ritterlich-höfischer Idealität, wie eine harmoniebedürftige Literaturwissenschaft lange Zeit glauben machte, vielmehr die Institutionalisierung des Gesellschaftsprinzips schlechthin. Als Zentrum höfischen Lebens funktioniert er ja auch nur, wenn eine größere Zahl von Menschen, wenn Aktivität vorhanden ist. Deshalb werden Versager nicht verstoßen und selbst Gewalttäter wie Clâmidê oder, im *Erec*, Iders aufgenommen.

Ambiguität ist das Prinzip von Wolframs Erzählen, Relativierung das Schlüsselwort für seine Erzählstrategie, Relativierung selbst der Kriege, die jugendliche Hitz- und Brauseköpfe wie Meljanz und Clâmidê anzetteln. Dazu gehören aber auch Widerrufe und Gegenbeispiele, etwa jene Gewalttaten, die durch Ritterschaft im Dienst von Frauen angerichtet werden. Fast schon beiläufig erzählt Wolfram vom Tod Isenharts, des Königs von Azagouc, der erschlagen wird, als er um die Liebe der Mohrenkönigin Belakane kämpft; auf ähnliche Weise verlieren auch Gâlôes, der ältere Bruder Gahmurets, und der Fürst Schionatulander ihr Leben. Schuld hat die schon in den ersten höfischen Romanen entwickelte Vorstellung, dass Liebe nur als Belohnung für die Leistung im ritterlichen Kampf zu gewähren sei. Wolfram macht deutlich, dass es auch hierbei um einen Machtkampf zwischen den Geschlechtern geht, anders aber als im Fall des Clâmidê erscheinen die Ritter hier weniger als Täter denn als Opfer der Frauen.

In diese unvollkommene, heillose Welt wird Wolframs Held hineingeboren. Wie die Nebenfiguren ist auch er eine problematische Gestalt, ein Held, an dem »etwas von beidem (ist): vom Himmel und von der Hölle«, wie es programmatisch schon im Prolog heißt. Will sagen: ein »normaler« Charakter mit guten und mit bösen Eigenschaften. Die Mutter will ihren Sohn vor dem lebensgefährlichen Geschäft des Ritters, vor Gewalt und Leid schützen. Parzival wächst deshalb in der Wildnis, außerhalb der höfisch-ritterlichen Kultur, auf, ohne Vater, ohne Erbe, ohne adelige Erziehung: ein unkultivierter und doch schöner Knabe, unbekümmert, furcht- und ahnungslos. Und obwohl seine Mutter alles daran setzt, ihn von der gefährlichen Ritterwelt fernzuhalten, kann sie nicht verhindern, dass die vom Vater ererbte männlich-ritterliche Natur sich durchsetzt. Parzival verlässt die Mutter. Diese stirbt darüber aus Schmerz. Ohne es zu wissen, hat Parzival beim Auszug in die Welt den Tod seiner Mutter verursacht: Es ist dies eine Tat von symbolischer Bedeutung, besagt sie doch nichts anderes, als dass der Mensch schon mit seinem ersten Schritt ins Leben schuldig werden kann.

Parzival, der seine Schritte in die Welt lenkt, ist schlecht präpariert für das, was ihm dort begegnet. Es fehlen ihm die Erfahrungen, die Begriffe und das Wissen, um sich in der Welt zurechtzufinden. Er kennt nicht den Code, nach dem die Welt außerhalb der öden Wildnis, in der er herangewachsen ist, funktioniert; er muss lernen, die Zeichen zu entziffern, die die ritterliche Kultur konstituieren und präsentieren. Es fehlt ihm aber auch alles Wissen über sich selbst; nicht eine Silbe hat Herzeloyde über seinen berühmten Vater und das Leben mit ihm verlauten lassen. Parzivals Weg in die Welt ist deshalb Suche nach der eigenen Identität und Erwerb von Welt- und Lebenserfahrung zugleich. An seinem Helden Parzival handelt Wolfram so exemplarisch den Prozess der Sozialisation und des Erwachsenwerdens ab.

Die Mängel seiner Sozialisation beschwören stets aufs Neue Unheil und Probleme herauf. Auf nahezu allen Stationen seines Weges hinterlässt Parzival Spuren der Verwüstung und des Leids. Seine Karriere bei den Frauen beginnt er beinahe mit einer Vergewaltigung – für sein rücksichtsloses Verhalten muss Jeschute, die attraktive Gemahlin des Herzogs Orilus, lange Zeit die Schikanen ihres Eheherrn ertragen –, am

Anfang seiner Karriere als Ritter steht hingegen ein veritabler Mord. Denn in der Nähe des Artushofes, der zunächst sein Ziel ist, trifft Parzival auf den modisch-eleganten Ritter Ither, dessen schöne Rüstung ihm ins Auge sticht. Kurzerhand tötet er Ither mit einem groben, unhandlichen Wurfspieß, den er von der Mutter mitbekommen hat, zieht sich die rote Rüstung des Erschlagenen über sein Torenkleid an und führt fortan dessen Schwert.

Gleichwohl besteht kein Zweifel, dass Parzival grundsätzlich gutherzig und zu Mitleid fähig ist. Von Anfang an stellt Wolfram auch diese Eigenschaften heraus, etwa bei Parzivals Klage über die toten Vögel oder in der ersten Begegnung mit seiner Cousine Sigune, die ihren erschlagenen Geliebten im Schoß hält. Sie ist die erste einer Reihe von Verwandten, die seinen Weg kreuzen; sie macht ihn mit seinem Namen, seiner Familie und seinen Erbansprüchen vertraut. Auch sonst tut der Erzähler alles, um seinem Helden die Sympathien des Lesers zu erhalten, etwa durch komische Vergleiche und gutmütigen Spott. So sagt er zum Beispiel von Parzival, der es kaum erwarten kann, von Artus zum Ritter geschlagen zu werden: *der wol geborne knappe / hielt gagernde als ein trappe.* »Da stand der hochgeborene Knabe und trappte mit den Füßen wie ein aufgeregtes Huhn.«

Die nächste Station seiner Sozialisation ist Gurnemanz. Bei ihm lernt Parzival die ritterlich-höfischen Verhaltensstandards und die ethischen Normen der adeligen Welt, und er lernt das Waffenhandwerk. Seine neuen Fähigkeiten kann er bald darauf unter Beweis stellen, wenn er die Hauptstadt des Königreiches Brobarz von ihren Belagerern und die Bewohner aus der großen Hungersnot befreit und mit Überlegung und Umsicht die Lebensmittel an die ausgehungerte Bevölkerung verteilt. Zur Belohnung wird er zum Landesherrn und Ehemann der Königin Condwiramurs promoviert. Gleichsam über Nacht ist er erwachsen geworden, vertauscht er den Status des reinen Toren mit der Rolle des umsichtig handelnden Haus- und Landesvaters.

Nach der Hochzeit mit Condwiramurs bricht Parzival auf, um die Mutter zu suchen. Er gelangt zwar nicht nach Soltane, sondern auf die trutzige Gralburg und damit gleichwohl in den Bereich der Mutter. Davon jedoch weiß er nichts. Erst sehr viel später erfährt er, dass der Gralkönig Anfortas Parzivals Mutterbruder ist und die Gralträgerin Repanse de schoye seine Mutterschwester. Auf der Burg nimmt Parzival inmitten einer großen Menschenmenge an einem geheimnisvollen Aufzug teil: Zunächst trägt ein Knappe eine Lanze herein, aus deren Spitze Blut quillt, worauf alle in Wehklagen ausbrechen. Dann erscheint eine strahlende Frauengestalt: »Auf einem grünen Achmardî trug sie des Paradieses Glück, Wurzel und Spross in einem. Das war ein Ding, das hieß *Der Grâl.*« Er wird vor dem leidenden König abgesetzt. Danach werden goldene Leuchter und Tischgestelle, Kerzen und Tischplatten, schwere goldene Waschbecken, Tücher und goldenes Geschirr herbeigetragen. Speisen und Getränke aber, alles, wonach es einen gelüsten mochte, lieferte der Gral. Dass es mit dieser Gesellschaft und den Requisiten etwas Besonderes auf sich habe, ist auch Parzival nicht entgangen; die Bedeutung der Gastgeschenke jedoch – er erhält einen Mantel und das Schwert des Burgherrn – wie der Requisiten bei der Prozession ist ihm verschlossen. Und eingedenk der Instruktionen seines Ziehvaters und Lehrers Gurnemanz, wagt er auch nicht, nach dem Sinn und Zweck des Geschauten zu fragen. So verpasst er die einmalige Gelegenheit, Anfortas von seinen Leiden zu erlösen und selbst Gralkönig zu werden.

Die direkten Folgen sind fatal. Als Parzival am nächsten Morgen erwacht, ist die Burg menschenleer; beim Verlassen schickt ihm der Torwächter grobe Scheltworte nach. Das volle Maß seines Versagens trifft ihn jedoch erst am Artushof, als das hässliche Fräulein Cundrîe erscheint. Die Gralbotin spricht Parzival, weil er zu fragen versäumt hat, jene moralischen Qualitäten ab, die soziale Ordnung garantieren: Treue nämlich, Mitleid und Erbarmen; sie bezichtigt ihn der Falschheit und verflucht ihn.

Parzival zeigt sich gekränkt und zutiefst davon überzeugt, dass Gott ihm übel mitgespielt habe. Er kündigt ihm deshalb die Treue und macht sich auf die Suche nach dem Gral. Vier Jahre irrt er umher, ohne ihn zu finden. Dafür findet er wieder einen Verwandten, diesmal seinen Oheim Trevrizent, der die Ritterschaft aufgegeben hat und nun das Leben eines frommen Einsiedlers führt. Von ihm erhält Parzival Aufklärung über die rätselhaften Vorgänge auf der Gralburg, über seine Verwandtschaft und damit über seine Identität, schließlich auch über seine Sünden: den Tod der Mutter und den Mord an Ither, der ebenfalls ein Verwandter war. Dazu erteilt ihm Trevrizent ausführliche religiöse Belehrung. Als Ursünde gilt diesem, abweichend von aller zeitgenössischen Theologie, der Brudermord, den Kain an Abel beging. Mit dem Tod der Mutter und Ithers hat Parzival demnach unwissentlich jene Schuld wiederholt, die mit der Kainstat in die Welt gesetzt wurde (Wolfgang Mohr). Mord und Totschlag sind aus dieser Sicht freilich nicht mehr allein das Merkmal der adeligen Kriegerkaste und deren Geschäfts; Trevrizents Theologem besagt, dass Gewalttätigkeit, dass Töten dem Menschen vielmehr als Erbübel mitgegeben ist. Damit artikuliert Wolfram freilich die fundamentale Skepsis, dass der Ritter, der Mensch überhaupt sich ändern kann.

Kaum ist Parzival wieder davon, stürzt er sich deshalb abermals in neue Kämpfe, gegen Gawan und gegen seinen Halbbruder Feirefiz. Beide Male handelt es sich um sportliches Kräftemessen ohne rechten Grund, beide Male droht die Gefahr, wieder einen Verwandten zu erschlagen. Beim Kampf gegen Feirefiz lässt der Erzähler die höchste Instanz eingreifen, Gott selber, der Parzival das Schwert in letzter Sekunde entzweibricht. So wird verhindert, dass erneut Verwandtenblut vergossen wird.

Die beiden Halbbrüder kehren an den Artushof zurück, wo kurz darauf die Gralbotin Cundrîe ein zweites Mal erscheint, um zu verkünden, dass Parzival zum Gralkönig berufen sei. Wider alles Erwarten, auch gegen die Logik des Mythos, erhält Parzival eine zweite Chance. Als er vor Anfortas tritt und die Erlösungsfrage stellt, wird der König sofort gesund. Parzival hat die Frage allerdings umformuliert. Nicht: »Herr, was ist mit Eurer Krankheit?« fragt er, sondern, weil er nun volle Einsicht in die Verwandtschaftsverhältnisse hat: *oeheim, waz wirret dier?* »Oheim, was tut dir weh?«

Der Roman endet mit einem Ausblick auf das Schicksal das Parzivalsohnes Loherangrin, der die Herrin von Brabant unter der Bedingung heiratet, dass seine Herkunft ein Geheimnis bleiben muss. Sie haben Kinder und sind miteinander glücklich, bis die Herzogin die verbotene Frage stellt. Loherangrin muss seine Familie verlassen und nach Munsalvaesche zurückkehren. Die Utopie des Grals ist damit gründlich relativiert: Nach dem operettenhaften Finale auf der Gralburg, bei dem man Feirefiz noch rasch zur Taufe und damit zur Ehefrau verhilft, errichtet Wolfram wieder den Horizont der Trauer und des menschlichen Leids; der Gral selbst erweist sich als tyrannisches Prinzip, das willkürlich das Fragegebot in ein Frageverbot verkehrt hat. So bleibt Elsternfarbenes bis zum Schluss.

Literatur: Bertau, Deutsche Literatur; Elke Brüggen: Irisierendes Erzählen. Zur Figurendarstellung in Wolframs ›Parzival‹. Wolfram-Studien 23 (2014) 333–357; Horst Brunner: Von Munsalvaesche wart gesant/ der den swane brahte. Überlegungen zur Gestaltung des Schlusses von Wolframs Parzival. GRM N.F. 41 (1991) 369–384; Bumke, Wolfram von Eschenbach; Joachim Bumke: Parzival und Feirefiz – Priester Johannes – Loherangrin. Der offene Schluß des Parzival von Wolfram von Eschenbach. DVjs 65 (1991) 236–264; Mertens, Der deutsche Artusroman; Wolfgang Mohr: Wolframs Humor. In: Wolfram von Eschenbach. Hg. von Heinz Rupp. Darmstadt 1966, S. 104–124; ders.: Parzivals ritterliche Schuld. In: Wolfram von Eschenbach. Aufsätze von M. M. Göppingen 1979 (GAG 275), S. 25; Elisabeth Schmid: Studien zum Problem der epischen Totalität in Wolframs ›Parzival‹. Erlangen 1976; dies.: Wolfram von Eschenbach: Parzival. In: Interpretationen. Mittelhochdeutsche Romane und Heldenepen. Hg. von Horst Brunner. Stuttgart 1993 u. ö. (RUB 8914), S. 173–195; dies.: Wolfram von Eschenbach: Parzival. In: Lektüren für das 21. Jahrhundert. Schlüsseltexte der deutschen Literatur von 1200 bis 1990. Hg. von Dorothea Klein und Sabine M. Schneider. Würzburg 2000, S. 49–66; Wolfram von Eschenbach. Ein Handbuch, S. 145–440.

e. Wolfram von Eschenbach: *Willehalm*

Das tödliche Geschäft der Rittermänner ist zentraler Gegenstand der Erzählung und der Reflexion auch im zweiten epischen Hauptwerk Wolframs von Eschenbach. Der *Willehalm* (um 1210/20) bearbeitet einen Stoff aus der französischen Heldenepik. Mit der Wahl der Vorlage, der *Bataille d'Aliscans* (um 1200) aus dem Epenzyklus um Guillaume d'Orange, ist freilich ein konzeptioneller Neuansatz verbunden. Nicht allein um die Bedrohung der ritterlichen Kultur durch den Zerstörungstrieb der adeligen Krieger geht es, sondern um Krieg und Gewalt in ihrer universalen, die gesamte menschliche Ordnung bedrohenden Dimension.

Wie das *Rolandslied* des Pfaffen Konrad (s. Kap. III.4.d) erzählt auch der *Willehalm* vom blutigen Kampf zwischen Christen und Nichtchristen, von zwei gewaltigen, für beide Seiten verlustreichen Schlachten, von Märtyrertod und himmlischer Seligkeit. Präsent gehalten ist auch das *Rolandslied* selbst durch intertextuelle Verweise. Wolfram nennt nicht nur die wichtigsten Figuren des Vorgängerepos – den Kaiser Karl und seinen Neffen Roland, die Krieger Olivier und Turpin und die Gegenspieler Karls, den heidnischen Großkönig Baligan und den König Marsilie –, sondern auch wichtige Requisiten, Rolands Horn Olifant und Baligans Schwert Preziosa u. a. Es sind Signale der Differenz. Denn sie rufen das *Rolandslied* und die darin vertretene Idee des Heidenkriegs in Erinnerung, um sie kritisch zu reflektieren.

Anders als im *Rolandslied* werden die Muslime nicht als Teufelsbündler bzw. als Inkarnation des Teufels beschrieben, sondern als vorbildliche höfische Ritter, die, was äußere Prachtentfaltung und höfische Gesinnung angeht, den Christen ebenbürtig sind oder sie sogar übertreffen. Nicht anders als die Christen kämpfen sie aus religiösen Gründen, wenn auch nicht für den einen Gott, sondern für eine Vielzahl von Göttern, und um der Frauen willen (338,15: *durh die gote und durh die minne* »für die Götter und für die Liebe«). Auch gesteht der Erzähler ihnen die gleichen auszeichnenden Wertbegriffe wie den christlichen Gegnern zu: *hôhiu werdekeit* »hohes Ansehen in der Gesellschaft«, *ritterlîchen prîs* »ritterlichen Ruhm«, *milte* »Freigebigkeit«, *clârheit* »Lauterkeit«, *tugent* »Vortrefflichkeit, Tüchtigkeit« allgemein, *êre* »gesellschaftliche Reputation«, *zuht* »feine höfische Bildung und Erziehung« und *triuwe* »Aufrichtigkeit und Treue«.

Zum Grundzug seiner Darstellung hat Wolfram erhoben, was der Pfaffe Konrad so gut wie ganz ausgeklammert hat: das unermessliche Leid, das der Krieg zur Folge hat, und zwar für beide Seiten. In bewegenden Worten klagen Figuren wie Erzähler

Abb. 13: Wolfram von Eschenbach, *Willehalm:* Willehalm tötet König Tesereiz (oben); er flieht vor den Verfolgern (unten).
(Wolfenbüttel, Herzog August Bibliothek, Cod. Guelf. 30.12 Aug. 2°, f. 102r)

über den Tod christlicher und heidnischer Helden. Doppeltes Leid aber trägt Gîburc, die zum Anlass des großen Krieges geworden ist. Für sie, die ihren Mann Tibalt und ihre Kinder aus dieser Ehe verlassen hat, um den Christen Willehalm zu heiraten, bedeutet der Krieg Verwandtenkampf von unerträglichem Ausmaß, bedeutet jeder Sieg, wer auch immer ihn erringt, Niederlage und Verlust, Trauer um Christen und um Heiden.

Das blutige Abschlachten der Nichtchristen wird schließlich auch durch theologische Argumentation und Reflexion, insbesondere durch das Gebot der christlichen Schonung des Feindes, in Zweifel gezogen. Wolfram legt es Willehalms Frau in den Mund. In einer langen Rede vor den christlichen Heerführern, die sich vor der zweiten Schlacht zum Kriegsrat versammelt haben, ruft Gîburc ihnen ins Bewusstsein, dass auch der Nichtchrist *gotes hantgetât*, von Gott eigenhändig geschaffenes Geschöpf, ist und unter seiner Obhut steht. Ihn wie Vieh abzuschlachten – wozu die traditionelle Kreuzzugsideologie die Lizenz gab –, kann unter diesen Vorgaben nur als gottesläs- terlicher Frevel verstanden werden. Ihre Forderung nach Erbarmen mit den Heiden im Kampf bekräftigt Gîburc mit dem – dogmatisch bedenklichen – Theologumenon, dass auch die Heiden Gottes Kinder sind und auf seine erlösende Barmherzigkeit rechnen dürfen, und schließlich mit dem Hinweis, dass Christus sogar bereit war, seinen Mördern zu vergeben. Der alttestamentlichen Position, die das *Rolandslied* vertreten hatte – der bedingungslosen Vernichtung der Feinde Gottes –, setzt sie das christliche Gebot der Nächsten- und Feindesliebe entgegen. Außerdem erinnert Gîburc daran, dass alle einmal Ungetaufte und damit Heiden waren. Damit ebnet sie die fundamentalen Unterschiede zwischen Christen und Nichtchristen ein, aus denen die Kreuzzugspredigt argumentative Kraft bezog.

Ähnlich wie Gîburc äußert sich der Erzähler nach der zweiten Schlacht, die blutig, mit großen Verlusten auf beiden Seiten geschlagen worden ist. Denn auf der Handlungsebene bleibt die Thematik des *Rolandsliedes* bestehen. Auch das Geschehen des *Willehalm* konstituiert sich über die Heidenfrage und ihre kriegerischen Konsequenzen, über zwei große Schlachten und über ein zweimaliges großes Schlachten, mit einem Massensterben auf beiden Seiten. Erzähler- und Figurenreden bewirken jedoch die durchgängige Problematisierung des dargestellten Kriegsgeschehens; sie zeigen, dass anderes, wenn schon nicht machbar, so doch denkbar ist. Ein Handlungsmodell lässt sich daraus nicht ableiten. Wolframs *Willehalm* ist kein Bekenntnis zum radikalen Pazifismus. Wohl aber stellt sein Autor die Idee des *bellum iustum* auf der Metaebene der Reflexion, im Zeichen der Nächstenliebe, ins Zwielicht. Mehr kann man von einem Autor, der vielleicht selbst Mitglied der adeligen Kriegerkaste war, zumindest aber für sie schrieb, nicht verlangen.

Der Krieg und seine Problematik treten uns in der Gestalt des Titelhelden, des Markgrafen Willehalm, leibhaft entgegen. Er ist der prominente Vertreter einer Militäraristokratie, die dem Töten und dem Tod verfallen ist. Er neigt zu Gewalttätigkeit gegen Freund und Feind, Mann und Frau: Das zeigt nicht nur die grausame Schlacht, mit der die Erzählung einsetzt – ihr gehen zahllose Schlachten voraus, die Willehalm für Kaiser Karl und seinen Sohn Lôîs geschlagen hat –, sondern auch seine unkontrollierten Wutausbrüche: In Orlens erschlägt er einen Richter, der ungerechtfertigt Zoll gefordert hat, in Laon beschimpft er den König vor dem gesamten Hof, sich und jede Courtoisie vergessend, als Schwächling, so dass einige gelehrte Fürsten ihn zu den Säulen des Herkules wünschen, und die Königin, seine Schwester, bedroht er, als sie ihm Hilfe verweigert, mit dem Schwert. Sein ganzes Wesen ist kriegerisch. Ablesbar ist dies auch an äußeren Zeichen: an der Rüstung, die er so gut wie nie ablegt, die ihm gewissermaßen zur zweiten Haut geworden ist, und an seinem Kennzeichen, der verstümmelten Nase, die ihm den Beinamen *ehkurneiz* »mit der kurzen Nase« eingetragen hat. Der versehrte Körper verweist in diesem Fall nicht nur auf einen einmaligen Akt der Gewalt, sondern auf das gesamte Lebensprogramm des Narbenträgers: Er lässt erkennen, dass Willehalm seine gesamte Existenz dem Krieg verschrieben hat. In der vornehmen Hofgesellschaft nimmt er sich, schmutzig, in voller Rüstung, erschöpft und zornig, wie er erscheint, wie die Allegorie des Krieges selbst aus.

Seine grausamen und schockierenden Seiten treten am stärksten in der berühmten Arofel-Szene hervor. Arofel ist der Vaterbruder Gîburcs, beide verbindet eine besonders enge und persönliche Beziehung. In der ersten Schlacht treffen Onkel und Ehemann Gîburcs aufeinander, der Kampf, der nun entbrennt, ist der Kampf zwischen Verwandten. Das weiß nicht nur der Erzähler, das wissen auch die Beteiligten selbst. Als Arofel der Riemen seines Beinschutzes reißt, schlägt Willehalm ihm das Bein vom Rumpf. Und obwohl der hilf- und wehrlose Gegner um sein Leben fleht, erschlägt ihn Willehalm, ohne ein einziges Wort zu verlieren, raubt die Rüstung und schlägt der Leiche auch noch den Kopf ab. Hier agiert nicht der vorbildliche Ritter der idealisierenden Artusromane, der seinem Gegner nach dem Sieg in der Tjost das

Leben schenkt. Hier regieren vielmehr Brutalität und Gewalt, hier erfährt ein Krieger am eigenen Leib »die Aporie des Kriegerstandes, der in Gottes Namen Gottes Geschöpfe töten soll, die Aporie des Handeln-Müssens, des Aushalten-Müssens und Weiterlebens« (Stefan Fuchs) und handelt danach.

Am radikalsten wird die Problematik des Krieges aber an der Figur der Gîburc demonstriert. Denn sie ist Anlass des Krieges, des ganzen Unheils, das über die ganze christliche wie nichtchristliche Welt hereinbricht, und zugleich Objekt dieses Krieges. Anlass ist sie insofern, als sie um der Liebe zum Gott der Christen wie der Liebe zum Markgrafen willen ihre Familie verlässt, jede materielle Sicherheit aufgibt und in bedingungsloser Liebe sich auf das Abenteuer eines ungewissen Lebens in einer ihr zunächst fremden Kultur einlässt. Der Krieg, den sie ausgelöst hat, zwingt ihr nicht nur eine Geschlechterrolle auf, die nach traditionellen Vorstellungen allein dem Mann mit seinem Waffenmonopol zustand: Während Willehalm an den Königshof eilt, um Hilfe und Entsatz zu holen, verteidigt Gîburc mit ihren Hofdamen die Stadtburg von Oransche gegen die anstürmenden Feinde. Erst als Willehalm vor der Tür steht, verordnet ihr der Erzähler, in das weibliche Rollenfach zurückzuwechseln und die demütige Ehefrau zu spielen. Gîburc hat freilich mit dem Wechsel der Religion und des Ehemannes nicht alle Bande zur heidnischen Sippe aufgegeben. Auch als Ehefrau des Markgrafen bleibt sie die Tochter des heidnischen Großkönigs, bleibt sie Mutter, Schwester und Nichte. Wolframs Erzähler hat alles getan, um diese Doppelbindung Gîburcs über die feindlichen Lager hinweg herauszustellen. Denn erst dadurch wird die »Schlacht zum problematischen Abschlachten zweier einander verbundener Geschlechter« (Christian Kiening).

Es ist eine Welt des Schreckens und des Grauens, die Wolfram in seinem *Willehalm* entwirft. Eine Lösung zeichnet sich nicht oder nur als ferne Utopie ab. Die Brüche, die Aporien bleiben bestehen.

Literatur: Bertau, Deutsche Literatur; Karl Bertau: Über Literaturgeschichte. Literarischer Kunstcharakter und Geschichte in der höfischen Epik um 1200. München 1983, S. 80–108; Bumke, Wolfram von Eschenbach; Joachim Bumke: Wolframs Willehalm. Studien zur Epenstruktur und zum Heiligkeitsbegriff der ausgehenden Blütezeit. Heidelberg 1959; Stefan Fuchs: Hybride Helden: Gwigalois und Willehalm. Beiträge zum Heldenbild und zur Poetik des Romans im frühen 13. Jahrhundert. Heidelberg 1997 (Frankfurter Beiträge zur Germanistik 7); Christian Kiening: Reflexion – Narration. Wege zum *Willehalm* Wolframs von Eschenbach. Tübingen 1991 (Hermaea N.F. 63); ders.: Wolfram von Eschenbach: *Willehalm*. In: Interpretationen. Mittelhochdeutsche Romane und Heldenepen. Hg. von Horst Brunner. Stuttgart 1993 (RUB 8914), S. 212–232; Klaus Kirchert: Heidenkrieg und christliche Schonung des Feindes. Widersprüchliches im *Willehalm* Wolframs von Eschenbach. Archiv für das Studium der neueren Sprachen und Literaturen 231 (1994) 258–270; Wolfgang Mohr: Willehalm. In: W. W.: Wolfram von Eschenbach. Aufsätze. Göppingen 1979 (GAG 275), S. 266–331; Martin Przybilski: *sippe und geslehte*. Verwandtschaft als Deutungsmuster im ›Willehalm‹ Wolframs von Eschenbach. Wiesbaden 2000 (Imagines Medii Aevi 4); Wolfram von Eschenbach. Ein Handbuch, S. 145–220, 523–702.

f. Gottfried von Straßburg: *Tristan*

Mit dem Konzept der Liebesehe, für das die ersten Artusromane oder auch Wolfram in seinem *Parzival* und *Willehalm* geworben haben, reagierten die Dichter nicht nur auf eine krude lebensweltliche Praxis, sondern auch auf die Provokation des Tristanromans, der von einer ganz anderen Liebe erzählt: vom Eros als einer Lebensmacht, die den ganzen Menschen in Besitz nimmt, die ihn Glück und Leid in vollen Zügen kosten lässt, die gesellschaftliche Tabus verletzt und schließlich in den Untergang führt. Aber noch der Tod der Liebenden bestätigt das Recht des Individuums und seine Liebe als höchsten Lebenswert.

Die ältere Version Eilharts von Oberg hat das im Stoff angelegte Sinnpotential eher unterkomplex behandelt. Die Liebe Tristans, des Neffen des Königs, zur Königin ist ihm Beispiel für die Störung und Gefährdung eines phänomenalen Heldenlebens, die passionierte Liebe aber eine Torheit, die für einige Turbulenzen in der sozialen und moralischen Ordnung sorgt, diese aber nicht ernsthaft gefährden kann. Der Tod der Liebenden bestätigt die Gültigkeit der sozialen Ordnung.

Hochdifferenziert hat Gottfried von Straßburg in seinem *Tristan* (um 1210) das Phänomen der überwältigenden, leidenschaftlichen Liebe ergründet. Er hat diese Liebe indes von langer Hand vorbereitet. Der eigentliche Liebesroman beginnt erst nach rund 11000 Versen. Vorausgehen die unglückliche Geschichte von Tristans Eltern, ein kleiner Roman von rund 1500 Versen, sowie Kindheit, Jugend und Heldenleben Tristans. Seine Hauptgestalt präsentiert Gottfried als intellektuelle, musische und sportliche Hochbegabung. Bereits in ganz jungen Jahren zeichnet Tristan sich durch eine staunenswerte Perfektion im Waffenhandwerk, in den Fremdsprachen und allen Formen der höfischen Courtoisie aus. Als Heranwachsender macht er sich einen Namen als Kulturbringer, indem er an König Markes Hof ganz neue Kulturtechniken (Jagd, Musik) einführt, und als Heilbringer, indem er in einem erbitterten Zweikampf den schrecklichen Morholt besiegt; er tritt aber auch als junger skrupelloser Draufgänger auf, der in der Auseinandersetzung mit Herzog Morgan heimtückisch von der Waffe Gebrauch macht. Doch all seine herausragenden Fähigkeiten, die positiven wie auch die negativen, sind kein Versicherungsschutz gegen die Leidenschaft. Die Minnetrankszene führt aufs schönste vor, dass es irgendwann auch einmal das Wunderkind und den Wundermann erwischt, den Intellektuellen und Hochsensiblen, den Ausnahmehelden und Schlagetot. Isolde ist ihm, was die Bildung angeht, durchaus ebenbürtig. Beide zeichnen sich auch durch große körperliche Attraktivität aus – Isoldes Sirenenschönheit ist sprichwörtlich –, beide verbindet auch die Liebe zur Musik.

Auch bei Gottfried bricht die Liebe gleichsam als eine dämonische Macht in das Leben zweier Menschen ein; sie lässt diesen keinen Raum für eine freie Entscheidung. Dass Tristan und Isolde sich lieben müssen, beruht nicht auf ihrem Willensentschluss. Sie stehen vielmehr unter dem Diktat einer hoheitsvollen und gewalttätigen Herrscherin, die sich alles unterwirft. Der Tristanroman hat diese Vorstellung materiell im Zaubertrank konkretisiert, den die beiden versehentlich trinken. An dieser Konzeption ändert auch Gottfried nichts. Danach freilich bekennt sein Tristan sich aus freien Stücken zu seinem Schicksal und zu der Liebe, die über ihn gekommen ist. Eine moralische Entlastung kann es danach nicht mehr geben. Der Minnetrank wird kein einziges Mal mehr erwähnt. Das gibt es nur bei Gottfried.

Der Liebe, die Tristan und Isolde realisieren, spricht Gottfrieds Erzähler vollkommene Aufrichtigkeit und Offenheit, Treue, Lauterkeit und Reinheit zu. Welche Qualität die Liebe nach innen entfalten kann, zeigen vor allem die Episoden vom Feenhündchen Petitcriû (»Kleingewachsenes, kleines Geschöpf«) und vom Leben in der Minnegrotte.

Die Petitcriû-Episode erzählt, wie Tristan nach dem Gottesurteil Cornwall verlässt und sich nach Wales zum Herzog Gilan begibt. In dessen Dienst besiegt er den

Riesen Urgan, der das Land unterdrückt. Zum Lohn erhält er das Hündchen Petitcriû, das einst eine Fee dem Herzog zum Geschenk gemacht hatte: ein mechanisch-artifizielles Produkt mit magischen Fähigkeiten – mit dem Klang seines Wunderglöckchens kann es alle Schmerzen und alles Leid vertreiben. Tristan will dieses Spielzeug jedoch nicht für sich, sondern für Isolde. Der Geliebten will er es zum Trost in ihrem Kummer senden. Um Isoldes willen verzichtet er auf die Befreiung vom eigenen Leid. Isolde aber will von Freude ebenfalls nichts wissen, solange sie den Geliebten in Trauer weiß; sie zerbricht das Glöckchen.

Auch das Leben in der Minnegrotte dient der Erhellung der Innenbeziehung des Paares. Um die geistig-seelischen Qualitäten der Tristanliebe hervorzuheben, nimmt Gottfried hierfür sogar Anleihen bei der geistlichen Literatur. Tristan und Isolde, vom Hof verbannt, suchen in Begleitung Kurvenals eine Grotte in einem wilden Gebirge auf, die Tristan zufällig auf der Jagd entdeckt hat. Es ist ein mythischer Ort, den einst Riesen als Zufluchtsort für Liebende geschaffen haben. In dieser Grotte führen die Liebenden ein *wunschleben* im mittelalterlichen Sinn: ein Leben in vollkommener Harmonie und Glückseligkeit. Ihre Minne ist eine Qualität, die Leib und Seele erhält. Sie bedürfen keiner profanen Speise, sie ernähren sich vielmehr dadurch, dass sie sich in die Augen blicken (das sog. Speisewunder). Mit der Metapher von der Liebe als Speise bringt Gottfried zum Ausdruck, dass die Liebe die Lebensgrundlage schlechthin ist: Tristan und Isolde ernähren sich gegenseitig von der Liebe; ihre Liebe hat lebenspendende und lebenerhaltende Kraft. Das Paradies trägt freilich alle Zeichen der Utopie; die Fiktionalitätssignale sind nicht zu übersehen. Ein dauerhaftes Glück, in dem der Gegensatz von Individuum und Gesellschaft aufgehoben ist, ist nur als Utopie denkbar.

Der Großteil des Liebesromans zeigt die Liebe nicht in ihrer ontologischen, sondern in ihrer gesellschaftlichen Dimension. Was nach innen als Lauterkeit und Treue erscheint, ist, weil es eine ehebrecherische Liebe ist, nach außen Betrug und Untreue. Die Untreue beginnt bereits auf dem Schiff, in dem Moment, in dem Tristan von der Rolle des Brautwerbers in die Rolle des liebenden Mannes überwechselt, in dem Augenblick, in dem die Liebe zu Isolde über die Loyalität gegenüber seinem Lehnsherrn und Onkel Marke siegt. Gleichwohl führt Tristan die Braut dem König zu. Damit beginnt für die Liebenden ein Doppelleben. Ihre Liebe zwingt sie unter den gegebenen Bedingungen zur fortwährenden Unehrlichkeit, zur Verstellung und Täuschung des Königs und des Hofes. Zunächst gelingt es glänzend, den Schein zu wahren, und zwar schon in der Hochzeitsnacht. Dem König wird zunächst die Zofe Brangäne zugeführt, die am Morgen unbemerkt mit Isolde ihren Platz tauscht. Nach einer gewissen Zeit allerdings werden der König und der Hof misstrauisch. Doch immer wieder gelingt es den Liebenden, das Misstrauen zu zerstreuen. Bevorzugtes Mittel der Manipulation ist die Sprache. Bei verschiedenen Gesprächen mit Marke nachts im Bett heuchelt Isolde Abneigung gegen Tristan. Bei einem Stelldichein im Baumgarten, wo sie Tristan zuvor viele Male schon getroffen hat, täuscht sie die heimlichen Lauscher, König Marke und den Zwerg Melôt, überdies durch die Polysemie der Rede. Mehrdeutig ist nämlich Isoldes Erklärung, dass sie nur den Mann liebe, der ihr die Jungfräulichkeit geraubt habe. Sie spricht hier durchaus die Wahrheit, die dem Ehemann im Ölbaum freilich nicht zugänglich ist. Dieser muss, da er von anderen Voraussetzungen ausgeht, das unverhüllte Liebesbekenntnis zu Tristan als eheliches Treuebekenntnis verstehen. Der Höhepunkt der Listepisoden ist freilich der gefälschte Eid beim Gottesurteil. Abermals lässt sich die Wahrheit mit Hilfe einer doppeldeutigen Aussage verschleiern. In diesem Fall geht die Manipulation mit Hilfe der Sprache freilich noch weiter. Isolde formuliert ihren doppeldeutigen Eid in der Hoffnung, dass Gott ihren Eid als wahr erweisen möge.

Schonungslos deckt Gottfried so die Schattenseiten und Abgründe der Liebe auf, am deutlichsten vielleicht beim Mordanschlag auf Brangäne und beim Gottesurteil. Bei Isoldes Gespräch mit den beiden Mördern, in dem sie den Mordauftrag kaltschnäuzig abstreitet, geht der Erzähler auf Distanz zu seiner Figur. Eine eindeutige Sprache spricht auch Gottfrieds Bewertung des Eides: Er gilt ihm als *gelüppet* »vergiftet«.

Die letzten beiden Episoden von Gottfrieds Torso – Entdeckung im Baumgarten und Abschied und Tristans Heirat mit Isolde Weißhand – leiten das Scheitern des Paares und seinen Untergang ein. Zugleich zeigen die Szenen die inhärenten Gefährdungen und die Abgründe der Tristanliebe.

Isolde hält auch in der Trennung, auch im größten Schmerz an der Einheit mit dem Geliebten fest. Die Kehrseite der absoluten Treue ist der radikale Selbstverlust. Isolde ist nicht mehr in der Lage, sich in der Welt zu orientieren, sie kann nicht leben und nicht sterben, hat Tristan doch ihr Leben mitgenommen und das seine in ihre Obhut übergeben. Darin zeigt sich die der Tristanliebe inhärente Gefahr: Sie setzt den Liebenden nicht nur in Opposition zur Gesellschaft, sondern sie setzt ihn auch der Gefahr des Selbstverlustes aus. Die Tristanliebe ist so nicht nur eine gesellschaftzerstörende Kraft; sie ist auch eine Kraft, die sich gegen die Liebenden selbst richtet. Das gezeigt zu haben, ist das Verdienst Gottfrieds. Die Ambivalenzen der Liebe werden in die Liebenden selbst hineingenommen. Einswerden bedeutet zum einen höchste Liebeserfüllung, bedeutet zum anderen aber auch die Aufhebung der personalen Identität.

Tristans Verhalten steht zu dem Isoldes in grellem Kontrast. Während diese in absoluter Liebe und Treue ihr eigenes Ich verliert und nur das Wohl des Geliebten im Auge hat, stellt Tristan seine eigenen Bedürfnisse an erste Stelle und übt Verrat an der Liebe. Wie zeigt sich Tristans Verrat, woran erkennt man den auch nach innen greifenden Verfall? Zunächst einmal daran, dass Tristan sich durch die Teilnahme an Kriegen und Turnieren vom Trennungsschmerz ablenken will. Er handelt damit gegen seine ererbte Veranlagung, seine eigene Natur, aber auch gegen die Tristanliebe, für welche die Verbindung von Freude u n d Leid konstitutiv ist. Wenn er das Leid, das die Liebe zu Isolde mit sich bringt, nicht mehr annimmt, negiert er diese Liebe selbst. Im weiteren Verlauf wird der Liebesverrat psychologisch noch differenzierter motiviert. Als Tristan am Hof des Herzogs Jovelin dessen Tochter Isolde Weißhand kennenlernt, ist er ständig hin- und hergerissen zwischen dem Bedürfnis, sein Leid zu erinnern, und dem Verlangen, es zu vergessen, zwischen Treueversprechen und Missachtung dieses Versprechens. Tristan zieht endlich den Schluss, dass Liebe und Treue zur blonden Isolde keinen Nutzen mehr habe; pragmatisches Denken gewinnt die Oberhand. Wenn es ihm gelinge, seine Liebe auf mehrere Liebschaften aufzuteilen, werde er vielleicht ein Tristan ohne Trauer, ein *triureloser Tristan*. Bei diesen Überlegungen, mitten in Tristans Misere, bricht der Roman ab.

Doch auch nach außen entfaltet die Tristanliebe ihr zerstörerisches Potential. Ablesbar ist dies am Hof und an der Figur des Königs Marke. Zu Beginn des Romans, in der Vorgeschichte, ist der Hof Markes ein Zentrum höfischer Gesellschaftskultur, Zentrum der Künste und der Festlichkeiten und der politischen Stärke. Das ändert sich in dem Moment, in dem Tristan auftritt. Kabale, Neid und Intrige gegen Tristan, der mittlerweile zum Favoriten des Königs avanciert ist, greifen um sich. Man versucht, ihn als den Kronprätendenten auszuschalten; der Vorschlag der Barone, ihn als Brautwerber nach Irland, in das Land des Erzfeindes, zu schicken, ist ein reines Himmelfahrtskommando. Die verbotene Liebe zwischen der Königin und ihrem Neffen fördert noch Intrige, Hass und Gewalt.

Auch die Figur des Königs wird im Laufe des Romans demontiert. War der junge Marke der strahlende Mittelpunkt seines Hofes, so verliert er in der ehebrecherischen Konstellation gänzlich seine Souveränität; Ansätze dazu hatte es bereits vorher gegeben. Mit dem Misstrauen aber, das sein Herz in Besitz genommen hat, kommt ihm der Sinn für das Vernünftige und Angemessene abhanden, scheut er sich nicht einmal davor, mit einem Zwerg auf einen Baum zu klettern, um seine Frau *in flagranti* zu ertappen. Hilflos ist er negativen Affekten wie Zorn, Neid und Hass ausgeliefert. Seinem Hofrat präsentiert er sich als notorisch eifersüchtiger Ehemann, der immer wieder seine Ehefrau und den Neffen beschuldigt und dabei immer wieder den Beweis schuldig bleibt. Er demontiert damit nicht nur seine Souveränität als Herrscher, sondern auch seine Glaubwürdigkeit und seine gesellschaftliche Reputation.

Gottfried beschreibt die passionierte Liebe zwischen Tristan und Isolde als ein durch und durch ambiguoses Phänomen. Lösungen bietet er nicht an. Sein ganzes Erzählen ist darauf angelegt, die Einsicht zu befördern, dass es einfache Wahrheiten nicht gibt.

Literatur: Bertau, Deutsche Literatur; Hans Furstner: Der Beginn der Liebe bei Tristan und Isolde in Gottfrieds Epos. Neophilologus 41 (1957) 25–38; Walter Haug: Gottfrieds von Straßburg ›Tristan‹. Sexueller Sündenfall oder erotische Utopie? In: W. H.: Strukturen als Schlüssel zur Welt. Kleine Schriften zur Erzählliteratur des Mittelalters. Tübingen 1989, S. 583–594; Huber, Gottfried von Straßburg; Tomas Tomasek: Die Utopie im ›Tristan‹ Gotfrids von Straßburg. Tübingen 1985 (Hermaea N.F. 49); ders., Gottfried von Straßburg; Der ›Tristan‹ Gottfrieds von Straßburg. Symposion Santiago de Compostela, 5.–8. April 2000. Hg. von Christoph Huber und Victor Millet. Tübingen 2002; Franziska Wessel: Probleme der Metaphorik und die Minnemetaphorik in Gottfrieds von Straßburg ›Tristan und Isolde‹. München 1984 (MMS 54); Alois Wolf: Gottfried von Straßburg und die Mythe von Tristan und Isolde. Darmstadt 1989.

Die Romane und Epen der höfischen Klassik sind singuläre Entwürfe, geprägt von einem individuellen Autorwillen, unverwechselbare und einzigartige Stimmen in einem Chor, der im Laufe des 13. Jahrhunderts zu beachtlicher Größe heranwächst. Der Artusroman führt die in den klassischen Romanen angestoßene Diskussion über adelige Lebensentwürfe nur noch eingeschränkt weiter. Den Autoren ist es weniger um anthropologische und ständische Probleme denn um die Konstruktion und Reflexion neuer E r z ä h l welten, weniger um Anthropologie denn um Poetik zu tun. Fortgesetzt wird die Diskussion vor allem in jenen Romanen, die wieder stärker Anschluss an historische und legendarische Traditionen suchen. Namentlich der Antikenroman und die sog. Minne- und Aventiureromane, aber auch die Legendenromane führen, bei allen Unterschieden im einzelnen, eine rege Debatte über vorbildliches Adelsleben und ideale Herrschaft, sei es am positiven, sei es am negativen Beispiel, über feudale und christliche Normen, z.B. Treue und Demut, und Normverletzungen, oder sie inszenieren aporetische Konflikte zwischen verschiedenen Werte- und Normsystemen. Das erzählerische und konzeptionelle Niveau der klassischen Romane wird freilich oft mehr nicht gehalten.

3. Orientierung für Sterben und Tod

Über Sterben und Tod haben die Menschen zu allen Zeiten nachgedacht, im Mittelalter freilich weit häufiger als heute. Symptomatisch dafür, in welchem Maß der Tod im Bewusstsein des mittelalterlichen Menschen verankert war, ist ein vielzitierter Satz Notkers I. von St. Gallen (des Stammlers; ca. 840–912): *Media vita in morte sumus* (»Mitten wir im Leben sind/ mit dem Tod umfangen«). Der Diskurs über Sterben und Tod wird in zahlreichen Gattungen und Texttypen in jeweils gattungsspezifischer Perspektivierung geführt. Das Spektrum reicht von der Anleitung zu einem heilsamen Sterben bis hin zum fiktiven Streitgespräch mit dem personifizierten Tod über den Sinn von Leben und Sterben, vom eschatologischen Dialog zwischen Seele und Leib auf dem Sterbebett über die Rechtstexte mit ihren Verhandlungen über Tötungsdelikte und Todesstrafen bis zu den Todesprognostiken in den Arzneibüchern, welche die Zeichen des nahen Todes zu erkennen lehren. Die folgende Darstellung konzentriert sich auf wenige Beispiele aus der geistlichen, erzählenden und liedhaften Literatur.

a. Der Tod als Grundkategorie menschlichen Daseins: Klerikal-gelehrte Perspektiven

Christlicher Religion und Theologie zufolge ist der Tod das Ende des irdischen Daseins, nicht das Ende des Lebens schlechthin. Den Glauben an ein Weiterleben nach dem Tod und die Hoffnung auf Auferstehung bezeugen deshalb unzählige Texte aus dem Mittelalter. Mehr als heute sorgte man sich auch um das Schicksal der Seele nach ihrer Trennung vom Leib. Ungezählt sind die Predigten in Vers und Prosa, die katechetischen und erbaulichen Schriften, die zur rechten Lebensführung anhalten, um die Seele vor der ewigen Verdammnis zu retten, ungezählt die Jenseitsvisionen, die in grausamen Phantasmagorien die Qualen der Seele in Fegefeuer und Hölle beschreiben, um abzuschrecken und zur Umkehr zu bewegen. Inschriften und fromme Verfügungen etwa über Fürbitten und Stiftungen zeigen, dass die geistlichen Ermahnungen und die Lehren vom Leben im Jenseits Gehör fanden: Mit solchen Verfügungen trafen die Reichen und Mächtigen – Fürsten und Adelige, im späteren Mittelalter auch Bürger und Kaufleute – Vorkehrungen für den Tod und Vorsorge für das Seelenheil zu Lebzeiten. Vorbildlich wie das Leben sollte schließlich auch das Sterben sein: im christlichen Glauben und in frommer Ergebung in den Willen Gottes, versehen mit den heiligen Sakramenten und damit befreit von jeder Sündenschuld.

Vorbildliches christliches Sterben: Narrative Inszenierungen

Die Kunst des rechten, christlichen Sterbens lehrten seit dem frühen Mittelalter schon Viten von Heiligen und Adeligen beispielhaft im Medium der Erzählung. Als Inbegriff christlichen Sterbens galt der Tod Mariens. Über ihren Tod und ihre Himmelfahrt berichtet erstmals das fiktive Sterbeprotokoll *De transitu beatae Mariae virginis* (5. Jh.) eines anonymen Autors, das im Zusammenhang mit dem Bau des Mariengrabes im Kedrontal, urkundlich bezeugt seit der Mitte des 5. Jahrhunderts, entstanden sein dürfte (Regeste nach Klaus Schreiner):

Drei Tage vor Marias Tod erschien ein Engel, brachte ihr als Zeichen des Sieges und der Gerechten einen Palmzweig und kündigte ihr an, dass binnen drei Tagen ihr Leben zu Ende gehe. Danach, fuhr der Engel fort, wolle sie Gott in den Himmel aufnehmen. Maria rief, nachdem sie die Kunde des Engels vernommen hatte, Verwandte und Bekannte zu sich, um ihnen ihren bevorstehenden Tod kundzutun. Ohne dass sie jemand benachrichtigt hätte, kamen auch alle Apostel. Wolken hatten sie auf wunderbare Weise durch die Lüfte schweben lassen und vor der Haustür Marias abgesetzt. Maria sagte zu ihnen: »Betet und wachet mit mir, dass euch der Herr wachend findet, wenn er kommt, um meine Seele in Empfang zu nehmen.« Die Apostel erfüllten diese Bitte. Die ganze Nacht über harrten sie bei Maria aus, zündeten Lampen an, psalmodierten und sangen Hymnen. Zur angekündigten Stunde kam Christus, nahm Marias Seele in seine Hände und brachte sie in den Himmel.

Diese Darstellung vom Tod Mariens hat normativen Charakter; sie gibt eine Anleitung zum guten Sterben. Beispielhaft sind das durch göttliche Inspiration vermittelte Wissen, dass der Tod naht – wissend zu sterben, gehörte nach mittelalterlicher Vorstellung zum guten Tod –, und das Sterben in der tröstlichen Gegenwart der Apostel, Verwandten und Nachbarn. Vorbildlich ist aber auch der Gesang der Apostel als Gebetshilfe für die Sterbende; diese und das Vorlesen geistlicher Texte war für die Anwesenden Pflicht.

Die Erzählung gehörte im hohen und späten Mittelalter zum allgemein verbreiteten Glaubensgut. Ganz ähnlich erzählte z. B. auch Konrad von Heimesfurt von Marias Tod (*Von unser vrouwen hinvart*, um 1205/10?): Hier überbringt Christus selbst die Nachricht, worauf Maria sich sorgfältig auf ihren Tod vorbereitet: Sie zieht ein schneeweißes Totenhemd an, fällt in kreuzförmiger Stellung vor ihrem Sohn nieder, betet und übergibt ihre Seele in seine Obhut. Christus aber vertraut sie dem Erzengel Michael, dem Seelenführer, an und schenkt ihr einen schmerzlosen Tod.

Langsam und rituell, wie es dem christlichen Ideal entspricht, sterben aber auch die Helden der Epen in der Tradition der altfranzösischen Chansons de geste, insbesondere die zwölf Kampfgefährten im *Rolandslied* des Pfaffen Konrad, aber auch der blutjunge Vivianz aus dem *Willehalm* Wolframs von Eschenbach. Sie sterben als Märtyrer des Glaubens, nachdem sie sich zuvor heroisch der Übermacht der Feinde erwehrt haben.

So fällt der sterbende Roland, Titelheld in Konrads Epos, nachdem er zuvor mit einer feudalrechtlichen Geste sein Leben an Gott, den obersten Lehnsherrn, zurückgegeben hat, mit kreuzförmig ausgebreiteten Armen zum Gebet nieder. Seine letzten Gedanken gelten Gott und dem Leben im Jenseits. Er bittet Gott, seiner armen Seele gnädig zu sein, und überdies befiehlt er den Kaiser und alle frommen Untertanen, die Toten und die Lebenden, seiner Gnade, damit er sie aufnehme »in Abrahams Schoß« (Lc 16,22; das Zitat ist Bestandteil der liturgischen Sterbegebete). Dann legt er sich auf die rechte Seite, senkt wie Christus am Kreuz das Haupt, breitet die Hände aus und befiehlt dem Allmächtigen seine Seele. Er vollzieht damit einen wichtigen Schritt im mittelalterlichen Sterberitual, die *commendatio animae*, mit der der Sterbende, indem er die Worte des sterbenden Christus nachspricht (vgl. Lc 23,46: *Pater, in manus tuas commendo spiritum meum* »Vater, in deine Hände befehle ich meinen Geist«), dessen Sterben nachvollzieht. Rolands Tod wird von Wunderzeichen begleitet, ähnlich denen, wie sie für die Todesstunde Christi (s. Kap. I.3.e) und vielfach auch für Märtyrer bezeugt sind.

So vorbildlich, wie Roland als *miles Christi* (zum Begriff vgl. S. 156) gelebt und gekämpft hat, so vorbildlich ist auch sein Sterben. Es ist vorbildlich freilich nicht nur im Hinblick auf das Sterberitual, sondern auch im Hinblick auf Anlass und Motiv: Roland stirbt als christlicher Held, der Christen und christlichen Glauben gegen die Andersgläubigen – den Vorstellungen der Zeit entsprechend als »Heiden« kodiert – verteidigt. Der Pfaffe Konrad hat, nicht anders als die zeitgenössische Kreuzzugspropaganda, diesen Tod als Martyrium gedeutet, das dem Krieger himmlischen Lohn und ewige Seligkeit einträgt. In der martyrologischen Deutung des Heldentods, der auf Sterben und Tod Christi am Kreuz zurückbezogen wird, findet die Sakralisierung des adeligen Kriegers und seines gewalttätigen Geschäfts ihren Abschluss.

Einen einsamen Tod ganz ohne Priester und ohne das Sakrament der Letzten Ölung und dennoch vorbildlich-christlich stirbt auch der alte König Ban, der Vater Lancelots, im *Lancelot-Gral-Prosaroman* (um 1250). Als er mit ansehen muss, wie seine Lieblingsburg Trebe in Flammen aufgeht, befällt ihn tiefe Trauer, und er stürzt ohnmächtig vom Pferd *so sere das im syn halß nah was gebrochen*. Als er wieder zu sich kommt, spricht er mit letzter Kraft ein Gebet. Im Wissen, dass seine letzte Stunde geschlagen hat, ergibt er sich ganz in Gottes Willen und dankt ihm, der sich für die Menschen arm gemacht hat, für die Armut, die er über ihn, Ban, im Alter hat kommen lassen. Auch bittet er um Vergebung für seine Sünden und um Gnade für seine Seele, und schließlich befiehlt er Frau und Sohn in die Obhut des himmlischen Herrn. Dann bricht er drei Grashalme: Sie ersetzen, wie auch Beispiele aus der französischen Heldenepik und zeitgenössische theologische Schriften belegen, die Kommunion in der Todesstunde. Danach verlassen Ban die Kräfte. Er stirbt, *sin hende in cruczwise gestrecket uff syn brust, die ein uber die andern, und die augen zu hymel und das heubt offwert gekeret, als ein tode zu recht sol ligen* (»seine Hände kreuzweise über die Brust gelegt, die eine über die andere, und die Augen gen Himmel und das Haupt gen Osten gewendet, wie ein Toter zurecht liegen soll«). Der Roman inszeniert so ein unvorbereitet-vorbereitetes Sterben, ein christliches Sterberitual auch ohne Beistand des Priesters und der Verwandten, aber im christlichen Glauben und in frommer Ergebung in den Willen Gottes.

Ars moriendi

Im späteren Mittelalter entwickelte sich das literarische Genus der Ars moriendi. Explosionsartig nahm die Zahl dieser Anleitungen für einen guten Tod zu Beginn des 15. Jahrhunderts, in den Jahrzehnten nach der Pest, zu. Die zunächst lateinisch, bald auch deutsch gefassten Sterbebüchlein waren für den Priester gedacht, der den Sterbenden begleitet, doch dienten sie öfters auch, wie die spätere Überlieferungsgeschichte zeigt, dem persönlichen Gebrauch, der meditierenden Vorbereitung auf den eigenen Tod, ganz ähnlich etwa den einschlägigen Auslegungen in Marquards von Lindau *Dekalogerklärung* (um 1370/90) oder Thomas Peuntners Traktat *Kunst des heilsamen Sterbens* (um 1435).

Ein Schlüsseltext dieser Gattung ist die fälschlich Anselm von Canterbury (1033/34–1109) zugeschriebene *Admonitio morienti*, die wiederholt, erstmals schon im 13. Jahrhundert, ins Deutsche übersetzt wurde. Inhalt des kurzen Textes sind ein streng formalisierter Dialog, bestehend aus feierlichen Fragen des Priesters und kurzen Antworten des Sterbenden, sowie Ermahnungen für die Zeit bis zum eintretenden Tod und für das persönliche Gericht, das die Seele nach kirchlicher Lehre unmittelbar nach dem Tod erwartet. Die Fragen erkunden, ob der Sterbende sich freue, sterben zu können in der Gewissheit, ein rechtes Leben im christlichen Glauben geführt zu haben, ob er gefehlt habe und die Verfehlungen bereue und ob er glaube, dass Christi Passion und Tod und nur diese ihn retten können. Diese Frage zielt darauf, dem Sterbenden Trost und Sicherheit zu vermitteln. Sodann wird der Sterbende ermahnt, in der ihm verbleibenden Zeit die Gedanken auf Leiden und Sterben Christi zu richten. Zur Umschreibung der meditativen Versenkung in Leiden und Tod Christi verwendet die älteste deutsche Übersetzung (aus der Stiftsbibliothek Hohenfurt) die Metaphern des Bedeckens, Einwickelns und Versenkens, die aus dem Begriffskomplex ›Begräbnis‹ stammen: *In den tode senke dich, mit dem tode bedeche dich, in den tode wikchel dich.* Die Metaphern verknüpfen das heilsgeschichtliche Sterben Christi mit dem bevorstehenden Tod und Begräbnis und deuten diese als körperhaften Nachvollzug des Erlösertodes. Die letzten Ermahnungen präparieren den Sterbenden durch Einüben bestimmter Formeln für das persönliche Gericht nach Eintritt des Todes. Als Schutz vor Gericht, drohender Verdammnis und Gottes Zorn wird dem Sterbenden empfohlen, Gott auf das Erlösungswerk seines Sohnes hinzuweisen: *Herre, den tode vnsers herren Jesu Christi setze ich zwischen din gerihte vnd mich armen sunder* (*zwischen dich vnd miniv posev werch*; *zwischen mich vnd dinen zorne*). Die Anleitung schließt mit der *commendatio animae*, welche die letzten Worte Christi am Kreuz und damit auch dessen Tod rituell nachvollzieht.

Die Pseudo-Anselmische *Admonitio* ist ein Propädeutikum, das dem Sterbenden in seiner Angst vor dem Tod Trost und Sicherheit vermittelt, indem es ihn im Glauben

Abb. 14: Vorbildliches Sterben – Titelbild der Ars moriendi *Quamvis secundum philosophum* (Leipzig: Konrad Kachelofen, c. 1495–98, Exemplar: München, Bayerische Staatsbibliothek, 4° Inc. s. a. 215)

und in der Heilsgewissheit bestärkt und überdies den Tod des Einzelnen in einen heilsgeschichtlichen Kontext stellt. Nicht minder ist sie ein Propädeutikum gegen die kollektive Todesangst, indem sie alle Anwesenden in das Ritual mit einbezieht: Dreimal sollen alle, die sich um das Sterbebett versammelt haben, die Sterbeworte Christi nachsprechen. Spezifisch christlich ist auch die Deutung des Todes: Dieser wird als Gericht imaginiert, das über das Schicksal des Verstorbenen im Jenseits entscheidet.

Christlich-klerikale Deutungen des Todes

Eine Anleitung zum seligen Sterben ohne Angst zu geben, ist auch die programmatische Intention einer Rede, die Otto von Passau einem der vierundzwanzig Alten (gemeint sind die Alten der Apokalypse; vgl. Apo 4,4) in seinem gleichnamigen Erbauungsbuch (1386?) in den Mund gelegt hat. Die Rede – es ist die zweiundzwanzigste –, ist ein aus biblischen, antiken und mittelalterlichen Autoritäten zusammengetragener Fundus konventioneller geistlicher Aussagen über das Ende der irdischen Existenz; ebenso konventionell sind die Sinnunterstellungen. Eine systematische Ordnung ist nicht erkennbar. Vielmehr werden einige wichtige Themen meditierend umkreist.

Der Autorität Bernhards von Clairvaux werden bekannte Aussagen über das Wesen des Todes zugeschrieben: So gewiss er ist, so ungewiss ist doch die Stunde, da er kommt. Niemand ist vor ihm sicher, niemanden verschont er. Der Tod ist der große Gleichmacher. Für die Gerechten ist er Anlass zur Freude, für die Ungerechten bedeutet er Verlust des Lebens und qualvollen Aufenthalt im Höllenfeuer. Den Heiligen aber ist der Tod die siegreiche Vollendung der Not und Eingang zur himmlischen Seligkeit. Für den, der sich ein Leben lang in der *ars moriendi* geübt hat, verliert er, mit Seneca, seine Schrecken. Er erlöst den Menschen aus vielerlei Not und Leid.

Ein weiterer Themenkreis sind Zeit, Anzeichen und Umstände des Todes. Dem Kirchenvater Gregorius zufolge erscheinen dem sterbenden Gerechten Engel und Heilige, den Bösen aber böse Geister. Das Problem, dass die einen früh, oft noch als Kind, und die anderen in hohem Alter sterben, wird mit dem Hinweis entkräftet, dass nicht die Dauer des Lebens, sondern die richtige Art der Lebensführung entscheidend sei. Dass der Tod unvermeidlich sei, wird mit Chrysostomus mit der dem Menschen ererbten Urschuld begründet. Boten des Todes sind Hugo von St. Viktor zufolge Krankheit und Alter, doch nicht minder wichtig sind der Zufall und die Unberechenbarkeit des Todes. Auch die Begegnung mit einem Toten lässt die eigene Vergänglichkeit erfahren; Otto hat diesen Hinweis einer Predigt des Ambrosius entnommen. Aus dem Thema der Vergänglichkeit alles Irdischen entwickelt Otto – wieder unter Berufung auf die Autorität Hugos – ein eindringliches *memento mori*, eingeleitet mit der *ubi sunt*-Formel: *wa sint nun die minner diser welt die kurtzlich vor vns gewessen sind* .... Es folgt eine Aufzählung der täglichen Gewohnheiten, Freuden und Laster, die angesichts des Todes nichtig werden.

Traditionell, wenngleich kontrovers sind schließlich auch die verschiedenen Deutungsangebote, die Otto gesammelt hat: Mit Augustinus gilt ihm der Tod als Strafe für die Erbsünde und als Bußleistung, die der Mensch dafür zu erbringen hat, aber auch als subjektiver und objektiver Schutz vor Sünde und allem Bösen: Der Tod kürzt die Leiden der Unschuldigen ab und hindert die Bösen, noch mehr Unrecht zu tun. Kein ausgewiesenes Autoritätenzitat ist die Aussage, dass jedes Leben auf Sterben und Tod hin angelegt sei. Mit Isidor wird sodann die Notwendigkeit begründet, stets des Endes eingedenk zu sein und in der rechten Weise zu sterben. Dieser Gedanke wird gleich darauf durch ein Chrysostomus zugeschriebenes Zitat unterlaufen, das Angst und Unsicherheit in bezug auf das unbekannte Jenseits artikuliert. Dieser Widerspruch ist symptomatisch für die Konzeption eines Textes, der ein breites Spektrum von Themen und Deutungsansätzen zum Zwecke der Belehrung und Erbauung bietet.

Die Rede des zweiundzwanzigsten Alten repräsentiert eine geistlich-klerikale Tradition, an der auch die Dichter beinahe von Anfang an mit je eigener Akzentsetzung und in eigenen Formen partizipierten. Als wirkmächtiger Deutungsansatz erwies sich vor allem die Interpretation des Todes als Strafe Gottes für die begangenen Sünden bzw. als Lohn der Welt. Öfter hat man auch beide Erklärungsmuster miteinander kombiniert.

Ein Beispiel dafür gibt Ottokar von Steiermark (um 1260/65–um 1320) mit der Totenklage auf König Otakar II. Přemysl von Böhmen (*Steirische Reimchronik*, v. 16735–17078), der 1278 in einer Schlacht Rudolf von Habsburg unterlegen und von einem persönlichen Gegner getötet worden war:

Zum einen deutet Ottokar den Tod des böhmischen Königs als jähes Ende eines ausschließlich auf das Diesseits, auf irdischen Reichtum und Macht, orientierten Adelslebens, das heißt: als Folge einer verfehlten, ganz der *vanitas* ergebenen Lebenspraxis. Der König habe den Versprechungen der Frau Welt vertraut und sei mit Verrat belohnt worden: Er, der über Tausende von Untertanen herrschte, war am Ende allein. Durch Ausplünderung wurde entehrt, der Inbegriff fürstlicher *virtus* und höfischer Bildung war. Der im Leben kostbare Kleidung trug, war am Ende nackt, von seinem großen Reichtum zu Lebzeiten blieb ihm am Ende nichts, statt einer komfortablen Liegestatt nur die von seinem eigenen Blut getränkte Erde.

Zum anderen interpretiert Ottokar das Schicksal des Königs als gerechte Vergeltung für begangenes Unrecht: Dieser habe sich als unzuverlässig gegenüber dem Reich erwiesen und die Vertreibung der Babenbergerin Gertrude durch den Propst von Brünn veranlasst, aus geringem Anlass nur sei er gewalttätig geworden und habe er Blut vergossen, habe auch den Tod des letzten Staufers Konradin und des letzten Babenbergers Friedrich verschuldet und ein Leben in *unkiusche* geführt. Eidbruch und Desertion der Gefolgsleute in der Schlacht, der über den König verhängte Kirchenbann, sein Tod, das Ertrinken im eigenen Blut, die Bestattung in ungeweihter Erde und das lasterhafte Leben seiner Witwe sind dem Chronisten deshalb nichts anderes als eine Sühne nach dem Talionsgesetz, das Vergeltung von Gleichem mit Gleichem – entweder in Analogie zum Verstoß oder durch das Gegenteil – vorschreibt. Damit ist die von Gott eingesetzte Rechtsordnung wiederhergestellt, gegen die Otakar wiederholt verstoßen hat. Dessen Tod hat unter diesem Aspekt exemplarische Bedeutung: Er bestätigt die Gerechtigkeit Gottes, der die Guten lohnt und die Schlechten bestraft, und damit auch die göttliche Heilsordnung.

Ebenso konventionell war die Deutung des Todes als eines Schreckbilds und Exempels der *vanitas*. Sie ist Leitfigur in einer großen Gruppe von Texten, die sich, bei aller inhaltlichen und formalen Heterogenität, dem Programm des *memento mori* verschrieben haben. Der älteste Text dieser Gruppe ist das noch ins späte 11. Jahrhundert gehörende *Memento mori* Nokers, eine in 19 Abschnitte gegliederte Bußpredigt, die die Vergänglichkeit der Welt, die Brüchigkeit und Nichtigkeit alles Irdischen und die Unvermeidlichkeit des Todes lebhaft vor Augen stellt, in der Absicht, die Menschen aufzurütteln und sie auf den rechten, gottgefälligen Weg zurückzuführen, damit sie nicht ihr Ziel, das ewige Leben, verfehlen. Die Verhandlung über den Tod ist so Teil der christlichen Lebenslehre.

Während Noker noch weitgehend abstrakt argumentiert, greift der sog. Heinrich von Melk einige Generationen später in *Von des todes gehugede*, einer umfassenden Stände- und Sozialkritik, in pädagogischer wie polemischer Absicht gleichermaßen zu ganz anderen literarischen Mitteln: Die Vergänglichkeit des gesamten irdischen Daseins vergegenwärtigt er in drastischen Bildern. Den vornehmen jungen Mann führt der Prediger in Gedanken zur Gruft seines Vaters, der, da er nicht rechtzeitig vorsorgte, die Sünden seines Lebens in ewiger Höllenpein abbüßen muss. Ausführlich schildert der Vater seine Qualen in Finsternis und Feuer, die er erleidet, da der Tod ihn gänzlich unvorbereitet, mit den Zerstreuungen der Welt befasst und ohne kirchlichen Beistand, traf. Und der schönen Rittersfrau stellt Heinrich eindringlich den Leichnam ihres Gemahls und dessen Verfall vor Augen:

> 610 nv sich, in wie getaner haeite
> div zunge lige in seinem munde,
> da mit er div trovt liet chunde
> behagenlichen singen!
> nvne mac si nicht fvr bringen
> 615 weder wort noch die stimme.
> nv sich, wa ist daz chinne
> mit dem niwen barthare?
> nv sich, wie recht vndare
> ligen die arme mit den henden,
> 620 da mit er dich in allen enden
> trovt vnt vmbe vie!
> wa sint die fvze, da mit er gie
> hoefslichen mit den frowen?
> [...]
> 630 nv schowe in al enmitten:
> da ist er geblaet als ein segel.
> der boese smach vnt der nebel
> der vert vz dem vber donen
> vnt laet in vnlange wonen
> 635 mit samt dir vf der erde.

»Nun sieh, wie die Zunge in seinem Mund liegt, mit der er die Liebeslieder einschmeichelnd zu singen wusste! Nun kann er weder Wort noch Ton hervorbringen. Nun sieh, wo ist das Kinn mit dem modischen Bart? Nun sieh, wie so recht unansehnlich Arme und Hände liegen, mit denen er dich überall zärtlich an sich zog und umarmte! Wo sind die Füße, auf denen er höfisch neben den Damen einherschritt? [...] Nun sieh ihn ganz in der Mitte an! Dort ist er wie ein Segel gebläht. Gestank und Gase dringen aus dem Bahrtuch und lassen ihn nicht lange mit dir auf der Erde bleiben.«

Der verwesende Leichnam ist Exempel für die Sterblichkeit alles Irdischen. Heinrich knüpft daran die Mahnung, innezuhalten und rechtzeitig Vorkehrung gegen den plötzlichen Tod zu treffen, der keine Zeit zu Reue und Buße lässt und deshalb den ewigen Tod bringen kann.

Die Verführung der Welt zu Hoffart, Begierde und Maßlosigkeit, die Unbeständigkeit und *vanitas* als Signum der menschlichen Existenz schlechthin, der Tod als Lohn der betrügerischen Welt, als großer Gleichmacher und Vernichter allen irdischen

Ruhms, Reichtums und Erfolgs bei Frauen, ja Zerstörer einer Weltherrschaft: das sind Themen, die später auch im Medium des Romans traktiert wurden. Ein Beispiel dafür ist die Totenklage um Alexander aus dem gleichnamigen Roman Ulrichs von Etzenbach (vor 1278 und nach 1283; v. 27223–525). In acht Reden beklagen acht hochangesehene weise Meister Alexander als vorbildlichen Herrscher, der den Undank der Welt erfahren habe und ihr Opfer geworden sei. Seine immense irdische Machtfülle sei im Tod auf drei Ellen Land für das Grab reduziert worden. Die Totenklage ist deshalb vor allem eine große, in der Tradition des *contemptus mundi* stehende Anklage gegen die Welt. Dabei werden alle rhetorischen Register gezogen, um Hörer und Leser mit dem Wissen um die Nutzlosigkeit, Unbeständigkeit und Vergänglichkeit alles Irdischen zu imprägnieren. Eine explizite Lebens- und Verhaltenslehre zu geben, ist freilich nicht das primäre Anliegen; darin unterscheidet sich die Totenklage vom Genus der ständekritischen Verspredigt. Die Schlussfolgerung aus den erhobenen Befunden muss ein jeder für sich selber ziehen.

Am Diskurs über Sterben und Tod haben sich auch die Sangspruchdichter beteiligt, wie die beiden folgenden Beispiele zeigen. Ein Spruch des um 1230/50 wirkenden Reinmar von Zweter (Roethe Nr. 190) fordert dazu auf, die kurze Dauer des irdischen Daseins zu bedenken und das Leben danach einzurichten: *Sich, mensch, vür dich, wer dû bist,/ war ûz dû worden sîst   unt wer dû wirst in kurzer vrist!* (»Sieh dich vor, Mensch, wer du bist, woraus du geworden bist und wer du binnen kurzem sein wirst!«). Die Dringlichkeit des Appells wird unterstrichen durch die Frage nach den Verwandten – *War quam dîn vater, muoter, bruoder, swester?* (»Wohin kam ...«) – und durch die Feststellung, dass die Menschen heute mehr denn je nach Verdauerung ihrer irdischen Existenz streben, ohne ihre Sterblichkeit zu bedenken. Es ist eine Mahnung, welche das irdische Wohlergehen und Glück nicht von Grund auf verdammt, aber doch durch den Hinweis auf die unendlichen himmlischen Freuden relativiert.

Programmatisch auf die Rettung des Seelenheils zielt hingegen ein Sangspruch des Marners (um 1230/70; Strauch I,1). Er benutzt das Beispiel der Ameise, die rechtzeitig Vorsorge für den Winter trifft, um Anweisungen für das richtige Verhalten der Menschen zu Lebzeiten auszusprechen: So wie die Ameise solle auch der Mensch sein Feld rechtzeitig bestellen, denn ihm drohe ein strenger Winter. Er solle *bûwen unde sæn*, nämlich Gott und dem Nächsten gute Werke erweisen, damit er eine reiche Ernte einfahren und dem Herrn den erforderlichen Zins – die Seele – übergeben kann. Die Aussagen sind durchwegs konventionell; die spezifische Leistung dieses Sangspruchs ist indes die beinahe durchgängige Kodierung der Verhaltenslehre in Metaphern, welche die Vorkehrungen für den Tod als bäuerliche Tätigkeiten semantisieren.

Als *memento mori* ist auch ein geistliches Tagelied Hugos von Montfort (1357–1423) angelegt, das die erotische Situation des weltlichen Tagelieds ins Geistliche transponiert. Der Tag, nach dem der Ich-Sprecher dieses Liedes (Wackernell Nr. X) den Wächter fragt, ist Metapher für das Leben, die drohende *vinster nacht* aber Chiffre für den Tod. Multifunktional ist die Rolle des Wächters: Wie im weltlichen Tagelied ist er Weckrufer und Dialogpartner, vor allem aber Prediger und mahnender Lehrer, der die Vergänglichkeit alles Irdischen lehrt und dazu rät, Hilfe bei der Gottesmutter und ihrem Sohn, dem Herrn über Leben und Tod, zu suchen. Sein Ruf *sich uff mit sin*, der den Langschläfer zur Mittagszeit weckt, ist als eschatologische Mahnung gedacht. Angekündigt wird deshalb auch nicht, wie im weltlichen Tagelied, der Tag, der die Liebenden zur Trennung zwingt, sondern die hereinbrechende Nacht des Todes. Das Lied schließt mit der traditionellen Orientierung auf die »Morgenröte«

(*von orient es tagt*): Sie ist Metapher für den in den Himmel aufgefahrenen Christus ebenso wie für das anbrechende Reich Gottes. Und doch erhebt sich in diesem Lied eine Gegenstimme gegen den lauten Weckruf: *wachter, din straffen merkh ich wol./ davon ich grossen kumer dol,/ und kan nit abelan* (v. 25–27; »Wächter, dein Schelten höre ich wohl. Große Not ertrage ich dadurch und kann doch nicht loslassen«). Das Sprecher-Ich weigert sich, von seinem weltlichen Tun zu lassen, und verschiebt die geistliche Umkehr, die Bußbereitschaft, auf die Stunde des Todes: *Durch got wekh mich ze rechter zit* (v. 28; »Weck mich um Gottes willen rechtzeitig«). Implizit ist dies eine Aufwertung des Diesseits und ein Bekenntnis zu den irdischen Glücksgütern, die einen Eigenwert erhalten.

b. Differenzierungen: Der Tod als Verlust irdischen Glücks

In Hugos geistlichem Tagelied ist nur angedeutet, was in anderen Texten im Mittelpunkt steht: Gegen die kirchlichen Deutungsmuster, die eine strikte Orientierung des Lebens auf das Jenseits und den Gewinn des Seelenheils verlangen, behaupten sie den Anspruch des Menschen auf irdisches Glück und sein Recht auf Trauer.

In radikaler Weise unternahm dies Süßkind von Trimberg, der erste jüdische Autor der deutschen Literaturgeschichte (spätes 13. Jahrhundert), mit seinem Sangspruch KLD 56,IV,1. Thema ist die Allgewalt des Todes, vor dem weder Reichtum noch vornehme Herkunft, weder Weisheit, Macht noch Zauberei schützen. Dabei verweigert Süßkinds Sangspruch aber jede Orientierung und damit auch jeden Trost: Zu sterben heißt, sich von allem zu trennen, was die Welt an *guot* – das kann sich auf materielle wie ideelle Güter beziehen – bietet, und der Gedanke daran macht traurig. Ist diese Überlegung noch in einem generalisierenden Ton vorgetragen, tritt am Schluss der Strophe ein Sprecher-Ich hervor, das seine subjektive Betroffenheit über das ungewisse Schicksal der Seele nach dem Tod artikuliert: [...] *ich dicke gar betrüebet bin,/ daz nieman weiz nû wâ diu sêle kumet hin,/ sô tôt den lîp ermant daz er von leben kêre* (»ich bin oft ganz betrübt, dass niemand weiß, wohin die Seele gelangt, wenn der Tod den Leib auffordert, sich vom Leben zu scheiden«). Die Grundstimmung ist Melancholie und Resignation, der jede geistliche, die irdische Existenz transzendierende Perspektive fehlt.

In der Tendenz ganz ähnlich, wenn auch mit anderer Akzentuierung, hatte bereits drei Generationen zuvor Reinmar (um 1190/1210), einer der bedeutendsten Dichter des klassischen Minnesangs, über Sterben und Tod in einer in zwei (jeweils zweistrophigen) Fassungen vorliegenden Totenklage MF 167,31 auf *hêrre Liutpolt* – den man herkömmlicherweise mit Herzog Leopold V. von Österreich identifiziert –, gedichtet. Das Lied, einem weiblichen Sprecher-Ich in den Mund gelegt, rückt Liebe, Tod und Leid in einen engen Zusammenhang: Der Tod erscheint als das abrupte Ende einer glücklichen, erfüllten Liebe, einer sinnerfüllten Existenz überhaupt. Die Erinnerung an dieses Glück steht deshalb ganz im Zeichen der Erfahrung des Verlusts, der Trauer und des Leids. Die zweite Strophe der Fassung *bC lautet:

> Mir armen wîbe was ze wol,
> dô ich gedâhte an in,
> und wie mîn teil an sînem lîbe lac.
> daz ich des nû niht haben sol,

5   des gât mit sorgen hin,
      swaz ich iemer mê geleben mac.
      Mîner wunnen spiegel der ist verlorn:
      den ich mir hete ze sumerlîcher ougenweide erkorn,
      des muoz ich leider aenic sîn.
10   dô man mir seite, er waere tôt,
      ze hant viel mir der muot von dem herzen ûf die sêle mîn.

»Mir armen Frau war zu wohl, wenn ich an ihn dachte, und wie das, was mir zugeteilt war, von ihm abhing. Dass ich das nun nicht haben soll, deshalb geht mit Kummer und Sorge dahin, was immer ich noch zu leben habe. Der Spiegel meiner Freuden ist verloren. Ich muss zu meinem Leid ohne den sein, den ich mir zur sommerlichen Augenweide erwählt hatte. Als man mir sagte, er sei tot, sogleich fiel mir der Lebensmut vom Herzen auf meine Seele.«

Hatte die erste Strophe den Tod als übergroßes Leid für die Witwe wie für die ganze höfische Gesellschaft gedeutet, so stellt die zweite Strophe ganz das individuelle Leid der Ich-Sprecherin in den Vordergrund: Der plötzliche Tod des Geliebten ist Ursache einer starken seelischen Erschütterung, er bedeutet den Verlust aller Hilfe, Freude und allen Lebenstrosts, den unwiederbringlichen Verlust des gesamten Lebensglücks (s. o.). Fassung a kombiniert Strophe 2 aus *bC mit einer weiteren Strophe, die nochmals eine Steigerung bringt: Zur Trauer über den endgültigen Verlust gesellt sich der Lebensüberdruss. Die Sprecherin hegt Zweifel am Sinn des eigenen Lebens, nachdem der gestorben ist, der sie ermutigt hätte zu leben.

Bezogen auf den hohen Minnesang, korrigiert das Lied das Bild der spröden, abweisenden Minnedame. Zugleich hält es grundsätzlich am hochminnesängerischen Konzept fest, insofern es das Liebesglück nur als Erinnerung an Vergangenes beschreibt. Als Teil des Diskurses über Sterben und Tod behauptet das Lied das Recht auf irdisches Glück und auf liebende Vergegenwärtigung des Toten in der erinnernden Trauer, behauptet es auch das Recht auf Trauer und Leid, die über drei Strophen hinweg artikuliert werden. Erst der gebetsähnliche Schluss mit der Bitte, Gott möge dem Verstorbenen gnädig sein, rückt die Klage in einen christlichen Horizont. Sie lenkt den Blick vom eigenen Leid und der Verlusterfahrung weg auf den Toten und die Sorge um dessen Seelenheil.

Noch einen Schritt weiter geht eine allein in der Kolmarer Liederhandschrift überlieferte Folge von fünf Sangsprüchen, deren Zuschreibung an den Spruchdichter Regenbogen ebenso unsicher ist wie ihre Zusammengehörigkeit (Abdruck bei de Boor, Deutsche Literatur I,1, S. 550–552). Neu gegenüber den bisher besprochenen Texten ist die Inszenierung der Begegnung eines Sprecher-Ichs mit dem eigenen, personifizierten Tod, und neu ist auch das Aufbegehren des Menschen gegen das eigene Sterben. Das im Briefton Regenbogens verfasste mehrstrophige Lied (Bar) erzählt exemplarisch die Begegnung mit der Gewalt des Todes in allen Phasen des Lebens:

In den ersten beiden Strophen erinnert der Ich-Sprecher einen Besuch des Todes in jungen Jahren, als er krank darniederlag: *Der Tôt kam zuo mir*, und zwar als Herr von uneingeschränkter Gewalt, unbestechlich und gleichgültig gegenüber menschlichen Wertvorstellungen und sozialen Unterschieden, als großer Gleichmacher, der jedermann *swaere* ist. Der Ich-Sprecher brachte damals zunächst rationale Argumente vor, führte seine persönlichen Lebensumstände und seine Jugend, seine sozialen Bindungen wie auch seine Nützlichkeit für seine Familie ins Feld, um den Tod von seinem Vorhaben abzubringen, schließlich, da der Tod alle Einwände zurückwies, verlegte er sich aufs Betteln, bat den *vriunt* unterwürfig um Aufschub und fragte, was denn eine Lebensverlängerung schade: *waz schat dir, daz ich lebe?* Daraufhin lenkte der Tod, unberechenbar wie immer, ein – *wol hin und lebe* –, nicht ohne den Sprecher zu ermahnen, auf seine Boten zu achten. Es sind die Zeichen des Alters, Körperzeichen mit der Bedeutung eines *memento mori*: graues Haar und grauer Bart, Gicht, Zahnlosigkeit, Taubheit und Erblindung, Asthma und Husten, schweres Siechtum und schließlich der Verlust der Persönlichkeit, der den Greis wieder zum Kind macht.

Die dritte Strophe kehrt in die Gegenwart zurück. Ein Teil der Boten ist bereits eingetroffen, die anderen haben sich angekündigt. Das Sprecher-Ich identifiziert sie illusionslos als Anzeichen seines bevorstehenden Todes. Es reagiert gelassen, akzeptiert den Tod als Teil der menschlichen Existenz – *Wolhin, lâz varn! wan sterben ist gemeine* – und tröstet sich mit dem Gedanken, dass die Verdauerung des Lebens mit *trüeben sin* »Melancholie« teuer erkauft wäre. Gegen diese Rhetorik der Selbstermutigung und Gelassenheit steht indes der Wunsch, noch lange zu leben: *noch lebt' ich gerne tûsent jâr*, in dem sich eine unbändige Lebensgier und Lebensfreude Ausdruck verschafft. Der Wunsch wird indes artikuliert in dem Wissen, dass er nichts nutzt – *und hilft mich doch gar kleine* –, der Tod unvermeidlich ist.

Die vierte Strophe phantasiert den bevorstehenden Todeskampf und das Ende: den Auftritt des Todes, der zum letzten Gefecht mit Lanze und Streitaxt auffordert und als Prämie für den Sieg die Verlängerung des Lebens um tausend Jahre verheißt, den Besuch der Verwandten und Freunde, die den Sterbenden mit einem Wappenrock aus wertlosem Leinen ausrüsten, den Segen des Priesters und schließlich den Ausgang des Kampfes, die Lähmung von den Beinen an aufwärts, das Brechen des Auges und das Durchbohren des Herzens, gegen das der Sterbende sich nicht mehr wehren kann.

Die Strophen reflektieren in Selbst- und Fremdaussagen – Aussagen des Ichs und solchen, die dem personifizierten Tod zugeschrieben sind – den Tod als Existential des menschlichen Lebens. Sie formulieren die Einsicht in die Notwendigkeit des Sterbens, welche der Ordnung des Lebens einen umfassenden Sinn gibt, und begehren doch dagegen auf. Ein christlicher Deutungshorizont fehlt so gut wie ganz. Nur im Sterberitual, angedeutet durch den Beistand der *vriunt* und die priesterliche Salbung und Segnung, scheint er auf.

Eine ausgesprochen religiöse Wendung nimmt erst die mutmaßlich später entstandene fünfte Strophe, in der Maria als Sterbepatronin gegen die Teufel angerufen wird, die auf die aufsteigende Seele warten. Es ist dies ein deutlicher Bruch zum Vorausgehenden: Auf die im Triumph des Todes gipfelnde *narratio* folgen Bitten an die Gottesmutter um Beistand, ein Schluss, der die Inszenierung des inneren Konflikts und das Pathos des Sterbens ins konventionell Christliche zurückholt.

Einen gewaltigen Wortstreit mit dem Tod hat schließlich Johannes von Tepl in seinem *Ackermann aus Böhmen* (1400/1401) in Szene gesetzt: 32 mit affektiver Rhetorik getränkte Reden, in denen abwechselnd der sich gegen den Tod seiner lieben Frau Margareta auflehnende Kläger und der personifizierte Tod das Wort ergreifen und dabei je verschiedene Standpunkte zur Geltung bringen. Im Unterschied zu älteren Streitgesprächen wird dabei jeder starre Schematismus vermieden; die einzelnen Positionen sind vielmehr Bestandteil einer dialektischen Veranstaltung, in der mit Argument und Gegenargument die Frage nach dem irdischen Glück, der Trauer und ihrer Bewältigung umkreist wird. Die Auseinandersetzung mit dem Tod verläuft dabei über mehrere Stufen: In den ersten Reden, in den ungeraden Kapiteln von 1 bis 11, formuliert der Kläger wütende und pathetische Anklagen gegen den Tod, die von einem rationalen Argumentieren gegen dessen Ungerechtigkeit, später vom Versuch einer Verständigung – der Kläger fordert vom Tod einen Rat, wie er seinen Verlust bewältigen solle (Kap. 19 und 21) – abgelöst werden. Nach einer erneuten, wiederum schroffen Konfrontation werden die gegensätzlichen Positionen schließlich im Urteil Gottes aufgehoben. Ich muss mich in diesem Rahmen mit dieser knappen thematischen Beschreibung begnügen; die Reflexionsstruktur und die spezifische Sprachlichkeit des Textes sind kaum evident zu machen.

Themen und Argumente sind für sich genommen keineswegs originell. Im großen und ganzen werden Aussagen aus dem Diskurs der Theologie und Philosophie sowie aus verschiedenen literarischen Gattungen zusammengetragen: So präsentiert sich der Tod als Naturgesetzlichkeit und *lex humana*, aber auch als ein allmächtiger und unbestechlicher Herrscher über die ganze Welt, sei es als gewalttätiger Feldherr oder Feudalherr, der im Auftrag Gottes das Leben als Lehen zurückfordert, sei es in der Gestalt eines unhöfischen Handwerkers oder als Sensenmann. Gelegentlich deutet er sich auch als von Gott geschickte Strafe, als Ratgeber und Tröster, doch auch als Spender von Gnade und Gewinn, namentlich im Hinblick auf die Beschwerden des Alters. In der Tradition des *contemptus mundi* stehend, lehrt er die Vergänglichkeit aller belebten und unbelebten Natur und empfiehlt die Kontrolle und Eindämmung der Affekte, insbesondere auch die Zerstörung der Erinnerung an die verlorene Liebe. Beispiel für die *miseria* des menschlichen Lebens sind ihm die Ehe und die Frau.

Der Kläger hingegen behauptet immer wieder neu die Eigenständigkeit und den Eigenwert des menschlichen Lebens und erhebt Anspruch auf ein dauerhaftes innerweltliches Glück. Gegen die Misogynie des Todes setzt er den Lobpreis der Ehe und der Ehefrau, gegen die Misanthropie den Lobpreis des Menschen als Krone der Schöpfung, der Würde und Autonomie von Gott empfangen hat, und gegen die Ermahnung zum Stoizismus behauptet er das Recht auf den Affekt, insbesondere auf Zorn und Trauer, und auch das Recht auf die Erinnerung, in der die Tote immer noch lebendig ist: *Ist sie mir leiplichen tode, in meyner gedechtnüß lebt sie mir doch ymmer* (Kap. 23). Das Recht auf die Trauer und auf die Erinnerung erweist sich als Spezifikum menschlicher Existenz, als das Humanum schlechthin.

Auffällig ist der weitgehende Verzicht auf einen metaphysischen Horizont, das Fehlen nahezu aller Argumente, welche die Trauer christlich aufheben. Es gibt keinen konsolatorischen Hinweis auf ein besseres Jenseits und so gut wie keinen Hinweis auf die heilsgeschichtliche Relevanz des Todes. Wie schon in Reinmars Totenklage und in den Sangsprüchen emanzipiert sich die Erfahrung der Sterblichkeit von einer theologisch dominierten Anthropologie. Erst das vorletzte Kapitel mit dem Urteil Gottes – *Dorvmb: clager hab ere! Der Tode hab sig, seit ye der mensch dem Tode das leben, der erden den leib, die seln Vns pflichtig ist zu geben!* – stellt die Debatte wieder in einen metaphysisch-spirituellen Horizont. Es zeigt, dass der Gegensatz von Leben und Tod in Gott aufgehoben ist. Mit seinem Gebet (Kap. 34) akzeptiert der Kläger schließlich Kreatürlichkeit und Sterblichkeit allen Lebens. Seinen Anspruch auf ein irdisches Glück und auf die Trauer um den Verlust dieses Glücks nimmt er damit freilich nicht zurück.

c. Der Tod als Teil der Kriegerexistenz: Feudaladelige Perspektiven

Neben den geistlich-kirchlichen Lehren über Sterben und Tod und dem damit etablierten Wertehorizont gab es im Mittelalter immer auch ein weltlich-adeliges Bezugs- und Wertesystem, das zunächst mündlich tradiert, seit der Mitte des 12. Jahrhunderts aber auch in schriftlicher Form greifbar wurde. Gemeint ist die heroische Epik, welche die Kämpfe und den Untergang der Helden in gattungsspezifischer Weise in Szene setzt. Darstellung und Bewertung des Todes sind ganz auf das Ethos des adeligen Kriegers bezogen; dieses liefert die Wertmaßstäbe, wie umgekehrt die Inszenierung von Aristie und Heldentod dieses Ethos bestätigt. Ich zeige das zunächst am Beispiel von Wolfharts Kampf und Tod aus dem *Nibelungenlied* (um 1190/1200; Str. 2252–2303).

Die Heroisierung des Todes

Wolfhart, einer der Mannen Dietrichs von Bern, ist der Prototyp des hitzköpfigen, auf Ehre versessenen und leicht provozierbaren Heros. Zu seiner physisch-psychischen Ausstattung gehören überlegene Körperkraft und Kampfesmut, unbedingter Einsatzwille, große Aggressivität und Rücksichtslosigkeit gegen sich und andere. Seine Stunde kommt, als man die burgundischen Gegner um Herausgabe der Leiche Rüdigers von Bechelaren ersucht. Die Verhandlungen werden in einem zunehmend aggressiven Ton geführt. Dabei wird der heroische Affekt durch die Reizreden bis zu einem Punkt gesteigert, an dem er nicht mehr kontrollierbar ist. In dem erbitterten Kampf, der nun losbricht, vollbringen die Helden heroische Glanzleistungen: Funken stieben auf, Helm- und Schildriemen und die Ringe der Kettenpanzer fliegen davon, Schwerter dringen bis zu den Bändern der Helme vor, Blutströme quellen aus Kettenpanzern und Helmen, niedergemäht wird, wer sich den Helden in den Weg stellt. Als heroische Spitzentat wird Wolfharts Kampf gegen Giselher inszeniert: Unter Wolfharts kräftigen Schritten spritzt das Blut, das den Boden des Saals bedeckt, bis über seinen Kopf, beide teilen *swinde slege grimme* »schnelle fürchterliche Hiebe« aus, sie schlagen sich klaffende Wunden, bis sie einander schließlich einen tödlichen Schlag versetzen.

In der Aristie, die im heldenhaften Tod gipfelt, erwirbt der Held seine eigentliche Identität. Von der Hand eines Königs zu sterben, nachdem man zuvor zahllose Helden im heroischen Kampf getötet hat, ist ehrenvoll (*hêrlîchen*) und die Erfüllung der heldischen Existenz. Der Tod des Heros bezieht von daher auch seinen Sinn. Aus der Sicht des sterbenden Helden ist er daher kein Grund zur Klage. Der tödlich verwundete Wolfhart untersagt es deshalb seinen Verwandten, den *næhsten unt den besten*, ausdrücklich, seinen Tod zu beklagen: *daz ist âne nôt* (»Dafür gibt es keinen Grund«). Nicht der Tod selbst ist erwähnenswert, sondern das, was zu ihm führte: der heldenhafte Kampf. Er sichert dem Helden in der kollektiven Erinnerung das Weiterleben über den Tod hinaus. Den Aspekt der ruhmvollen *memoria* thematisiert der sterbende Wolfhart gegenüber dem alten Hildebrant; es ist dies zugleich ein Akt der heroischen Selbstverklärung (Str. 2303):

> Ich hân ouch sô vergolten   hier inne mînen lîp,
> daz ez wol mugen beweinen   der guoten ritter wîp.
> ob iuch des iemen vrâge,   sô muget ir balde sagen,
> vor mîn eines handen   ligent wol hundert erslagen.

»Auch habe ich hier drinnen für mein Leben so Vergeltung geübt, dass die Frauen der tüchtigen Ritter darüber gewiss weinen können. Wenn Euch jemand danach fragt, so könnt Ihr stolz sagen, vor meiner Hand allein liegen gewiss hundert erschlagen.«

Allerdings sterben nicht alle Helden des *Nibelungenliedes* heroisch, d. h. nach einem heroischen Kampf. Es sind gerade die großen Figuren – Siegfried, Gunther, Hagen –, die zwar gewaltsam zu Tode kommen, denen aber eine den Helden verherrlichende Aristie verwehrt ist. Das Arrangement ihres Todes ist jeweils gänzlich unheroisch.

So stirbt Siegfried bekanntlich nicht von der Hand eines Königs und nicht im offenen Kampf; er wird vielmehr nach einem heimtückischen Plan brutal ermordet (*Nibelungenlied*, Str. 960–1001). Während er sich ahnungslos über eine Quelle beugt, um zu trinken, schafft Hagen heimlich Siegfrieds Waffen beiseite und durchbohrt ihn dann von hinten mit dem Speer an der einzig verwundbaren Stelle. »Die Brisanz und der das Übliche heldischer Sterbeabläufe sprengende Charakter liegt im unerträglichen Paradox, daß hier ein Held unheldisch zu Tode gebracht wird« (Alois Haas).

Bevor Siegfried freilich stirbt, mobilisiert er noch einmal sein ganzes heroisches Potential: Obwohl ihm der Speer aus dem Herzen ragt, schlägt er mit einer solchen Kraft mit seinem Schild auf Hagen ein, dass die Edelsteine aus dem Holz herauswirbeln und der Schild in tausend Stücke zerbirst. Danach bricht er zusammen. Seine letzten Gedanken gelten den *mâgen* (»Verwandten«) seiner Frau: Er rechnet den Schuldigen ihre Schuld vor, beklagt ihre Treulosigkeit und ihr schändliches Handeln an den eigenen Verwandten, aber auch den Makel, der allen Nachgeborenen der mütterlichen Sippe, insbesondere auch seinem Sohn, durch den Frevel anhaftet. Mit scharfen Worten verweist er dem König seine Klage: »*daz ist âne nôt,/ daz der nâch schaden weinet, der in hât getân./ der dienet michel schelten: ez wære bezzer verlân*« (»Es ist nicht nötig, dass der den Schaden beweint, der ihn verursacht hat. Der verdient große Vorwürfe: Es wäre besser unterblieben«). Schließlich sorgt der Sterbende sich um seine schutzlose Frau und den Sohn, um die er sich selbst nun nicht mehr kümmern kann. Er vertraut sie der Obhut der mörderischen Sippe an: Die familiären Bindungen, die das Zentrum des nibelungischen Personenverbands ausmachen und die sinnstiftendes Element im ganzen Epos sind, bestimmen selbst noch Sterben und Tod. Keine Klage führt Siegfried darüber, dass er sterben muss. Der Tod wird als Selbstverständlichkeit der adeligen Kriegerexistenz akzeptiert. Das verbindet Siegfried mit den anderen Helden des *Nibelungenlieds*, aber auch mit den christlichen Helden wie Roland und Vivianz, einer Figur aus Wolframs *Willehalm*, die freilich im christlichen Glauben sterben und deren Tod metaphysisch beglaubigt wird.

Die Leiche als heroischer Schaukörper und die *memoria* des Heros

Feierlicher Abschluss einer adeligen Kriegerexistenz ist die prunkvolle Bestattung des Heros. Damit werden real wie symbolisch die überragenden Leistungen des Heros im Kampf anerkannt, die seine Heldenehre begründen. Exemplarisch lässt sich das an der Bestattung des Königssohnes Pallas und an den parallel dazu konzipierten Begräbnisfeierlichkeiten für die gefallene Volskerkönigin Camilla im *Eneasroman* Heinrichs von Veldeke (s. Kap. III.2.a) studieren.

Zunächst zu Pallas, einem jungen Helden, der im heroischen Kampf gegen Turnus gefallen ist. Er ist das Opfer seines eigenen Kampfeifers, Opfer aber auch einer heroischen Gewaltdynamik. Seine Bestattung folgt einem strengen Ritual, das seine heroischen Qualitäten wie die Trauer der Hinterbliebenen herausstellt (En. 216,10–227,7):

Auf einer kostbaren, aus Eschenholz, Elfenbein und Seide gefertigten Bahre, die von zwei edlen Kastilianern gezogen wird, wird der Leichnam des Jünglings in die Heimat überführt. Seinen Rang und die Größe des Verlusts, den sein Tod bedeutet, bezeugen bewegende Totenklagen, aber auch nonverbale Zeichen der Trauer und des Schmerzes: Eneas umklammert den Toten und beweint ihn so heftig, dass es ihm die Kritik seiner Leute einträgt. Bei der Ankunft des Trauerzuges in der Heimat bricht allseits lautes Wehklagen aus; als der Tote hereingetragen wird, fallen König und Königin in Ohnmacht. Über seine heroischen Leistungen geben die Trophäen Auskunft, die Pallas an seinem letzten Lebenstag im Kampf erworben hat: über dreißig Pferde und über zwanzig Schilde. Die Waffen der besiegten Gegner werden an die Pferde gehängt. Der Leichnam wird schließlich rituell zugerichtet, er wird gewaschen, einbalsamiert und mit Königsmantel, Szepter und Krone bekleidet, und in einem prunkvollen Sarg aus grünem Prasen und Amethyst in einer ebenso prunkvollen Grabkammer beigesetzt. Den Sargdeckel schmückt ein Epitaph mit präzisen Angaben zum Toten und zu den Umständen seines Todes. In einer kostbaren Lampe über dem Sarg brennt ein ewiges Licht, das erst bei der Wiederentdeckung des Grabes in den Tagen Kaiser Friedrichs I. erlöschen sollte.

Heinrich von Veldeke hat die Bestattung des Pallas ohne Bezug auf einen religiösen Normenhorizont beschrieben. Seiner Darstellung fehlt aber auch jede kritische Distanz zum Heroischen. Das unterscheidet ihn etwa von der *Klage* (um 1200), jener kommentierenden Fortsetzung zum *Nibelungenlied*, die mit ihrer Beschreibung der zerstückelten und erstarrten Leichen ein entschiedenes Unbehagen am Heroischen artikuliert. Veldeke verzichtet nicht nur im Fall des Pallas, sondern generell auf jede Todesdrastik; es gibt keinen Todeskampf, keine entstellten Gesichtszüge, keine verkrampften Glieder, keinen Zerfall. Der tote Heros wird vielmehr in der feierlichen Überführung und Bestattung prunkvoll in Szene gesetzt. Sein Leichnam wird als heroischer Schaukörper ausgestellt, der noch im Tod auf die glanzvollen Taten des Lebenden verweist. Der Tod selbst wird ästhetisch verklärt.

Alles ist darauf angelegt, die Verdauerung bzw. die Verewigung des toten Heros zu sichern. Der Vergänglichkeit des Leibes wirken die Einbalsamierung und die ätherischen Öle in der Grabkammer entgegen: Neben dem Sarkophag stehen zwei Gefäße aus Gold und Sarder, die mit Balsam bzw. mit Aloe und Terebinthe gefüllt sind. Die Spezereien werden dem Leichnam über ein goldenes Rohr zugeführt, um Wohlgeruch zu verbreiten und um den natürlichen Zerfall zu verhindern. Gegen die schwindende Erinnerung aber ist das Grabmal mit seiner kostbaren Ausstattung gebaut: Es ist sichtbares Zeichen der *memoria*, welches das Weiterleben des Heros auch nach dem Tod garantiert. Sinnbild seines ewigen Lebens sind nicht nur die als unverweslich geltenden Baumaterialien – Elfenbein, Asbest und Diamant –, sondern auch das ewige Licht, das darin bis zum Auftritt des neuen, zeitgenössischen Heros Friedrich Barbarossa brennen wird. Nachdem es erloschen ist, übernimmt Veldekes Roman dessen Funktion: Wie das Grab und das Epitaph, das er ausführlich beschreibt, hält er die Erinnerung an den Helden aus der Vorzeit wach und gibt sie – nun ausschließlich im Medium der Schrift – an die nachfolgenden Generationen weiter.

Als Parallele zu Begräbnis und Grabmal des Pallas ist die Bestattung der amazonenhaften Volskerkönigin Camilla angelegt, die nach heroischem Kampf unter unheroischen Umständen gefallen ist (En. 248,39–256,10). Auch Camilla wird auf einer kostbaren Bahre in ihre Heimat überführt und ausführlich beklagt, auch ihr wird ein Totenritual zuteil, in dem man ihr die gebührende Ehre zollt, auch sie wird in einem Sarg aus Edelsteinen in einer Gewölbekammer beigesetzt, in der mit Balsam gefüllte Gefäße die Verwesung des Leichnams verhindern. Das Grab übertrifft freilich das Grab des Pallas an Pracht und Raffinesse. Es ist ein architektonisches Wunderwerk, das Camilla noch zu Lebzeiten bei dem Künstler Geometras bestellt hat. Die Außerordentlichkeit seiner Konstruktion – das Grabmal ist als Abbild des Weltenbaums konzipiert, der nach den Vorstellungen einer vorchristlichen Kosmologie den Kosmos trägt – wie seiner Baumaterialien ist materielles Zeichen der Außerordentlichkeit des weiblichen Heros. Seine Beisetzung in großer Höhe sichert ihm Unzugänglichkeit und größere Nähe zum Himmel zugleich.

Auch darin unterscheidet sich die Inszenierung des Begräbnisses von der des Pallas: Camilla hat mit dem Grabmal Sorge für ihren eigenen Nachruhm getragen. Das architektonische Wunderwerk ist Mittel der heroischen Selbststilisierung, von der Königin im Bewusstsein ihres Ausnahmeranges in Auftrag gegeben. Die Inschrift auf dem Sargdeckel, die Veldeke im Wortlaut mitteilt, verkündet Camillas einzigartige heroische Leistung (254,16–26):

> hie liget frowe Kamille
> diu mâre und diu rîche,
> diu sich sô manlîche
> ritterschefte underwant,
> 20   daz nie man ne vant
> ir gelîchen noch ne sach.
> deheines werkes sie nie phlach,
> wande si ûbete ritterschaft
> und hete grôze heres kraft
> 25   und wart vor Laurente erslagen.
> ir frunt mûzen sie wol klagen.

»Hier liegt die berühmte und mächtige Frau Kamille, die so mannhaft das Geschäft des Ritters betrieb, dass man niemals ihresgleichen fand noch sah. Keine Tätigkeit übte sie aus, als ritterlich zu kämpfen, und sie hatte ein großes Heer und wurde vor Laurentum getötet. Ihre Freunde und Verwandte müssen sehr um sie klagen.«

Die Inschrift stellt einen Zusammenhang zwischen heroischer Tat und heroischem Tod her und sorgt, insofern sie in Stein gemeißelt ist, für ein dauerhaftes Sagengedenken: Das eine ist Voraussetzung für das andere. Einziger Lebensinhalt Camillas war der ritterliche Kampf. Dieser Aspekt wird noch durch die Inversion der traditionellen Geschlechterrollen verstärkt: Die Königin Camilla hatte die Eigenschaften, die üblicherweise dem männlichen Heros zugeschrieben werden. Für ihren Nachruhm sorgt freilich allein der Dichter. Der Zugang zum Grab ist vermauert; keiner kann es betreten, keiner sonst kennt die *memoria* stiftende Inschrift.

d. Der Tod im Kontext der literarischen Ordnungsdiskussion

Die Auffassung, dass der Tod eine Bestrafung für die Sünde ist, ist eine Denkfigur aus der geistlich-kirchlichen Tradition. Daneben findet sich in der weltlichen Literatur des hohen und späten Mittelalters auch eine säkulare Variante: der Tod als Strafe für

Verstöße gegen die soziale Ordnung bzw. als Ausweg, um die Störung der sozialen Ordnung zu beheben. Auch hierfür nur wenige Beispiele.

Das älteste Beispiel für eine solche Deutung des Todes liefert der Tristanroman. Dieser erzählt bekanntlich von der Liebe als einer Passion, die sich über jede gesellschaftliche Ordnung hinwegsetzt und schließlich scheitert.

Eilhart von Oberg, den ersten deutschen Dichter eines Tristanromans, stellte das neuartige Thema der Liebespassion vor ein gewaltiges Problem: Wie sollte er mit einer Liebe umgehen, die für die Liebenden höchstes innerweltliches Glück bedeutete und die gleichzeitig in eklatanter Weise gegen die gesellschaftliche Ordnung verstieß? Eilhart löste das Problem, indem er die leidenschaftliche Liebe als Störung und Gefährdung eines phänomenalen Heldenlebens vorführt, als eine schwere Krankheit, verursacht durch den Liebestrank. Diesen denkt Eilhart sich als eine Art Droge, die alle Willenskräfte lähmt. Das Geschehen in der Hochzeitsnacht, wenn Tristrant mit Isalde schläft, während die Zofe Brangêne Isaldes Platz an der Seite Markes einnimmt, kommentiert er deshalb mit den Worten: »Das war der größte Betrug, den Tristrant jemals beging« (v. 2838 f.), um sogleich hinzuzufügen: »Das war keinerlei Untreue, denn er tat es gegen seinen Willen (âne sînen danç), der unglückselige Trank hat dazu geführt« (v. 2842 f.). Die Liebe ist, so verstanden, eine gefährliche Kraft, die das soziale und moralische Ordnungsgefüge stört. Sie ist andererseits aber auch, aufgrund der spezifischen Konzeption des Liebestranks, jeder moralischen Verantwortung und jeder moralischen Diskussion entzogen.

Am Schluss triumphiert die Gesellschaft, triumphiert ihre Ordnung. Die Liebenden bezahlen für ihre Liebe mit dem Tod. In dem Augenblick, in dem Isalde sich trennt von ihrem ganzen bisherigen Leben, von ihrem Reichtum und ihrer hohen sozialen Stellung, von allem, was das Zusammensein bis dahin verhindert hat, in diesem Augenblick müssen sie sterben. Sie sterben an ihrer Liebe und an der Gesellschaft, die diese Liebe nicht erlaubt. Konkret sterben sie freilich durch die Lüge der zweiten Isalde. Die aber ist die Ehefrau und damit Vertreterin der Gesellschaft und ihrer Ordnung. Ihre Lüge dient der Abwehr und der Ausgrenzung einer Liebe, die gegen die sozialen Normen verstößt.

Der Zusammenhang zwischen Ordnungsverstoß und Tod ist auch in einer Reihe von mittelalterlichen Verserzählungen zentrales Thema geworden. Konrads von Würzburg *Herzmære* (vor 1260?), das sprachlich und stilistisch in der Nachfolge Gottfrieds von Straßburg steht, liegt das weitverbreitete Motiv des gegessenen Herzens zugrunde. Die prototypische Handlungskonstellation ist, wie der Tristanroman, von einer Dreiecksbeziehung bestimmt: Der Ehemann tötet aus Rache den Liebhaber seiner Frau und setzt ihr dessen Herz, unter Umständen auch einen anderen Körperteil, als Speise vor. Mit dem Tod des Nebenbuhlers ist die soziale Ordnung gewaltsam restituiert.

Konrad von Würzburg hat die Grundfabel in entscheidenden Punkten abgewandelt und sentimentalisiert: In seiner Erzählung kommt der Liebhaber nicht brutal zu Tod, vielmehr begibt er sich, um die Geliebte vor der Eifersucht des Ehemannes zu schützen, in die Fremde und stirbt dort an gebrochenem Herzen. Sein einbalsamiertes Herz lässt er der Geliebten als Liebespfand schicken. Der Ehemann fängt das Geschenk ab, lässt das Herz von seinem Koch zubereiten und der Ehefrau vorsetzen. Als diese von ihrem Gemahl erfährt, was sie gerade mit großem Genuss verspeist hat, bricht ihr vor Qual das Herz im Leib, und sie folgt dem Ritter in unbeirrbarer Liebe und Treue in den Tod. Konrad hat den Akzent von der Rache auf die Liebe verlegt und damit den sozialen Aspekt der Geschichte – die gewaltsame Wiederherstellung der Ordnung – marginalisiert. Thema seiner Erzählung ist die Liebe, für welche die Verbindung von Freude und Leid bis hin zum Tod bestimmend ist: »nicht eine konsequent inszenierte Listhandlung des Ehemannes treibt das Paar auseinander und in den Tod, sondern das Leid in der Welt und die immer schon vorweggenommene unauflösliche Bindung von Liebe und Schmerz« (Klaus Grubmüller).

Einen Ordnungsverstoß ganz anderer Art diskutiert der Stricker (um 1220/50) in seiner Erzählung vom *Begrabenen Ehemann*. Doch auch hier ist der Tod die fatale Konsequenz eines Verhaltens, das sich quer zur geltenden Ordnung stellt. Der Tod des Ehemannes ist die gerechte Strafe für Fehlverhalten und Bestätigung der Ordnung zugleich.

Bauelemente der Erzählung sind drei eheliche Kraft- und Gehorsamsproben, die nach dem Prinzip der Steigerung angelegt sind. Die erste Probe besteht darin, dass die Ehefrau ihrem Mann mittags ein Nachtmahl zubereitet und behauptet, es sei Nacht. Für seinen Widerspruch wird der Mann mit Vorwürfen und Liebesentzug bestraft. Darauf gelobt er mit einer pathetischen Geste der Unterwerfung Besserung. In der zweiten Probe bereitet die Frau ihrem Mann ein kaltes Bad, behauptet aber, das Wasser sei heiß. Der Mann bestätigt, schlotternd vor Kälte, die Behauptung und wird dafür mit vielen Zärtlichkeiten bedacht. Schließlich redet die Frau ihrem Mann ein, dass er sterbenskrank und schließlich gestorben sei. Er lässt das gesamte Bestattungsritual über sich ergehen, im Glauben, dass auch dieses Mal seine Frau ihn auf die Probe stellen wolle. Vergeblich ruft er um Hilfe, als der Sarg mit Erde bedeckt wird.

Die Erzählung operiert mit der Aufhebung der herkömmlichen Gewaltstrukturen in der Ehe: Mit seinem Minnebekenntnis – *Du möhtest mir niemer sô holt/ werden, als ich dir bin* (v. 6 f.; »Du könntest mir niemals so ergeben sein, wie ich es dir bin«) – zitiert der Ehemann das Rollenmodell des Minnesangs, das die Minnedame mit absoluter Verfügungsgewalt über den werbenden Mann ausstattet. Die drei Proben, denen er unterzogen wird, dienen der Sicherung weiblicher Herrschaft und der endgültigen Verkehrung der ehelichen Geschlechterordnung. In der Hoffnung auf Liebe gibt der Mann jeden Widerspruch und jeden Widerstand auf, selbst um den Preis der Selbstaufgabe und der Vernichtung der physischen Existenz. Die emotionale Bindung an die Frau hat ihn schwach und manipulierbar gemacht. Vorgeführt werden so die Zerstörung der traditionellen Geschlechterordnung und ihre drastischen Folgen: Der Tod ist nicht nur Konsequenz männlichen Fehlverhaltens, sondern Vollzug einer Strafe.

e. Die Emanzipation von Deutungstraditionen: Der sinnlose und groteske Tod

Das subversive Potential, das den erzählerischen Kleinformen eingeschrieben sein kann, entfaltet sich nicht zuletzt in der Auseinandersetzung mit dem Tod. Meine Beispiele sind *Die drei Mönche zu Kolmar* eines gewissen Niemand (vor 1350?) und *Der fünfmal getötete Pfarrer* Hans Rosenplüts (um 1425–1460).

Die Ausgangskonstellation der Erzählung von den *Drei Mönchen zu Kolmar* ist folgende: Ein Dominikaner, Barfüßer und Augustiner bieten einer jungen schönen Frau jeweils eine hohe Summe (30, 60 bzw. 100 Mark) für eine gemeinsame Nacht. Ihr Ehemann sieht in den – gegen die Ordnung der Gesellschaft verstoßenden – An-

geboten eine Chance, wieder zu Geld zu kommen. Gemeinsam mit seiner Frau entwickelt er einen Plan, der ebenso der Wiederherstellung der gestörten Ordnung wie
der wirtschaftlichen Sanierung dient.

Die Mönche werden nun der Reihe nach auf einen bestimmten Termin bestellt. Nachdem sie die vereinbarte Summe ausgehändigt haben, kehrt der Ehemann
scheinbar überraschend und wie ein Wahnsinniger tobend nach Hause zurück. Auf
Geheiß der Frau verstecken die Buhler sich im Zuber, der freilich mit siedendem
Wasser gefüllt ist, und kommen so ums Leben. Den ersten Toten lässt der Hausherr
gegen ein geringes Entgelt von einem fahrenden Schüler in den Rhein werfen. Die
zweite und dritte Leiche werden auf dieselbe Weise entsorgt, wobei der Hausherr
dem Schüler einredet, den (ersten) Toten noch nicht weggetragen und das Geld noch
nicht verdient zu haben. Das bereitet die Pointe der Geschichte vor: Aus Ärger über
die vermeintlichen Wiedergänger wirft der Schüler einen Mönch, der sich gerade
auf dem Weg zur Mette befindet, trotz heftiger Proteste in den Rhein; dieser findet
ebenfalls den Tod.

Der Tod der drei liebesgierigen Mönche rückt in den Zusammenhang amou-
röser Verwicklungen; er erscheint als gerechte, wenn auch überzogene Strafe für ihre
Schuld. Der Tod des vierten Mönches ist aber aus jedem sinnvollen Zusammenhang
entbunden. Dass er, der ganz und gar unschuldig ist, sterben muss, ist reiner Zufall.
Sein Tod ist Ausdruck einer absurden Welt ohne metaphysischen oder sonstwie
sinnstiftenden Horizont.

Der Tod der Mönche wird umstandslos erzählt, ohne menschliche Regungen,
ohne Erbarmen, Mitleid oder Moral. Ausgeblendet sind dabei auch die Kategorien
der Wahrscheinlichkeit: der schnelle und lautlose Tod der drei Mönche im siedenden
Wasser, der merkbare Unterschied zwischen den Toten und dem lebendigen Mönch
und der unterschiedliche Habit der drei Toten als signifikantes Unterscheidungsmerk-
mal. Ausgeblendet ist aber auch der christlich-theologische Wertehorizont. Daran
ändert auch die doppelsinnige Schlusszeile nichts, in der ein Niemand behauptet,
dass Gott ein gerechter Richter sei. Sie bestätigt vielmehr die Ungerechtigkeit der
Welt (v. 401–404):

> Als dise münch nu hânt getân,
> des sol man in den schaden lân,
> sît sie verkêrten die bîht,
> daz richet Got: sô Nieman spricht.

»Wie diese Mönche nun gehandelt haben, dafür soll man ihnen den Schaden lassen, da sie die
Beichte missbrauchten. Das rächt Gott. So sagt [ein Autor namens] Niemand/keiner.«

Wie in den *Mönchen von Kolmar* fehlt auch der Erzählung vom *Fünfmal getöteten
Pfarrer* jede christlich-heilsgeschichtliche Perspektive auf den Tod, es fehlt überhaupt
eine Perspektive, die der Welt eine Ordnung und dem Tod einen Sinn abgewinnen
lässt:

> Ein Schuster verletzt bei der Schuhreparatur einen Pfaffen so unglücklich-dumm
> an der Ader, dass dieser verblutet. Nachdem er sich mit seiner Frau beraten hat, setzt
> er am nächsten Morgen den Toten auf sein Pferd und führt ihn in ein Haferfeld. Der
> Besitzer des Feldes protestiert, und da der Pfaffe nicht antwortet, wirft der Bauer
> ihm erzürnt einen Stein an die Brust. Der Tote stürzt zu Boden, der Bauer glaubt, ihn
> umgebracht zu haben. Wieder tröstet die Ehefrau, wieder findet man einen Ausweg:
> In der Nacht stellt das Ehepaar den Toten an das Gatter des Nachbarn. Dieser fragt

den Pfaffen in der Früh nach seinem Anliegen, und als er keine Antwort bekommt, bittet er ihn, den Weg freizugeben. Als dies nicht geschieht, stößt er voller Wut das Gatter gewaltsam auf, so dass der Pfaffe reglos zu Boden fällt. Auch der Nachbar glaubt, einen Totschlag begangen zu haben. Wieder tröstet die Frau; sie findet sogar eine Entschuldigung für den vermeintlichen Totschlag (v. 173 f.). Die Leiche setzen sie dem benachbarten Mesner in den Teigtrog; dabei stopfen sie dem Pfaffen den Mund mit Teig, so dass es aussieht, als sei er beim Teigessen erstickt. Die Frau des Mesners findet am frühen Morgen den Pfaffen und glaubt, er habe ihr den Teig weg- und sich zu Tode gefressen. Gemeinsam mit ihrem Mann überlegt sie, wie mit der Leiche zu verfahren sei. Schließlich kleiden sie sie ins Messgewand und stellen sie in der Kirche an den Altar wie zur Frühmesse. Ein altes Weib bemüht sich während der Messe, das Gewand des Priesters zu küssen. Der Tote fällt um und erschlägt die Frau. Sie werden zusammen bestattet.

In motivverwandten Erzählungen stirbt der Priester oder Mönch in der Rolle des Liebhabers; sein Tod ist Strafe für die sexuelle Verfehlung. Rosenplüt hat die Eingangsepisode geändert und damit den Sinn der Erzählung als solcher. Der Tod des Pfaffen verdankt sich dem Zufall in Form eines belanglosen, nicht absehbaren Unfalls: »durch eine Unachtsamkeit des Schusters, der überhaupt nur zufällig in die Geschichte kommt, weil der Pfarrer ebenso zufällig gerade einen Riss in der Stiefelsohle bemerkt« (Klaus Grubmüller). Scheinbare Todesursache ist jeweils ein aggressiver Akt gegen den Vertreter der Kirche, wobei Schuld und Unschuld nicht mehr klar zu trennen sind. Die wahren Zusammenhänge bleiben indes unaufgeklärt. Dargestellt wird so eine Welt, in der Zufall und Affekt regieren. Im zufälligen Tod des Priesters wie im zufälligen Tod der unschuldigen frommen Alten, die vom toten Priester erschlagen wird, bestätigt sich die Sinnlosigkeit eines Weltlaufs, der durch List und Vernunft immer nur vorübergehend beherrschbar ist.

Über Sterben und Tod hat man im Mittelalter, nicht anders als heute, in ganz verschiedenen Zusammenhängen und in unterschiedlichen literarischen Formen nachgedacht. Zu einem nicht unerheblichen Teil partizipierten die Lieddichter, aber auch die Epiker und die Verfasser von Verserzählungen am geistlich-klerikalen Diskurs. Das konnte hier nur angedeutet werden. Daneben verhalfen sie aber auch anderen Anschauungen und Konzepten zur Geltung. Es ist namentlich die Literatur im engeren Sinn, welche gängige Vorstellungen von der Geschlossenheit des mittelalterlichen Weltbildes, von christlich dominierten Konzepten und Verstehensmodellen, von Kohärenz und Einstimmigkeit immer wieder von neuem widerlegt. Dass sie auch anderen Stimmen Gehör verschafft, zeigt nicht zuletzt der Diskurs über Sterben und Tod.

Literatur: Bettina Albert: Der Tod in Worten. Todesdarstellungen in der Literatur des frühen Mittelalters. Marburg 2014; Philippe Ariès: Geschichte des Todes. München 1980 u. ö. (dtv 4407); Paul Binski: Medieval Death. Ritual and Representation. London 1996; *du guoter tôt.* Sterben im Mittelalter – Ideal und Realität. Hg. von Markus J. Wenninger. Klagenfurt 1998 (Schriftenreihe der Akademie Friesach 3); Gott und Tod. Tod und Sterben in der höfischen Kultur des Mittelalters. Hg. von Susanne Knaeble, Silvan Wagner und Viola Wittmann. Berlin 2011; Klaus Grubmüller: Das Groteske im Märe als Element seiner Geschichte. Skizzen zu einer historischen Gattungspoetik. In: Kleinere Erzählformen des 15. und 16. Jahrhunderts. Hg. von Walter Haug und Burghart Wachinger. Tübingen 1993 (Fortuna Vitrea 8), S. 37–54; ders.: Der Tor und der Tod. Anmerkungen zur Gewalt in der Märendichtung. In: Spannungen und Konflikte menschlichen Zusammenlebens in der deutschen Literatur des Mittelalters. Bristoler Colloquium 1993. Hg. von Kurt Gärtner u. a. Tübingen 1996, S. 340–347; Alois M. Haas:

Todesbilder im Mittelalter. Fakten und Hinweise in der deutschen Literatur. Darmstadt 1989; ders.: Der geistliche Heldentod. In: Tod im Mittelalter (s. u.), S. 169–190; Gerhard Hahn: Der Ackermann aus Böhmen des Johannes von Tepl. Darmstadt 1984 (Erträge der Forschung 215); Walter Haug: Entwurf zu einer Theorie der mittelalterlichen Kurzerzählung. In: Kleinere Erzählformen des 15. und 16. Jahrhunderts (s. o.), S. 1–36; Christian Kiening: Schwierige Modernität. Der ›Ackermann‹ des Johannes von Tepl und die Ambiguität historischen Wandels. Tübingen 1998 (MTU 113); Dieter von der Nahmer: Der Heilige und sein Tod. Sterben im Mittelalter. Darmstadt 2013; Norbert Ohler: Sterben und Tod im Mittelalter. München 1993 (dtv 30383); Rainer Rudolf: Ars moriendi. Von der Kunst des heilsamen Lebens und Sterbens. Köln/Graz 1957; Daniel Schäfer: Begegnungen mit dem Tod um 1300 n. Chr. Mag.-Arb. Freiburg i. Br. o. J.; ders.: Texte vom Tod. Zur Darstellung und Sinngebung des Todes im Spätmittelalter. Göppingen 1995 (GAG 620); Klaus Schreiner: Maria. Leben, Legenden, Symbole. München 2003 (Beck'sche Reihe 2313); Tod im Mittelalter. Hg. von Arno Borst u. a. Konstanz 1993 (Konstanzer Bibl. 20); Irmgard Wilhelm-Schaffer: Gottes Beamter und Spielmann des Teufels. Der Tod in Spätmittelalter und Früher Neuzeit. Köln/Weimar 1999.

4. Das Interesse an der Geschichte

Das Mittelalter hat eine Fülle von Texten hervorgebracht, die historische Gegenstände verhandeln. Der Diskurs wurde in Latein und in der Volkssprache geführt, in Vers und Prosa, in verschiedenen ›Gattungen‹ und Redeweisen. Die Gründe für dieses lebhafte Interesse an der Geschichte, das Laien mit Klerikern teilten, liegen auf der Hand. Dahinter stand das Bedürfnis, Orientierung über den eigenen Standort in Raum und Zeit zu finden, Kenntnisse über das eigene Herkommen und damit auch Argumente zur Legitimierung von Herrschaft und Existenz in der Gegenwart zu gewinnen, auch das Bedürfnis zu erfahren, wie es in der Welt zugeht. Die Geschichtsliteratur der Vormoderne gibt darauf viele Antworten. Sie zeigt das Woher und das Wohin des Menschengeschlechts, eines Volkes, einer Familie oder einer Stadt, sie informiert über die wirkenden Kräfte im Kontinuum der Zeit, und sie stellt verbindliche Deutungsschemata auch für aktuelle Erfahrungen zur Verfügung; im Besonderen zeigt sie das Regelhafte, das Prototypische und Exemplarische, die allgemeingültigen Verhaltens- und Situationsmuster, aber genauso oft stellt sie das Spektakuläre und Wunderbare, die alle Normen außer Kraft setzende Tat heraus.

a. Das *Annolied* als Modellfall

Das wohl um 1077/81 im Kloster Siegburg entstandene *Annolied* gilt als die erste Geschichtsdichtung in deutscher Sprache. Zentrales Thema ist die historische Person des Kölner Erzbischofs Anno II. (1056–1075). Im Modus des Lobpreises und der Würdigung, eher stichpunktartig denn episch auserzählend, erinnert der Dichter an Annos Investitur durch König Heinrich III. und seine vorbildliche Regentschaft, an seine weltlichen und geistlichen Qualifikationen, besonders seine Frömmigkeit und Wohltätigkeit, an die Vormundschaft für den unmündigen König, an Prüfungen, Visionen und Krieg – gemeint ist wohl der beginnende Investiturstreit, der bekanntlich zu gewalttätigen Auseinandersetzungen im Reich geführt hat –, schließlich an Annos schweres Leiden und Sterben, seine triumphale Aufnahme in den Kreis der Seligen und an die Zeichen und Wunder, die sich an seinem Grab ereigneten.

Während die modernen Historiker aus ihren Quellen das Bild eines rücksichtslosen Stadtherrn, machtgierigen Territorialfürsten und frommen und asketischen Reformpolitikers rekonstruieren, präsentiert das *Annolied* ihn als idealen Herrscher und vorbildlichen Heiligen, der für jeden reuigen Sünder zum Führer in die ewige Seligkeit, in das *paradisi lant* (c. 49) werden kann; die Schwierigkeiten, die Anno in Stadt, Sprengel und Reich durch sein rigides Auftreten provozierte, sind nach biblischem Schema als Prüfungen Gottes umgedeutet.

Ganz ähnlich verfuhren mittelalterliche Autoren immer wieder, mehr oder weniger auffällig, mit historischen Ereignissen: Sie gestalteten sie mit literarischen und rhetorischen Mitteln um und erfanden sie damit in gewisser Weise neu. Man spricht deshalb lieber von Geschichtsdichtung statt von Geschichtsschreibung. Die Differenz zwischen beiden Kategorien ist jedoch nur eine graduelle. Denn das Prinzip der Modellierung nach bestimmten rhetorischen und narrativen Strukturen, spezifischen Auswahlkriterien und spezifischen Text- und Vertextungsstrategien gilt für jede historische Überlieferung. Die Aufzeichnung historischer Fakten im Medium der Schrift (oder ihre Überlieferung durch andere materielle Zeichenkomplexe wie

z. B. bildliche Darstellungen) heißt immer Literarisierung, und zwar im doppelten Sinne des Wortes. In ihr fallen Faktum und Interpretation des Faktums zusammen; eine hinter dem Text stehende Faktizität (›Wirklichkeit‹) ist nicht mehr erreichbar. Die historische Überlieferung, ob man sie nun je nach Grad ihrer Fiktivität eher der Geschichtsschreibung oder der Geschichtsdichtung zurechnet, gibt deshalb vor allem Auskunft auf die Frage, welches Interesse mittelalterliche Autoren und ihr Publikum an bestimmten Geschichtsstoffen, an bestimmten geschichtlichen Personen und Ereignissen hatten.

Am *Annolied* lassen sich aber auch einige Besonderheiten der mittelalterlichen Geschichtsüberlieferung studieren. Einschlägig ist schon der historische Überblick zu Beginn der Dichtung. Dessen erster Teil (c. 2–7) umreißt in groben Zügen die Heilsgeschichte von der Erschaffung des Menschen über das zentrale Ereignis von Christi Sühnetod am Kreuz zur Gegenwart. Für den Menschen im Mittelalter war Heilsgeschichte *historia* schlechthin, Geschichte von höchster Authentizität und Verbindlichkeit, ihre Wirkkraft Gott selbst. So gesehen, war Geschichte immer auch Universalgeschichte: Sie begann mit Gott und seinem Schöpfungswerk, führte kontinuierlich über den Alten und den Neuen Bund bis zur Geschichte der Kirche, und sie würde am Jüngsten Tag enden. Die Bedeutung dieser religiösen und theologischen Dimension für das mittelalterliche Verständnis von Geschichte kann gar nicht hoch genug eingeschätzt werden.

Mit dem zweiten Teil (c. 8–30/33) setzt das *Annolied* neu ein; das Interesse gilt jetzt aber der Profangeschichte. Wieder wird ein weiter Bogen gespannt: von den Anfängen der städtischen Zivilisation im alten Assyrien über die Reiche der Perser und Griechen bis zum Römischen Reich und seiner Fortsetzung in der zeitgenössischen Gegenwart. Geschichte war unter diesem Gesichtspunkt die Geschichte des Römischen Reichs bzw. Reichsgeschichte, welche die Linie von der (profanen) Weltgeschichte bis zu den Deutschen zog. Darin unterscheidet sich das *Annolied* in nichts von anderen Geschichtswerken des frühen und hohen Mittelalters.

Zur Strukturierung seines universalgeschichtlichen Wissens benutzte der Dichter des *Annoliedes* zwei Ordnungsmodelle, die auch sonst in der mittelalterlichen Geschichtsschreibung und -dichtung geläufig waren. Dem heilsgeschichtlichen Abriss legte er, mehr angedeutet als ausgeführt, das Prinzip der Weltalter zugrunde. Die Einteilung der Weltgeschichte in sechs oder sieben Weltalter, mit variablen Epochengrenzen, ist ein Erbe der Spätantike. Ein besonders wirkmächtiges Modell entwickelte der Kirchenvater Augustinus. Er ordnete das erste Weltalter der Zeit Adams bis zur Sintflut zu, das zweite der Zeit Noahs, das dritte dem Zeitraum von Abraham bis David; das vierte Weltalter währte nach seiner Vorstellung von David bis zur Babylonischen Gefangenschaft, das fünfte bis zu Christi Geburt, das sechste schließlich von der Menschwerdung Christi bis zum Jüngsten Tag. Andere Autoren gliederten im Detail anders, doch besagten die Weltalterschemata immer eines: dass die Geschichte Abbildung und Erfüllung des göttlichen Heilsplanes darstelle.

Den profangeschichtlichen Abriss gliederte der Verfasser des *Annoliedes* hingegen nach der Lehre von den vier Weltreichen, die in ihrem Kern auf zwei Kapitel des biblischen Buches Daniel zurückgeht: auf den Traum des Königs Nebukadnezar von der aus Gold, Silber, Erz und Eisen zusammengesetzten, aber auf tönernen Füßen stehenden Statue (Dn 2) und auf Daniels Vision der vier Tiere, die aus dem Meer aufsteigen (Dn 7). In der Bibelexegese wurden die vier Metalle bzw. Tiere auf die historischen Großreiche der Assyrer und Babylonier, Meder und Perser, Griechen

(Makedonen) und Römer bezogen, wobei dem vierten, dem Römischen Reich für das Mittelalter eine Schlüsselrolle zukam, war es doch, durch die Translation, das eigene Reich, mit dessen Ende zugleich das Ende der Welt beschlossen war. Dieses biblisch begründete Konzept erlaubte es, die Profangeschichte mit der Heilsgeschichte parallel zu führen, mehr noch, sie in die Heilsgeschichte zu integrieren.

Typische Merkmale historischen Erzählens im Mittelalter sind auch die Personalisierung der Geschichte und der exemplarische Anspruch des Erzählten. Im *Annolied* laufen Heilsgeschichte und Profangeschichte beide auf den Titelhelden zu, und beidemal wird an ihm eine exemplarische Lebensführung – christlich-heiligmäßiges Leben und vorbildliche Herrschaft – demonstriert. An der Vorbildfunktion Annos lässt der Dichter keinen Zweifel. Denn zu Beginn des dritten Teils erklärt er: *Den vili tiurlîchin man / muge wir nû ci bîspili havin, / den als ein spiegil anesîn, / die tugint unti wârheiti wollen plegin* (c. 34,1–4; »Den ganz ausgezeichneten Mann sollen wir nun zu(m Gegenstand de)r Exempeldichtung nehmen, diesen als ein Vorbild ansehen, die gut und wahrhaftig sein wollen«). Es ist dies eine zentrale Funktion historischer Erzählung im Mittelalter: Anschauungsmaterial für Gut und Böse, Muster für vorbildliches oder auch tadelnswürdiges Verhalten zu liefern und zu zeigen, wie es zugeht in der Welt, und zwar gerade dadurch, dass historische Personen und Ereignisse nicht in ihrer Einmaligkeit und Unwiederholbarkeit präsentiert werden, sondern in ihrer exemplarischen Bedeutung. Das war gemeint, wenn man davon sprach, dass aus der Geschichte für das Leben zu lernen sei: *magistra vitae historia*. Reiches Lehrmaterial lieferte die Bibel als das älteste Geschichtszeugnis überhaupt, aber auch Chroniken und Gesta, die, wie der Begriff schon sagt, die Taten einzelner historischer Personen oder einer Gruppe von Personen erzählen, und ganz allgemein galt dies für die Heiligenvita, welche die insgesamt exemplarische Lebensführung (*vita*!) des Heiligen und/oder seine vorbildliche Glaubenstreue im Martyrium vor Augen stellte. Als Vorbilder und beinahe noch öfter als Warnbilder boten sich aber auch die Helden der antiken Epen und der Heldensage an. Diese anthropologische und zugleich didaktische Funktion scheinen besonders die historischen Überlieferungen in der Volkssprache zu erfüllen. Die Frage, wie es eigentlich gewesen sei, hat hingegen nicht, oder sagen wir vorsichtiger: nicht generell interessiert; sie gewann erst ab Mitte des 19. Jahrhunderts an Bedeutung, als die Geschichtswissenschaft sich dem Ideologem der Objektivität verschrieb.

Modellfunktion hat das *Annolied* schließlich auch wegen seiner Prologstrophe; sie hält fest, dass es im Mittelalter zwei verschiedene Überlieferungen historischen Wissens gegeben hat, die genuin volkssprachig-mündliche Tradition auf der einen Seite, die Geschichtsüberlieferung der lateinischen Schrift- und Klerikerkultur auf der anderen Seite. Zwischen diesen beiden Traditionen scheint es anfänglich keine Berührungspunkte gegeben zu haben; die Geschichtsdichtungen des deutschen Mittelalters sind indes allesamt Zeugnisse für lebhafte Kontakte und Interferenzen. Was ursprünglich nur mündlich tradiert worden war, wurde ins Medium der Schrift überführt und damit konserviert; was ursprünglich nur lateinisch tradiert worden war, wurde in die Volkssprache übertragen und damit popularisiert. Der Prolog des *Annoliedes* lautet:

> Wir hôrten ie dikke singen
> von alten dingen:
> wî snelle helide vuhten,

```
        wî si veste burge brêchen,
5       wî sich liebin vuiniscefte schiedin,
        wî rîche kunige al zegiengen.
        nû ist cît, daz wir dencken,
        wî wir selve sulin enden.
        Crist, der vnser héro gůt,
10      wî manige ceichen her vns vure důt,
        alser ûffin Sigeberg havit gedân
        durch den diurlîchen man,
        den heiligen bischof Annen,
        durch den sînin willen.
15      dabî wir uns sulin bewarin,
        wante wir noch sulin varin
        von disime ellendin lîbe hin cin êwin,
        dâ wir îmer sulin sîn.
```

»Wir hörten sehr oft singen von alten Begebenheiten: wie starke Helden kämpften, wie sie feste Städte zerstörten, wie liebe Freundschaften ein Ende nahmen, wie mächtige Könige ganz zugrundegingen. Nun ist es Zeit, daran zu denken, wie wir selbst enden werden. Christus, unser guter Herr – wieviele (Wunder-)Zeichen wirkt er vor uns(eren Augen), wie er es auf dem Siegberg getan hat durch den herrlichen Mann, den heiligen Bischof Anno, ihm zuliebe. Deshalb sollen wir für uns sorgen, denn wir werden noch dahingehen aus diesem jammervollen Leben in die Ewigkeit, wo wir für immer sein werden.«

Die Prologstrophe thematisiert den Gegensatz zwischen Heldenliedern und Heiligenvita oder, allgemeiner, zwischen mündlich-heroischer und schriftlich-klerikaler Geschichtsüberlieferung und fordert eine Neuorientierung des Interesses und damit auch einen Wechsel des Geschichtsbildes und seiner orientierenden Funktion. Die stete zirkuläre Bewegung von Aufbau und Zerstörung – Aristie und Untergang von Helden, Gründung und Zerstörung von Städten, Aufstieg und Fall von Königreichen, Entstehung und Zerstörung personaler Bindungen – habe genügend Interesse in der Vergangenheit gefunden (*Wir hôrten ie dikke singen*). Nun aber sei es an der Zeit, an die Zukunft und das heißt: an den Tod zu denken und was auf ihn folgt. Verlangt ist damit auch die Orientierung an einem anderen Heldentyp: nicht mehr am Heros, der sich in der Aristie bewährt und untergeht, sondern am geistlichen Helden, der Gottes Wirken in der Welt bezeugt und die Heils- und Erlösungserwartung exemplarisch vorlebt, am Märtyrer und Heiligen.

Literatur: Anna-Dorothee von den Brincken: Mittelalterliche Geschichtsschreibung. In: Aufriß der Historischen Wissenschaften. Hg. von Michael Maurer. Bd. 5: Mündliche Überlieferung und Geschichtsschreibung. Stuttgart 2003 (RUB 17031), S. 188–280; Hans-Werner Goetz: Geschichtsschreibung und Geschichtsbewußtsein im hohen Mittelalter. Berlin 1999 (Orbis mediaevalis 1); Herbert Grundmann: Geschichtsschreibung im Mittelalter. Gattungen – Epochen – Eigenart. 3. Aufl. Göttingen 1978 (Kleine Vandenhoek Reihe 209/210); Hans Robert Jauss: Der Gebrauch der Fiktion in Formen der Anschauung und Darstellung der Geschichte. In: Formen der Geschichtsschreibung. Hg. von Reinhart Koselleck u. a. München 1982 (Theorie der Geschichte. Beiträge zur Historik 4 = dtv 4389), S. 415–451; Mathias Herweg: Ludwigslied, De Heinrico, Annolied. Die deutschen Zeitdichtungen des frühen Mittelalters im Spiegel ihrer wissenschaftlichen Rezeption und Erforschung. Wiesbaden 2002 (Imagines Medii Aevi 13); New Historicism. Literaturgeschichte als Poetik der Kultur. Hg. von Moritz Baßler. 2. Aufl. Tübingen/ Basel 2001 (UTB 2265); Roderich Schmidt: Aetates mundi. Die Weltalter als Gliederungsprinzip der Geschichte. Zs. für Kirchengeschichte 67 (1955/56) 288–317; Franz-Josef Schmale: Funktion und Formen mittelalterlicher Geschichtsschreibung. Eine Einführung. Mit einem Beitrag von

Hans-Werner Goetz. Darmstadt 1985; Theorie und Erzählung in der Geschichte. Hg. von Jürgen Kocka und Thomas Nipperdey. München 1979 (Beiträge zur Historik 3); Hayden White: Auch Klio dichtet oder Die Fiktion des Faktischen. Studien zur Tropologie des historischen Diskurses. Einführung von Reinhart Koselleck. Stuttgart 1986 (Sprache und Geschichte 10).

b. Textsorten

Was im Mittelalter als historischer Stoff und als historiographisches Genus galt, lässt sich gut an der *Weltchronik* Heinrichs von München zeigen, einer wohl im letzten Drittel des 14. Jahrhunderts entstandenen monumentalen Chronik mit dem weitgesteckten Ziel, die Weltgeschichte möglichst vollständig und genau von der Erschaffung der Welt bis zur Gegenwart in Reimpaarversen darzustellen. Um das universalgeschichtliche Programm einzulösen, hat der Chronist Texte verschiedener Provenienz und verschiedener Gattungen zusammengetragen und miteinander kombiniert. Bibel und Bibeldichtung, Legenden und Chroniken gehören ebenso dazu wie Antikenroman, Epen aus der Tradition der Chansons de geste und allegorische Reimpaardichtungen.

Den Grundstock für die alttestamentliche Heils- und Profangeschichte bilden die sog. *Erweiterte Christherre-Chronik*, die den Bereich von Genesis bis zum Vierten Buch der Könige abdeckt, und Ulrichs von Etzenbach *Alexanderroman* (vor 1278 und nach 1283). Für die Darstellung der neutestamentlichen Ereignisse ist das *Marienleben* Bruder Philipps (Anfang 14. Jahrhundert) die Hauptquelle, für die Zeit Karls des Großen die *Willehalm*-Trilogie mit der *Arabel* Ulrichs von dem Türlin (1261/69), Wolframs *Willehalm* (1210/20) und Ulrichs von Türheim *Rennewart* (nach 1243). Vom Vierten Buch der Könige bis zum Schluss des Alten Testaments sowie für die Reihe der Päpste und Kaiser, die an das neutestamentliche Geschehen anschließt, musste der Chronist Prosaquellen in Reimpaarverse umsetzen. Für seine Neudichtung benutzte er in erster Linie die Vulgata – die lateinische Übersetzung der Bibel, die zum überwiegenden Teil auf den Kirchenvater Hieronymus zurückgeht – und die ebenfalls lateinische *Historia scholastica*, die *Sächsische Weltchronik* (erste Fassung um 1230) und das *Buch der Könige alter Ee*, eine biblisch-geschichtliche Einleitung zum *Schwabenspiegel* (um 1270). Für die Papst- und Kaiserreihe stützte er sich hauptsächlich auf zwei Prosaquellen: die *Flores temporum*, eine lateinische Papst-Kaiser-Chronik, die um 1292 entstanden war, und auf eine Version der *Sächsischen Weltchronik*, gelegentlich auch auf das *Passional* (4. Viertel 13. Jahrhundert), eine umfangreiche Reimpaardichtung, die in ihrem ersten Teil das Leben Mariens und Jesu, im zweiten das Leben der Apostel und im dritten das Leben der Märtyrer und Heiligen erzählt. Darüber hinaus arbeitete er eine Reihe kleinerer geistlicher Dichtungen ein. Nachfolgende Bearbeiter haben die Basiskompilation weiter ergänzt, u.a. mit Exzerpten aus der *Kreuzholz*- und *Dreikönigslegende*, Wolframs *Parzival*, Strickers Karlsepos und Heinrichs von Beringen allegorischem *Schachgedicht*.

Das Spektrum ist ähnlich differenziert wie das der lateinischen Historiographie. Deren wichtigste Gattungen waren die Weltchronistik in unterschiedlichen Ausprägungen – als reine Zeittafel ebenso wie als Erzählchronik oder als welthistorischer Abriss, der im Rahmen einer Enzyklopädie mit geographischem, geometrischem und astronomischem Wissen vergesellschaftet wurde –, Annalen, Gesta, Landes-, Bischofs- und Stadtchroniken (ab dem späten Mittelalter), Viten und Antikenroman. Als ein

Dokument von größter, ja einzigartiger Zuverlässigkeit und Authentizität galt den mittelalterlichen Geschichtsschreibern, ob sie sich nun in Latein oder in der Volkssprache artikulierten, die Bibel; sie war die Überlieferung, der man schon aufgrund ihres hohen Alters den Vorzug vor der jüngeren Überlieferung gab. Zu ihrer hohen Wertschätzung trug aber auch der Umstand bei, dass sie als inspiriert galt: In der Bibel hat sich Gott selber durch den Mund seiner Propheten geäußert.

Wie mittelalterliche Autoren mit ihren historischen Stoffen umgegangen sind, welche Text- und Vertextungsstrategien sie verfolgten, welche Probleme und Konzepte anhand eines historischen Sujets verhandelt wurden: das soll im folgenden exemplarisch an Texten aus verschiedenen historischen Gattungen dargestellt werden. Es ist dies zugleich der Versuch, die Begriffe ›Geschichte‹ und ›Geschichtsschreibung‹ zu historisieren.

c. Geschichte(n) erzählen I: Popularisierungen der lateinischen Schrift- und Klerikerkultur

Bibeldichtung

Geschichte von höchster Verbindlichkeit war nach mittelalterlichem Verständnis das, was die historischen Bücher des Alten und Neuen Testaments überliefern, daneben aber auch die Viten der Märtyrer und Heiligen: Geschichte unter dem Vorzeichen der Heilsgeschichte. Bibeldichtung und Legenden stellen deshalb nicht nur die wichtigsten, sondern auch die ältesten Formen historischer Überlieferung in der deutschen Literatur des Mittelalters dar; sie sind aber auch zentraler Bestandteil der Weltchroniken und Weltchronikkompilationen, die seit dem 13. Jahrhundert entstanden. Ihr gemeinsames Anliegen war es, über Gottes Gegenwart und fortgesetztes Wirken in der Welt zu unterrichten. Im späten Mittelalter übernahmen zunehmend auch andere Formen – Übersetzungen und Kommentare der Bibel oder die Historienbibeln, d.s. Nacherzählungen der biblischen Geschichten, teilweise mit apokryphen und profanhistorischen Zusätzen, in Prosa – diese Aufgabe. In der folgenden Übersicht der Bibeldichtungen sind die gereimten Weltchroniken nicht berücksichtigt:

Erzähltes Heil I

Alttestamentliche Dichtungen
Wessobrunner Schöpfungsgedicht, um 800 (?)
Altsächsische Genesis, um 850 (?)
Altdeutsche Genesis, um 1060/80 (?)
Altdeutsche Exodus, um 1120 (?)
Lob Salomos, 1. D. 12. Jh.
Ältere Judith und *Die drei Jünglinge im Feuerofen*, 1. D. 12. Jh.
Vorauer Bücher Mosis, um 1130/40 (?)
Jüngere Judith, um 1140 (?)
Pfaffe Lambrecht: *Tobias*, um 1140/50
Babylonische Gefangenschaft, um 1150
Halberstädter Makkabäer, 3. V. 12. Jh.
Ostmd. Judith, 1254 (?)

Lutwin: *Adam und Eva*, A. 14. Jh.
Esther, A. 14. Jh.
Luder von Braunschweig: *Buch der Makkabäer*, um 1320
Daniel, um 1331
Esra und *Nehemia*, um 1335
Buch Hiob, 1338
Historien der Alten Ee, nach 1338 (?)

Neutestamentliche Dichtungen
Heliand, vor 840/843
Otfrid von Weißenburg: *Evangelienbuch*, 863–871
Christus und die Samariterin, A. 10. Jh.
Frau Ava: *Johannes*, *Leben Jesu*, vor 1127 (?)
Von Christi Geburt, Frgm., um 1120/40
Friedberger Christ, Frgm., um 1120/30
Rheinauer Paulus, Frgm., um 1130/40
Baumgartenberger Johannes Baptista, Frgm., um 1140
Adelbrecht: *Johannes Baptista*, Frgm., um 1150
Priester Wernher: *Driu liet von der maget*, 1172
Leben Christi, Frgm., E. 12. Jh.
Christus und Pilatus, Frgm., E. 12. Jh.
Konrad von Fußesbrunnen: *Kindheit Jesu*, um 1200
Konrad von Heimesfurt: *Urstende* und *Unser vrouwen hinvart*, um 1205/10 (?)
Heinrich von Hesler: *Evangelium Nicodemi* und *Erlösung*, Frgm., vor 1260 (?)
Rheinfränkische Marien Himmelfahrt, 1258 oder 1269
Walther von Rheinau: *Marienleben*, 4. V. 13. Jh.
Grazer Marienleben, Frgm., nach 1280 (?)
Gundacker von Judenburg: *Christi Hort*, E. 13. Jh.
Der Saelden Hort, E. 13. Jh.
Bruder Philipp: *Marienleben*, A. 14. Jh.
Wernher der Schweizer: *Marienleben*, 1. H. 14. Jh.

Heilsgeschichte als Ganze
Mittelfränkische Reimbibel, um 1100/20
Anegenge, um 1170/80

Endzeitdichtungen und Visionen
Muspilli, vor 876 (?)
Frau Ava: *Antichrist* und *Jüngstes Gericht*, vor 1127 (?)
Himmlisches Jerusalem, um 1140
Hamburger Jüngstes Gericht, Frgm., vor 1150 (?)
Brandans Meerfahrt, ca. 1150
Patricius, Frgm., 2. H. 12. Jh.
Von den letzten Dingen (*Linzer Entechrist*), um 1170
Vom Himmelreich, um 1180/90 (?)
Niederrheinischer Tundalus, Frgm., um 1180/90
Alber: *Tnugdalus*, um 1190
Visio Sci. Pauli (*Von der Zukunft nach dem Tode*), E. 12. Jh.
Niederdeutsche Apokalypse, um 1200
Heinrich von Hesler: *Apokalypse*, vor 1260 (?)
Tilo von Kulm: *Von siben ingesigeln*, 1331

Unter den heilsgeschichtlichen Sujets war das Leben Jesu nicht zuletzt wegen seiner dogmatischen Bedeutung der wichtigste und vornehmste historische Stoff. Dass die volkssprachige Bibelepik mit zwei Dichtungen über das Heilandsleben – mit dem *Heliand* (zwischen 822 und 843) und dem *Evangelienbuch* Otfrids von Weißenburg (863/871) – begann, ist deshalb kein Zufall, doch hielt das Interesse, wie auch nicht anders zu erwarten, das ganze Mittelalter unvermindert an. Vielfältig waren die Aneignungsweisen dieses heilsgeschichtlichen Wissens, und ebenso vielfältig war seine Funktionalisierung. Immer jedoch wurden sie, wie dies bereits seit dem frühen Christentum üblich war, an die jeweiligen zeitbedingten Umstände angepasst und aktualisiert.

Ein gutes Beispiel dafür gibt bereits der *Heliand*, das älteste volkssprachige Bibelepos, das nach einer lateinischen Fassung des *Diatessaron* – einer Zusammenstellung der Geschichte Jesu aus den Berichten der vier Evangelisten, die der syrische Christ Tatian wohl im späten 2. Jahrhundert veranstaltet hat – in beinahe 6000 Stabreimversen, geordnet in 71 Abschnitten (›Fitten‹), vom Leben Christi auf Erden erzählt.

Das geschieht mit den Stilmitteln der heimischen, mündlichen Dichtungstradition – Stabreimversen, Kenningar, d. h. bildlichen Umschreibungen von Begriffen, und variierender Wort- und Satzwiederholung –, die das heilsgeschichtliche Geschehen, von dem die Bibel in einfacher Sprache, im *sermo humilis*, berichtet, auf eine aristokratische Stilebene heben und damit adeln. Auch passte der Dichter den aus einem ganz anderen Kulturkreis kommenden Stoff an die spezifischen Leitbilder und Denkformen der sächsischen Adels- und Kriegergesellschaft an. Biblische Begriffe wurden deshalb konsequent in die vertraute Terminologie der heimischen Adelskultur und Grundherrschaft umgesetzt. Aus Jesus, dem Sohn eines Zimmermanns, wurde ein »Volkskönig«, »Landeswart« und »Gefolgschaftsherr«, aus seinen Jüngern, die allesamt von einfachster Herkunft und einfachster Bildung – Fischer oder Zöllner – waren, wurden *heliðos* »Helden«, auch *gesîðos* »Gefolgsleute« oder »treue Schwertdegen ihres Herrn«; die drei Weisen aus dem Morgenland sind landesfremde »Recken«. Die *materia* wurde durch solche Akkomodation unter der Hand verändert; Ort, Umstände und handelnde Figuren des heilsgeschichtlichen Geschehens wurden nobilitiert, und nobilitiert wurde auch das Christusbild, das die Evangelien vermitteln. An die Stelle des Menschensohns von niedrigem sozialen Rang und des sich selbst erniedrigenden Gottessohns rückte ein aristokratisches Gottesbild (das dem Geschehen zugleich alles Sozialrevolutionäre nimmt).

Solche Abweichungen vom Wortlaut des biblischen Urtextes bedurften keiner Rechtfertigung. Denn sie trugen dazu bei, Heilswissen und christliche Botschaft der einheimischen sozialen Elite verständlicher zu machen. So wurde auch die Szene der Gefangennahme Jesu im Garten Gethsemane, wo einer der Jünger sein Schwert zieht und einem Knecht des Hohenpriesters ein Ohr abschlägt, als heroischer Kampf stilisiert, in dem Petrus als unerschrockener und zornmütiger »Schwertmann« (*suuerd-thegan*) dem Malchus eine Wunde zufügt, »so dass ihm waffenblutig Wange und Ohr in Todeswunde barst« (*that imu herudrôrag   hlear endi ôre / beniuundun brast*).

Um so eindrucksvoller hebt sich Christi Lehre von der Gewaltlosigkeit und der Sinnlosigkeit der heroischen Tat ab: »Uns ist verboten zu kämpfen, zu wehren ihrer Gewalt« (*ni sculun ûs belgan wiht, wrêðean wið iro gewinne*) und: »Wir mit unseren Taten können nichts wenden« (*wi mid ûsun dâdiun ni sculun wiht awerdian*). Wenn wir die Leistung des *Heliand*-Dichters als Popularisierung bezeichnen, dann ist nicht das ›Absinken‹ eines ursprünglich ›hohen‹ Bildungs- und Kulturgutes zum Breitenkonsum gemeint, vielmehr der Transfer lateinischen Heilswissens in die Volkssprache unter Verwendung heimischer Stil- und Denkformen, wobei der solchermaßen ›popularisierte‹ heilsgeschichtliche Stoff einer sozialen und geistigen Elite vorbehalten blieb.

Von gänzlich anderem Zuschnitt ist das *Evangelienbuch* Otfrids von Weißenburg. Zwar hatte auch Otfrid seine Schwierigkeiten mit dem *sermo humilis* der Bibel; wie seinen spätantiken Vorbildern war es ihm offenkundig um die Nobilitierung des Geschehens durch die Rhetorik zu tun, wobei die Rhetorik nicht nur der Vermittlung der Glaubensinhalte diente, sondern auch Mittel der Selbstdarstellung war. Auch erhob Otfrid, wie der Dichter des *Heliand*, die Hauptakteure des Heilsgeschehens zu Adeligen der karolingischen Zeit. Von Maria wird in der Verkündigungsszene gesagt, dass »alle ihre Vorfahren Könige waren« und sie den fremden Boten in einem vornehmen Wohngemach, *palinza*, empfangen habe, mit dem Psalter in der Hand und am Webstuhl beschäftigt, kostbare Stoffe anzufertigen. Von Jesus heißt es, er sei ein »König der Abstammung nach« (*kuning in giburti*), und wie ein König hält er deshalb Einzug in Jerusalem, nicht auf einem Esel, der eines Herrschers unwürdig wäre, sondern auf einem standesgemäßen Streitross. Seine Jünger sind »Gefolgsleute« (*githigini*), die nach den Regeln des Feudalsystems *huldi*, die »Gunst« des Herrschers, erwerben und treuen Vasallendienst leisten.

Doch hat Otfrid neben solcher Popularisierung die konsequente Theologisierung der heilsgeschichtlichen Erzählung mit den Methoden der lateinischen Bibelkommentare betrieben. Otfrid war der erste volkssprachige Autor, der in seiner Dichtung konsequent – Ansätze gab es schon im *Heliand* – die Schriftallegorese einführte, jenes hermeneutische Verfahren also, das zu seiner Zeit als der Inbegriff theologischer Bildung galt, und der damit umfangreiche geistliche Belehrung vermittelte; Beispiele geben die Erzählungen von der Hochzeit zu Kana und vom Einzug Jesu in Jerusalem vor dem Passahfest (vgl. S. 48 und 52). Von der Heilsgeschichte erzählen, heißt bei Otfrid, wie später noch bei manch anderem, die Erzählung mit belehrenden Kommentaren und meditativen Betrachtungen zu durchsetzen. Dass Geschichte eine Geschichte des Heils ist, wird bei ihm also nicht nur narrativ inszeniert, sondern auch explizit ins Bewusstsein gebracht.

Schließlich knüpfte Otfrid auch gezielt an das literarische und wissenschaftliche Niveau der spätantiken lateinischen Bibeldichtung an, indem er die Errungenschaften lateinischer Buch- und Schriftkultur in die Volkssprache übertrug. Indizien sind nicht nur die äußeren buchtechnischen Gliederungsmittel, die Texteinteilung nach Büchern und Kapiteln, und Otfrids Reflexion der eigenen Autorschaft, sondern auch sein Stil und die Verstechnik sind an lateinischen Vorbildern orientiert: Statt in den Stabreimversen der heimischen mündlichen Tradition dichtete er in den neuen binnengereimten Langzeilen, statt formelhafter Wendungen suchte er den präzisen sprachlichen Ausdruck, und seine Sprache verrät Schulung an der lateinischen Syntax.

Die nach 1050 entstandenen Versifizierungen der Heilsgeschichte sind ohne erkennbaren Bezug zu den althoch- und altniederdeutschen Texten. Gleichwohl gibt es Gemeinsamkeiten. Sie betreffen den heilsgeschichtlichen Stoff als solchen, aber auch bestimmte Strategien seiner Vermittlung: die Mediävalisierung des biblischen Geschehens, also die Anpassung der biblischen Welt an die kulturellen und sozialen Gegebenheiten der eigenen Zeit, und die Verknüpfung der *narratio* mit lehrhaft-erbaulichen Erweiterungen. Verschieden sind indes die Mischungsgrade dieser Erzähl- und Bearbeitungsprinzipien.

In der wohl um 1060/80 in Österreich entstandenen *Altdeutschen Genesis* (*Wiener Genesis*) steht ganz die Nacherzählung der heilsgeschichtlichen Ereignisse im Vordergrund. Sie beginnt mit der Erschaffung der neun Engelchöre und dem Sturz Luzifers und seiner Schar, erzählt danach Schöpfung und Sündenfall sowie die Geschichte der Adamiten von Kain und Abel bis zur Sintflut und schließlich die Geschichte der Patriarchen von Noah bis Joseph in Ägypten. Im Unterschied zur Vulgata, die mit der Schöpfung beginnt und vom Sturz Luzifers erst in Gn 6 andeutend berichtet, präsentiert der Dichter seinen Stoff nach dem Prinzip des *ordo naturalis* in chronologischer Reihenfolge. Auch sonst hat er sich nicht sklavisch an den Wortlaut der Bibel gebunden, vielmehr, wie im ganzen Mittelalter üblich, Welt und Kultur des Alten Testaments zeitgenössischen Denkvorstellungen und Praktiken angeglichen: Luzifer firmiert als *holde* »Vasall«, der sich gegen seinen göttlichen Lehnsherrn erhebt, der Patriarch Jakob als *êrlich recke* »ehrenhafter Held«, seine Söhne als *geboren fon eineme adele* »aus adeligem Geschlecht«, Joseph als hoher Herr, der in der Begleitung vieler stolzer Ritter reitet. Bei der Erschaffung der Tiere werden eigens die dem Europäer vertrauten *ros und rinder* erwähnt, und Abel baut Rüben und Hirse an, das Grundnahrungsmittel des Bauern im Mittelalter. Gegen die biblische Vorlage, aber germanisch-deutschen Rechtsprinzipien gemäß bestimmt Abraham – und nicht göttliche Fügung – Rebekka zur Braut seines Sohnes.

Nach den rhetorischen Prinzipien der *amplificatio* und *abbreviatio* wird hie und da breit erzählt und ausgeschmückt, anderes wird zusammengefasst oder ganz übergangen. Zu den *amplificationes* gehört die ausführliche Beschreibung des von Gott erschaffenen Menschen. Sie ist die erste in der Volkssprache überhaupt und damit auch das älteste Beispiel für Selbstwahrnehmung. Sie beginnt, dem Schema *a capite ad calcem* folgend, mit dem runden Kopf und der mit Haut und Haaren überzogenen Hirnschale, mit den sieben Öffnungen des Schädels für die verschiedenen Sinnesorgane, Zähnen und Zunge, arbeitet sodann Glied für Glied und Organ für Organ ab und endet bei den Zehen. In der minutiösen Beschreibung wird der Mensch gleichsam noch einmal erschaffen – der Dichter tritt in Analogie zum Schöpfer, seine Dichtung in Analogie zum Schöpfungsakt. Ebenso ausführlich beschreibt er die Pflanzen des Paradiesgartens – darunter auch die Kräuter, die in einem mittelalterlichen Klostergarten gepflanzt wurden – oder Gefühle, etwa Evas Zögern, der Versuchung nachzugeben, und ihr Nachgeben, Scham und Leugnen der Schuld. Gelegentlich hat der Dichter die heilsgeschichtliche Erzählung auch durch Digressionen unterbrochen, die sein Interesse an moraltheologischer Unterweisung, insbesondere an Sünde, Reue, Beichte und Buße erkennen lassen; namentlich an der Erzählung des Sündenfalls entzündet sich eine flammende Rede wider die geschlechtliche Lust. Wie in der etwa zur selben Zeit entstandenen *Altdeutschen Exodus*, welche die Geschichte des Moses und die Unterdrückung der Juden in der ägyptischen Diaspora erzählt, dominiert insgesamt aber die *narratio*.

Von ganz anderem Zuschnitt sind die *Vorauer Bücher Mosis*, die etwa 1130/40 in Österreich entstanden sein könnten. Sie sind das Werk mehrerer Dichter und bestehen aus der *Genesis*, den Geschichten Josephs und Mosis, einem Marienlob und dem *Balaam*. Im Unterschied zur *Altdeutschen Genesis* und *Exodus* richten die *Vorauer Bücher Mosis* das Hauptaugenmerk auf die geistliche Auslegung der biblischen Geschehnisse. Dies gilt insbesondere für den *Vorauer Moses*. Wohl berichtet auch er die Ereignisse von Mosis Geburt bis zu seinem Tod und die Eroberung Jerichos durch Josua. Aufs Ganze gesehen, dominiert jedoch die Allegorese. Sie deutet die Zehn Plagen moralisch-tropologisch als Sinnbild für die Sünden der Menschen oder die dreitägige Flucht der Israeliten als Sinnbild der christlichen Schlüsselqualifikationen, nämlich auf die guten Werke, das fromme Schweigen und die reinen Gedanken. Beinahe genauso häufig sind allegorische und typologische Bezüge – auf Christus, die Kirche, einzelne Sakramente u. a. – herausgearbeitet. Indem die *Vorauer Bücher Mosis* die Sachinformation in Glaubens- und Moralfragen der Vermittlung historischer Grundkenntnisse vorziehen, stehen sie noch ganz in der Tradition der spätantik-lateinischen Bibelepik; mit ihnen bricht diese Tradition indes ab. Volkssprachige Darstellungen der Heilsgeschichte konzentrierten sich fortan ausschließlich oder doch weitgehend auf die erzählende Darstellung. Die moralisch und dogmatisch belehrende Auslegung wurde aus der heilsgeschichtlichen Erzählung verbannt; sie lebte aber in Predigt und Traktat weiter.

Von den Geschichten des Alten Testaments ging eine nicht gering zu schätzende Faszination aus, und dies nicht nur deshalb, weil sie die Anfänge der Heilsgeschichte, die Geschichte der Urväter und die Anfänge des auserwählten Volkes erzählen. Sie faszinierten auch deshalb, weil sie mehr noch als das Neue Testament vielfältige Ansatzpunkte zur Identifikation und Selbstvergewisserung boten. In den Geschichten der Patriarchen, dann auch der Könige und Krieger werden zentrale anthropologische Themen verhandelt: Macht und Besitz, Sexualität und Tod, Krieg und Gewalt, Klugheit und List, Affekte wie Liebe, Zorn, Wut und Trauer usw., die sich auf die sozialen und kulturellen Praktiken der eigenen Gegenwart beziehen ließen.

Gleichwohl hat es in der frühmittelhochdeutschen Zeit auch neutestamentliche Dichtungen gegeben. Das bedeutendste Korpus stammt von Frau Ava; von ihr sind vier Gedichte überliefert, die sich zu einem heilsgeschichtlichen Zyklus von den Anfängen der christlichen Kirche bis zu ihrem Ende, von der Heilsverkündigung durch Johannes den Täufer bis zum Jüngsten Gericht, zusammenschließen: ein *Johannesleben*, ein *Leben Jesu* mit einem abschließenden Teil über die *Sieben Gaben des Hl. Geistes* sowie ein Gedicht über den Antichrist und das Jüngste Gericht. Der wichtigste Teil des Zyklus ist, schon vom Umfang her, das *Leben Jesu*, das Passion und Auferstehung in den Vordergrund stellt; Kindheit, Lehr- und Wundertätigkeit treten ganz zurück. Ava verzichtet in ihrer Darstellung so gut wie ganz auf allegorische Deutung, auf lehrhafte Elemente überhaupt. Sie erzählt schlicht und anschaulich, orientiert am Faktenbericht der Bibel. Neu ist jedoch der emotionale Ton, der die Heilsereignisse unmittelbar vergegenwärtigt. Hörbar ist er vor allem in der Darstellung des Passionsgeschehens, in den direkten Anreden an die unter dem Kreuz stehenden Personen, Maria Magdalena, die Gottesmutter, Joseph von Arimathia und Nicodemus (»Ach, Maria Magdalena, wie standest du allezeit da, wo du deinen guten Herrn hängen und bluten sahst und an seinem Leib die gestochenen Wunden sahst! Wie vermochtest du die leidvolle Klage seiner geliebten Mutter, der guten Heiligen Maria, zu ertragen!« usw.). Das einmalige Ereignis der Heilsgeschichte, der Erlösungstod Christi, ist in der Kontemplation unmittelbar gegenwärtig. Was Avas Dichtung indes so einzigartig in ihrer Zeit macht, ist die ins Wort gebrachte Empathie: Ihre Ich-Sprecherin denkt an die unter dem Kreuz und identifiziert sich mit ihrem Leid.

Gegen Ende des 12. Jahrhunderts stieg das Interesse an apokryphen Themen und an Legendenepik auf biblischer Basis sprunghaft an. Ganz offensichtlich bestand ein lebhaftes Bedürfnis, die Lücken zu schließen, welche die kanonischen Bücher der Bibel gelassen hatten. Dabei interessierte nicht nur die Kindheit Jesu, sondern auch das Leben anderer heilsgeschichtlich relevanter Figuren: Adam und Eva, Maria, Pilatus. Sie bilden eine Gruppe von heilsgeschichtlichen Erzählungen mit ganz eigenem

Profil. Dabei verfolgten die Autoren ganz unterschiedliche ästhetisch-programmatische Intentionen, selbst dort, wo sie die gleiche Quelle benutzten.

Der Priester Wernher, vermutlich ein Augsburger Weltgeistlicher, erzählt in den *Driu liet von der maget* vom Leben der Jungfrau Maria, von ihrer Geburt und dem Leben im Tempel bis zur Geburt Jesu und der Flucht nach Ägypten. Zahlreiche Zusätze vermitteln theologisches Gedankengut und Belehrungen über das Heil, etwa Hinweise auf die menschliche Sündhaftigkeit und Ermahnungen zu Keuschheit und anständigem Benehmen in der Kirche, und beinahe noch wichtiger sind Grundformen der unmittelbaren Heilsvergewisserung: verschiedene Bittgebete, des Dichters ebenso wie seiner Figuren, vor allem aber der hymnische Lobpreis der Jungfrau und Gottesmutter. Die Heilsgeschichte wird in der paraphrasierenden Aneignung eines zentralen heilsgeschichtlichen Wissensstoffs modifizierend nachvollzogen. Der frömmigkeitsgeschichtliche Hintergrund für Wernhers spezifische Konzeption des Marienlebens war die im 12. Jahrhundert aufblühende Marienverehrung. Sie war zuvörderst an Mariens Stellung im Heilsgeschehen und an ihre Rolle als Mittlerin und Miterlöserin gebunden: Seit der Frühscholastik wurde sie als Mutter des Erlösers in einen aristokratischen Rang erhoben und zur Himmelskönigin erklärt. Doch man wandte sich auch an die zum Mitleid fähige Mutter, an den Menschen Maria, mit dem man sich identifizieren konnte.

Ein verwandtes Thema bearbeitete Konrad von Fußesbrunnen, wahrscheinlich Mitglied eines von ca. 1160 bis 1200 nachweisbaren edelfreien Geschlechts aus Feuerbrunn in Niederösterreich, in seiner *Kindheit Jesu*; sie erzählt von der wunderbaren Empfängnis und Geburt Jesu, den Ereignissen auf der Flucht der Heiligen Familie nach Ägypten nebst den Wundern, die das Jesuskind an Tieren, Bäumen und Pflanzen vollbringt, und schließlich von den Wundern, die der Knabe in Nazareth wirkt. Sie dienen der Herausstellung seiner Einzigartigkeit; seine Göttlichkeit tritt nicht erst, wie in den kanonischen Berichten, im Erwachsenenalter zu Tage, sondern beinahe vom ersten Tag seiner Geburt an.

Schwerpunkt der Erzählung sind zweifellos die beiden Räuberepisoden: Das Haus des Räubers wird zur ritterlichen Haus- und Hofhaltung umstilisiert, der Strauchdieb zum adeligen Hausherrn, seine Entourage zur fürstlichen *familia*. Höfisch ist auch das Zeremoniell der Gastfreundschaft: Man ruht nach französischer Sitte auf Betten mit seidenem Bettzeug, das aus Byzanz importiert ist, trinkt aus goldenen und silbernen Bechern Maulbeerwein, Wein und Met und wird nach allen Regeln des höfischen Komments von den Knappen mit den köstlichsten Speisen bedient. Den Wortschatz, den Konrad für die Beschreibung der festlichen Bewirtung verwendet, ist der höfischen Literatur entlehnt. Anlässlich der Einkehr der Heiligen Familie demonstriert Konrad so gesellschaftlichen Standeskomfort und adeliges Formverhalten, nicht anders, als es die zeitgenössischen Autoren der höfischen Romane getan haben. Was im Hinblick auf den Stoff desintegriert erscheint, mag immerhin die lebensweltliche Praxis abbilden: die Verbindung von modernem Lebensstandard, neuen zivilen Umgangsformen und alten Praktiken des Raubs und der Gewalt. Man kann die beiden höfischen Szenen in Konrads *Kindheit Jesu* deshalb als den nicht ganz gelungenen Versuch lesen, den heilsgeschichtlichen Stoff an die sozialen Normen der modernen Adelsgesellschaft anzupassen und einem adeligen Publikum anzudienen. Man kann sie aber auch als eine Form der Kulturkritik lesen: Die Räuberepisoden machten dann deutlich, dass unter der dünnen Schicht der neuen höfischen Zivilisation sich immer noch die alten Räuber und Gewalttäter verbergen.

Die Bibelepik nach den kanonischen Büchern der Bibel oder auch nach apokryphen Schriften blieb eine produktive Gattung auch im 13. Jahrhundert. Primär fanden allerdings die Stoffe des Neuen Testaments und Verwandtes Interesse. Alttestamentliche Dichtung erlebte eine neue Blüte erst wieder zu Beginn des 14. Jahrhunderts, und zwar im Gebiet des Deutschen Ordens, vor allem in Ostpreußen. Für die Lesung bei Tisch, zur geistig-geistlichen Stärkung, waren *Väterbuch* und Legenden offenbar nicht mehr ausreichend. Für die Deutschordensritter, die mit voller Kriegsrüstung in den Orden aufgenommen wurden, bedurfte es anderer Identifikationsfiguren: glaubensstarke Helden, die sich mit feindlicher Macht und Übermacht auseinandersetzen. Solche Helden fand man vor allem in den Büchern des Alten Testaments: im Daniel, Esra, Nehemia, in der Judith und Esther und in den beiden Makkabäer-Büchern. Die Vermittlung der heilsgeschichtlichen Materie hieß hier wie in der Bibelepik überhaupt stets auch Aktualisierung dieser Materie: durch die Anpassung des Stoffs an kulturelle und soziale Praktiken der eigenen Zeit, durch moraltheologische Unterweisung und durch die Instrumentalisierung des heilsgeschichtlichen Stoffes für persönliche Kontemplation und Frömmigkeit. Die Aneignung heilsgeschichtlichen Wissens im und durch das Erzählen war so immer auch als eine unmittelbare Vergegenwärtigung des Heils gedacht.

Literatur: Haubrichs, Die Anfänge; Dieter Kartschoke: Bibeldichtung. Studien zur Geschichte der epischen Bibelparaphrase von Juvencus bis Otfrid von Weißenburg. München 1975; Kartschoke, Altdeutsche Bibeldichtung; Knapp, Die Literatur des Früh- und Hochmittelalters; Masser, Bibel- und Legendenepik; Stefanie Schmitt: Zwischen Heilsgeschichte und höfischer Literatur. Erzählen von der Kindheit Jesu beim Priester Wernher und bei Konrad von Fußesbrunnen. In: Text und Normativität im deutschen Mittelalter. XX. Anglo-German Colloquium. Hg. von Elke Brüggen u. a. Berlin 2012, S. 421–436; Vollmann-Profe, Wiederbeginn volkssprachiger Schriftlichkeit; Wehrli, Geschichte der deutschen Literatur.

Legenden in Vers und Prosa

Dies gilt auch für die Legenden und die Legendenepik des hohen und späten Mittelalters, die parallel zu den Bibeldichtungen entstanden:

Erzähltes Heil II

Einzellegenden und Legendenepik
Georgslied, Ende 9. Jh.
Galluslied, um 880
Petruslied (Aufz.), um 900
Annolied, um 1077/81
Margarete: zahlreiche Vers- und Prosaversionen seit dem 12. (?) Jh.
Albanus, Frgm., 2. H. 12. Jh.
Andreas, Frgm., 2. H. 12. Jh.
Veit, Frgm., 2. H. 12. Jh.
Trierer Silvester, 2. H. 12. Jh.
Trierer Aegidius, um 1160
Priester Arnolt: *Juliane*, um 1160 (?)
Heinrich von Veldeke: *Servatius*, um 1165/70
Wilder Mann: *Veronica* und *Vespasian*, um 1170 (?)

Münchener Oswald, 4. V. 12. Jh. (?)
Orendel, 4. V. 12. Jh. (?)
Salman und Morolf, 4. V. 12. Jh.
Alexius: verschiedene Reimbearbeitungen seit dem späten 12. Jh.
Oberdeutscher Servatius, um 1190
Hartmann von Aue: *Gregorius* und *Armer Heinrich*, um 1190/1200
[Otto II. von Freising: *Laubacher Barlaam*, um 1200 (?)]
Albertus von Augsburg: *Leben des heiligen Ulrich*, A. 13. Jh.
Herbort von Fritzlar (?): *Pilatus*, A. 13. Jh.
Prager Christopherus, 1. H. 13. Jh.
Ebernand von Erfurt: *Heinrich und Kunigunde*, um 1220
[Rudolf von Ems: *Barlaam und Josaphat*, um 1225]
Die gute Frau, um 1230 (?)
Reinbot von Durne: *Georg*, 1231/53
Wallersteiner Margareten-Legende, nach 1235
Lamprecht von Regensburg: *Sanct Franzisken Leben*, um 1238
Nikolaus, Frgm., 2. H. 13. Jh.
Konrad von Würzburg: *Silvester*, 1260/74 (?); *Alexius A*, 1273/87 (?);
    Pantaleon, 1277/87 (?)
Bruder Hermann: *Leben der Gräfin Jolande von Vianden*, um 1283
Hugo von Langenstein: *Martina*, 1293
Ulrich von Etzenbach: *Wilhelm von Wenden*, vor 1297
Dietrich von Apolda: *Vita S. Elisabeth*, 1297: zehn dt. Übersetzungen
Das zwölfjährige Mönchlein, 14. Jh.
Legende vom Erzbischof Udo von Magdeburg, 14. Jh.

Legendensammlungen
Jacobus de Voragine: *Legenda aurea*, vor 1267: acht dt. Übersetzungen,
    darunter *Elsässische Legenda aurea*, um 1350
Märterbuch, vor ca. 1270 (?)
Passional, 4. V. 13. Jh.
Väterbuch (*Vitaspatrum* dt.), 4. V. 13. Jh.
Der Heiligen Leben, um 1390
Der maget krône, um 1450 (?)
Regula: *Buch von den heiligen Mägden und Frauen*, um 1460

Legenden (von lat. *legenda* »das zu Lesende«) sind Beschreibungen des Lebens von
historischen oder als historisch geglaubten Heiligen bzw. von heiligmäßigen Personen,
die an deren Festtag im Kirchenjahr vorzulesen sind. Die Legende »strebt aber weder
eine Lebensbeschreibung im Sinn eines aufs äußere Faktengerüst bedachten ›curri-
culum vitae‹ noch im Sinn einer biographischen ›Persönlichkeitsanalyse‹ an. Sie will
vielmehr am Beispiel der Heiligen das Einwirken Gottes auf die Welt [...] ins Bild
setzen und profiliert deshalb speziell jene Elemente, bei denen die über-menschliche,
gottbegnadete Kraft besonders anschaulich wird« (Edith Feistner). Dies sind in erster
Linie Wunder. Orientierung zu geben über das göttliche Heilswirken seit dem Erdenleben Christi, also in der Geschichte der christlichen Kirche, und in der Erzählung von
vergangenen Heilstatsachen sich zugleich der Möglichkeit aktueller Heilserfahrung zu
versichern, sind sicherlich das primäre Anliegen der Legende. Darüber hinaus kann
sie aber auch die Kultwürdigkeit eines Heiligen und seine Fähigkeit zu Schutz und
Hilfe begründen, sie kann Gegenstand der Erbauung sein und zu Identifikation und

frommer *imitatio* anregen. Ihre Funktion wird wesentlich von den Gebrauchskontexten bestimmt, in denen sie steht (monastisch oder weltlich, liturgisch oder ›privat‹).

Die deutsche Legendenliteratur beruht auf einer langen und breiten lateinischen Tradition. Die ältesten deutschen Formen sind das *Georgs-* und das *Petruslied* sowie Ratperts Lobgesang auf den hl. Gallus vom Ende des 9. Jahrhunderts, die man sich im Zusammenhang mit kultischen Feiern entstanden denken darf. Die ersten vollständig erhaltenen selbständigen Texte des 12. Jahrhunderts sind der *Trierer Silvester* und der *Trierer Aegidius*, die *Juliane* des Priesters Arnolt, Heinrichs von Veldeke *Servatius* und die Legenden *Veronica* und *Vespasian* eines Dichters, den wir nur unter dem programmatischen Namen »Der Wilde Mann« kennen. Wichtige Beispiele aus dem 13. Jahrhundert sind die Georgslegende Reinbots von Durne, die für den baierischen Herzog Otto II. und seine Gemahlin Agnes entstanden ist, Ebernands von Erfurt *Heinrich und Kunigunde* und das Franziskusleben Lamprechts von Regensburg. Ich stelle diese drei kurz vor.

Reinbot von Durne erzählt nach einer unbekannten lateinischen oder altfranzösischen Vorlage die Geschichte des vielfach gemarterten Ritterheiligen Georg, der sich vor allem durch seine Rolle als Kreuzritter und Kämpfer gegen die Muslime als Identifikationsfigur für den christlichen Adel anbot; allerdings fehlt bei ihm bzw. in seiner Quelle noch der Drachenkampf, der seit dem 13. Jahrhundert unauflösbar mit der Figur des Heiligen verbunden ist. In der Figur des Legendenheiligen lebt (vielleicht) die Erinnerung an einen Krieger aus Kappadokien fort, der wegen seines Bekenntnisses zum christlichen Glauben auf Befehl des Kaisers Diocletian im Jahr 303 in Lydda gemartert und enthauptet wurde. Fiktiv sind auf jeden Fall Dauer und Vielfalt der grausamen Folterungen und Martertode, die Georg zum *megalomartyr* »Großmärtyrer« der gesamten martyrologischen Tradition machen: Er wird geschlagen, aufs Rad geflochten, mit giftigen Pfeilen verwundet, zersägt, in einen Pfuhl geworfen und verbrannt, übersteht sieben Jahre lang alle Marter, wirkt Wunder, bekehrt viele zum Christentum und wird schließlich enthauptet. Dennoch scheint man, verwunderlich genug, am Wahrheitsgehalt der Legende nicht gezweifelt zu haben.

Die Georgslegende, die Legende überhaupt galt als *historia*, als Erzählung eines wahren Geschehens. Zugrunde liegt dem ein anderer Wahrheitsbegriff als heute üblich. Als wahr galt, was man für wahr glauben wollte, und das waren im Bezug auf die Legende das heilsgeschichtliche Wirken Gottes in der Welt und die Kraft des christlichen Glaubens. Das war ein Grundsatz mittelalterlicher Hagiographie, der keines Beweises bedurfte. Dieses Wahrheitskonzept war jeder Legende eingeschrieben; deshalb konnte sie so erfolgreich mit fiktiven Elementen operieren. Fiktion wurde hier eingesetzt, um exemplarische Erzählungen vom Heilswirken Gottes zu konstruieren.

Während die moderne Geschichtswissenschaft mit einem empirisch-logischen Wahrheitsbegriff operiert, der am Verhältnis zur Realität orientiert ist – wahr ist allein das, was auch wirklich (gewesen) ist –, hat man in der Legende, im historiographischen Schrifttum der Vormoderne überhaupt primär nach dem Wahrheits- und Erkenntniswert eines Ereignisses gefragt. Das Verhältnis von Wahrheit und Wirklichkeit konnte sich deshalb gerade umgekehrt darstellen: Wirklich ist, was auch wahr – im Sinne eines ideologischen Konzepts wahr – ist. Mit dem einfachen Gegensatz von Fakten und Fiktionen wird man den mittelalterlichen Darstellungen von Geschichte deshalb kaum gerecht; die Fiktion konnte vielmehr der Veranschaulichung einer vorausgesetzten und absolut gültigen Wahrheit dienen (»Wahrheitsbezug der Fiktion«). Die »*Erfindung* von Geschichten, die als wirklich geschehene hingestellt wurden,«

»durchbrach nach mittelalterlicher Auffassung nicht grundsätzlich das Gebot der Wahrheitstreue« (Gert Melville).

Gleichwohl hat man einiges unternommen, um die erzählte Wirklichkeit auch als empirisches Geschehen zu bekräftigen. Dazu gehören u. a. in der Georgslegende das Erzählen nach dem *ordo naturalis* und die Situierung des Geschehens in Zeit und Raum durch Zahlen- und Ortsangaben.

Während Reinbots Georgslegende in der Zeit der frühen Christenverfolgungen spielt, sind Ebernands und Lamprechts Viten modernen Heiligen gewidmet. Ebernand erzählt wichtige Ereignisse und Stationen aus dem Leben des salischen Kaisers Heinrich II. († 1024) und seiner Frau Kunigunde, die 1146 bzw. 1200 heiliggesprochen worden waren. Die Legendenbildung hatte schon bald nach dem Tod des Herrschers eingesetzt. Ansatzpunkte boten die Kinderlosigkeit des Paares – welche die Legende in einen heroischen Akt des freiwilligen Triebverzichts und der Selbstdisziplin uminterpretierte – und Heinrichs Kirchenpolitik und Frömmigkeit. Mit Hilfe literarischer Stereotype – der Verdacht des Ehebruchs und der Beweis der Unschuld der Kaiserin durch ein Gottesurteil gehören ebenso dazu wie die zahlreichen Wunder, die sich nach dem Tod des Paares ereignen und dessen Erwähltheit bestätigen – wurde das Idealbild eines frommen Herrscherpaares entworfen, das sich als Vorbild und Helfer empfahl.

Ein noch jüngerer Heiliger ist Franziskus von Assisi. Die älteste Vita, das *Sacrum Commercium S. Francisci cum domina Paupertate* eines unbekannten Minoriten, entstand bereits 1227, ein Jahr nach dem Tod des Ordensgründers. In ihrem Zentrum steht das allegorische Bild der Vermählung des Kaufmannssohnes Franziskus mit Frau Armut, welches fortan das Bild des Heiligen bestimmen sollte: Sie ist auch wesentlicher Bestandteil der *Vita prima*, die Thomas von Celano im Jahr 1228 verfasste, im selben Jahr also, in dem Franziskus heiliggesprochen wurde. Das *Sacrum Commercium* erzählt ferner, dem Schema der Vita entsprechend, von den Tugenden und Wundern, die der Heilige zu Lebzeiten und nach seinem Tod wirkte, von seinem Leben in äußerster Armut und seiner Tätigkeit als Wanderprediger und schließlich auch von seiner Stigmatisierung, in der sein als *imitatio Christi* geführtes Leben seinen ebenso sinnfälligen wie wunderbaren Ausdruck findet. Lamprecht von Regensburg, gleichfalls Minorit, hat diese Vita 1238 ohne große poetische Ambitionen ins Deutsche übertragen. Sie bezeugt, wie auch die Legenden anderer moderner Heiliger, etwa die der hl. Elisabeth von Thüringen, das Heilswirken Gottes auch und gerade in der zeitgenössischen Gegenwart.

Die Produktion solcher Einzellegenden wurde bis zum Vorabend der Reformation fortgesetzt, lange Zeit noch in Versen, ab Mitte des 14. Jahrhunderts dann vorzugsweise in Prosa. Breitenwirkung erzielten sie in der Regel nicht. Diese war vielmehr den großen Legendensammlungen vorbehalten, die seit Ende des 13. Jahrhunderts als Übersetzung entsprechender lateinischer Sammlungen entstanden. Sie prägten auch ganz entscheidend unser Bild von der Gattung. Darüber übersieht man gern, dass gerade in der Frühzeit, also im 12. Jahrhundert, ein solches Gattungsstereotyp in der Volkssprache noch gar nicht existierte und die Legende darüber hinaus häufig eine Verbindung mit anderen erzählenden Gattungen einging; Beispiele hierfür wären die ›höfischen Legenden‹ Hartmanns von Aue, die fiktives Personal zum Gegenstand haben, oder jene Epen, die man vormals zu den Spielmannsepen rechnete, etwa *Orendel* und *Oswald*, die hagiographische Elemente mit dem Erzählschema der Brautwerbung verknüpfen. Held des *Oswald* ist der historische König Oswald von Northumbrien, der 642 gefallen war; er gilt als der Prototyp des angelsächsischen

Königsheiligen und Märtyrers, dem schon kurz nach seinem Tod kultische Verehrung zuteil wurde. In Süddeutschland war der Oswaldkult vor allem im 12. und 13. Jahrhundert verbreitet. Legenden und legendenhafte Elemente begegnen schließlich auch in den Chroniken zuhauf.

Literatur: Edith Feistner: Historische Typologie der deutschen Heiligenlegende des Mittelalters von der Mitte des 12. Jahrhunderts bis zur Reformation. Wiesbaden 1995 (Wissensliteratur im Mittelalter 20); Wolfgang Haubrichs: Georgslied und Georgslegende im frühen Mittelalter. Text und Rekonstruktion. Königstein/Ts. 1979; Heinzle, Wandlungen und Neuansätze; Historisches und fiktionales Erzählen. Hg. von Fritz Peter Knapp und Manuela Niesner. Berlin 2002 (Schriften zur Literaturwissenschaft 19); Dieter Kartschoke: Bibeldichtung. Studien zur Geschichte der epischen Bibelparaphrase von Juvencus bis Otfrid von Weißenburg, München 1975; ders.: Altdeutsche Bibeldichtung; Masser, Bibel- und Legendenepik; Gert Melville: Kompilation, Fiktion und Diskurs. Aspekte zur heuristischen Methode der mittelalterlichen Geschichtsschreiber. In: Historische Methode. Hg. von Christian Meier und Jörn Rüsen. München 1988 (Theorie der Geschichte. Beiträge zur Historik 5), S. 133–153; Peter von Moos: *Poeta* und *historicus* im Mittelalter. Zum Mimesis-Problem am Beispiel einiger Urteile über Lucan. PBB (Tüb.) 98 (1976) 93–110; Reclams Lexikon der Heiligen und biblischen Gestalten. Von Hiltgart L. Keller. 9. Aufl. Stuttgart 2001.

Chronistik in Vers und Prosa

Einen zweiten Großkomplex popularisierten lateinischen Geschichtswissens, neben Bibel- und Legendendichtung, bilden die deutschen Chroniken. Am Beginn, im 12. und 13. Jahrhundert, standen Gesamtdarstellungen der Reichsgeschichte und der Weltgeschichte, im 14. und 15. Jahrhundert folgten Chroniken mit regionalem Schwerpunkt, die Geschichten einzelner Geschlechter und Territorien, Stadt-, Bistums- und Klosterchroniken.

Die erste große Chronik in deutscher Sprache ist die zur Hauptsache wohl in den vierziger Jahren des 12. Jahrhunderts in Regensburg gedichtete *Kaiserchronik*. Sie erzählt in 17283 Versen anhand chronologisch geordneter ›Biographien‹ von 36 römischen und 19 deutschen Kaisern, von Julius Caesar bis Konrad III., die Geschichte des Römischen und Deutschen Reichs. Jedem Herrscher wird, soweit möglich, eine Episode von exemplarischer Bedeutung zugeordnet. Häufig dominieren Legende und Sage, Anekdote und Wundergeschichte, und gar nicht so selten emanzipiert sich die *narratio* dabei vom historiographischen Gesamtkonzept (vgl. die Übersicht bei Kartschoke, Geschichte der deutschen Literatur). Nach Karl dem Großen geht die Darstellung allerdings immer mehr von der *narratio* zur trockenen Faktenreihung über; für die letzten 18 Kaiser genügen wenig mehr als 2000 Verse. Jeder Abschnitt wird mit einer Angabe zur Regierungszeit des Herrschers beschlossen. Die Zahlen sind nicht immer richtig, doch unterstreichen sie den Anspruch des Autors bzw. der Autoren auf Historizität.

Auch Konzept und Funktion der *Kaiserchronik* entsprechen der Praxis mittelalterlicher Geschichtsschreibung: Es geht um die Darstellung von *guoten unt ubelen* Herrschern in ihrer ethisch-exemplarischen Bedeutung, um die Präsentation der Könige und Kaiser als Positiv- oder Negativexempel. Um dieser Wahrheit willen griff der Autor bzw. griffen die Autoren auch zu den Mitteln der Fiktion, betrieben sie die Literarisierung der Geschichte mit Hilfe literarischer, speziell auch narrativer Muster.

So ist Karl der Große z. B. zum zeitenthobenen idealen König stilisiert, der politische und militärische Überlegenheit, iudikative und administrative Kompetenz und die klassischen Herrschertugenden in idealtypischer Weise vereinigt. Wiederholt setzt die *Kaiserchronik* ihn deshalb als Gesetzgeber und Richter in Szene, als siegreichen Feldherrn und als Beschützer derer, die seiner Hilfe bedürfen. Beinahe noch wichtiger ist seine Stilisierung zum gottesfürchtigen, demütigen, Krieg und Gewalt im Grunde verabscheuenden König und wunderwirkenden Heiligen. Die Autoren folgten dabei insbesondere dem hagiographischen Muster des *roi souffrant*, des »leidenden Königs«, das die frühen Legenden über heilige Könige dominierte.

Vorbildliches Herrschertum handelt die *Kaiserchronik* indes auch *ex negativo* ab. Als Gegen- und Kontrastfigur zu einem gerechten und gottesfürchtigen Herrscher erscheint etwa Tarquinius. Die Geschichte vom Freitod der Lucretia, die zum Sturz des Tyrannen führte, ist in der *Kaiserchronik* zu einem Lehrstück für vorbildliche Weiblichkeit umgemodelt. Eingeführt wird Lucretia als gehorsame Ehefrau und als Opfer männlicher Gewalt, die sie gegen ihren Willen zur Ehebrecherin und Mätresse des Königs macht. Auf die Ehrverletzung reagiert sie indes nicht mit Aggression gegen den Vergewaltiger, sondern mit Gewalt gegen sich selbst. Es ist dies die letzte Konsequenz einer Frau, für die Widerstand und Aggression gegen die Gewalt der Männer undenkbar sind. Gerade diese freiwillige Selbstbestrafung aber macht die Lucretia-Figur in den Augen des männlichen Autors zum positiven Leitbild; die Ordnung der Geschlechter, die gesellschaftliche Ordnung überhaupt ist damit an keiner Stelle gefährdet. Einzig die Autorität des Tyrannen wird durch den öffentlich inszenierten Selbstmord nachhaltig erschüttert; Tarquinius wird – gegen die verbürgte historische Reihenfolge – durch Kaiser Galba ersetzt.

Christliches Gegenstück ist Crescentia, deren Geschichte im Abschnitt über den (fabulösen) Kaiser Narcissus erzählt wird. Hier ist das Motiv der unschuldig verfolgten Frau ins Christliche gewendet; die Domestizierung der Frau steht dabei im Zeichen kirchlicher Leibfeindlichkeit und Askese.

Die *Kaiserchronik* ist als Fürstenspiegel konzipiert, der am Leitfaden der Chronologie über rechtes und unrechtes Verhalten von Herrschern unterrichtet. Geschichte wird in Form von exemplarischen Geschichten erzählt. Die Geschichte der Lucretia oder die Crescentialegende zeigt aber eine Tendenz der Erzählung zur Verselbständigung. Diese narrative Ausgestaltung, auch eine gewisse Tendenz zur Sinnkomplexität, rückt die volkssprachige Chronik in die Nähe des Romans, dessen Anfänge ungefähr in die gleiche Zeit fallen.

Im Lauf des 13. Jahrhunderts entstanden in verschiedenen Regionen des Deutschen Reiches – im Südwesten, in Wien, in Thüringen und in Magdeburg – vier wirkmächtige volkssprachige Chroniken, die die Geschichte der ganzen Welt von ihrer Erschaffung bis in die Gegenwart zum Programm haben. Das Bedürfnis nach einer solchen Gesamtdarstellung hatte es schon früher gegeben, wenn wir die Fragmente der wohl um 1100/1120 entstandenen *Mittelfränkischen Reimbibel* richtig deuten; ein universalgeschichtliches Programm verfolgen aber auch einige Sammelhandschriften des 12. Jahrhunderts, vor allem die Vorauer Handschrift (s. Kap. I.6. f). Sie haben aus in sich geschlossenen bibel- und profangeschichtlichen Texten komponiert, was in den deutschen Weltchroniken des 13. Jahrhunderts dann durchgehende Darstellung wurde.

Der erste Vertreter der neuen Gattung – neu nur in der Geschichte der deutschen Literatur; die lateinische Weltchronistik, anfänglich noch reine Zeittafeln, welche die zeitgleichen Ereignisse der Heils- und Profangeschichte synoptisch zusammenstellten, begann in der Zeit der Kirchenväter – ist die um 1230, vermutlich in Magdeburg, von einem unbekannten Autor verfasste *Sächsische Weltchronik*; zwei weitere Fassungen entstanden 1240 oder kurz danach bzw. um die Mitte des 13. Jahrhunderts. In den nächsten Jahrzehnten folgten drei weitere solcher ambitionierter Buchprojekte, von denen indes nur eines abgeschlossen werden konnte: (1) die wohl in den vierziger Jahren im Auftrag König Konrads IV. (1237–1254) begonnene *Weltchronik* Rudolfs von Ems, ein Torso von über 33000 Versen, der im Abschnitt über König Salomo, vermutlich weil der Gönner und Auftraggeber gestorben war, abbricht; (2) die etwa zur selben Zeit oder wenig später für den Thüringer Landgrafenhof entstandene *Christherre-Chronik* eines unbekannten Autors, dem die Feder nach rund 24000 Versen stockte, kaum dass er über das Buch Josua hinausgekommen war; (3) die *Weltchronik* des sog. Jans Enikel (richtig wäre: Jans von Wien) aus den 1270er oder 1280er Jahren: Sie ist die einzige der drei gereimten Weltchroniken, die ihr universal-chronistisches Programm einlöst, wenn auch nur dadurch, dass sie großzügig ganze Epochen überspringt.

Das Interesse, das der laikale Adel an einer Weltchronistik in deutscher Sprache entwickelte, kam nicht von ungefähr. Denn thematisch wurden hier die großen Bindungen, in denen der Mensch steht: die Heilsgeschichte und das Reich. Dass darüber hinaus ganz allgemein ein lebhaftes Interesse an geschichtlichen Themen und Inhalten bestanden haben muss, zeigt die generelle Historisierung der narrativen Sujets im 13. Jahrhundert, die zeitlich mit einem nachlassenden Interesse am höfischen Roman französischer Provenienz zusammenfiel. Die Weltchroniken sind Ausdruck und Teil dieser allgemeinen literarischen Entwicklung.

Die neue Großform historiographischen Erzählens ist nicht aus dem Nichts entstanden. Sie hat vielmehr zu einer durchgeformten Gesamtdarstellung verbunden, was zuvor in deutscher Sprache bereits einzeln verarbeitet war: die biblischen Geschichten des Alten und Neuen Testaments, die Geschichte der römischen und deutschen Kaiser, die Geschichte der Apostel, Märtyrer und Päpste, die Geschichten vom Untergang Trojas, den Eroberungen Alexanders des Großen, der Gründung Roms durch Aeneas usw. Gesamtkonzept und Gegenstand – die Darstellung der, zumindest der Intention nach, gesamten Weltgeschichte, soweit sie aus schriftlichen Quellen rekonstruiert werden konnte, die Verbindung biblischer und außerbiblischer, kultur- und naturgeschichtlicher Daten und Ereignisse und die Gliederungsmuster – hat man von der lateinischen Weltchronistik übernommen. Den eigentlichen Durchbruch der deutschen Weltchroniken wird man mit der zwischen 1169 und 1173 entstandenen *Historia scholastica* Petrus Comestors – einer fortlaufenden Darstellung der biblischen Geschichte, ergänzt um knappe Bemerkungen zu zeitgleichen profangeschichtlichen Ereignissen – in Verbindung bringen müssen; sie dürfte die Entstehung einer Universalchronistik in der Volkssprache ganz entschieden befördert haben.

Bei aller Ähnlichkeit in der Makrostruktur gehen die vier Weltchroniken in der Präsentation des universalgeschichtlichen Wissens durchaus verschiedene Wege. Rudolfs Chronik gibt die biblischen Ereignisse in kompendienhafter Verknappung wieder. Die Profangeschichte ist *nebinganc* »Nebenweg« neben dem heilsgeschichtlichen Hauptweg, eine karge Aufzählung von Ländern und Geschlechtern am Ende eines jeden Weltalters. Weltgeschichte zu schreiben, hieß so gesehen primär, Bibelwissen, genauer: die Inhalte der historischen Bücher des Alten und Neuen Testamentes, erstmals in großem Zusammenhang in der Volkssprache zu vermitteln. Dieses Wissen hatten die Laien bisher nur im Rahmen von Gottesdienst und Liturgie, und da auch nur ausschnittweise, oder in Form von Teildichtungen erwerben können. Gelegentlich hat Rudolf seine Nacherzählung durch einen geistlichen oder moralisierenden Kommentar ergänzt. So deutet er die Rebellion des Königssohnes Absalom gegen seinen Vater David als Exempel für die *superbia*, »Überheblichkeit und Hochmut«, und sein schmähliches Ende als Rache Gottes für diese Todsünde. Rudolf stellte keinen konkreten Bezug zur Gegenwart her, beließ es vielmehr bei der allgemeinen Warnung, doch mochte er auch an den Bruder seines königlichen Auftraggebers gedacht haben, der sich 1235 gegen seinen Vater, Kaiser Friedrich II., erhoben hatte und nach sieben Jahren Haft in Süditalien gestorben war. Auf jeden Fall ließ sich die *Weltchronik* mit ihren Geschichten der biblischen Patriarchen und Könige als Fürstenspiegel instrumentalisieren.

Eine Besonderheit von Rudolfs Chronik sind die ausführliche Beschreibung der Welt und Angaben zu Ursprung und Herkunft kultureller und zivilisatorischer Errungenschaften; beides ist allerdings nicht ungewöhnlich im Rahmen lateinischer Historiographie. Seinen topo- und ethnographischen Exkurs beginnt Rudolf mit Asien und hier mit jenem Teil, der auf mittelalterlichen Weltkarten stets das Zentrum der Welt bildet: mit dem irdischen Paradies und dem Heiligen Land, in dem nahezu die gesamte biblische Geschichte spielt. Gewissenhaft zählt er die wichtigsten Orte, Berge, Flüsse und Völkerschaften auf, die ganze *geographia sacra*, Schauplätze, an denen Gott sich jeweils offenbart hat. Asien ist aber auch traditionell der Kontinent der Wunder. Hier leben, wie schon Plinius d.Ä. (23–79 n.Chr.) in seiner *Historia naturalis* wusste, Pygmäen, einäugige Zyklopen und Skiapoden »Schattenfüßler«, die nur einen, dafür aber übergroßen Fuß besitzen, den sie als Regen- und Sonnenschirm benutzen, hundsköpfige Menschen, kopflose wildschweinartige Wesen, die ihr Gesicht auf der Brust tragen, und andere wunderliche Wesen mehr, die man sich nur am Rande der Welt denken konnte.

Neben diesem geographischen Überblick unterrichtet Rudolfs *Weltchronik* auch über die Ursprünge der Zivilisation, Kultur und Wissenschaft. Er tut dies in Form der Heurematographie, die einschlägige Bildungsinhalte und kulturelle Techniken einem »ersten Erfinder« (griech. *protos heuretes*, lat. *primus inventor*) zuweist und damit erklärt. In der griechischen und römischen Antike waren dies Götter und Heroen; ihre innovative Phantasie wurde in entsprechenden Erfinderlisten festgehalten. Apologeten und Kirchenväter hatten, teilweise in Konkurrenz dazu, teilweise auch ergänzend, Kataloge von chaldäischen (Abraham) und hebräischen Erfindern zusammengestellt. Rudolf partizipierte an beiden Traditionen. Als besonders erfindungsreich erwies sich ihm zufolge die siebte Generation nach Abraham. Jabel, den Sohn Lamechs, stellt er als Erfinder des Zelt- und Hüttenbaus vor, seinen Bruder Jubal als Erfinder der Saiteninstrumente und der Harmonielehre, ihren Stiefbruder Tubalcaim als Erfinder des Schmiedehandwerks und des Gießverfahrens, die Schwester Noema als Begründerin der Textilkunst usw. In einer Fülle von Beispielen belegt Rudolf die Vorstellung – die mittelalterliches Allgemeingut war –, dass Kultur und Zivilisation ihren Ursprung im Osten hatten und *qua translatio* nach Mittel- und Westeuropa vermittelt wurden.

Rudolfs Chronik lässt sich so charakterisieren als eine gelehrte Summe des historischen Wissens, die durch zum Teil umfangreiche Exkurse zu Topographie, Natur- und Völkerkunde, Kulturgeschichte und Realienkunde beinahe enzyklopädischen Zuschnitt erreicht. Damit ist sie nicht nur einer der ersten Versuche, den Laien, allen voran dem königlichen Auftraggeber Konrad IV. und seinem Hof, Bibel- und heilsgeschichtliches Wissen im Zusammenhang zu vermitteln, sondern auch einer der frühen Versuche, Bildungswissen der lateinischen Scholastik in die Volkssprache umzusetzen und damit dem *illiteratus* Teilhabe an der lateinischen Bildungswelt zu ermöglichen.

Eine wichtige Aufgabe erfüllte die Chronik schließlich auch als Instrument zur Legitimation staufischer Machtinteressen und Rechtsansprüche. Im Prolog zum fünften Weltalter hat Rudolf einen umfangreichen Lobpreis auf den jungen Konrad IV. (* 1228) plaziert, in dem er ihn als König von Jerusalem feiert und ihn nicht nur ideell, sondern auch genealogisch-historisch in die Nachfolge Davids stellt, der dem ganzen Mittelalter als vorbildlicher Herrscher galt. Mit dem Hymnus verteidigte Rudolf Konrads Anspruch auf den Kaiserthron gegen die Fürsten, gegen den Gegenkönig Wilhelm von Holland und gegen den Papst.

Die *Christherre-Chronik* sollte laut Prolog bis zu Papst Urban III. und Kaiser Friedrich I. und seinem Sohn Heinrich VI. geführt werden. Das historiographische Unternehmen ist indes schon zu Beginn des Buchs der Richter gescheitert: eine bis dahin möglichst vollständige und genaue Wiedergabe des biblischen Erzählstoffs in deutschen Reimpaarversen mit enger Bindung an den Wortlaut der Vulgata.

Abb. 15: *Christherre-Chronik*: Turmbau zu Babel (München, Bayerische Staatsbibliothek, Cgm 4, f. 25r)

Öfter als Rudolf hat der Autor der *Christherre-Chronik* seiner wortgenauen Nacherzählung allegorisierende Kommentare beigefügt. Die meisten seiner Auslegungen sind traditionell, etwa die Allegoresen des Osterfests, des Bundeszelts und des Durchzugs durch das Rote Meer, die jeweils eine christozentrische Perspektive entfalten. Ganz eigenständig ist hingegen die Auslegung der sieben Schöpfungstage, die er typologisch auf die sieben Stationen im Leben und Sterben Christi – Verkündigung Mariens, Christi Geburt, Tod am Kreuz, Auferstehung, Himmelfahrt, Aussendung des Heiligen Geistes und Jüngstes Gericht – bezieht. Ein Novum in der deutschen Geschichtsdichtung stellt die Einleitung dar, die der eigentlichen Schöpfungsgeschichte vorangestellt ist: ein Extrakt der scholastischen Schöpfungstheologie, der das Wesen Gottes vor der Erschaffung der Welt und den Schöpfungsplan erörtert, das Wesen der Trinität und der Engel, die Unsichtbarkeit der Seele und die Frage, warum der Mensch als sündiges Wesen und warum er überhaupt erschaffen wurde. Unter den deutschen Universalchroniken ist die *Christherre-Chronik* die einzige geblieben, die sich bemühte, ein Laienpublikum an der Diskussion solcher theologischer und philosophischer Fragen teilhaben zu lassen.

Die dritte der drei großen Reimchroniken, die *Weltchronik* Jans Enikels, ist die einzige, die – mit großen Lücken im chronologischen Kontinuum – zu Ende, d. h. bis in die Zeit Kaiser Friedrichs II., geführt wurde. Sie ist ein Kompendium von Erzählungen, das sich die Chronologie als Organisationsprinzip, nicht aber als Instrument für die Erkenntnis von Ursprung und Ziel menschlichen Lebens zunutze macht; Kategorien wie Heils- und Profangeschichte spielen deshalb streng genommen keine Rolle mehr. Enikels Vorliebe galt dabei ganz offensichtlich Geschichten von hohem Unterhaltungswert, wobei er den weniger bekannten, aparten Versionen den Vorzug gab, Anekdoten und Erzählungen mit schwankhaftem oder mirakulösem Einschlag, die der Chronik einen ausgesprochen novellistischen Zug verleihen. So erzählt er beispielsweise von der Sintflut nicht nur das, was die Vulgata überliefert; vielmehr ergänzt er den kanonischen Bericht durch die Geschichte vom Teufel in der Arche Noah:

> Noah hat seinen Söhnen und Schwiegerkindern für die Zeit auf der Arche – vielleicht wegen der beengten räumlichen Verhältnisse, die reichen Kindersegen nicht erlaubten – sexuelle Abstinenz verordnet. Der Teufel kann jedoch einen der Noahsöhne überreden, wider väterliches Gebot zu handeln und seiner Fleischeslust nachzugeben; auf den Schultern des Teufels lässt er sich nachts zur Gemahlin tragen, doch in der Früh verweigert ihm sein Helfer den Rücktransport, so dass er verräterische Spuren in der Mehlstreu hinterlassen muss. Freilich kann Noah Sohn und Schwiegertochter nicht überführen, weil die Spuren nur in eine Richtung gehen.

Die Erzählung präsentiert Noah als Exempel für frommen Lebenswandel und aufrichtige Gottestreue und warnt davor, sich um eines Vorteils willen auf den Teufel zu verlassen. Doch sie ist komplexer, als die ausformulierte Moral glauben machen will. Immerhin war es gelungen, der Lust zu frönen und dabei der drakonischen Strafe zu entgehen.

Interesse für unterhaltsame Erzählungen zeigt Jans Enikel aber auch mit der Geschichte vom Würmchen Tamir, das der weise König Salomo erfolgreich beim Tempelbau einsetzt, nachdem er entdeckt hat, dass dessen Blut wie Dynamit wirkt, oder mit der Geschichte von Neros sensationeller Schwangerschaft. Es ist vor allem das Spektakuläre, das Außergewöhnliche und Wunderbare, das Enikel fasziniert hat. Der lange Abschnitt über Karl den Großen enthält deshalb neben einem annalistisch getönten Überblick über die zahlreichen Eroberungen des Kaisers auch vier exemplarische Erzählungen: die Geschichte von Karls Wunderritt von Ungarn nach Aachen, den er dank Gottes Hilfe binnen dreier Tage bewältigt, um die Wiederheirat seiner Gemahlin zu verhindern; den Bericht über sein Grab; die Erzählung von Karls sündhafter Liebe zu seiner toten Gemahlin und die Erzählung von der Gerichtsglocke. Diesen Episoden liegen international verfügbare Erzählmotive zugrunde, die auf die historische Gestalt des Kaisers übertragen wurden. Das muss nicht heißen, dass mit Anekdoten wie diesen der Anspruch auf Historizität ganz verabschiedet worden wäre. Es rücken nur andere Geschichtskonzepte in den Vordergrund. Die Erzählungen über Kaiser Karl profilieren ihn in unterschiedlicher Weise als exemplarische Figur: als Auserwählten Gottes und als Beispiel für die *vanitas mundi*, als Sünder und als gerechten Richter. Mit Geschichten wie diesen hat Enikel das Konzept der Geschichte als *speculum vitae* realisiert, das in der mittelalterlichen Historiographie eine prominente Rolle spielt.

Auch die *Sächsische Weltchronik* beginnt bei der Erschaffung der Welt, durchmisst die Geschichte der alttestamentlichen Patriarchen, Richter und Könige und die Schicksale der vier Weltreiche, wobei sie die Geschichte des vierten, des Römischen Reiches, bis in die eigene Gegenwart führt. Mit anderen Worten: Sie realisiert das übliche universalgeschichtliche Programm. Gleichwohl nimmt sie sich in der Reihe der deutschen Weltchroniken des 13. Jahrhunderts wie ein Fremdkörper aus: Sie ist als einzige in Prosa abgefasst, und sie hat das Hauptaugenmerk zweifellos auf die Geschichte des Römischen Reiches gelegt. Während die Zeit der Könige und Konsulen dabei noch eher kursorisch behandelt ist, wird die Darstellung mit Julius Caesar immer breiter; auch ist ein großes Interesse an der Kirchen- und Landesgeschichte erkennbar. Die alttestamentliche Geschichte ist hingegen an lakonischer Kürze kaum zu unterbieten; sie dient lediglich als Vorspann zum Hauptteil, der römischen und Reichsgeschichte, der erinnernde Funktion für den hat, der schon Bescheid weiß. Die Vermittlung eines detaillierten Bibelwissens war nicht mehr das Anliegen des Autors; sein Interesse galt der Reichsgeschichte.

Nach den Reichs- und Universalchroniken entstanden im 14. und 15. Jahrhundert schließlich auch in großer Zahl deutsche Chroniken mit regionalem Schwerpunkt, Darstellungen der Geschichte einzelner Geschlechter und Territorien, Städte, Bistümer und Klöster; oft waren sie aus lateinischen Quellen kompiliert oder ahmten doch in Gliederung und Darstellung lateinische Vorbilder nach.

Die älteste Stadtchronik, noch aus dem 13. Jahrhundert, ist Gottfried Hagens *Boich van der stede Coelne*. Vor allem Freie und Reichsstädte haben danach eine vielfältige Chronistik hervorgebracht. Als ein Schlüsselwerk der deutschen Historiographie gilt Jakob Twingers von Königshofen 1382 begonnene und bis zu seinem Tod 1422 fortgesetzte Chronik, welche die Straßburger Stadtgeschichte in einen universalgeschichtlichen Kontext stellte; sie wurde Muster und konkrete Vorlage für zahlreiche andere Stadt- und Landeschroniken. Eine ähnliche Bedeutung hatten die Chroniken Detmars von Lübeck (2. Hälfte 14. Jahrhundert) und, aus späterer Zeit, die Nürnberger Stadtchronik Heinrich Deichslers (1430–1506/07). Als der erste Nürnberger Chronist in der deutschen Literaturgeschichte gilt der Patrizier Ulman Stromer (1329–1407), der in seinem um 1385/90 begonnenen *Püchel von meim geslecht und von abentewr* familien- und autobiographische Aufzeichnungen mit stadt- und reichsgeschichtlichen Notizen kombinierte.

Verfasser eines der ersten bedeutenden Geschichtswerke in deutscher Prosa war Christian Kuchimaister aus St. Gallen; seine 1335 entstandenen *Nüwe Casus*

Monasterii Sancti Galli gehören zu den ältesten Klosterchroniken in deutscher Sprache überhaupt. Noch älter ist die 1216 geschriebene *Gandersheimer Reimchronik* Eberhards von Gandersheim, eine Klostergründungsgeschichte, von denen es im hohen und späten Mittelalter eine große Fülle, vor allem in Latein, gab. Ein Schlüsseltext für die Landeschronistik, insbesondere der bairischen, wurde die Ende des 14. Jahrhunderts ins Deutsche übertragene und breit überlieferte *Scheyerer Fürstentafel*, die Herkommen und Genealogie der Wittelsbacher verherrlicht.

Es sind dies Beispiele für verschiedene Formen einer regionalen Geschichtsschreibung, die doch stets die gleiche Aufgabe erfüllten. Indem sie Vergangenheit rekonstruierend aufzeichneten und erinnerten, orientierten sie über das Herkommen von Herrschaften, bestimmten Institutionen, politischen und sozialen Gruppen: von kleineren und größeren Landesherren, Territorien, Klöstern, Bistümern und Städten, auch einzelner Familien. Die Rekonstruktion des Herkommens bot allerdings den Adressaten nicht nur die Möglichkeit, sich in der Erinnerung an die Tradition der eigenen Identität zu vergewissern und das eigene Selbstbewusstsein zu stärken; sie hatte immer auch legitimatorische Funktion für die Gegenwart. Sich für die Geschichte der eigenen Herrschaft, der eigenen politischen oder sozialen Gruppe zu interessieren, hieß deshalb stets auch, bestehende Verhältnisse zu sichern; das historische Argument konnte gegebenenfalls sogar juristische Beweiskraft entfalten.

Literatur: Ingrid Bennewitz: Lukretia, oder: Über die literarischen Projektionen von der Macht der Männer und der Ohnmacht der Frauen. Darstellung und Bewertung von Vergewaltigung in der »Kaiserchronik« und im »Ritter von Thurn«. In: *Der frauwen buoch*. Versuche zu einer feministischen Mediävistik. Hg. von I. B. Göppingen 1989 (GAG 517), S. 113–134; Christian Gellinek: Die deutsche Kaiserchronik. Frankfurt a. M. 1971; Geschichtsschreibung und Geschichtsbewusstsein im späten Mittelalter. Hg. von Hans Patze. Sigmaringen 1987 (Vorträge und Forschungen 31); Handbuch Chroniken des Mittelalters. Hg. von Gerhard Wolf und Norbert H. Ott (erscheint voraussichtl. 2016); Hubert Herkommer: Der St. Galler Kodex als literarhistorisches Monument. In: Rudolf von Ems, Weltchronik. Der Stricker, Karl der Große. Kommentar zu Ms 302 Vad., mit Beiträgen von Johannes Duft u. a. Luzern 1987, S. 127–273; Dorothea Klein: Durchbruch einer neuen Gattung: Volkssprachige Weltchroniken bis 1300. In: Eine Epoche im Umbruch. Volkssprachliche Literalität 1200–1300. Cambridger Symposium 2001. Hg. von Christa Bertelsmeier-Kierst und Christopher Young. Tübingen 2003, S. 73–90; Karl Heinrich Krüger: Die Universalchroniken. Turnhout 1976 (Typologie des sources du moyen âge occidental 10); Hartmut Kugler: Jans Enikel und die Weltchronistik im späten Mittelalter. In: Einführung in die deutsche Literatur des 12. bis 16. Jahrhunderts. Hg. von Winfried Frey u. a. Bd. 2: Patriziat und Landesherrschaft – 13.–15. Jahrhundert. Opladen 1982, S. 216–252; Ursula Liebertz-Grün: Das andere Mittelalter. Erzählte Geschichte und Geschichtserkenntnis um 1300. Studien zu Ottokar von Steiermark, Jans Enikel, Seifried Helbling. München 1984 (Forschungen zur Geschichte der älteren deutschen Literatur 5); Ernst Erich Metzner: Die deutschsprachige chronikalische Geschichtsdichtung im Rahmen der europäischen Entwicklung. In: Europäisches Spätmittelalter. Hg. von Willi Erzgräber. Wiesbaden 1978 (Neues Handbuch der Literaturwissenschaft 8), S. 623–644; Wolfgang Mohr: Lucretia in der Kaiserchronik. DVjs 26 (1952) 433–446; Ernst Friedrich Ohly: Sage und Legende in der Kaiserchronik. Untersuchungen über Quellen und Aufbau der Dichtung. 2. Aufl. Darmstadt 1968; Franz Josef Worstbrock: Translatio artium. Über die Herkunft und Entwicklung einer kulturhistorischen Theorie. Archiv für Kulturgeschichte 47 (1965) 1–22; Zwischen Fakten und Fiktionen. Literatur und Geschichtsschreibung in der Vormoderne. Hg. von Merle Marie Schütte, Kristina Rzehak und Daniel Lizius. Würzburg 2014 (Religion und Politik 10).

Antikenroman

Historische oder als historisch geltende Stoffe liegen auch den deutschen Antikenromanen zugrunde. Es sind dies der Trojastoff aus dem Heldenzeitalter der Griechen, der die Kämpfe um Troja und die Liebesbeziehungen der beteiligten Helden zum Gegenstand hat, der Aeneasstoff, der von den mythischen Anfängen des Römischen Reiches erzählt, von der Flucht des Aeneas aus dem brennenden Troja, seinem Liebesverhältnis mit der Königin von Karthago und deren Selbstmord und schließlich von den siegreichen Kämpfen des Aeneas um die Herrschaft in Latium, sowie der Alexanderstoff, der von den Eroberungszügen Alexanders des Großen und seinen Vorstößen bis an die Grenzen der damals bekannten Welt handelt. Der Thebenstoff, ebenfalls aus dem *heroic age* der Griechen, hat im deutschen Mittelalter, anders als in Frankreich, keine Resonanz gefunden.

Selbständige Antikenromane

Pfaffe Lambrecht: *Alexander*, um 1150/60
 Vorauer Alexander, um 1160; *Straßburger Alexander*, um 1170/85;
 Basler Alexander, 4. V. 13. Jh.
Heinrich von Veldeke: *Eneasroman*, um 1170/74 (I) und vor 1190 (II)
Herbort von Fritzlar: *Liet von Troie*, nach 1190 oder 1210
Albrecht von Halberstadt: *Metamorphosen*, nach 1190 oder um 1210
 Bearbeitung durch Georg Wickram, Drucke ab 1545
Waldecker Alexander, Frgm., 13. Jh.
Rudolf von Ems: *Alexander*, vor 1235 (I) und um 1240/54 (II)
Konrad von Würzburg: *Trojanerkrieg*, 1281–1287
Trojanerkrieg-Fortsetzung, um 1300
Ulrich von Etzenbach: *Alexander*, vor 1278 und nach 1283
Göttweiger Trojanerkrieg, um 1280
Basler Trojanerkrieg, um 1300
Heinrich von Neustadt: *Apollonius von Tyrland*, um 1300/1312
Seifrit: *Alexander*, vollendet 1352
Elsässisches Trojabuch (*Buch von Troja I*), vor 1386
Hans Mair von Nördlingen: *Buch von Troja*, 1390/92
Großer oder Wernigeroder Alexander, vor 1397
Meister Wichwolt: *Alexander*, um 1400
Leipziger Apollonius, 1. H. 15. Jh.
Buch von Troja II, um 1450
Johannes Hartlieb: *Alexander*, nach 1450
Heinrich Steinhöwel: *Apollonius*, 1461

Die Historizität dieser Stoffe stand wie die der Heilsgeschichte nie in Frage. Und wie die Aneignung und Vermittlung der heilsgeschichtlichen Stoffe, so bedeutete auch die Aneignung und Vermittlung der antiken Stoffe immer zugleich eine Aktualisierung bzw. Mediävalisierung, die freilich weit mehr war als eine bloß oberflächliche Anpassung an mittelalterliche Lebensbedingungen, Verhaltensweisen und Ausdrucksformen. Die Geschichten der antiken Helden wurden vielmehr benutzt, um die für die adelige Gesellschaft des hohen und späten Mittelalters zentralen Fragen zu diskutieren: das Problem von Herrschaft und Gewalt und ihrer Legitimation, das Verhältnis der Geschlechter, Liebe und Ehe. Es sind dies die zentralen Themen des höfischen Romans schlechthin. Damit ist auch angedeutet, was die Antikenromane von den bisher besprochenen Formen historischer Überlieferung unterscheidet: Es ist dies ein höherer Grad von Komplexität und damit auch ein Mehr an Sinnkomplexität. Mein Beispiel ist der Alexanderroman; zum *Eneasroman* Heinrichs von Veldeke vgl. Kap. III.2.a.

Lambrechts *Alexander* geht nur mittelbar auf eine lateinische Quelle zurück; direkte Vorlage war Alberics von Bisinzo/Pisançon *Roman d'Alexandre* (um 1100/20), von dem wir heute allerdings kaum mehr als den Prolog kennen. Darin empfiehlt Alberic ein bemerkenswertes Mittel gegen die *vanitas*, die Vergänglichkeit alles Irdischen: die Freude an der Gelehrsamkeit. Das Alter soll nicht daran hindern, eifrig zu studieren, »damit nicht alles eitel sei« (v. 8).

Das Original von Lambrechts Roman ist gänzlich verloren; erhalten sind aber drei Bearbeitungen, die sich in Umfang, Quellenbenützung und ästhetisch-programmatischer Intention deutlich voneinander unterscheiden.

Die älteste Bearbeitung, der *Vorauer Alexander*, ist auch die kürzeste. Hauptstück ist der Krieg gegen die Perser, der gegen die dominante Überlieferung mit dem Tod des Darius durch Alexanders eigene Hand endet. Einzigartigkeit, Überlegenheit und Fortüne des Herrschers kündigen sich freilich schon früh, vom Tag seiner Geburt, an. Die Geschichte von Alexanders Kindheit, die das erste Drittel des kleinen Romans einnimmt, stellt, einem bereits in der Antike weitverbreiteten Erzählschema folgend, seine exklusive Herkunft und seine von kosmischen Zeichen begleitete Geburt, die Besonderheiten in Aussehen, Entwicklung und Sozialverhalten – der kleine Alexander wächst in drei Tagen soviel wie andere Säuglinge in drei Monaten – und seine Initiation bzw. Idoneitätsprobe heraus; mit der mutigen Zähmung des ungestümen Pferdes Bucephalos erweist er sich als für die Herrschaft geeignet. Seine Körpermerkmale symbolisieren die vier Elemente Wasser, Erde, Feuer und Luft und das heißt: die Welt; bereits der Knabe trägt so die Zeichen der künftigen Weltherrschaft an sich.

Gleich nach dem Eintritt ins Erwachsenenleben bestreitet Alexander seine ersten Heldentaten: den Feldzug gegen König Nycolaus von Cesarea, die Rückeroberung der Festung Antonia, die Zurückweisung der persischen Zinsforderungen, den Kampf gegen Pausanias, nach dem Tod des Vaters schließlich den großen Krieg gegen Rom, Karthago und Persien, in dem er auf allen Etappen Sieger bleibt.

Die Erzählung endet, gegen die dominante Stofftradition, aber in Übereinstimmung mit etlichen Bibelkommentaren, genau an der Stelle, an der nach der biblisch-patristischen Lehre von den vier Weltreichen das Reich der Meder und Perser durch das Reich der Griechen abgelöst wird. Ohne dies explizit zu machen, akzentuiert sie damit die heilsgeschichtliche Rolle Alexanders: Er ist Werkzeug Gottes in der Weltgeschichte, das den im Heilsplan vorgesehenen Untergang des Perserreichs herbeiführt.

Der *Vorauer Alexander* belässt es freilich nicht bei diesem Rollenprofil; er entwirft auch das Bild eines Herrschers mit ambivalenten Zügen. Gewiss ist Alexander nach Abkunft, Bildung, Klugheit und militärischer Präpotenz das Idealbild eines adeligen Kriegers. Das Beiwort *wunderlîche* (»staunenswert, seltsam«), mit dem der Erzähler seinen Helden ausstattet, bekundet indes nicht nur Zustimmung. Kritik provozieren vor allem Alexanders Aktionen vor Tyrus. Als Motiv wird auf beiden Seiten *ubermûticheit* genannt, was überschießende Kraft und Lebensfreude oder Wagemut und Angriffslust, im religiös gefärbten Kontext auch die Todsünde der Hoffart bezeichnen kann. Auch Alexanders Entscheidung, das zahlenmäßig überlegene Heer der Perser anzugreifen, wird als *ubermût* qualifiziert. Hier scheint der Geistliche seine Stimme zu erheben, der das Handwerk der Kriegeraristokratie und die Techniken zeitgenössischer Kriegführung – den Bau von Belagerungstürmen, mit denen es gelingt, Breschen in die Stadtmauer zu schlagen, und den Einsatz von Griechischem Feuer, einem Brandsatz aus leicht entzündbaren, aber nur schwer löschbaren Materialien wie Pech, Schwefel, Harz u. a. – zwar ausführlich beschreibt, indes unter Vorbehalt stellt. Krieg ist ihm »großes Unrecht«, zumal wenn er, wie im Falle der Belagerung und Zerstörung von Tyrus, gegen Menschen geführt wird, die an lehnsrechtlichen Bindungen und damit an der Grundlage mittelalterlicher Lebensordnung festhalten.

Der *Straßburger Alexander* beginnt in der Hauptsache wie der *Vorauer Alexander*; indes erzählt er in 7302 Versen eine vollständige Vita des Herrschers: zunächst die Jugendgeschichte, mit einer Lücke bis zur Belagerung von Tyrus, dann die gewaltsame Eroberung des Perserreichs inklusive der Heirat mit Roxane und den Krieg gegen König Porus von Indien. Daran schließen Alexanders Orientabenteuer an, seine Begegnung mit Ungeheuern und Fabelwesen, der Besuch bei den Occidraten und Amazonen, das Liebesglück mit den Blumenmädchen und das Liebesabenteuer mit der Königin Candacis, der Zug bis an die Pforten des Paradieses, wo er jedoch zurückgewiesen wird, seine Rückkehr nach Griechenland, die Errichtung einer zwölfjährigen Friedensherrschaft und sein Tod durch Gift.

Der bunte Stoff bietet verschiedene Deutungsansätze. Grundsätzlich beibehalten ist die ambivalente Wertung des erfolgreichen Feldherrn und Eroberers. Der Erzähler präsentiert Alexander als vorbildlichen Heerführer und Herrscher, der sich mutig in die Schlachten stürzt und selbst nicht schont, der das *consilium* mit seinen Vasallen sucht und ihnen Gerechtigkeit widerfahren lässt und der seine Rolle als gerechter Richter bei der Bestrafung der Mörder des Darius erfüllt; die Grausamkeit gegen das eroberte Tyrus ist zwar nicht beseitigt, aber doch zurückgenommen. Der Krieg selbst erscheint als ein verlustreiches, grausames Geschäft, in dem der eine Günstling der Fortuna, der andere ihr Opfer zu sein scheint.

Thema des *Straßburger Alexanders* ist jedoch nicht allein die aggressive Erweiterung des Herrschaftsraums, die mit der Befreiung von Tributzahlungen gerechtfertigt wird und durch den Heilsplan Gottes eine zusätzliche Legitimation erhält; wie schon die Vorauer Fassung, so behält auch die Straßburger den Hinweis auf das (Erste) Buch der Makkabäer bei und macht damit implizit Alexanders heilsgeschichtliche Rolle geltend. Der *Straßburger Alexander* erzählt nicht nur von der Errichtung eines Weltreichs durch aggressive Territorialpolitik, sondern gibt auch neuen emotionalen Erfahrungen und alternativen Lebens- und Herrschaftsformen das Wort.

Einen wichtigen Stellenwert hat in diesem Zusammenhang die Begegnung mit den Blumenmädchen, welche die Orientreise für dreieinhalb Monate unterbricht. Es ist eine Zeit des vollkommenen irdischen Glücks, die vorübergehend alle Mühen des Kriegs und der Reise vergessen lässt. Anmut und erotische Attraktivität der jungen Frauen, die kultivierte höfische Lebensweise, Musik und Gesang ziehen die Krieger ganz in ihren Bann. Im Herbst hat dieses Glück jedoch ein Ende, die Blumen welken und die reizenden Mädchen sterben. Es ist die Erfahrung der Vergänglichkeit alles Irdischen, die Alexander hier schmerzvoll machen muss.

Auch die Begegnung mit der Königin Candacis und ihrer prunkvollen Hofhaltung behauptet ein Eigenrecht höfischer Lebensweise. Erst die Abschiedsszene rückt wieder in eine geistliche Perspektive: In einer Höhle befragt Alexander die Götter der Candacis, wann er sterben werde. Die Auskunft wird ihm jedoch verweigert. Nur den Ort, an dem er bestattet wird, geben sie ihm bekannt. Die Erfahrung höchster irdischer

Pracht und innerweltlicher Lebensfreude mündet in ein Memento mori. Ansätze zur Emanzipation von geistlichen Wertungsmaßstäben hatte zuvor auch schon die Begegnung Alexanders mit den Occidraten gezeigt, die Züge der antiken Gymnosophisten bewahrt haben: Sie leben in vollkommener Askese und Besitzlosigkeit, ohne Haus und ohne Kleidung, aber auch frei von Sorgen und Hoffart. Sie konfrontieren den Welteroberer mit der Sinnfrage – wozu denn all seine Großtaten nütze seien, da er doch sterben müsse – und fordern ihn auf, Maß zu halten. Alexander räumt zwar ein, dass auch er von der *uberisten gewalt* »der Macht des Höchsten« abhänge, doch beharrt er darauf, einen eigenen, ihm angemessenen Lebensentwurf zu verwirklichen. Solange er lebe, wolle er tun, was ihm wohltue. Ein selbstbestimmtes Leben in Freude, auch wenn letztlich alles in Gottes Hand liegt: hier ist im Kern vorformuliert, was der laikale Adel des hohen Mittelalters zum Programm erhoben hat.

Ganz unter geistlicher Deutungsperspektive wird schließlich Alexanders Zug bis an die Pforten des Paradieses verhandelt. Motiviert ist er durch unersättliche Besitzgier und Machtstreben sowie mit *hohmût*, der Erzähler qualifiziert das Unternehmen als *tumpheit*. Erst an der Pforte des Paradieses werden dem Welteroberer Grenzen gesetzt. Er lässt sich zur Umkehr im wörtlichen und geistlichen Sinn bewegen und herrscht in Frieden und Freuden bis zu seinem Tod. Der fromme Schluss kann freilich nicht darüber hinwegtäuschen, dass Alexander der Herrscher der ganzen Welt ist, von *mâze* insofern kaum die Rede sein kann.

Anhand der Extremfigur des antiken Eroberers und Herrschers Alexander werden also zentrale Probleme der sich neu formierenden laikalen Gesellschaft des 12. Jahrhunderts verhandelt: die Expansions- und Machtpolitik der großen Fürsten; die Entdeckung des Diesseits als einer Welt eigenen Rechts und eigenen Werts; kultivierte Lebensweise, höfische Pracht und Luxus als Mittel der adeligen Repräsentation; das Glück, das man in der Begegnung mit der Frau erfahren kann. Noch hat der Erzähler die Welt, die sein Held Alexander erfährt bzw. erobert, in einen geistlichen Horizont gestellt und von daher bewertet: Der immense Territorial- und Machtgewinn ist mit großen Strapazen, Verlusten und Leid erkauft, und im Angesichts des Todes haben sie jede Bedeutung verloren. Höfische Lebensart und Gesellschaftskultur stehen im Zeichen der Vergänglichkeit alles Irdischen.

Von solchen Legitimierungsproblemen weiß der rund hundert Jahre später entstandene *Basler Alexander* nichts mehr. Er erzählt das Leben Alexanders als eine endlose Serie von außerordentlichen Taten und fabulösen Begegnungen. Gegenüber der Straßburger Fassung ist die Zahl der Episoden vermehrt: Neu ist die erstmals bei Flavius Josephus berichtete Einschließung der unreinen Völker Gog und Magog in einem wilden Gebirge. Hinzu kommen weitere Episoden, in denen Alexander die Grenzen des Menschenmöglichen austestet: seine Tiefseefahrt, die beinahe tödlich endet, weil die Freundin die Kette, an der die Taucherglocke hängt, in verräterischer Absicht plötzlich loslässt; seine Luftreise mit den Greifen; der Besuch beim Sonnen- und Mondbaum, die ihm, nach seinem Ende befragt, seinen Kämmerer als Giftmörder ankündigen. Neu sind auch Alexanders ungewöhnliche Herkunft – der *Basler Alexander* behauptet wie schon Pseudo-Kallisthenes, dass Alexander vom ägyptischen Zauberer Nectanabus abstamme – und eine längere Erzählung über Alexanders Tod und Regelung der Nachfolge. Das alles wird knapp und pointiert erzählt; die Basler Version, obschon sie mehr Material bewältigt als der *Straßburger Alexander*, umfasst nur 4734 Verse. Der Erzähler enthält sich beinahe aller Bewertung. Alexander ist ihm ebensowenig Idealbild eines Herrschers wie Exempel für *vanitas* oder *superbia*.

Wohl scheitern alle seine Expeditionen in ferne Weltgegenden; so macht auch der außergewöhnliche Held die Erfahrung, dass das Wissen des Menschen begrenzt, Erfolg und Überleben oft von Zufall und Fortüne abhängig sind. Am Schluss wird er nicht Opfer seiner eigenen Überheblichkeit oder *curiositas*, sondern Opfer einer banalen Hofintrige und eines ausgeklügelten Mordkomplotts.

Andere Autoren haben anders entschieden. Rudolf von Ems formte aus dem Alexanderstoff das Musterbild eines weltlichen Herrschers, dessen moralische Qualitäten und *sælde* »Fürstenheil« sich gegenseitig bedingen. Auch Ulrich von Etzenbach konzipierte seinen *Alexander* als Fürstenspiegel, den er freilich, durch biblische, hagiographische und romanhafte Elemente, auf eine stärker christlich-religiöse Basis stellte; seine Vita Alexanders dient der religiös begründeten Legitimation weltlicher Machtinteressen. Ein widersprüchliches Bild zeichnete Seifrit: Sein Alexander ist nicht nur Werkzeug Gottes in der Heilsgeschichte und idealer Ritter und Frauendiener, sondern auch Beispiel für die Nichtigkeit alles Irdischen. Der *Große* oder *Wernigeroder Alexander* schließlich akzentuiert Alexander als Negativexempel für *curiositas* und *superbia*.

Literatur: Alexanderdichtungen im Mittelalter. Kulturelle Selbstbestimmung im Kontext literarischer Beziehungen. Hg. von Jan Cölln, Susanne Friede und Hartmut Wulfram. Göttingen 2000 (Internationalität nationaler Literaturen A/1); Trude Ehlert: Deutschsprachige Alexanderdichtung des Mittelalters. Zum Verhältnis von Literatur und Geschichte. Frankfurt a. M. u. a. 1989; dies.: Der Alexanderroman. In: Interpretationen. Mittelhochdeutsche Romane und Heldenepen. Hg. von Horst Brunner. Stuttgart 1993 u.ö. (RUB 8914), S. 21–42; Herrschaft, Ideologie und Geschichtskonzeption in Alexanderdichtungen des Mittelalters. Hg. von Ulrich Mölk. Göttingen 2002 (Internationalität nationaler Literaturen A/2); Lienert: Deutsche Antikenromane; Ulrich Mölk/Günter Holtus: Alberics Alexanderfragment. Neuausgabe und Kommentar. ZfromPh 115 (1999) 582–625; Ralf Schlechtweg-Jahn: Macht und Gewalt im deutschsprachigen Alexanderroman. Trier 2006 (LIR 37).

d. Geschichte(n) erzählen II: Genuin volkssprachig-mündliche Traditionen

Vor und neben der Geschichtsüberlieferung aus der lateinischen Schrift- und Klerikerkultur gab es immer auch eine genuin volkssprachige Überlieferung historischen Wissens, in der sich die kollektive Erinnerung einer Gemeinschaft – eines Stammes oder eines Volkes – bewahrte. Dieses Wissen ist – zumindest im deutschen Bereich – bemerkenswert immun geblieben gegen die Vorgaben der dominanten klerikalen Geschichtstradition, für die heilsgeschichtliche Deutungsmuster oder die Konzentration auf die Reichsgeschichte, im späteren Mittelalter auch die Geschichte einzelner Territorien und Institutionen, bestimmend waren.

Weitergegeben wurde dieses Wissen Jahrhunderte lang mündlich als Heldensage, deren Form wir freilich nur vermuten können; poetische Formen wie Heldenlied und Kurzepos sind ebenso denkbar wie variierender Prosabericht. Reflexe dieser Heldensage finden sich in der lateinischen Historiographie und Dichtung des frühen Mittelalters und in der Heldendichtung des frühen und hohen Mittelalters, vor allem in den mittelhochdeutschen Heldenepen und in den altfranzösischen und deutschen Chansons de geste.

Epen in der Tradition der Chansons de geste

König Rother, um 1160/70
Herzog Ernst, um 1160/70 (?); neun weitere Fassungen aus dem 13.–16. Jh.
Pfaffe Konrad: *Rolandslied*, um 1170
Graf Rudolf, um 1185
Wolfram von Eschenbach: *Willehalm*, um 1210/20
Karl und Galie, um 1215/20
Morant und Galie, um 1220/30
Stricker: *Karl*, um 1220/30
Ulrich von Türheim: *Rennewart*, nach 1243
Ulrich von dem Türlin: *Arabel*, 1261/69
Karl-Meinet-Kompilation, um 1320/40
Karl und Elegast, 1354?

Deutsche Heldenepen

Hildebrandlied, um 800, aufgez. 830/40
[*Waltharius*, 9./10. Jh.]
Nibelungenlied, um 1190/1200
Die Klage, um 1190/1200
Eckenlied, vor ca. 1230
Albrecht von Kemenaten: *Goldemar*, vor ca. 1235
Dietrich und Wenezlan, 1. H. 13. Jh.
Virginal, 2. V. 13. Jh. (?)
Laurin, 2. V. 13. Jh. (?)
Sigenot, 2. V. 13. Jh. (?)
Der Rosengarten zu Worms, 2. V. 13. Jh. (?)
Ortnit, um 1230
Wolfdietrich, um 1230
Kudrun, um 1240
Biterolf und Dietleip, um 1250
Walther und Hildegund, Frgm., nach ca. 1250 (?)
Dietrichs Flucht, 4. V. 13. Jh.
Rabenschlacht, 2. H. 13. Jh.
Alpharts Tod, 4. V. 13. Jh.
Dukus Horant, um 1300 (?)
Der Wunderer, 15. Jh.
Jüngeres Hildebrandslied, 15. Jh.
Lied vom Hürnen Seyfrid, um 1500 (?), Druck um 1530
Ermenrikes Tod, Druck ca. 1535/45

Vers- und Prosaromane nach Chansons de geste

Gerart van Rossiliun, Frgm., um 1350
Herzog Herpin, vor 1437
Königin Sibille, vor 1437
Loher und Maller, 1437
Huge Scheppel, nach 1437
Das Buch vom Heiligen Karl, um 1450/70
Das Buch vom Heiligen Wilhelm, um 1450/70
Malagis, um 1460/80
Ogier von Dänemark, um 1460/80
Reinolt von Montelban (*Die Haimonskinder*), um 1460/80

Heldenepen und Chansons de geste galten im Mittelalter ganz selbstverständlich als historische Überlieferung. Ihr historischer Kern ist freilich jeweils stark nach bestimmten Mustern überformt. An ihnen lassen sich deshalb die Techniken der Vermittlung und Aneignung des geschichtlichen Wissens in der Vormoderne in gewisser Weise modellhaft studieren. Joachim Heinzle hat diese Muster ›Assimilation‹, ›Reduktion‹ und ›Koordination‹ genannt.

Mit ›Assimilation‹ ist die Darstellung und Begründung von bestimmten historischen Ereignissen mit Hilfe traditioneller Erzählschablonen, Handlungsrollen und Konfliktmuster gemeint. Im *Nibelungenlied* beispielsweise haben das Schema der Brautwerbung und der verräterischen Einladung handlungskonstitutive Bedeutung bekommen: Siegfried wirbt um die junge Kriemhild, Gunther um Brünhild, Etzel um die Witwe Kriemhild; Brünhild lädt Siegfried und Kriemhild an den Hof zu Worms, um den sozialen Status des Schwagers zu klären, Kriemhild lädt die Burgunden an den Etzelhof, um Rache zu nehmen. In der Dietrichsepik ist vor allem das Schema von Exil und Heimkehr produktiv geworden. Zentrale Konfliktmuster sind z. B. der Kampf zwischen Vater und Sohn, wie er für die Hildebrandsage konstitutiv ist, oder die Verletzung und Wiederherstellung der Rechtsordnung, von dem etwa die Rolandsepen erzählen.

›Reduktion‹ bezeichnet das – keineswegs auf die Heldensage beschränkte – Verfahren, ursprünglich komplexe historisch-politische Geschehenszusammenhänge in einfache Konstellationen und persönliche Konflikte zu transformieren und auf elementare menschliche Affekte wie Neid, Eifersucht, Besitzgier, Hass oder Ruhmsucht zurückzuführen. So ist in den verschiedenen Ausprägungen der Nibelungensage der historische Faktenzusammenhang, der zum Untergang des burgundischen Reiches unter König Gundaharius führte, auf die Goldgier des Herrschers Atli oder auf die persönliche Rache Kriemhilds an ihren Verwandten reduziert. Die Einführung personaler Konstellationen und die Personalisierung der Konflikte bedeutete allerdings keine ›Entpolitisierung‹ der Geschichte. Politisches Handeln war zumal in der frühen Zeit die Sache weniger Mächtiger, deren Kriegermentalität, aufs Ganze gesehen, von jenen Affekten geprägt war, die auch das Handeln des heldenepischen Personals motivierten. Die Heldensage, die komplexes historisches Geschehen nach diesen Modellen erzählte, gab den historischen Erfahrungen damit Sinn und stellte zugleich verbindliche Deutungsmuster für aktuelle Erfahrungen bereit.

Mit ›Koordination‹ ist das Verfahren gemeint, einzelne Sagen- und Stoffkreise zu einer epischen Welt zusammenzuschließen, in der sich alle Personen in irgendeiner Weise aufeinander beziehen, und dies ohne Rücksicht auf die historische Chronologie. So machte z. B. die Nibelungensage den burgundischen König Gundaharius, der 436 gefallen war, und den Hunnenkönig Attila, der 453 gestorben war, zu Zeitgenossen des Ostgotenkönigs Theoderich, der von 470 bis 526 herrschte. Diese Synchronisation des Ungleichzeitigen ist ein wesentliches Merkmal von Heldendichtung. Das Ergebnis ist die Konstruktion eines geschlossenen Heldenzeitalters, einer Vorzeit der mittelalterlichen Welt, die sich zeitlich nicht genau fixieren lässt. Darin unterscheidet sich die heroische Geschichtsüberlieferung fundamental von der klerikal-lateinischen Geschichtstradition, welche die Heilsgeschichte exakt vermessen und die Erschaffung des Menschen auf das Jahr genau errechnet hat.

Gegen das in der heroischen Überlieferung übliche Verfahren der Koordination haben gelehrte Historiographen, z. B. Otto von Freising, zuweilen ihre kritische Stimme erhoben. Im Deutschen geschah dies erstmals in der *Kaiserchronik*. Im Prolog grenzt sich der Verfasser nachdrücklich von den *scophelîchen worten* »lügnerischen Worten« der mündlich-volkssprachigen Tradition ab, und er widerlegt die Sage, die Theoderich/Dietrich von Bern und Attila/Etzel zu Zeitgenossen gemacht hatte: »Wenn einer nun wissen will, ob Dietrich Etzel wirklich begegnet ist, dann lasse er sich dieses Buch vorlegen: Nachdem Etzel in Ofen begraben worden war, vergingen wahrhaftig noch 43 Jahre, bis Dietrich geboren wurde.« Doch auch der gelehrte Kleriker konnte sich nicht ganz der Wirkmacht heroischer Überlieferung entziehen. Er korrigierte sie, indem er einen gleichnamigen Großvater Dietrichs von Bern erfand, der von Etzel vertrieben worden sei. – Als Beispiele einer volkssprachig-mündlichen Geschichtsüberlieferung bespreche ich das *Rolandslied* des Pfaffen Konrad, den *Herzog Ernst*, das *Nibelungenlied* und das Doppelepos von *Dietrichs Flucht* und *Rabenschlacht*.

Literatur: Jan Assmann: Das kulturelle Gedächtnis. Schrift, Erinnerung und politische Identität in frühen Hochkulturen. München 1999 (Beck'sche Reihe 1307); Walter Haug: Andreas Heuslers Heldensagenmodell: Prämissen, Kritik und Gegenentwurf. ZfdA 104 (1975) 273–292; Joachim Heinzle: Die Nibelungensage als europäische Heldensage. In: Die Nibelungen. Sage – Epos – Mythos. Hg. von J. H. u. a. Wiesbaden 2003, S. 3–27; Cordula Kropik: Reflexionen des Geschichtlichen. Zur literarischen Konstituierung mittelhochdeutscher Heldenepik. Heidelberg 2008 (Jenaer Germanistische Forschungen N. F. 24); Jan-Dirk Müller: Wandel von Geschichtserfahrung in spätmittelalterlicher Heldenepik. In: Geschichtsbewußtsein in der deutschen Literatur des Mittelalters. Tübinger Colloquium 1983. Hg. von Christoph Gerhardt u. a. Tübingen 1985, S. 72–87; ders.: Das Nibelungenlied.

Epik in der Tradition der Chansons de geste

Historischer Kern der Rolandsage ist ein Ereignis der karolingischen Reichsgeschichte, von dem allein Einhard in c. 9 seiner *Vita Karoli Magni* (nach 830) etwas ausführlicher berichtet. Danach hatte Karl der Große im Frühjahr 778 einen Feldzug gegen das muslimisch besetzte Spanien unternommen, der indes bei Saragossa steckenblieb. Auf dem Rückzug über die Pyrenäen sei die Nachhut des fränkischen Heeres von Basken überfallen worden. In diesem Kampf in einem engen Tal seien neben vielen anderen der königliche Truchsess Eggihard, der Pfalzgraf Anshelm und Roland, der Präfekt der bretonischen Mark, getötet worden. Das genaue Datum, 15.8.778, überliefert die Grabinschrift Eggihards.

Die Lokalisierung des Kampfes in Roncesvalles wie die nahe Verwandtschaft des bretonischen Markgrafen mit König Karl lassen sich nicht verifizieren; sie sind Bestandteil der Rolandsage, die sich schon früh herausgebildet haben muss. Wie und über welche Stufen die Rolandsage sich aus dem historischen Kern entwickelt hat, entzieht sich unserer Kenntnis. Ihrer Herkunft nach gehört sie jedenfalls in die Romania. Der erste Reflex der Sage ist die *Nota Emilianense*, eine spätestens 1065/75 in einer Handschrift des Klosters San Millán eingetragene lateinische Notiz. Festgehalten ist hier der epische Nucleus aller später verschriftlichten Versionen der Rolandsage: ein Teil des Figurenpersonals; die Sarazenen und nicht mehr die christlichen *Wascones*, die Einhard erwähnt, als Gegner; der Ort des Kampfes; die Niederlage der christlichen Kriegerschar.

In fester, dichterisch stilisierter Form ist die Sage erstmals in einer im ersten Viertel (?) des 12. Jahrhunderts entstandenen Version der altfranzösischen *Chanson de Roland* fassbar, die auf eine nicht erhaltene Textfassung aus der Zeit um 1100 zurückgeht. An ihr lassen sich die Prinzipien ablesen, nach denen die historischen Fakten, wie bei jeder mündlichen heroischen Überlieferung, umgeformt wurden:

Die Geschichte von Roncevalles als die Geschichte einer verlustreichen Kampfesniederlage wird ursächlich mit dem Konflikt zwischen Roland und seinem Stiefvater Ganelon verknüpft und mit dem Verrat Ganelons motiviert. Der Typus des treulosen Ratgebers und Verräters ist eine typische Handlungsrolle der Heldensage, der Familienzwist ein ebenso typisches Konfliktmuster. Einem traditionellen Handlungsmuster folgen auch der innerfeudale Konflikt zwischen dem König und den mächtigen Baronen, Felonie, d.i. der Verstoß gegen lehnsrechtliche Treueverpflichtungen, und die Restitution der feudalen Ordnung. Umbesetzt ist die Rolle des Gegners; die gesamte Untergangsfabel ist damit religiös eingefärbt: Rolands Kampf ist als heilsgeschichtlicher Kampf zwischen dem Reich Gottes und dem Reich des Teufels stilisiert, die Franken agieren als das auserwählte Volk Gottes. Die gesamte Fabel ist schließlich in einen imperialen Kontext gestellt; die ganze Handlung steht unter dem Zeichen des Königs Karl und seiner Kämpfe für Ruhm und Ansehen des »süßen Frankreich«, das sich geradezu über den Krieg gegen die ›Heiden‹ konstituiert.

Die *Chanson de Roland* deutet nicht nur die alte Untergangsfabel um, sondern überführt sie auch in das Medium der Schrift und das heißt: in den Kompetenzbereich des Klerikers. Beides hat seine Spuren hinterlassen. Auf klerikale Verfasserschaft deuten die spezifisch litteraten Gestaltungstechniken. Die strukturelle Doppelung der Handlung – die Niederlage im Kampf von Roncevalles wird kompensiert durch Karls große Racheschlacht gegen den Heidenkönig Baligant – und die Personen- und Sachbeschreibungen gehören ebenso dazu wie Rolands Rede an sein Schwert Durendal – die Apostrophierung von Gegenständen war seit Macrobius (um 400 n. Chr.), einem lateinischen Schulautor, ein beliebtes Stilmittel. Eine gelehrte Autorschaft verraten auch die Stillage des *genus grande*, das seit Vergil als der gewichtigen, heroischen Darstellung angemessen galt – Könige, adelige Herren und Ritter als Träger der Handlung, Stadt oder Feldlager als Ort der Handlung, das Schwert als wichtigstes Requisit der Handelnden und das Pferd als das ihnen angemessene Tier, Lorbeerbäume und Zedern als wichtige Bestandteile des Landschaftsdekors –, die hyperbolischen Affekte und Kampfschilderungen – z. B. fallen erst 20 000, dann 100 000 Franken an der Leiche Rolands in Ohnmacht –, denen ebenfalls Macrobius einen festen Platz in der Rhetorik gesichert hatte, und schließlich auch die vorausdeutenden Träume und symbolischen Gesten. Einen Kleriker als Autor verrät aber auch das dominante Männlichkeitskonzept der *Chanson de Roland*. Roland und mehr noch seine Mitstreiter sind nach dem von der Kirche propagierten Ideal des *miles christianus* modelliert, der seine Waffen einsetzt zur Wahrung von Frieden und Recht, zum Schutz von Armen, Witwen und Waisen, vor allem aber zur treuen Verteidigung der Kirche und des christlichen Glaubens.

In der *Chanson de Roland* hat sich nicht nur die kollektive Erinnerung an ein heroisches Ereignis der Vergangenheit sedimentiert, die der laikalen Kriegergesellschaft zur »Selbstdefinition und Identitätsvergewisserung« (Jan Assmann) diente. Formuliert ist hier auch mit Hilfe traditioneller Erzählmuster eine historische Erfahrung, die exemplarische Bedeutung für die zeitgenössische Gegenwart beanspruchen konnte. Eine solche Bedeutung hat zweifellos der universale Konflikt zwischen Christen und Nichtchristen, dessen Ausgang und Bewertung von vornherein feststanden. Das Thema des Glaubenskampfes hatte seit dem Konzil von Clermont 1095, auf dem Papst Urban II. zum (ersten) Kreuzzug ins Heilige Land aufrief, eine besondere Brisanz.

Karl und seine Helden agieren als Leitfiguren des modernen christlich geprägten Kriegerideals: Sie gehen unerschrocken und furchtlos für Frankreich und die Christenheit in den Kampf und vollbringen auf dem Schlachtfeld große Ruhmestaten. Wenn fränkische Krieger sterben, dann für den König und als Märtyrer des christlichen Glaubens; nach ihrem Tod ist ihnen die ewige Seligkeit gewiss. Und nicht minder exemplarische Bedeutung hat der in der *Chanson de Roland* verhandelte Konflikt zwischen dem König und seinen Kronvasallen sowie Ganelons Verrat. Die Störung der Rechts- und Herrschaftsordnung wird im Prozess und Gottesurteil gegen Ganelon beispielhaft beseitigt.

Das Heldenepos vermittelt indes nicht nur Normen und Normenbewusstsein; es stellt auch Handlungen dar, die dadurch erinnerungswürdig sind, dass sie sich über alle Normen hinwegsetzen. In der *Chanson de Roland* macht sich diese Exorbitanz vor allem am Titelhelden fest. Dessen herausstechendstes Merkmal ist die Maßlosigkeit im Positiven wie im Negativen. Rolands Kühnheit und Kampfeskraft gehen über jedes menschliche Maß hinaus: Als er die bedrohliche Lage erkennt, ist er zum Äußersten entschlossen, und im Kampf mit den Sarazenen vollführt er wahre Wundertaten. Dreimal widersetzt er sich der Bitte Oliviers, das Hauptheer zurückzuholen; ohne fremde Hilfe will er mit der Übermacht der Feinde fertig werden, und zwar aus drei Gründen: damit er seinen Ruhm nicht verliere, seine Familie nicht in Schande gerate und Frankreich nicht seine Ehre einbüße. *Démesure* »Maßlosigkeit« um des Ruhms willen ist die Eigenschaft, die ihm und den Seinen zum Verhängnis wird. Es ist freilich gerade diese egozentrische Heroik, diese alle rationalen Erwägungen hintansetzende Unvernunft und Selbstbezogenheit, die Roland zum großartigsten aller Helden der *Chanson de Roland* macht und seine *memoria* im Mittelalter gesichert hat.

Abb. 16: Pfaffe Konrad, *Rolandslied*: Reiterkampf zwischen Christen und Nichtchristen (Heidelberg, Universitätsbibliothek, Cpg 112, f. 63r)

Das deutsche *Rolandslied* setzt gegenüber seiner Vorlage andere Akzente. Getilgt ist das ›nationale‹ Pathos der *douce France*, für das ein deutscher Hörer und Leser kaum ein Ohr gehabt haben dürfte. Auch ist die politische Krise entschärft, die durch den Dissens zwischen den Kriegs- und den Verhandlungswilligen im Kronrat aufgebrochen war. Der Pfaffe Konrad hat Genelun zum Außenseiter in einer auf Krieg drängenden Gesellschaft gemacht: Er ist der einziger Verfechter einer friedlichen Lösung des Konflikts. Während alle anderen danach drängen, den Märtyrertod zu sterben und die himmlische Seligkeit zu erlangen, ist es Genelun um die Liebe zu seiner schönen Frau, der Sorge um den kleinen Sohn Baldewin und dem Erhalt der Dynastie zu tun. Überhaupt hat der Pfaffe Konrad die Kreuzzugsthematik und das Konzept der *militia Christi* in den Vordergrund gestellt. Das Exemplarische, von dem sein *Rolandslied* erzählt, macht sich deshalb vor allem am Kreuzzugsgeschehen fest. Die Helden gehen aus tiefer religiöser Überzeugung in den Kampf. Ihre militante Frömmigkeit ist nicht nur an den äußeren Handlungen wie Beichte und Kommunion ablesbar, sondern auch an der entsprechenden inneren Haltung.

Im Zuge der starken Vergeistlichung des Rolandsstoffes, die sich an einer Fülle von Gebeten, geistlichen Ansprachen, typologischen Bezügen u. a. bemerkbar macht, wird auch der unvernünftige Heros neu gedeutet. Anders als in der *Chanson de Roland* verweigert Roland das Hornsignal nicht aus Ruhmsucht und Überschätzung der eigenen Kräfte, sondern im Vertrauen auf Gottes Hilfe und mit dem Wunsch, Blutzeuge Christi zu sein. Seine Exorbitanz beweist sich nicht in der Selbstüberschätzung der eigenen Kraft, sondern in der rückhaltlosen Martyriumsbereitschaft.

Anders als das *Rolandslied* hat der *Herzog Ernst* keine altfranzösische Vorlage. Die erste Version des Stoffes, von der nur weniges erhalten ist, dürfte um 1160/70 in mittelfränkischer Sprache verschriftlicht worden sein. Die erste vollständige Fassung ist der *Herzog Ernst* B, eine höfisierende Umarbeitung aus dem frühen 13. Jahrhundert.

Herzog Ernst erzählt im ersten Teil von Aufstieg und Fall eines Landesfürsten, der sich nach anfänglicher Freundschaft gegen den Kaiser, zugleich sein Stiefvater, empört, Fehde gegen ihn führt und schließlich ins Exil gehen muss. In dieser Fabel sind Erinnerungen an den Aufstand des schwäbischen Herzogs Liudulf gegen seinen Vater, Kaiser Otto I., im Jahr 953 bewahrt und umgeformt. Von dieser kritischen Phase in der ottonischen Reichsgeschichte hat der *Herzog Ernst* wichtige Details bewahrt: den Namen des Kaisers Otto und seiner beiden Gemahlinnen Ottogebe (eigentlich Eadgithu) und Adelheid, die Rivalität zwischen dem aufständischen Herzog und einem Heinrich, die Belagerung Regensburgs und einer anderen Stadt, die Versöhnung Ottos mit dem Empörer und andere Einzelheiten. Die Sage hat freilich in den Bericht vom Aufstand Liudulfs noch einen weiteren historischen Vorgang eingeschmolzen: den Aufstand ›des Herzogs Ernst II. von Schwaben gegen seinen Stiefvater Konrad II. In die Sage sind sowohl der Name des Herzogs als auch sein verwandtschaftliches Verhältnis zum Kaiser und der Name seines Freundes eingegangen.

Während der erste Teil des Epos historische Ereignisse der Ottonen- und frühen Salierzeit reflektiert, verdankt sich der zweite Teil mit den als Kreuzzug motivierten Orientabenteuern gelehrtem lateinischen Buchwissen und wohl auch mündlich vermittelten orientalischen Erzählungen. Dieser Teil steht strukturell für Flucht und Exilsituation des Geächteten, die Bestandteil der alten Empörersage gewesen sein dürfte. Die Wunderwelt des Ostens, die das ursprüngliche Kurzepos um Empörung, Ächtung und Begnadigung zur epischen Großform weitet, eröffnet den Figuren des

Epos (und dem mittelalterlichen Publikum) einen neuen Erfahrungs- und Handlungs-
raum, in dem Ernst sich in verschiedenen Rollen als Landesherr und Königsvasall
bewährt. Was beide Teile des Werks verbindet, ist ihr Thema: *Herzog Ernst* arbeitet
an der Empörersage und an den wunderbaren Abenteuern des Herzogs exemplarisch
das spannungsvolle Verhältnis von Zentral- und Partikulargewalt und den rechten
Umgang mit der Gewalt ab. Zu der Zeit, als die Sage verschriftlicht wurde, also in der
zweiten Hälfte des 12. Jahrhunderts, ist dies ein Thema von höchster Aktualität.

Bereits der Prolog zu *Herzog Ernst* B führt die Titelfigur in ihrer politischen
Rolle als mächtigen Landesfürsten und Musterritter *par excellence* ein, der in Eintracht mit Kaiser und Reich lebt. Die Störanfälligkeit eines Herrschaftssystems, das
ausschließlich auf personalen Bindungen beruht, zeigt indes die Empörerfabel. Durch
die Intrige und den Hass des Pfalzgrafen Heinrich wird die alte Harmonie zwischen
Kaiser und Fürst gestört. Der Kaiser entschließt sich zu einem Präventivschlag, er
fällt in Ernsts Territorium ein. Gegen diesen Rechtsbruch setzt sich der Überfallene
zu Recht zur Wehr; mit dem Überfall auf den Kaiser mit dem Ziel, ihn zu töten, und
dem Mord am intriganten Pfalzgrafen begeht er aber seinerseits ein objektives Unrecht. Die Verhängung der Acht und der Krieg gegen den zum Reichsfeind erklärten
Herzog sind wiederum legitime Rechtsmittel, um die Störung der Ordnung im Reich
zu beseitigen. Eine reale Handlungsalternative hat keiner der beiden Gegner; jeder
ist schuldig und unschuldig zugleich. Der Krieg bringt große Verluste und Schäden
für beide Seiten.

Die Fahrt ins Heilige Land bietet Ernst vor allem die Chance, die immensen
materiellen Schäden im eigenen Land zu kompensieren und wieder zu dem zu werden,
was er immer war: ein treuer, mutiger und verantwortungsbewusster Landesfürst und
Lehnsherr, der das Mittel des Krieges einsetzt, um Frieden und Recht zu schützen.
In dieser Rolle präsentiert ihn der Orientteil: Im Krieg gegen die Kranichschnäbler
zieht er als vorbildlicher Heerführer und *miles Christi* allen voran in die Schlacht.
Am Magnetberg und während der gefährlichen Floßfahrt auf dem unterirdischen
Grenzfluss gelingt es ihm, durch Beratung und einvernehmliches Handeln mit den
Vasallen alle aus aussichtsloser Lage zu befreien. Im Land *Arimaspi* besteht Ernst
eine Reihe von Kämpfen, in denen er als Bundesgenosse der Schwächeren gegen die
Stärkeren antritt. Unter immer neuen Versuchsanordnungen ist es Ernst erlaubt zu
zeigen, dass er »genau das ist, was ihm im Reich seinerzeit verwehrt war: Garant des
Friedens und einer stabilen Herrschaftsordnung« (Hans-Joachim Behr). Die Rückkehr
in die Heimat und die Versöhnung mit dem Kaiser ist danach nur noch eine Frage
der Zeit. Der Dissens wird beigelegt und Ernst wieder in sein Amt als Vertrauter des
Kaisers eingesetzt.

Um den Anspruch auf Historizität aufrechtzuerhalten, hat der Erzähler eine
intrikate Beglaubigungsfiktion ersonnen: Demnach sei die Geschichte nach dem
mündlichen Bericht des Herzogs auf Befehl des Kaisers aufgeschrieben worden. Die
Authentizität seiner Erzählung kann der Augenzeuge durch die aus den fernen Ländern
mitgebrachten Monster und Fabelwesen sowie durch den *weisen* bestätigen, jenen
kostbaren Edelstein, den er von seiner unterirdischen Fahrt mitbrachte und der später
in die Reichskrone eingearbeitet wurde. Es ist vor allem die empirische Existenz des
Waisen in der Reichskrone, durch welche die Ernstsage ihre Evidenz erhält.

Literatur: Bernd Bastert: Helden als Heilige. Chanson de geste-Rezeption im deutschsprachigen
Raum. Tübingen 2010 (Bibliotheca Germanica 54); Hans-Joachim Behr: *Herzog Ernst.* In:

Interpretationen. Mittelhochdeutsche Romane und Heldenepen. Hg. von Horst Brunner. Stuttgart 1993 (RUB 8914), S. 59–74; Marianne Ott-Meimberg: Kreuzzugsepos oder Staatsroman? Strukturen adeliger Heilsversicherung im deutschen *Rolandslied*. München 1980 (MTU 70); Das *Rolandslied* des Pfaffen Konrad. Mhd./Nhd. Hg., übers. und komm. von Dieter Kartschoke. Stuttgart 1993 (RUB 2745), S. 779–799: Nachwort; Gisela Vollmann-Profe: Das Rolandslied. In: Interpretationen (s. o.), S. 43–58.

Heldenepik

Ein sehr viel ferneres Geschichtswissen überliefert das *Nibelungenlied*, das ein unbekannter Kleriker wohl um 1190/1200 im Auftrag des Passauer Bischofs zu Pergament gebracht hat. Es verbindet die beiden ursprünglich selbständigen Sagen von Siegfrieds Tod und vom Ende der Burgunden. Gut greifbar ist freilich nur der historische Kern des zweiten Teils. Der Untergang der Burgunden am Hofe des Hunnenkönigs Etzel (d.i. die mittelhochdeutsche Form des Namens Attila) bewahrt die Erinnerung an die vernichtende Niederlage der Burgunden, die sie unter ihrem König Gundaharius 436/7 gegen den römischen Feldherrn Aetius und seine hunnischen Hilfstruppen erlitten. Die gesamte Königssippe und große Teile des Volkes kamen damals um. Handfeste historische Anknüpfungspunkte bieten auch die Namen – Gunther, Giselher, Gernot, Etzel, Helche u. a. –, die im *Nibelungenlied* begegnen. An die Untergangsfabel haben sich schließlich auch Reflexe historischer Personen und Ereignisse aus späterer Zeit angelagert. So steht hinter Dietrich von Bern sicherlich der Ostgotenkönig Theoderich der Große (493–526), hinter Kriemhilds Onkel Pilgrim vermutlich der historisch bezeugte Bischof Pilgrim von Passau (971–991).

Schwieriger ist es, Anhaltspunkte für die ersten beiden Teile des Nibelungenstoffs, Siegfrieds Jugend und Siegfrieds Tod, zu finden. Der Name Brünhild und der Namensbestandteil Sige- (in Sigmunt, Siglint und Sîvrit < Sigevrit) sowie das Motiv der dominanten Königin und des Verwandtenmords verweisen zwar auf die merowingische Geschichte des 6. Jahrhunderts, doch sind dies alles in allem nur vage Allusionen. Für die zentralen Motive der im *Nibelungenlied* nur angedeuteten Jugendgeschichte, Drachenkampf und Hortraub, lässt sich überhaupt kein politisch-historischer Kern mehr verifizieren; sie sind mythischen und märchenhaften Ursprungs.

Die Nibelungensage hat die historischen Ereignisse in sagentypischer Weise transformiert: Das Geschehen wurde nach den literarischen Handlungsschemata der Brautwerbung und der gefährlichen Einladung arrangiert, der historische Faktenzusammenhang auf eine Rachefabel mit einigen wenigen Figuren reduziert, das Ungleichzeitige koordiniert bzw. synchronisiert. Gleichwohl kann es keinen Zweifel daran geben, dass man die in der Sage gebundenen Ereignisse immer als historische Überlieferung verstanden hat. Das machen etwa die verschiedentlichen Ansippungsversuche adeliger Geschlechter – der bairischen Sieghartinger, aber auch von Familien der fränkischen Reichsaristokratie – an die Nibelungensage wahrscheinlich, die sich bis ins 12. Jahrhundert nachweisen lassen. Die Nibelungensage wurde in solchen Adelsfamilien als Abstammungssage benutzt, die der Festschreibung der Herrschaftslegitimität diente. Und noch gegen Ende des 15. Jahrhunderts bemühte man sich in Worms, an eine glanzvolle mythische Heldenzeit anzuknüpfen und die Stadt durch die Rekonstruktion eines nibelungischen Herkommens zu nobilitieren.

Als Geschichtsüberlieferung bewahrte die Nibelungensage zwar die Erinnerung an bestimmte Ereignisse der germanischen Völkerwanderungszeit und der frühen

Reichsgeschichte. Doch dürfte dieses Wissen wie auch jede andere Überlieferung der Vergangenheit kaum um seiner selbst willen interessiert haben. In der Frühzeit, etwa nach der Neugründung des burgundischen Reichs und seiner Eingliederung in das fränkische Reich, hatte das in der Sage erinnerte Wissen sicherlich eine identitätstiftende und identitätsichernde Kraft. In dem Maße, in dem diese schwand, dominierten das genealogische Interesse an der Sage, ihre Instrumentalisierung für die Legitimation des eigenen Herkommens, und seit dem hohen Mittelalter vor allem das Interesse an exorbitanten Handlungen und Figuren. Nicht von ungefähr kündigt die Eingangsstrophe des *Nibelungenlieds* Erzählungen aus der heroischen Vergangenheit an, *alte mæren*, die *uns* auch heute noch (*nu*) angehen. Den Anspruch, Außergewöhnliches zu berichten, erhebt der Erzähler indes mit dem Wort *wunder*. Es sind eben nicht die gewöhnlichen Taten, die Aufmerksamkeit beanspruchen, sondern das Sensationelle, das Außergewöhnliche und Herausragende, das den etablierten Normen- und Wertehorizont übersteigt und vernichtet.

Das *Nibelungenlied* erzählt von zentralen anthropologischen Gegenständen: von Affekten wie Liebe, Hass und Rache, von Herrschaft und Macht und den verschiedenen Möglichkeiten ihrer Legitimation, von Aggression und Gewalt, von Konflikten und möglichen Gegenstrategien, von personalen und rechtlichen Bindungen und ihrer Verletzung; nicht zuletzt gestaltet es verschiedene Geschlechterkonzepte. Freilich geht es nicht darum, eine ideale höfische Welt zu entwerfen und die Regeln zu formulieren, nach denen diese Welt funktionieren kann. Thema des heroischen Geschichtsepos ist vielmehr die permanente Bedrohung dieser Welt. Gefahr kommt von außen, durch die Vertreter einer fremden, archaischen Welt, aber ebenso von innen: durch Betrug und Intrige und durch ein den Vertretern der höfischen Welt zugeschriebenes Aggressions- und Gewaltpotential, das zwar oberflächlich durch höfische Zivilisation und Kultur gebändigt scheint, aber jederzeit wieder hervorbrechen kann. Dieses letztlich nicht kontrollierbare Gewaltpotential führt schließlich in die Katastrophe. Darin artikuliert sich die Skepsis des Klerikers gegen alle optimistischen Gesellschaftsentwürfe. Am Stoff aus einer fernen Vergangenheit zeigt er auf, dass Rechtsbindungen und andere Regeln eines zivilisierten Miteinanders die zerstörerischen Kräfte immer nur vorübergehend eindämmen, nicht aber ganz eliminieren können.

Es ist gerade das höfische Element par excellence, die *minne*, von welcher Bedrohung und Gefahr ausgehen. Gleich zu Beginn träumt Kriemhild, dass ihr Falke – nach den Konventionen der zeitgenössischen Lyrik eine Metapher für den Geliebten – von zwei Adlern zerfleischt wurde, und der Erzähler kommentiert, dass wegen des einen Tod viele sterben sollten. Mit der Einführung des Minnemotivs wird die alte Untergangsfabel neu motiviert. Für Kriemhild stellt der Mord an Siegfried, ihrem Ehemann und *vriedel* »Geliebten«, Leid größten Ausmaßes dar: Leid um den Verlust des Einen ebenso wie die ungeheure Kränkung ihres großartigen Selbstbildes, eine Kränkung auch ihrer sozialen Position und damit ihrer Ehre. Die Rache, auf die sie sich danach fixiert, hat heroische Qualität: Ihr opfert sie bedenkenlos alle anderen sozialen Bindungen.

Die nächste Störung der höfisch-idealen Welt geht von Siegfried aus, der um Kriemhildes Hand anhalten will. Bei seiner Ankunft am Wormser Königshof präsentiert er sich als roher Vorzeitrecke, der Gunther zum Zweikampf um die Herrschaft herausfordert. Siegfried versteht diesen Kampf als Mittel zum Erwerb der Frau; er orientiert sich dabei an dem ubiquitären Schema, wonach dem Stärksten die Schönste zusteht. Die burgundischen Könige lehnen körperliche Überlegenheit als qualifizierendes Kriterium ab. Sie berufen sich auf modernere Legitimationsprinzipien, auf die Rechtmäßigkeit ihres Erbes und ihrer herrscherlichen Gewalt, und bemühen sich ansonsten durch Höflichkeit, die Aggression des Heros zu bändigen. In der Welt der Rittermänner und Minnedamen ist kein Platz für Drachentöter und Hortbesitzer. Entscheidend befördert wird seine Zähmung durch die Liebe zu Kriemhild. Der Heros lässt sich von den burgundischen Königen instrumentalisieren, um die Liebe der Frau zu erlangen. Zuerst hilft er im Dänen- und Sachsenkrieg, danach auch bei Gunthers gefährlicher Werbung um Brünhild.

Gunthers Werbung um Brünhild konfrontiert die höfische Welt ein weiteres Mal mit der heroischen, was auch bedeutet: Sie führt sie an ihre Grenzen. In der Welt Brünhilds, in der allein die heroische Kraft zählt, haben die Repräsentanten der höfischen Ordnung keine Chance, hier versagen ihre Mittel. Im Kampf mit und um Brünhild ist Gunther deshalb auf die Allianz mit dem Heros, auf fremde, rohe Kraft und auf Lügen, Tricks und Betrug angewiesen. Damit beginnt eine Serie von Lügen und Täuschungen, welche die höfische Welt zunehmend zu einer Scheinwelt machen; sie schaffen Ansatzpunkte für weitere Konflikte und potenzieren die latenten Spannungen, die von Anfang an bestanden, bis sie sich in der großen Katastrophe am Schluss entladen.

Abb. 17: *Nibelungenlied*: Siegfrieds Ermordung (Berlin, Staatsbibliothek zu Berlin. Preußischer Kulturbesitz, Mgf 855, f. 58v)

Im Frauenzank, der zehn Jahre später bei einem Fest in Worms ausbricht, kommen die Standeslüge auf Isenstein wie der Brautnachtbetrug zur Sprache, nicht aber der eigentliche Betrug, Siegfrieds Hilfe bei den Wettkämpfen gegen Brünhild. Gunthers und Brünhilds königliche Stellung, ja der ganze burgundische Herrschaftsverband ist durch den öffentlich ausgetragenen Konflikt zwischen den beiden Königinnen schwer beschädigt. Eine friedliche Bereinigung der Situation scheitert. Wie sehr inzwischen Intrige und Gewaltbereitschaft um sich gegriffen haben, zeigt das Mordkomplott gegen Siegfried.

Zunehmend bestimmt nun *untriuwe* das Geschehen: Familiäre, lehnsrechtliche, vasallische Bindungen, die das *Nibelungenlied* unter dem Oberbegriff der *vriuntschaft* zusammenfasst, werden verletzt, das auf diesen Beziehungen gründende Vertrauen wird missbraucht. Im ersten Teil sind es die Männer, die wiederholt Treuebruch und Verrat begehen. Ihr Opfer ist der Heros, und mehr noch sind es die Frauen, Brünhild und Kriemhild. Im zweiten Teil ist es hingegen Kriemhild, welche die zentrale Ordnungskategorie der *vriuntschaft* radikal in Frage stellt, indem sie alle herkömmlichen sozialen Bindungen aus Liebe zu Siegfried und aus dem Leid um ihn preisgibt. Angesichts der Gefahr, die von der einen Frau droht, schließen sich die Männer des burgundischen Herrschafts- und Verwandtschaftsverbands zusammen. Der zentrale Wert der *triuwe*, der den Bestand der sozialen und der Rechtsordnung garantiert, dient indes nicht nur dazu, die beleidigte und geschädigte Frau zu isolieren; indem man an ihm festhält, provoziert man auch die Katastrophe, den Untergang der Rechtsordnung und ihrer Träger.

Versuche, mit Rechtsmitteln die tiefen Verletzungen der Ordnung zu heilen und Kriemhild für ihr Leid zu *ergetzen* »entschädigen«, scheitern. Die Wiederheirat mit Etzel kann zwar den materiellen und den Statusverlust kompensieren, der ihr mit dem Tod Siegfrieds und mit dem Hortraub entstand, nicht aber den Geliebten, nicht auch die Kränkung des Egos. Eine friedliche Beilegung des Konflikts scheint demnach ausgeschlossen.

Im zweiten Teil des *Nibelungenlieds*, vom Aufbruch der Burgunden an, setzt sich deshalb zunehmend die nackte Gewalt durch. Der Überfall Blödelins auf die burgundischen Knappen und der Mord an Kriemhilds und Etzels Sohn Ortlieb während des Festbanketts wirken wie ein Katalysator, der das aufgestaute Aggressionspotential mit einem Schlag freisetzt. Danach ist die Gewalt nicht mehr eingrenzbar und nicht mehr kontrollierbar, alle werden hineingezogen. In den Kämpfen triumphieren die Heroen mit ihrer Kampfkraft, ihrem Mut und Durchhaltevermögen. Ihr Ethos führt zuerst die Vernichtung der höfischen Ordnung und Kultur herbei und dann den Untergang der Helden selbst, die im Tod in der Schlacht die Erfüllung ihrer heldischen Existenz finden. Mit der höfischen Welt geht auch die archaische heroische Welt unter.

Die Welt, von der das *Nibelungenlied* erzählt, erscheint beinahe immer gebrochen. Die männlichen Figuren, vor allem die Heroen des zweiten Teils, repräsentieren einerseits eine feudale Männlichkeit, die sich durch Unerschrockenheit und Tapferkeit, enorme Kampfeskraft und Durchhaltevermögen, Loyalität und Solidarität auszeichnet. Andererseits werden ihnen auch negative Züge zugeschrieben, sie sind rücksichtslos und hinterlistig, Lügner, Betrüger, Verräter, Räuber und Mörder, und ihre heroische Potenz reißt eine ganze Welt in den Untergang. Normen vermitteln sie, wenn überhaupt, nur indirekt, durch den Verstoß gegen die Norm. Ähnliches gilt für die Frauenfiguren Kriemhild und Ute, denen anfangs traditionelle Geschlechterrollen zugeschrieben werden. Brünhild weicht eklatant vom zeitgenössischen, durch Theologie und Recht zusätzlich legitimierten Frauenbild ab; normativ ist nicht ihre heroische Kraft und Selbständigkeit, sondern die Domestizierung dieser Mannfrau. Normative Bedeutung haben schließlich auch die höfische Welt mit ihren glanzvollen Festen, Friedensfeiern und Turnieren, das ganz auf personalen Bindungen beruhende Herrschaftssystem, die Konflikte und die verschiedenen Methoden der Konfliktbewältigung, die Rechtsordnung mit den Verfahren der *suone* und des *ergetzens* u. a. Doch mehr noch wird das Scheitern dieser höfischen Welt und ihrer Ordnung vorgeführt.

Dass das Epos die konsequente Ambiguisierung aller Figuren, ihrer Handlungen, selbst der ihnen zugrunde liegenden Normen betreibt, zeigt, dass die Darstellung des Exemplarischen nicht das Ziel gewesen sein kann. Was den Dichter vordringlich interessiert und fasziniert haben dürfte, das hat zuletzt Jan-Dirk Müller geltend gemacht, ist vielmehr das Spektakuläre und Monströse der Ereignisse, das alle herkömmlichen Erfahrungen und Geltungsansprüche überbietet, ist die Lust am Bösen und Grausigen. Sie macht sich vor allem an den fundamentalen Verletzungen der *triuwe* fest: am Mordkomplott und der Ermordung Siegfrieds und beinahe mehr noch am blutigen Fest an Etzels Hof, auf dem die Gäste Opfer der heimtückischen Gastgeberin werden. Der Verrat ist so maßlos wie sein Grund, Kriemhilds *herzeliebe* zu Siegfried, die nach dessen Tod alle anderen sozialen Bindungen außer Kraft setzt. Er ist es auch deshalb, weil er ein Langzeitunternehmen ist – zwischen Anlass und Vollzug liegen mehr als 25 Jahre. Fürchterlich ist schließlich auch Kriemhilds Ende: Hildebrand haut sie mit seinem Schwert in Stücke. Das Zerstückeln ist, wie das Zerreißen, zwar die Strafe für den Verräter, sie wurde üblicherweise jedoch nicht an Frauen praktiziert. Heldenepische Geschichtsüberlieferung heißt im hohen Mittelalter, die Handlungsnormen und Grundprinzipien feudaler Ordnung, aber auch ihre radikalen Transgressionen darzustellen, die gleichwohl an die Ordnung »als die Bedingung ihrer Möglichkeit gebunden« bleiben (Jan-Dirk Müller 2001a).

Literatur: Joachim Heinzle: Zur Funktionsanalyse heroischer Überlieferung: das Beispiel Nibelungensage. In: New Methods in the Research of Epic. Hg. von Hildegard L. C. Tristram. Tübingen 1998 (ScriptOralia 107), S. 201–221; Lienert, Mittelhochdeutsche Heldenepik; Jan-Dirk Müller: Spielregeln für den Untergang. Die Welt des Nibelungenliedes. Tübingen 1998; ders.: Nibelungenlied und kulturelles Gedächtnis. In: Arbeiten zur Skandinavistik. 14. Arbeitstagung der deutschsprachigen Skandinavistik, 1.–5.9.1999 in München. Hg. von Annegret Heitmann. Frankfurt a. M. u. a. 2001 (Texte und Untersuchungen zur Germanistik und Skandinavistik 48), S. 29–43 (= 2001a); ders.: Sage – Kultur – Gattung – Text. Zu einigen Voraussetzungen des Verständnisses mittelalterlicher Literatur am Beispiel des ›Nibelungenliedes‹. In: 800 Jahre Nibelungenlied: Rückblick, Einblick, Ausblick. 6. Pöchlarner Heldenliedgespräch, Pöchlarn 2000. Wien 2001 (Philologica Germanica 23, 6), S. 115–133 (= 2001b); Schulze, Nibelungenlied; Reinhard Wenskus: Wie die Nibelungen-Überlieferung nach Bayern kam. Zeitschrift für bayerische Landesgeschichte 36 (1973) 393–449.

Vergleichbares gilt auch für das Doppelepos von *Dietrichs Flucht* und *Rabenschlacht*, eine Reimpaardichtung von 10152 Versen das eine, ein Epos von 1140 Strophen das andere. Die beiden Werke gehören zu einer Gruppe von vier Texten, die man unter dem Begriff ›historische Dietrichepik‹ zusammenfasst. Sie reflektieren, wie das *Nibelungenlied* auch, Ereignisse aus der germanischen Völkerwanderungszeit. Die Namen des epischen Personals lassen sich mit Namen von historischen Personen identifizieren: Dietrich von Bern mit Theoderich dem Großen (455–526), sein Vater Dietmar mit dem Gotenfürsten und späteren König Theodemer, der sich mit den Hunnen unter Attila verbündet hatte, das Volk der Amelungen mit dem Königshaus der Amaler, Etzel mit Attila u. a. m.

Die Zeugnisse aus der klerikalen Schriftkultur entwerfen von Theoderich das Bild eines mächtigen Königs, erfolgreichen Heerführers und durchsetzungsfähigen Machtpolitikers, der 473 König der konföderierten Ostgoten wurde, den germanischen Heerkönig Odo(w)akar in drei Schlachten schlug und diesen mit eigener Hand ermordete und schließlich bis zu seinem Tode im Jahre 526 unbestrittener Herrscher über Italien blieb.

Das Geschehen, das die Dietrichepen des 13. Jahrhunderts erzählen, steht dazu in einem krassen Gegensatz. Historischer Rang und Größe Theoderichs sind zwar in heroische Größe überführt worden, die sich vor allem aber als eine Größe im heroischen Pathos, als eine »Leidens-Größe« (Joachim Heinzle) definiert. Aus dem siegreichen Eroberer ist ein armer Exulant geworden, aus dem Täter ein Opfer Ermenrichs, der den Einflüsterungen des bösen Ratgebers Sibeche erlegen ist. Es mag sein, dass sich im Schicksal des *armen Dietrich*, des glücklosen Siegers, die Erfahrungen des Zusammenbruchs des Ostgotenreichs kaum dreißig Jahre nach Theoderichs Tod spiegeln. Doch reicht dies nicht als Erklärung aus. Ohne Beweiskraft sind auch die verschiedenen Versuche, die einzelnen Stufen der Dietrichsage zu rekonstruieren. Es genügt festzustellen, dass die in der mündlichen Tradition üblichen Verfahren der Vermittlung historischen Wissens angewandt worden sind.

Ausgangssituation und Grundthema von *Dietrichs Flucht* und *Rabenschlacht* sind jeweils der Konflikt zwischen Dietrich von Bern und Ermenrich. Beiden Epen liegt auch dasselbe Handlungsmuster – Schlacht mit glücklosem Sieg und Weg ins Exil am Hunnenhof – zugrunde. In *Dietrichs Flucht* wird dieses Schema dreimal durchgespielt: Dietrich kann das Heer Ermenrichs, das vor Mailand liegt, bei einem nächtlichen Überfall vernichtend schlagen; Ermenrich gelingt es jedoch, einen Trupp von Dietrichmannen, darunter Hildebrand und Wolfhart, gefangenzunehmen; Dietrich muss ihre Freilassung mit der Herausgabe seines ganzen Reiches erkaufen (›Dienstmannenfabel‹). Er geht das erste Mal ins Exil, in dem er mit Etzels Hilfe ein Heer gegen Ermenrich aufstellt. Es kommt zur zweiten Schlacht von Mailand, in der Dietrich abermals siegt. Witeges Verrat stürzt Dietrich aber in noch größeres Unglück. Er geht zum zweiten Mal ins Exil und stellt abermals ein Heer gegen Ermenrich auf. Es kommt zur Schlacht von Bologna, in der Dietrich einen verlustreichen Sieg über Ermenrich erringt. Er geht zum dritten Mal ins Exil und – hier setzt nun die *Rabenschlacht* ein – führt abermals ein großes Heer gegen Ermenrich. Wieder erringt er einen Sieg, diesmal bei Raben, und wieder kehrt er an den Etzelhof zurück.

Merkmal der beiden Epen ist die Wiederholung und Steigerung der Ereignisreihen: Die Kämpfe werden immer gewaltiger und länger, die Verluste, die Dietrich nach jedem Sieg erleidet, immer größer: Erst verliert er sein Territorium, dann die Bewohner Ravennas, darauf eine große Zahl seiner Helden und schließlich die Etzelsöhne und den eigenen Bruder. Man kann die Serialität als eine Strategie verstehen, den Anspruch auf Historizität zu unterstreichen. Sicherlich sollte sie aber auch dazu dienen, eindringlich auf die exemplarische Bedeutung der Handlungssituation hinzuweisen. Die Geschichte Dietrichs erweist sich als eine Serie von Siegen und Niederlagen, wobei der Erfolg immer nur ein vorübergehender ist, der desto größeren Misserfolg und Unglück nach sich zieht. In einer Welt des Unheils, verkörpert durch die Figur des Usurpators Ermenrich, kann der Heros immer nur vorübergehend triumphieren; sein Triumph ist jeweils teuer erkauft. Der Dietrichstoff liefert so ein Deutungsmuster für die heroisch-adelige Kriegerexistenz, das exemplarische Geltung auch im hohen und späten Mittelalter beanspruchen konnte.

Exemplarische Funktion lösen die beiden Epen auch in anderer Hinsicht ein. Sie demonstrieren vorbildliches Verhalten des Fürsten und seiner Vasallen, ein Festhalten an der *triuwe* zwischen dem Herrn und seiner Gefolgschaft auch in Not und Verfolgung. Sie zeigen, »wie der Fürst sich so zu verhalten hat, dass die Wertordnung, für die er verantwortlich ist, bei aller Gefährdung doch erhalten bleibt« (Joachim Heinzle). Für diese Wertordnung stehen vor allem Dietrich, Helche und Etzel. Heldenepische Überlieferung bekommt damit die Aufgabe eines Fürstenspiegels zugewiesen; dessen Lehre bezieht ihre besondere Autorität aus der Historizität des Erzählten.

Bestätigt wird diese Perspektive durch die beiden zeitkritischen Exkurse in *Dietrichs Flucht*. Gegenstand der Kritik sind der erzwungene Kriegsdienst, der den zur *hovereise* verpflichteten Vasallen in den Ruin treibe, und Rechtsbrüche des Landesherrn gegenüber den Adeligen, die als Zeichen fürstlicher Gewalt- und Willkürherrschaft gedeutet werden. Die *alten mæren* von Dietrich von Bern lassen sich als veritables Gegenmodell gegen die kritisierten Verhältnisse der eigenen Zeit lesen: Zwischen Dietrich und seinen Vasallen besteht ideales Einvernehmen; Basis seiner Herrschaft sind gegenseitiger Rat und Hilfe, unbedingte Opferbereitschaft und Loyalität des Herrn für seine Vasallen und umgekehrt. Es ist sicherlich kein Zufall, dass die Eigenschaften Ermenrichs, des Inbegriffs des Bösen, denen der kritisierten Fürsten entsprechen: Er erzwingt Kriegsdienst unter Androhung der Todesstrafe, ist *untriuwe* und *karc* »hinterlistig«. Der Preis der fürstlichen *triuwe* ist freilich hoch. Sie führt zum Verlust des Reiches und zur Zerstörung der politischen Ordnung. Der Autor von *Dietrichs Flucht* nutzte den alten historischen Stoff über Dietrich von Bern für eine konservative Deutung der politischen und sozialen Krise, die im 13. Jahrhundert aufbrach. Er deutete ihn mit den Kategorien der alten feudalen Ordnung, als Konflikt zwischen *triuwe* vs. *untriuwe*; die eigentlichen Ursachen – etwa der drohende soziale Abstieg des niederen Adels und der Aufstieg reicher Bauern – ließen sich mit solchen Modellen freilich nicht erfassen.

Literatur: Heinzle, Einführung in die mittelhochdeutsche Dietrichepik; Fritz Peter Knapp: Herrschaftsideale beim Stricker, bei Bruder Wernher und im Buch von Bern. In: Ûf der mâze pfat. Fs. für Werner Hoffmann zum 60. Geb. Hg. von Waltraud Fritsch-Rößler und Liselotte Homering. Göppingen 1991 (GAG 555), S. 277–289; Lienert, Mittelhochdeutsche Heldenepik; Jan-Dirk Müller: Heroische Vorwelt, feudaladeliges Krisenbewußtsein und das Ende der Heldenepik. Zur Funktion des Buchs von Bern. In: Adelsherrschaft und Literatur. Hg. von Horst Wenzel. Bern u. a. 1980 (Beiträge zur Älteren Deutschen Literaturgeschichte 6), S. 209–257.

Abkürzungsverzeichnis

afrz.	altfranzösisch
ahd.	althochdeutsch
AKG	Archiv für Kulturgeschichte
anfrk.	altniederfränkisch
as.	altsächsisch
Cgm	Codex germanicus Monacensis
Clm	Codex latinus Monacensis
Cpg	Codes palatinus germanicus
dtv	Deutscher Taschenbuch Verlag
DVjs	Deutsche Vierteljahrsschrift für Literaturwissenschaft und Geistesgeschichte
FTb	Fischer Taschenbuch
GAG	Göppinger Arbeiten zur Germanistik
GG	Grundlagen der Germanistik
got.	gotisch
GRM	Germanisch-Romanische Monatsschrift
KLD	Deutsche Liederdichter des 13. Jahrhunderts. Hg. von Carl von Kraus. Bd. I: Text. 2. Aufl. durchges. von Gisela Kornrumpf. Bd. II: Kommentar. Bes. von Hugo Kuhn. 2. Aufl. durchges. von Gisela Kornrumpf. Tübingen 1978.
lat.	lateinisch
LexMa	Lexikon des Mittelalters. Hg. von Robert-Henri Bauthier u. a. 10 Bde. München/Zürich (Bd. 10: Stuttgart/Weimar) 1980–1999.
MF	Des Minnesangs Frühling. Unter Benutzung der Ausgaben von Karl Lachmann und Moriz Haupt, Friedrich Vogt und Carl von Kraus bearb. von Hugo Moser und Helmut Tervooren. Bd. 1: Texte. 38., erneut rev. Aufl. Stuttgart 1988.
Mgf	Manuscriptum germanicum folio
Mgo	Manuscriptum germanicum oktav
Mgq	Manuscriptum germanicum quart
mhd.	mittelhochdeutsch
MMS	Münstersche Mittelalter-Schriften
MTU	Münchener Texte und Untersuchungen
N.F.	Neue Folge
OCist	Ordo Cisterciensis (Zisterzienserorden)
OSB	Ordo Sancti Benedicti (Benediktinerorden)
PBB	Beiträge zur Geschichte der deutschen Sprache und Literatur. Begründet von Wilhelm Braune, Hermann Paul, Eduard Sievers
rde	rowohlts deutsche enzyklopädie
[3]RL	Reallexikon der deutschen Literaturwissenschaft. Neubearbeitung des Reallexikons der deutschen Literaturgeschichte. Bd. 1 gemeinsam mit Harald Fricke, Klaus Grubmüller und Jan-Dirk Müller hg. von Klaus Weimar. Bd. 2 gemeinsam mit Georg Braungart, Klaus Grubmüller, Jan-Dirk Müller, Friedrich Vollhardt und Klaus Weimar hg. von Harald Fricke, Bd. 3 gemeinsam mit Georg Braungart, Harald Fricke, Klaus Grubmüller, Friedrich Vollhardt und Klaus Weimar hg. von Jan-Dirk Müller. Berlin/New York 1997–2003.
RUB	Reclams Universal-Bibliothek
SM	Sammlung Metzler
stw	suhrkamp taschenbuch wissenschaft
TTG	Texte und Textgeschichte
UTB	Uni-Taschenbücher

²VL	Die deutsche Literatur des Mittelalters. Verfasserlexikon. 2., völlig neu bearb. Aufl. hg. von Kurt Ruh (ab Bd. 9 Burghart Wachinger) u. a. 11 Bde. und 3 Registerbde. Berlin/New York 1978–2008.
WdF	Wege der Forschung
ZfdA	Zeitschrift für deutsches Altertum und deutsche Literatur
ZfdPh	Zeitschrift für deutsche Philologie
ZfromPh	Zeitschrift für romanische Philologie

Literaturhinweise

Das folgende Verzeichnis beschränkt sich auf Lexika, Handbücher, Standard- und Grundlagenwerke und auf eine Auswahl zweisprachiger Textausgaben. Die wichtigsten Nachschlagewerke sind mit Asteriskus (*) bezeichnet. Literatur zu den speziellen Themengebieten findet sich jeweils im Anschluss an das einschlägige Kapitel in diesem Buch. Auf Nachweise der Ausgaben all jener Texte, auf die im darstellenden Teil Bezug genommen wird, musste aus Platzgründen verzichtet werden; sie sind jeweils leicht über das Verfasserlexikon zu ermitteln.

Allgemeine Bibliographien

Bibliographie der deutschen Sprach- und Literaturwissenschaft. Begr. von Hanns W. Eppelsheimer, fortgef. von Clemens Köttelwesch, hg. von Bernhard Koßmann. Frankfurt a. M. 1957 ff.

Deutsches Literatur-Lexikon. 3., völlig neu bearb. Aufl. hg. von Bruno Berger u. a. Bern u. a. 1968 ff.

Germanistik. Internationales Referatenorgan mit bibliographischen Hinweisen. Tübingen 1960 ff.

Nachschlagewerke zu Autoren und Werken

Deutsche Dichter der frühen Neuzeit (1450–1600). Ihr Leben und Werk. Hg. von Stephan Füssel. Berlin 1993.

*Die deutsche Literatur des Mittelalters. Verfasserlexikon. 2., völlig neu bearb. Aufl. hg. von Kurt Ruh (ab Bd. 9 Burghart Wachinger) u. a. 11 Bde. und 3 Registerbde. Berlin/New York 1978–2008.

Deutscher Humanismus 1480–1520. Verfasserlexikon. 3 Bde. Hg. von Franz Josef Worstbrock. Berlin/New York 2005–2015.

Deutschsprachige Literatur des Mittelalters. Studienauswahl aus dem Verfasserlexikon (Bd. 1–10). Besorgt von Burghart Wachinger. Berlin/New York 2001, Nachdr. 2001.

Killy Literaturlexikon. Autoren und Werke des deutschsprachigen Kulturraums. 2., vollständig überarb. Aufl. Hg. von Wilhelm Kühlmann. 12 Bde. und 1 Registerbd. Berlin/New York 2008–2012.

Kindlers Neues Literaturlexikon. Hg. von Walter Jens. 20 Bde. München 1988–1992.

Literaturlexikon. Autoren und Werke deutscher Sprache. Hg. von Walter Killy. 15 Bde. Gütersloh/München 1988–1993.

Literaturlexikon. Autoren und Werke des deutschsprachigen Kulturraums. Hg. von Walther Killy und Wilhelm Kühlmann. Berlin/New York 2008–2011.

Metzler Autoren-Lexikon. Deutschsprachige Dichter und Schriftsteller vom Mittelalter bis zur Gegenwart. 4., aktualis. und erw. Aufl. hg. von Bernd Lutz und Benedikt Jeßing. Stuttgart/Weimar 2010.

Tusculum-Lexikon. Ein Lexikon griechischer und lateinischer Autoren der Antike und des Mittelalters. Hg. von Wolfgang Buchwald u. a. 3. Aufl. München 1982.

Nachschlagewerke zu Sachen und Begriffen

Ästhetische Grundbegriffe. Historisches Wörterbuch in sieben Bänden. Hg. von Karlheinz Barck u. a. Stuttgart/Weimar 2000 ff.

Enzyklopädie des Märchens. Handwörterbuch zur historischen und vergleichenden Erzählforschung. Hg. von Kurt Ranke u. a. Bisher 12 Bde. Berlin 1977 ff..

Handwörterbuch zur deutschen Rechtsgeschichte. Hg. von Adalbert Erler und Ekkehard Kaufmann. 5 Bde. Berlin 1971–1998.

Historisches Wörterbuch der Rhetorik. Hg. von Gert Ueding. Tübingen 1992 ff.

Lexikon der antiken Gestalten in den deutschen Texten des Mittelalters. Hg. von Manfred Kern und Alfred Ebenbauer unter Mitw. von Silvia Krämer-Seifert. Darmstadt 2003.

Lexikon der christlichen Ikonographie. Hg. von Wolfgang Braunfels. 8 Bde. Freiburg i. Br. 1968–1976, ND 1994.

Lexikon der Germanischen Altertumskunde. Begründet von Johannes Hoops. 2., völlig neu bearb. und stark erw. Aufl. hg. von Heinrich Beck u. a. Berlin/New York 1973 ff. (bisher 32 Bde.).

* Lexikon des Mittelalters. Hg. von Robert-Henri Bauthier u. a. 10 Bde. München/Zürich (Bd. 10: Stuttgart/Weimar) 1980–1999.

Lexikon für Theologie und Kirche. 3. Aufl. hg. von Walter Kasper u. a. 11 Bde. Freiburg i. Br. u. a. 1993–2001.

Literaturwissenschaftliches Lexikon. Grundbegriffe der Germanistik. Hg. von Horst Brunner und Rainer Moritz. 2. Aufl. Berlin 2006.

Metzler Literatur-Lexikon. Begriffe und Definitionen. Begründet von Günther und Irmgard Schweikle. Hg. von Dieter Burdorf, Christoph Fasbender und Burkhard Moennighoff. 3. Aufl. Stuttgart 2007.

Metzler Lexikon Literatur- und Kulturtheorie. Hg. von Ansgar Nünning. 3. Aufl. Stuttgart/Weimar 2004.

Meyer, Heinz und Rudolf Suntrup: Lexikon der mittelalterlichen Zahlenbedeutungen. München 1987.

* Das Mittelalter in Daten. Literatur, Kunst, Geschichte. 750–1520. Hg. von Joachim Heinzle. Durchges. und erg. Neuausg. Stuttgart 2002 (RUB 17040).

Die Musik in Geschichte und Gegenwart. 2. Aufl. hg. von Ludwig Finscher. Sachteil. 10 Bde. Kassel u. a. 1994–1999.

Reallexikon der deutschen Literaturgeschichte. 2., neu bearb. Aufl. hg. von Werner Kohlschmidt und Wolfgang Mohr. 5 Bde. Berlin 1958–1988.

* Reallexikon der deutschen Literaturwissenschaft. Neubearbeitung des Reallexikons der deutschen Literaturgeschichte. Bd. 1 gemeinsam mit Harald Fricke, Klaus Grubmüller und Jan-Dirk Müller hg. von Klaus Weimar. Bd. 2 gemeinsam mit Georg Braungart, Klaus Grubmüller, Jan-Dirk Müller, Friedrich Vollhardt und Klaus Weimar hg. von Harald Fricke, Bd. 3 gemeinsam mit Georg Braungart, Harald Fricke, Klaus Grubmüller, Friedrich Vollhardt und Klaus Weimar hg. von Jan-Dirk Müller. Berlin/New York 1997–2003.

Reallexikon für Antike und Christentum. Sachwörterbuch zur Auseinandersetzung des Christentums mit der antiken Welt. Hg. von Theodor Klauser u. a. Stuttgart 1950 ff.

Reclams Lexikon der Heiligen und biblischen Gestalten. Legende und Darstellung in der bildenden Kunst. Von Hiltgart L. Keller. 9. Aufl. Stuttgart 2001.

Religion in Geschichte und Gegenwart. Handwörterbuch für Theologie und Religionswissenschaft. 4. Aufl. hg. von Hans Dieter Betz u. a. Tübingen 1998 ff.

Sachwörterbuch der Mediävistik. Hg. von Peter Dinzelbacher. Stuttgart 1992 (Kröners Taschenausgabe 477).

Theologische Realenzyklopädie. Hg. von Gerhard Krause und Gerhard Müller. 36 Bde. Berlin/New York 1977–2004.

Allgemeine und regionale Literaturgeschichten

Beckers, Hartmut: Mittelniederdeutsche Literatur – Versuch einer Bestandsaufnahme. Niederdeutsches Wort 17 (1977) 1–58; 18 (1978) 1–47; 19 (1979) 1–28.

Bertau, Karl: Deutsche Literatur im europäischen Mittelalter. 2 Bde. München 1973.

Brunner, Horst: Geschichte der deutschen Literatur des Mittelalters und der Frühen Neuzeit im Überblick. Stuttgart 2010 (RUB 9485).

Deutsche Literatur. Eine Sozialgeschichte. Hg. von Horst Albert Glaser. 10 Bde.

Bd. 1: Aus der Mündlichkeit in die Schriftlichkeit: Höfische und andere Literatur 750–1320. Hg. von Ursula Liebertz-Grün. Reinbek 1988 (rororo 6250).

Bd. 2: Von der Handschrift zum Buchdruck: Spätmittelalter, Reformation, Humanismus 1320–1572. Hg. von Ingrid Bennewitz und Ulrich Müller. Reinbek 1991 (rororo 6251).

Geschichte der deutschen Literatur von den Anfängen bis zur Gegenwart. Begr. von Helmut de Boor und Richard Newald. Bisher 8 Bde. (1–7, 12). München 1949 ff. u. ö. (teilweise veraltet).

Bd. 1: Die deutsche Literatur von Karl dem Großen bis zum Beginn der höfischen Dichtung 770–1170. Von Helmut de Boor. München 1949 u. ö.

Bd. 2: Die höfische Literatur. Vorbereitung, Blüte, Ausklang. Von Helmut de Boor. München 1953 u. ö.

Bd. 3: Die deutsche Literatur im späten Mittelalter. Teil 1: 1250–1350. Von Helmut de Boor. 5. Aufl. neubearb. von Johannes Janota. München 1997.

Bd. 3: Die deutsche Literatur im späten Mittelalter 1250–1370. Teil 2: Reimpaargedichte, Drama, Prosa. Hg. von Ingeborg Glier. München 1987.

Bd. 4: Die deutsche Literatur vom späten Mittelalter bis zum Barock. Teil 1: Das ausgehende Mittelalter, Humanismus und Renaissance 1370–1520. Von Hans Rupprich. München 1970 u. ö.

Geschichte der deutschen Literatur von den Anfängen bis zum Beginn der Neuzeit. Hg. von Joachim Heinzle (bisher fünf Bände):

Bd. I: Von den Anfängen zum hohen Mittelalter. Teil 1: Die Anfänge: Versuche volkssprachiger Schriftlichkeit im frühen Mittelalter (ca. 700–1050/60) von Wolfgang Haubrichs. Frankfurt a. M. 1988.

Bd. I: Von den Anfängen zum hohen Mittelalter. Teil 2: Wiederbeginn volkssprachiger Schriftlichkeit im hohen Mittelalter (1050/60–1160/70) von Gisela Vollmann-Profe. Königstein/Ts. 1986.

Bd. II: Vom hohen zum späten Mittelalter. Teil 1: Die höfische Literatur der Blütezeit (1160/70–1220/30) von L. Peter Johnson. Tübingen 1999.

Bd. II: Vom hohen zum späten Mittelalter. Teil 2: Wandlungen und Neuansätze im 13. Jahrhundert (1220/30–1280/90) von Joachim Heinzle. Königstein/Ts. 1984.

Bd. III: Vom späten Mittelalter zum Beginn der Neuzeit. Teil 1: Orientierung durch volkssprachige Schriftlichkeit (1280/90–1380/90) von Johannes Janota. Tübingen 2004.

Geschichte der deutschen Literatur im Mittelalter:

Bd. 1: Dieter Kartschoke: Geschichte der deutschen Literatur im frühen Mittelalter. 3. Aufl. München 2000 (dtv 4551).

Bd. 2: Joachim Bumke: Geschichte der deutschen Literatur im hohen Mittelalter. 4. Aufl. München 2000 (dtv 4552).

Bd. 3: Thomas Cramer: Geschichte der deutschen Literatur im späten Mittelalter. 3. Aufl. München 2000 (dtv 4553).

Geschichte der Literatur in Österreich von den Anfängen bis zur Gegenwart. Hg. von Herbert Zeman.

Bd. 1: Die Literatur des Früh- und Hochmittelalters in den Bistümern Passau, Salzburg, Brixen und Trient von den Anfängen bis zum Jahre 1273 von Fritz Peter Knapp. Graz 1994.

Bd. 2: Die Literatur des Spätmittelalters in den Ländern Österreich, Steiermark, Kärnten, Salzburg und Tirol von 1273–1439. 1. Halbbd.: Die Literatur in der Zeit der frühen Habsburger bis zum Tod Albrechts II. 1358 von Fritz Peter Knapp. Graz 1999.

Bd. 2: Die Literatur des Spätmittelalters in den Ländern Österreich, Steiermark, Kärnten, Salzburg und Tirol von 1273–1439. 2. Halbbd.: Die Literatur zur Zeit der habsburgischen Herzöge von Rudolf IV. bis Albrecht V. (1358–1439) von Fritz Peter Knapp. Graz 2004.

Die Literatur im Übergang vom Mittelalter zur Neuzeit. Hg. von Werner Röcke und Marina Münkler. München/Wien 2004 (Hansers Sozialgeschichte der deutschen Literatur vom 16. Jahrhundert bis zur Gegenwart Bd. 1).

Literatur und Sprache im rhein-maasländischen Raum zwischen 1150 und 1450. Hg. von Helmut Tervooren und Hartmut Beckers. Berlin 1989 (ZfdPh, Sonderheft 108).

Neues Handbuch der Literaturwissenschaft. Hg. von Klaus von See.

Bd. 6: Europäisches Frühmittelalter. Hg. von Klaus von See. Wiesbaden 1985.

Bd. 7: Europäisches Hochmittelalter. Hg. von Hennig Krauss. Wiesbaden 1981.

Bd. 8.: Europäisches Spätmittelalter. Hg. von Willi Erzgräber. Wiesbaden 1978.

Tervooren, Helmut: Van der Masen tot op den Rijn. Ein Handbuch zur Geschichte der mittelalterlichen volkssprachlichen Literatur im Raum von Rhein und Maas. Berlin 2006.

Wehrli, Max: Geschichte der deutschen Literatur vom frühen Mittelalter bis zum Ende des 16. Jahrhunderts. 3. Aufl. Stuttgart 1997 (RUB 1294).

Grundlegende und einführende Werke

Auerbach, Erich: Mimesis. Dargestellte Wirklichkeit in der abendländischen Literatur. Bern/München 1946 u. ö.

Beyschlag, Siegfried: Altdeutsche Verskunst in Grundzügen. Nürnberg 1969.

Brinkmann, Hennig: Mittelalterliche Hermeneutik. Darmstadt 1980.

Bumke, Joachim: Die romanisch-deutschen Literaturbeziehungen im Mittelalter. Ein Überblick. Heidelberg 1967.

Bumke, Joachim: Studien zum Ritterbegriff im 12. und 13. Jahrhundert. 2. Aufl. mit einem Anhang: Zum Stand der Ritterforschung 1976. Heidelberg 1977 (Beihefte zum Euphorion 1).

Bumke, Joachim: Mäzene im Mittelalter. Die Gönner und Auftraggeber der höfischen Literatur in Deutschland 1150–1300. München 1979.

Bumke, Joachim: Höfische Kultur. Literatur und Gesellschaft im hohen Mittelalter. 9. Aufl. München 1999 (dtv 4442).

Curtius, Ernst Robert: Europäische Literatur und lateinisches Mittelalter. 11. Aufl. Tübingen/Basel 1993.

Epische Stoffe des Mittelalters. Hg. von Volker Mertens und Ulrich Müller. Stuttgart 1984 (Kröners Taschenausgabe 483).

Fechter, Werner: Das Publikum der mittelhochdeutschen Dichtung. Frankfurt a. M. 1935, ND Darmstadt 1966 und 1972.

Haug, Walther: Literaturtheorie im deutschen Mittelalter. Von den Anfängen bis zum Ende des 13. Jahrhunderts. Eine Einführung. 2., überarb. und erw. Aufl. Darmstadt 1992.

Hausmann, Frank-Rutger: Französisches Mittelalter. Lehrbuch Romanistik. Stuttgart/Weimar 1996.

Hoffmann, Werner: Altdeutsche Metrik. 2. Aufl. Stuttgart 1981 (SM 64).

Langosch, Karl: Mittellatein und Europa. Führung in die Hauptliteratur des Mittelalters. Darmstadt 1990.

Löffler, Karl: Einführung in die Handschriftenkunde. Neu bearb. von Wolfgang Milde. Stuttgart 1997.

Modernes Mittelalter. Neue Bilder einer populären Epoche. Hg. von Joachim Heinzle. Frankfurt a. M./Leipzig 1994.

Ohly, Friedrich: Vom geistigen Sinn des Wortes im Mittelalter. ZfdA 89 (1958/ 59) 1–23.

Paul, Otto und Ingeborg Glier: Deutsche Metrik. 9. Aufl. München 1993.

Schneider, Karin: Paläographie und Handschriftenkunde für Germanisten. Tübingen 1999 (Sammlung kurzer Grammatiken germanischer Dialekte. B. Ergänzungsreihe 8).

Scholz, Manfred Günther: Hören und Lesen. Studien zur primären Rezeption der Literatur im 12. und 13. Jahrhundert. Wiesbaden 1980.

Wehrli, Max: Literatur im deutschen Mittelalter. Eine poetologische Einführung. Stuttgart 1984 (RUB 8038), Nachdr. 1998.

Zumthor, Paul: Einführung in die mündliche Dichtung. Berlin 1990.

Einführendes und Grundlegendes zu wichtigen Gattungen, Autoren und Werken

Boesch, Bruno: Lehrhafte Literatur. Lehre in der Dichtung und Lehrdichtung im deutschen Mittelalter. Berlin 1977 (GG 21).

Brandt, Rüdiger: Konrad von Würzburg. Kleinere epische Werke. 2. Aufl. Berlin 2009 (Klassiker-Lektüren 2).

Brunner, Horst, Gerhard Hahn u. a.: Walther von der Vogelweide. Epoche – Werk – Wirkung. 2., überarb. und erg. Aufl. München 2009 (Arbeitsbücher zur Literaturgeschichte).

Bumke, Joachim: Wolfram von Eschenbach. 8., völlig neu bearb. Aufl. Stuttgart/Weimar 2004 (SM 36).

Bumke, Joachim: Der ›Erec‹ Hartmanns von Aue. Eine Einführung. Berlin/New York 2006.

Cormeau, Christoph und Wilhelm Störmer: Hartmann von Aue. Epoche – Werk – Wirkung. 2., überarb. Aufl. München 1993 (Arbeitsbücher zur Literaturgeschichte).

Crossgrove, William: Die deutsche Sachliteratur des Mittelalters. Bern u. a. 1994.

Dallapiazza, Michael: Wolfram von Eschenbach: Parzival. Berlin 2009 (Klassiker-Lektüren 12).

Ehrismann, Otfrid: Nibelungenlied. Epoche – Werk – Wirkung. 2., neu bearb. Aufl. 2002 (Arbeitsbücher zur Literaturgeschichte).

Gedichte und Interpretationen: Mittelalter. Hg. von Helmut Tervooren. Stuttgart 1993 (RUB 8864).

Grubmüller, Klaus: Die Ordnung, der Witz und das Chaos. Eine Geschichte der europäischen Novellistik im Mittelalter (Fabliau – Märe – Novelle). Tübingen 2006.

Heinzle, Joachim: Einführung in die mittelhochdeutsche Dietrichepik. Berlin/New York 1999 (de Gruyter Studienbuch).

Heinzle, Joachim: Die Nibelungen. Lied und Sage. Darmstadt 2012.

Huber, Christoph: Gottfried von Straßburg: Tristan. Berlin 2000 (Klassiker-Lektüren 3).

Hübner, Gert: Minnesang im 13. Jahrhundert. Eine Einführung. Tübingen 2008.

Interpretationen. Mittelhochdeutsche Romane und Heldenepen. Hg. von Horst Brunner. 2., bibliogr. erg. Aufl. Stuttgart 2004 (RUB 8914).

Kartschoke, Dieter: Altdeutsche Bibeldichtung. Stuttgart 1975 (SM 135).

Lienert, Elisabeth: Deutsche Antikenromane des Mittelalters. Berlin 2001 (GG 39).

Lienert, Elisabeth: Mittelhochdeutsche Heldenepik, Eine Einführung. Berlin 2015 (GG 58).

Masser, Achim: Bibel- und Legendenepik des deutschen Mittelalters. Berlin 1976 (GG 19).

Mertens, Volker: Der deutsche Artusroman. Stuttgart 1998 (RUB 17609).

Müller, Jan-Dirk: Das Nibelungenlied. 3., überarb. und erg. Aufl. 2009 (Klassiker-Lektüren 5).

Ruh, Kurt: Höfische Epik des Mittelalters. Bd. 1: Von den Anfängen bis zu Hartmann von Aue. 2., verb. Aufl. Berlin 1977 (GG 7). Bd. 2: ›Reinhart Fuchs‹, ›Lanzelet‹, Wolfram von Eschenbach, Gottfried von Straßburg. Berlin 1980 (GG 25).

Sangspruchdichtung. Ein Handbuch. Hg. von Jens Haustein und Dorothea Klein. Berlin/Boston (voraussichtlich 2016).

Scholz, Manfred: Walther von der Vogelweide. Stuttgart/Weimar 1999 (SM 316).

Schulze, Ursula: Das Nibelungenlied. Stuttgart 2003 (RUB 17604).

Schweikle, Günther: Minnesang. 2., korr. Aufl. Stuttgart/Weimar 1995 (SM 244).

Schweikle, Günther: Neidhart. Stuttgart 1990 (SM 253).

Bernhard Sowinski: Lehrhafte Dichtung des Mittelalters. Stuttgart 1971 (SM 103).

Spicker, Johannes: Oswald von Wolkenstein. Die Lieder. Berlin 2007 (Klassiker-Lektüren 10).

Störmer-Caysa, Uta: Einführung in die mittelalterliche Mystik. Stuttgart 2004 (RUB 17646).

Tervooren, Helmut: Sangspruchdichtung. Stuttgart 1995 (SM 293).

Tomasek, Tomas: Gottfried von Straßburg. Stuttgart 2007 (RUB 17665).

Wolf, Jürgen: Einführung in das Werk Hartmanns von Aue. Darmstadt 2007.

Wolfram von Eschenbach. Ein Handbuch. 2 Bde. Hg. von Joachim Heinzle. Berlin/Boston 2014.

Auswahl zweisprachiger Textausgaben

Althochdeutsche Literatur. Ausgewählte Texte. Hg. und übers. von Horst Dieter Schlosser. Frankfurt a. M. 1989 (FTB 6889).

Althochdeutsche Literatur. Eine kommentierte Anthologie. Ahd./Nhd. And./Nhd. Übers., hg. und komm. von Stephan Müller. Stuttgart 2007 (RUB 18491).

Das Annolied. Mhd. und nhd. Hg., übers. und komm. von Eberhard Nellmann. Stuttgart 1975 (RUB 1416).

Deutsche Lyrik des frühen und hohen Mittelalters. Edition der Texte und Kommentare von Ingrid Kasten. Übersetzung von Margherita Kuhn. Frankfurt a. M. 2005 (Deutscher Klassiker Verlag im Taschenbuch 6).

Deutsche Lyrik des späten Mittelalters. Hg. von Burghart Wachinger. Frankfurt a. M. 2010 (Deutscher Klassiker Verlag im Taschenbuch 43).

Das Eckenlied. Mhd./Nhd. Text, Übersetzung und Kommentar von Francis B. Brévart. Stuttgart 1986 (RUB 8339).

Meister Eckhart: Werke. Bd. 1: Predigten, Bd. 2: Predigten und Traktate. Hg. und komm. von Nikolaus Largier. Frankfurt a. M. 2008 (Deutscher Klassiker Verlag im Taschenbuch 24/25).

Frauenlieder des Mittelalters. Zweisprachig. Übers. und hg. von Ingrid Kasten. Stuttgart 1990 (RUB 8630).

Friedrich von Hausen: Lieder. Mhd./Nhd. Text, Übersetzung und Kommentar von Günther Schweikle. Stuttgart 1984 (RUB 8023).

Frühe deutsche Literatur und lateinische Literatur in Deutschland 800–1150. Hg. von Walter Haug und Benedikt Konrad Vollmann. Frankfurt a. M. 1991 (Bibliothek des Mittelalters 1).

Frühmittelhochdeutsche Literatur. Mhd./Nhd. Auswahl, Übersetzung und Kommentar von Gisela Vollmann-Profe. Stuttgart 1996 (RUB 9438).

Gottfried von Straßburg: Tristan. Nach dem Text von Friedrich Ranke neu hg., ins Nhd. übers., mit einem Stellenkommentar und einem Nachwort von Rüdiger Krohn. 3 Bde. 3. Aufl. Stuttgart 1991 (RUB 4471–4473).

Gottfried von Straßburg: Tristan und Isold. Mit dem Fragment des Thomas. Hg. von Walter Haug und Manfred Günther Scholz. Frankfurt a. M. 2011 (Bibliothek des Mittelalters 10/11).

Hartmann von Aue: Erec. Mhd./Nhd. Hg., übers. und komm. von Volker Mertens. Stuttgart 2010 (RUB 18530).

Hartmann von Aue: Iwein. Text der siebten Ausgabe von Georg Friedrich Benecke, Karl Lachmann und Ludwig Wolff. Übers. und Anmerkungen v. Thomas Cramer. 4., überarb. Aufl. Berlin 2001.

Hartmann von Aue: Gregorius. Der Arme Heinrich. Iwein. Hg. u. übers. v. Volker Mertens. Frankfurt a. M. 2004 (Bibliothek des Mittelalters, Bd. 6).

Hartmann von Aue: Lieder. Mhd./Nhd. Hg., übers. und komm. von Ernst von Reusner. Stuttgart 1985 (RUB 8082).

Heinrich von Melk: Von des Todes gehugde. Mahnrede über den Tod. Mhd./Nhd. Übers., komm. und mit einer Einführung in das Werk hg. von Trude Ehlert u. a. Stuttgart 1994 (RUB 8907).

Heinrich von Morungen: Lieder. Mhd./Nhd. Text, Übers., Kommentar von Helmut Tervooren. 2. Aufl. Stuttgart 1992 (RUB 9797).

Heinrich von Veldeke: Eneasroman. Mhd./Nhd. Nach dem Text von Ludwig Ettmüller ins Nhd. übers., mit einem Stellenkomm. und einem Nachwort von Dieter Kartschoke. Stuttgart 1986 (RUB 8303).

Die Kaiserchronik. Eine Auswahl. Mhd./Nhd. Übers., komm. und mit einem Nachwort versehen von Mathias Herweg. Stuttgart 2014 (RUB 19270).

König Rother. Mhd. Text und nhd. Übersetzung von Peter K. Stein. Hg. von Ingrid Bennewitz. Stuttgart 18047 (RUB 18047).

Pfaffe Lambrecht: Alexanderroman. Mhd./Nhd. Hg., übers. und komm. von Elisabeth Lienert. Stuttgart 2007 (RUB 18508).

Mauricius von Craûn. Mhd./Nhd. Nach dem Text von Edward Schröder hg., übers. und komm. von Dorothea Klein. Stuttgart 1999 (RUB 8796).

Mechthild von Magdeburg: Das fließende Licht der Gottheit. Aus dem Mittelhochdeutschen übers. und hg. von Gisela Vollmann-Profe. Berlin 2010.

Mechthild von Magdeburg: Das fließende Licht der Gottheit. Eine Auswahl. Hg. von Gisela Vollmann-Profe. Stuttgart 2008 (RUB 18557).

Minnesang. Mhd. Liebeslieder. Eine Auswahl. Mhd./Nhd. Hg., übers. und komm. von Dorothea Klein. Stuttgart 2010 (RUB 18781).

Mittelhochdeutsche Sangspruchdichtung des 13. Jahrhunderts. Mhd./Nhd. Hg., übers. und komm. von Theodor Nolte und Volker Schupp. Stuttgart 2011 (RUB 18733).

Das Nibelungenlied. Nach dem Text von Karl Bartsch und Helmut de Boor ins Nhd. übers. und komm. von Siegfried Grosse. Stuttgart 1997 (RUB 644).

Das Nibelungenlied und die Klage. Hg., übers. und komm. von Joachim Heinzle. Frankfurt a. M. 2015 (Deutscher Klassiker Verlag im Taschenbuch 51).

Die Nibelungenklage. Mhd. Text nach der Ausgabe von Karl Bartsch. Einf., nhd. Übers. und Komm. von Elisabeth Lienert. Paderborn u. a. 2000.

Kudrun. Mhd./Nhd. Hg., übers. und komm. von Uta Störmer-Caysa. Stuttgart 2010 (RUB 18639).

Novellistik des Mittelalters. Hg. von Klaus Grubmüller. Berlin 2011 (Deutscher Klassiker-Verlag im Taschenbuch 47).

Oswald von Wolkenstein: Lieder. Frühnhd./Nhd. Ausgewählte Texte hg., übers. und komm. von Burghart Wachinger. Melodien und Tonsätze hg. und komm. von Horst Brunner. Stuttgart 2007 (RUB 18490).

Otfrid von Weißenburg: Evangelienbuch. Auswahl. Ahd./Nhd. Hg., übers. und komm. von Gisela Vollmann-Profe. Stuttgart 1987 (RUB 8384).

Otnit. Wolfdietrich. Frühnhd./Nhd. Hg. und übers. von Stephan Fuchs-Jolie, Victor Millet und Dietmar Peschel. Stuttgart 2013.

Prosalancelot. Hg., übers. und komm. von Hans-Hugo Steinhoff. Frankfurt a. M. 2003/2004 (Bibliothek des Mittelalters 14–18).

Das Rolandslied des Pfaffen Konrad. Mhd./Nhd. Hg., übers. und komm. von Dieter Kartschoke. Stuttgart 1993 (RUB 2745).

Der Stricker: Der Pfaffe Amis. Mhd./Nhd. Nach der Heidelberger Hs. cpg 341 hg., übers. und komm. von Michael Schilling. Stuttgart 1994 (RUB 658).

Der Stricker: Erzählungen, Fabeln, Reden. Mhd./Nhd. Hg., übers. und komm. von Otfrid Ehrismann. Stuttgart 1992 (RUB 8797).

Ulrich von Liechtenstein: Das Frauenbuch. Mhd./Nhd. Hg., übers. und komm. von Christopher Young. Stuttgart 2003 (RUB 18290).

Walther von der Vogelweide. Werke. Bd. 1: Spruchlyrik. Mhd./Nhd. Hg., übers. und komm. von Günther Schweikle. 3., verb. und erw. Aufl. hg. von Ricarda Bauschke-Hartung. Stuttgart 2009 (RUB 819).

Walther von der Vogelweide: Werke. Bd. 2: Liedlyrik. Mhd./Nhd. Hg., übers. und komm. von Günther Schweikle. 2., verb. und erw. Aufl. hg. von Ricarda Bauschke. Stuttgart 2011 (RUB 820).

Walther von der Vogelweide: Gedichte. Auswahl. Mhd./Nhd. Hg., übers. und komm. von Horst Brunner. Stuttgart 2012 (Reclam Bibliothek).

Wirnt von Grafenberg: Wigalois. Text der Ausgabe von J.M.N. Kapteyn übers., erläutert und mit einem Nachwort versehen von Sabine Seelbach und Ulrich Seelbach. Berlin/ New York 2005.

Wittenwiler, Heinrich: Der Ring. Frühnhd./Nhd. Nach dem Text von Edmund Wießner ins Nhd. übers. und hg. von Horst Brunner. 3., durchges. u. bibliograph. erg. Aufl. Stuttgart 2003 (RUB 8749).

Wolfram von Eschenbach: Parzival. Studienausgabe. Mhd. Text nach der sechsten Ausgabe von Karl Lachmann. Übers. von Peter Knecht. Einführung zum Text von Bernd Schirok. Berlin, New York 1998.

Wolfram von Eschenbach: Parzival. 2 Bde. Text und Kommentar. Hg. von Eberhard Nellmann. Übertragen von Dieter Kühn. Frankfurt a. M. 2006 (Deutscher Klassiker Verlag im Taschenbuch 7).

Wolfram von Eschenbach: Willehalm. Text der Ausgabe von Werner Schröder. Völlig neubearb. Übersetzung, Vorwort und Register von Dieter Kartschoke. Berlin/New York 1989.
Wolfram von Eschenbach: Willehalm. Nach der Handschrift 857 der Stiftsbibliothek St. Gallen. Mittelhochdeutscher Text, Übersetzung, Kommentar. Hg. von Joachim Heinzle. Frankfurt a. M. 2009 (Deutscher Klassiker-Verlag im Taschenbuch 39).

Informationen im Internet

Das umfangreichste, wichtigste und kontinuierlich ausgebaute Internetportal für die germanistische und latinistische Mediävistik ist http://www.mediaevum.de. Hier findet man zuverlässig: Hilfsmittel für die bibliographische Recherche inklusive einer Datenbank mit den Inhaltsverzeichnissen altgermanistischer Fachzeitschriften; wissenschaftliche Hilfsmittel wie die Online-Versionen von Wörterbüchern, biobibliographische Datenbanken und Enzyklopädien, Software und Zeichensätze für Mediävisten; Hilfsmittel zur Heuristik, Links zu nationalen und internationalen Bibliothekskatalogen, Sammlungen digitaler Handschriften-Faksimilia und Einführungen in Kodikologie, Paläographie und Epigraphik; Anschriften universitärer Einrichtungen, von Archiven, Bibliotheken, Verlagen, literarischen Gesellschaften usw.; einen Überblick über aktuelle Forschungs- und Internetprojekte, Tagungen, Kongresse und Neuerscheinungen; eine Übersicht mit Links zu Editionen der älteren deutschen Literatur sowie mittel- und neulateinischen Literatur im Internet; Links zu den wichtigsten Portalseiten anderer mediävistischer Disziplinen sowie eine Auswahl aus dem Angebot von Mediaevum.de, die sich auf Links zu den wichtigsten Hilfsmitteln für Studienanfänger beschränkt.

Bildnachweise

Abb. 1: Sprachgeschichte. Ein Handbuch zur Geschichte der deutschen Sprache und ihrer Erforschung. Hg. von Werner Besch u. a. 2. Halbbd. Berlin/New York 1985 (Handbücher zur Sprach- und Kommunikationswissenschaft 2), S. 1758 (Karte 155.3).

Abb. 2: Ebd., S. 1760 (Karte 155.4).

Abb. 3: Der Heliand. Ausgewählte Abbildungen zur Überlieferung. Mit einem Beitrag zur Fundgeschichte des Straubinger Fragments von Alfons Huber. Hg. von Burkhard Taeger. Göppingen 1985 (Litterae 103), S. 3.

Abb. 4: Handschriften und alte Drucke aus den Sammlungen der Universitätsbibliothek der Friedrich-Schiller-Universität Jena. Text und Bildauswahl von Georg Karpe. Unter Mitw. von Irmgard Kratzsch und Helmut Vogt. Jena 1976, S. 28.

Abb. 5: Das Evangelistar Kaiser Heinrichs III. Faksimile-Ausgabe des Codex Ms. b. 21 der Staats- und Universitätsbibliothek Bremen. Hg. von Gerhard Knoll. Wiesbaden 1981. Copyright Dr. Ludwig Reichert Verlag Wiesbaden.

Abb. 6: Harald Wolter-von dem Knesebeck: Der Elisabethpsalter in Cividale del Friuli. Buchmalerei für den Thüringer Landgrafenhof zu Beginn des 13. Jahrhunderts. Berlin 2001 (Denkmäler deutscher Kunst), S. 20.

Abb. 7: Stiftsbibliothek St. Gallen / Codices Electronici Sangallenses.

Abb. 8: Deutsche Schrifttafeln des IX. bis XVI. Jahrhunderts aus Handschriften der K. Hof- und Staatsbibliothek in München. Bd. 1. München 1910, Abb. XV.

Abb. 9: Heinrich von Veldeke: Eneas-Roman. Vollfaksimile des Ms. germ. fol. 282 der Staatsbibliothek zu Berlin, Preußischer Kulturbesitz. Wiesbaden 1992. Copyright Dr. Ludwig Reichert Verlag Wiesbaden.

Abb. 10: Die Weingartner Liederhandschrift. Transkription bearb. von Otfrid Ehrismann. Stuttgart 1969.

Abb. 11: Heinrich von Veldeke: Eneas-Roman. Vollfaksimile des Ms. germ. fol. 282 der Staatsbibliothek zu Berlin, Preußischer Kulturbesitz. Wiesbaden 1992. Copyright Dr. Ludwig Reichert Verlag Wiesbaden.

Abb. 12: http://www.gewi.kfunigraz.ac.at/deuph/Lv/SS97/schwob/e1.htm

Abb. 13: Wolfram von Eschenbach: Willehalm. Nach der Handschrift 857 der Stiftsbibliothek St. Gallen. Mittelhochdeutscher Text, Übersetzung, Kommentar. Hg. von Joachim Heinzle. Mit den Miniaturen aus der Wolfenbütteler Handschrift und einem Aufsatz von Peter und Dorothea Diemer. Frankfurt a. M. 1991 (Bibliothek des Mittelalters 9).

Abb. 14: Bayerische Staatsbibliothek: Inkunabelkatalog. Online-Version, Nr. A-771.

Abb. 15: Deutsche Weltchroniken des Mittelalters. Handschriften aus den Beständen der Bayerischen Staatsbibliothek München und die Sächsische Weltchronik der Forschungs- und Landesbibliothek Gotha (12. September – 26. Oktober 1996). München 1996 (Schatzkammer 1996), Abb. 8.

Abb. 16: Das Rolandslied des Pfaffen Konrad. Vollfaksimile des Codex palatinus germanicus 112 der Universitätsbibliothek Heidelberg. Einführung von Wilfried Werner und Heinz Zirnbauer. Wiesbaden 1970 (Facsimilia Heidelbergensia 1a).

Abb. 17: Das Nibelungenlied in spätmittelalterlichen Illustrationen. Die 37 Bildseiten des Hundeshagenschen Kodex Ms. germ. fol. 855 der Staatsbibliothek Preußischer Kulturbesitz Berlin. Faksimileausgabe in zweiter Aufl. hg. von Hans Hornung und Günther Schweikle. 2. Aufl. Bozen 1983, S. 49.

Register der Namen und Werktitel

Dieter Burdorf
Geschichte der deutschen Lyrik
Einführung und Interpretationen
2015, XIII, 170 Seiten, € 24,95
ISBN 978-3-476-02619-4

▶ Von der Reformationsliteratur bis Jan Wagner: Einführung in die deutschsprachige Lyrik der verschiedenen Epochen

▶ Mit wertvollen Hinweisen zur Interpretation von Gedichten

Wie lese ich Gedichte der Klassik? Was ist bei Sonetten des Barock zu beachten? Und welche Besonderheiten bestehen bei expressionistischen Gedichten? Dieser Band bietet einen Überblick über die historische Entwicklung der deutschsprachigen Lyrik – von der Reformation bis in die unmittelbare Gegenwart. Der Autor erläutert kurz den historischen Kontext und die Hintergründe der Lyrikproduktion, die für das Verständnis der Gedichte unerlässlich sind. Zahlreiche Musterinterpretationen führen den Umgang und die Analyse der Gedichte vor. Kästen mit vertiefenden Informationen geben weitere Ausblicke. Mit umfangreichen Literaturhinweisen zu jeder Epoche und im zweifarbigen Layout.

info@metzlerverlag.de
www.metzlerverlag.de

J.B. METZLER

Dieter Burdorf
Einführung in die Gedichtanalyse
3., aktualisierte und erweiterte Auflage 2015,
X, 297 Seiten, € 19,95
ISBN 978-3-476-02227-1

Dieser Band bietet eine Einführung in alle Aspekte der Gedichtanalyse und -interpretation. Der Autor beschreibt die sprachlichen Besonderheiten von Lyrik und stellt die metrischen Grundformen sowie verschiedene Gedichtformen vor, die anhand von zahlreichen Beispielen aus der deutschsprachigen Lyrik vom 16. bis zum 21. Jahrhundert illustriert werden. Weitere Kapitel untersuchen die Bildlichkeit und den Wirklichkeitsbezug von Gedichten. Die 3. Auflage wurde vollständig neu bearbeitet, aktualisiert und erheblich erweitert.

info@metzlerverlag.de
www.metzlerverlag.de

J.B. METZLER

1682

► Tipps und Tricks für effizientes Recherchieren und fehlerfreies Zitieren

► Mit praktischen Recherchebeispielen, Checklisten, Infokästen, Abbildungen und Grafiken

► Neu: Nutzung von Zitationsdatenbanken, Discovery Services, Peer Review, Open Access und Creative Commons

Fabian Franke/Hannah Kempe/Annette Klein/Louise Rumpf/André Schüller-Zwierlein
Schlüsselkompetenzen: Literatur recherchieren in Bibliotheken und Internet
2., aktualisierte und erweiterte Auflage 2014. VI, 161 S., 17 s/w Abb., 11 farb. Abb., € 14,95
ISBN 978-3-476-02520-3

Gewusst wie! Von der Auswahl der Datenbanken und Suchmaschinen über den Einsatz der geeigneten Suchbegriffe und die Auswertung der Ergebnisse, bis hin zum korrekten Zitieren und dem Erstellen eigener Literaturlisten – der Ratgeber demonstriert Schritt für Schritt, wie man die passende Literatur findet und verarbeitet. Berücksichtigt werden neben gedruckten Quellen, wie Büchern, Zeitschriften und Zeitungen, auch frei verfügbare oder lizenzpflichtige Internet-Ressourcen. Für die 2. Auflage wurde der Band umfassend überarbeitet, aktualisiert und um Kapitel zur Nutzung von Zitationsdatenbanken, Discovery Services und den Umgang mit Open-Access-Publikationen erweitert. Im zweifarbigen Layout mit Checklisten, Infokästen, Übungen und Recherchebeispielen.

Aus dem Inhalt:
Informationsbedarf feststellen – Recherche vorbereiten • Recherche durchführen • Literatur beschaffen • Informationen bewerten • Informationen weiterverarbeiten • Beispielrecherchen • Epilog: Was in der Praxis dennoch schiefgeht • Materialien • Glossar • Wenn Ihnen das alles noch nicht geholfen hat ...

info@metzlerverlag.de
www.metzlerverlag.de

1682　**J.B.METZLER**

Printed in Poland
by Amazon Fulfillment
Poland Sp. z o.o., Wrocław

74902071R00192